미시정치

미시정치

펠릭스 가타리 | 수에리 롤니크 지음

윤수종 옮김

도서출판 b

"사랑하는 수에리, 이 책은 내가 받아본 가장 즐거운 선물입니다! 나는 이 책을 매일, 조금씩, 행복하게 읽습니다. 천 번 감사합니다." (파리, 1986년 5월 10일의 편지)

Lettre du 10 mai 1986.

이 책은 철학, 정신분석 또는 정치학에 관한 저작이라기보다는 일종의 여행기이다. 수에리는 우리에게 다가온 개인들, 집단들, 강렬도들, 그리고 욕망들을 만나면서 그녀와 내가 브라질을 여행한 후에 이 책을 썼다. 이 단편들, 생각의 블록들, 대화·편지·논쟁·회의의 조각들, 확신들 —— 수에리가 나의 말들, 그녀의 말들, 그리고 다른 사람들의 말들에서 만든 몽타주들 —— 은 일정한 방식으로 언표행위의 개인화에서 벗어나려고 한다. 그것들은 그 나라[브라질]의 지성과 집합적 감수성에 대한 사랑[한눈에 반함]이라고 나는 말하겠다. (브라질 초판본의 뒤표지를 위해 쓴 텍스트)

-펠릭스 가타리

브라질 7판 및 외국어판 서문

"예, 저는 나타나고 사라지며, 사회적 사건들, 문학적 사건들, 음악적 사건들에 체현되는 복수의 사람들[인민], 변하는 사람들, 잠재성을 지닌 사람들이 있다는 것을 믿습니다. 저는 과장되고 바보스럽고 지독히 낙관주의적이라고 그리고 인민의 비참함을 보지 않는다고 종종 비난받습니다. 저는 그것을 볼 수 있습니다. 그러나…… 저는 모릅니다. 아마 저는 헛소리를 하고 있습니다. 그러나 저는 우리가 인민이 이렇게 등장한다는 관점에서 생산성·증식·창조·순전히 우화적인 혁명들의 시기에 있다고 생각합니다. 그것은 분자혁명입니다. 즉 그것은 구호나 강령이 아니고, 제가 모임들에서 제도들에서 정서들에서 또한 몇몇 성찰을 통해 느끼고 사는 어떤 것입니다." 가타리는 1982년에 브라질에서 본 것을 바로 이렇게 언급했다.

사람들은 당시 약 20년간의 군사독재[1] 이후에 첫 번째 직접선거 캠페인

......

[1] 독재는 군사쿠데타에 의해 1964년에 브라질에 들어섰다. 장군들이 권력을 이어받고 그 체제가 1989년까지 계속되었으며, 1989년에 공화국[브라질]의 대통령을 뽑는 직접선거가 실시되었다.

의 분위기 속에 있었다. 공적 생활의 재활성화 속에서 가타리를 가장 흥분시킨 것은 이러한 상황유형에서 예측할 수 있는 거시정치적 차원이었을 뿐만 아니라 무엇보다도 미시정치적 활력, 즉 욕망·주체성·타자관계의 정치학에서 일어나고 있던 것의 힘이었다. 조용한 분자혁명이 담론 안에서 더욱이 몸짓과 태도에서 일어나고 있었다. 즉 나라의 창건 이래 브라질 역사 5백년에 구축된 주체화 정치의 해체[탈투여]가 시작되었다. 도착적이고 강력하게 설립된 지도, 즉 식민적이고 노예제적이고 독재적이고 자본주의적인 지도를 가져온 배제 및 분할 체제들이 그 과정에 중첩되어 있던 역사 시기. 주체성들 속에 깊게 각인된 채 이러한 지도는 특별히 잔인하고 너무 수동적으로 받아들여진 더욱 불안한 사회적 위계제에 자리를 내주었다. 이러한 상황은 그 나라[브라질]가 사회적 불평등의 세계적 등급에서 정상에 있다는 사실에 책임이 있다.

이 책은 이러한 집합적 가공의 움직임, 이 과정과 가타리의 생각 사이의 교환 움직임, 그리고 그를 통해서 그가 강하게 개입했던 앞선 10년 동안에 유럽에서 일어났던 유사한 과정과의 대화를 기록하고 있다. 개념들과 전략들의 차이들에도 불구하고, 이러한 상황들은 이론적으로도 실용적으로도 거시정치와 미시정치를 접합할 수 있게 하는 공통성을 가지고 있었다. 활성화되고 있던 저항과 창조의 힘들의 역동성을 현실에 관한 새로운 윤곽을 구성하는 데 뗄 수 없게 만드는 방식으로 이것은 '현실 사회주의'의 경험들에 연결된 환멸의 시기 이후 수십 년의 가장 커다란 도전들 가운데 하나였다.

1980년대의 시작은 브라질에서뿐만 아니라 라틴아메리카의 여러 나라들에서도 민주주의로의 회귀의 순간이다. 1980년대의 시작은 또한 자본주의 체제의 논리가 국제적인 규모로 변하는 순간이다. 되돌아보면, 가타리가 이러한 새로운 체제의 도래를 이미 지적했을 뿐만 아니라 ── 그는 이것을 통합된 세계자본주의[2]라고 불렀다 ── 육체노동의 기계적 힘을 대신하여 욕망·창조·행동의 힘들을 잉여가치 추출의 주요 원천으로 바꾸는 주체성에 그것[통합된 세계자본주의]이 할당하는 중심적 역할도 지적했다는 것을 확인하면 놀랍다. 이러한 상황은 나중에 확인되며, 오늘날 이론적 정치적 논쟁에서 중심적인 질문 가운데 하나가 되고 있다.

브라질의 다양한 지역에서 우리가 한 한 달의 여행은 이러한 과정의 열기 속에서 이루어졌다. 우리는 정치에 대해서, 또한 진료·계급투쟁에 대해서, 또한 주체성과 욕망에 대해서 이야기하였다. 우리는 국가·당·노조에 대해서 또한 자율성에 대해서 이야기하였다. 우리는 대규모로 투쟁들을 조직하는 중요성에 관해서 그러나 무엇보다도 국가/당/노조 형식에 종속되지 않는 운동들을 조직하는 방식들을 발명할 필요성에 대해서 이야기하였다. 우리는 정체성과 개인성에 대해서 이야기하였지만, 더욱 효과적으로 특이성으로 옮겨가는 것에 대해 이야기하였다. 그리고 마지막으로 우리는 부르주아적 결혼의 파산, 페미니즘과 게이운동의 꽃피움에 대해서 이야기했지만 또한 애정관계의 정치에서 나타나고 있는 것 같은 새로운 부드러움에 대해서도 이야기하였다. 이러한 상이한 질문들을 지닌 문제설정을 처음부터 우리가 편집하기로 결정한 이 책에서 제시하는 것이 중요했다. 더욱이 그러한 차원들이 모두 동일한 직조물의 실들로서 서로 엮인다는 것이 중요했다. 바로 이것이 이 책이 아주 특수한

· · · · · ·
2) "통합된 세계자본주의"는 "전 지구화"(globalisation)라는 용어에 대안으로서 1960년대에 가타리가 제시한 이름이다. 가타리는 전 지구화라는 말이 너무 일반적이어서 그 시기에 설립되기 시작한 세계화 현상이 지닌 근본적으로 경제적이고 특수하게 자본주의적이며 신자유주의적인 의미들을 감추는 데 기여한다고 생각하였다. 가타리의 말에 따르면, "자본주의는 잠재적으로 전체 지구를 식민화하였기 때문에, 자본주의는 현재 자신으로부터 역사적으로 멋어난 것 같이 보이는 나라들(소련권 나라들과 중국)과 공생하면서 살고 있기 때문에, 그리고 자본주의는 자신의 통제를 벗어나서는 어떤 인간 활동도 어떤 생산부문도 남겨놓지 않는 경향이 있기 때문에, 세계적이고 통합되어 있다." (참조, Félix Guattari, "Le Capitalisme mondial intégré et la révolution moléculaire", rapport inédit d'une conférence prononcée dans un séminaire de groupe Cinel, en 1980.) 윤수종 옮김, 「통합된 세계자본주의와 분자혁명」, 『진보평론』, 26호, 2005년 겨울호

형식을 띠게 된 원인이다.[3]

이 책에 모은 토론들은 그 당시 브라질을 흔들었던 광범위하고 이질적인 사회운동의 능동적인 참여부분이었다. 1986년에 출판된 책 자체는 1980년대와 1990년대의 몇몇 운동을 위한 중요한 준거가 되었고 6판이 나왔다. 이 책은 국가의 정신건강 정책에 반대하는 (정신치료개혁입법의 비준을 가져온) 투쟁들[4]에서뿐만 아니라 그 투쟁들의 가장 볼 수 없는 측면들에서도 진료 영역 안에서 수행된 중요한 변화들에서의 경계표였다. 즉 이론적 실천적 자세 전체가 상담실들 속에 그리고 더 강렬한 방식으로 대학교육까지 물들이는 제도들(주로 공공제도들) 속에 퍼져나갔다. 브라질의 정신분석은 특수한 특징을 가지고 있었다. 현재 시기의 주체화 정치를 문제화하고 거기서 생기는 징후들에 마주하기 위해서, 브라질에서는 가타리·들뢰즈·푸코의 글들과 이 사상가들이 들어 있는 전체 철학 전통(특히 스피노자와 니체의 저작들)을 통합한 진료가 발전하였다.

룰라가 승리하여 공화국[브라질]의 대통령이 되고 나라의 경계들을 넘어서 1990년대 중반 이래 전 지구에 퍼지고 있는 비판세력들이 재활성화되면서,[5] 이 책은 현재의 계보학에 대한 일정한 발자취를 보여주는 일람

• • • • • •

3) "서언"을 보라.

4) 1996년에 하원에 의해 승인된 "Paulo Delgado 법" 프로젝트는 그 이후 상원의 비준을 기다리고 있었다.

5) 1994년에 비판세력의 재활성화는 북미자유무역협정의 공식구성으로 그리고 사파티스타 봉기의 시작으로 거슬러 올라갈 수 있다. (1968년 5월 이래 가장 중요한) 1995-1996년 겨울 동안 프랑스에서의 대중파업은 자본주의의 신자유주의적 전 지구화에 반대하는 운동의 시작 국면의 영토를 준비하는 것을 도왔다. 이 운동은 1999년 시애틀에서 WTO결성 저지로, 2001년 제노아에서 G8모임에 반대하는 시위로, 그리고 2003년 칸쿤의 만남으로 크게 확산된 사회적 비판의 압력 아래 WTO 프로그램의 거의 완전한 붕괴로 절정에 달했다. 1980년대 중반에 자본주의적 재구조화에 의해 개시된 강력한 탈영토화운동은 마침내 1990년대에 적대세력에 의해 장악되었다. 이 적대세력은 분산되고 네트워크식의 항의를 불러일으키고 새로운 조직형상의 등장을 가져왔다. 자율적인 집단들과 개인들의 무리가 위계적인 구도들 없이 실시간 수평적인 조정을 통해서 작동하는 조직형상. 그럼에도 이러한 발전의 어떤 것도 2001년 9월 11일의 사건 이후 만들어진 반테러정책들에 의해 조직된 강력한 탄압에도 불구하고

표의 차원을 지녔다. 이 책은 룰라와 노동자당[6]이 20년 뒤에 브라질의 대권을 장악하게 이끈 집합적 과정의 시작을 관찰할 기회를 제공한다. 그러나 이 책은 브라질 사회에서 작동하고 있는 그리고 그중에서도 지배적인 주체화 정치와 관련하는, 훨씬 더 중요하고 깊은 변화의 빙산의 일각일 뿐이다. 미시정치적 변화는 아마도 되돌릴 수 없는, 어떤 점에서 국가가 현 정부 동안에 또는 이후에 취하기 쉬운 방향과는 독립적인 자신의 길을 따른다. 우리는 또한 여기서[이 책에서] 그때 가공된 이론적 전략적 쟁점들이 어느 정도 현 운동들이 싹터온 토대를 이루었는가를 확인할 기회를 갖는다. 1960-1980년대에 마주했던 질문인 미시정치와 거시정치 사이의 분리를 극복하는 것은 계속 일정에 올라 있다. 그러나 현행 운동에게 그러한 극복은 우리가 도달할 지점이기를 그쳐왔고, 그 당시[1960-1980년대]에처럼 출발점 자체가 되었다. 이 책은 또한 유럽에서만큼이나 브라질에서 가타리가 이러한 계보에 참여했다는 증명이기도 하다.

역사적 기록으로서 이 책의 지위는 브라질 밖에서 이 책이 출판된 순간에 명백해졌다. 이 외국어판을 위해서(그리고 브라질 7판을 위해서), 당시에 이루어진 토론유형처럼 그 시기에 적절한 행동 및 조직 전략들의 등록기를 풍부화하는 방식으로[7] 수정증보판을 정리하는 것이 필요했다. 1982년에 꽉 짜인 여행스케줄 동안 이루어진 룰라와 가타리 사이의 대담[8]이 또한 이 새 판본에 포함되었다. 우리는 애초에 이 대담을 여행기록에 입각하여 만든 이 책에 포함시키지 않고 별개의 작은 책으로 동시에 출판하기

• • • • • •
자신의 잠재력을 소진하지 않았다. (Brian Holmes의 노트)
6) PT는 Partido dos trabalhadores의 약자이며, 룰라는 창건 이래 주요한 인물 가운데 하나이다.
7) 책의 몸체는 완전히 수정되었고, 그 가운데 일부는 개정되었고, 원판의 페이지에 기초하여 71개의 각 주가 늘어났다. 이에 덧붙여 79개의 새로운 각 주가 추가되었고, 그 가운데 61개는 외국어판에만 실렸다. 이것들은 텍스트에서 언급된 브라질에 대한 참고문헌들과 관련하면서 외국 독자들을 위한 특정한 정보들을 제시하였다.
8) 룰라와 가타리는 몇 년 뒤인 1990년 8월 20일에 다시 만났다.

로 결정했었다.9) 왜냐하면 우리는 그 텍스트가 룰라의 상파울루 주 주지사 출마 캠페인을 둘러싼 논쟁에 개입하기를 원했기 때문이다.10) 그 작은 책자는 금방 매진되었고 구할 수 없게 되었다. 이 대담이 이제 처음으로 여기에 재편집되었다.

룰라와 가타리 사이의 대담에서 놀라운 것은 지금 일어나고 있는 것을, 즉 룰라와 노동자당이 브라질의 대권을 잡은 것뿐만 아니라 미테랑 이후 프랑스의 우경화에 대해서도 22년 전에 예견할 수 있는 대담자들의 능력이다. 사람들은 미래에 일어날 것에 대해서 브라질에서는 해체되고 있고 반대로 프랑스에서는 존립하고 있는 매듭들을 확인하는 두 대담자의 총명함에 놀라고, 또한 그러고도 오늘날 우리의 것이 되어온 그 미래에 만날 위험이 있는 어려움들을 이미 그 시기에 지적하는 그들의 총명함에 놀란다.

[이 책에 있는] 가타리의 글쓰기는 그의 통상적인 스타일과는 다르게 보일 수 있을 것이다. 그러나 그것은 순전히 외관일 뿐이다. 즉 그의 모든 텍스트의 기원[시초]에서 동일한 가타리가 발견된다. 글쓰기는 가타리의 삶에서 항상 그의 밀도 있는 개입, 즉 그의 진료(제도화된 것이든 아니든 주로 집합적 상황들과 정신병)에의 개입뿐만 아니라 —— 그리고 헌신에서 동일한 질을 지니고 —— 발생하는 장소가 지구상 어디든(그가 자신의 생애의 마지막 14년 동안 즉 1979년과 1992년 사이에 브라질을 7번 방문하였다는 사실에서) 모든 종류의 저항의 정치 및 사회운동에의 개입이 만든 감각들을 설명하는 데 필수불가결한 수단으로 제시되었다. 자신이 사건

• • • • • •

9) *Félix Guattari entrevista Lula*(São Paulo: Brasiliense, 1982).
10) 첫 번째 대권에 도전했을 때 노조운동의 투사였던 룰라는 브라질사회민주당 후보인 Franco Montoro에게 패배하였다. 1986년 두 번째 시도에서 룰라는 의원후보로 나섰다. 그는 나라 전체에서 가장 많은 표를 얻은 연방의원이었다. 그는 연속해서 공화국 대통령 후보로 4번 나왔다. 3번의 실패 이후(1989, 1994, 1998), 2002년 마침내 그는 연방의원으로서의 첫 번째 선거에서 그랬듯이 유의미한 다수표를 얻어 당선되었다.

들을 처리하는 현기증 나게 하는 리듬을 따라가기 위해서 가타리는 거친 말들을 사용하였고 난폭한 지성과 놀라게 하는 속도의 흐름 속에서 개념들을 발명하였다. 한번 이상 들뢰즈는 자신의 파트너의 이러한 속도에 대하여 그리면서 [가타리는] "글쓰기를 온갖 종류의 사물들을 운반하는 분열자 흐름처럼 다룬다"[11]는 사실에 대해서 언급하였다. 정확히 거기에 가타리 사유의 날카로운 힘, 창의성과 아름다움이 있다.

이 책에서 리듬은 다르다. 이것은 우리가 순한, 좀더 평온한, 좀더 동화할 수 있는, 심지어 교육적인 가타리 —— 분명히 애석한 일 —— 를 만난다고 말하는 것은 아니다. 반대로 우리가 만나는 것은 그의 사유의 생산과정을, 즉 만남에서 감동으로 그리고 거기에서 가공 시도로 그리고 다시 만남으로 되돌아가는 등의 움직임을 점차적으로 드러내는 슬로우모션 같다. 우리는 시대의 긴급함에 대한 감각지도들을 집합적으로 추적하는 데 참여한 살아있는 사유를 만난다. 그리고 정확히 사상가로서의 이러한 특질 때문에 가타리는 계속 현 시기에 대한 그러한 추적에 참여할 것이다.

상파울루, 2004년 2월
수에리 롤니크

---

11) Gilles Deleuze, Félix Guattari, "Sur Capitalisme et Schizophrénie", entreien avec Backès-Clément, Catherine, publié dans la revue *L'Arc*, 49, mars 1972, Paris, pp. 47-55. Inclus sous le titre "Entretien 2 —— sur *L'Anti-Œdipe*(avec Félix Guattari)", in *Pourparlers 1972-1990*, Paris, Minuit, 1990, p. 25. 들뢰즈, 김종호 옮김, 『대담: 1972-1990』, 솔, 1993.

차 례

서 언

이 책은 네 손[두 사람], 즉 가타리의 손과 나의 손으로 쓴 것이 아니다. 사실 더 많은 손이 썼다.

모든 것은 내가 가타리에게 브라질을 여행하도록 초청한 1982년에 시작되었다. 브라질은 거의 20년 동안의 군사독재 이후 첫 번째 직접 선거라는 논쟁의 여지가 없는 재활성화의 순간을 겪고 있었다. 브라질 사회의 사회정치적 의식뿐만 아니라 상이한 방식과 상이한 정도의 브라질의 무의식도 "재민주화" 과정에서 재활성화되었다. 그것은 가타리를 생각하게 할 수 있는 종류의 상황이었다. 왜냐하면 들뢰즈가 언젠가 말했듯이 그들은 둘 다 "항의하는 무의식"에 대해서 썼기 때문이다. 여기에 그들이 찾는 동맹자들[친구들]이 있다.[12]

• • • • • •

12) Gilles Deleuze, Félix Guattari, "Sur Capitalisme et Schizophrénie", entreien avec Backès-Clément, Catherine, publié dans la revue *L'Arc*, 49, mars 1972, Paris, pp. 47-55. Inclus sous le titre "Entretien 2 — sur *L'Anti-Œdipe*(avec Félix Guattari)", in *Pourparlers 1972-1990*, Paris, Minuit, 1990, p. 36. 들뢰즈, 김종호 옮김, 『대담: 1972-1990』, 솔, 1993.

무의식의 이 신비한 항의란 무엇인가? 의식들과 그들의 이해의 항의들과 또는 선거캠페인의 표명들에서 표현되는 항의와 — 적어도 직접적으로는 — 전혀 관계없는 항의. 우리가 무의식을 실존의 영토들, 그것들의 지도들, 그리고 그것들의 미시정치들의 생산, 즉 욕망에 의해 작동되는 생산의 장이라고 이해한다면, 수수께끼는 풀린다. 즉 그러한 항의를 정당화할 이유들이 적지 않다. 그러한 이유들을 확인하는 것이 어렵지 않다. 우리는 물질경제의 방향에서뿐만 아니라 우리가 어떤 생활방식을 조직하는 데 이르자마자 그것을 이미 쓸모없는 것이 되게 하는 욕망경제의 방향에서도 거의 일상적으로 경제위기 상태에 살고 있다. 우리는 우리의 경험의 현실성과 항상 일치하지 않고 있다. 우리는 자신[실존양식]들을 만들고 폐기하는 시장에 의해서 생산된 실존양식들의 이러한 끊임없는 노후화를 잘 안다. 우리는 매일 최소한의 균형을 유지하기 위해서 그리고 영토들의 몽타주 속에서 민첩함을 얻기 위해서 우리의 솜씨를 시험한다.

그러나 그러한 영토들의 본성은 평범할 수 없다. 즉 우리는 언제나 어디에서나 계열화된 주체성의 강력한 공장에, 즉 가치 지지물의 조건으로 축소된 우리라는 인간을 생산하는 공장에 투여하도록 유혹받는다. 그리고 그것은 또한 (그리고 특히) 우리가 가치들의 위계에서 가장 특권적인 지위를 점하고 있을 때조차 그러하다. 모든 것은 이러한 유형의 경제로 나아간다. 아주 종종 또 다른 출구는 없다. 해체 속에서 우리는 놀라고 잘못 방향지어져서 깨지기 쉽게 될 때, 우리의 자연스런 경향은 순전히 방어적인 입장을 채택하는 것이다. 주체적 계열화와는 독립적인 특이한 영토들을 과감히 창조하려고 할 때 우리가 한정될 위험이 있는 주변화의 두려움 때문에. 이러한 주변화가 우리의 바로 생존가능성과 타협할 수 있다. 이러한 위험을 뒤쫓지 않기 위하여, 우리는 종종 그 영토가 우리의 의식 및 그 이념들과 불일치할지라도 인정된 정체성들의 덩어리 안에서 하나의 영토를 요구하는 것으로 끝난다. 그러므로 우리 자신은 욕망의 조립선의 몇몇 추이들의 생산자들이 된다.

그러나 그 모든 것은 그렇게 단순하지 않다. 즉 무의식은 종종 ── 그리고 이 순간에는 더욱더 ── 항의한다. 아주 엄밀히 말해서 우리는 그것을 "항의"라고 부를 필요는 없으며, "확언[긍정]"이나 "발명"이라고 말하는 것이 더 옳을 것이다. 주체성의 조립선들이 해체[탈투여]되고 다른 것들이 투여된다. 즉 다른 세계들이 발명된다. 이러한 것이 일어날 때마다, 현행 체계의 원칙, 욕망의 표준화는 일격을 당한다. 그리고 그것이 일어날 때 (그러한 차원의 어떤 것이 그때 브라질에서 일어나고 있었을 때) 우리는 가타리 안에서 "동맹자"를 찾는다. 우리를 안심시키기 위해서 우리 스스로 등록하는 학교의 창설자나 선생으로서가 아니라, 말에서뿐만 아니라 행동에서도 우리의 경험의 특이성을 표현할 의지와 용기를 우리 안에서 움직이게 하는 현존의 어떤 특질로서.

이것을 생각하면서 나는 그 당시 가타리가 우리를 방문하도록 초청하였다. 나는 1982년 8월과 9월 사이에 다섯 개 주에서 빡빡한 스케줄을 짰다.[13] 나는 일련의 회의들, 원탁토론들, 공공 논쟁들(이것들은 항상 그것들이 열린 장소들을 채웠다)뿐만 아니라 무엇보다도 집회들, 만남들, 대담들, 그리고 개인들·집단들·운동들·연합체들과의 공식적 비공식적 토론들도 준비하였다. 이 모든 것이 책을 만들 목적으로 기록되었다. 주제와 장소의 선택은 제도화되었든 아니든 그 당시에 이단적인 주체성들을 지닌 개인들과 집단들을 만날 가능성에 따라서 이루어졌다.

여행의 시작을 어디에서 어떻게 누구와 함께 구성했는가를 생각해 본다. 다른 궤적들과 차차 교차하며 많은 다른 배치들을 창조하는 첫 번째 배치가 형성되었다. 이처럼 여행은 이루어졌고 그것이 이 책의 직조를 구성하는 것이기도 하다.

· · · · · · ·
13) 활동스케줄의 완전한 시간표를 출처(Sources)라는 이름으로 책 끝에서 찾아볼 수 있다.

애초의 생각은 이 책은 하나의 여행기, 말한 것의 1천 페이지가 넘는 사본들에서 단순하게 편집하는 작업이라는 것이었다. 그러나 텍스트들과 접촉하면서 다른 기획이 생겨났다. 그것은 그의 책들에서 나타나지 않는 가타리의 어떤 측면을 기록하는 기회였다. 그 자신은 이러한 측면을 "집합적 지성의 온갖 종류의 벡터들의 접합 위에서 떠다니며 우리를 운반하는 파도들"[14]을 끊임없이 타는 느낌이라고 말하였다. 이 책은 개인적이고 집합적인 발명 ─ 종종 개념들을 창조하는 그의 과정을 위한 출발점, 즉 지치지 않고 자신의 일상에 참여하는 전진적인 작업 ─ 의 모험들에 열정적으로 참여한 가타리를 살아 있게 할 것이다. 여행을 구성한 만남들과 그 만남들이 동원한 사유작업을 바로 이 책에 현존하게 만들려고 하였다.

3년 동안 나는 그 개입들의 사본과 체험하고 대화하였다. 상이한 종류의 자료가 점차 만들어지고 다른 자료들이 추가되었다. 즉 우리가 이 시기 내내 교환한 편지들, 그가 그 당시에 쓰고 있던 텍스트들과 이미 썼지만 아직 편집되지 않은 다른 텍스트들, 내가 연결시키고 통로를 만들기 위해 쓴 텍스트들이 추가되었다. 지도가 그려졌다.

이 책은 주제별로 조직된다. 각 주제는 세 가지 유형으로 재분류할 수 있는 상이한 기원을 지니고 다르게 취급해야할 텍스트들로 이루어져 있다. 첫 번째 그리고 가장 흔한 유형은 작은 "생각블록들"로 이루어져 있다. 두 번째 유형은 대화들, 논쟁들, 토론들, 대담들, 원탁 논의들, 그리고 우리의 편지들의 단편들을 포함하고 있다. 세 번째 유형은 가타리와 나 자신 또는 다른 사람들의 담론에서 가장 중요한 단편들과 일치한다. 그러한 이유로 이것은 작은 에세이 형식을 취하고 자율적인 텍스트들이 된다. 같은 범주 안에는 책을 준비하는 동안 가타리나 나 자신이 나중에 쓴

⦁ ⦁ ⦁ ⦁ ⦁ ⦁

14) Félix Guattari, entreien avec Michel Butel et Antoine Dulaure, *L'Autre Journal*, 6, Paris, 12, juin 1985, p. 9; inclus dans Félix Guattari, *Les Années d'hiver. 1980-1985*, Paris, Bernard Barrault, 1986.

텍스트들이 있다.

몇몇 텍스트들은 이름이 적혀 있고 다른 것들은 그렇지 않다. 책의 대부분을 이루는 이름 없는 — 생각블록들이든, 회의든, 에세이든 — 텍스트들은 일반적으로 상이한 기회에 기록하고 모으고 다시 쓴 어떤 주제에 대한 가타리의 개입의 단편들에 입각하여 만든 몽타주의 결과이다. 토론과정에서 가타리가 한 개입들 또한 이러한 처리방식에 따랐다. 이러한 텍스트들 가운데 적은 부분만이 가타리가 개입한 것들에서의 직접 인용이다.

가타리의 이름은 여행 중에 논쟁에서 개입한 경우 그리고 여행 이후에 그가 쓴 것들에서만 나타난다. 후자의 경우에 날짜와 자료근거도 제시된다. 반면 나 자신을 포함한 다른 사람들의 개입[기고]들에는 그때 가타리의 개입과 구별하기 위해서 각자의 이름을 앞에 놓는다. 그 기고들이 논쟁이나 담화의 일부일 때는, 새로이 날짜와 장소가 표시된다. 내가 여행을 하고난 후 쓴 텍스트들은 나의 이름을 가지고 있고 제목을 가지고 있다. 마지막으로 몇몇 개입기고들은 익명이다. 말한 사람의 이름이 기록되지 않았기 때문이기도 하고, 말한 사람이 익명으로 남아 있기를 원했기 때문이기도 하다.

일정한 방식으로 이 책은 날짜가 적혀 있다. 즉 이 책은 자신을 만들어낸 배치들의 표시를 지니고 있다. 첫 번째 1982년의 브라질에서는 사람들이 거시정치적·미시정치적 "재민주화" 과정의 강화를, 즉 주지사·의원·지역의원을 위한 선거캠페인들, 이단적인 사회적 실천들(1970년대의 메아리)과 동일한 종류의 다른 사태들을 나타내기 위해서 "대안"이라는 용어를 사용하는 조직화된 소수지 집단들의 증식을 도왔다. 이어서 책이 가공되는 3년 동안 일어난 사건들이 있다. 이러한 상이한 경험들과 그들의 대결 지도들은 이 책의 첫 번째 자료를 구성한다. 한편으로 이 책은 이러한 경험들의 증거이고 다른 한편으로 이 책의 지도그리기 성격은 그것의 날짜가 매겨진 조건을 넘어서도록 한다. 그 어떤 다른 지도그리기처럼 그것의 시간과 장소가 무엇이든, 새로운 영토들, 삶과 정서의 색다른 공간들을 구성하기 위한 전략들을 발명하고, 출구가 없어 보이는 영토들을 벗어나는 길들을 찾아내는 것이 중요하다. 이것은 과감하게 "항의하는" 그러한 무의식들, 들뢰즈가 다음과 같이 언급한 동맹자들의 저작들이다. "우리는 항의하는 무의식에 말을 겁니다. 우리는 동맹자들을 찾습니다. 우리는 동맹자들을 필요로 합니다. 그리고 우리는 그러한 동맹자들이 이미 존재한다는, 그들이 우리를 기다리지 않았다는, 유사한 방향으로 사유하고 느끼고 일하는 충분히 많은 사람들이 있다는 인상을 갖습니다. 즉 양식[방식]의 문제가 아니라, 그 속에서 매우 다기한 영역들에서 수렴하는 탐구들이 일어나고 있는 좀더 심오한 '시대정신'의 문제가 있습니다."15)

이 책은 그러한 탐구들 가운데 하나가 되려고 한다. 그 영역은 가타리가 "미시정치"라고 부른 사회적 장 안에서 욕망경제의 전략들이다. 이 책은 그러한 전략들 — 여행 동안에 경험한 만남들에서 생긴 전략들과 나중에 덧붙인 전략들 — 가운데 몇몇 움직임을 따른다. 이 책의 진정한 저자는 이러한 과정에 개입된 집합적 지성이다.

수에리 롤니크
상파울루, 1986년 1월

. . . . . .
15) 주 12를 보라.

1

문화: 반동적 개념?

문화 개념은 심하게 반동적이다. 문화 개념은 기호적 활동들(사회적이고 우주적인 세계 속으로 나아가는 활동들)을 인간들이 의거하는 영역들로 구분하는 하나의 방식이다. 고립되어서 이러한 활동들은 지배적인 기호화양식에 맞도록 표준화되고 잠재적으로나 실제적으로 제도화되고 자본화[포획]된다. 간단히 말해서 그 활동들은 자신들의 정치적 현실들로부터 잘린다.

*

프루스트 저작 전체는, 영역들을 음악, 조형예술, 문학, 건축물 혹은 살롱의 미시사회적 삶의 영역들처럼 지율화[구분]할 수 없나는 생각 주위에서 회전하고 있다.

*

자율적인 영역으로서 문화는 권력시장들, 경제적 시장들의 수준에서만 존재하고, 생산·창조·실질소비의 수준에서는 존재하지 않는다.

*

자본주의적16) 생산양식들을 특징짓는 것은 그것들이 교환가치들, 즉 자본, 화폐기호들 혹은 재정양식들의 차원에 속하는 가치들의 등록기에서만 작동하지는 않는다는 것이다. 자본주의적 생산양식들은 내가 "등가의 문화" 혹은 "문화 영역에서 등가체계"라고 부른, 주체화의 통제양식을 통해 작동하기도 한다. 이러한 관점에서, 자본은 등가 개념으로서 문화를 보완하는 방식으로 작동한다. 즉 자본은 경제적 종속에 관심을 가지며, 문화는 주체적 종속에 관심을 가진다. 그리고 내가 주체적 종속이라고 말할 때 재화의 생산 및 소비를 위한 광고만을 가리키는 것은 아니다. **주체적 종속은 경제적 잉여가치의 장으로 축소되지 않는 자본주의 이윤의 바로 본질이다. 그것은 또한 주체성의 권력장악 속에 있다.**

대중문화와 특이성17)

. . . . . .

16) 가타리는 "capitaliste"에 접미사 "-istique"를 붙였는데 왜냐하면 그는 자본주의적이라고 고려되는 이러한 사회뿐만 아니라, 이른바 "제3세계" 혹은 "주변적인" 자본주의, 표면적으로 자본주의에 의존적이거나 반(反)의존적인 동구 국가들의 표면상 사회주의 경제를 가리키는 용어를 창출할 필요성을 발견했기 때문이다. 가타리에 의하면, 그러한 사회들은 모두 사회 영역에서 동일한 욕망정치에 의해 작동한다. 즉 다시 말해서, 동일한 주체성 생산양식과 동일한 타자와의 관계양식에 의해 작동한다(이 주제는 이 책에서 내내 발전되어 나간다).

17) Folha de São Paulo가 조직한 원탁회의의 명칭인데, 1982년 12월 3일 열렸다. 이 신문은 상파울루에서 발간되었고 브라질에서 가장 많은 부수를 가진 신문 가운데 하나로 평가되었다. 원탁회의에는 가타리와 Laymert G. dos Santos, José Miguel Wisnik, Modesto Carone 그리고 Arlindo Machado가 참여하였다. 다음 텍스트는 이 행사에서 가타리의 말들, 그리고 같은 문제를 다룬 여행 중에 그가 한 말들에서 만든 몽타주이다. 논쟁에서의 발췌뿐만 아니라 원탁회의의 다른

<폴랴 드 상파울루(Folha de São Paulo)>지에서 이 논쟁에 대해 내가 제안한 제목은 "대중문화와 특이성"이다. 그 제목은 "대중문화와 개인성"으로 반복적으로 말해졌다. 그리고 아마도 이것은 단순히 번역의 문제는 아니다. **특이성**(singularité)이라는 용어가 듣기가 거북하더라도, 그 경우에 이를 **개인성**(individualité)으로 번역하는 것은 대중문화의 본질적 차원을 작동시키는 것처럼 보인다. 내가 오늘날 접근하고 싶은 주제는 정확히 이것, 즉 "자본주의적 주체성생산"의 근본요소로서 대중문화이다.

대중문화는 정확히 개인들을 생산한다. 즉 위계체계들, 가치체계들, 복종체계들 ── 동물행동학에서처럼 혹은 고대나 전자본주의 사회에서처럼 볼 수 있고 분명한 복종체계들이 아니라 훨씬 더 감춰져 있는 복종체계들 ── 에 따라 서로 접합되고 정상화[표준화]된 개인들을 생산한다. 나는 채울 수 있는 어떤 것을 지닌 주체성이란 생각을 함의하는 한때 매우 유행했던 표현에 따라서 그 체계들이 "내부화" 혹은 "내면화"되어 있다고 말하지 않을 것이다. 반대로, 있는 것은 단순히 주체성**생산**이다. 생산과 소비의 모든 수준에서 발견될 수 있는 것은 개인화된 주체성의 생산일 뿐만 아니라 사회적 주체성의 생산이다. 그리고 더욱이 무의식적 주체성의 생산이 있다. 내 생각에, 이 거대한 공장, 이 강력한 자본주의적 기계는 또한 우리가 꿈꿀 때, 우리가 공상할 때, 우리가 환상에 빠질 때, 우리가 사랑할 때 등에 우리에게 일어나는 것을 생산한다. 어쨌든 그것[자본주의적 기계]은 이 모든 장에서 패권적[헤게모니적] 기능을 보장하려고 한다.

나는 이러한 주체성생산 기계에 우리가 "특이화(singularisation)과정"이라고 불렀던 특이한 주체화양식을 발전시킬 수 있다는 생각을 대립시킨다. 이 특이화과정은 특이한 주체성을 생산하는 감수성 양식, 타사와의 관계양식, 생산양식, 창조양식을 구성하기 위해, 모든 기존의 코드화 양식,

. . . . . .
　참가자들의 기고는 토의 중인 쟁점들에 따라서 책의 다른 부분들에 나타난다.

모든 조작 및 원격조종 양식을 거부하는 방식이다. 욕망, 삶의 맛, 우리 스스로를 찾아가는 세계를 구성하려는 의지, 그리고 우리의 것이 아닌 사회형태들과 가치형태들을 변화시키기 위한 배열장치들의 설립과 일치하는 실존적 특이화이다. 따라서 어떤 함정 단어들("문화"라는 말 같은), 우리로 하여금 해당 과정들의 현실을 생각하지 못하게 하는 장벽 관념들이 있다.

"문화"라는 말은 역사 과정에서 다른 의미들을 지녔다. 즉 문화의 가장 오래된 의미는 "정신을 경작한다"는 표현에서 나타난 것이다. 나는 이러한 "의미 A"를 "가치문화"라고 부르고자 한다. 왜냐하면 그것은 누가 문화를 소유하고 누가 그렇지 않은지를, 혹은 누가 문명화된 환경에 속하는지 비문명화된 환경에 속하는지를 결정하는 가치판단에 일치하기 때문이다. 두 번째 의미론적 핵은 문화와 관련된 다른 의미작용들을 다시 모은다. 즉 그것은 "의미 B"이며, 나는 문명화와 동의어로 "집합적인 정신문화"라고 부르고자 한다. 여기서 더이상 "소유냐 비소유냐"라는 짝은 없다. 즉 모든 사람은 문화를 가진다. 이것은 매우 민주적인 문화다. 즉 누구든 그들 자신의 문화 정체성을 주장할 수 있다. 그것은 문화의 일종의 선험적 전제다. 즉 사람들은 흑인문화, **언더그라운드**문화, 기술문화 등에 대해서 말한다. 그것은 이해하기 어려우며 역사과정에서 온갖 종류의 애매함을 받아들인 아주 모호한 "정신" 종류이다. 왜냐하면 그것은 **인민**(Volk) 관념과 같이 히틀러당에서뿐만 아니라 자신의 문화 및 문화적 기반을 재전유하고자 하는 수많은 해방운동들에서도 만나는 의미론적 차원이기 때문이다. 세 번째 의미론적 핵인 "의미 C"는 대중문화와 일치하며, 나는 이것을 "상품문화"라고 부르고자 한다. 여기에는 어떠한 가치판단도 없고, 의미 A와 의미 B에서와 같은 다소 비밀스런 집합적 문화영토들도 없다. 문화는 모든 자산들이다. 즉 모든 시설들(문화의 집 같은), 모든 사람들(이러한 시설에서 일하는 전문가들), 이러한 작동과 관련한 이론적이고 이데올로기적인 모든 준거들, 일정한 화폐순환시장이나 국가순환시장에 확산된 (책과 영화 같은) 기호적 대상의 생산에 기여하는 모든 것이다. 이러한 방향에 잡혀서 사람들은 문화를 정확히 코카콜라, 담배, 자동차, 또는 다른 어떤 것으로서 확산시킨다.

세 가지 범주로 되돌아가 보자. 부르주아지의 등장과 함께, 가치문화는 다른 분리차별 관념들을, 귀족이라는 고대적인 사회적 분리체계들을 대체해온 것처럼 보인다. 우리는 더이상 상류층 사람에 대해 말하지 않는다. 즉 사람들이 고려하는 것은 일정한 작업의 결과인 문화의 질이다. 이것은 『캉디드(Candide)』[1759년 발표한 볼테르의 소설로, 당시의 사회가 지닌 뿌리 깊은 병폐와 종교에의 맹신을 철저히 부정하고, 인간 스스로가 이성에 호소하여 이상적인 사회를 건설해야 한다는 주제를 지니고 있다]의 결론에서 일종의 구호인 "당신의 정원을 가꿔라"는 볼테르(Voltaire)의 정식이 언급하는 것이다. 부르주아 엘리트들은 자신들이 지식분야, 예술분야, 그리고 기타 등에서 어떤 유형의 일을 수행해왔다는 사실로부터 자신들의 권력의 정당성을 끌어낸다. 이러한 가치문화 관념은 또한 다양하게 수용된다. 사람들은 그것을 부르주아 엘리트들의 장에서 문화적 가치의 일반적인 범주라고 간주할 수 있지만, 또한 부문별 가치체계들 안에서 상이한 문화적 수준들을 지칭하는 데 사용할 수도 있다. 따라서 사람들은 고전문화, 과학문화, 혹은 예술문화에 대해 말한다.

점차 우리는 인류학, 특히 문화인류학의 발전과 함께 19세기 말에 가공된 의사(pseudo)과학적 관념인 정의 B, 정신문화의 정의에 이른다. 첫 번째로, 집합적 정신이라는 관념은 분리차별적이고 심지어 인종차별적인 관념과 매우 가깝다. 레비-브륄(Lévy-Bruhl)과 테일러(Taylor)와 같은 위대한 인류학자들은 이러한 문화 관념을 물신화했다. 예를 들어, 이른바 원시사회들은 세계에 대한 애니미즘적 관념, 하나의 "원시 정신", 하나의 "원시 심성"을 가지고 있다고 얘기되었다. 이 관념들은 실제로 상당히 이질발생적인 주체화양식들을 기술하는 데 사용된 것들이다. 이후 인류학적 과학의 진화와 더불어, 구조주의 및 문화주의와 더불어, 이러한 자민족중심주의적 평가체계들에서 벗어나려는 시도가 있었다. 문화주의 흐름의 모든 저자들이 이러한 시도를 하지는 않았다. 몇몇은 자민족중심적 전망을 유지했다. 반면에 카디너(Kardiner), 마가렛 미드(Mead), 루스 베네딕트(Benedict) 같은 다른 사람들은, "기본적 인성", "문화의 기본적인 인성" 그리고 "문화 **유형**" 같은 관념들을 가지고, 자민족중심주의로부터 해방되고자 했다. 그리고 백인 서양 남성문화와 관련하여 일반적인 준거를 포기하려고 하였다. 그러나 사실은 사람들은 그 의도가 자민족중심주의에서 벗어나는 것이라면 그것은 일종의 문화적 다중심주의, 자민족중심주의의 일종의 복수화[증식]를 설립하는 데 있다고 말할 수 있다.

　이러한 "정신문화", 의미 B는 내가 문화의 영역(신화, 숭배, 혹은 계산법과 같은 분야들)이라고 부르고자 하는 것을 떼어내는 것으로 이루어져 있다. 이 문화영역에서 정치영역, 구조적인 친족관계 영역 ── 재화 및 지위의 경제와 관련 있는 모든 것 ── 과 같이 이질발생적인 것으로 간주되는 다른 수준들이 대립한다. 이것은 결국 내가 "기호화 활동"── 모든 의미·기호적 효율성의 생산 ── 이라고 이름붙인 것이 "문화"의 영역으로 지칭되는 영역에서 분리되는 상황으로 나아간다. 문화는 각각의 집합적 영혼(인민들, 인종집단들, 사회집단들)에 귀속된다. 그럼에도 불구하고, 이러한 인민들과 인종집단들과 사회집단들은 이러한 활동들을 하나의 분리된 영역으로 살지 않는다. 몰리에르(Molière)[17세기 프랑스의 극작가로『타르튀프』,『돈 주앙[돈 후안]』,『인간 혐오자』등 성격희극으로 유명하다]의 부르주아 신사가 자신이 "산문을 만든다"는 것과 동일하게, 이른바 원시사회들은 자신들이 "문화를 만든다"는 것을 발견한다. 예를 들면, 그들은 음악을 만들고, 춤추고, 숭배·신화 등의 활동들을 수행한다고 한다. 그리고 그들은, 박물관에서 전시하거나 예술시장에 팔기 위하여 또는 순환하는 과학적인 인류학 이론들 속에 통합하기 위하여 자신들의 생산을 담당하는 순간에, 특히 이것을 발견한다. 그러나 이 사회들은 문화도, 춤도, 음악도 만들지 않는다. 이 모든 차원은 전체적으로 표현 과정에서 서로 연결되며 또한 그들의 재화 생산방식과, 그들의 사회관계 생산방식과 연결된다. 달리 말해서 어떤 방식으로도 그 사회들은 인류학적 범주화인 다양한 범주화를 수용하지 않는다. 정신치료체계에서 자신의 좌표들을 잃어버린 개인의 생산의 경우에나 취학체계에 통합될 때 어린이들의 생산의 경우에나 상황은 동일하다. 그 이전에 그들은 놀고, 사회관계를 연결하고, 꿈꾸고, 생산하며, 그리고 조만간 정상화된 사회 영역에서 이러한 기호화 차원들을 범주화하는 것을 배워야 할 것이다. 이제 놀 시간이고, 이제 학교를 위해 생산할 시간이고, 꿈꿀 시간이고 등.

의미의 세 번째 핵인 상품문화 범주는 훨씬 더 객관적이라고 주장한다. 즉 여기서 문화는 이론을 만드는 것을 의미하지 않고, A수준(가치문화)의 판별적인 가치체계들을 원칙적으로 고려하지 않고, B수준(정신문화)에 속하는 내가 문화의 영토적 수준들이라고 부르고자 하는 것에 집착하지도 않은 채, 문화상품을 생산하고 분배하는 것을 의미한다. 선험적[전제된] 문화가 아니라, 생산되고 재생산되며 지속적으로 수정되는 문화이다. 이 경우에, 양적인 측면에서 이러한 문화 생산을 평가하기 위해서 어떤 종류의 과학적 목록을 만들 수 있다. 책 생산량, 영화의 숫자, 문화적 사용을 위한 공연장의 숫자에 관한 지표에 따라서, 도시, 사회집단, 기타 등의 문화 "수준"들을 분류할 수 있는 아주 정교한 틀[척도](나는 유네스코가 사용하는 척도를 생각하고 있다)들이 있다.

역사 과정에서 연속적으로 나타나는 이러한 문화의 세 가지 의미는 동시에 계속 작동한다는 것이 나의 생각이다. 이러한 의미론적 핵들의 세 가지 형태들 사이에는 상보성(相補性)이 있다. 매스컴 수단의 생산, 자본주의적 주체성의 생산은 보편적인 사명을 가지고 문화를 만들어낸다. 이것은 집합적인 노동력을 제조하는 데서, 그리고 내가 사회통제의 집합적 힘이라고 부르는 것의 제작에서 본질적인 차원이다. 그러나 이러한 두 가지 주요 목적과는 무관하게, 그것[자본주의적 주체성생산]은 이 일반적인 문화를 상대적으로 피하는 주체적 영토들을 허용할 준비가 전적으로 되어 있다. 이를 위해서, 주변[가장자리]들, 소수문화 부문들 —— 우리가 우리 자신을 인정할 수 있는, 통합된 세계자본주의의 방향과는 낯선 방향에서 우리 자신을 실현할 수 있는 주체성들 —— 을 허용해야 한다. 그러나 이러한 태도는 단지 관용이 아니다. 최근 수십 년 동안, 이러한 자본주의적 생산은 그 자신의 주변들을 생산하기 위해 스스로 노력했고, 일정한 방식으로 개인 · 가족 · 사회집단 · 소수자 기타 등의 새로운 주체적 영토들을 준비해왔다. 이 모든 것은 매우 잘 계산되어 있는 듯 보인다. 사람들은 이 순간에 문화부가 도처에서 솟아나기 시작하고 있으며, 외관상 민주적인 방식으로 자신들을 부유한 산업 사회들에 합류하도록 해줄 문화생산을 증가시키자고 제안하는 근대주의적 전망을 발전시키고 있다고 말할 수 있다. 또한 특수화된 문화형식들을 촉진하여, 결과적으로 사람들은 자신들이 어느 정도 일종의 영토 안에 들어와 있다고 느끼며, 추상적인 세계에 빠져 있지 않다는 것을 알게 된다고 말할 수 있다.

　사실상, 사태들은 정확히 그렇게 진행되지는 않는다. B수준과 C수준에 따른 이러한 이중적 주체성 생산양식, 이러한 문화생산 산업화는 A수준의 가치증식체계를 절대로 포기하지 않아왔다. 이러한 거짓된 문화 민주주의 뒤에서 동일한 분리차별 체계들이 문화의 일반적 범주에 기반하여, 완전히 깊이 숨어서 계속 설립된다. 이러한 근대주의적 관점에서, 문화부와 문화시설의 전문가들은 자신들이 사회적으로 문화적 대상의 소비자들을 범주화하려는 것이 아니라, 단지 문화를 아마도 자유교환법칙에 따라 작동하는 어떤 사회영역에 확산시키려 한다고 단언한다. 그러나 여기에서 빠뜨린 것은 문화를 받아들이는 사회영역이 동질적이지 않다는 사실이다. 책이나 음반 같은 생산물의 확산은, 그것들이 사회 엘리트들의 편견에 의해서 또는 대중 매체의 편견에 의해서, 교육이나 문화활성화라는 명목으로 수행될 때 절대로 같은 의미를 지니지 않는다.

부르디외 같은 사회학자들의 연구는 문화생산물을 수용할 물질대사를 이미 가지고 있는 집단들이 있다는 것을 보여준다. 독서, 지식생산 그리고 조형작품 감상의 환경에서 살아본 적이 없는 아이는 분명히 문자 그대로 도서관에서 태어난 장 폴 사르트르와 같은 누군가가 가지고 있는 것과 같은 종류의 문화관계를 가지지 못한다. 그렇다 할지라도 사람들은 문화생산 앞에서 평등의 외관을 유지하려고 한다. 사실, 우리는 문화, 즉 말, 태도 그리고 에티켓을 다루는 방법을 아는 사람들, 좋은 집안 자손의 귀족적 전통 속에 각인되어 있는 가치문화라는, 문화라는 말의 고대적 의미를 보존한다. 문화는 문화적 정보의 전달, 모델화 체계의 전달일 뿐만이 아니라, 또한 자본주의적 엘리트들에게는 우리가 일반적인 권력시장이라고 부르는 것을 드러내는 방식이기도 하다.

문화적 대상에 대한 또는 그것을 조작하고 어떤 것을 창조할 가능성들에 대한 권력이 문제일 뿐만 아니라, 판별적인 기호로서 문화적 대상들을 다른 사람들과의 사회관계 속에 할당하는 권력이 문제이기도 하다. 예를 들어, 진부한 것이 문학 분야에서 획득할 수 있는 의미는 수취인[듣는 사람]에 따라 다르다. 지방에 있는 작은 마을에 학생이나 초등학교 교사가 모파상에 관해 진부한 것을 말한다는 사실은 사회적 영역에서 그의 가치 증진 체계를 바꾸지 않는다. 그러나 만약 지스카르 데스탱(Giscard d'Estaing) [대통령]이 프랑스 텔레비전에서 하는 주도적인 문학 프로그램 가운데 하나에서 모파상에 대해 이야기한다면, 그가 말하는 것이 아무리 진부할 시라도, 그 사실은 작가에 관한 그의 진짜 지식을 나타내는 것이 아니라, 그가 문화의 장인 권력의 장에 속한다는 것을 지표상으로 즉각 나타낸다.

나는 브라질의 맥락이라고 생각하는 것에 놓여 있는 더 직접적인 예를 들고자 한다. 룰라와 노동자당(PT)은 아주 마음에 드는 사람이고 기획이지만, 그들은 기술 능력을 가지고 있지 않고, 그것에 대한 충분한 지식 수준도 가지고 있지 않기 때문에, 브라질 사회와 같은 그러한 고도로 분화된 사회를 완전히 관리할 수는 없다는 것을 확실히 드러낼 것이라고 사람들은 넌지시 비추곤 한다. 나는 최근에 폴란드에 갔었는데, 같은 유형의 주장이 바웬사(Lech Walesa)에 대항하여 사용되는 것을 확인하였다. 폴란드 공산당의 지도자들은 그의 신뢰를 떨어뜨리기 위해 가능한 모든 수단을 사용한다. 특히 라코브스키(Rakowski)[18]라고 불리는 불쾌한 인물은, 서구 언론에는 아주 유혹적이고 아주 매혹적인 바웬사라는 인물에게 엄청난 호감을 가지고 있다고 말하지만, 바웬사가 그의 조언자들로부터, 그의 측근으로부터 떨어져 있을 때는 아무것도 아니고 단지 무능하다고 믿는다.

실제로 벌어지고 있는 것은 그러한 능력 수준들이 아니며, 우선 첫째로 권력을 장악한 엘리트들의 무능력 및 부패의 수준은 악명이 높다. 더욱이 자본주의적 권력배치에서 일반적으로 항상 가장 멍청한 사람이 피라미드의 꼭대기에 있게 된다. 다음 결과를 생각하면 충분하다. 즉 세계경제의 현행 관리는 현재 기술혁명과 더불어 발전하고 있는 기술진보와 비상한 생산력에도 불구하고, 수백만 수천만의 사람들을 가난과 절망으로, 완전히 불가능한 생활방식으로 몰아넣고 있다.

그러므로 우리는 능력이 효과적으로 지목되거나 여론에 일정한 영향을 지닌다는 것을 수용할 수 없다. 더군다나, 이 주장은 마치 우리가 살아가고 있는 이러한 위기상황에서 필요한 지성이 초월적으로 가정된 어떤 재능이나 지식을 체현할 수 있는 것처럼, 지식의 특정하게 체현된 기능을 촉진한다. 이러한 주장은 현재 세계에서 모든 지식 절차와 기호 효과는

• • • • • •
18) Mieczyslaw Rakowski는 1981년에 폴란드 부수상이었다.

한 명의 전문가에게 결코 속하지 않는 복잡한 배치에 참여한다는 사실을 단순히 숨긴다. 거대한 산업 과정들과 사회 과정들의 어떠한 근대적 관리 체계도 상이한 수준의 능력들의 접합을 포함하고 있다는 것은 잘 알려져 있다. 이러한 의미에서, 나는 왜 룰라가 그러한 접합을 할 수 없었는지 모르겠다. 그리고 내가 룰라에 대해 말할 때 나는 실제로 현재 브라질 선거캠페인의 이 국면에서 움직이고 있는 노동자당, 모든 민주주의적 구성체들, 모든 소수자운동에 대해 말하고 있다. 그러므로 능력의 이러한 상이한 잠재력들이 왜 현재 권력에 있는 엘리트들이 하는 것을 ── 그와 같이 혹은 심지어 더 잘 ── 할 수 없었는지를 사람들은 이해하지 못한다. 나는 문제의 핵심지점은 능력이 아니라, 정보의 양으로서 문화와 룰라와의 관계에 있다고 믿는다. 정신문화가 아니라 ── 이러한 의미에서 그에게는 상 베르나르도(São Bernardo)[19]의 문화나 노동자문화가 있으며 우리는 그로부터 그것을 뺏으려고 하지 않는다는 것은 명백하므로 ── 일정 종류의 자본주의적 문화, 즉 권력의 근본적인 톱니바퀴 가운데 하나 말이다. 노동자당의 사람들[인민], 특히 룰라는 지배 문화의 특정 질에 참여하지 않는다. 그것은 훨씬 더 스타일과 에티켓의 문제다. 그것은 미래 수준에서, 하나의 구절을 통해, 담론구성체에서 작동하는 어떤 것이라고 말할 수조차 있다. 이러한 사람들은 지배적인 자본주의 문화에 속하지 않는다. 거기서 출발하여 유죄화(culpabilization)의 모든 벡터가 발전하는데, 왜냐하면 이러한 문화 개념은 사회적이고 생산적인 수준 모두에 스며들기 때문이다. 결과적으로, 이러한 사람들은 자본주의적 과정들을 관리할 정당성을 가진다고 주장할 수 없다. 그것은 그들 스스로도 받아들이고 마는 생각이다.

─ ─ ─ ─ ─ ─

19) 그랑드 상파울루에 속한 도시인 São Bernardo는 Santo André, São Caetano와 함께 자동차산업이 압도적인 산업벨트인 "ABC"라 불리는 곳을 이루고 있다. 이 지역에 강력한 노조운동(특히 금속산업)이 집중되었고, 거기에서 룰라가 정치적 항적을 시작하였다. 그곳에서 또한 노동자당이 탄생하였다.

룰라 같은 사람의 정치사회적 등장에 대해 이상한 특성을 부여하는 것은, 사회경제적 흐름의 관리와 관련하여 파열 현상의 사례일 뿐만 아니라, 한편으로는 보편적 가치들을 생산하고 다른 한편으로는 작은 주체적 게토들에서 타자를 탈영토화하는 자신의 이중적인 등록기를 가진 채 자본주의적인 주체화와는 다른 종류의 주체화과정의 실천적 실행이기도 하다는 것을 우리가 아주 확실하게 느낀다는 사실이다. 그것은 "발전한" 사회의 현실을 관리할 수 있고 동시에 상이한 사회적 범주(성적, 인종적, 문화적 혹은 여타의 소수자들)를 권력의 지배적인 격자(quadrillage)에 가두지 않는 주체적 특이화과정을 관리할 수 있는 주체성생산을 실행한다.

그러므로 이제 제기되는 질문은 "누가 문화를 생산하는가" 혹은 "누가 이러한 문화생산의 수혜자가 될 것인가"가 아니라, 어떻게 다른 기호 생산 양식을 스스로 단지 지탱할 수 있는 한 사회를 건설할 수 있도록 배치할 것인가이다. 기호적 생산양식들은 개인들을 억압적인 차별체계에 가두거나 그들의 기호생산을 다른 문화영역들로 범주화하지 않은 채 생산의 사회적 분업을 보증해 줄 것이다. 문화영역으로서 미술은 우선 미술가들, 미술가로서 이력을 가진 사람들, 미술을 상업적으로 혹은 대중매체에 퍼뜨리는 사람들과 관계한다. 막 언급한 미술의 사례에서처럼, 자본주의적 엘리트들에 의해 몇몇 종류의 헤게모니적 점유가 없다면, 이러한 이른바 "문화의" 범주들이 고도로 전문화되고 동시에 특이화되는 것을 어떻게 보증할 수 있는가? 어떻게 음악, 춤, 창조, 그리고 모든 형태의 감수성이 사회의 구성요소들의 총체성에 완전히 속할 수 있는가? 이른바 "문화적" 생산의 이러한 모든 수준의 영역에서 특이성이 새로운 종류의 민족성에 한정되지 않은 채 어떻게 자신[특이성]의 권리를 주장할 수 있는가? 어떻게 이러한 상이한 문화적 생산양식들이 단지 전문적인 것들로만 되지 않고, 서로 접합되고, 사회영역 전체에 접합되고, 다른 생산 종류(내가 기계적(machininique) 생산이라고 부르는 것 ── 컴퓨터, 텔레커뮤니케이션,

로봇공학 등의 혁명) 전체와 접합되도록 할 수 있는가? 어떻게 자폐되어 있는 이러한 고대 문화영역들을 열어서 심지어 분쇄할 수 있는가? 어떻게 미적 감수성을 위해, 더욱 일상의 수준에서 삶을 바꾸기 위해, 동시에 거대한 경제사회적 총체 수준에서 사회 변형을 위해 작동하는 새로운 특이화 배치를 생산할까?

결론적으로, 나는 문화의 문제들이 내가 앞에서 언급한 세 가지 의미론적 핵 사이의 접합에서 필연적으로 벗어나야 한다고 말하겠다. 대중매체 수단과 문화부가 문화에 관해 이야기할 때, 그들은 항상 우리에게 자신들은 정치사회적 문제들을 다루고 있지는 않다고 확신시키려 한다. 사람들은 최소식량을 몇몇 사회에서 분배하는 것처럼 문화를 소비하도록 분배한다. 그러나 이러한 온갖 예술적 수준들, 온갖 종류의 창조물들 위에서 기호생산의 배치들은 항상 상관적으로 미시정치적이고 거시정치적인 차원들을 포함한다.

또한 나는 사회주의자들이 이러한 문화 범주와 관련하여 돌출상황에 처해 있는 방식을 묘사하기 위하여 현재 프랑스에서, 미테랑 정부와 더불어 이러한 관념의 효과에 대해서 결국 말할 수 있다. 그리고 그것은, 그들이 문화를 민주화하려는 시도는 실제로 특이한 주체화과정과, 역동적인 문화적 소수자와 연결되지 않기 때문이다. 그래서 선의에도 불구하고, 국가와 상이한 문화생산체계 사이에서 특권적인 관계가 항상 재설립된다. 실제로 프랑스에서 나를 포함한 몇몇 사람들은 국가가 지금 자신의 집합적인 시설 및 매체들을 통해 마음대로 하는 이 영역의 현행 권력도식을 철저하게 파괴하는 문화생산양식을 발명하는 것이 매우 중요하다고 생각한다.

어떻게 문화로 하여금 자폐되어 있는 이러한 영역들에서 벗어나게 할 것인가? 어떻게 문화영역에서 현행 특수주의[고립주의]와 동시에 문화의 의사(pseudo)민주주의화라는 기획을 깨트리는 문화적 특이화과정들을 조직하고, 준비하고, 재정 지원할까?

*

　내 생각에, 대중문화와 박식한[고급] 문화는 없다. 기호적 표현의 장
전체를 횡단하는 자본주의 문화가 있다. 그것은 내가 문화라는 용어의
세 가지 의미론적 핵을 제기하면서 말하고자 한 것이다. 대중문화, 혹은
프롤레타리아문화, 또는 동일한 장르의 무엇이든 그것을 변호하는 것보
다 더 소름끼치는 것은 없다. 일정한 실천들에서 특이화과정들이 있고,
상이한 자본주의 체계들에 의해 수행되는 재전유·회수의 절차들이 있
다.

*

　결국 자본주의 문화라는 하나의 문화만이 있다. 그것은 항상 자민족
중심적이고 지식 중심적(혹은 이성 중심주의적)인 문화인데, 왜냐하면 그
것은 주체적 생산으로부터 기호세계들을 분리하기 때문이다.
　문화에는 남성·백인·성인 문화형태가 지닌 인종주의적 관계에서만
이 아니라 자민족중심적인 많은 방식들이 있다. 문화는 상대적으로 다중
심적이거나 다민족 중심적이고, 자본에 완전히 병행하는 기호생산의 일
반적인 번역가능성 모델을, 가치문화의 준거를 가정할 수 있다.
　자본이 경제적이고 사회적인 생산들에 대한 일반적 등가물을 가질 수
있게 허용하는 기호화양식인 것과 마찬가지로, 문화는 권력생산을 위한
일반적 등가물이다. 지배계급은 항상 이러한 이중의 잉여가치를, 즉 화폐
를 통한 경제적 잉여가치와 문화가치를 통한 권력의 잉여가치를 추구한
다.

2

주체성과 역사

주체성: 상부구조-이데올로기-재현 대(對) 생산

이데올로기 대신에, 나는 항상 **주체화, 주체성생산**에 대해 말하기를
더 좋아한다.

*

　주체는, 철학과 인문학의 전통에 따르면, 우리가 **현존재**(être-là)로서 마
주하는 어떤 것, 인간 본성이라고 상정되는 차원의 어떤 것이다. 반대로
나는 산업적, 기계적인 본성의 주체성 즉 본질적으로 제조되고 모델화되
고 수용되고 소비되는 주체성이라는 관념[생각]을 제안한다.
　주체성생산 기계는 다양하다. 예를 들어 전통적인 체계에서 주체성은
인종·직업조합·카스트에 따라 좀더 영토화된 기계들에 의해 제조된
다. 반대로 자본주의 체계에서 생산은 산업적이며 국제적인 구도에서 일

어난다.

*

　도식적으로 말하면, 나는 농축우유(煉乳) 형태로 자신에게 고유한 모든 분자들을 가지고 우유를 생산하는 것과 마찬가지로 우리는 재현물들을 주체적 생산과정의 일부로서 엄마들과 아이들에게 주입한다고 말하겠다. 많은 아버지, 어머니, 오이디푸스 그리고 삼각분할[아버지-어머니-나]이 제한된 가족구조를 재조성하도록 요구된다. 다시 여성이나 엄마가 되기 위한, 다시 어린이가 되기 위한 또는 오히려 성인들은 유치하기 때문에 어린이가 되기 위한 일종의 재순환이나 평생교육이 있다. 어린이들은 얼마 동안 유치하지 않게 되며, 그만큼 이러한 주체성생산에 굴복하지 않는다.

*

　집합적 욕망경제에 관한 이러한 모든 질문들은, 우리가 주체성생산이 더이상 사회관계 생산의 무거운 구조들에 의존하는 상부구조의 사례일 뿐이라고 생각하지 않는 즉시, 즉 우리가 주체성생산을 가장 "발전된" 형태(첨단산업부문) 아래에서의 생산력 진화의 원료라고 생각하는 즉시, 유토피아적인 것처럼 나타나지는 않게 된다. 이것은 정확히 현재의 세계 위기를 활성화하는 운동의 원료이다. 즉 과학적 생물학적 혁명을 통해, 텔레마티크·컴퓨터·로봇과학의 대규모 합병을 통해, 집합적 시설 및 미디어의 비중 증가를 통해, 생산 그 자체를 혁명화하는 일종의 생산력을 향한 의지이다.
　모든 종류의 맑스주의자들과 진보주의자들은 이론적인 독단주의에 막했기 때문에 주체성이란 문제를 이해하지 못했지만, 오늘날 자본주의를 관리하는 사회 세력들에게 일어나는 것은 이미 아주 다르다. 이러한 세력들은 주체성생산이 아마도 어떤 다른 종류의 생산보다 더 중요하다고, 석유와 에너지 생산만큼 아주 본질적이라고 이해한다. 이것은 사람들이 석유를 가지고 있지 않지만 확실히 주체성생산을 가지고 있는 — 물론이지!— 일본에게 사실이다. 바로 이러한 [주체성]생산으로 인해, 자신의 나라들에서 노동자계급을 "일본화"하기를 원하는 수백 명의 고용주 대표단들의 방문을 받아들일 정도로, 일본경제는 세계시장에서 뚜렷이 나타날 수 있다.

그러한 주체성의 돌연변이[변화]들은 이데올로기의 등록기[틀] 속에서뿐만 아니라 바로 개인들의 마음속에서, 그들이 세계를 인식하는 방식 속에서, 기계적 노동 과정과 그러한 생산력을 지지하는 사회질서와 더불어 도시직조에 접합되는 그들의 방식 속에서 작동한다. 이것이 진실이라면, 혁명 즉 거시정치적이고 거시사회적인 수준에서의 사회변화는 또한 주체성생산과 관계해야 하며 해방운동들은 이 주체성생산을 파악해야 한다고 생각하는 것은 공상적인 것이 아니다.

이러한 질문들은 심리학, 철학 또는 정신병원 영역에 속하며 주변적인 것처럼 보였지만, 합쳐지면 지구상의 주민의 다수를 구성하는 수많은 소수자들의 탄생과 함께 근본적이게 된다. 나는 이러한 문제설정들이 기호화되는 방식에 대한 일반 이론이나 일반적인 지도그리기가 있다고 생각하지 않는다. 나에게는 이 점은 근본적인데, 왜냐하면 이론적이고 이데올로기적인 재현을 사회적 실천과 분리할 수 없고, 그러한 실천의 조건들과 분리할 수 없기 때문이다. 즉 사회적 실천은 운동 자체 안에서 딤색되고 그리고 필수적인 준거들의 후퇴·재평가·재조직화를 포함하는 무엇이다. 내 생각에, 그것은 캉동블레(candomblé)의 오릭사(Orixá)들[20]과 같은 평가 요소들을 여기 브라질 문제설정의 지도그리기·기호화·이해의 양식 속에서 고려하기 위한 조건이다.

*

자본주의적 주체화에 의해 생산되는 모든 것 ― 언어, 가족 그리고 우리 주변의 시설들을 통해 우리에게 도달하는 모든 것 ― 은 단지 관념의 문제나 기표적 언표에 의한 의미작용의 문제는 아니다. 그것은 더이상 정체성 모델로 또는 모성적이고 부성적인 극들과의 동일시로 환원될 수 없다. 거대한 생산기계들, 거대한 사회통제기계들 그리고 세계를 인식하는 방식을 규정하는 심리적 층위들 사이의 직접적인 연결접속(connexion) 체계가 중요하다. 아직 자본주의 과정을 통합하지 않은 "고대" 사회들, 아직 체계에 통합되지 않은 어린이들, 또는 지배적인 의미작용 체계에 들어가지 못한 (또는 들어가려 하지 않는) 정신병원에 있는 사람들은, 지배적인 도식의 전망 안에서 사람들이 습관적으로 지니는 것과는 완전히 다른 세계 인식을 가지고 있다. 이는 가치들 및 사회관계들에 대한 그들의 인식의 본성이 혼란스럽다는 것을 의미하지 않는다. 그것은 세계에 대한 색다른 재현방식들과 일치하며, 이 방식들은 자신들에게 뿐만이 아니라 살기 위해서 그것들을 사용하는 사람들에게 확실히 아주 중요하다. 그 재현방식들의 중요성은 또 다른 유형의 사회에서 다른 사회생활 부문들로 확장될 수 있을 것이다.

• • • • • • •

20) Orixá(또는 orisha)는 (나이지리아 남서부, 베닌, 북토고의) 요루바(Yoruba)족이 숭배했던 신성한 대상에 대한 일반적인 명칭[이름]인데, 그 지역들에서 온 아프리카 노예들이 식민화 시기 동안에 브라질로 가져왔다. 오릭사는 자연의 힘을 나타내는 다차원적인 존재이다. 오릭사들은 아프리카-브라질(브라질흑인) 종교인 캉동블레(candomblé)에 통합되었다. [캉동블레 의식은 모계적 전통에 따라 여사제가 집전하며 서로 리듬이 다른 북과 손뼉과 노래가 어우러지는데, 선발된 무당이 도취 상태에서 접신하며 춤을 출 때 둘러선 사람들은 미친 듯이 손뼉을 친다.]

　나는 경제적 생산관계를 주체적 생산관계에 대립시키지 않는다. 내 생각에는 적어도 가장 근대적이고 가장 선진적인 산업분야들에서는, 생산 안에서 물질적이자 기호적인 노동유형이 발전한다. 그러나 기호 영역에서 이러한 능력생산은 전체로서 사회적 장에 의한 능력의 제조에 달려 있다. 즉 전문화된 노동자를 생산하기 위해서는 직업학교들의 개입만으로는 안 된다는 것은 분명하다. 초등학교에서, 가정생활에서 앞서서 일어나는 온갖 것이 있다. 어린 시절부터 도시를 돌아다니고 텔레비전을 보는, 간단히 말해서 완전히 기계적인 환경 속에 실존하는 방식으로 이루어지는 온갖 종류의 견습제가 있다.

　사실상 제조품생산은 실제로 공장영역이라는 한 영역에 국한되지 않는다. 사회적 노동 분업은 생산조직 바깥에서 (예를 들어 집합적 시설들에서) 엄청난 양의 지불노동과 특히 여성에 의해 행해지는 노동인 부불노동을 포함한다. 내가 통합된 세계자본주의의 주체성생산이라고 부르는 것은 사회관계 및 생산관계를 통제하기 위한 권력생산으로만 이루어지지는 않는다. **주체성생산은 그것이 무엇이든 모든 생산을 위한 원료를 이룬다.**

　이데올로기 개념은 우리에게 주체성의 말 그대로 이러한 생산적인 기능을 이해하도록 허용하지 않는다. 이데올로기는 재현의 영역에 남아 있는 반면에, 통합된 세계자본주의의 본질적 생산은 재현의 영역일 뿐만 아니라, 행동·감수성·인식·기억·사회관계·성관계·상상적 환영 등과 관련하는 모델화의 영역이다.

*

　주체성생산은 맑스가 생산적 하부구조라고 부른 것 속에서 더욱더 커다란 비중을 갖고 발견된다. 이것은 증명하기 아주 쉽다. 미국과 같은 열강이 이른바 제3세계 나라에서 경제적 확장의 가능성을 뿌리내리려 할 때, 맨 처음 주체화과정을 가동하는 데 착수한다. 생산력과 소비력을 미리 양성하는 작업이 없이는, 모든 경제적·상업적·산업적 기호화 수단에 대한 작업 없이는, 지역 사회 현실들을 통제할 수 없다.

*

미시정치적 문제설정은 재현[대의제]의 수준에 있지 않고 주체성생산의 수준에 있다. 미시정치적 문제설정은 언어뿐만 아니라 이질발생적인 기호적 수준들이 만들어낸 표현양식들과 관계가 있다. 따라서 일종의 구조 간 일반적 준거를, 모든 특정 구조적 수준들이 환원되는 무의식적인 것의 기표들의 일반적 구조를 가공하는 것이 문제가 아니다. 구조적 등가성 및 번역가능성의 체계들에도 불구하고, 사실 다원적인 주체성의 생산적인 뿌리들인 특이점들, 특이화과정들을 향해가는 반대작용을 정확하게 하는 것이 문제다.

*

현재 모든 중요한 현상은 욕망과 주체성의 차원들을 포함한다. 만약 이란이나 폴란드의 사례를 든다면, 특정한 사회질서 유형에 대한 거부로서 상당히 어렵게 표현되는 집합적인 주체성생산이 어느 정도까지 있는지를 이해하지 않으면, 그러한 나라들에서 일어나고 있는 것을 설명할수 없다. 전통적인 학문적이고 정치적인 준거들, 고전적 맑스주의나 프로이트 맑스주의적 잡동사니는 이러한 문제들을 설명하지 못한다.

*

    현재 나타나고 있는 다양한 종교적 현상 —— 소비에트 억압자에 반대하는 투쟁에서 아프가니스탄 인민을 결속시키는 현상이나 이란에서 일어나고 있는 현상 —— 은 이데올로기의 측면에서만 설명할 수 없다. 내 생각에, 집합적인 주체성이 구성되는 특정 과정들이 문제이며, 여기서 그 과정들은 개인적인 주체성들을 합한 결과가 아니라 주체성이 현재 세계적인 규모에서 제조되는 방식들과 대결한 결과이다.

*

    사람들이 습관적으로 "사회적 노동자들" —— 언론인들, 상이한 진료를 하는 상이한 유파의 심리학자들, (사회복지사업의) 여성가정 방문원들, 교육자들, 활동가들, 주변부의 공동체들·집단주택들 등에서 온갖 종류의 교육적이거나 문화적인 일을 수행하는 사람들 —— 이라고 부르는 사람들이 주체성생산에서 다양한 방식으로 활동한다. 그러나 누가 주체성의 사회적 생산 속에서 일하지 않는가? 나는 이러한 명제에 불편함을 느끼지 않는데, 왜냐하면 움직임의 이 단계에서 그것은 필연적이기 때문이다. 나는 예를 들어, 입회[진입식]체계들을 통해 한 연령집단에서 다른 연령집단으로 넘어가는 것을 규제하는 것으로 이루어지는 주체성생산으로 되돌아가는 것이 가능하거나 심지어 바람직하다고 생각하지 않는다. 입회체계들은 축복의 체계이고 놀라운 재현의 체계를 구성하지만, 또한 극단적으로 잔인하기도 하다는 것은 진실이다.
    우리는 주체성생산의 일반적인 사회적 분업 과정에 착수했고, 돌아갈 곳은 없다. 그러나 바로 그 이유 때문에, 우리는 사회과학들과 심리과학들에서 또는 사회적 노동의 장에서 가르치는 위치를 차지하는 모든 사람들,

타자의 담론에 관심을 갖는 직업을 가진 모든 사람들에게 질문해야 한다. 그들은 근본적으로 정치적이고 미시정치적인 교차로에 있다. 그렇지 않으면 그들은 우리에게 특이화과정을 위한 출구를 창조하도록 허용하지 않는 모델들을 이렇게 재생산하는 게임을 하거나, 반대로 자신들이 작동시킬 수 있는 자신들의 가능성들과 배치들의 척도 속에서 이러한 과정들을 작동하게 하려고 한다. 이것은 이 영역에서 어떤 과학적인 객관성도 없고 정신분석에서 상정하는 것과 같은 관계 속에 상정된 중립성도 없다는 것을 의미한다.

사실, 이러한 이론들은 전문화된 직업들과 차별적인 시설들의 존재를, 그리고 인구의 몇몇 부문들에서조차 주변화의 존재를 합리화하고 정당화하는 데 이바지한다. 스스로를 과학적 지식의 단순한 저장소들이나 운송 채널들이라고 생각하는 치료체계나 대학에 있는 사람들은 이 유일한 이유 때문에 이미 반동적인 입장을 취해왔다. 그들의 순수성과 선의에도 불구하고, 그들은 실제로 지배적인 주체성생산 체계들을 강화하는 지위를 차지하고 있다. 그들의 직업의 운명이 문제가 아니다. 프랑스에서 1968년에, 사람들은 이러한 질문에 대해 논쟁하였고, "정신" 직업인들(심리학자들, 정신의학자들, 정신분석가들)과 사회적 노동자 일반을 체계적으로 "경찰"로 간주하였다.

또는 경찰 짓을 하는 직업 자체가 아니라면 본질적으로 경찰[억압]적인 어떤 직업도 없으며, 그것조차 논쟁의 여지가 있다. 미시정치적 관점에서, 어떤 실천이라도 경찰[억압]적일 수 있고 아닐 수도 있다. 어떤 과학적 신체도, 어떤 기술적 준거 신체도 올바른 방향을 보장하지 않는다. 특이화하는 새로운 주체화양식들을 구축하는 과정적 미시정치에 대한 보증을 그러한 종류의 교육에서 찾을 수 없다. 과정적 미시정치에 대한 보증을 준거양식들과 실천양식들의 발명 속에서 미시정치를 구성하는 배치들에 입각하여 각 단계에서 찾을 수 있다. 이 발명은 주체화의 장을 밝힐 수 있게 해주며 동시에 그 장 안에서뿐만 아니라 외부와의 관계들 속에서 그 장에 효과적으로 개입할 수 있게 해준다. 사회의 직업인들에게는, 모든 것은 미시정치적 구도에서 자신들의 책임을 감당하는 언표행위 배치들과 접합할 수 있는 능력에 달려 있을 것이다.

리우데자네이루의 노동자당 위원회에서 벌어진 논쟁, 1982년 9월 11일

리소브스키(Mauricio Lissovski): 정치적 실천에서 현재 가장 커다란 질문 가운데 하나는 어떻게 자본주의적 주체성생산과정에 "욕망하는 방식으로" 투여하는가를 아는 것이다. 이 질문은 전통적으로 이데올로기 관념과 연결되어 있다. 만약 우리가 브레히트를 상기한다면, 그의 기획은 대중의 의식을 장악하기 위하여 정치적 배우의 의식에서 출발하는 비판을 포함했다. 그러나 만약 우리가 주체성을 전복하고자 한다면, 우리는 비판적으로 행동해야 하고 브레히트의 제안과 같은 제안들을 포기해야 한다. 우리는 이데올로기 관념을 포기해야 하고, 그와 더불어 의식이란 문제설정을 포기해야 한다.

"욕망하는" 특이성들의 배치를 허용하는 방식으로 주체성의 전복을 추구하는 정치적 실천은, 지배적 주체성을 비난하는 대신에 그것을 드러내는 게임을 하면서 지배적인 주체성의 바로 핵심에 파고들어야 한다. 자유(의식 관념과 분리할 수 없게 연결된 관념)를 추구하는 대신에 우리는 익살의 공간을 재장악해야 하고, 자본주의적 주체성과 충돌하여 그것을 무너뜨리는 정신착란적인 주체성들을 생산하고 빌명해야 한다.

*

거시정치적 수준에서의 모든 혁명 역시 주체성생산과 관계가 있다.

주체성: (개인적 또는 사회적) 주체 대 집합적 언표행위 배치

주체, 언표행위 주체 또는 프로이트의 심리적 층위들 대신에, 나는 "집합적 언표행위 배치"에 대해 말하기를 더 좋아한다. 집합적 배치는 개별화된 실체와도 미리 결정된 사회적 실체와도 일치하지 않는다.

*

주체성은 언표행위 배치들에 의해 생산된다. 주체화나 기호화의 과정들은 (내부심리적, 자기중심적, 미시사회적 층위들의 작동 속에서) 개인적인 행위자(agents)들에도 집합적 행위자들에도 집중되지 않는다. 이 과정들은 이중적으로 탈중심화된다. 그 과정들은 사람 이외의, 개인 이외의 본성에 속할 수 있을 뿐만 아니라, 인간내부의, 심리내부의, 사람내부의 본성에 속할 수 있는 표현기계들을 포함한다. 내가 사람 이외의, 개인 이외의 라고 말할 때, 기계적·경제적·사회적·기술적·도상적·생태적·동물행동학적·매체적 체계들, 즉 더이상 즉각적으로 인간학적이지 않은 체계들을 의미한다. 내가 인간내부의, 심리내부의, 사람내부의 라고 말할 때, 수용·감수성·정서·욕망·재현·이미지·가치의 체계들 그리고 관념들의 기억화 및 생산양식들, 금지와 자동조작의 체계들, 신체적·유기적·생물학적 또는 생리학적 체계들 등을 의미한다.

전체 문제는 어떻게 실제 언표행위 배치들이 이러한 상이한 층위들을 연결시킬 수 있는가를 밝히는 것이다. 분명히 나는 아무것도 발명하지 못했다. 즉 이러한 입장은 아직 실제로 이론화될 수 없지만 확실히 전체 사회발전 속에서 충분히 작동한다.

주체성생산과 개인성

개인 개념과 주체성 개념을 철저히 분리시키는 것이 좋다. 나에게 개인들은 대량생산의 결과이다. 개인은 계열화되고 등록되고 모델화된다. 프로이트는 자아의 총체성이란 이러한 관념이 얼마나 불안정한지 처음으로 보여주었다. 주체성은 개인에 총체화되거나 중심화되기 쉽지 않다. 신체의 개인화와 주체화 배치들의 복수성은 전혀 다른 것이다. 즉 주체성은 본질적으로 사회적인 것의 등록기 속에서 제조되고 모델화된다. 데카르트는 의식적인 주체성 관념을 개인 관념에 붙이기(주체적 의식을 개인의 실존에 붙이기)를 원했고, 우리는 근대철학의 전체 역사에서 삶을 이 방정식으로 중독시켰다. 그러나 주체화과정들이 근본적으로 개인화와 관련하여 탈중심화된다는 것은 여전히 진실이다.

몇 가지 예를 들 수 있을 것이다. 꿈의 주체화양식에서, 주체성의 개인화의 폭발을 확인하는 것은 쉽다. 자동차를 운전하는 행동에서 운전하는 사람은 개인으로서의, 자아의 총체성으로서의 사람이 아니다. 개인화는 자동차와 자동제어 장치적 접합 과정 속으로 사라진다. 운전이 부드럽게 이루어질 때, 운전은 실제로 자동적이고, 자아의 의식, 데카르트적인 **코기토**[나는 생각한다, 고로 존재한다]의 의식은 개입하지 않는다. 그리고 갑자기 개인 전체의 개입을 새로이 요구하는 신호들(위험신호들의 경우)이 있다. 분명히, 개인의 신체는 항상 이러한 상이한 주체화 구성요소들 속에서 소생된다. 개인의 고유한 이름은 항상 소생된다. 항상 자아는 연속성과 권력 속에서 긍정되려는 야망이 있다. 그러나 발화·이미지·감수성·욕망의 생산은 개인의 이러한 재현과 아무 관계가 없다. 이러한 생산은 복수의 사회적 배치들에, 복수의 기계적 생산과정들에 그리고 가치세계와 역사세계의 변화들에 인접해 있다.

그러므로 분자적 변형의 미시정치를 다른 토대들 위에 근거짓는 것은 주체화과정들의 일반적인 준거로서 개인이라는 이러한 관념들에 대해 철저하게 문제제기함으로써 이루어진다. 내가 제기하는 것과 같은 주체성에 대한 광범위한 규정으로부터 출발하여, 이어서 특별한 사례들로서 주체성의 개인화들을 검토하는 데로 나아가는 것이 적절할 것이다. 즉 주체성이 나 또는 슈퍼-나(자아 또는 초자아)에게 말하는 순간들, 주체성이 스스로를 신체 속에서 또는 신체 일부분 속에서 또는 집합적인 신체적 소속체계 속에서 자신을 인식하는 순간들을 검토하는 데로 나아가는 것이 적절할 것이다. 그러나 여기서 또한 우리는 자아에 대한 다수의 접근법들을 발견하고, 그래서 개인 관념은 지속적으로 폭발할 것이다.

*

자본주의적 이윤은 근본적으로 주체적 권력의 생산이다. 이것은 사회적 실재[현실]에 대한 관념론적 전망을 함의하지 않는다. 즉 주체성은 개인적인 장 안에 있지 않으며, 주체성의 장은 모든 사회적이고 물질적인 생산과정의 장이다. 컴퓨터언어를 사용하여 말할 수 있는 것은 분명히 한 개인은 항상 실존하지만 오직 단말기로서만 실존한다는 것이다. 이러한 **개인 단말기는 주체성의 소비자의 자리에 있다.** 개인 단말기는 재현·감수성 등의 체계들을 소비하는데, 이 체계들은 자연적이고 보편적인 범주들과는 아무 관계가 없다.

명백한 것처럼 보일 수 있는 하나의 예를 제시해 보겠다. 워크맨을 귀에 끼고 거리를 걷고 있는 젊은이는 음악과 '자연적'이지 않은 관계를 맺는다. 이러한 유형의 (수단으로서 그리고 소통내용으로서) 도구를 생산하는 데 있어서, 그것을 제조하는 이렇게 고도로 정교한 산업은 단순히 "그" 음악을 전달하거나 자연적인 소리들을 조직하는 어떤 것을 하지 않는다. 그 산업이 하고 있는 것은 말 그대로 음악적 세계를, 음악적 대상들과의 또 다른 관계를 **발명하는 것**이다. 즉 외부의 어떤 지점으로부터 오는 것이 아니라 내부에서 오는 음악을 발명하는 것이다. 달리 말하자면 그 산업이 하고 있는 것은 새로운 지각(perception)을 발명하는 것이다.

어린이들은 또 다른 예다. 사실 어린이들은 가정적 영토[가족]의 인물들을 통해 세계를 인식한다. 그러나 이것은 부분적으로만 진실이다. 그들은 대부분의 시간을 이미지들·단어들·의미작용들의 관계들을 흡수하는 텔레비전 앞에서 보낸다. 이러한 어린이들은 이 유형의 장치[텔레비전]에 의해 모델화된 자신들의 주체성 전체를 가질 것이다.

더욱이 또 다른 예는 이른바 원시사회들에서 인류학자들이 한 경험들이다. 그들은 부족들에게 비디오들을 제시했고, 그 비디오가 심지어 즐겁게 해줄 수 있는 하나의 대상으로 그러나 또 다른 그 어떤 것으로도 여겨진다는 것을 확인하였다. 이러한 반응은 직접적인 소통관계 속에서 장치(apparatus)에 전적으로 초점을 맞추는 행동유형이 우리 사회에 존재할 뿐이라는 것을 우리에게 보여준다. 바로 우리 사회가 행동유형을 생산한다.

*

나는 일정한 상황들에서 일정한 사회적 맥락들 속에서 개인화될 수 있는 집합적인 경제, 집합적인 주체화 배치들이라는 생각으로부터 출발한다. 그것을 보여주기 위해서 언어라는 특수하고 분명한 사례를 들어보자. 페르디낭 드 소쉬르(Ferdinand de Saussure)는 언어의 근본적인 사회적 성격을, 개인화된 발화 및 행위자 속에 체현된 사회적 사실이라는 언어의 성격을 정립한 첫 번째 언어학자 가운데 한 사람이었다. 말하고 있는 순간에 언어를 발명하는 것은 송신자와 수용자라는 두 개인이 아니라는 것은 분명하다. 사회적 사실로서의 언어가 존재하고, 말하는 개인이 존재한다. 주체성의 모든 사실에 대해서도 똑같이 말할 수 있다. **주체성**은 다양한 크기의 사회적 복합체들 속에서 유통된다. 즉 주체성은 **본질적으로 사회 적이고, 특수하게 실존하는 개인들에 의해 감당되고 경험된다.** 개인들이 이러한 주체성을 경험하는 방식은 소외와 억압의 관계 또는 표현과 창조 의 관계라는 두 극단 사이에서 흔들린다. 소외와 억압의 관계 속에서는 개인은 자신이 받아들이는 만큼만 주체성에 따른다. 표현과 창조의 관계 속에서는 개인은 내가 **특이화**라고 부르는 과정을 생산하면서 주체성의 구성요소들을 재전유한다. 만약 이러한 가설을 받아들이면, 우리는 그 가설이 단순히 사회적 적대를 경제적 정치적 장들로 한정하거나 투쟁목 적을 생산수단이나 정치적 표현수단의 재전유에 한정하는 것을 넘어선다 는 것을 안다. 주체적 경제의 장 안으로 들어가야 하고 정치 경제의 장에 한정되어서는 안 된다.

언어에 의한 욕망 과정의 이러한 내생적인 매개 체계에 직면하여, 나는 주체성이 어떻게 생산되는지, 어떻게 언표들이 이러한 주체성과 관련하 여 효과적으로 생산되는지에 대한 색다른 관념을 가공하는 것이 필요하 다고 믿는다. 내부심리적인 층위들이나 개인화의 층위들(자아 이론들에 서처럼)을 가정하는 것과도, 도상적 기호계들을 모델화하는 층위들(이미 지가 심리 안에서 기능하는 것에 관한 모든 이론들에서 우리가 발견하는 것과 같은)을 가정하는 것과도 전혀 관계없는 관념을 [가공하는 것이 필요 하다고 믿는다]. 후자의 예는 프로이트 이론이다. 즉 프로이트는 동일시 체계들과 자아이상이란 문제설정 전체에 기반하여 주체성의 경제를 구축 하려고 하였다.

*

구조주의자들이 말하는 것은 진실이 아니다. 즉 주체성을 생산하는 것은 언어나 의사소통이 아니다. 주체성은 에너지, 전기나 알루미늄이 제조되는 것과 마찬가지로 제조된다. 한 개인은 그 또는 그녀의 아버지와 어머니가 참여한 생물학적 신진대사의 결과다. 사태를 이러한 식으로 볼 수 있지만, 실제로 개인의 생산은 또한 생물학 산업에 그리고 심지어 유전 공학에 의존하고 있다. 그리고 이러한 산업이 지구를 정규적으로 휩쓰는 바이러스의 흐름들에 대응할 지속적인 경주에 착수하지 않는다면 인간의 삶은 전멸될 것이라는 것은 분명하다. 에이즈의 확산은 광범위한 보물 사냥을, 즉 대응책을 찾으려는 영속적인 경주를 가져왔다. **면역학적 반응들의 생산과 완성은 현 시기에 이 지구상에 생명 창조에 참여하고 있다.**

*

본질적으로 외부 사태들이 시작되고 그러고 나서 "내부화"되는 "수용적인" 유형의 주체성은 실존하지 않는다. 이러한 [외부] "사태들"은 무의식적 주체화의 통사체 자체에 개입하는 요소들이다. 이러한 유형의 "사태들"의 예들로는, 언어를 사용하고 집합적 기호화(특히 매체에서)양식과 관련하는 일정한 방식, 그 속에서 사람들이 감전사할 수 있는 전자 소켓들의 세계와의 관계, 도시에서 순환세계와의 관계가 있다. 이 모든 요소들이 주체성을 구성한다.

*

내 생각에, 개인은 주체성의 많은 구성요소들의 교차로에 서 있다. 이 구성요소들 가운데 몇몇은 무의식적이다. 다른 구성요소들은 우리가 좋다고 느끼는 영토인 신체에 좀더 속한다. 그럼에도 다른 구성요소들은

미국 사회학자들이 "일차집단들"(씨족, 무리, 또는 집단)이라고 부르는 것
에 좀더 속한다. 그럼에도 다른 구성요소들은 권력 생산에 속한다. 즉
그것들은 법, 경찰, 그리고 이러한 종류의 층위들과 관련되어 있다. 나의
가설은 훨씬 더 포괄적인 주체성 또한 존재한다는 것이다. 그것은 내가
자본주의적 주체성이라고 부르는 것이다.

*

사회 그리고 사회적 표현 현상이 개인적인 주체성들의 단순한 덩어리,
단순한 합계의 결과라는 생각을 전적으로 버리고, 주체성 관념을 또 다른
방식으로 규정하는 것이 유용할 것이다. 반대로, 나는 바로 개인적 주체성
은 사회적일 뿐만 아니라 경제적·기술적·매체적 등의 상이한 종류의
집합적 결정들의 교차에서 생겨난다고 생각한다.

세데스 사피엔티에 연구소(l'Institut Sedes Sapientiae)의 정신분석강의
에서의 토론, 상파울루, 1982년 8월 31일

푹스(Mário Fuks): 내가 이해하는 바로는, 당신은 모델화의 방법론에서
변화들, 변이들은 최종적으로 주체성생산에서의 일반적인 변화들과 일치
한다고 주장한다. 나의 질문은 다음과 같다. 주체성생산에서 생겨나고
있는 변형들과 정신분석 역사의 거의 한 세기 이래 만들어진 정신분석
모델들의 변화들 사이에 직접적인 연관이 있는가(그리고 만약 있다면 어
느 정도인지)?

가타리: 주체적인 사실은 항상 이질발생적인 기호적 수준들의 배치에

의해 만들어진다. 무의식의 모델화들을 역사적으로 만들어내는 것은 주체적인 영토화 양식들의 거대한 표류현상과 일치한다. 주체적 준거양식들 또는 주체성 생산양식들은 자본주의체계들의 등장과 함께 지구로부터 문자 그대로 일소되었다. 누군가 주체적인 준거들의 일반적인 탈영토화운동이 있다고 말할 수 있다. 프랑스혁명과 낭만주의까지, 주체성은 개인의 특정한 수준에서 주체성을 작동하도록 하지 않는 — 확대가족 안에서, 법인·카스트들·사회적 분절의 체계들 안에서 — 영토화된 생산양식들과 연관되어 있었다.

새로운 유형의 집합적 노동력의 출현과 함께, 주체성의 새로운 유형의 개인화의 한계와 함께, 주체성생산의 새로운 좌표들을 발명하는 문제가 제기된다. 필립 아리에스(Pillippe Ariès), 동즐로(Donzelot) 그리고 다른 사람들과 같은 역사학자들은 사람들이 어떻게 가족의 유폐와 아동기의 한정에 점점 가세하는지 보여주었다. 자본주의 구성체들에 선행하는 체계들에서, 어린이의 주체성생산은 부부가족의 기능 작용에 전적으로 집중되어 있지 않았다. 연령집단들 속에 통합하고 주위의 사회적 장과 접합시키는 복합 경제[조직]는 주체성을 영구적인 종속관계 속에 유지하였다. 불일치는 항상 어느 정도 보완적이었다. 우리는 이러한 보완성에 대한 다양한 문학적 증거들을 갖고 있다. 나에게 생각나는 하나의 사례는 주인인 돈키호테와 그의 하인인 산초 판사 사이의 관계이다. 그러나 아마도 그것은 가장 좋은 예는 아닌데, 왜냐하면 그 책을 통해 주인-하인 관계를 우리로 하여금 인식하게 한 것은 이미 그 당시에 인식하고 있던 탈영토화의 윤곽과 정말로 일치하기 때문이다.

실수와 내면화된 유죄성[죄의식] 관념들과 마찬가지로, 개인화된 책임이란 관념은 때늦은 관념이다. 어느 순간에 주체성들의 전반적인 구획들이 이루어졌고, 사회적 공간들의 분리, 그리고 모든 낡은 종속형식들의 파괴가 발생했다. 프랑스혁명과 함께, 모든 개인은 법적으로 실제로는 그렇지 않을지라도 자유롭고 평등하고 형제들이 됐을 뿐만 아니라(그리고 씨족 그리고 일차집단 체계들에 대한 그들의 주체적인 집착들을 잃어버렸다), 또한 초월적인 법들, 자본주의적 주체성의 법들에 근거해야 했다. 이러한 조건들 속에서, 주체와 그의 기초적인 타자들과의 관계들, 즉 주체와 사유의 관계(데카르트의 **코기토**), 주체와 도덕적 법의 관계(칸트의 실체), 주체와 자연의 관계(자연과 관련한 색다른 감성과 색다른 자연 관념), 주체와 타자의 관계(대상으로서 타자 관념)를 근거짓는 것이 필요하였다. 영토화된 주체성 양식들의 바로 이러한 일반적인 흐름 속에서 정신능력과 관련한 심리학 이론들뿐만 아니라 사회변혁의 전반적 장에서 주체화 절차들에 대한 영속적인 재서술이 발전되었다.

전체로서 소설의 진화는 새로운 주체성 생산양식들을 위한 준거체계들을 창조하는 그러한 다기한 시도들 덕이라고 할 수 있다. 소설의 모델화 체계들이 항상 정신 모델화 체계들과 어떻게 관련되는지를 기록하는 것은 흥미롭다. 프로이트는 항상 고대 신화에서 준거들을 찾았다. 그러나 그는 고대 신화의 준거들을 예를 들어 괴테의 저작에 훨씬 가까운 일종의 가족소설로 번역하였다. 그러나 내 생각에 가장 위대한 정신분석가들은 프로이트, 라캉, 융 또는 그런 종류의 누군가가 아니라, 프루스트, 카프카 또는 로트레아몽(Lautréamont)임이 분명하다. 그들은 과학적인 척하는 모델화 기획들보다 주체적 돌연변이들을 훨씬 더 존중하게 되었다.

사회투쟁조직이란 관념 속에 나타나는 모델화 체계들은 정신의 모델화 체계들에 마찬가지로 연결되어 있다. 제2인터내셔널, 레닌주의, 또는 마오주의를 통해 노동자운동 안에 만들어진 주체적인 생산 유형들을 생각하면 충분하다. 아마도 소설적인 감정표현들보다 훨씬 스릴이 덜한 어떤 것, 그러나 분명히 우리에게 부르주아 주체성의 진화를 직접적으로 나타내는 표현양식과는 아무 상관이 없는 표현양식으로 전혀 의심 없이 우리를 되돌아가게 하는 어떤 것이 문제이다.

*

만약 예술적이고 과학적인 창조의 장에서 실제로 일어나는 것을 고려한다면, 우리는 중심화 체계들을, 즉 창조적 과정들을 총체적으로 통제하는 제도들을 절대 만나지 않는다. 어느 정도 예술적 생산들과 과학적 생산들은 때때로 제도들과 전문성뿐만 아니라 국가들 그리고 심지어 시대를 가로지르는 언표행위 배치들에서 생겨난다. 창조의 장에서 특이화 지점들의 일종의 다중심화가 항상 있다. 그것은 이런 저런 순간에 창조적인 개인이나 학파가 나타나는 것을 막지 않는다. 그러나 사람들은 항상 또 다른 **계통**과 교차하는 하나의 생산 **계통**을 가져온다. 장군들과 문화독재자들의 머릿속에만, 혁명 심지어 문화혁명을 프로그램화할 수 있다는 생각이 실존한다. **본질상 창조는 항상 이단적이고 개인 횡단적이고 문화 횡단적이다.**

특이성 대 개인성

프로이트 정신분석연구소에서의 만남, 리우데자네이루, 1982년 9월 10일

질문: 당신은 변혁과정 전체가 특이화를 통해 일어난다고 제시한다. 그것은 모든 변화가 개인적이라고 말하려는 것인가?

가타리: 아니다. 그것은 그렇지 않다. 나는 정확히 반대를 말하려 하고 있다. 즉 집합적인 주체성은 개인적인 주체성들의 합의 결과가 아니다. 주체성의 특이화과정은 상이한 종류의 차원들을 채택하고 관련시키고

혼합함으로써 이루어진다. 욕망의 벡터들을 담지한 특이화과정들은 개인화 과정들과 만날지도 모른다. 그러한 경우에, 사회적 책임, 유죄화, 그리고 지배적인 법체계로의 진입이란 과정들이 항상 문제다. 특이성과 개인성의 관계는 절대적인 이접 속에서가 아니라 이러한 방식으로 더 잘 나타난다. 여기서 절대적인 이접은 순수한 특이성으로의, 일차과정에서의 순수한 전환으로의 회귀신화를 함의한다. 질문이 구체적으로 제기되는 영속적인 교차점이 있다. 즉 어떻게 욕망 대상의 환영적인 수준이나 어떠한 다른 실용적인 수준에서 일어나는 특이화과정을 사방에서 우리를 단단히 붙잡고 있는 개인화과정들과 접합할 수 있는가?

그러나 이 개인화과정들은 무엇인가? 첫 번째 가장 명백한 개인화 수준은 우리가 영양과 생존의 과정들 속에 개입된 생물학적 개인들이라는 사실이다. 이 첫 번째 수준에서 이미 제기되는 질문은 어떻게 개인화 수준이 죽음의 열정으로, 우리가 식욕부진이나 우울증에서 발견하는 죽음유형의 문제설정으로 전환되는 것을 피하는가에 대해 아는 것이다. 또 다른 개인화 수준은 성차이의 수준이다. 즉 우리는 남성이거나 여성이거나 동성애자이고, 완벽하게 분류할 수 있는 어떤 것이다. 그럼에도 또 다른 수준은 사회경제적 관계들에서의 개인화 수준 즉, 우리가 지닐 수밖에 없는 사회계급이다. 이러한 모든 예들은 우리에게 개인화라는 전망 자체는 다양한 통합 및 정상화 유형들에 직면한다는 것을 보여준다. 제기되는 질문은 어떻게 특이한 과정들의 미시정치가 이러한 개인화과정들과 접합될 수 있는가를 아는 것이다. 데카르트 이래로 철학의 발전 전체, 또는 텐느(Taine)와 분트(Wundt) 같은 이론가들 이래로 심리학의 발전 전체는, 가족적 결합체들과 사회적 결합체들이 개인화된 주체성과 관련하여 상부구조와 같다고 생각하면서 주체성을 개인적인 정체성과 관련지으려는 경향이 있다. 내 생각에 이것은 현상학과 심리학 분야에서 모든 환원론적 관점들의 뿌리에 있다. 실제로 행동들과 가치체계에의 개입들은 결코 이러한 개인화로부터 나오지 않는다.

*

　자아와 사회적·법적 인물 사이에 확립된 관계는 사람들로 하여금 항상 주체성의 기능에 대해 책임을 지는 경향이 있도록 만든다. 주체성의 사회적 물화(reification) 현상은 억압·유죄화 등의 그 모든 역효과를 지닌 채 일어난다. 우리는 일종의 주체성 개인화에 완전히 갇혀 있다. 이와 관련하여, 문제는 정확히 말해서 우리의 개인성의 수준에서 우리를 되찾는다는 것이 아닌 것 같다. 왜냐하면 우리는 개인 내적인 수준이나 개인 외적인 수준에서 특이화과정들을 개방하지 않고(그렇게 하기 위해서는 외부와 접속하는 것이 필요하므로), 마치 우리가 심각한 치통을 가진 것처럼 우리 자신 주위에서 계속해서 회전할 수 있기 때문이다.

*

　내가 "주체화과정", "특이화"라고 말할 때, 그것은 개인과 아무 관련이 없다. 내 생각에 사람의 명백한 통일성은 실존하지 않는다. 개인, 자아 또는 자아의 정치, 주체성의 개인화 정치는 모델화하는 동일시 체계들과 상관적이다.

주체성: 자본주의와 관료적 사회주의 안에서 조립(montage) 라인

　통합된 세계자본주의는 이중 억압을 통해 국가와 사회 층에 따라 다른 양식들에 의해 확인된다. 우선, 경제적이고 사회적인 구도에서 직접적 억압에 의해서. 외부의 물리적 강제와 의미작용의 내용제안이라는 수단을 통해 재화들과 사회관계들의 생산을 통제함으로써. 아마도 강도에서 첫 번째 것과 같거나 더 큰 두 번째 억압은 통합된 세계자본주의가 바로 주체성생산 속에 자리 잡는다는 사실에 있다. 즉 **세계적인 규모에서 산업화되고 평준화된 주체성을 생산하는 거대기계는 집합적인 노동력과 집합적인 사회적 통제력의 형성에서 기본적인 좌표가 되어왔다.**

*

기계들은 생산과정들에서 점점 더 커다란 중요성을 지닌다. 지능·통제·사회조직의 관계들은 점점 더 기계적 과정들에 가까워지고 있다. 이러한 자본주의적 주체성생산을 통해 산업사회들에서 권력을 지니는 계급들과 카스트들은 생산체계와 사회생활에 대한 점점 더 전제적인 통제를 확보하는 경향이 있다.

*

통합된 세계자본주의에 의한 주체성생산은 어떤 이미지 주위에, 초월적인 법에 의해 압류되고 초코드화된 주체적인 합의 주위에 계열화되고 표준화되고 중심화된다. 바로 이러한 주체성 구획[격자화]이 사회관계들의 생산 및 소비 수준에, 모든 환경(지식, 농업, 산업 등)에 그리고 지구상의 모든 지점에 그 주체성이 퍼질 수 있게 하는 것이다.

*

엄청난 국가기계들은 모든 것을, 그들 자신의 행위자들로부터 최저 임금을 버는 사람들이나 브라질 북동부의 건조한 평야들과 같은 지역들에 묻혀 있는 사람들에 이르기까지 통제한다. 개인들은 그들의 행동들의 가치, 즉 자본주의 시장과 그것의 일반적인 등가물들에 반응하는 가치에 집중된 톱니바퀴들로밖에 환원되지 않는다. 개인들은 혼자 사는 화난 로봇들 같고, 권력이 자신들에게 제공하는 약물들을 점차 흡수하면서 점차 스스로 승진에 매료된다. 그리고 각 승진 단계는 그들에게 일정한 유형의 주거와 일정한 유형의 사회적 관계 및 위신을 제공한다.

*

현재의 경향은 사람들이 특이화과정들을 알아차리지 못하게 하는 통일하면서 환원하는 — 자본, 노동, 일정 유형의 임금체계, 문화, 정보와 같은 — 거대한 범주들을 통해서 모든 것을 균등화하는 것이다. 사회적이고 기술적인 장에서 모든 창조성은 분쇄되는 경향이 있고, 특이한 주체화의 모든 미시벡터는 회수된다. 영토화된 주체화양식들의 일반적인 흐름이 어디에서나 생겨난다. 일정한 유형의 사회관계와 문화생활의 천 년의 전통은 급속하게 행성[지구]에서 제거되고 있다. 모든 이른바 잔여적 문화 정체성들은 감염된다. 실존하는 생산적인 모든 가치증식 양식은 현행 사회발전 속에서 위협받는다. 심지어 노동과 같이 가장 전통적이고 가장 강하게 뿌리박고 있는 가치들조차 산업혁명들에 의해 내부로부터 침식된다. 만약 캉동블레의 경우처럼 풍요롭고 개인화된 기호계를 발명하는 사람들에게 무슨 일이 일어나는지를 면밀하게 분석한다면, 우리는 그들이 지배적인 모델들과 관련하여 완전히 침투할 수 없는 것은 아니며 자율적이라는 것을 안다.

*

　자본주의적 주체성의 생산기계는 어린이의 지배적인 언어 세계로의 진입과 함께, 어린이가 들어가야 하는 모든 상상적이고 기술적인 모델들과 함께, 유년기부터 바로 자리 잡는다.

*

　유죄화[죄의식화]는 자본주의적 주체성의 하나의 기능이다. 유죄화의 자본주의적 기술들의 뿌리는 "당신은 누구인가?", "감히 의견을 가지고 있는 당신은 누구의 이름으로 말하는가?", "우리 사회 속에서 그러한 것으로서 인정된 가치의 범위에서 당신은 무슨 가치가 있는가?", "당신의 발화는 무엇에 일치하는가?", "당신은 어떤 부류 안에 분류될 수 있는가?"와 같은 질문들이 근거하고 있는 준거 이미지를 항상 제공하는 데 있다. 그리고 우리는 최대한의 일관성을 지니고 우리 자신의 위상[입장]의 특이성을 받아들이도록 강요당한다. 하나의 위상은 항상 집합적인 배치를 포함하기 때문에 이것을 홀로 하기는 종종 불가능하다는 것을 제외하면. 그러나 준거에 대한 이러한 긴급요구 앞에서 조금도 흔들리지 않고, 사람들은 "결국, 나는 누구인가? 나는 단지 쓸모없는 놈인가?"라고 의심하게 하는 일종의 구멍에 자동적으로 빠져버린다. 마치 우리가 존재할 권리 자체가 붕괴된 것처럼 말이다. 그래서 사람들은 해야 할 최선은 입 닥치고 이러한 가치들을 내면화하는 것이라고 생각한다. 그러나 누가 그렇게 말하는가? 아마 그것은 꼭 교수나 명백한 외부 지배자는 아니고, 우리 자신 속에 있는 우리 자신의 어떤 것, 우리 스스로가 재생산하는 어떤 것이다. 초자아의 층위들과 금지의 층위들.
　내 생각에 주체성 형성 및 모델화의 모든 체계들에 의해 체계적으로 생산되는 이러한 유죄화 절차들을, 프로이트의 묘사 속에서 내부정신적 본성(에로스/타나토스 갈등 유형)에 속하는 일종의 사도마조히즘적 메커니즘과 혼동하지 않는 것이 매우 중요하다. 달리 말해서, **이러한 문제설정을 다루는 것은 확장된 정신분석에 의해서가 아니라, 오히려 미시정치적 절차들에 의해서, 자본주의적 가치들이 지닌 이러한 유죄화 요소들을 해소하는 특수한 배열장치(dispositif)들의 장착에 의해서 이루어진다.**

*

차별은 유죄화와 직접적으로 연결되어 있는 자본주의적 주체적 경제의 기능이다. 차별과 유죄화 모두 어떤 사람이라도 가상의 준거틀과 동일시하는 것을 전제한다. 이것은 모든 종류의 조작을 조장한다. 그것은 마치 사회질서가 스스로 지탱하기 위해 가능한 한 가장 인공적인 방식으로일지라도 무의식적인 위계체계들, 가치척도체계들, 그리고 규율체계들을 설립해야만 하는 것과 같다. 이러한 체계들은 엘리트들(또는 자칭 엘리트들)에게 주체적인 일관성을 제공하고, 상이한 개인들과 사회층들이 자리잡을 사회적 가치증식의 장 전체를 연다. 이러한 자본주의적 가치증식은 본질적으로 맑스가 묘사한 대로의 사용가치 체계들을 부정할 뿐 아니라, 모든 욕망가치증식 양식, 모든 특이성 가치증식 양식을 부정한다.

*

자본주의적 주체적 경제의 또 다른 기능은 그리고 아마 모든 것 가운데 가장 중요한 것은 **유아화(infantilization) 기능이다.** 사람들은 우리를 위해서 생각하고, 우리를 위해서 생산과 사회생활을 조직한다. 더욱이 사람들은 비상한 것들 —— 말하고 살아가는 것, 나이 들고 죽는 것처럼 —— 과 관련 있는 모든 것은, 우리가 우리 자신에게 행하는 사회적 통제와 함께 출발하면서 우리의 작업장에서 그리고 우리가 점하고 있는 사회적 통제의 위치들 안에서 우리의 조화를 교란시켜서는 안 된다고 생각한다.

*

유아화 ── 여성, 광인, 어떤 사회적 부문들의 또는 그 어떤 이단적인 행동의 유아화와 같은 ── 는 행해지거나 사유되는 또는 미래에 행해질지도 사유될지도 모를 모든 것이 국가에 의해 매개된다고 하는 것에 있다. 모든 유형의 경제적 교환, 모든 유형의 문화적이거나 사회적인 생산은 국가의 매개를 통과하는 경향이 있다. 국가에 대한 이러한 종속관계는 자본주의적 주체성의 본질적인 요소들 가운데 하나이다.

*

집합적 시설들 ── (주간병원들과 건강센터들 같은) 위생활동 시설들 및 정신건강 시설들이나 (학교들 및 대학들과 같은) 문화생활 시설들뿐만 아니라, 매체들 ── 은 과도한 중요성을 차지하는 경향이 있다. 집합적 시설들은 자신의 기능을 확장하면서 국가를 구성한다. 자본주의적 주체성 형성기계의 노동자들, 이러한 시설들은 인간·인간내부·인간외부 요소들을 통합하여, (가족체계들 같은) 리비도경제에서 그리고 (매체에 의해 기능하게 되는 것들과 같은) 기호적 생산들에서 작동하는 층위들과 같은 상이한 층위들을 실질적으로 접합시키는 기능을 지닌다.

*

자본주의 질서는 세계의 실재[현실]와 정신적 실재 속에 투사된다. 자본주의질서는 행동, 행위, 몸짓, 사유, 감각, 감정, 정서 등의 도식들에 근거하고 있다. 자본주의 질서는 주체내부적인 층위들 —— 정신분석이 자아, 초자아, 자아이상, 그리고 모든 잡동사니 속에서 물화하는 층위들 —— 의 지각·기억화·모델화의 몽타주[조립]에 근거하고 있다.

*

자본주의 질서는 심지어 사람들의 무의식적 재현들 속에서 인간관계 양식들을, 즉 사람들이 일하고 교육받고 사랑하고 키스하고 이야기하는 방식들까지 생산한다. 그리고 그것은 거기서 멈추지 않는다. 자본주의 질서는 인민의 생산·자연·사실·운동·신체·음식·현재·과거·미래와의 관계들을 제조한다. 요약하자면, 자본주의 질서는 사람의 세계와의 관계와 그들 자신과의 관계를 제조한다. 그리고 우리는 이 모든 것을 수용하는데, 왜냐하면 우리는 이 질서가 조직된 사회생활이란 바로 그 생각을 위험하게 하지 않고는 바꿀 수 없는 질서, 세계질서 자체라는 가정에서 출발하기 때문이다.

*

통합된 세계자본주의에 의한 주체성생산의 전유는 특이성에 대한 모든 인식을 고갈시킨다. 그것은 죽음, 고통, 고독, 침묵, 또는 코스모스와의 관계, 시간과의 관계와 같은 신존의 본질적인 차원들을 알지 못하는 주체성이다. 분노와 같은 감정들은 놀라게 하고 분개하게 만든다. 마찬가지로 암과 같은 통제할 수 없는 질병은 우리를 당황하게 하는 그런 것이다. 나이 드는 것[노령화]과 관련해서도 똑같은 일이 일어난다. 이러한 것들은 아주 상상할 수 없어서 사람들은 노인들을 단순히 고립[격리]시키기 위해서 일련의 "미시-수용소들"을 그들을 위해 창조한다. 그리고 사람들은 이러한 고립을 수용한다. 노인들이 자신들을 몇몇 경우에 진정한 절멸캠프의 근대적 버전인 이러한 종류의 절망캠프로 데려갈 운명에 수동적으로 동의하는 것은 수치스럽다.

*

파열, 놀람, 그리고 분노의 영역에 속할 뿐만 아니라 욕망의 영역에, 사랑하고 창조하는 의지에 속하는 모든 것은 지배적인 준거들의 등록기들 속에서 이러 저러하게 정돈되어야 한다. 사유와 욕망에서 이단적인 본성을 지닐 수 있는 모든 것을 예측하려는 정돈작업이 항상 있다. 내가 특이화과정들이라고 부르는 것을 제거하는 시도가 있다. 가벼울지라도 놀라게 하는 모든 것을 틀짓기, 준거화의 지대 안에서 분류할 수 있어야 한다. 교수[선생님]들뿐만 아니라 대중매체 수단들(특히 언론인들) 또한 이러한 유형의 실천에 대한 대가를 아주 잘 받는다. 만약 내일 우주인들이 상파울루에 착륙한다면, 그것은 기본적으로 비상한 어떤 것이 아니며, 이미 그것에 대한 계획들이 있었고, 특별위원회가 오랜 시간 동안 그 주제를 다루어왔고, 무엇보다도 이러한 것들을 다루는 권력이 있기 때문에 그것에 대해 공포스러워할 것은 없다고 설명하는 온갖 종류의 숙련인들, 언론인들, 전문가들이 있을 것이라고 나는 확신한다.

*

컴퓨터의 도움으로 프랑스에서 아동기의 프로그래밍은 이제 지금으로부터 10년, 15년, 또는 20년 뒤 전체 인구에서 청소년비행의 비율이 어느 정도일지를 계산할 수 있다. 따라서 일탈은 유전적 프로그램화 속에서 경험되기 전에, 주체성생산의 이러한 프로그래밍에 의해 초코드화된다. 그처럼 사람에게 남아 있는 것은 자신들이 있는 장에서 미리 구조화된 "가능성"을 살아가는 것뿐이다. 예를 들어 당신이 특정 연령과 계급의 여성이라면, 당신은 특정 한계들에 순응해야 한다. 만약 당신이 그 한계들 안에 있지 않는다면, 당신은 비행자이든가 미친 사람일 것이다.

*

　　자본주의 질서는 시간화양식들에 근거하고 있다. 자본주의 질서는 자신이 상이한 생산활동들을 가치증식시키는 수단인 임금체계로 시작하여 고대적인 삶[생활] 체계를 파괴하고 등가의 시간을 부과한다. 상업적 회로들 속에 들어가는 생산들, 사회질서의 생산들, 또는 고부가가치의 생산들은, 등가의 일반적인 시간에 의해 모두 초코드화된다.

　　현상학적으로, 우리는 이러한 등가의 시간이 일정 사회질서에 의존하는 어떤 것이라는 것을 안다. 즉 시간은 꿈 배치에서, 우울증적 배치나 광적인 배치에서, 춤 배치나 집합적인 사회적 생산 배치에서, 동일한 리듬에 따라 동일한 **리토르넬로**에 따라 나누어지지 않는다. 사실, 이것들은 특정한 영토화 양식들이다. 그리고 시간의 등가성을 측정하는 이러한 내면화된 모든 체계들은 주체적인 사실일 뿐만 아니라, 집합적인 노동력의 형성과 집합적인 사회 통제력의 형성을 위한 기본 좌표이다. 시간화양식에 관해 말한 것은 공간화 양식에 관해서도 마찬가지로 말할 수 있다. 오늘날 공간과의 관계, 시간과의 관계, 그리고 코스모스와의 관계 모두는 강요된 구도들과 리듬들에 의해, 운송수단의 틀체계들에 의해, 도시공간과 가정공간의 모델화에 의해, 자동차-텔레비전-집합적 시설들의 3요소 그리고 기타 등에 의해 완전히 틀지어지는 경향이 있다.

＊

자본주의적 주체성에 힘을 주는 것은 자본주의적 주체성이 피억압자들의 수준에서 만큼이나 억압자들 수준에서도 생산된다는 것이다. 이러한 측면에서 자본주의적 주체성은 사회계급 체계들이나 고대 영주제적이고 종교적인 카스트체계들과 구분된다. 일본은 좋은 예인데, 왜냐하면 일본은 주체성이 총체적으로 기계적 과정에 종속되는 경향이 있는 나라이기 때문이다. 일본에서는 심지어 가장 착취당하는 노동자들 사이에서도 생산에의 열정이 있다. 다양한 사회적 범주들 사이에 일종의 상보관계와 종속관계가 설립되며, 이것은 마침내 계급동맹들과 사회적 동맹들을 해체해버린다.

＊

내가 자본주의적 주체성 생산양식이란 이러한 생각을 강조하는 것은, 우리가 냉혹하게 직면하고 있는 사태를 기술하려는 목적에서가 아니다. 내가 그것을 강조한다면, 그것은 내가 오웰의 소설 『1984년』의 기념일을 축복하려고 하기 때문이 아니라 자본주의적 주체성의 이러한 발전이 엄청난 일탈과 재전유의 가능성들을 가져온다고 생각하기 때문이다. 이것은 투쟁이 더이상 정치경제의 구도에 한정되는 것이 아니라 주체적 경제의 구도 또한 포함한다는 것을 깨닫는 순간 진실이다. 사회적 대결들은 더이상 경제적 차원에만 속하는 것이 아니다. 사회적 대결들은 집단들과 개인들이 자신들의 실존을 살아가려고 선택하는 상이한 방식들 사이에서도 발생한다.

롤니크: 자본주의에 특징적인 주체화과정들과 그 과정들의 정치적 함

의들을 분석하는 데 기여한 저자들이 많다. 그리고 그들 중 다수는 이러한 과정이 전체 사회적 신체 속에 퍼져 있으며 지배관계와 착취관계의 좀더 직접적으로 인식 가능한 폭력과는 다른 본성의 폭력을 지니고 있는 주체적 조립라인이라고 생각한다.

들뢰즈와 가타리의 작업에서 창조적인 것처럼 보이는 것은, 그들이 주체성생산을 자본주의(또는 관료주의적 사회주의) 체계의 기본산업으로 설정한다는 것이다. 그 다음으로는 이러한 [주체성] 생산의 복잡한 배열장치의 파열지점들에 대한, 그들에 따르면 현 시기의 많은 운동들이 각인되어 있는 중요한 정치적 저항의 핵들을 구성할 지점들에 대한 그들의 감수성이다. 추상이나 재현으로서가 아니라 살아온 경험으로서, 체계의 논리 자체 안에 파열을 내는 것이 중요하다. 이러한 입장에서 우리 시대의 오히려 드문 전망들이 열린다.

분자혁명들: 특이화하는 대담성

지구적인 규모에서의 주체성생산을 통한 사회통제 시도는 상당한 저항요소들과, 내가 "분자혁명"이라고 이름붙인 영속적인 분화과정들과 충돌한다. 그러나 그 이름은 중요하지 않다.

*

이 새로운 사회운동들을 특징짓는 것은 주체성을 계열화하는 이러한 일반적인 과정에 반대하는 저항뿐만 아니라, 독창적이고 특이한 주체화 양식들, 주체적인 특이화과정들을 생산하려는 시도이다.

*

　행성[지구]의 광대한 지대들은 특이화 기능에 의해, 주체성의 재전유 과정들에 의해 횡단된다. 즉 국제적인 수준에서 이른바 제3세계뿐만 아니라, 이른바 "발전된" 나라들 안에서 발전하고 있는 이 제3세계 공간. 그러한 의미에서 도식적으로, 분자적 변형의 구성요소들이란 전반적인 문제설정의 일종의 벡터화가 있다고 말할 수 있다.

*

　집단 안에서 자율화 기능은 의미화하고 지도그리며 그 자신의 작업을 수행하는 능력과, 지역 세력관계의 어떤 수준들에 끼어들어 동맹을 만들고 해체하는 등을 하는 능력과 일치한다.

*

　특이화과정(일찍이 내가 "주체집단의 경험"이라고 이름붙인)을 특징짓는 것은 그것이 자기 모델화한다는 것이다. 즉 특이화과정은 전 지구적 권력, 경제적 수준, 지식의 수준, 기술의 수준, 만연해 있는 분리차별과 특권의 수준과 관련하여 의존적이지 않은 채로 상황의 요소들을 포착하고, 그 자신의 실천적 이론적 준거유형들을 구성한다. 일단 집단들이 자신들의 과정들을 살아갈 수 있는 이러한 자유를 획득하는 순간부터, 그들은 자신들의 적합한 상황을 그리고 그들 주변에서 일어나고 있는 것을 읽을 수 있는 능력을 획득해 간다. 바로 이러한 능력은 그들에게 최소한의 창조 가능성을 주고 아주 중요한 이 자율 특성을 엄밀히 보존할 수 있게 해준다.

*

분자혁명이라는 생각은 모든 수준, 즉 개인내부적(꿈, 창조 등에서 이루어지는 것) 수준, 개인적(정신분석자들이 초자아라고 부르는 것, 자기지배의 관계들처럼) 수준, 그리고 개인 상호간(가정적·애정적·직업적인 삶에서, 그리고 이웃들과 학교와 관련에서 새로운 사회성 형식들의 발명처럼) 수준에 동시에 관련한다.

*

자유라디오 방송들, 정치적 대표체계에 대한 도전, 일상생활에 대한 문제제기, 현행 형태의 노동거부 반응들은 소비·생산·여가·소통수단[매체]·문화(그리고 계속 나열할 수 있을 것이다) 등과 관련하여 사회적 신체를 오염시키는 바이러스들이다. 그것들은 개인들과 사회집단들의 의식적이고 무의식적인 주체성에서 변이들을 창조하는 분자혁명들이다.

*

분자혁명은 집합적인 삶의 조건들뿐만 아니라, 주체적인 장에서 만큼 물질적인 장에서 삶 그 자체의 체현의 조건들을 생산하는 데 있다.

*

내가 특이화과정들이라고 부르는 것은 자본주의적 가치들을 내면화하는 이 기계장치를 좌절시키는 어떤 것이고, 우리를 둘러싸고 사방에서 우리를 노리고 있는 가치 크기들과 무관하게 특수한 등록기 속에서 가치들을 확인하도록 이끌 수 있는 어떤 것이다.

*

예를 들어 자유라디오들을 통해 매체를 재전유할 가능성은 주체성의 모델화를 전복시킬 수 있다.

*

상이한 특이화과정들의 공통특성은 자본주의적 주체화를 거부하는 다르게 되기이다. 관계들 속에서의 따뜻함, 특정 욕망방식, 창조성의 긍정적인 확인, 사랑하려는 의지, 단순히 살거나 살아남으려는 의지, 이러한 의지들의 복수성을 통해 그것을 느낄 수 있다. 이것이 일어날 수 있는 공간을 만들어야 한다. 욕망은 오직 특이화의 벡터들에서만 체험될 수 있다.

*

혁명적인 미시과정들은 사회관계들의 질서를 따르지 않을 수 있다. 예를 들어 개인의 음악이나 그림과의 관계는 완전히 새로운 지각 및 감수성 과정을 가져올 수 있다.

*

지배적인 시간화양식들에 반대해야만 하는 종류의 사회적 저항이 있다. 그것은 임노동 과정들에서 특정 속도를 거부하는 것에서부터, 어떤 집단들이 그들 자신의 시간과의 관계 —— 음악과 춤에서처럼 —— 를 생

산해야 한다는 것을 깨닫는 사실까지 갈 수 있을 것이다. 이탈리아 자율
(Autonomia)[21]운동의 몇몇 이론가들은 시간화양식들의 이러한 구별을 정확
하게 강조했다. 공간화양식들에 대해서도 똑같이 말할 수 있다.

*

• • • • • •

21) 아우토노미아는 1960년대와 1970년대에 이탈리아에서 발전한 운동이자 정치 이론이다. 자율
(아우토노미아)이론은 이후 십 년 동안 발전된 내재적 권력이란 생각에서 생겨난 것이며,
같은 시기에 많은 나라에서 꽃피웠다. 그러나 바로 이탈리아에서 정치운동으로서 가장 강력
한 표명 가운데 하나가 생산되었다. 운동의 기원은 <노동자권력(Potere Operaio)>에 있었다.
이것은 1969년에 만들어진 집단이자 잡지였는데, 여기에는 특히 토니 네그리, 프랑코 피페르
노, 오레스테 스칼존이 참여하였다. <노동자권력>은 당시 공산당의 정통 맑스주의에 대항하
던 상이한 집단들 가운데 소수적이었지만, 그것의 이론적 생산은 가장 중요하였다. 그 집단은
1973년에 자체 해산하였고, 그 성원들 가운데 일부(그중에는 네그리도 있었다)가 <노동자
아우토노미아(Autonomia Operaia)>를 창설하였다. 이것은 <조직된 노동자 아우토노미아
(Autonomia Operaia Organizzata)>라고도 불렸고, <아우토노미아>라는 통칭으로 불리는 집합체
들 및 총회들의 네트워크의 기원이 되었다. 이 집합체들은 당 및 노동조합을 벗어난 정치
그리고/또는 예술 행위들을 조직하고 제도화된 정치형식을 거부하는 젊은 노동자들, 학생들,
페미니스트들, 실업자들로 이루어졌다. 각 집단은 독립적인 생활과 고유한 정치적 역동성을
지녔지만, 모두가 위계적이고 대표제적인 구조들에 철저하게 반대하였다. 동일한 도시 그리
고/또는 다른 도시들의 다기한 집합체들 사이에는 공통적인 공적 행동들(선언들 등)의 주도권
을 지니는 리좀적 형태의 수평적 조직이 있었다. 모두가 자신들의 이름에 '자율'이란 말을
붙였고 그 투사들은 자율주의자(autonomi)라고 불렸다.
아우토노미아는 1977년 운동이라고 부르는 것의 순간에 가장 강렬한 시기를 보냈다. 자율주
의적인 두 학생들(그들 가운데 한 사람은 파시스트들에 의해서 로마에서 그리고 다른 한
사람은 경찰에 의해서 볼로냐에서)의 살해에 뒤이어, 모든 집단들이 전국적인 규모의 행동으
로 통일되었고 무엇보다도 많은 대학들을 점거하였다. 이러한 항의운동은 기존체제의 폭력적
인 반응을 촉발하였다. 기존체제는 붉은여단에 의한 기독교민주당의 지도자이자 전 수상인
알도 모로의 살해를 아우토노미아에게 책임을 돌리려고 추잡하게 이용하였고, 그 운동이
테러리즘과 무장투쟁을 촉진시켰다고 고발하였다. 1979년 4월에 많은 운동가들, 그들 가운데
에서 상이한 집단들의 지도자들(붉은여단의 수뇌라고 피소된 토니 네그리처럼)이 체포되었
다. 많은 자율주의자들은 다시 수감되었고 다른 사람들은 망명하였다. 열린 공간을 유지하려
는 시도들은 종종 로마에 존속하였고 특히 베네치아(베니스와 파두아)에서는 1982년까지
존속되었다. 바로 베네치아에서 뒤이은 10년 동안에 동일한 성격의 운동들이 발생하였다(Tute
Bianche와 Disobbedienti).

특이화의 몇몇 시도들은 어렵고 문제가 있으며, 결국 중단될지도 모른다. 그러나 그 시도들의 불확실함과 실패에도 불구하고, 우리는 모두 분노, 광기, 비참함으로 흩어지거나 상실되어 무기력해짐에도 불구하고, 그 시도들은 통합된 세계자본주의에 의한 산업적 주체성생산과 단절해 나간다. 특이화 시도들은 주체적인 영토들을 재전유하는 과정들을 개시했고 그 뿐만이 아니다. 이 방어적 태도를 넘어서 이러한 시도들은 내가 "기계적 과정들"(생산에서 발견되는 기술적 도구들뿐만 아니라, 이론적이고 문학적인 기계들, 감수성 기계들 등)이라고 부르는 변이적 측면들을 전유하는 것에도 있다. 이 모든 것에서 공동전선의 가능성이 없다는 것은 사실이다. 더욱이 우리는 이미 오랫동안 비뚤어져왔다는 것 역시 사실이다. 그러나 저항의 거대한 잠재력이 계속 있고 심지어 공격의 잠재력도 있으며, 이러한 것들은 다가올 역사적인 사건들에서 점점 더 중요성을 지니는 경향이 있을 것이라는 것도 적지 않게 사실이다. 이것을 계산한다면 적은 지배적인 제국주의들 속에만 있는 것이 아니라는 것을 우리는 인정해야 할 것이다. 적은 우리 자신의 동맹자들 속에서, 우리 자신에게서 발견될 수 있다. 또한 우리가 선호하는 정당들이나 가능한 더 좋은 방식으로 우리를 방어하는 지도자들에서뿐만 아니라, 아주 다기한 사건들에서 우리 자신의 태도들에서 우리가 만나는 지배적인 모델들을 이렇게 강요하듯 재체현하는 것에서도 발견될 수 있다.

*

자본주의 체계를 의문시하는 문제설정은 더이상 거대한 정치사회 투쟁들이나 노동자계급 중심의 배타적인 영역이 아니다. 그것은 또한 내가 "분자혁명"이라는 이름 아래 함께 다시 모으려 한 것과 관련되며, 적들이나 적대자들이 분명히 한정되는 범주들로 분류될 수 없다. 상보성과 분절성의 관계는 종종 우리를 누군가의 동맹자이자 동시에 적으로 만든다.

*

　사회운동들의 이러한 새로운 투쟁유형들과 산업사회 사이의 관계는 오직 대립유형의, 이분법적일 뿐일 수 있을까? 분자혁명들이 정의상 항상 방어적으로 남아 있거나 인정을 요구하는 것에 머무를까? 분자혁명들은 신자유주의와 자본주의의 경이로움을 수용하거나 "수용소"에서 죽어가는 것 사이에 이러한 어리석은 적대의 포로들로 항상 남아 있을까? 통합된 세계자본주의를 통제하는 사람들 —— 내가 그 안에 확실히 미국인들뿐만 아니라, 러시아인들, 석유생산국들 그리고 여타들도 포함시키는 —— 은 정말로 지구 전체의 일련의 문제들을 해결하는 방향에서 생산력의 변혁을 수행하고 있는가? 현재의 위기나 전쟁의 전개는 우리에게 정확하게 반대를 보여준다. 십중팔구 지구상의 어떤 근본 문제도 해결될 기미가 없으며, 그것들을 나열하는 수고조차 할 가치가 없다. 반대로 한편으로 산업적・정보적・텔레마티크적 로봇혁명과 다른 한편으로 통합된 세계자본주의가 강제로 유지하는 사회적 형식들 사이에 더욱더 두드러진 격차[틈]가 있다. 자본주의 역사에서 일련의 부르주아 혁명들이 경제관계들과 병행하여 사회관계들을 깊이 변형시켰던 시기가 있었다. 이러한 [사회관계의 변형과 경제관계의 변형의] 병행이 현재 위기에서 전혀 생기지 않는 것 같다. 그러한 점에서 분자혁명들의 세계적 운동은 동구와 서구 양쪽에서 대학들과 공식조직들의 경직된 구조들에보다 생산 및 정보의 변형에, 과학적이고 미적인 관계들의 진화에, 이러한 장들에서 움직이고 있는 변이들에 이론의 여지없이 더 잘 들어맞는다.

*

사람들은 우리가 어떤 종류의 숙명에 빠져 있다는 것을 우리에게 확신
시키려고 한다. 거기에서 벗어나기 위해서, 통합된 세계자본주의의 명백
한 전능함과 대칭을 이루며 가능한 경로들의 전체 범위가, 모든 수준에서
변형들로의 일련의 가능한 접근경로 전체가 있다는 것을 보여주는 것이
나에게는 중요한 것 같다.

*

제기되는 질문은 세계 산업화가 근거하고 있는 기반들과는 다른 기반
들 위에서 주체화양식들을 생산하는, 유토피아적이지 않은 조직된 사회
의 구축을 생각할 수 있는지를 아는 것이다. 그것은 사람들이 구출하려는
주체성의 문화적 **이미-거기**(*déjà-là*)의 고대적 기반들로 돌아가는 문제가
아니다. 반대로, 우리는 특이화되고 자신의 전문화의 길들을 찾는 새로운
유형의 주체성을 생산하기 위한 조건들을 창조해야 한다.

*

사회를 변혁하려고 나선 운동들이 마니교[이원론]적인 전망에 기반한
고대적인 실천들 및 준거들을 가지고 자본주의적 주체성생산의 전능함과
싸우는 한, 그 운동들은 그러한 생산[자본주의적 주체성생산]에 전적으로
자유로운 장을 남길 것이다. 나는 주체성을 재전유하는 과정들 ── 정신
치료 받는 사람들 집단[22]에서, 자신들의 삶을 다르게 조직하려고 시도하
는 사람들 집단들에서, 자신들을 모델화하려는 강제체계들에 저항하는

──────────

22) "정신치료를 받는 사람들(psychiatrisé)"이라는 용어는 1970년대에 정신치료의 장을 움직인
   운동에서 아주 유행하였다. 그것은 정신병으로 인해 성공적으로 입원하게 되어 분리차별의
   대상이 되는 것으로 특징지어진 주체성을 가진 사람들을 지칭한다.

사회적 소수자들에서, 작은 규모에서일지라도 수천 년 이래 자신들을 종속시켜온 억압체계에서 벗어나기를 원하는 여성들 집단에서, 자신들의 장에서 표준화하는 체계들로부터 벗어나려는 창조자들 집단에서, 또는 심지어 교육체계와 자신들에게 제시된 삶의 방식을 받아들이기를 거부하는 어린이들에게서의 전유과정들 — 을 언급하겠다. 이 과정들이 효과적이기 위해서는 그들은 그들 자신의 준거양식들, 그들 자신의 지도그리기를 창조해야하고, 지배적인 주체성체계 속에 틈들을 만들어내는 식으로 자신들의 실천을 발명해야 한다.

*

각자 자신이 점하고 있는 특이한 지위를 긍정해야 하고, 그것이 살아가도록 하고 그것을 다른 특이화과정들과 접합하고, 그리고 주체성을 평준화하는 모든 기획에 저항해야 한다. 왜냐하면 바로 그러한 기획들은 제국주의가 현재 경제적 지배를 통해서 만큼 적어도 집합적 주체성의 조종을 통해서 확인된다는 사실에 책임이 있기 때문이다. 이 투쟁들이 실험되고 배치되는 규모가 어떠하든, 그것들은 이러한 주체성생산 체계를 의문시하는 경향이 있기 때문에 정치적인 영향을 지닌다.

*

모든 특이하게-되기, 진솔하게 실존하는 모든 방식은 자본주의적 주체성의 벽에 부딪친다. 때로는 이 되기들은 벽에 흡수되고, 때로는 실질적인 내파현상들을 겪는다. 이러한 벽이 힘으로 뚫을 수 있는 과녁의 상과 공존하게 할 수 있기 위해서는 — 통상적인 논리와는 다른 — 색다른 논리를 구축해야 한다. 그 벽이 얼마나 무서운지, 그렇다고 해서 총체적 파시즘으로 추락하지 않고 그것의 파괴가 어떻게 어렵고 조직된 수단들을 찾는 것과 동시에 사람들이 좋다고 느끼는 배치들과 영토들을 계속 발전시키는 것을 포함하는지 알면서 그것은 이루어져야 한다. 내가 보기에 만약 우리가 이러한 두 차원을 보존하는 데 실패한다면, 우리는 항상 다음과 같은 [두 가지] 불편함 가운데 하나에 빠질 위험을 지닐 것이다. 즉 모든 것을 통제하는 이 거대한 국가기계들에게 권력을 허용하거나, 미디어가 조종하는 식으로 모든 권력도식들과 리더십 체계들을 우리의 적절한 일상행동 속에서 재장악하는 것 이 두 경우에 우리는 똑같이 무기력하게 된다.

*

자신들의 고유한 주체화양식들을 구축할 수 있는 배치들은 근본적으로 두 유형의 태도를 자극한다.
—— 그러한 배치들을 체계적으로 무시하고 그것들을 순전히 부차적인 문제들이나 의고주의(擬古主義)로 여기든가, 그렇지 않으면 그것들을 회수하고 통합하든가 하는, 다르지만 보완적인 두 가지 방식들로 번역되는 정상화하는 태도.
—— 자신들의 접합을 가능하게 하는 방식으로 자신들의 특정한 성격 및 공통 특징 속에서 이 배치들을 고려하는 인정의 태도 이러한 접합만이 상황 속에서 실제 변화를 가져온다.

*

특이성의 모든 출현은 두 유형의 미시정치적 반응을 가져온다. 즉 정상화하는 반응 또는 다르게는 상황을 변화시킬지도 모르고 아마도 단지 국지적이지 않은 과정을 구축하도록 그 특이성을 사용하려는 반응. 나는 얼마 전에 여기서 일어났던 것을 예로 들 것이다. 우리는 컴퓨터가 자료들을 토해내듯이 저절로 말하듯 전개되는 집합적인 담론에 흡수되었다. 우리가 어떤 반대도 하지 않더라도, 사람들은 마치 "결국 우리는 무엇을 이야기하고 있는가?"라는 질문이 공기 속에 떠다니듯, 잡아내기 어려운 감정, 일종의 불편함이 있다는 것을 느꼈다. 사람들은 탄력성이 없다고 느꼈다. 그것은 내가 "특이성의 지표"라고 이름붙인 것이다. 즉 거기에 어떤 것이 발생하였고 우리는 그것에 관해 무엇을 하거나 말해야 할지 몰랐다. 두 가지 태도가 가능했다. 즉 "딱한 일이군, 우리는 막 시작했고, 그래서 계속 할 사람은 계속하고 원하지 않는 사람은 누구나 떠날 수 있다'라고 말하는 것이었다. 매우 자주, 그런 일이 일어난다. 두 번째 태도는 다른데, 사람들은 이러한 상황 속에 나타나는 특이성 현상을 다루는 것이었다.

여기 또 다른 예가 있다. 교실 뒤쪽에 앉아 있는 한 아이는 지루해하며 다른 아이들의 머리에 작은 공이나 껌을 던지기 시작한다. 이러한 상황에 직면하여 우리가 일반적으로 하는 것은 어지럽히고 있는 아이를 교실 밖에 두거나, 그에게 가능한 한 적은 행동기회를 주려고 한다. 그것도 아니고 우리가 좀더 정교한 체계들 속에 있다면, 우리는 그를 정신분석가에게 보내는 것이다. 우리가 이러한 특이성 행동이 학급 전체와 관련이 있는지 묻는 것은 매우 드물다. 이 경우에 우리는 그 상황에서 우리 자신의 입장을 질문해야 하고, 아마도 다른 아이들 역시 지루해하지만 같은 방식으로 그것을 표명하지 않는다고 추측해야 한다.

달리 말하사면 특이섬은 특이성을 완전히 삭제하는 지층화의 방향으로 향할 수 있지만, 또한 자신을 특이화과정으로 바꾸는 미시정치에 들어갈 수 있다. 내 생각에 바로 거기에 무의식 문제설정을 분석하는 중요성이 놓여 있다.

*

자본주의 문화체계들 속에서 사람들은 특이성의 가치들을 회수하려고
한다. 이것은 통합과정을 통해 이루어진다. 예를 들어 흑인음악에서 어떤
특이성 특징들은 재즈로 통합되며, 그것은 사회적 장 전체 속으로 전파되
어 일종의 보편적인 음악이 된다. 또 다른 예는 여성운동이나 동성애운동
이 지역적[국지적] 공리들로서 드러내는 특정한 특이성들을 사용하는 것
인데, 이것은 체계의 주체성생산의 수행들 속에서 개선을 가져온다.

상파울루 프로이트 학파에서의 만남, 1982년 8월 26일

질문: 나는 특이성이 출현하도록 하는 이러한 과정이 영구히 관료화되
는 체계 안에서, 생산의 수준에서 자신의 사회통제를 수립하는 체계 안에
서 어떻게 생길 수 있는지를 알고 싶다.

가타리: 내가 생각하기에 기업가들 자신이, 특히 기간산업의 기업가들
이 그리고 연구 조직들 및 광고 대행사들이 이 문제를 제기한다. 그들
모두는 잉여성의 파열, 즉 있는 그대로의 상이한 주체화양식들을 접합할
수 있는 과정들의 채택은 노동자들의 정신건강 문제들과 관련한 어떤
것이 아니라 오히려 상당한 경제적·기술적·과학적 결과들을 지닐 수
있는 어떤 것이라는 것을 아주 잘 알고 있다. 스탈린주의 시기에, 사이버
네틱 연구가 금지되었다는 사실이 소련에 가져온 결과들을 생각하면 충
분하다. 기술영역이나 (근본적으로 같은 것으로 돌아가는) 사회영역에서
창조성의 거부는 상당한 위기들을 촉발할 수 있다.
　요즘 우리는 많은 장소에서 특히 일본에서, 기업가들이 생산의 벡터들

속에서 가능한 최소한의 특이화를 위한 조건들을 창조하려고 노력하는 것을 볼 수 있다. 이것은 이러한 충화된 구조들 속에서, 다른 쪽에서 회수 체계가 절대적이라고 보장하는 한, 사람들은 이러한 과정들의 시동을 허용하는 데 충분한 정도의 여유를 창조하려고 시도한다는 것을 말한다. 어느 정도 기간산업 기술의 진보는 특이화정도와 자유도에서 생기는 변조(modulation)에 달려 있다.

*

현 사회 체계에서 제기되는 문제는, 충화된 사회형식들 전체가 기계적 변이들(이 변이들은 영구히 재영토화되고 재지층화되기 때문에)에 분명하게 반응할 수 없다는 것이다. 내가 참석한 메를로-퐁티(Merleau-Ponty) 강의에서, 그는 프레네 방법에 영감을 받은 한 학교를 방문하는 동안, 한 어린이가 선생님에게 "내년에, 우리는 여전히 이 자유[무료] 텍스트들을 사용해야 하나요?"라고 물었다고 말했다. 결론은 항상 똑같은 것이다. 즉 이 "가능성"들의 세계들은 사회생활의 다른 수준들의 변증법적 변형이 수립될 수 있을 지점에 도달할 때까지 주체적인 지층화들을 계속 만난다. 반대 경우에 지층화된 구조들의 단단함은 훨씬 더 커진다. 이는 1960년대 이후(더 구체적으로 1968년 5월 이후) 태어난 세대들을 이전 세대보다 훨씬 더 커다란 순응주의에 투어 — 프로이드주의자들은 "반투여"라고 부르는 것 — 하게 한 것이다. 1968년의 경우에, 전체 구조 속에서 이러한 변형들의 반향이 없었다는 사실에서 마땅히 순응주의가 생겨났다.

*

특이점들, 특이화과정들이 다원적인 주체성의 생산적 뿌리들 자체이다.

　　특이화과정들 속에는 불안정하거나 깨지기 쉬운 어떤 것이 항상 있다. 특이화과정들은 제도화나 소집단-되기에 의해 항상 회수될 위험을 무릅쓴다. 특이화과정은 배치의 수준에서 활동적인 전망을 지닐 수도 있고, 동시에 같은 수준에서 게토에 갇힐 수도 있다.

*

　　소수자 집단들이 완전히 경화된 담론과 전통적인 소집단의 기능양식을 지니며 동시에 분자혁명의 추이들을 수행할 수 있었다고 상상해 보라. 그것은 사회경제적 변이 과정들의 역동성 전체 덕이었다. 이러한 유형의 환경에서 작동할 수 있는 것은 우리가 고려하고 있는 집단들의 담론들을 넘어서 무의식적 사회 영역 속에서 변이들을 이끌어내는 과정적 문제설정이다. 그러나 그러한 유형의 현상을 설명하기 위해 무의식 개념을 재정의해야 할 것이다. 이러한 식으로 보면, 이러한 소수자 집단들 속에서 작동하는 것은 그들이 내가 알지 못하는 어떤 구원진실의 담지자들, 선교사들이라는 생각과 전적으로 충돌한다. 하여튼 내가 말하고 있는 것은 그러한 유형의 접근법과 아무 관련이 없다.

　　<폴랴 드 상파울루>지의 "폴레팅(Folhetim)"23) 지면을 위한 에스코바와의 대담, 1982년 9월 5일

23) "Folhetim"은 <폴랴 드 상파울루>지의 지금은 없어진, 주간 문화 보급판의 이름이었다.

에스코바(Pepe Escobar): 모든 이미지들이 미리 생산될지라도 삶이 발명될 수 있는가?

가타리: 그렇다. 화학자들의 예를 들어보자. 그들은 매일 같은 원료 즉 탄소와 수소를 가지고 작업한다. 그것은 같은 가게에서 자신의 물감을 사는 화가의 상황과 같다. 문제가 되는 것은 그가 그 물감을 가지고 하는 것이다. 주요한 것은 이러한 종류의 잉여성, 계열성, 계열적 주체성생산으로부터, 같은 점으로 돌아가라고 항구적으로 권유하는 것으로부터 벗어나는 것이다.

*

내가 펑크 집단에서 흥미롭다고 발견하는 것은 그들이 절대 지배적인 표현수단들의 포로가 아닌 것처럼 보인다는 것이다. 그들은 거대한 매체산업이 제조한 재료(지구 전역의 수십만 견본 속에 퍼진 도구들)를 사용한다. 게다가 그들은 녹음하거나 콘서트를 여는 상업적 체계들에 완전히 의존하고 있다. 이러한 의존성은 심지어 그들이 연습할 수 있는 장소에까지 확장된다. 즉 파리에서, 어떤 장소를 찾아내는 데 불편을 겪고, 한 장소를 찾으면 이웃들이 거부하고, 결국 경찰에 의해 추방되는 것으로 끝난다. 같은 일이 여기에서도 일어나는지 모르겠다. 펑크들은 무의식적으로는 지배적 표현체계들의 부속품들이다. 즉 그들의 주제들은 상업음악의 주제들이고, 그들의 선율들은 도처에서 발견되는 선율들의 재생산이다. 그들이 어느 정도 영화 및 텔레비전의 이미지에 의해 오염되는지, 그들이 어떤 점에서 전적인 자아이상인 **스타시스템** · 스타지위의 어떤 재현을 합체하는지를 사람들은 분명히 안다. 심지어 록 및 펑크 음악을 이류에서조차 여성에게는 가능한 행위 영역으로 되지 않게 하는 남근지배적 관계들은 말할 것도 없고.

만약 이러한 모든 요소들을 함께 고려한다면, 우리는 그것이 완전히 회수되어온 기획이고 내파 상태에 있고, 미시파시즘에 빠질 위험을 지닌다고 말할 것이다. 그러나 그 구성요소들의 모든 이질발생적이고 계열적인 성격(거기에서 모든 것은 지배적인 억압체계들로부터 빌려온 것처럼 보인다)에도 불구하고, 이 동일한 구성요소들은 특이화과정의 요소들로 구성될 수 있다. 수백의 집단들이 살아남아 그들에게는 절대적으로 아주 중요할 수 있는 록 및 펑크 같은 집합적인 기획 속에 자신들의 욕망을 체현한다. 비록 지배이데올로기의 의미작용 요소들을 지닐지라도, 비록 수많은 모델화 체계들의 포로들일지라도, 그들은 내가 주체성의 모델화를 전복시킬 수 있는 "분자혁명의 벡터"라고 부르는 것을 — 어떤 무의식적 수준에서, 비록 우리가 이러한 용어에 부여하는 의미에 동의해야 할지라도 — 표현한다.

*

두 살 난 어린이조차 자신의 세계를 조직하고, 사회관계를 인식하는 자신의 방식을 구축하고, 다른 어린이들 및 어른들과 관계들을 전유하려고 시도할 때, 자신의 방식으로 분자적 저항에 참여한다. 그리고 그 어린이는 무엇을 발견하는가? 텔레비전, 가족, 학교체계라는 주체적 시설들의 기능. 그러므로 이 어린이의 미시정치는 어린이와 관련하여 모델화의 위치에 있는 사람들을 포함한다.

이러한 입장을 전복하는 것은 가능하다. 다른 교육방법을 진지하게 실험해온 사람들은 이러한 연옥 같은 메커니즘을 없앨 수 있다는 것을 잘 안다. 다른 식으로 접근하면, 어린이에게 적절한 감수성과 표현의 부전체를 상대적으로 보존할 수 있다.

*

자율은 하나의 기능이다. "자율의 기능"은 여성주의자, 흑인, 생태주의자, 동성애자들과 같은 집단들에서 효과적으로 체현될 수 있다. 그러나 이번 선거캠페인 시기에 브라질 노동자당의 경우에서처럼, 자율은 광범위한 투쟁기계들 속에 체현될 수도 있다.

나는 실제로 정당들이나 노조들과 같은 조직들이 자율의 기능을 실행할 영역들일 수 있다고 믿는다. 미시규모의 다른 영역들도 있다. 즉 이웃 [구역], 공동체, 학교, 연극을 하거나 자유라디오를 제작하는 집단에서의 일상생활 관계들. 또는 심지어 온갖 종류의 활동가들 사이, 남성과 여성 사이, 인종집단들 사이 또는 세대들 사이의 관계들.

그렇다면 아주 많은 다른 수준의 사회생활을 결합할 수 있는 이러한 "자율의 기능"은 정확하게 어디에 있는가? 나는 그것을 하나의 강령이나 일반적인 공리에서 나오는 어떤 것으로 규정하지 않고, 미시정치적 수준 ― 정확히 주체성생산의 수준 ― 에서 표현되는 어떤 것으로 규정할 것이다.

*

주체성의 특이화과정은 자신들만의 각각의 쓰기, 음악, 또는 그리기의 특이한 전망을 지닌 위대한 시인, 위대한 음악가, 또는 위대한 화가가 집합적인 듣기 및 보기 체계 속에서 변이를 촉발할 수 있는 것과 정확히 같은 방식으로 엄청난 중요성을 지닐 수 있다. 이것으로, 나는 적응 못하는 어떤 어린이라도 정신분열증 환자로 분류된 어떤 사람이라도 자동적으로 위대한 예술가나 위대한 혁명가라고 말하지는 않겠다.

현행 투쟁형식들이 실험되는 방식은 총체적인 불안정성을, 높고 낮음, 평범한 것들과 빛나는 것들을 지닌다. 그것은 새로운 투쟁 유형이 시행착오의 복잡한 변증법적 복합체에 의해서 주조되고 있는 실험실과 같다. 이것의 예들은 이탈리아인들이 그들의 상이한 자율 경험들에서 체험한 것이며, 폴란드인들이 연대(자유노조)운동에서 실험하고 있는 전적으로 창조적인 조직이며, 또는 심지어 브라질인들이 아마도 현재 브라질 노동자당, 소수자들 등의 역사와 함께 이 순간에 살아가고 있는 것이다.

잡지 <베자(Veja)>를 위해서 한 골드페더와의 대담, 상파울루, 1982년 8월 31일

골드페더(Sonia Goldfeder): 당신이 분자혁명이라고 부르는 것이 오늘날 일어나고 있는 곳의 예들을 제시할 수 있는가?

가타리: 폴란드는 오늘날 총체적인 주체적 변화를 겪고 있는 나라다. 감수성, 무의식적인 것, 환상의 부분을 형성하는 그 나라의 작동양식 전체에 대한 거부, 불신이 있다. 그것은 심지어 거기서 들리는 유머들을 통해서조차 알 수 있다. 내가 기억하는 하나는 세 마리 개에 관한 이야기다. 하나는 벨기에 개, 하나는 러시아 개, 또 하나는 폴란드 개다. 벨기에 개가 말하길 "나의 나라는 아주 좋아, 짖기만 하면 사람들은 비프스테이크를 가져와." 폴란드 개가 물어보길 "비프스테이크가 뭐야?" 그리고 이어서 러시아 개가 물어보길, "짖는 것이 뭐야?" 그때 폴란드인들은 자신들의 유머감각을 변화시키고 있었던 것과 동시에, 자신들이 "노조"라고 이름붙

인 투쟁운동을 조직했다. 그것이 노조가 아님이 분명하다고 할 때, 야루젤스키(Jaruzelski)는 옳다. 왜냐고? 왜냐하면 그것은 사회를 재현하는 일종의 정당, 사회를 변화시키려 하는 운동인 동시에, 심지어 억압에 대항하는 연대투쟁 형태들 속에서 일상생활을 조직하는 방식이기도 하기 때문이다. 그들은 책을 발간하고 토론하며, 학생들・노동자들・지식인들 사이에 일어나는 총체적인 신진대사가 있다. 이 모든 것은 완전히 새롭다. 그것은 개인내부적 수준, 사람이 사회관계를 맺는 방식, 그리고 정치세력들 간의 협력의 현존이라는 분자혁명의 세 수준을 분명히 받아들이는 어떤 것이다. 이것은 그들에게 환상적 역능을 부여하는 것이다. 왜냐하면 연대노조 속에서 당신은 천만 명의 사람들뿐만 아니라 전체 주민을 가지기 때문이다. 그들은 심지어 가톨릭주의를 재발명해왔다. 오래된 교회, 주교단은 여전히 존재하지만, 그것과 함께 그들은 진정한 종교가 아닌 일종의 가톨릭주의를 발명했다. 분자혁명은 미시적 수준과 사회적 규모 양쪽에서 이러한 욕망 관념의 등장[솟구침]이다. 도화선에 불이 붙었을 때, 그들은 말했다. "그걸로 충분해! 끝났어! 우리는 더이상 견디지 못해!"

오랫동안 우리는 역사가 정당들, 지도자들, 거대한 사회경제적 운동들에 의해 만들어진다고 믿었다. 오늘날 우리는 역사가 이러한 종류의 분자적 파고에 의해서도 만들어진다는 것을 받아들인다. 만약 우리가 이것을 고려하지 않는다면, 우리는 사건들의 가장자리에 있을 것이다. 이란에서 호메이니가 이끄는 그러한 파시즘 유형에 대항하는 완고한 투쟁이 실제로 있다고 나는 생각한다. 그러나 그것은 거기에 환상적인 주체적 변이의 구성요소가 있다는 것을 막지 않는다. 일련의 종교적인 현상의 출현은 억압자에 대항하여 전체 인민을 통일한다 폭받이, 주체적인 힉닝이 있었기 때문에, 사람들이 수천 명 죽었다. 그 모든 것은 호메이니 아래서 제도화되었고, 그럼에도 그것은 끝나지 않았다. 전체 아랍 무슬림세계는 자본주의적 주체성을 거부한다. 이는 그들이 진보적이라는 것을 의미하지 않는다. 그것은 오히려 역사에서 자본주의적 생산의 패권이 그리 분명하지 않다는 것을 의미한다. 진정한 사회혁명은 스스로 조직할 수 있고, 특이화 과정이 스스로를 긍정하도록 허용할 수 있는 능력에 의해서 이루어진다.

*

서독 ── 베를린, 프랑크푸르트, 함부르크 및 모든 주요 도시들에서 ── 에는 아주 발전되고 구조화된 대안 부문들이 있다. 고도로 정교화된 일상생활의 재전유가 있다.

*

자본주의적 주체성생산의 목표는 모든 것을 백지로 환원하는 것이다. 그러나 그것은 심지어 "발전한" 자본주의 나라들에서도 항상 가능하지는 않다. 예를 들어 프랑스에서 정치생활을 특징짓는 것은 자본주의가 완전히 극복해왔다고 판단했던 집합적 주체성형식들의 발달이다. 나는 브르타뉴인, 바스크인, 코르시카인의 투쟁들과 같은 투쟁들, 또한 지배적인 경제적 문화적 생산과정들, 그리고 공산주의적인 것과 사회주의적인 것을 포함하는 지배적인 조직들에 통합되기를 범주상 거부하는 거대한 양의 젊은이들의 투쟁을 말하고 있다.

*

브라질에서 국가는 자본주의적 과정에 전념하고 거대열강이 되는 길에 있을지라도, 이러한 종류의 격자[틀짜기]와 주체성생산으로부터 벗어나는 광범위한 "비보장"된 주민 지대들이 있으며, 그것은 매우 중요하다.

<폴랴 드 상파울루>지에서 원탁토론, 1982년 9월 3일

산토스(Laymert Garcia dos Santos): 사람들은 산업화된 나라들의 이론가들이 사용하는 것과 정확히 같은 범주들을 가지고서는 브라질에서 소통수단들의 역할을 생각할 수 없다. 한 가지 매우 단순한 이유 때문이다. 즉 그 범주들은 여기서는 같은 방식으로 적용되지 않는다. 미국에서 또는 유럽에서, 출발점은 다음과 같은 이중적 질문이다. 즉 한편으로는 소통수단들은 탈인격화된 익명의 서로 바꿀 수 있는 탈코드화된 개인들 대중, 즉 "자유로운 노동자"라고 이름붙은 이 범주를 위해 무엇을 **생산하는가**이다. 그리고 다른 한편으로는 자유로운 노동자가 그 생산으로부터 무엇을 생산하는가, 달리 말하면 자유로운 노동자는 지속적으로 자신을 공격하는 언표들과 이미지들을 가지고 무엇을 **제조하는가**이다. 이러한 반성이 움직이는 영역은 자본주의의 두 기본요소 가운데 하나를 구성하는 ── 다른 하나는 명백히 자본이다 ── 기본적인 필수요건으로서 자유로운 노동자를 항상 설정한다.

"자유로운 노동자"라고 말하는 것은 이미 소통수단들을 작동시키기 위해 본질적인 것을 말하는 것이다. 독일 이론가 엔젠스베르거(Hans Magnus Enzensberger)가 확인하듯이, 정신의 산업화는 다음 네 가지 조건을 전제하기 때문이다.

1) 철학적 전제-필요조건: 합리주의
2) 정치적 전제-필요조건: 인권 선언, 특히 평등 및 자유
3) 경제적 전제-필요조건: 자본축적
4) 기술적 전제-필요조건: 산업화

따라서 [소통]수단들이 움직일 수 있기 위해서는, 비록 모든 시간을

"나(moi), 나, 나"라고 말하며 보내고 있을지라도 자본주의 체계의 관점에서 오직 노동력으로 계산되는 개인 즉 자유로운 노동자, 탈인격화된 개인이 존재해야 한다. 마치 자본주의는 한편으로는 탈인격화된 것 같아도, 동시에 사람(personne)의 비실존이란 간극을 메우기 위해, 모델들에 의해 기호화된 주체가 "나의 자아(자신)"에 대해 말할 수 있기 위해, 추상적인 평등에 기반하여 주조된 모델을 제시하는 것처럼, 모든 것이 진행된다.

소통수단[매체]들은 바로 이 과정에서 작동한다. 소통수단들은 수용자들이 순응할 수 있는 이미지 모델들 —— 통일성의 이미지, 합리성의 이미지, 정당성의 이미지, 정의의 이미지, 아름다움의 이미지, 과학성의 이미지 —— 을 계속 제시하는 일종의 언어 장벽을 구성한다. 소통수단들은 개인들을 통해 그리고 개인들에 대하여 말한다.

선진 자본주의 나라들에서 이러한 개별화과정 —— 탈인격화와 재인격화 —— 은 꽤 정교하며, 가타리는 그것에 대해 나보다 훨씬 더 잘 말한다. 그러나 브라질에서는 사태가 정확히 같은 방식으로 진행되지는 않는 것 같다. 여기서 끔찍한 근대 자본주의는 전 자본주의적 형식들 및 심지어 반자본주의적 형식들과 공동 거주한다. 그리고 생산양식의 운동 자체가 이 형식들을 보존하고 활성하고 창조하는 데 책임이 있다. 이 공공 자동기계들보다 브라질을 이해하는 데 더 나은 것은 없다. 유럽과 미국에서 이러한 기계들은 자동이다. 사람은 지역의 화폐를 가지고 가서 의자를 놓고 앉아 돈을 넣고 사진을 찍는다. 기계가 모든 것을 하며 사람은 사라진다. 브라질에는, 우리의 얼굴을 배열하고 의자를 놓고 우리에게 토큰을 파는 누군가가 있고, 기계가 모든 것을 한 뒤에, 그 사람이 사진원판을 가져가 말리고 가위를 주머니에서 꺼내 자르고 작은 봉투에 넣는다. 나는 브라질이 이러한 결사체, 이러한 통합접속이라고 생각한다. 우리는 수천 가지의 예를 찾을 수 있지만, 이 예가 사태를 잘 말해준다.

초근대적 형식과 놀랍게도 오래된 형식의 이러한 통합접속은 브라질

대도시들 도처에서 발견할 수 있다. 그러나 그것은 단지 바깥[드러난 것]에만 있는 것이 아니라, 무엇보다도 마음속에 있다. 행동과 언어는 이것을 아주 잘 드러낸다. 예를 들어 나는 브라질인의 삶에서 아주 많이 사용되는, "당신은 누구와 이야기하고 있는지 아는가?"라는 유명한 표현을 생각하고 있다. 로베르토 다 마타(Roberto Da Matta)[24]가 이 문장에 대해 가한 분석은 브라질에서 개인 관념이 어느 정도 경멸적인지를 보여준다. 왜냐하면 "당신은 누구와 이야기하고 있는지 아는가?"는 "당신은 당신이 누구라고 생각합니까?"라는 미국식 구절이나 "당신은 당신을 누구라고 생각합니까?"라는 프랑스식 동일한 언표가 말하는 것의 반대를 드러내기 때문이다. 마지막 두 경우[미국식과 프랑스식]에, 그 질문은 근본적인 규칙은 평등이며 모든 사람은 동일한 권리를 가지므로 우월하다고 생각하는 사람은 그러한 허식을 포기해야 한다는 것을 가리킨다. "당신은 누구와 이야기하는지 아는가?"의 경우, 그 반대가 통한다. 즉 그 구절은 그것을 사용하는 사람을 우월한 입장에 두며 즉각 위계제와 사회적 불평등을 설립한다. 브라질에서 사람은 개인보다 더 중요한 것으로 나타나는데, 왜냐하면 개인이라는 것은 낙인이고 익명이라는 것이며, "세상 모든 사람[아무도 아님]"이라는 것이기 때문이다.

"당신은 누구와 이야기하고 있는지 아는가?"라는 구절은 개인(individu)으로부터 사람(personne)으로의 이행을 정확히 가능케 한다. 즉 자본주의적 관계의 비인격성의 영토에서 위계적이고 권위주의적인 개인관계 체계로, 거물·보증인·후원자를 지닌 호의·고려·존경·위신의 영토로의 이행을. 이런 의미에서, 누군가를 **사람**(personne)으로 만드는 것, 즉 그에게

......
24) 인류학자 마타(Roberto da Matta)는 브라질 문화 및 사회 연구에서 가장 뛰어난 인물 가운데 한 사람으로 널리 알려져 있다. [그는 리우데자네이루 대학(Universidade Federal do Rio de Janeiro), 국립 미술관(Museu Nacional, 그가 하버드 대학과 연계하여 사회 인류학에서 대학원 프로그램을 지도하고 있는 곳) 및 미국의 노트르담(Notre Dame) 대학교에서 가르치고 있다.]

사회적 정체성을 주는 것은 경제적 기준뿐만 아니라 무엇보다도 사람관계들이다. 사람들은 **가치가 있는[중요한]** 누군가이다. 브라질 속담이 말하듯이, "사람들은 어떤 사람을 그가 신고 있는 신발로 알 수 있다." 그리고 아는 사람들 사이에서, 사람들은 "당신이 누구와 이야기하는지 아는가?"라고 묻지 않는데, 왜냐하면 세상 모든 사람이 이미 자신들의 위치를 알기 때문이다.

그처럼 브라질에는 두 세계, 즉 각자가 "누군가"이고 이런저런 방식으로 법 위에 있는 사람들의 세계와, 고도로 정교한 코드를 지닌 인격화된 사회관계들의 세계가 함께 살고 같은 드라마에서 결합한다. 그 코드를 모르는 사람들은 열등하게 될 위험이 있고 "당신이 누구와 이야기하고 있는지 아는가?"를 솔직히 수용함으로써 "제자리에 놓이게 될" 위험이 있다. 다른 한편으로 평등주의적이고 보편화하는 법에 의해 지배되는 **개인들**의 비인격적 세계가 있다. 로베르토 다 마타가 주장하듯이, "법은 개인들에게만 적용되지 사람들에게는 절대 적용되지 않는다."

여기서 내가 논의하고 싶은 작업가설은 다음이다. 즉 브라질에서 소통수단들은 정확히 선진 자본주의 나라들에서 그들의 대응물들과 동일한 가정들을 가지고 작동하지 않는 것 같다. 달리 말하면 소통수단들은 평등과 보편성 관념이 지배하는 사회와, 재인격화되고 모델화되기 위해서 동시에 덜 인격화되는 개인이라는 가설을 지니고 작동하지는 않는다. 여기 소통수단의 관점에서는 모델화하는 것이 문제가 아닌데, 왜냐하면 사람들이 자본주의가 탈인격화–재인격화에 작용한다고 인식조차 하지 않기 때문이다. 소통수단들은 개인이 "나의 자아[자신]"에 대해 말할 수 있도록 모델들을 주조하지는 않는데, 왜냐하면 개인은 중요하지 않기 때문이다.

소통수단들은 자신을 심지어 초인으로 변형시킬 사람들의 세계에 대해서 말한다. 신문에서, 라디오와 텔레비전에서, 잡지에서, 개인은 폭력을 통해 인격화될 때 경찰기록에서 나타날 뿐이다. 또는 축제 기간 동안,

개인이 국가적 역사적 행사에서 한 인물이 될 때 [개인은 나타난다]. 또는 심지어 신비교나 축구에서, 개인이 특별한 자질이나 월등한 능력으로 두드러질 때 [개인은 나타난다]. 여기서 소통수단들은 사람들의 세계를 보이고 재강화하여 그것을 스펙터클로 바꾸고, 더욱더 반짝반짝하고 매혹적으로 만들며, 간극을 넓히는 데 나설 뿐이다. 그렇지 않으면, 포보 나 티비(Povo na TV, [티브이 위의 사람])25)나 질 고메즈(Gil Gomes)26) 스타일의 이른바 "인기" 프로그램들에서, 소통수단들은 사회적 코드를 위반하고 싶어 하고 개인에서 사람으로 강제로 이행시키려는 사람들을 미리 비난하고

. . . . . .

25) 포보 나 티브이(텔레비전 위의 사람들)는 한 브라질 텔레비전 네트워크에서 다른 곳으로 이동한 힐튼 프랑코가 진행하는 아주 유명한 텔레비전 프로그램의 이름이다(그것은 Excelsior TV에서 처음 송출되었다. 그 후 Tupi TV, TVS 그리고 Bandeirantes network에서 송출되었다). 그것은 지난 몇 년에 걸쳐 브라질에서 엄청나게 증식해온 텔레비전 저널리즘의 특정 장르의 선구이며 브라질의 대중문화에서 중요한 추세로 간주될지도 모른다. '텔레비전 위의 사람'에서, 익명의 빈민들은 보통 드라마틱한 상황의 희생자로서 자신들의 이야기를 말할 공간과 몇 분간의 악명을 부여받았다. 그러한 장면에 있는 도착적 양가성은 브라질 대중문화에서 앞서 말한 경향의 특성 중 하나다. [만약 한편으로 매체에 몇 분 등장하는 것이 사회 위신배분의 공식지도(오늘날까지 브라질의 식민지 유산과 노예소유 전통에 의해 강력하게 영향받는 것)에 의해 보통 무시되는 개인들의 가치를 높이며, 다른 한편으로 프로그램의 어조를 맞추는 도덕적 인종, 계급 및 젠더 편견들 안에서, 그러한 설명들은 시청자의 열성적인 대중에 의해 동원된 집합적인 관음주의의 즐거움에, 모순과 굴욕의 대상이 된다. 그러므로 프로그램 참여자들이 얻는 공적 존재는 그들의 익명 공간 — 굴욕 및 경멸의 공간 — 의 확인에 지나지 않는다. 이와 같은 프로그램들은 브라질 사회에 스며든 고약한 사회지도가 집합적으로 주장되고 되풀이되고 자신의 계급을 떠나려고 시도함으로써 그것에 감히 불복종하는 사람들을 거세하는 대중 소통매체가 제공하는 공적 의례의 일종으로 간주될지도 모른다(영어본).]

26) 질 고메즈는 SBT(브라질 텔레비전 네트워크) 방송의 아주 유명한 프로그램인 Aqui agora(여기 그리고 지금)의 진행자다. 포보 나 티브이와 다를지라도, 그것은 프로그램이 들어 있는 브라질 대중문화에서 동일한 경향 안에 분류될지도 모르는 선정적이고 경찰관과 도둑 스타일의 티브이 저널리즘 스타일의 선구자들 가운데 하나이다(참고, 주 48). 그들 어깨 위의 카메라들, 무겁게 숨 쉬는 것, 그것의 리포터들은 계급주의자, 인종주의자, 마초들의 분노로 채워진 생방송에서 범법자를 사냥하듯이 경찰을 따른다. [이러한 프로그램 장르는 브라질 전국 및 지역 채널에서 그 정도로 급증하여, 2004년 2월에 룰라 정부의 법무부는 이러한 특성의 몇몇 프로그램이 저녁 9시 전 그리고 다른 프로그램은 밤 11시 전에 방송되는 것을 금지했다. 텔레비전 네트워크의 로비 압력은 그 금지가 그 다음날로 중지되고 그 책임자가 그의 일자리에서 해고되었다(영어본).]

억압하려고 한다.

모델화는 그렇다고 해서 작동하기를 그치지 않는다. 반대로 소통수단들[매체]의 영향 그리고 특히 텔레비전의 영향은 훨씬 더 중요한 것 같다. 공감은 훨씬 더 강해지는 듯하다. 왜냐하면 사람들은 제시된 이미지에서 서로를 인식하는 반면에, 개인들은 적어도 자신들의 상상 속에서 사람으로 변형될 가능성을 가지기 때문이다. 아마도 그것은 며칠 전에 <폴랴드 상파울루>지에 실린 사진의 의미이다. 거기서 사람들은 봄 레티로(Bom Retiro)라는 장소[상파울루 인근의 광장]에 설립된 자신들의 "숙소"에 있는 두 명의 극빈자를 보았다. 나무 아래 작은 탁자 위에 작동하지 않는 텔레비전이⋯⋯.

결론짓자면 브라질에서 지배 문제에 대결한다고 하는 운동은 아마 두 전선 위에서 활동해야 한다. 한편으로 운동은 개인을, 즉 자본주의 사회의 토대로 설정된 자유로운 노동자에 대한 이 추상화를 비판해야 할 것이다. 다른 한편으로 운동은 또한 "당신이 누구와 말하고 있는지 아는가?"에서 표현된 사람관계의 코드, 권위주의이고 위계화하는 코드를 해체하고 탈투여해야[거기서 벗어나야] 한다. 예를 들어 문화영역에서, 이것은 루이스 멜로디아(Luís Melodia)[27]의 음악들이나 훌리뇨 브레산느(Julinho Bressane)[28]의 영화들이 하는 것이다.

• • • • • • •

27) 루이스 멜로디아는 잘 알려진 브라질 가수/작곡가다.

28) [훌리뇨 브레산느는 브라질 영화에서 가장 독창적이고 세련된 작업체들 가운데 하나를 감독했다. 그가 관여했던 1970년대 영화운동은, "Udigrudi"("언더그라운드"와 같은 모순적인 브라질 음악) 영화로 알려지게 되었다. 그의 영화는 실험적인 미의식, 대안적인 생산방법 그리고 이데올로기적인 진부한 문구에서 크게 벗어나 브라질 사회에 대한 명석하고 돌출하며 재미있는 미시정치적 독해를 통해 불경스럽고 부도덕한 등장인물들의 우주로 특징지어진다(영어본).] 브레산느의 영화는 셀 수 없이 많은 유럽 및 북미 영화 축제, 포르토(porto), 로테르담(Rotterdam), 시러큐스(Syracuse), 파리(Paris), 베니스(Venice) 그리고 툴루즈(Toulouse), 그 밖에 영화제들에 포함되어왔다. 특히 영화팬들의 평가에서, 브레산느의 작품은 Jeu de Paume in Paris(1974년)와 같은 박물관에서 그리고 2002년 11월에 그의 작품에 대한 헌정행사가 열린 투린(Turin) 축제와 같은 영화제에서 회고작으로 수여되었다.

내가 얘기하고 있는 것의 또 다른 예는 다른 후보자들과 텔레비전 논쟁에서 룰라의 말투(parole)이다. 나는 룰라의 말투가 사람의 담론인 다른 후보자들의 담론과 같은 등록기로부터 나오지 않는다고 확신한다. 그의 말투는 행위인 반면, 다른 이들의 말투는 재현이다. 룰라가 대답할 때, 뜻밖에 어조가 변화하고, 화법이 다르고, 행위 또한 다르다 ─ 모든 것이 다르다. 그의 말투는 운동이고, 훨씬 더 넓은 운동의 한 분절[조각]이다. 그것이 흉내낼 수 없는 이유이다. 논쟁의 사본을 읽으면서 사람들은 몬토로(Montoro)[29]가 룰라의 많은 언표들을 채택했다는 것을 확인한다. 그러나 그는 그것들을 그 자신의 담론 속에 통합하기 (그것들을 완전히 희석시키는 과정이다) 위해서 오직 표현 수준에서만 그것들을 채택한다. 그것은 아마도 우리가 커다란 간극이 작동하고 있다고 느끼는 이유다. 한쪽에 운동의 특이화된 말투를 쓰는 룰라가 있고, 다른 쪽에 후보자-사람의 재현적 담론이 있다.

질문: 당신은 룰라가 행위, 수행 그리고 또한 새로운 존재방식이라고 말한다. 이것은 사람들이 [그곳에서] 좀더 **수행**적인, 달리 말하자면 거리로 나가서 자신들의 개인성을 강제하려는 경향이 좀더 있는 어떤 역동성이 있다고 생각하게 한다. 그러나 이것은 출현하고 있으며 룰라가 대변하는 새로운 어떤 것에 일치하는가? 아니면 순수한 허례[형식주의]에 불과한가?

산토스: 당신은 그것이 허례인가 아니면 새로운 존재방식인가 하는

● ● ● ● ● ●

29) 프랑코 몬토로는 1964년에 군사 독재에 의해 물러난 João Goulart 대통령 정부 기간에 노동부 장관이었다. PDC(기독교민주당)의 당원인 몬토로는 브라질 재민주화 투쟁에 활동적인 참여자였고, PSDB의 창립 구성원이었다. 1982년에 산토스가 이 대담을 했을 때, 몬토로는 거의 20년간의 군사독재 시기 이후 나라의 첫 번째 직접 선거에서 상파울루 주지사로 선출되었다. 룰라가 그의 주요한 적이었다.

양자택일의 측면에서 그 질문을 제기한다. 그것은 나에게 허례로 보이지는 않지만, 나는 판단할 위치에 있지 않다. 다른 한편 룰라는 새로운 존재방식, 행위, 운동인 것 같지 않다. 내가 강조한 것은 그것이 아니라, 오히려 룰라가 운동의 일부라는 사실이다. 더욱이 그의 담론의 힘과 영향은 정확히 그것이 룰라 자신의 담론("사람"의 담론)이 아니라, 룰라가 대변인이 아니라 중요한 일부를 이루는 운동으로부터 나오는 행동하는 말투, 말투-행동이라는 사실과 관련이 있다. 그는 이러한 다른 말투, 운동의 말투를 증폭시키는 하나의 요소일 뿐이다.

이러한 의미에서 나는 룰라가 담당하고 개입하는 운동이 실제로 새로운 존재방식이라고 말하겠다. 내가 이러한 새로운 존재방식이 개인성을 강요한다는 것을 포함한다는 사실에 대해 당신과 의견이 일치하지 않는다는 것을 제외하면, 룰라는 내가 언급해온 것, 즉 두 전선에서 싸우는 것이 필요하다는 것을 아주 잘 이해해온 것 같다. 추상적인 개인이 무엇인지 아는 누군가가 있다면, 그 사람은 공장에서 일하는 사람들이고, 룰라는 그들 가운데 한 사람이다. 동시에 룰라는 이러한 사람 관계 및 사회적 위계제의 코드와 관련하여 일종의 찌꺼기인 다른 유형의 지도부에서는 종종 없는 이 다른 구성요소를 가지고 있다. 룰라는 사람들이 요구하는 존경심을 가지고 있지 않다고 말해보자. 그러면 바로 그런 존경심을 가지고 있지 않기 때문에 그는 심문자에 따라 자신의 담론을 변조하려고 하지 않는다. 특이성은 정확히 그러한 것에서 온다. 즉 특이성은 우리를 추상적인 개인들이란 존재로 만드는 과정을 비판하며, 동시에 브라질에서 "사람"이 되는 이 코드를 비판하는 누군가이다.

그러나 룰라는 하나의 예일 뿐이다. 우리는 내가 인용해온 예들을 채택할 수 있었다. 즉 루이스 멜로디아의 음악이나 홀리뇨 브레산느의 영화는, 주변자들, 리우데자네이루의 말썽꾸러기들, 에스타시오(Estásio)[30]에 사는 사람들이 어떻게 두 개의 코드로부터 동시에 일탈하며 그렇게 함으로써 새로운 말투, 다른 말투를 생산하는지를 정확히 보여준다.

ICBA(브라질-독일 문화연구소)31)에서의 원탁토론, 살바도르, 1982년 9월 13일

리우(Marcus do Rio): 청년운동들에서, 나에게 근본적인 것처럼 보이는 것들 가운데 하나는 **유머의 정치적 사용의 발견**이다. 나는 1960년대부터 현재까지의 청년정치운동들이 유머에 포함되어 있는 극히 전복적인 잠재력을 발견해왔다고 생각한다. 그러나 나는 이러한 것을 어떤 방식에서도, 룰라에게서도 노동자당 지도부에서도 보지 못했다. 나는 룰라가 웃고 있는 사진을 전혀 보지 못했고 노동자당 후보자들이 말할 때 나는 정말 낙담한다. 왜냐하면 그들의 담론에서는 유머가 완전히 추방되어 있기 때문이다.

깨라-깨라32): 특이화과정의 신호?

수에리 롤니크

브라질에서 1983년에 몇 달 동안 우리가 체험했던 "깨라-깨라"는 그것

• • • • • •
30) 에스타시오는 리우데자네이루 도시 중심 부근의, 북쪽 지역의 구역 이름이다. 루이스 멜로니 아는 서기서 환영받고, 그곳은 도시에서 가장 명망 있는 삼바 학교 중 하나의 근거지다.
31) 괴테연구소로 알려진, 브라질-독일 문화연구소의 약자(ICBA).
32) "Quebra-Quebra"("파괴하라"의 포르투갈 동사의 이중적 명령)는 브라질의 주요 대도시들에서 1983년에 몇 달 동안 일어난 대중 반달리즘의 일종에 대한 대중적 표시이다. 이 대중 선언에 대한 좀더 세부적인 기술은 관련 텍스트 자체에서 찾을 수 있다.

의 파괴적인 잠재력뿐만 아니라 그것의 유혹적인 약속들 및 위험들과 함께 특이화과정들의 측면에서 읽기에 알맞은 종류의 현상이다.

우리는 사람들의 무리가 갑자기 대도시 중심의 거리에 난입하여, 자신들 앞에 놓여 있는 모든 것을 침입하고, 약탈하고, 전복하던 그러한 순간들 모두를 기억한다. 특별히 관심을 끄는 것은, 처음에 사람들이 단지 음식을 훔쳤지만, 때때로 심지어 소비하기 위해서가 아니라 물건들에 무료로 접근하는 것이 제공하는 지배적인 코드로부터 벗어나는 즐거움을 위해서만 어떤 것이라도 훔치는 또 다른 단계로 아주 급속히 넘어갔다는 사실이다.

이러한 상황에서 예상할 수 있었듯이, 공포에 싸인 주민들은 자신들의 문을 닫는 것으로 재빨리 응답했다. 신문에서, 라디오와 텔레비전에서 기술자들과 과학자들, 신참자들과 전문가들, 무신론자들과 종교인들, 시민들과 군사요원들, 지식인들과 기업가들, 좌파·중도파·우파 정치인들이 매우 걱정하며 행진하였다. 모두 다음과 같이 똑같은 후렴구를 반복했다. 즉 "우리는 실업자들이 일자리를 요구하며 시위하는 것을 이해할 수 있다. 아무것도 그것보다 더 공정하고 정직할 수 없을 것이다. 우리는 실업자들과 불완전취업자들이 감히 음식과 옷을 훔치는 것을 이해할 수조차 있다. 공동체는 그들에게 적어도 음식과 옷을 제공한다. 우리는 우리의 노동자들이 가난으로 죽도록 내버려둘 수는 없다. 반대로 보석, 사탕 또는 스테레오를 훔치는 것은 이미 폭동이다. 그것은 확실히 범죄자들이나 직업적인 선동가들(좌파에 따르면 파시스트들, 우파에 따르면 공산주의자들)에 의해 주도되고 있다. 어떤 경우든 우리는 그러한 행동을 처벌하지 않은 채 내버려둘 수는 없다."

사실 단지 (일하기 위해) 옷과 음식을 훔치려고 한 몇몇 사람들이 있었다. 그리고 그들은 그들 투쟁의 중요성과 정당성에도 불구하고 진짜 선동가들이 아니었고, "깨라"의 담당자들 또한 아니었다. 교란 효과는 유머와 폭력으로 이루어진 몸짓에 있는데, 이것은 노동과 여가의 관계에 관한 어떤 개념을 분쇄했다. 즉 그것은 시간과 공간의 조직 원리인 수익성의 기준을 분쇄했다. 그것은 생산 및 소비수단의 사적소유 원리를 분쇄했다. 결국 일반적인 등가물에 따라 조직된 위계적 가치들로 축소된 삶을 존중하지 않는 몸짓, 명백히 감각적인 경험과 분리된 가치들을 중립적으로 지지하는 조건으로 축소된 인간을 해체하는 몸짓.

그리고 그러한 모든 깨라를 넘어, 사람들은 거기서 정치투쟁을 국가기계에 의해 위임받고 인정된 심문자들 간의 분극화된 대립으로 축소하는 특정 정치투쟁 관념을 파괴하였다. 교란 효과는 무엇보다도, 국가와 관련하여 의존적이고 유아화되고 요구하는 입장을 파괴하는데, 보편적인 제공자, 특권화된 심문자, 모든 욕망의 증명된 번역자로서의 국가로부터 "젖을 떼는 것"에 있다. 깨라-깨라의 혼동 속에서, 분쇄되는 것처럼 보인 것은 근본적으로 현대사회를 특징짓는 주체성 생산양식이었다.

그러나 비록 한편으로 이러한 현상 속에 삶에 대한 용감한 긍정, 새로운 사회적 배치의 창조, 특이화과정의 기호들이 준비되고 있었을지라도, 다른 한편으로 그것은 어떤 위험을 담지하고도 있다. 즉 창조에 필요한 길 대신에 목표를 없애버리는 위험을. 사람들이 우리가 살고 있는 세계에서 삶에 반하여 저질러지는 폭력에 직면하여, 그것의 마지막 결과를 가져오는 파괴의 매혹에 압도당한 것은 처음이 아닐 것이다. 사람들은 "우리가 이처럼 불안정하게 살아야 한다면, 우리 스스로 죽음의 창시자가 되는 것이 더 나을 것이다"라고 말한 것은 처음이 아닐 것이다. 이러한 종류의 위험은 가타리가 "미시파시즘"이라고 부른 것이다.

그러나 이것은 인구의 대부분을 두려워하게 하는 그런 위험은 아니었다. 이것은 매체에서 들리던 공포는 아니었다. 참기 어려운 것은 스스로의 파괴였지, 파괴가 목표로 변한다는 위험이 아니었다. 이 모든 것에서 참을 수 없는 것은 우리가 사는 사회의 주요 톱니바퀴들을 파괴하는 위험이었다. 그렇게 그 사건들을 본 사람들에게, 변화는 오직 몰적 구도, 형식 및 그것의 재현의 구도에서 상상할 수 있을 뿐이고, 반면에 분자적 직조의 모든 변화는 폭력과 카오스의 위험을 나르는 것으로 언제나 경험된다. 사람들은 특정한 사회질서의 직조를 보존하는 것을, 그 성격이 어쨌든 **사회질서** 그 자체의 보존과 혼동한다. 그리고 암묵적으로 특정한 정신세계의 직조를 보존하는 것을 **정신세계** 그 자체의 보존과 혼동한다. 달리 말하자면 이러한 사례에서 사람들이 혼동했던 것은 자신의 특정 형상의 보존과 가정된 본질의 보존이었다. 이러한 관점에서, 깨라-깨라가 지닌 것은 누군가의 재산을 약탈하는 것보다 훨씬 더 폭력적이고 불안하게 하였다. **집과 물건을 잃는 공포는 자기 자신을 잃는 테러 쪽에서 보면 아무것도 아니다.**

아마도 바로 이러한 성격의 공포가 상파울루 주정부로 하여금 도시의 거리를 경찰력으로 점유하고 운동에게 공간을 제한하도록 하였다. 도시를 반역하도록 선동하고 있었던 긍정적이고 자율적인 운동은, 다시 한 번 문명화된 방식으로 국가 및 자본에게 자신들의 요구를 표현하기 위해 줄서기 시작하였다. 초코드화된 채 운동은 이제 통제 아래 있었다. "요구하는 입장의 **깨기**는 **깨졌다.**" 삶의 잔인성, 세계를 파괴하고 다른 세계의 건설을 요구하는 그 불가피한 폭력은 일시적으로 침묵했다. 즉 자본주의적 주체성에 고유하며 삶에 반하는 폭력이 자신의 공간과 권력을 결정적으로 재정복했다.

두 가지 공포, 두 가지 조치. 많은 일부 사람들은 거의 일상적으로 실행되는 삶의 잔인성에 직면하기에는 자원이 박탈된 채 스스로 변화를 경험할 장비를 갖추지 않았고 모든 종류의 파열을 두려워한다. 그들은 삶을 제한하는 모든 것에 대항하여 삶이 반란할 때 지닌 잔인성을 무서워한다. 이러한 공포는 겁이다. 그들은 모든 특이화 신호에 저항하는 똑같은 방식으로 얼마나 비용이 들든지 간에 반란을 종식시키려고 동맹하고(거의 항상 그러하듯이 다수로) 결심하는 사람들이다. 조금 많은 다른 사람들은 깨기에서 창조적인 잠재력을 알아챘고, 그들이 어떤 것을 두려워했다면, 정확히 이러한 잠재력을 잃을 수 있다. 즉 그것은 예를 들어 운동을 그것의 거시정치적 차원으로 환원함으로써 단순히 부정될 수도 있다. 혹 그렇지 않다면, 더욱 나쁘게는 그것은 거기서 경험되고 있는 과정의 일관성을 체현한 삶의 양식들을 창조하는 방식을 찾지 못하기 때문에 순수한 파괴에 빠질지도 모른다. 어쨌든 이러한 사례에서 사람들이 두려워하는 것은 삶의 잔인성이 아니라 삶에 반하는 폭력이다. 그럼에도 이러한 종류의 공포는 삶의 신호이다. 그것을 겪는 사람들은 비록 우려가 없지 않을지라도, 조용히 즐기면서 깨라–깨라를 수용하고 거기서 나타나는 가능한 특이화과정과 공모한다.

깨라–깨라의 시기에 나는 가타리에게 일어나고 있던 것에 대해 평하도록 편지를 썼다. 이 편지에 답장하면서 그는 나에게 다음과 같이 썼다. "당신이 이전 편지에서 서술한 '야만적인 무리'와 관련하여, 나는 장기적으로 이러한 종류의 현상이 새로운 유형의 '자율적-코뮤니스트-아나키스트' 운동의 재구성을 예고한다는 직감을 가지고 있습니다.— 아무것도 특별하지 않고, 모든 것이 동시에. 토니 네그리와 나는 그에 관한 일종의 '선언문'[33]을 쓰고 있습니다(1983년 5월 27일 편지)."

<폴랴 드 상파울루>지에서 원탁토론, 1982년 9월 3일

위스닉(José Miguel Wisnik): 내 생각에 유럽의 상황과 관련하여 브라질의

• • • • • •

33) 가타리와 네그리를 보라. Les Nouveaux Espaces de Liberté(Paris: Dominizue Bedou, 1985). Félix Guattari and Toni Negri, Communists Like Us(New york: Semiotext(e), 1990). 가타리와 네그리, 조정환 옮김, 『자유의 새로운 공간』, 갈무리, 2007.

상황에서 특이성을 나타내는 두 가지를 언급하고 싶다. 첫 번째는 브라질에서 오늘날 내가 믿기에, 야만적인 분자적 증식과정이 있다는 사실이다. 어느 정도 경찰 통제의 밖에 있고 설명 통제의 밖에 있는 과정이란 의미에서. 나는 언제 어디서에서나, 매우 다른 방식들로 근본적으로 불법침입으로 표현되는 폭력형식들의 출현을 언급하고 있다. 도처에서 늘어나는 무장공격은 나에게는 브라질에서 세력관계를 가리키는 몸짓 반응의 특정한 분자형식에 일치하는 것 같다. 사람들은 가까운 데서 도처에 불법침입을 목격하고 그것과 살아감과 동시에, 또한 누군가 딴 사람이 가지고 있는 대상을 전유하는 목적뿐만 아니라 그 자체로 상징적 행위로 표현되는 폭력형식들과 함께 살고 있다. 예를 들어 지난해 ABC[34]라는 거대한 산업복합체 인근에 가까운 여기 상파울루에서 일어난 한 예가 있다. 즉 빈민가(샨티 타운)에 살고 있는 사람들의 집단이 보행자 다리(Via Anchieta 및 Imigrantes)[35]를 거쳐 자동차 전용도로까지 걸어갔고 지나가는 차에 포석을 던졌다. 그것들은 화강암 덩어리로, 몇몇 경우에 치명적이었고 어느 정도는 다음과 같은 기호로 보였다. 즉 그들은 고전적인 습격에 참여하는 것으로서 거기에 있었던 게 아니라, 하나의 오락형식으로, 주말 기분전환, 달리 말하자면 "문화"로 있었다. 자동차를 만드는 산업복합체와 그러한 종류의 행위 즉 작동하는 그 자동차 기계장치 위에서 행동하는 (일종의 반응으로 보이는) 양식 사이에 놀랄만한 인접성이 있다.

파괴적인 분자적 형식들 — 경찰통제 몸짓의 의미를 설명하고 그것들을 수로화[표준화]하려는 이론적 통제에 쉽게 복종하지 않는 — 의 이러한 증식은 공통적인 정치적 언어형식으로 욕망을 표현하려고 하는 소수자운동과는 어느 정도 다르다. 이러한 차이를 어떻게 생각할까? 거기

• • • • • •

34) 약자 ABC는 거대한 상파울루의 산업 벨트를 지칭한다. 그것은 Santo André, São Bernardo 및 São Caetano라는 세 지방자치체로 이루어져 있다.
35) Anchieta 및 Imigrantes 고속도로는 상파울루와 ABC지역을 연결한다.

에서 어떤 정치적 결과를 끌어낼까?

다른 한편 브라질에서 집합적 생산으로서 욕망의 적절성에 관련하는 문제는 지식인들, 대학 및 정치인들의 영역에서 적절하게 논의되기 전에 예술 및 대중음악의 다양한 표명들 속에서 작업되고 가공되어온 것으로 보인다. 그러므로 브라질에서 오늘날 그 논의는 진전된 상태이다. 어느 정도 대중음악은 구두 표현뿐만 아니라 몸짓 및 신체 표현이라는 많은 형식들로 욕망의 문제를 제기한다. 대중음악은 이른바 문화산업 안에서 이러한 분자적 문제를 논의하고 제기하고 가공하는 가능성(그것은 또한 양가적이다)이라는 새로운 상황, 특이한 상황을 창조하는 침투능력을 가지고 그렇게 한다. 벨로소(Caetano Veloso)가 부른 **그는 내 입술에 키스했어요**(Ele me deu um beijo na boca)라는 노래가 있다. 이 노래는 어느 정도『앙띠 오이디푸스』에서의 철학적 논의의 압축 또는 변이체이다. 나는 브라질에서 이 이론이 씌어진 논문들과 보다는 이러한 종류의 노래와 보다 더 쉽게 대화할 수 있다고 생각한다. 이러한 문제는 완강하게 음악 및 춤에서 종종 시적으로 표현된다. 더군다나 브라질 대중음악은 이 이론을 생산한 유럽의 주형과 거리가 먼 다른 주형에, 다른 자원(예를 들어 흑인 음악의 힘과 흐름)에 입각하여 이 문제를 제기한다. 이러한 다른 주형들에서, 그 문제는 몇몇 방식에서 유럽적 사유인 계몽주의로부터 물려받은 어느 정도 합리주의적인 사유에 입각해서뿐만 아니라, 어느 정도 이 문제를 다른 구도들 위에 투사하는 ─ 정서적인, 육체적인 그리고 종교적인 ─ 다른 주형들에 입각해서도 제기된다. 이것과 관련해서, 나는 가타리에게 "입술 위에 키스" 같은 질문들을 제기하기를 바라면서, 그에게 다음 질문을 하면서 마치고 싶다. 당신의 신들은 누구인가? 그들은 무엇과 같은가? 당신의 신들은 투명한 거품의 무지갯빛 표면인가? 또는 오히려 "모자를 쓰지 않은 아기의 머리 같이?"[36]

*

가타리: 지금 브라질에서, 이러한 논쟁에서 모든 이들이 언급해온 상이한 성격의 기호적 표현양식들의 발명은 모든 촌스럽고 관료화되고 경화된 언어들에 반대하여 투쟁하는 데 몇몇 종류의 표현의, 완전히 우연한 예기치 않은 수단을 지닌, 일종의 가능한 저장고를 구성한다. 위스니크(José Miguel Wisnik)의 언급에 대해서, 나는 치명적인 욕망 표현(주말 기분전환으로 포석을 던지는 것과 같은)을 피하는 방법, 미시파시즘의 축적 위험과 파시스트적 암의 발전 위험을 피하는 방법이 분명히 통제 및 초코드화 체계를 창조하는 데 있지 않다고 말하겠다. 그것은 오히려 지배적인 표현양식에 이단적인 표현양식들을 접합하고, 그들에게 현실 세력관계에 어떤 권력을 부여하는 배열장치들을 설립하는 데 있다. 일종의 파시스트적 압착기 대신에, 우리는 그 다음에 리좀적인 연결접속 및 조직양식들을 창조할 것이다. 우리는 또한 그들의 특이화과정들이 그들을 현실 세력관계에서 무력하게 되도록 하지 않으면서 그들의 특이화과정들을 심화시킬 것이다.

나의 신들이 누구냐는 질문에 대해서, 나는 나의 신들이 다소 슈레버 법원장의 신성[37]을 떠올리게 하는 기적적인 신들이지만, 또한 — 그리고 아마도 좀더 역사적이고 좀더 현실적인 방식에서 — 나의 신들은 지금 브라질에서 존재하고 있는 맥락과 같은 사회투쟁 및 변혁의 맥락이라

36) "투명한 거품의 무지갯빛 표면"과 "모자를 쓰지 않은 아기의 머리 같이"는 앞에서 언급한 게타노 벨로소의 노래, 그는 내 입술 위에 키스했어요(Ele me deu um beijo na boca)의 소절들이다.

37) 그 언급은 슈레버 법원장에 대한 것으로 정신병에 관한 프로이트의 가중 중요한 연구들 가운데 하나이다. 우리가 책을 쓰고 있을 때 나에게 가타리가 보내온 한 편지에서, 그는 슈레버의 "불가사의한 신들"에 관한 다음과 같은 관찰을 하였다. "……사람들은 등록기의 변화를 함의하는 용어인 '승화하기'를 대체하기 위해서 '불가사의하게 하기'라는 동사를 슈레버 법원장이 사용한 것을 이용할 수 있었다. 우리는 기적들을 만들고 우리를 둘러싸고 있는 모든 것을 가지고 '초현실'을 만든다……" (1984년 9월 18일의 편지)

고 말하고 싶다.

정체성을 찾아서

하나의 행동, 하나의 사회관계, 하나의 생산체계를 조직하는 것이 하나
의 정체성에 한정된다는 사실인가? 또는 정체성에 꼬리표[이름표]를 붙여
야 할까? 또는 심지어 그것이 미리 결정된 규제법에 따라 실행되는가?
자아의 토대를 이루는 관계, 즉 우리에게 우리 자신이라는 느낌을 주는
것은 미시사회의 코드나 한 사회의 법에 우리가 복종하는 것에 있는가?
아니면 종교적인, 정치적인 또는 다른 이데올로기에 준거하는 데 있는가?
그것은 우리를 존중할 수 있다는 의미에서뿐만 아니라, 무엇보다도 창조
적인 관계를 가질 수 있다는 의미에서 우리를 살게 하는 것인가? 그것은
노동 분업을 조직할 수 있게 하는 것인가? 그것은 우리에게 물질적인
영역에서만큼이나 주체적인 영역에서, 집합적인 삶의 조건들과 동시에
우리 스스로를 위한 삶(내가 특이화과정이라고 부르는 것)을 구체화하는
조건들을 생산할 수 있게 하는 것인가?

정확히 이러한 종류의 문제는 나로서는 다음과 같은 측면들에서 고려
할 때 너무 서투르게 제기된다. — 정체성의 측면에서, 자아가 초자아·
법·모든 사회 통제체계들의 통제 아래에서 무의식적인 충동들을 통제
할 수 있다는 측면에서. 반대로, 나는 자아·개인·사회집단이 현대 자본
주의 체계들에 의해 모델화되는 방식은, 정체성 구조에 의한 지배에 모르
는 사이에 발전될 수 있는 체계들, 감수성 체계들(내가 개인이전적 기호화
양식들이라고 부르는 것)보다 훨씬 더 무질서와 엔트로피를 담지하고 있
다고 생각한다.

*

자본주의적 주체성에 의해 생산되는 것, 매체·가족과 우리를 둘러싸고 있는 모든 시설을 통해 우리에게 오는 것은 단지 관념들만은 아니다. 그것은 단지 기표적 언표들을 통한 의미작용의 전달이 아니다. 그것은 정체성의 모델들도 모성적이고 부성적인 등의 극들을 지닌 동일시들도 아니다. 더 본질적으로, 그것은 한편으로는 생산 및 사회통제의 거대 기계들과 다른 한편으로는 정신적 층위들, 세계를 인식하는 방식 간의 직접적인 접속[연결접속] 체계들이다.

*

정체성의 문제설정은 ── 게다가 정신분석가들이 정신분석의 역사과정에서 이해했듯이 ── 단지 정체성들의 복사에나 정체화[동일시] 과정들에만 관련하지는 않는다. 정신분석의 역사에서 대상이론의 전개에서 풍부하고 비옥한 것은, 대상관계의 문제가 다뤄지는 모든 해석적인 환원들에도 불구하고, 자아의 구조들과 동일시하는 구조들 안에 주체적인 특이점들이 있다는 생각에 대한 재고려가 있어왔다는 것이다. 그것은 특히 클라인(Klein) 학파 이론들에서 또한 라캉 이론에서, 내가 가장 많이 사용하고 있는 정식 가운데 하나인 정신과정에서 특이성의 기능으로서 "대상 a"의 기능이다. 내가 라캉의 언급들에 동의하지 않는 점은 그가 "대상 a"의 수학소를 사용하는 방법이다. 특히 그가 자신의 환상이론에 그것을 접합하고 그것을 재현의 문제설정 속에 재통합해버리는 방식.
현재 논쟁 수준은 그리 중요하지 않다. 즉 만약 정신분석의 가르침에서 타당한 어떤 것이 있다면, 그것은 최소한 정신분석이 정체성 관념의 정당성을 폭발시키는 경향을 지녀왔다는 사실이다. 정신분석 초기에 이러한 문제설정은 스펙터클하게 폭발했다. 프로이트의 첫 번째 분석들 —— 특히 히스테리에 관한 그의 연구들 —— 에서, 그는 정체성의 담론과 자아의 담론 안에서 주체화양식들이 신체에, 이미지의 담론에, 징후적 관계·사회관계 등의 담론에 체현될 수 있다는 것을 발견했다. 그러므로 그에 입각하여 우리가 스스로 물을 필요가 있는 것은 정체성 관념을 **안으로 향해** 폭발하도록 만드는 데 —— 정체성을 "부분대상"이론을 향해 내파하도록 만드는 것 —— 만족할 것인지, 또는 위니캇(Winnicott)의 "과도적 대상들"이나 제도적 대상들과 같은 것들의 방향으로, 사회적 장에 거주하는 모든 경제적 대상에, 기계적 대상에의 방향으로도, **바깥으로 향해** 폭발하도록 만들려고 하고 있는지이다.

이러한 문제를 정리하기 위해서, 정체성 개념과 관련하여 주체성 관념의 급진적인 이중의 탈중심화로부터 시작하는 것이 적절한 것 같다. 주체성은 이중의 방식으로 특성화되는 것 같다. 한편으로 주체성이 내부개인적 과정들(분자적 차원)에 거주한다는 사실, 다른 한편으로 주체성이 본질적으로 사회적·경제적·기계적 관계들의 연관 수준에서 배치되며, 모든 사회인류학적·경제적 결정요인들에 열려 있다는 사실.

"무의식과 역사"에 관한 논쟁, 올린다(Olinda), 1982년 9월 14일

카발칸티(Djanira Cavalcanti): 논쟁의 시작에서 제기된 문제[질문]는 나를 심각하게 걱정하게 한다. 그것은 소수자들의 인정의 문제, 그들에게 주어질 수 있는 신뢰성의 문제다. 나는 실천적으로 인성 요정이 실제 이러한 소수자들의 실천에서 제기되는지 알지 못한다. 그러나 만약 그것이 제기된다면, 나는 그것은 제기되어서는 안 된다고 생각한다. 이러한 소수자운동들에서, 욕망의 구도에서 발생하는 것은 공간들 및 지배적인 현존 정서

들 — 그래, 너무 잘 인정되는 — 의 재생산을 넘어서 있다. 여기 올린 다에서 우리의 여성운동에서, 그리고 여기서뿐만이 아닌데, 우리가 추구하고 있는 것은 인정이 아니다. 우리는 더이상 그것에 대해 걱정하지 않는다. 우리는 침착하다. 실제로 우리가 추구하고 있는 것은 사회적 공간, 자신의 실존공간을 전유하는 것이다. 우리가 서로를 인정하고 알게 되며, 우리 사이의 쾌적한 정서적 분위기를 창조할 수 있는 공간. 나는 이것에 관해 토론하는 것이 중요하다고 생각한다.

가타리: 우리는 정체성과 인정의 문제 주위를 돌고 있는데, 이것은 더이상 놀랍지 않다. 즉 정체성은 종종 인정과 연결된다. 경찰이 누군가에게 신분증을 요구할 때, 그것은 정확히 그들을 확인하고 사회적으로 인정할 수 있기 위한 것이다. 무의식의 문제설정이 정치적 문제설정과 연결되는 지점은 확인할 수 있거나 확인된 주체성들뿐만 아니라 정체성을 벗어나는 주체적인 과정들이 중요하다는 생각에 정확히 있다.

정체성 대 특이성

정체성(identité)과 특이성(singularité)은 완전히 다르다. 특이성이 실존적인 개념인 반면에, 정체성은 지시작용(référenciation)의 개념이다. 현실을 자신들에게 가상적일 수도 있는 틀, 준거[지시]틀에 한정하는 개념이다. 이 지시작용은 개인의 동일시[확인]의 의미에서 검문 절차 — 그의 신분증과 지문에로 만큼이나 — 프로이트주의자들이 동일시(identification) 과정이라고 부르는 것으로 열릴 것이다. 달리 말하면, **정체성은 상이한 실존방식의 특이성을 단일한 확인 가능한 준거틀을 통과하게 하는 것이다.** 우리가 우리 자신의 실존을 살아갈 때, 우리는 1억 인민에게 속하는 한 언어의 낱말들을 가지고 그것[우리 자신의 실존]을 살아간다. 우리는 전체 사회적 장에 속하는 경제 교환체계를 가지고 그것을 살아간다. 우리는 완전히 계열화된 생산양식들의 재현물들을 가지고 그것을 살아간다. 그러나 우리는 이러한 교차와의 완전히 특이한 관계 속에서 살고 죽는다. 그 어떤 창조적 과정에 진실인 것은 삶에도 진실이다. 음악가나 화가는 그림의 역사를 구성하는 모든 것, 그림이 자신을 둘러싸고 있는 모든 것에 몰두하지만, 특이한 방식으로 그것을 파악한다. 이와 완전히 다른 것은 그 실존, 그 창조적 과정이 나중에 사회역사적 좌표들에 따라 확인될 방식이다. 그것은 특이화과정의 의미와 일치하지 않는다. 그러나 자본주의적 주체성이 관심을 갖는 것은 특이화과정이 아니라 정확히 그 과정의 다음과 같은 결과, 즉 특이화과정을 지배적 주체성의 확인양식들에 한정하는 것이다.

*

내가 특이화과정이라고 부르는 것 — 단지 어떤 장소, 결정된 시간에 살거나 살아남을 수 있고 우리 자신일 수 있는 것 — 은 정체성(전형적인 것: 내 이름은 펠릭스 가타리이고, 나는 여기에 있다)과는 아무 관련이 없다. 그것은 오히려 원칙적으로 자아를 구성하는 모든 요소들이 접합되는 방식과 관련이 있다. 달리 말하면 사람들이 느끼고 숨 쉬고 말하거나 말하고 싶지 않고, 여기에 있든가 떠나든가 하는 방식과 관련이 있다.

문화적 정체성: 함정?

바이아문화재단에서 페레이라와의 대담, 살바도르, 1982년 9월 13일

페레이라(João Luiz S. Ferreira): 이 대담의 관심은 당신이 문화적 정체성 개념을 경멸해야 할 개념으로 사용하던 순간부터 생겨났다. 여기 바이아(Bahia)[브라질 동부에 있는 주]에서 그 문제가 근본적인 한, 나는 문화적 층위에 대한 당신의 비판이 적절하지 않다고 생각한다. 나는 몇몇 유럽 나라들이 바이아의 경우와 같은 문화적 정체성을 갖고 있지 않다고 느낀다 ― 아마 내가 말하려는 것이 정말 진실이 아닐 수도 있지만, 그것이 내가 가진 인상이다. 바이아의 문화적 정체성은 브라질 자본주의의 가장 역동적인 중심인 상파울루의 현실과 관련해서조차 특수하다. 나로서는 ― 최소한 여기에서 우리의 경우에 그리고 일련의 요소들 전체 때문에 ― 이 생각은 해방운동이나 그와 같은 종류의 어떤 것으로 유도하지 않을 것이다.

북동부에서 특히 바이아의 경우에, 자본주의적 역동성과 당신이 자본주의적 주체성생산이라고 부르는 것은 텔레비전과 우리에게 익숙한 모든 메커니즘과 함께 브라질의 중남부 지역으로부터 온다. 바이아 지방의 몇몇 도시에서, 글로보 텔레비전(TV Globo)의 배우들은 외국인이라고 사람들은 생각한다. 사람들은 더욱이 "외국인"이라는 용어를 사용하며, 이것은 나에게 정치적으로 중요한 문제인 것처럼 보인다.

바이아의 인종관계는 사회적 수준에서의 관계일 뿐만 아니라, 문화적인 문제도 제기한다고 나는 생각한다. 게다가 그것은 문화운동을 제기한 사람들과 직접적 정치적 노선을 제기한 사람들 간의 적대라는, 흑인운동 안에서 생겨난 문제이다. 이제 몇 년의 경험 이후에, 사람들이 보는 것은 통합흑인운동(Movimento Negro Unificado)[38])이 바이아에서 조금도 무게를 지

● ● ● ● ● ●

38) 통합흑인운동(Movimento Negro Unificado)은 아프리카 출신의 주민 부문들이 주도하는 정치활동에 입각하여 조직되었다. 1970년대 초에 '인종차별에 반대하는 통합흑인운동'의 창건자의 대부분은 독재를 전복하려는 비밀조직의 전사들이었다. 1980년대 동안에 브라질의 통합흑인운동은 아마 가장 중요한 흑인정치조직이 되었다.

니지 않는다는 것이다. 최근 이 운동은 분열과 해체의 과정을 겪고 있다. 비록 바이아의 흑인운동과 심지어 문화운동이 일종의 쇠퇴기에 들어서고 있다고 생각할지라도, 최근 수년 동안에 일어난 것은 근본적으로 "인종적 자긍심"과 문화적 자긍심에 기반을 둔 흑인공동체 전체의 급진적 변형이다. 문화적인 문제에서 일련의 요소들이 생겨났는데, 어떤 것들은 논쟁의 여지가 있고 ── 아프리카의 숭배의례의 경우에서처럼 ──, 다른 것들은 캉동블레를 흑인저항 구조의 중심적인 요소로 인정하는 것과 같이 매우 중요하다. 무엇보다도 바이아에서 다수를 차지하고 있는 흑인주민 구역에서 정체성을 구출하려고 시도하는 과정의 수준에서 이것은 근본적인 사실[자료]이라고 나는 믿는다. 이것은 그 과정이 신흥 백인 중간계급에게서 똑같이 발생하지 않다는 것을 의미하는 것은 아니다. 그러나 이 중간계급의 아주 결정적인 부문 전체가 ── 맑스주의자든 무정부주의자든, 경향[정치노선]은 중요하지 않다 ── 이러한 의식을 결여하고 있으며, 가장 발전된 산업 중심부들에서 분명하게 가공된 그것의 이데올로기들(심지어 노동자당의 이데올로기들과 함께)은 더욱 철저한 현실인식의 상호작용·통합·구성이란 이러한 과정에 대한 방해물로서 작용한다고 나는 생각한다. 이 담론의 도입은 현실인식의 대체물로서 기능한다. 이것이 이 개념에 대해 당신이 가한 비판을 더 잘 이해하려고 하는 것이 흥미로울 것이라고 생각하는 이유이다.

가타리: 나는 당신이 기술하고 있는 현상, 즉 바이아의 맥락에서 일어나는 현상에 대해 잘 알지 못하기 때문에, 그 현상에 대해 분석하지 않겠다. 단지 내가 할 수 있는 유일한 관찰은 내게 **문화 개념과 문화적 성체성 개념이 극도로 반동적인** 것처럼 보인다는 것이다. 즉 우리가 깨닫지 못한 채 그것들을 사용할 때마다, 우리는 그것을 물화시키는 주체성의 재현양식을 전달한다. 결과적으로 그 개념들은 우리로 하여금 주체성이 자본

주의 시장들의 장에서 어떤 여타의 상품들과 똑같이 조합되고 가공되고 제조된다는 성격을 우리에게 설명하도록 허용하지 않는다.

실제 작용하는 기호 세계(univers)는 분리된 세계로 존재하지 않는다. 고대 사회들에서(또는 당신이 묘사하는 사회와 같은 사회에서, 바이아에서) 사람들은, 상이한 방식으로 발생하는 표현활동을 지니는데, 자신들의 기호화양식들을 창조의 영역들로, 즉 음악 또는 춤, 예술적 표현, 연극, 종교적 활동들, 경제적 활동들의 영역, 민족학적 장의 영역, 기타 등으로 나누지 않는다. 이 모든 것은 그들의 주체성생산을 불가분하게 구성한다.

그래서 나는 우리가 당신이 바이아의 상황에서 묘사하는 상이한 요소들을 고립된 영역들, 물화된 실체들로 만드는 대신에 주체성생산이라는 측면에서 다뤘다면 사태는 달라질 것이라고 생각한다. 게다가 바로 이 동일한 물화하는 태도가 상파울루 또는 리우데자네이루의 거주자들을 "외국인들"로 기술하도록 이끈다. 즉 물화된 실체 관념은 정체성/타자성 짝을 의미하는 문화적 정체성 관념과 상관된 것이다.

어떤 사회집단의 문화 관념과 같은 그런 관념을 물화하는 대신에, 아마도 우리는 **표현과정배치**에 대해 좀더 잘 말할 수 있을 것이다. 몰적 수준에서 이러한 과정들은 실로 자본주의적 주체성생산과 관련하여 사실상 적대적이지만, 그것들의 물화가 우리로 하여금 인식하지 못하도록 하는 것은 그것들이 여타의 기호적 생산들, 아프리카에서 일어나는 기호적 생산들뿐만 아니라 파리의 교외에서의 펑크, 록 집단들의 기호적 생산들, 또는 일본에서 또는 세계 어디에서나 온 시인이나 음악가의 기호적 생산들과 관련하여 분자적 수준에서 완전히 분리하기 어렵다는 사실이다.

한편으로 이러한 특이화과정들이 한계들이나 그들에게 정체성의 형상을 부여하는 세력관계들에 사로잡힐 수 있음을 고려하는 것은 매우 중요하다 — 진보운동들에 의해 조종될 때조차 이것이 어느 정도 매우 반동적인 개념이라는 것을 결코 잊어선 안 된다. 다른 한편으로 이러한 동일한 과정들이 이 정체성 논리를 완전히 피하면서 분자적 등록기[틀]에 동시에 작동할 수 있다. 개념들의 이런 종류의 애매성은 모든 장에서 존재한다.

*

특이한 집합적 주체화라는 생각은 어떤 사회집단의 정신이라고 할 내재적이거나 초월적인 정신을 반드시 말하지는 않는다. 즉 주체적인 현상들을 문화적 정체성들에 의거하게 하는 이러한 개념들 모두는 항상 자민족중심주의라는 작은 토대를 지닌다. 문화적 정체성의 준거를 이 주체성 생산에 투사하지 않고서, 주체성은 특이화과정 —— 동성애 집단의 주체성이나 캉동블레와 같은 특수한 종교체계를 재발명하는 흑인들의 주체성과 같은 —— 에 개입할 수 있다. 그러한 준거는 신비적이다. 비록 "신비적" 이라는 것이 정확히 내가 사용하고 싶은 단어가 아닐지라도 말이다. 왜냐하면 이것은 극히 기능적 신화이기 때문이다. 즉 그것은 자본주의 사회에서의 사업들과 아주 잘 어울리는 유형의 주체성생산을 포함하기 때문이다.

*

캉동블레와 같은 현상에서 생산되는, 아주 이질발생적으로 생겨난 문화적 요소들의 재전유는 보통 재발견[구출]되고 있는 분리된 문화적 정체성에 속하는 것으로 다루어진다. 그러나 모든 것은 반대로 이러한 실천이 정말 매우 근대적인 맥락에서 일종의 종교를 발냉하는 창조석 특성을 지닌다는 것을 가리킨다. 더욱이 그것은 라틴아메리카 대륙 일반의 상황에 특징적인 것 같다. 그것은 자본주의적 기호계들에 의해 완전히 파괴되지 않아왔으며, 애초 이성 중심적이지 않고 전적으로 애초의 창조 형식들 속에 조직될 수 있는 표현수단들의 비상한 저장고를 소유한다.

*

때때로 이번 여행기간 동안, 특히 바이아에서, 나는 사람들이 브라질 "정신"이나, 브라질 한 지역의 정신에 대해 말하는 것을 들어왔다. 그리고 나는 그들이 여기서 주민들이 느끼고 생각하고 스스로를 표현하는 방식들에 깊게 각인된 어떤 것을 언급하는지, 아니면 지배적인 주체성에 대한 반응으로 특정 문화적 주체성의 어떤 재구성을 언급하고 있는지 자문하였다. 우리가 그것을 좋아하든 좋아하지 않든, 브라질의 어떤 지역에서도 (심지어 바이아에서) 이러한 지배적인 주체성은 존재하므로 나는 스스로 이러한 질문을 했다. 브라질은 거대한 자본주의 열강이 되어왔기 때문이다.

만약 우리가 이것을 프랑스의 상황과 비교한다면, 우리는 거기서, 지역들이 "문화적 정체성"을 재구성하면서 자율의 관점에서 재구축되어온 것을 안다(나는 코르시카, 브르타뉴, 그리고 바스크를 생각하고 있다). 정말로 그것은 자본주의적 운동, 어느 정도 이미 모든 주체화양식을 오염시켜온 운동에 대응하는 문화적 의사(pseudo)정체성이다. 정말 기본적으로 "우리 브라질인들은 '선진' 산업국가들에 존재하는 그런 종류의 격자에 잡히지 않을 것이다"라고 생각하지 않기 위해서는, 이것을 깨닫는 것이 매우 중요하다. 특정 종류의 사회관계와 특정 종류의 문화적 삶의 천 년 전통을 가진 다른 국가들은 정확히 자본주의적 주체성생산에 의해 10년 안에 싹 쓸려버렸다. 우리는 40여 년의 시간 동안 일본인들이 경험한 것을 생각하기만 하면 된다. 일본 사회의 특정 부문들에서, 심지어 도시 체계들에서, 여전히 일본에 특수한 문화적 질이, 특히 사회관계의 에티켓, 문자 언어·몸짓언어 또는 얼굴언어의 관계를 접합하는 방식이 존재한다. 그러나 이 모두가 자본주의적 주체성생산 과정에 완벽하게 통합되어 있다. 나는 어느 날 당신이 여기[브라질]서 문화인성부(ministère des Personalités culturelles)를 갖게 되리라는 것을 의심치 않는다. 그 문화인성부의 할 일은 브라질의 다양한 지역들의 특정 표현양식들 모두를 진압하는 것이 아니라, 반대로 그것들을 발전시키고, 그것들에 유인책을 제공하는 것일 것이다. 물론 그것들이 심각한 것들에, 생산 및 정치와 관련된 문제들에 개입하지 않는다면 말이다.

*

문화적 정체성은 주체성의 수준을, 즉 주체적인 영토화의 수준을 구성한다. 문화적 정체성은 사회적 선분성(segmentarité) 관계에서 자신의 주체화양식들을 결합하는 특정 집단에서 자기 동일시(auto-identification)의 수단이다. 그러나 동시에 사람들은 주체성이 복잡한 횡단 관계들에서, 즉 횡단문화적 관계에서뿐만 아니라 횡단기계적 관계라고 부를 수 있는 것에서도 기능하는 곳인 주체성의 다른 수준들을 고려할 수 있다. 그것은 예를 들어 아프리카 사회의 인류학에서, 우리가 하나의 사회집단을 "기본적 인성"—— 문화인류학의 용어로 되돌아가자면 —— 에 체현시킬 수 있고 동시에 비상한 "전파론"을 가질 수 있는 이유다. 이 비상한 전파론은 수천 년 동안 아프리카 전체를 가로질러왔다. 기계적 기술 그 자체와 (흙점과 같은) 의례기술, 언어적이고 신화적인 문제들 등의 전파.

*

"문화적 정체성" 관념은 불길한 정치적 미시정치적 함의들을 갖고 있는데, 왜냐하면 그것은 정확히 하나의 인종집단 또는 사회집단이나 한 사회의 기호적 생산의 전체 부를 파악하지 못하기 때문이다.

소수자들: 사회의 되기들

정체성 대 여성-되기, 동성애자-되기, 흑인-되기

소수자 집단들이 요구하는 것은 그들 정체성의 인정만이 아니다. 예를 들어, 오늘날 동성애 집단들과 황금시대[20세기 초반](*La belle époique*)의 동성애 집단들과 같은 다른 집단들 간의 차이는, 그들의 문제가 분파적이지 않다는 것이다. 그들은 자신들의 과정, 자신들의 동성애자-되기가 전체 사회 속으로 도입되도록 작용하고 있다. 왜냐하면 사실 모든 관계는 동성애자-되기에 의해 작동하기 때문이다.

페미니즘에도 똑같다. 즉 여성 권리의 인정 문제를 몇몇 그러그러한 직업적 또는 가정적 맥락에서 제기할 뿐만이 아니다. 그것은 또한 모든 남성과 어린이뿐만 아니라, 깊게 들어가 사실은 사회의 모든 톱니바퀴와 관련 있는 여성-되기의 담지자이다. 그것은 상징적인 문제설정 — 프로이트 이론의 계보들을 따라, 몇몇 상징들을 남근 중심적으로 해석하고 다른 것들을 모성적인 것으로 해석하는 문제 — 이 아니라 사회의 생산과 물질적 생산의 중심에 바로 있는 어떤 것의 문제이다. 나는 그것을 여성-되기라고 하는데, 왜냐하면 그것은 사회관계의 생산에서 특정 종류의 목표를 의문시하는 경향이 있으며, 남성적 주체성에 의해 지배되는 세계에 대해 말할 수 있게 하는 특정 종류의 경계설정을 질문하는 욕망경제와 관련하기 때문이다. 남성적 주체성에서 관계들은 정확히 그 되기의 금지에 의해 표시된다. 달리 말하자면 남성적이거나 남성화된 사회와 여성-되기 사이에는 어떤 대칭도 없다.

아르튀르 랭보(Arthur Rimbaud)는 『계시들(illuminations)』에서, "흑인-되기"에 대해 말했다. 어느 정도 이 흑인-되기 역시 다른 민족학 범주들과 관련이 있다. 누군가 문학에서 소수자-되기(지배적인 형식들 속에 각인되기를 문학이 거부하는 것)가 있다고 말하는 것과 마찬가지로, 미술에서 흑인-되기, 음악에서 흑인-되기가 있다.

달리 말하자면 "되기"라는 생각은 어떤 과정이 특이화될 수 있는지 없는지와 밀접한 관계가 있다. 여성적, 시인적, 동성애적, 또는 흑인적 특이성들은 지배적인 지층화를 파괴할 수 있다. 그것은 소수자란 문제설정의 태엽[원동력]이다. 즉 그들은 문화적 정체성의 문제, 동일한 것[정체적인 것]으로 되돌아가는 문제, 옛것으로 돌아가는 문제가 아니라, 복잡성 및 다원성의 문제설정이다. 몇백 년 전에 존재한 아프리카 종교들의 특색들과 같은 고대적인 특질들이 부활하는 경우, 그 특질들은 의고주의(擬古主義)로서가 아니라 오히려 창조과정으로 조직되는 데 주체적인 가치를 지닌다. 이것은 재즈 속에 있는 아주 생기 넘치는 것에 대해서도 사실이다. 그것은 **흑인정신**의 일정한 특이성 특질들을 믿을만한 음악형식을 만드는 데 통합한다. 그 음악형식은 이 음악이 또한 국가의 벽과 충돌할 때까지는 우리의 감수성, 우리의 악기들, 우리의 분배양식들과 일치한다.

요약하자면 정체성의 인정이라는 관념에 반대하여, 나는 횡단과정들이라는 관념을, 개인들 및 사회집단들을 통해 정립되는 주체되기라는 관념을 제기하고자 한다. 그리고 그들[횡단과정, 주체되기] 스스로는 주체화과정들이기 때문에 그렇게[정립] 할 수 있고, 그러한 주체적인 실재들의 바로 그 존재를 모양짓는다. 그러나 그들은 그들 스스로 존재할 수 없고 과정적인 운동 안에서만 존재할 수 있다. 그리고 그것은 모든 지층화 — 물질, 의미, 기계적 체계들 등의 지층화 — 를 횡단할 역능을 그들에게 부여하는 것이다.

따라서 우리는 다음과 같이 말할 수 있을 것이다. **정체성이나 인정의**

문제설정이 특정한 장소에서 나타날 때마다, 적어도 우리는 그[횡단] 과정을 차단하고 무기력하게 하는 위협에 직면한다. 바로 이러한 ── 다소 역설적으로 보이는 ── 논리 안에서 하나의 공통강령, 전선, 통일의 실존에 대해서가 아니라, 이행경로들, 흑인문제와 여성문제 사이의, 어린이-되기와 시인-되기 사이의 무의식적 소통경로들의 실존에 대해서 생각할 수 있다. 문자 그대로 이러한 상이한 주체화양식들을 횡단하는 되기들.

*

　　만약 브라질에서 흑인들이나 프랑스에서 동성애자들의 주체화의 문제설정과 같은 문제설정이 현재 제기된다면, 이것은 인간 종에서 흑인 본성이나 동성애자 본성이, 또는 복원될 것이 틀림없는 흑인성의 보편성과 동성애의 보편성이 있다는 것을 의미하지 않는다. 첫째로 그것은 브라질에서 사회적 배치들이 어떤 요소들의 조직에 기초하여 자신들의 주체성을 구성하려고 한다는 것을 의미한다. 동성애자들이 구성하는 동성애는 동성애자들을 본질적으로 특정화[확인]하는 어떤 것이 아니라, 몸과 직접 관련하고 동성애자들과 접촉하는 모든 사람들의 욕망과 직접 관련하는 어떤 것이다. 그것은 동성애자들이 [다른 사람에게] 개종을 권유하려 하거나 동성애 독재를 세우려고 하는 것을 의미하지 않는다. 그것은 단지 그들이 자신들의 영역에서 특이화하는 문제설정이 특수한 것의 영역에 그리고 더욱이 병리적인 영역에 속하는 것이 아니라, 문학과 아동기의 영역과 같은 다른 영역에서의 문제설정들과 연결되고 얽혀 있는 주체성구성의 영역에 속한다는 것을 의미한다. 바로 정확히 이런 요소들은 모든 나라를 횡단하는 북-남, 모든 인종을 횡단하는 흑인성, 모든 지배언어를 횡단하는 소수언어, 경계지어진 성을 횡단하는 동성애자 되기 · 어린이-되기 · 식물-되기에 대해서 말하도록 이끌 것이다. 이것들은 들뢰즈와 내가 무의식의 "분자적 차원"이라는 제목 아래 재분류하는 요소들이다.

*

무수한 소수화과정, 즉 사회의 어떤 부문들에서 여성들에게 영향을 끼치는, 그들의 행동에서 어떤 요소에 영향을 끼치고, 성적으로 이단적인 행동 형태들에 영향을 끼치고, 생산과 그리고 본성과 관련된 어떤 관념들에, 전체로서 사회에 의해 인정되지 않는 (생태운동의 관념들과 같은) 관념들에 영향을 끼치는 소수화 및 유아화과정들이 사회를 횡단한다. 정신병에 걸린 사람들, 약물중독자 등을 첨가함으로써 목록을 늘릴 수 있을 것이다. 예를 들어 만약에 그 시가 어떤 학문적인 출간 기준들에 맞지 않다면 어느 정도는 시인이 되거나 시를 쓰기를 원하는 것은 이미 소수자, 억압받는 소수자에 참여하는 것이다.

*

주변화과정들이 사회 전체를 횡단한다. 그 최종적 형식들(감옥들, 수용소들 그리고 강제수용소와 같은)에서부터 더욱 근대적 형식들(사회적 격자)까지, 이러한 과정들은 빈곤, 절망 그리고 운명에의 자포자기라는 동일한 전망으로 이끈다. 그러나 이것은 우리가 경험하고 있는 것의 한 측면일 뿐이다. 또 다른 측면은 소수자들의 질(qualité) · 메시지 · 희망을 만드는 것이다. 즉 그것들은 저항의 극들을 나타낼 뿐만 아니라 또한 언젠가 대중전 부문이 다시 착수할 수 있는 변혁과정이 잠재력들을 나타낸다.

*

프랑스에서 여성(페미니스트)운동은 오늘날 국가권력의 어떤 톱니바퀴들 속에 어떤 개입 가능성을 이루어왔고, 그것은 좋다. 그러나 마치 여성운동이 단지 페미니스트 집단들이 아니듯이 여성운동은 단지 그것만은 아니다. 그 운동은 사회의 직조를 관통해 작동하고 있는 페미니스트 미시혁명들 전체와 접합되는 한에서만 의미를 가진다.

ICBA에서의 원탁토론, 살바도르, 1982년 9월 13일

모트(Luís Mott): 이 토론이 시작될 때, 한 동료가 우리의 욕망이 여기 이 자리[원탁]에만 머무르는 것에 대해 문제제기를 했다. 브라질에서는 우리가 살아가는 작은 게토의 외부로 우리의 열망을 단지 옮겨가려는 아주 사소한 욕망이라도 항상 금지되기 때문에, 내가 진정으로 원했던 것은 그 자리에 머무는 것이 아니라 원탁을 뒤엎는 것이었다. 우연의 일치로, 3개월 전쯤에 모든 나의 교수 자격에도 불구하고, 나는 바로 이 자리에서 이야기하는 것을 저지당했다. 주제는 "19-20세기 독일에서의 성차별에 반대한 투쟁"이었다. (그리고 논의되고 있던 것은 심지어 동성애 차별도 아니었다.) 따라서 나는 동성애자로서, 이 자리에 있기 위해서, 동성애운동의 표현의 권리를 정당화하기 위해서 가타리라는 "이 국제적인 인물"의 존경할만한 지위를 이용하고 있다.

이것이 동성애자들과 관련하여 "자리에 머무는" 문제를 제기한 처음은 아니다. 지난해 살바도르에서 개최되었던 제32회 SBPC(브라질 과학촉진협회Sociedade Brasileira para o Progresso da Ciência)회의에서, 동성애운동이 매우 가시적이었고 텔레비전에 나타나고 매우 활동적이었기 때문에, 사람들은 SBPC의 약자가 '명성을 추구하는 게이협회(Sociedade de Bicas Procurando Cartaz)'를 의미한다고 이야기했다. 2천년 동안 수천 명의 동성애자들은, 만약

그들이 화형에 처해지거나 강제로 정신치료를 받는 것을 피하고자 했다면, 나타날 수 없었다. (어렸을 때 내가 동성애 경향을 드러내고 그것을 내 가족이 수용할 수 없었기 때문에 나는 강제로 정신치료를 받았다.) 예속에 의해, "이성애주의"(브라질에서 소개하기에 중요한 말)에 의해 억압받은 우리 같은 사람은 드러낼 수 있고 존중받을 권리를 갖기를 원한다. 분명히 드러내기를 원하고 존중받기를 원하는 것은, 나는 아니지만 모든 수천의 동성애자들의 주장이다. (브라질에는 천만 명에서 천5백 만 명의 동성애자가 있다는 것을 발견해낸 '킨제이 보고서'를 참고하기만 하면 된다.)

나는 가타리의 의견에 동의한다. 즉 우리가 원하는 것은 사람들이 자신들을 흑인으로 보지 않는 것, 자신들을 동성애자로 보지 않는 것, 자신들을 여성으로 보지 않는 것이다. 즉 우리는 사람들이 우리를 우리가 원하는 누구와도 동침할 수 있는 권리를 가진 그런 인간으로 보기를 원한다. 흑인이라는 사실이 차별을 함의하지 않는다. 여성이라는 사실이 열등함을 함의하지 않는다. 따라서 백인이고 사내다운 남자(마초)인 사람들이나 백인 마초들의 세계에 참여하는 사람들, 제발 억압받는 사람들을 괴롭히지 마라. 우리가 테이블에 앉거나 드러내는 것을 막지 말라. 우리가 원하는 것은 평등한 사회, 억압자도 피억압자도 없는 사회다. 그 사회는 가타리가 말하듯이 "욕망으로 하여금 자신이 할 수 있는 대로 풀리도록 놔두는" 사회이다. 이것은 『욕망의 정치적 박동』에 있는 "나는 행복한 남창을 만났다"[39]는 제목의 가타리의 논문에서 인용한 구절이다. 43페이지에서 확인할 수 있다. 우리 동성애자들이 투쟁하는 것은 정확히 욕망의 자유에

• • • • • •

[39] Félix Guattari, "J'ai même rencontré des travelos heureux", in *Libération*, 3 avril 1975. Félix Guattari, *La Révolution Moléculaire*, Editions de Recherhes, 1977, p. 190의 텍스트 편집본에 실렸고, *La Révolution Moléculaire*, Paris, 10/18, 1980에 다시 실렸다. 모트는 수에리 롤니크에 의해 간행된 편집본(Pulsações Politicas do desejo)을 언급하고 있다. 『분자혁명』, 푸른숲, 1998에 실림.

대한 권리를 위해서이다. 가타리가 이야기했듯이 우리의 투쟁은 동성애자들, 패그들, 레즈비언들에 관련된 것만은 아니다. 우리가 원하는 것이 성자유, 낙인[딱지] 없는 성[섹슈얼리티]인 한, 우리의 투쟁은 사회전체로 확장된다.

나는 가타리의 프랑스 친구로 "나의 항문이 혁명적이다"라고 선언한 오켕겜(Guy Hocquengheim)을 인용하는 것으로 마무리짓겠다.

가타리: 내가 처음 브라질에 왔을 때인 4년 전에 내게 일어났던 어떤 일에 대해 이야기하고자 한다. 나는 매우 열띠고 공감하는 분위기에서 좌파(또는 극좌파라고 할 수조차 있었다) 출신의 친구들과 있었고, 한밤중쯤에 처음부터 청중 속에 있었던 한 흑인여성이 문제를 제기했다. 그녀는 "흑인운동은 브라질에서 진지하게 조직되기 시작하고 있으며, 나는 당신들에게 일부 자료[증거자료]를 주고 싶다"라고 말했다. 내가 그녀와 이야기하고 있던 10분에서 15분 동안 청중들이 사라졌다는 것을 나는 나중에 깨달았다(더욱이 한 친구가 나에게 그것을 지적해 주었다).

바로 이 작은 일을 통해 우리는 무슨 일이 일어나고 있는지를 깨닫는다. 모든 사실에 따르면 적어도 그 당시에 여기서 흑인문제는 완전히 버려졌다는 것을 가리켰다. 그 이후 사태가 어떻게 변했는지 나는 모른다. 나는 무의식적인 수준에서 인종주의의 문제는 브라질에서 결코 해결되지 않았다는 것을 깨달았다. 심지어 그것과 관련하여 완벽하게 올바른 정치적 입장을 가진 사람들의 머릿속에서조차도.

내가 제기하고 싶은 점은 흑인들이 인종주의[인종차별]로 고통받는(그것을 극복했다고 말하는 사람들로부터조차) 방식, 여성이 남근중심주의로 고통받는 방식 그리고 심지어 동성애자들이 한편으로 의식적인 입장의 발표와 채택 그리고 다른 한편으로 동성애 문제들에서 무의식적 경제 사이에 존재하는 실제적이고 깊은 틈을 경험하는 방식 사이에 평행선을 그을 수 있다는 것이다. 우리는 정신치료를 받아온 사람들, 또는 정상이라고 간주되는 것과는 다른 정신적 기능을 가진 사람들에 관해 이야기함으로써 이 목록을 확장할 수 있다. 왜 이러한 상이한 상황들 사이에 관계를 구축하는 것이 나에게 중요한 것처럼 보이는가? 왜냐하면 그들은 국지화된 문화적 문제설정들, 인종적 문제설정들 또는 사회적 문제설정들의 본성에 단순히 속하지는 않기 때문이다. 나의 가설은 이러한 상이한 인종주의 형식들, 이러한 상이한 차별 형식들 사이에 무의식적인 통로들이 있다는 것이다.

자본주의 사회들을 유지하기 위한 조건은 그 사회들이 주체적인 차별의 어떤 공리계 위에서 모델화되어야 한다는 것이다. 만약 흑인들이 존재하지 않았다면, 그들을 이런저런 방식으로 발명해야 했을 것이다. 일본에는 흑인들이 없지만, 그들은 일본의 흑인들을 발명했다. 즉 프랑스에서 북아프리카인과 같이, 한국인들 같은 완전히 주변화된 인종적 소수자들이 있다. 이러한 문제들에서 나에게 중요한 것처럼 보이는 것은 소수자들의 투쟁에서 무엇보다도 방어적인 특성 ── "우리는 희생자다. 아무도 우리의 권리를 인정하지 않는다" ── 에서 벗어나는 것이고, 반대로 랭보(Rimbaud)의 저작에서처럼, "흑인-되기", 모든 인종과 관련한 되기를 고취시키는 공격적인 입장을 개발하는 것이다. 우리는 흑인-되기, 인디언-되기(실제로 이것은 정확히 로마의 메트로폴리탄 인디언들[40]의 재미있고 명석한 영감이었다), 여성-되기, 동성애자-되기 또는 어린이-되기에 모

· · · · · ·
40) **메트로폴리탄 인디언**(Indiani Metropolitani)은 **아우토노미아** 운동의 전성기 동안 1977년의 이탈리아 운동에서 학생들과 젊은 불안정 노동자들 집단들을 묘사하는 데 사용된 이름이다. 이 이름은 이러한 집단들이 자신들을 (노동의) 기존 질서와 관련하여 일종의 "문화적 보존"의 주민이라고 규정했다는 사실을 가리킨다. 메트로폴리탄 인디언들은 특히 로마에서 1977년 봄 반란을 조직했고 볼로냐에서는 유사한 집단인 마오-다다이스트 세포(Cellule mao-dadaïste)가 만들어졌다. 이 집단들은 노동자주의적인 틀을 지니고 상황주의자의 영향 아래에 있었다고 말할 수 있다.

두 들어갈 수 있다.

인종주의 문제들에 대한 진정한 대답이 될 것 같은 것은 바로 이러한 되기들이다. 즉 이 되기들은 문제의 뿌리를 공격하고 있다. 달리 말하자면 그 문제를 거대한 문화적이고 이데올로기적인 실체들의 수준에서가 아니라, 주체성의 구성과 생산이 실제로 접합되는 수준에서 파악하는 것이다. 그것은 남성과 여성 사이의 (태어난 이래 실제로 부과된) 모든 인종주의, (연극활동 대 학교활동과 같은) 기호화 관계들 속에 있는 모든 독재들, 단지 이윤 있는 활동들만 특정 사회 위계체계에 의해 선택되도록 보증하는 모든 처벌체계들의 수준이다. 그것은 이른바 주변적인 사람들의 위험에 관한 모든 집합적 환상들("제정신이 아닌 사람들은 위험하다", "흑인들은 비상한 성을 갖고 있다", "동성애자들은 다형 도착자들이다" 등)을 투사하는 수준이다. 그것은 특이화과정들을 포획하고 즉각 그 특이화과정을 준거들 — 정서적 준거들, 전문가들이 도입하는 이론적 준거들, 차별적인 집합적 시설들의 준거들 — 속에 짜맞추는 이러한 방식이다. 주체적인 통합의 분자적 수준과 현재 전 지구에 걸쳐 나타나고 있는 모든 정치사회적 문제 사이의 접합은 바로 이러한 되기들 속에서 생산된다.

브라질 상파울루의 레즈비언-페미니스트 행동집단(Grupo de Ação Lésb- ico-Feminista)[41] 소재지에서의 만남, 1982년 9월 2일

• • • • • • •

41) '레즈비언 페미니스트 행동집단(GALF)'은 '레즈비언 페미니스트 집단(LF)'의 두 명의 전-투사들에 의해 1981년에 설립되었다. LF는 게이 SOMOS 집단의 여성 하위집단으로 1979년에 상파울루에서 조직되었다. LF는 1980년에 분열되었고 그 성원의 다수는 SOS-Femme 여성운동에 가입했고, 동시에 다른 사람들은 레즈비언 집단인 Terra Maria를 형성했고, 반면에 다른 사람들은 SOMOS 집단(SOMOS는 1983년에 해산했다)의 문서를 제공함으로써 브라질에서 레즈비언주의에 대한 첫 번째 도서관을 조직한 연구 집단인 GALF를 형성했다.

질문: 『욕망의 정치적 박동(*Pulsações Politicas do Desejo*)』[42]에 실린 논문 중 하나에서 당신은 동성애의 3가지 수준을 제시한다. 첫 번째 것은 은밀한 수준이며, 두 번째는 보다 전위적인 전투성 수준이며, 그리고 보다 분자적인 세 번째 수준은 다양한 성소수자들 간의 이행지점을 탐구한다. 나는 그 "이행지점들"이 무엇인지 알고 싶다.

가타리: 아마 내가 그 논문에서 그것을 말했지만, 나는 이 이행이 성소수자들 사이에서만 일어나지는 않는다고 생각한다. 또한 그것은 미시사회적인 장뿐만 아니라 문학 또는 음악의 장도 즉 다양한 장들을 횡단할 수 있는 이행(되기)이다. 그래서 그것은 성별(sex)관계뿐만 아니라 모든 타자성체계, 수용체계, 글쓰기 또는 음악의 통사론 간의 관계에도 영향을 미치고 있는 일종의 우주를 형상한다는 의미에서 분자적 되기이다. 예술, 문학, 또는 드라마에서 가장 훌륭한 창조자들이 동성애자들이었다 ─ 목록을 만들려는 것은 아니다 ─ 는 것은 우연히 아니다. 그 경우에 승화 문제도 주변성을 "가정하는" 문제도 절대 중요하지 않다. 셰익스피어처럼 누군가가 우리가 이른바 그의 "대본들"이라고 부르는 것을 접합했던 방식, 그가 자신의 등장인물들을 조직했던 방식, 그가 예를 들어 시에서 이야기체 텍스트까지의 자신의 글쓰기를 조정한 방식, 그 방식은 동일한 동성애자-되기에 참여하는 문학의 되기이다. 그리고 그런 문학의 되기에서 동성애자-되기로의 이행은 동성애자-되기에서 여성-되기, 아이-되기, 또는 우주-되기로의 이행과 마찬가지로 일어난다.

우리는 항상 어떤 것에서 시작해야 한다. 달리 말해서 우리는 항상 최소한의 지도그리기를 해야 한다. 이러한 의미에서, 사회적으로 동성애

• • • • • •

42) 다음 텍스트를 보라. "Trois milliards de pervers-Grande Encyclopédie des Homosexualités", in *Recherches* 12, Fontenay-sous-Bois, March, 1973, 『분자혁명』(푸른숲, 1998)에 실림. 인용은 *Pulsações Politicas do Desejo*.

자로 범주화된 사람들에게 최상의 지도그리기는 동성애자-되기의 의미
[방향]에서 형상화되는 것이며 승화로 만들어 샐러드 주변을 돌며 헛소리
를 하는 정신분석적인 것이 아니다.

질문: 나는 동성애 집단에 속한다. 당신의 이야기 중에서 당신은 특이성
들을 긍정해야 한다고 말했다. 그래서 나는 제기한다. 어떻게 내가 나의
특이성을 침투불가능한 동성/이성의 대립을 재긍정하지 않고서 레즈비언
으로 언급할 수 있는가?

가타리: 미분적인 과정들이 있다는 의미에서, 특이성이라고 말하기보
다는 "특이화과정"이라고 말하는 것이 나에게 훨씬 더 적절한 것으로
보인다는 것을 반복하고자 한다(반복하는 것이 약간 바보 같다, 왜냐하면
그것은 나를 다소 교수처럼 만들기 때문이다. 이것이 나를 괴롭힌다). 예
를 들어 페미니스트 집단은 현재의 다른 집단들과 비교하여 미분적인
과정을 따라가고 있을 수 있다. 하지만 당신의 동성애자-되기(그리고 우
리는 그것이 실제로 무엇인가를 알아야 할 것이다)에서, 당신의 특이하게
-되기에서, 한 여성으로서 당신은 또 다른 미분적인 특이화과정 즉 개인
내부적인 과정을 끌어들이고 있다. 전체 문제는 당신이 경험하고 있는
이 상이한 특이화과정들이 어떻게 접합되는가를 아는 것이다. 그리고 아
마 심지어 특이화과정에 세 번째 수준이 존재한다. 발생하는 모든 것과
관련하여 브라질 사회의 특이화과정.

미시정치학은 정확히 내가 여러 번 말했던 것, 즉 일정 상황 속에서
개별적인 동성애자-되기의 물화로 이끄는 동성애자들 집단의 특이화과
정을 피하기 위하여 사태를 배치하려는 시도이다. 특이화과정은 서로 무
화(중화)되지 않는, 몰적인 의사(擬似)실체의 재구성에 회수되지 않는 그러
한 방식으로 사태를 배치하려는 시도이다. 반대로 미시정치학은 이 과정

들이 서로를 유지할 수 있도록 해서 보다 강해지도록 하는 하나의 배치를 창조하는 데 있다.

논평: 이러한 물상화("게이"라는 인칭론적 모델)는 나에게 당신이 인공적인 낙원에서의 도착적인 재영토화에 대해서 말하는 『앙티 오이디푸스』의 한 구절을 생각하게 한다. 나는 또한 우리가 한 연구 집단에서 여성되기라는 문제를 토론했을 때, 일부 사람들이 그것을 대상으로서 여성-되기라고 이해했다는 것을 기억한다.

논평: 나는 여성되기를 그렇게 이해했던 사람 가운데 하나다. 왜냐하면 당신은 또한 같은 텍스트에서 여성들이 성적인 신체되기의 유일하게 공인받은 저장고라고 말하기 때문이다.

가타리: 나는 거시사회적이고 몰적인 수준에서 그것이 진실이라고 생각한다.

논평: 그것은 나에게는 진실인 것 같지 않은데, 왜냐하면 우리 사회에서 성을 개방적으로 표현할 수 있는 사람은 남성들이기 때문이다.

가타리: 만일 우리가 미분적인 특이화과정이라는 이러한 관념을 유지한다면, 완전히 남근 중심적 사회에서 아마도 첫 번째 파열 — 시인-되기나 동성애자-되기 이전에 — 이 몰적 지층화의 이 첫 번째 수준에서의 파열일 것이라고 생각할 수 있다. 개별화된 인민을 생산하는 그리고 성을 이분법적으로 구분하는 이러한 기계와 관계를 끝내는 것.
나는 동성애자-되기가 여성-되기와 관련해 이질발생적이라고 생각한다. 다른 한편 어떤 단계에서 동성애 세계들은 여성되기의 이러한 기호화

의 측면에서 설명될 수 있을 뿐이라고 생각할 수 있다. 고전적인 프로이트주의자들은 부지불식간에 그것을 드러냈다. 즉 당신이 지배적인 남성-되기에 있지 않다면, 그것은 당신이 여성이기 때문이다라고. 그러나 그것은 우리가 끼여 있는 곳이다. 당신은 피에르 클라스트르(Pierre Clastres)가 "화살과 바구니"[43]라고 부른, 한 뛰어난 논문을 알지도 모른다. 그가 언급하는 사회에서 분화[구분]는 절대적으로 분명하다. 즉 당신이 화살을 지니든지 또는 바구니를 지니든지 둘 중 하나이다. 우리는 남근과 관련된 모든 이론에서 다시 한 번 이것을 발견한다.

질문: 그러나 그것 또한 당신이 한편에 있든지 또는 다른 한편에 있든지 하는 마니교적 대립이 아닌가?

가타리: 확실히 맞다, 그것이 정확히 내가 말하고자 하는 것이다. 그것은 침투불가능한 대립이지만 동시에 지배적인 대립들과 관련해 미분적인 대립이다. 만일 내가 어떤 지배적인 성지위에 가입할 수 없다면, 만약 내가 나의 특이성 — 그것은 여성, 남성, 행성, 동물, 그와 같은 어떤 것도 아니다 — 을 기호화할 수 없다면, 그렇다면 확실히 난 여성일 것이다. 하지만 그것은 나를 특이화하게 할 수 없을 것이다. 나는 확실히 껑충거리며 뛰어다닐 수 있고, 우아하게 가방을 옮길 수 있으며, 화장할 수 있다. 가능한 가장 부자연스러운 방식으로 나는 여성의 특이성이 지닌 유사-혼적들(pseudo-traits)을 모방할 수 있다. 그렇다고 하더라도, 미분적 과정은 있다 — 이 장 속에는 죽음을 제외하고 결코 절대적인 특이성들은 없다. 우리는 항상 미분적인 특이화과정들에 개입돼 있다. 전반적인 요점은 우리 자신을 포획되게 허용해서는 안 되고, 그 (미분) 과정을 방해하는 이러

------

43) Pierre Clastres, *La Soeité contre l'Etat*, Paris, Minuit, 1974. 피에르 클라스트르, 홍성흡 옮김, 『국가에 대항하는 사회』, 이학사, 2005.

한 범주화 및 구조화 양식들에 굴복하지 않는 것이다.

논평: 아마도 나는 그 대답을 제대로 이해하지 못했다. 왜냐하면 당신에게 신체에 관한 한 여성이 더 많은 자유를 갖는다고 하는 것을 나는 이상하다고 생각하기 때문이다. 나는 그 반대가 사실이라고 생각한다.

롤니크: 요점은 남자 또는 여자 가운데 누가 자유를 더 가졌는지에 접근하는 것이 아니라, 오늘날까지 남녀 양쪽의 형상들에 스며들어 있는 모델, 즉 남녀 모두가 갇혀 있는 논리인 남근중심주의를 한계짓고 문제삼는 것이라고 생각한다. 그리고 내가 말하고 있는 것이 어떤 의미라도 있다면, 지배적인 성정치와 싸우는 것은 남성 형상(모든 버전의 마초)과 여성 형상(신부 또는 창녀, 아내 또는 애인)을 겨냥하는 것을 의미한다. 여기서 저항은 모든 이러한 형상의 미분화과정에 착수하는 것에 있다. 왜냐하면 그 방식 속에서 우리가 벗어나고 있는 것은 남근중심주의 자체이기 때문이다. 가타리를 인용하자면, 우리가 "여성-되기"라고 부를 수 있는 것은 정확히 이러한 과정들이다. 즉 남성의 여성-되기, 여성의 여성-되기. 요약하자면 사회의 여성-되기이다.

내가 말하려는 것은 이 사회의 기반이 "남근 중심적" 주체성 생산양식이라는 것이다. 즉 자본·위신·권력의 축적이 유일하게 지도적인 원리이고, 여타의 것은 도구화된 대상인 욕망의 정치. 이러한 생산양식은 현행 형식들을 파괴하고 새로운 형식들을 계열적으로 생산하는 방향으로 점점 더 가속화된, 그러나 삶의 요구로부터 분리된 과정을 포함한다. 우리가 이것에 동의한다면, 이러한 생산양식 속에서 억압되는 것은 경험되는 과정들에 대한 감수성에 기반한 존재형식들을, 그 과정들만큼 복잡하고 다양한 형식들을 창조할 가능성이라는 것을 깨닫는 데 많은 노력이 들지는 않는다. 달리 말하면 억압되는 것은 일종의 "임신 기능"이다. 즉 타자성에 의해 풍부해지며, 새로운 경험형상화에 부과되는 존재형식들의 부화를 위한 수로로서 기능하는 힘[역능]. 따라서 억압되고 있는 것은 정확히 그 여성-되기가 아닌가? 이 경우에 사회의 현재 기능 양식과의 모든 단절은 여성-되기를 통과한다.

그리고 페미니즘(여성주의)? 그것은 여성-되기를 하는 이러한 실험들 가운데 하나인가? 그것은 우리들이 어떤 관점에 있는가에 달려 있다. 페미니즘에는 무엇보다도 권리 요구, 불평등에 대한 항의, 그러한 관계들 속에서 착취와 지배에 반대하는 반란의 차원이 있었고, 이 영역에서의 성과들을 부정할 수 없다. 그러나 그것은 이야기의 한 측면, 몰적 측면일 뿐이다. 분자적인 측면에서, 페미니즘이 이러한 여성의 여성-되기의 훨씬 보호받는 증식의 토대를 창조했다는 것이 사실일지라도, 동시에 그것은 역효과, 즉 여성-되기를 최근의 지도그리기에서 착취당하는/지배받는 여성 인물의 위상과 혼동하는 경향을 가져왔다. 이것은 유죄화의 효과를 통해 여성주의를 제한하는 데 기여해온 그 되기의 부적격[실격]을 의미했다. 이러한 방식으로, 여성-되기 — 지배적인 주체화양식 속에서 남녀 모두의 형상의 내파 — 에 착수하는 대신에, 많은 여성들은 남성의 입장에 투여하였고, 그렇게 하면서 남근중심주의에 완전히 투항하였다. 나는 오늘날 이 유형의 페미니즘이 새로운 세대의 페미니스트들에 의해 극복되었다는 인상을 가지고 있다. 새로운 세대의 페미니스트들은 미시정치적 전망을 통합하고 발전시키는 경향이 있다. 이 사례에서 우리는 사실상 여성의 또는 오히려 남녀 모두의 여성-되기를 경험하고 있을 것이다. 동시에 권리 평등을 위한 투쟁은 여전히 계속된다.

질문: 나는 가타리가 말한 "시인-되기"를 주로 생각하면서 되기라는 이러한 문제에 관해 좀더 이해하고 싶다.

가타리: 남성과 여성, 어른과 어린이, 동물의 질서와 식물의 질서가 있다는 확인으로 이끄는 모든 지배적 의미작용의 일반적 환원으로부터 벗어나 백지에서 시작해 보자. 모든 것을 집어던지고 어떤 신체나 정체성도 없다고 생각해 보자. 모두 어떤 재현양식 안에서 범주화되어 있기 때문이다.

반대로 전반적 탈영토화 과정에 낀 특이한 대상들이, 인식과의 단절, 감수성 과정의 조성, 이질발생적인 재현으로서 시적인 대상들이 있다고 생각해 보자. 그런데 이 대상들은 주어진 지점에서 지배적 의미의 일상적인 준거들과 연결될 수 없는 일정한 모습에 따라 조직된다.

내가 나의 여성-되기에 대해 좋아하는 것은 마룻바닥에 내 신발의 뒤꿈치를 내려치는 방식, 기관들("기관"이란 말의 가장 막연한 의미에서)의 관계의 강렬도를 포획하는 방식, 무언가를 영토화하는 방식, 나를 바라보고 있는 누군가를 향해 돌아서는 방식일지도 모른다. 그것들은 여성의 의미작용에서 반드시 접합되지는 않는, 반드시 여성의 재현양식 안에서 범주화될 수는 없는 상이한 강렬도 체계들이다. 그러나 동시에 나는 "사도마조히즘적인 **여행**"에 참여할지도 모른다. 그 경우에 나는 나의 연인에게 이러한 상이한 강렬도 체계를 접합시키고 그것들을 무대에 통합시킬 것을 요구할 것이다. 결국 특히 이런 경우에, 사도마조히즘적인 계약의 고유한 본질이 주어진다면 정말로 내가 이러한 접합을 수행할 수 없을 것 같다. 그것은 정확하게 그 자신을 폐지하려는 목적을 지닌 과정이다. 이러한 상이한 상대적 과정들 속에 잡혀 있는 그러한 강렬도 체계들, 그러한 종류의 대상들은 완전히 이질발생적인 특이성들에 속할 것이다. 그것들은 행동학적인 기호계의 **영역**에 속할 것이다. (완전히 탈영토화된 대상과 같은) 어떤 것을 포획하며 행동학에서 **파악**[44]기능이라 불리는 그 포획의

------

44) 여기에서 "grasping"은 "crispation existentielle(실존적 경련)"을 의미한다.

강렬도를 지니는 것이 중요하다. 그것들은 또한 예술적인 재현이나 음악적 재현의 영역, 신체 기호계, 즉 애무의 영역에 속할 것이다. 또는 그것들은 동일한 장면이 계속해서 반복되도록 하는 환상적 장면에 통합될지도 모른다(또한 "장면만들기"의 의미에서조차…… 항상 같은 장면).

달리 말하면 분자적 특이성의 그러한 요소들은 그것들이 통합되는 과정들의 본성에 따라 공존할 것이며 완전히 이질적인 수준들에 참여하게 될 것이다. 그것은 시인-되기, 동성애자-되기에서 역할을 하게 될 그러나 또한 주어진 사회집단 안에서 지식인-되기와 권력-되기에도 참여하게 될 특이성을 조종하고 작동시키는 것과 동일한 것이다.

질문: 당신이 유럽에서 여성운동이 경험해오고 있는 과정에 대해 더 많은 정보를 갖고 있는지 알고 싶다. 당신은 그 과정을 어떻게 보는가?

가타리: 나는 많은 정보를 가지고 있지 않다. 그러나 어쨌든 문제의 운동들이 확실히 여성의 문제들과 관련하는 문제설정 과정들과 분석과정들에 대한 지지물이었고 여전히 그렇다고 생각한다. 동시에 내가 약간이나마 알고 있는 것에 의하면, 이러한 집단들은 아주 종종 "소집단"의 기능을 갖는다. 그러나 한 가지 것이 다른 것을 막지는 않는다. 그것은 내가 브라질 노동자당에 대해 말해온 것과 같다. 그것은 정치적 게임과 미디어 게임에 완전히 **빠져들** 수도 있고, 동시에 부분적으로 분자적 문제설정의 벡터일 수 있다.

질문: 당신은 프랑스 동성애운동과 여성운동 사이의 관계에 대해 어떤 정보를 가지고 있는가? 그들은 어느 정도까지 서로를 지지하고, 서로를 향한 연대를 보이고 또는 함께 하는가? 내가 알고 싶어 하는 또 다른 것은 이러한 운동들과 정당들 간의 관계이다. 당신은 그들이 정당과 접촉

하는 것이 유용하다고 생각하는가? 또는 그들은 정당을 완전히 무시해야 할까? 세 번째 질문, 이것에 대해 나는 대답을 들을 수 없다고 생각하는데, 당신은 "마초동성애자", "마초게이", **마초남성**이라는 이러한 흐름에 대해 어떻게 생각하는가? 이 흐름이 페미니스트들을 서로 떨어지게 한다면, 이 흐름은 페미니스트들과 관련하여 동성애운동을 해치지 않을까? 나는 미국에는 매우 마초적인 동성애운동이 있다고 안다.

가타리: 그리고 또한 여성적인 마초주의도 있다. 나는 최근에 프랑스에서 여성운동과 동성애운동 사이에 공통적인 정치나 미시정치가 많지는 않다고 생각한다. 프랑스는 지스카르 데스탱의 집권 시기와 일치하는 억압·탄압·불황 과정에서 아직 벗어나지 못해왔다. 그리고 몇 년 후 좌파가 집권한 이래, 전체적으로 각자가 자신의 일을 자신의 자리에서 하고 있는 일종의 수동성이 있다고 여전히 말할 수 있다. 어찌 되었건 여기서 전개되고 있는 것 같은 과정들과 마찬가지의 것은 전혀 없다.

질문: 나는 프랑스에서 동성애자 집단들 —— 투쟁하는 남성들 —— 이 여성주의자들인지, 그들이 페미니즘에 관심을 갖는지 알고 싶다.

가타리: 그들은 그러한 유형의 선언을 할지도 모르지만, 나는 그러한 선언이 실제로 일어난다고 생각하지 않는다.

논평: 몇 년 전까지, 동성애 남성이 여성적인 특성들을 갖고 아주 여성스럽다는 것이 공통적이었다. 이제 나는 그들이 더이상 이른바 "여성적인" 특성들을 가시실 원치 않는다는 인상을 갖는다. 그들은 방금 언급했던 **마초남성**들이다.

가타리: 이러한 마초동성애자들이 이성복장착용자들을 차별하는가?

논평: 이성복장착용자들뿐만 아니라 "퀸"들도, 더 여성적인 동성애자들도.

질문: 나는 미국에서 "마초게이"가 이성애자들이 동성애자들에 대해 갖고 있는 이미지 즉 동성애자는 미친 패그, 퀴어, 그리고 사람들이 아는 모든 것이라는 것에 대한 반응으로 나타났다는 것을 성에 관한 프랑스 책에서 읽었다(저자 이름은 기억나지 않는다). 그래서 그들은 동성애가 이성애 사회가 상상하는 것과는 아무 관련이 없다는 것을 보여주기 위해 남성적 이미지를 계발하기 시작했다. 나는 당신이 이것에 대해 생각하는 바를 알고 싶다.

롤니크: 내가 **마초남성**이 그에게 있다고 생각되는 여자 같은 이미지에 대한 동성애자들의 반응이라는 이러한 이야기에 동의해야 할지 모르겠다. 나는 그것이 가족생활의 이성애적 부부관계에서 아주 빈번하게 발생하는 것을 재생산하고 또는 단지 영속시키는 일종의 사도마조히즘의 증식과 더 유사하다고 생각한다. 동성애 영토로 돌아가서 거기서 강화될 때 사도마조히즘은 더 분명하게 나타난다는 것을 제외하면. 그러나 왜 이러한 욕망의 정치가 재생산되거나 영속되는가? 내가 생각하기에 그것은 우리 모두가 경험하고 있는 가족의 아찔한 탈영토화 과정(그리고 그것은 명백히 남성 및 여성, 그리고 그들 사이의 관계에 대한 일정한 이미지 즉 "사랑"에 대한 낭만적 이미지의 탈영토화를 함의한다)에 의해 생긴 공포가 상황을 부정하고 이러한 종류의 영토를 영속화시키는 무수한 형식들의 방어적인 출현을 촉발하기 때문이다. 바로 이러한 과정 속에 나는 남성 및 여성의 지배적인 형상들과 동성애적 관계의 영역에서 그들 부부

관계의 거의 캐리커처들, 즉 남성의 "마초-되기"(**마초남성**), "신부-되기" 또는 "아내-되기"(패그, 퀴어), 그리고 "창녀-되기"(이성복장착용자)의 재생산을 위치짓고자 한다.

내가 말하려는 것은 헌신하는 작은 아내라는 이러한 복제물들이 게이들뿐만 아니라 이성애자들 사이에서 급증한다는 것이다. 나는 영원히 울면서 남편의 욕망으로부터 사랑받기를 기다리고 있는 우울하고 마조히즘적인 여성들, 남성을 정복하거나 재정복하려고 강박적으로 "준비한" 음탕한 애인들, 위반자로서 자신들의 역할에 사로잡힌 사람들을 가리킨다. 똑같이 남편 또는 팸프의 복제물들, 즉 영원히 도망가며 위협받아서 또는 실제로 사라짐으로써 여성들을 가학적으로 다루는 그러한 남성들은, 이성애자들과 게이들 사이에서 똑같이 증식한다. 그들은 당신이 언급한 퀴어 동성애자들 및 이성복장착용자들을 차별하는 **마초남성**들이다.

일어나는 일은, 애초에 "남편, 아내 그리고 타자"의 삼각형으로 만들어지는 존재가 점차, 자본주의적 탈영토화에 의해 부풀려지고 밖으로 배출된, 아무것도 변하지 않는 척하면서 실리콘으로 또는 계획된 미장센으로 재구성된 단순한 형식으로 환원된다는 것이다. 그러나 브라질에서 포드주의적인 **할리우드식** 가족주의적 사랑은 여전히 "유행하고 있고", 이러한 종류의 부부 영토는 비록 그것의 지속이 눈에 띄게 감소해오고 있고 파트너들이 정기적으로 대체될지라도 지배적이다.

가타리: 나는 이 **마초남성**의 이야기를 나에게 설명해주어야 할 사람은 당신이라고 생각한다. 이러한 문제설정과 관련하여 내가 자문하는 것은, 모델화와 대항모델화의 이러한 특성과 상관없이, 수에리가 제안했듯이 사도마조히즘과 결합 또한 있지 않은가이다. 나를 놀라게 하는 어떤 것(그리고 내가 그것을 깨달은 것은 거의 우연이었다)은 파리의 매춘 거리에서 사도마조히즘 도구 ── 채찍 등 ── 를 갖춘 여성의 수가 상당히 증가한

다는 점이다. 나는 그것이 아주 새로운 현상이라고 생각한다. 나는 전에는 본적이 없었으며 적어도 거리에서 그렇게 공공연하지는 않았다는 인상을 가지고 있다. 나는 미국에서 사도마조히즘 집단들이 몇 년 이래 매우 강력해왔고, 새로운 동성애자들을 변화시키지도 않았고 영향을 미치지도 않았다고 믿는다.

그것을 한쪽으로 밀어놓고, 나는 당신이 물어본 것, 정당과의 접합이란 주제에 관해 무언가를 말하겠다. 나는 스스로 위험을 감수하고 나의 주장을 되풀이할 것이다. 나는 정치적 캠페인의 이 시대에 모든 소수자운동이 브라질 노동자당의 이 일에 깊이 개입해야 한다고 생각한다. 물론 정당에서 출세하기 위해서가 아니라, 자신들의 투입양식을 찾기 위해서, 대합조개와 삿갓조개처럼 이 과정에 붙어 있는 모든 소집단 구조를 넘어서는 표현·동요·생활양식의 성운을 개발하기 위해서.

논평: 당신은 운동들이 브라질 노동자당과 결합해야 한다는 생각을 지지한다. 그러나 내가 보아온 바에 의하면, 정치적 구조들에의 그러한 통합과정들은 몇몇 종류의 자생적이고 무질서한 [거리의] 광기와 얽혀드는 경향이 있다.

가타리: 만약에 그것이 있는 그대로라면, "광기"는 그리 견고할 수 없다.

논평: 바로 그거다. 나는 당신이 도입하고 있는 것 속에서 중요한 것은 이러한 욕망 범주라고 생각한다. 만약 이러한 집단들이 욕망의 측면에서 정치를 읽을 수 있었다면, 정치는 달라졌을 것이다.

가타리: 나는 당신에게 완전히 동의한다.

논평: 이것이 여기서 조작되는 방식에 대한 생각을 당신이 갖도록 하기 위해서, "흑인들로 하여금 그들의 흑인성을, 여성들로 하여금 그녀들의 여성성을, 동성애자들로 하여금 그들의 욕망을 살아가도록" 하는 유형의 것들을 포함한 후보자들의 강령들이 있다.

가타리: 나는 당신이 그 속에 있는 "구회[선동]" 측면을 비판하는 것이 전적으로 옳다고 생각한다. 이러한 작업은 그것이 이러한 종류의 기획에 관한 집단적인 의식화와 일치할 때만 의미가 있다. 그러나 내 생각에 그것은 문제를 제기하는, 비록 아무것도 이루어지지 않을지라도 최소한 그것에 관하여 얘기하는 또 다른 이유이다.

논평: 토의는 우리가 내부에서부터 아니면 외부에서부터 그것을 해야 하는지에 관한 것이다.

가타리: 나에게는 어떤 법도 어떤 구호도 없다. 당신은 여기 또는 저기에 개입하려는 진정한 욕망에서 효과적으로 개입한다고 느끼거나 오히려 느끼지 않는다. 상파울루에서 팸플릿을 배포하며 동성애자들에게 브라질 노동당에 참여하도록 요청하는 것이 문제가 아니다!

논평: 옳다, 동성애여 영원하라!

가타리: 이 이야기에는 두 가지 수준이 있다. 그리고 둘 다 매우 중요하다. 첫째로, 권리인정 문제가 있다. 그것은 변호사들, 정치가들 등의 관할에 속하는 전투이다. 프랑스에서는 매우 불쾌한 것들을 해야 하는, 그래도 결과들을 이루게 되는, 믿을 수 없을 정도로 강건하게 이런 종류의 투쟁에 참여했던 동성애자들 집단이 있다. 그들은 텍스트를 연구했고, 국회의원

들·상원의원들·그 외 정치가들을 만나러 갔다. 달리 말하면 그들은 **로비**를 했다. 그러나 나는 그 문제들은 그런 수준으로 축소되어서는 안 된다고 생각한다. 인정을 하든 안 하든, 동성애자들, 페미니스트들 등은 살아서 현존한다는 두 번째 측면이 있다. 전체적인 긍정, 말하고 보고 행동하는 또 다른 방식을 작동시키는 것이 있다. 이러한 차원은 매우 중요할 수 있다.

논평: 당신이 변호사들로서 체계 안에서 일하고 체계를 동요시키는 데 성공한 동성애자들을 언급했던 것은 좋다. 여기서는 모든 사람이 제도적인 부분을 경멸한다.

가타리: 그것은 어리석다.

논평: 그들은 제도적인 측면을 다루는 것은 개량주의이고, 그것은 아무것도 바꾸지 않는다고 생각한다. 그들이 관계하는 한, 한 종류 즉 무정부주의(아나키즘)만이 가치가 있기 때문에 제도들은 무시되어야 한다. 나는 아나키즘을 깊이 의심한다. 당신 자신이 말하듯이 "그것[국가]은 쓸모없다" 또는 "그것이 우리를 억압한다"는 근거에서 국가를 무시하고 그러므로 (비록 우리가 그처럼 국가를 파괴하는 것이 가능할지라도) 그것을 제쳐두고 완전히 외부로 향한 무언가를 하려고 하는 것은 매우 순진하다고 생각한다.

롤니크: 제도와 관련된 이러한 불안이 새로운 것은 전혀 아니다. 반대로 1960년대 이래 제도들을 자신의 주요 공격목표의 하나로 받아들여온 우리 세대에서는 그 느낌이 특히 존재한다. 그러나 지난 몇 년 동안 브라질에서는 그 불안이 특별히 두드러졌던 것이 사실이다. 그리고 내 생각에 이것은

오랫동안 우리가 복종해온 독재의 "견고함"이라는 절대적으로 객관적인 (그리고 명백한) 사실과 틀림없이 관련되어 있다. 체제의 경직성은 나라의 모든 제도 속에 이러저러한 방식으로 구체화된다. 사실상 그것은 그렇게 여러 해 동안 독재권력의 영속성을 위한 중요한 요소를 이루었다.

그러나 그 이유가 무엇이든 이 반제도적인 불안이 거기서 끝나지 않는다고 나는 생각한다. 즉 제도들은 오염된 영토들이라는 느낌과 그 때문에 그것들에 아무것도 투여해서는 안 된다는 것은 흔히 방어적인 역할을 한다. 내 생각에는 이런 종류의 감각은 "관료주의적 리비도"를 특징짓는 제도에 대한 매혹의 일종의 이면이다. 사실 이 두 가지 태도는 현행 형식들, 제도화된 것을 자기의 조직화와 타자와의 관계의 조직화에서 유일하고 배타적인 매개변수로 사용한다는 동일한 요구를 만족시킨다. 그리하여 작은 변화가 가져올지도 모를 붕괴의 위험에 굴복하는 것을 피한다. 그것들은 제도와 공생하는 두 가지 스타일이다. 즉 하나는 "집착"과 동일시(이 스타일을 채택하는 사람들은 자신들의 정체성을 '제도화된' 것에 투사한다)이고, 다른 하나는 거절과 반동일시(이 스타일을 채택하는 사람들은, 마치 제도의 "바깥에" 무언가가, 이 세계에 대한 이른바 "대안"공간이 있는 것처럼, 자신들의 정체성을 '제도화된' 것의 부정에 투사한다).

이런 관점에서 봤을 때, "대안주의"와 "관료주의"는 둘 다 각자의 형식들과 재현들의 관점에서 즉 몰적 관점에서 세계에 접근하는 데 한정된다. 따라서 그들은 새로운 감각이 생산되고 끊임없이 구성되며 결국 새로운 현실형식들의 창조를 강요하게 되는 분자적 구도에 접근하는 데 저항한다. 그들은 둘 다 제도화하는 세력의 방해, 특이화과정에의 몰입의 불가능성, 현행 형식의 보존 요구, 새로운 것이 산출되는 분자직 구도에의 섭근의 어려움을 반영한다. "대안주의"의 경우에 이것을 받아들이기는 더욱 어렵다. 왜냐하면 그것은 자율성과 무제한의 창조의 자유라는 환영을 발산하는 이른바 병행[자율성과 무제한의 창조의 자유가 함께 가는]세계라는 환각을 포함하기 때문이다. 그리고 "보수주의"에서 벗어났다고 생각하는 바로 그때, 우리는 더욱 위장된 또 다른 보수주의에 빠질 위험을 지닌다. 이러한 의미에서 나는 당신에게 동의한다. 즉 제도들은 자신들이 존재하지 않는 것처럼 나타나기 때문에 사람들은 그것들을 변혁할 수 없다. 그럼에도 불구하고 두 가지 유보조건을 추가하는 것이 필요하다. 첫째로, "대안"이라는 이름으로 규정된 모든 사회적 실천이 병행세계의 이 방어적인 성격의 환각에 의해 특징지어지지 않는다는 것은 명백하다. 그리고 두 번째로, 만약 우리가 독재의 맥락에 대해 생각한다면, 권위주의 체제의 잔혹함을 견뎌내기 위해서, 참을성의 한계를 넘는 무력감 및 좌절감과 부딪히지 않기 위해서 독재가 존재하지 않는 것처럼 믿게 만드는 경향이 있다는 것은 자명하다(게다가 사람들이 그 어떤 외상적 경험에 반응하는 습관을 가진 것처럼). 그리고 살아남기 위해, 사람들은 종종 은밀한 삶의 다른 영토들을 가능한 한 창조하려고 한다.

논평: 나는 "동성애여 영원하라"는 정식으로 돌아가고 싶다. 왜냐하면 우리 집단에서 진정으로 "동성애적인 것(ser)"과 일시적으로 "동성애 지향적인 것(estar)" 사이에 논란이 있었기 때문이다.[45] 우리가 우리 스스로를 동성애자라고 확인했을 때마다 또는 억압의 문제설정을 제기했을 때마다, 일부 사람들은 그것이 반동적이라고 생각했다. 왜냐하면 그런 방식으로 우리가 새로운 모델이나 새로운 정체성을 재구성하고 있었으며, 미래의 새로운 어떤 것을 막고 있었기 때문이다. 또는 그것을 빼버리는 것, 즉 동성애자로서 자신을 드러내지 않는 것은 존재하는 문제설정을 빼버리는 것이다. 당신이 진정으로 레즈비언이나 게이"이"든지 단지 일시적으

. . . . . .
45) 포르투갈어는 두 가지 être(영어의 be 동사) 동사를 지니고 있다. 하나(ser)는 주체의 구성적 속성 — 예를 들어 "갈색이다" — 을 의미하고, 다른 하나(estar)는 그 자체로 이행적일 수 있는 상태 — 예를 들어 '피곤하다' — 를 나타낸다.

로 레즈비언이나 게이**이려고** 하는지는 중요하지 않다. 왜냐하면 자신이 단지 레지비언**이려고** 하지 레즈비언**인** 것은 아니라고 당신이 여길지라도, 레지비언**이려는 것**은 레즈비언**인** 것이 지닌 결과들만큼이나 복잡한 명백한 결과들을 지니기 때문이다.

논평: 투쟁의 수준에서 사람들은 이름불리고 레즈비언으로서 드러내도록 강요받는다. 왜냐하면 사람들은 경찰차별, 일터차별, 그리고 다른 많은 것들에 대항하여 말해야 하기 때문이다. 새로운 모델을 창조하는 것은 우리가 이름불려야 한다는 사실만으로 또 다른 것이다 ─ 그리고 그것이 우리가 걱정하는 것이다. 그래서 레즈비언"임"이나 "이려 함"이라는 이러한 문제를 둘러싼 논쟁 ─ 우리를 다른 운동들과 분리시키기 때문에 때로 다소 무익한 논쟁 ─ 이 생겨났다.

논평: 이것은 모든 사람들에게 잘 제시되었다. 가타리가 생각하는 것에 대해 내가 이해한 바에서, 가장 변혁적인 형식은 다양한 분자혁명들의 실존, 달리 말하면 가부장적이거나 남근적 구조들에 문제제기하는 페미니스트 집단들, 레즈비언-페미니스트 집단들, 흑인집단들, 그리고 여타 집단들의 복합체일 것이다. 그러나 정당은 가부장적 구조를 재생산한다. 그래서 나는 가장 생산적인 것은 그러한 종류의 구조에 나의 에너지를 소비하는 것에 있을 거라고 생각하지 않는다. 오히려 새로운 행위형식들을, 그러한 권력구조들에 문제제기할 수 있도록 하는 배치들을 구축하려 하는 것이라고 생각한다.

가타리: 그럴 듯하다. 만약에 운동이 그처럼 작동한다면, 아주 맞다. 그러나 또한 운동이 해체에 빠지게 될지도 모른다. 역사적인 사례를 들겠다. 이탈리아 자율운동의 모든 상이한 구성요소들이 붕괴되었는데, 대개

이런 류의 담론 때문이었다. 우리는 그것이 얼마나 애석한지를 상상할 수 있다. 폭발한 구성 요소들 가운데 하나는 <투쟁지속(Lotta Continua)>[46] 인데, 이것은 특별한 어떤 것도 가지고 있지 않았지만 이탈리아 운동에서 중요했다. 그것의 폭발에서 중요한 점은, 어느 날 <투쟁지속>의 모든 페미니스트 투사들이 정확히 이 담론을 가지고 운동을 떠나버렸다는 사실에 있었다. 그들은 몇 달 만에 완전히 탈정치화된 구조들 ─ 실제로 출판사와 협동체 같은 매우 흥미로운 구조들 ─ 로 조직되었다. <투쟁지속>운동은 이것을 일종의 죄의식의 잔해로 경험했다. 즉 그것은 자신의 주요 동력을 잃었고, 파편화됐으며, 오로지 신문만이 남았다. 이러한 과정은 의심할 나위 없이 역사적으로 이런저런 식으로 나타났을 것이다. 그럼에도 불구하고, 또 다른 각본이 씌어졌을 수 있다. 즉 <투쟁지속>이 블랙홀로 떨어지도록 기여하는 대신에, <투쟁지속>과 같은 운동들의 효율성을 재강화하는 요인으로 작동하는 페미니스트 성원들의 아우토노미아화. 만일 브라질 노동자당(그들이 페미니스트이든 아니든 또는 레즈비언이든 아니든 간에)의 모든 여성들이 갑자기 "바로 그거야. 우리는 룰라니 뭐니 하는 것들에는 질색이야. 우리 떠나자"라고 말하기로 결심했다고

• • • • • •

46) 1969년에 설립된 <Lotta Continua(투쟁지속)>는 1969년과 1973년 사이에 이탈리아에서 형성된 비의회 좌파 집단들 가운데 하나였다. '투쟁지속'은 그 집단들 가운데 가장 중요한 것이었지만 또한 (사회적으로 만큼이나 정치적으로) 가장 이질적인 것으로 약 2만 명의 투사들을 지니고 있었다. 다른 집단들에 비해 '노동자권력'처럼 '투쟁지속'은 "더 많은 노동, 더 적은 임금"이라는 목표 주위에서 (1973년 미라피오리 피아트 공장의 자율점거처럼) 다양한 노동자투쟁에 참여하였다. 이러한 투쟁들은 노동조합과 독립적인 자율총회들을 여는 적합한 역동성을 가지고 있었다. '투쟁지속'은 1971년에서 1981년까지 계간지를 편집하였다. 그 주요 지도자인 소프리(Adriano Sofri)는 경찰살해를 명령했다고 고소당하였고, 그 이래 감금되었다. 1970년대 후반에 그 집단은 위기에 처하였다. 1976년 제2차 전국회의 후 그 집단은 해체되었다. 그 전사들의 일부는 1977년 운동 속으로 들어갔고, 이것은 절정기의 빛나는 '아우토노미아'의 일부를 이루었고 반면에 다른 집단들은 '제일전선(Prima Linea)'이란 무장집단 창설에 참여하였다. 잡지 <투쟁지속>은 조직도 없이 프랑스의 잡지 <리베라시옹>과 유사한 형식으로 1981년까지 계속 존속하였다.

상상해 보자.

논평: 그러고 나서 그들은 여성 집단들로 조직되었다. 나는 그것이 아주 멋지다고 생각한다!

가타리: 아마도…… 그러나 브라질 노동자당과 같은 운동들이 사라지는 것이 아주 멋지다고 생각하는 것은 최소한 토론의 여지가 있다.

소수자적 경험들에 관한 대화

정신의학

<국제대안정신의학네트워크>와의 만남, 상파울루, 1982년 8월 28일

가타리: <국제대안정신의학네트워크>의 창설은 유럽의 이 분야에서 그때까지 일어나고 있던 것과 단절을 이루었다. 확실히 실제 사회적 실천 속에 구체화되지 않았지만 어쨌든 공동체나 어린이들을 보조하기 위한 심리적이고 정신분석적인 기술들과 같은 정신의학적 문제들을 공적 논쟁의 주제가 되도록 해준 단절. 해당 주제는 치료공동체들과 같은 정신의학 분야의 어떤 소수적 실험들에 대해 관심을 갖는 것뿐만이 아니었다. 그것은 또한 다양한 다른 부문들을 동원했으며, 단지 "정신" 분야만이 아니었다. 예를 들어 영국에서 정신치료를 받는 사람들(psychiatrisé) 집단은 수로 자의적 감금에 맞서 싸우기 위해서 조직되었다. 그 문제는 좌파 집단들 사이에서 광범위하게 논의되었다. 매체에서 그 운동은 상당한 반향을 일으켰다. 하지만 그 지점에서 이미 반정신의학 시기에, 매체가 제시한 담론

과 일상적인 정신의학 현실 사이에 상당한 틈이 존재하였다. 이러한 틈은 이 분야에서 일하고 있던 사람들 사이에 불안을 일으켰다. 이러한 불안은 '네트워크' 창설 시기에 훨씬 더 뚜렷해지고 있었고, 많은 논쟁의 초점이 되었다.

예들 들어 처음부터 **민주적 정신의학**[47]운동은 이 문제를 다른 용어로 제기하려고 했다. 우선, 바살리아(Basaglia)[48]는 항상 "반정신의학"이라는 용어를 거부했다. 그는 이 분야의 활동이 작은 소수자 집단들을 통해서만 수행될 수는 없다고 생각했다. 즉 기존 정신의학 시설들 안에서 일어나고 있던 것을 위한 조직양식을 찾는 것이 필요하다고 생각했다. 그것은 그

• • • • • •

47) **민주적 정신의학**은 1973년 이탈리아에서 프랑코 바살리아 주위에 조직된 결사체였다. 민주적 정신의학은 정신위생의 구조들을 개혁하려는 투쟁에서 근본적인 역할을 하였다. 법률-정치적 영토에 대한 그 조직의 정복은 동시에 많은 나라들에서 특히 라틴아메리카에서 개입했던 정신의학 영역에 대한 투쟁에서 근본적인 역할을 하였다.

48) 이탈리아 정신의학자 프랑코 바살리아(1924-1980)는 1970년대에 이탈리아 정신의학 구조에 저항한 운동의 주요 지도자들 가운데 한 사람이었다. 바살리아 주변에서 가장 잘 알려진 기획은 성공한 트리스테(Trieste) 기획이었다. 그 기획은 정신병원 및 정신병원 치료가 공동체 보건 서비스, 일반 병원에 정신의학 응급병동 설치, 정신병원의 노동자들과 환자들, 공동체 센터 및 외래 환자 주거 센터들을 포함하는 영토적 관리 네트워크에 의해 대체되었다. 1973년에, 세계보건기구는 트리스테 정신의학 서비스를 정신보건 지원을 위한 세계적 주요 표준[준거]으로 추천했다. 그러나 바살리아는 또한 정신보건 분야 내의 이러한 변형들을 넘어서 나아갔다. 그는 또한 이른바 "180법" 또는 "이탈리아 정신의학 개정법"(바살리아법으로 유명하게 알려진)의 1978년 비준을 이끈 운동에서 핵심적인 인물이었다. 그 법은 이탈리아에서 정신보건의 변혁을 불러왔다. [이러한 법적 정치적 성취는 그 다음에 많은 다른 나라들에서 나타난 정신의학 투쟁에서 근본적인 역할을 했다. 브라질에서, 바살리아와 이탈리아 정신건강운동은 1980년대 내내 '정신의학개선'을 위한 투쟁에서 주요 영향들 중 하나였다. 법의 비준이 이루어진 바로 다음 해(1979)와 그의 죽음 사이에, 바살리아는 여러 번 브라질을 방문하여 세미나 및 회의를 가졌고, 브라질의 운동에 직접적으로 참여하였다. 가타리가 마찬가지로 자신의 생각들이 이론적인 준거 및 근본적인 화용론으로 기능했던 정신건강 분야의 투쟁에 참여하면서, 지역 정신분석운동에 강력하게 영향을 미치면서 브라질에 7번 여행 중 처음으로 했던 기간은 정확히 같은 해(1979)였다. 브라질에서 가타리의 존재는 13년의 기간 넘게(1992년에 그가 죽을 때까지) 계속되었고 정신건강에 한정되지 않았으며, 그의 이론 및 실천의 경계적 위치가 주어진 다양한 다른 분야에서의 운동으로 확대되었다. 이 책은 브라질에서 상이한 행위들 및 논쟁에 가타리의 활동적인 참여를 증언한다(영어본).]

시기에 매우 성공적이었던 책, 『제도거부(L'Instituzion Negata)』[49]에 테마를 제공했다. 정의상, 이러한 노선들을 따라 제도들에 대해 구체적으로 문제 제기하는 것은 정치운동들 및 사회운동들이 이러한 문제들을 인식하고 있다는 의미에서 그 운동들과의 접합을 통해서 수행될 수 있을 뿐이다.

'네트워크' 창설 시기에 몇몇 사람들은 자신들이 이러한 경향들의 교차로에 있다는 것을 발견했고, 이론적 논쟁이 일괄적으로 다뤄져서는 안 되지만 실천 영역에서 거래와 대결을 위한 조건들을 창조해야 한다고 믿었다. 그 논쟁이 소수자 집단들을 넘어설 것이라고 믿었다. 행동강령들이 정신의학적 실천 수준에서 그리고 정신의학과 관련된 국가 구조와 법의 수준에서 제기되었다. 이 생각은 모든 종류의 구성인자들, 즉 물론 반정신의학 촉진자들뿐만 아니라, 정신건강노동자들, 정신치료를 받는 사람들 집단들, 이러한 문제들을 제기하고 있던 대안운동들, 그리고 가능한 곳이라면 이러한 문제들에 관심 있는 상이한 좌파 정치집단들과 노동 집단들의 효과적인 참여를 수반할 전술과 전략을 발전시킬 수 있는 조건들을 창조하는 것이었다.

1975년에 우리는 브뤼셀에서 이러한 문제들을 논의하기 위해 모이기로 결정했다. 이탈리아의 바살리아와 지오반니 제르비스(Giovanni Jervis)에 의해 조율된 전체 팀이 그곳에 있었고, 브뤼셀에서 모니 엘켕(Mony Elkaim)과 함께 작업하고 있는 전체 집단과 영국과 프랑스에 온 집단들, 렝(Laing), 쿠퍼(Cooper), 카스텔(Robert Castel), 그리고 이 문제들에 관한 다른 이론가들 또한 참석했다. 제한되어 있다고 상정되었던 모임은 즉각 매우 광범위하고 중요한 만남으로 바뀌었다. 사실은 본의 아니게 어떤 과정이 개시되었

• • • • • •

49) Basaglia, Franco (ed.), *L'instituzione negata: Rapporto da un ospedale psichiatrico*(Torino: Einaudi, 1968). 이 책은 1970년대와 1980년대에 정신의학의 변형에 대한 일종의 성경이다. 이 책은 (트리스테에서의 경험 전에 1961년부터 1972년까지 프랑코 바살리아가 감독한) 이탈리아의 고리찌아(Gorizia) 정신병원의 의료팀, 환자들, 그리고 협력자들에 의한 일련의 증거들을 모았다.

다.

　다양한 후속 모임들이 있었다. 파리모임은 믿기 어려운 스펙터클한 아수라장이었다. 르 알레(Les Halles) 지구의 일부가 '네트워크'에 의해 말 그대로 점거되었다. 모임은 놀라울 정도였고 계획했던 것을 훨씬 넘어서 적절하게 토론할 수조차 없었다. 그러나 그것이 가장 중요한 것은 아니었다. 틀림없이 약 5천에서 6천 명의 사람들이 참석했던 트리스테 모임에서 우리는 어려움이 있었지만 약간 토론할 수 있었다. 그러나 그 사건은 이탈리아에서 **자율운동**(Autonomie)이 아주 활발한 가운데 사회투쟁이 한창일 때에 일어났다.

　사실은 처음에 '네트워크'는 서로 완전히 다른 구성인자를 지닌 채 본질적으로 유럽적이었다. 이러한 종류의 사업에서 피할 수 없는 집합적 편집증에 대한 전통적인 반응들 —— "우리는 다소 이탈리아 공산당과 연결된 채 이탈리아 출신 사람들에 의해 회수되어버릴 것이다" 또는 "우리는 영국의 반정신의학자들에 의해 조종될 것이다" 또는 "우리는 대단히 좋지만 사회의 현실과 관계없는 이들 대안운동들에 시간을 소모하고 있다"와 같은 사태들, 자아도취적이고 개인적인 문제들 전체 —— 을 막아낼 우정을 촉진시키는 중심핵 없이 그 구성인자들을 결집시키는 것은 매우 어려웠다.

　하지만 이 모든 것에도 불구하고 그리고 매우 놀랍게도 유럽의 네트워크가 계속 성장했다는 것을 언급해야 한다. 비상한 결과와 성취는 없었다. 왜냐하면 유럽의 네트워크가 유럽에서 사회투쟁의 중요성이 전반적으로 쇠퇴하고 있던 때에 정확히 발전했기 때문이다. 그러나 어쨌든 그것은 때때로 억압에 반대하는 구체적인 방어책을 조직할 수 있게 하는 일종의 저항선을 창조하는 장점을 지녔다. 상당한 상호교환이 있었다. 진정한 네트워크가 유럽의 대안 구조들 수준에서 조직되었다.

　예를 들어 나는 강한 탄압이 정신의학 대안들을 타격하였던 프랑코

체제 말기 스페인의 사례를 생각하고 있다. 즉 이와 관련하여 광범위한 행동을 하던 사람들이 특히 탄압의 표적이 되었다. 이것이 '네트워크'의 활동에 의해 급속히 공론화되었다는 사실이 지역 세력관계에 압력을 가하는 하나의 방식으로 기여하였다. 스페인에서의 상황과는 다른 상황에 처한 독일과 벨기에와 같은 나라들에서 탄압에 반대하는 다른 투쟁들이 있었다. 이탈리아 유형의 투쟁들도 있었다. 어쨌든 '네트워크'를 통한 이러한 투쟁들이 아주 상당한 대중적 영향을 지녔다. 예를 들어 벨로치오(Bellocchio)의 영화50)(나는 그 영화가 브라질에서 배급되었는지는 모른다).

기본적으로 나에게 가장 중요했던 것으로 현재 보이는 것은 이러한 문제설정이 처음으로 유럽 규모에서, 새로운 용어들로, 그리고 우리가 익숙한 사람들과는 완전히 다른 청중들과 함께 제기되었다는 사실이다. 그것이 현재의 상황이다. 프랑스에서 감금을 지배하는 법률들과 같은 법률들의 폐지 이후 특히 법적 투쟁의 가능성이 있다는 차이는 있지만. (프랑스에서 아주 잘 안착한) '전국정신의학협회'를 이끌고 있는 젊은 정신의학자들은 '치안판사협회'(좌파조직)의 성원들과 함께 법적 활동에 관여해 왔다. 그들은 '네트워크'와 접촉하고 있다. 또한 이 문제들에 관심이 있는 — 특히 네덜란드와 스웨덴 — 유럽의 '네트워크'의 새로운 구성인자들이 있다. 연구를 위한 구조들, 유럽 수준에서 법을 변형하기 위한 구조들, 이 분야에서 발전하고 있는 것과 맞서기 위해 접합된 구조들이 있다.

라틴아메리카와의 연계에 관해서는, '네크워크'의 시작 이래로 이러한 문제들에 관심이 있는 다양한 멕시코인들과 브라질인들이 있어왔다. 그들은 동일하지 않지만 유사한 행동수단을 가지고 네트워크 창설을 주도

───────

50) 가타리는 이탈리아 영화감독 마르코 벨로치오(Marco Bellocchio)가 1972년에 만든 영화 <Sbatti il mostro in prima pagina>(Slap the Monster on Page One, 1972)를 가리키고 있다. 이 영화는 정신의학 제도에서의 폭력에 대하여 그리고 그 시기에 빠르게 확산되고 있었던 운동인 "정신병"을 사회생활에 재통합하는 노동에 대하여, 벨로치오가 정신위생체계의 전문가들과 협력하여 수행한 조사에 기반을 두고 있었다.

했다. 아마도 다른 수단들의 이러한 발명으로 라틴아메리카에서 '네트워크'는 내가 언급했던 종류의 어려움을 즉 특정 종류의 소집단(groupscule)들의 방식으로 또는 공식적인 학계 방식으로 변할 위험을 극복할지도 모른다.

롤니크: 1980년쯤 상파울루에서 우리는 바로 이러한 네트워크 정신 속에서 '사회 심리학과 정신의학 핵'이라고 불렀던 한 집단을 만들었고, 이 집단은 세데스 사피엔티에 연구소(Sedes Sapientiae Institute)에서 만났다. 그 발의는 우리가 기대했던 것보다 훨씬 많은 사람들을 동원했다. 그것은 유럽에서 약간 일어났던 것과 같았다. 즉 우리는 특히 우리가 만나고 있던 도시인 상파울루에서 이와 관련하여 얼마나 많은 요구가 있는지를 알고 약간 놀랐다. 다른 국가에서 온 많은 사람들과 집단들도 우리와 접촉하였다. 정신의학 분야의 지배적인 준거체계로는 확인되지 않는 실험들의 수가 상당히 많았다. 그리고 그들 중 대부분은 완전히 고립되어서 움직이고 있었다. 나는 특별하게 어떤 집단을 기억하고 있는데, 왜냐하면 그것은 정신의학의 대안적인 실천들 속에서 하나의 네트워크를 창조하려는 의도를 분명하게 가졌기 때문이다. 그러나 확실히 동일한 의도가 이보다 앞선 다른 발의들에서 암묵적으로 그리고 물론 상파울루만은 아닌 곳에도 분명하게 존재했다. '핵'은 2년간 존재한 뒤에 해체되었다. 나중에 공식적으로 '국제네트워크'와 연계되고, 브라질 전역에 흩어져 있는 이런 종류의 상이한 발의들을 닮은 한 집단이 만들어졌다. 이것은 가타리가 '유럽네트워크'가 지닌 어떤 어려움들을 극복하는 조직형식들이 발견될 것이라고 바란다고 말할 때 언급하는 집단이다. 나는 그리 확신하지는 않지만……

가타리: 나는 '유럽네트워크'의 조직형식에 대해 말하지 않았으며, 그리고 그 양상은 매우 중요하다. '네트워크'는 즉각, 논쟁의 수준에서뿐만

아니라 구조와 실제 모임 자체의 수준에서도 국제적인 구도에서 작동하였다. 예를 들어 프랑스에는 통합된 비서국은 존재한 적이 없다. 바로 유럽 수준에서는 네트워크의 하위집단들이 결집되었다. 프랑스 서남부에 있는 약 60개의 정신의학대안공동체는 파리에서 대안적이라 하는 심리학자, 정신분석자, 정신의학자들에보다 네덜란드에 있는 공동체운동에 훨씬 더 밀접하게 연결되어 있다. 그런데 이 공동체들은 그 학자들[파리에서 대안적이라 하는 심리학자, 정신분석자, 정신의학자들]과 그리 많은 공통점을 가지고 있지 않다. 마찬가지로 법률 변화의 문제들에 관심 있는 판사들은 일국 비서국들을 통해 활동하지 않고, 스스로 조직된다. 동일한 것이 정신치료를 받는 사람들의 운동 수준에서 통용된다. 나는 이 점이 매우 중요하다고 생각하며, 적어도 이와 관련하여 문제설정은 라틴아메리카에서도 동일할 것이라고 상상한다.

모든 사람들이 일치하거나, 판사들, 정신질환자들 또는 종류를 불문하고 "정신" 전문가들이 하나의 전선, 공동강령을 만들도록 하는 '네트워크'는 존재하지 않는다. 이러한 방식으로 관념들이 상이한 리좀들과 상이한 가공수준들을 지니고 전진할 수 있다고 상정하면서, '네트워크'는 오히려 현실 변증법을 위한 조건들을 창출하기 위해 존재한다. 그것은 3년 반 전에 멕시코의 꾸에나바카(Cuernavaca)의 '네트워크' 모임에서 일어난 것이다. 그것은 다음 해에 샌프란시스코에서 개최되었던 모임에서 일어났던 것인데, 그 모임에서 주도권(발의)은 미국에서 정신치료를 받는 사람들의 운동으로부터 나왔다. 그 두 모임은 다양한 구성요소들이 각각 서로와 관련해 자신들의 방향을 찾는 좀더 나은 하나의 수단이었다. 그러나 '라틴아메리카 네트워크'의 실질적 창설은 지난해 꾸에나바카에서 일어났다. 왜냐하면 20개가 넘는 대표단이 거기에 참석했기 때문이다. 그 모임에서 사람들은 접촉한다는 애초의 성격을 이미 넘어섰다. 매우 활기 있는 작업위원회들이 있었다.

질문: 다중적 참여자들의 이러한 비대칭성은 어떻게 만들어지는가? 프랑스에서 그것은 어떻게 경험되었는가?

가타리: 나는 논쟁의 초점이 프랑스와 유럽의 문제들보다 브라질과 라틴아메리카의 문제들에 맞춰지길 바란다. 물론 나는 그 질문들을 회피하지 않을 것이지만, 매우 간단한 답을 할 것이다. 실제로 일어난 일은 1977년 프랑스의 맥락 —— 또한 끔찍한 파리식 중앙집권주의를 생각하면서 —— 에서 오랫동안 '네트워크'가 소집단현상에 의해 세분되었다는 것이다. 이것은 프랑스의 수준, 일국 수준에서 '네트워크'가 작동하지 못하게 했고, '네트워크'는 실제로 다중심화되었고 유럽적 규모에서 접촉하고 있었기 때문에, 그것은 일어날 수 있었던 최선의 사태였다. 왜냐하면 제노바에서 열린 가장 최근 모임에서 사회당의 급박한 권력장악 때문에 프랑스 비서국이 재구성되었고, 이것은 일국적 수준에서 정신건강을 위한 제안들을 생각해야 할 긴급성을 만들어냈다. 이와 같은 순간에, 만기일이 다가오기 때문에, 만나고 생각을 가공하는 성격을 유지하는 것이 어렵게 된다. 그 상황을 다루는 최선의 길은 상이한 감각들[을 지닌 사람들]이 정치적인 구성체 및 노동조합 구성체와 대화를 위해 위임자를 제한하거나 상대적으로 제한된 집단에 파견하는 것이다. 그러나 그것은 정치적 비서의 문제나 또는 모든 구성인자들을 통합하기 위한 이론이나 강령을 정식화할 조직체의 문제가 아니라는 것을 아주 분명히 해야 한다. 그것은 완벽하게 한정된 목표를 가진 일시적인 조직체이다. 이러한 종류의 상황을 벗어나, 근본적으로 '네트워크'의 활력을 위한 기준 중 하나는 네트워크가 어떤 것도 바꾸지 않고 일국의 지도자를 자를 수 있다는 사실이다. 즉 이런저런 방식으로 네트워크는 계속 살아간다는 사실이다.

발의들이 마비되는 것을 막기 위해, 네트워크에는 하나의 비서국이 아니라 발의의 상이한 노선들만큼 많은 비서국이 늘어난다는 것이 중요하다. 이를 통해 일련의 전체적인 분명한 모순들이 없어진다. 그러나 다중 심화된 구조가 필연적으로 항상 가장 적합한 것은 아니다. 현재 프랑스나 브라질에서와 같은 상황들은 적어도 최소한의 동의와 조정을 그리고 심지어 일국 수준에서 '네트워크'의 대표조차 포함한다.

브라질에게는 오늘날, 가볍고 가능한 가장 효과적인 구조가 정신의학적 대안이란 문제설정을 긍정할 수 있다는 것이 아주 중요하다는 것은 분명하다. 첫 번째로 자신과 관련해 자신을 하나의 운동으로 긍정하는 것. 그리고 브라질 노동자당과 같은 좌파구성체들과 대화를 제안하는 세력으로서 자신을 긍정하는 것. 그리고 또한 분명히 전통적인 정신의학에 반대하는, 국가권력에 반대하는 그리고 이 영역에 있는 모든 전통주의적 보수세력에 반대하는 세력으로 자신을 긍정하는 것. 내가 "보수"라고 말할 때, 나는 이 문제들에 직접적으로 개입해 있는 노동자계급의 일부, 즉 정신의학 분야의 노동자들을 포함시킨다. 나는 이 점에서 라틴아메리카 상황과 유럽 상황 사이에 많은 차이는 없다고 생각한다. 즉 노동자계급의 일부는 정말 보수적이다.

질문: 내가 이해한 바로는 당신은 정신의학을 사회통제라고 정의하고 있다. 나는 '네트워크'가 정신의학에 대한 대안 개념에 도달했는지를 알고 싶다. 예를 들면 정신건강의 측면에서 매우 후진적인 나라들에서 최근 제안되고 있는 반(反)-수용소 모델이 프랑스와 같은 니라들에서 훨씬 더 큰 사회통제로 되돌아가고 있는 것처럼 보인다고 나는 알고 있다. '네트워크'는 대안모델을 제기하는가?

가타리: 내가 전에 설명하려고 했던 것으로 되돌아가보면, 그것은 결코 대안모델을 제기하는 문제가 아니다. 그러나 반대로 대안과정들을, 그것들이 존재할 때, 접합하려고 하는 문제이다. 특히 유럽의 규모에서. 즉

몇몇 나라들에서의 정신의학의 상황은 완벽하게 고풍스럽고 실용적으로 감화원 같으며, 반면 다른 곳 특히 스칸디나비아 나라들에서 정신의학 통제의 정교화는 상상할 수 없는 수준까지 촉진되어왔다. 덴마크와 스웨덴에서, 국가는 어머니들에게 지불하고, 노동자들에게 정신치료집단에 참여할 특별한 시간을 허용한다. 즉 생활이 정신치료법을 둘러싸고 움직이는 전체 마을들이 있다. 이것에는 불합리한 것이 전혀 없다. 반대로 그것은 아주 빈틈없다.

'네트워크'에서 이러한 다양한 시스템들의 공존은 서로를 풍부하게 만든다. 즉 "미발달된" 구조들은 자신들을 기다리는 미래를 읽을 수 있다. "고도로 발달된" 구조들은 좀더 고전적 구조들 속에서 어떤 투쟁 및 개입 형식들이 얼마나 생존할 수 있고 효율적일 수 있는지를 알 수 있다.

논평: 브라질에서 반정신의학 투쟁의 출현은 나에게 그리 생동감 있지는 않은 것 같다. 여기에서, 비록 정신건강과 관련하여 노동 대중들 사이에 약간의 자생성이 있지만, 그것은 이러한 종류의 문제들이 있을 때 경찰서에 "자발적으로" 요청하는 것에 한정된다. 더욱이 우리는 주민의 신체건강을 위해 싸우는 데 충분히 개입해 있다. 왜냐하면 그것조차도 존중되고 있지 않기 때문이다. 유럽의 상황과 관련하여 격차는 크다. 거기에서 신체건강의 문제들은 대개 해결되어왔다. 그것은 당신이 정신건강에 대해서 걱정하고, 그 점에서 자생적 투쟁조직형식을 제안할 수 있게 만든다.

가타리: 내게는 당신 이전에 누구도 "자생성"에 대해서 말한 것 같지 않다. 하여간 나는 그 단어를 사용하지 않았다. 반대로 '네트워크'의 문제는 가장 효율적인 조직을 찾는 것이다. 사실은 —— 그것을 막 확인해라 —— 지난 40년 동안 모든 정치, 노조, 대학, 그리고 전통적인 구조는 정신의

학 분야에서 (적어도 유럽에서) 어떤 것도 바꾸지 않았지만, 또한 그것 위에서 이러한 모든 구조는 가짜—개혁(pseudo-réforme)을 발전시키고 실제 사회 분야에서 이러한 문제설정을 해체하는 동일한 기제들을 가지고 작업하면서 억압 상황들을 공고화해왔을 뿐이다.

아마도 상황은 라틴아메리카에서와 브라질에서 다르다. 만약 그들이 시설의 개선, 정신과의사 인원수의 증가, 그리고 임금인상 등을 위한 막연한 프로그램의 측면에서가 아니라, 적어도 이 문제설정을 고려하는 (정치조직이나 노조조직과 같은) 좌파조직들이 현재 의학 분야에 존재한다고 나에게 말한다면, 만약 그들이 그러한 조직들이 (정신치료를 받는 사람들 또는 어린이들과 같은) 관련 당사자들의 관점과 실제적으로 연결되어 있다고 나에게 말한다면, 갈등하고 있는 특이성들, 다양한 입장들을 접합할 수 있게 만드는 구조들을 찾는다는 것은 아무런 의미가 없을 것이다. 만약에 그것이 이미 존재한다면 그것은 무엇에 기여할까?

나는 내가 방금 말한 것에서 당들 및 노조들과 관련하여 어떤 적의도 없다는 것을 강조하고 싶다. 반대로 나는 이러한 문제들이 제기되는 분야에서 그들이 대화의 조건들을 창조하는 것, 정의상 다른 수준에 있는 이러한 투쟁구성요소들 사이에 진정한 변증법이 수립될 수 있도록 실제적인 실천과 연계해서 최소한일지라도 이러한 문제설정들에 실제로 민감한 구조들을 창조하는 것이 필요하다고 주장한다.

니는 1976년과 1977년에 스페인에서 일어난 문제설정을 상기하고 있다. 좌파구성체들의 성장이 이러한 문제설정들을 둘러싼 진정한 대화와 일치하지 않았다는 사실은 좌파가 제안한 건강문제들을 현실로부터 완전히 동떨어지게 만들었다. 진반직인 대화의 발전을 위한 조건들이 모일 순간을 이용하는 것이 필요하다. 반복하건대 이 모든 것은 이러한 종류의 제안에는 자생주의에 대한 숭배가 전혀 없다는 것을 보여준다.

가타리가 수에리 롤니크에게 보낸 편지, 파리, 1983년 5월 24일

나는 라틴아메리카에서처럼 유럽에서 '정신의학대안네트워크'가 공산당에 가까운 유형의 사람들에 의해 회수되는 과정에 있다고 느낀다. 대단하다! '네트워크'에 매달릴 이유가 없다! 중요한 것은 우리 자신의 네트워크들을 가지고 계속하는 것, 그리고 우리가, 별로 나쁘지 않은 가능한 조건에서, 앞에 놓인 거대한 시대에 ── 더 좋게 만큼이나 더 나쁘게! ── 접근할 수 있게 하는 국제적 작업방식을 재발명하는 것이다.

*

프랑스의 정신의학은 설비들에서 근대화되어왔다. 즉 상황을 개방하고 외래환자 설비와 지역별 구분[51]을 발전시키기 위한 폭넓은 정책이 있다. 이 지역별 구분 정책은 개량주의적인 것이며, 어떤 기본문제도 해결하지 못해왔다. 첫째로, 그것이 사회통제의 모든 여타 등록기에 존재하는 격자 체계를 재강화하기 때문이다. 그리고 또한 그 지역별 구분 정책이 프랑스에 도입한 개량이 실패했기 때문이다. 일어난 것은 다른 성격을 가진 설비의 증식이었지만, 정신의학의 거대한 요새는 건드려지지 않은 채 남았다. 그 결과 프랑스에는 국가권력 수준에 책임 있는 사람들을 포함하여 모두가 인식하고 있는 위기와 함께, 거액의 비용을 들게 하는 정신의

- - - - - -
51) "지역별 구분 정책은 1960년부터 프랑스에서 수립되었다. 제도적 정신치료요법에서 진보적인
흐름에 의거한 공적 권력은 정신의학이 억압적인 거대병원들을 떠나서 도시에 가깝게 있도록
하는 것이었다. 이것은 '외래환자 시설들'의 창조로 나아갔다. 즉 보건 센터들, 주간 병원,
보호소, 보호된 작업장, 가정방문 등, 이 개량주의적 경험은 탈소외라는 진정한 기획에 이르지
못한 채 정신의학의 외연적 사회적 측면을 변형시켰다. 즉 정신의학 시설들은 축소되었지만,
근본적으로 차별 및 억압의 관계를 전혀 바꾸지 않았다." Félix Guattari, *Les années d'hiver*, Paris,
Ed. Bernard Barrault, 1985.

학적 기계장치가 있다. 보건부에게 사회당 정부는 1838년 법(감금에 영향을 미치는 법)의 억압에 대한 약속 원칙 선언 —— 정신의학 설비들의 철저한 변화를 포함하는 —— 을 한 장관을 선택했다. 그러나 현재 그것이 어떻게 될 것인지 알 수 없다.

*

  정신의학 대안들을 제시하는 몇몇 공동체들 —— 프랑스 남부에, 세벤느에, 매우 예쁜 산악지역에 있는 약 30개의 집단들 —— 은 사람들이나 또는 문제 있는 아이들이 정신병원을 떠나는 것에 동의할 준비를 했다. 이 운동은 1968년의 사건으로부터 성장했다. 지금 국가는 이러한 집단들에 예를 들어 통제와 같은 어떤 대가도 요구하지 않고 재정을 지원한다. 누군가는 "대단해, 이것은 좋은, 유용한 승인 형태야"라고 말할지도 모른다. 그러나 사실 이러한 집단들은 점차 정신병원의 구조들보다 훨씬 더 미묘한 구조들에 통합되어버린다. 그 집단은 자신의 자동조절, 자신의 자동훈련, 자신의 자동규율을 수행한다. 내 관점에서 이것은 만약 프랑스에서의 정신의학적 억압의 현실을 수정하는 데로 이끌 수 있다면, 완전히 긍정적일 것이다. 현실적으로 국가권력은 이러한 부문을 일종의 배기관으로 이용한다. 이러한 활동들에 참여하는 사람들은 권력에 전혀 위협이 되지 않는다. 왜냐하면 그들이 이단적 관념들과 다른 실천들을 가진다고 할지라도, 지금까지 적어도 이것은 정신의학 영역의 상황 변화로 이끌만한 변증법을 생산해오지 않았기 때문이다.
  이러한 문제들은 '네트워크'에서 자주 토의된다. 즉 우리는 이러한 종류의 실험을 계속하는 것이 긍정적이지만, 그것은 거대한 정신병원들, 지역별 구분 등에서 정신의학에 반대하는 항의운동과 접합될 때만 의미를 지닐 것이라고 생각하는 데 이르렀다.

*

(국가권력, 사회 안보와 관련하여 전통적인 구조의 맥락에서) 보르도(La Borde)[52] 병원이 시작했을 때인 30년 전, 사람들은 미시적 변혁과정들을 종종 열정을 갖고 열광하면서 경험하였다. 이러한 맥락에서, 보르도 병원은 전문가와 환자 사이, 또한 전문가들 자신들 사이의 관계를 변형시키는 데 일정 정도의 효율성을 가진 일련의 작은 변화를 만들어냈다.

나는 보르도 병원이 그때 무엇과 같았었는지 말하려는 것은 아니지만, 우리의 경험이 그 당시에 정신건강의 문제설정을 반영했다는 것을 말한다. 그러나 이 과정은 국가의 벽을 뚫는 데 성공하지 못했다. 그것은 튀어 날아갔다.

보르도 병원에서 경험된 미시과정들은 좀더 일반적인 변형과정으로 나아가지 않았다. 그것들은 진공 속에서 계속 회전하고, 말하자면, 계속 자신들 위에 작용하였다. 그것은 학교 집단들이 토요일 오후에 방문하는 박물관에 갇혀서 그림의 영역에서 돌연변이가 그 자신 주위를 계속 회전하는 방식이다. 즉 한편으로는 모딜리아니의 작품과 같은 작은 기적들과 다른 한편으로 그곳을 방문해서 어린이들을 지루하게 만드는 스캔들 사이의 역설이 있다. 물론 나는 모딜리아니를 보르도 병원에 비유하려는

52) 보르도 병원(La Borde)이란 이름으로 더 잘 알려진 꾸르 슈베르니(Cour-Cheverny)의 진료소는 1970년대 동안 정신의학에 나타났던 혁명의 주요 프랑스 준거점이었다. 파리에서 200킬로미터 떨어진 르와에세르(Loir-et-Cher) 지역의 시골 저택에 지어진 그 진료소는 1953년에 장 우리 (Jean Oury)가 설립했다. 우리는 제도적 정신요법이 실험되었던 생탈방(Saint-Alvan) 병원에서 진료하였다. 가타리는 1955년 설립 때부터 삶을 끝마칠 때까지 보르도 병원에 참여하였다. 그는 많은 해 동안 그곳의 치료 감독관이었다. 보르도 병원은 사적 진료소지만, 사회보장국으로부터 승인받았다. 그 진료소는 지역의 농민들부터 파리 문화세계의 인물들까지 걸쳐 있는 잡종적 손님을 받아들였다. 『앙띠 오이디푸스』(이것은 가타리와 들뢰즈 사이의 협력으로 만들어졌다)의 출간 이후, 보르도 병원은 두 저자의 저서와 연결되어 제도적 분열분석 진료소를 위한 이론적 준거로 여겨졌다. [다음을 보라. "La Borde: A Clinic Unlike Any Other", in Félix Guattari, *Chaosophy*, op. cit(영어본).]

것은 아니다. 그럼에도 불구하고 때때로 마치 박물관에 가듯이 보르도 병원을 방문하러 온 사람들이 있다. 나는 그들에게 "무엇을 부끄러워해, 당신은 13년 전에 왔어야 했고, 지금은 보르도 병원을 방문하기에 최적의 시기는 아니야"라고 말할 수 없다. 비록 13년 전에, 그것이 사실상 오늘날의 보르도 병원이라는 것과는 다른, 다른 어떤 것을 가져왔을지도 모를 "가능성들의 부"였을지라도 말이다. 역사가 결정했다. 즉 보르도 병원은 국가권력에 의해 직접적으로 회수되지 않았지만, 국가권력이 아주 잘 지내는 제도 중 하나가 되었다. 이것의 단 하나의 예외는 국가권력이 실제로 보르도 병원을 폐쇄하고 거기서 일하고 있던 많은 사람들을 체포하기를 원했던 때인, 프랑스에서 지스카르 시기의 아주 어려운 어떤 순간들에 발생했다. 그러나 감옥들은 정신의학적 문제설정과 아무 관련이 없었다. 즉 다른 문제들이 작동하고 있었다.

*

벨기에서, '네트워크'와 접속한 한 라틴아메리카 집단이 언급할만한 가치가 있는 실험을 수행했다. 그 집단은 사회 안보와 같은 것들에 대해 요구할 뿐만 아니라 무엇보다도 인민에게 정신의학 제도를 떠나 어떤 생산부문들에 통합되는 것을 지지하도록 요청하기 위해, 노조(예를 들어 상업 시설 피고용인들의 노조연합)와 접촉했다. 실제로 사태는 생산에의 재통합 측면에서 제기되지 않았다. 그것은 이탈리아의 파르마에서의 실험과 같았다. 거기서는 생산 과정의 일부가 되기 위해서가 아니라 단지 공장에서 그들과 함께 있기 위해, 다운증후군 및 다른 심각한 신경장애를 가진 사람들이 노동자 집단에 의해 수용되도록 하는 시도가 있었다. 하나의 문제설정에 이러한 종류의 구체적 개입은 어떤 담론보다 훨씬 더 많이 생각에 영향을 미칠 수 있다.

그 집단들은 소집단·독단주의(정치적일 뿐만 아니라 정신분석적인)의 몇몇 특징들을 간직했음에도 불구하고, 모든 것은 일어났다. 이러한 특징들은 그 실험들이 돌연변이적·미시변이적 성격을 갖는 것을 막지 않았다. 이러한 성격은 아주 작을지라도 그 과정들의 확인을 통해서 추적되어야 한다. 오직 이렇게 사람들은 성공과 실패를 평가할 수 있다.

학교

잠재기(세상에 대한 감각이 박약하고 의기소침한 시기, 이 시기는 오이디푸스 콤플렉스와 거세 콤플렉스에 뒤이어 온다)를 발견한 프로이트가 이 시기가 취학 연령, 어린이가 자신을 모델화하는 생산적인 시설들로 들어가는 것, 지배적인 언어들로 들어가는 것과 일치한다는 것을 인식하지 못했다는 것은 놀랍다. 그리고 춤추고, 노래하고, 그림 그리는 등의 비상한 능력을 가진 어린이가 단지 몇 달 만에 모든 그러한 부를 상실한다. 어린이의 창조성은 일종의 영(零)도로 떨어진다. 즉 어린이는 정형화된 그림들을 그리기 시작하고, 자신을 지배적인 태도들과 일치시켜 모델화하기 시작한다.

다른 교육방법들을 가지고 진지하게 실험해 보려고 해온 사람들은 이러한 지독한 메커니즘을 폐지할 수 있다는 것을 아주 잘 안다. 그들은 또 다른 접근을 한다면 감수성의 이러한 부, 표현의 이러한 부가 상대적으로 보존될 수 있다는 것을 아주 잘 안다.

상파울루에서 "대안적"53)인 취학 전 학교들과의 만남, 1982년 8월 27일

가타리: 유럽에서 특히 프랑스에서 일일-돌봄 센터(탁아소)에서, 학교에서, 또는 유사한 구조들(대안 구조들)에서조차 일하는 사람들은 항상 국가와 직접적 또는 간접적인 관계를 맺는다. 그 관계는 사람들이 지자체나 국가에서 임금을 받는 한에서 직접적일 수 있고, 또는 보조금이나 프랑스에서 우리가 (사회보장비, 퇴직연금, 실업수당, 가족연금 등) "지연된 임금(salaire différé)" 체계라고 부르는 것을 단순히 받으면 간접적일 수 있다. 이러한 척도에서, 봉급[임금]과 투자는 항상 어느 정도는 직접적으로 또는 간접적으로 국가의 재정 통제로부터 나온다. 이것에 우리는 전문가들의 훈련도 역시 국가에 의해 광범위하게 통제되고 있다는 사실을 덧붙일 수 있다. 그래서 유럽에서 국가는 학교 속에 대량으로 현존한다.

당신들이 여기 상파울루에서 경험하고 있는 자주관리되는 취학 전 학교들의 이러한 실험들에서 나에게 흥미로운 것은 동시에 그들의 어려움이다. 즉 당신들은 지배적인 규범들과 관련하여 자율성을 획득하는 데 성공해왔다. 그러나 이것은 예를 들면 당신들이 임금을 지불할 수 없는 사람들을 받아들일 수 없다는 사실과 같은 대응물을 포함한다. 그래서 당신은 현행 사회적·인종적 분리차별체계에 의해 에워싸이게 되어버린다.

모든 교육학적·미시사회적 등의 실험이 이러한 종류의 문제설정과 관련해서 하나의 입장을 취하는 것이 정말로 필요한 것 같다. 그것을 의식

· · · · · ·

53) 이 경우에 "대안적"은 상파울루에서, 특히 1980년과 1983년 사이에, 진보적이고 지성적인 중간계급이 마주해 있는 학교들에서뿐만 아니라 다양한 제도들 속에서 실현된 특정 교육학적 실험들을 기술하기 위해 사용된 형용사다. 그 미시정치적 운동은 주체성 및 사회성의 지배적인 정책들을 실용적으로 문제제기하고 다른 정책들을 창조하고 실험하면서 나라의 새민주화 과정에 능동적으로 참여하였다. 학교의 경우에 이러한 주도자들과 AI-5(1968년 12월 12일에 군사 독재에 의해 공표된, 인신보호영장의 어떤 권리도 없이, 죄수와 관련하여 전복적이라고 간주되는 행위를 처벌하는 5번째 제도적 입법)에 대한 반응으로 일어난 교육 분야에서 저항 핵들 간의 지속성은 명백하다. 이러한 저항 핵들은 1970년대 동안 재민주화의 시작까지 오래 지속됐다.

하지 못하는 것은 무엇보다도 사회적 차이, 경제적 지위나 인종적 지위의 차이의 그러한 요소들에서 시작하여 모델들을 어린이들에게 전송하는 데 개입하는 위험을 무릅쓰고 있다. 예를 들면 제기되어야만 하는 하나의 질문은 이러한 학교들에 흑인어린이들이 있는지를 알고, 그리고 이것이 이 어린이들의 리비도경제에서 갖고 있을만한 모든 함의를 조사하는 것이다. 이것들이 당신들이 발전시키고 있는 종류의 발의들에서 한계들이다. 그러나 이것은 완벽하게 타당하고 독창적인 실험의 경계가 없다는 것을 본래 의미하지는 않는다. 중요한 것은 각 실험의 특정성들, 진실하고 독창적인 특성들을 포착하려는 것이다.

이러한 기획들 속에 작동하는 다양한 인물[형상]들(personnages)이 있는 것 같다. 최소한 네 가지 중요한 인물을 분별할 수 있다. '어린이들'이 무엇보다도 먼저 주요 인물들이다. 또한 대안적 인물로, 자기 자신의 표현들과 관련하여 어떤 입장을 채택하는 인물, 최소한의 자유의 공간을 창조하기를 원하는 인물, 그리고 (바로 그 때문에) 게토를 창조할 위험을, 즉 이러한 자유의 공간을 사회 영역에서 발생한 것과, 국가 수준에서 발생하는 것과 접합할 수 없는 위험을 무릅쓰는 인물이 있다. 적어도 내가 알고 있는 맥락에서는, 세 번째 인물인 국가는 항상 모든 것을 식민화하려고, 모든 것을 계열화하고, (대안적 실험을 포함한) 모든 것을 회수하려고 (그리고 그것은 가능하다) 준비하고 있다. 그리고 네 번째 인물은 이웃, 주민, 환경이다.

나는 개인적으로 일일-돌봄 센터(탁아소) 문제와 관련하여 많은 경험을 하지 않았다. 그러나 내가 더 잘 알고 있는 분야인 정신의학에서의 대안적 구조들은 동일한 종류의 문제에 정확히 부딪혀왔다. 정신치료를 받는 사람들은 언제나 국가 인물과 대안 인물 사이에 끼여 있으며, 대안 인물은 종종 국가권력에 간접적으로 의존하고 있다. 그리고 이러한 기획들이 그러한 의존[종속]을 거부했을 때 ─ 그것은 예를 들어 영국에서의 로날드 렝(Ronald Laing)의 첫 번째 공동체들에서 사실이었다 —— 그들은 비록 빈곤하게 살고 있다 할지라도, 일종의 엘리트 공동체로 변할 위험을 지니고 있다. 엘리트 공동체가 빈곤을 막지는 못한다. 이것을 피하기 위해서는, 국가와의 협상력을 부여하는 이런 종류의 광범위한 경험부문들에 접합되어야 한다. 예를 들어 그것은 어느 정도 독일에서의 상황과 비슷하다. 그곳에는 학교들과 또 협동조합들 등을 운영하고, 자신들이 재정상 필요한 것을 공공당국과 집합적으로 협상하는 전체 주민 부문이 있다. 내가 보기에 이것은 이러한 대안들을 공고화하는 유일한 길이다.

만약 우리가 네 가지 인물이라는 이 생각을 수용한다면, 우리는 당신들의 것과 같은 발의들을 일방적으로 평가하는 것이 매우 어렵다는 것을 안다. 예를 들어 무엇이 이웃 주민들을 당신들의 것과 같은 사업에 과감히 도전해보는 것이 정말 필요하다고 판단하도록 유도할까? 그것은 이러한 사업이 그들의 욕망, 그들의 욕구에 부합한다는 사실이다. 따라서 그 사업들은 최소한의 대안을 실제로 제안할 수 있도록 충분히 정교화되어야 한다.

이런 방향에서 나는 그들이 (어떤 방식에서 비록 당신들의 발의들이 폐쇄된 상황에 있고 그리고 종종 게토의 상황에 있을지라도) 다른 사회적 맥락에서 엄청난 중요성을 갖게 될 수 있으며, 그들이 노마드가 되고, 이주하고, 성격을 변화시키고, 다른 주변 환경에 의해 채택되어 재해석될 수 있다고 믿는다.

질문: 나는 대학이 중간계급의 한계를 넘어서서 이런 종류의 교육적 실험을 위한 하나의 통로일 수 있었다고 생각한다. 그러나 여기에서 대학은 주변부를 연구하는 데만 사용한다. 나는 프랑스의 대학이 공동체에서 고립되거나 단절된 채 있는지 알고 싶다.

가타리: 세계 어디에서나 대학은 사회 현실에서 분리되어 있다. 게다가 그것은 대학의 기능이다. 그래서 충격받을 이유는 없다. 그러나 반대로 점점 눈에 띄는 사회통제의 기능을 수행하는 엄청난 사회적 대용물들, 다양한 집합적 시설들이 있다. 특유한 비행(délinquance)에 관해서뿐만 아니라 아무리 작을지라도 모든 불화, 모든 일탈에 관한 정보화 프로그램이 있다. 따라서 파리 교외의 일부 주택 단지에서는, 한 가족이나 한 어머니가 10, 15, 20가지 다른 유형의 사회적 노동자들로부터 연속적인 방문을 받아야하는 것은 흔한 일이다.

롤니크: ······ 거리에, 학교에, 낮병원에서의 교육자들, 기업에서뿐만 아니라 학교에서 그리고 낮병원 등에서의 사회적 보조자들과 심리학자들. 요약하면 때때로 오로지 세 사람으로 구성되는 하나의 가족을 붕괴시키는 일단의 사회적 노동자들.

가타리: 아동기 초기와 취학기 동안에 심리학적이며 위생적인 틀짜기가 지속적이다. 만약에 한 어린이가 아무리 대수로워 보이지 않을지라도 그 어떤 종류의 "불화"를 보인다면, 그 어린이를 하나의 특수학급에 배치할 이유가 있다. 수에리[롤니크]가 이것에 관해 말할 수 있다.

롤니크: 나는 파리에서 살았을 때 실제로 그러한 유형의 제도에서 일했다. 학교 자체 안의 "특수학급"은 "정상적인" 학교 교육기간에서 프랑스 어린이들의 절반을 배제하는 긴 여정에서 단지 첫 걸음일 뿐이다. 각 근린 지역은 어린이들을 위한 적어도 6가지 유형의 집합적 시설을 가지고 있다. 즉 학교에서 교육학·정신분석·정신의학·의료시설의 상이한 색조의 결합들에 걸쳐 있는 정신의학까지. 국가는 정말 조심스레 행동하지 않는다.

가타리: 이러한 모든 것에서 대학의 역할은, 분화되고 상당히 분리차별적인 구성체들을 정확히 결정하는 것이다. 국가권력이나 국가권력과 동등한 것들이 집합적 시설을 통해 점증적으로 과도한 중요성을 지녀가고 있다. 그것이 당신들의 것들과 같은 실험들이 "선진"국에게도 마찬가지로 중요하다고 내가 계속 주장하는 이유이다. 그 실험들은 어린이들 상호간의 그리고 어린이와 어른의 모든 관계의 재전유, 교육·건강·심리·문화 문제들의 재전유, 국가의 매개를 통하지 않고 사회조직에 의해 수행되는 재전유의 문제를 제기한다. 국가는 더욱더 커다란 비율을 차지하며 점점 더 소외시키고 계열화되는 주체성 생산양식을 발전시킨다.

만일 우리가 네 가지 인물[형상]로 돌아간다면, (모든 것을 고려하는 모임과정을 만들자고) 당신들이 제안하는 것은 삼중의 또는 사중의 긍정[확인](affirmation)으로 구체화될 수 있다. **당신들 자신들과 당신들이 함께 일하는 어린이들과 관련된 긍정**이 있다. 즉 당신들이 작은 특권 부문들 속에 있지 않으며 이러한 실험이 변화와 창조의 운동을 나타낸다는 집합적 인식이 있다. **국가권력과 관련된 두 번째 긍정**은 공공교육 부문의 노동자들과 접합을 포함한다. 이런 수준에서, 이런 종류의 관계에서 생길 수 있는 모든 편집증과 함께 수행되어야 할 엄청난 양의 교환노동이 있다. 이러한 문제는 정신의학에 대안들을 제기한다. 그 대안들은 병원에서 일하는 간호사와 심리치료사들과의 관계를 만들려고 나선다. 이들은 "우리는 완전히 현실을 벗어난 소수적인 일을 합니다. 그것은 전혀 쓸모가 없습니다"와 같은 것들을 습관적으로 말하는 그러한 사람들이다. **세 번째 긍정은** 이러한 문제설정들을 인식하게 되는 **좌파구성체들이나 정당들과 관련된다. 훨씬 더 근본적인 마지막 긍정**은 이러한 주노권(발의)늘에 직접 관심이 있는 사회집단들 전체와 관련되며, 그 기획은 신뢰를 얻고 지속해나갈 수 있게 될 것이다.

당신들의 제안은 나에게 흥미롭게 관련시킬만한 이야기를 생각나게 한다. 그것은 몇 해 전 프랑스에서 발생했던, 비록 일시적이었지만 매우 중요했던 실험과 관련된다. 몇몇 강사들은 (아마 당신이 함께 일하는 어린이들보다 나이가 많은) 몇몇 어린이들을 모았고, 공동 활동(그리고 여러분은 그들이 어떤 사람인가를 상상할 수 있다)을 제안하는 것에 덧붙여서 어린이들에게 자신들의 요구를 담은 공동편지를 준비하도록 했다(물론 성인들이 도왔다). 그 실험이 책으로 출판되었다. 그것은 매우 흥미로운 일이었다. 왜냐하면, 어린이들이 거의 "어린이들의 권리 장전"처럼, 일종의 소형 프랑스혁명 — 작지만, 매우 중요한 — 을 확인할 수 있었기 때문이었다. 사람들은 당신이 제안하고 있는 조직화, 즉 자신들 사이에 상호교환 및 담화 체계를 설립하는 것이 어린이들에게서도 마찬가지로 발전될 수 있다고 상상할 수 있다.

논평: 이 토론에서 나를 처음부터 괴롭혀온 어떤 것이 있다. 즉 그것은 "대안"교육학을 상파울루에 있는 이 중간계급 실험들로 자격규정[제한] 하는 것이다. 이와 같은 실험들이 여기에 많이 있다. 가톨릭 대학에서부터 주립 대학까지 가는 길인 라탱 구역의 차단선 외부에 어떤 삶이 이루어지고 있다. 실험이 교육적이기 위해서는 학교로 공식화될 필요는 없다.

질문: 나의 경험은 나에게 그것은 그렇지 않다는 것을 말해준다. 형식적 제도 안에서 대안행동공간을 창조하는 것도 가능하다. 다른 한편으로 예를 들어, 당신은 빈민가에서 일하며 끔찍이 권위적일 수 있으며, 심지어 많은 국가구조들을 재생산할 수 있다. 왜 제도 안에서 일하는 사람들과 제도 밖에서 일하는 사람들 사이에 이러한 적의가 있는가를 이해하는 것은 흥미로울 것이다. 왜 제도 외부에 노동의 이러한 잉여가치 증식이 있는가?

가타리: 나는 우리가 "대안"이라고 부르고 있는 것에 대해 포괄적인 정식이 존재할 수 있다고 생각하지 않는다. 명확하게 이것 때문에 각 실험의 한계에 대한 분석이 근본적인 것처럼 보인다. 그것은 겸손의 문제가 아니라, 우리가 작업을 시작하는 출발점으로 삼고 있는 참된 무의식구성체를 이해하는 문제이다. 내가 "무의식구성체"라고 말할 때, 당연히 나는 인종적 분리차별·사회적 분리차별 등의 관계들의 문제들을 그 안에 포함한다. [네 벽 안에 있는 제한된] 대안이 완벽하게 상상될 수 있다. 예를 들어 나는 몇몇 매우 독창적인 기법들을 개발한 프레네(Freinet) 학교의 주도적 실험들과 같은 프랑스의 몇몇 주도적 실험들을 생각한다. 프레네 실험들은 무엇보다도 시골에서, 즉 보다 일반적인 프랑스의 사회 현실로부터 완전히 단절된 작은 마을들에서 비롯되었다. 그것이 그들의 실험이 가치 있는 실험이 되는 것을 방해하지 않았다. 빈민가에 완전히 제한된 실험은 확실히 근본적인 사회분야의 요소들을 이해할 수 있게 해준다. 그러나 어떤 종류의 기법들과 어떤 종류의 재현이 거기에서 완전히 산업사회의 어떤 현실과 분리되어서 다른 종류의 한계특성을 드러낸 채 발전될 수도 있다.

대안실험을 규정하는 것은 그것의 과정적 특성이다. 그리고 우리가 이용할 수 있는 작은 자유계수가 최대로 기능하도록 하기 위해서, 각 순간에 이들 4가지 인물들의 의식적·무의식적 충격을 분석할 필요가 있다. 어린이들과 가장 직접적인 접촉의 수준에서의, 집단·이웃 등과의 제도적인 미시정치의 수준에서의 충격. **이들 4가지 인물들은 살펴본 분야에서 억압될수록, 행동의 모델화에서 더욱더 능동적이다.**

따라서 내 생각에 이들 4가지 인물들을 다룸으로써만도, 사람들은 굴레들을 깨부술 수 있을 것이고, 우리가 그렇게도 원하는 세력관계에서의 집합적 가공·동맹·변화라는 이러한 작업을 발전시킬 수 있을 것이다.

매체에서의 소수자: 자유라디오

상파울루 교황 가톨릭 대학(Pontificia Universidade Catolica de São Paulo: PUC-SP)의 저널리즘 수업에서 가타리와의 대담, 상파울루, 1982년 8월 26일

PUC: 당신은 우리에게 자유라디오 현상이 나타나기 전 프랑스의 라디오 상황에 대해서 무언가를 말해 줄 수 있는가?

가타리: 프랑스에서 TV처럼 라디오는 전후 전 시기 동안에 국가감독 아래에 있었다. 게다가 라디오와 TV를 분리할 수 없다. 즉 라디오 운영이 TV 부문의 거대기계 —— 매체의 산업생산기계 —— 에 종속되어 있었다. 이 기계는 일정한 국가개념을 가진 당들을 통합한다. 또한 많은 수의 임금노동자를 통합한다.

나는 얼마나 많은 사람들이 프랑스의 라디오에서 일하는지 정확히 말할 수 없지만, 생산부문에서만 수천 명이 있음에 틀림없다. 지스카르 정부가 국가감독을 유지할 것인가 말 것인가를 결정하고자 했을 때, 바로 이들 전문가들이 가장 강력하게 독점을 방어하였다. 그 당시 3개의 공식채널, 많은 청중을 가진 '프랑스 전화(France Inter)', 대중음악을 제공했던 '피프(Fip)', 그리고 "높은 수준"의 채널인 '프랑스 음악(France Musique)'(나는 "수준" 그 자체를 문제시하는 것이 아니라 "높은 수준"이라는 개념을 문제시한다)을 국가가 독점했다. 이러한 독점 라디오들 옆에 주변적인 3가지 라디오들 즉 'RTL', '유럽 1(Europe 1)', 그리고 '남부 라디오(Sud Radio)'가 있었다. 사실상 이들 라디오들조차 완전한 민영은 아니다. 예를 들어 '유럽 1'은 국가가 대부분의 지분을 가지고 있는 혼성적 회사이다.

최근에 지스카르의 등장으로 라디오와 TV의 비중이 정치적 구도에서

더욱더 커지게 되었다. 유난히 나르시시즘적 특성을 지닌 인물인 지스카르 데스탱은 TV를 체계적으로 이용하였다. 이것은 강한 저항을, 즉 지난 선거 기간 동안에 발생했듯이 상황 전복을 가능하게 만든 "진절머리 나는" 전반적인 파고를 불러 일으켰다. 이것은 매체 도움으로 권력에 접근하는 문제가 선형적 현상이 아님을 보여준다.

독점을 문제시하고 바꾸는 데 있어 아주 오래된 또 다른 요소는 이 공영라디오들의 상업광고 기능이다. 지스카르 때까지 독점 라디오들에 광고가 없었다. 광고는 많은 문제·한계·통제·온갖 제한 법률을 지닌 채 공영 TV에 서서히 도입되었다. 재정 환경과 상업 환경이 오랫동안 광고 문제에 대해 이미 작용해왔었다. 30년 동안 재정 부문은 라디오에 광고를 강요하는 공세를 취했다. 이러한 공세는 이 자유라디오 방송국들의 문제설정에서 중요한 측면이 되었다. 즉 광고주들은 광고들이 주로 자신들에게 바라던 보상을 줄 지역과 구역의 주민들을 주로 겨냥한 거대한 라디오 네트워크들로 유포되기를 원했다. 자유라디오운동이 1977년에 시작됐을 때, 우리는 순진하게도 우리를 큰 힘으로 지지한 많은 사람들이 기본적으로 우리들의 전망과 매우 다른 전망을 가졌다는 것을 깨닫지 못했다. 그들은 그들 자신의 상업라디오들을 발전시키기 위해서 이러한 지렛대를 사용하려 했다.

자유라디오 현상에 앞선 단계와 관련하여 고려할 마지막 요소는 TV와 라디오 모두의 영역(TV에서 훨씬 더)에서 송출기관의 믿을 수 없는 관료적 혹이 있었다는 것이다. 나는 생산 부문들과 기술자들이 작동하는 방식에 대한, 그리고 진정한 관료적 괴물 — 돌연변이가 있을 때만이 정말로 일소될 수 있을 뿐일 괴물 — 인 이 기계 안에서 주함들과 기술관료제의 중요성에 대한 천 개의 일화를 인용할 수 있다.

PUC: 미테랑이 당선되기 전에 자유라디오들을 활용했는가?

가타리: 먼저 나는 그 표현 자체에 대해 관찰해 보고자 한다. 즉 아무도 선거 이전에 자유라디오들을 선거운동에 "활용"할 수 없었다. 왜냐하면 자유라디오들은 방해받고, 금지되었고, 폐쇄되었고, 박해의 대상이었기 때문이다. 자유라디오들은 내용의 관점에서 아무것도 지니지 않은 운반 수단들이었다. 다른 측면에서 자유라디오들이 미테랑의 선거운동에서 가장 중요한 주제들 중 하나가 되었다는 것도 사실이다.

처음에 그것은 단지 소수자였다. 즉 자유라디오에서 일하는 사람들은 거대 독점기업을 공격하는 약간 돈키호테와 같은 한 무리의 열광인들이었다. 그것은 놀라웠다. 그것은 마치 사람들이 여기에서 군부대를 공격하기로 결정하는 것 같았다. 빠르게 그 현상은 마치 이러한 불법 행위가 독점의 구조에 균열을 만들어낼 것처럼 거대 매체에 충격을 주면서 믿을 수 없는 힘을 획득했다. **갑자기 독점의 정당성에 대해 의혹들이 제기된 것** 같았다. 마치 금이 간 유리 창틀이 단순히 조약돌의 충격에 의해 완전히 산산조각 난 것 같았다.

도식적으로 말하면 그 단계들은 다음과 같다. 즉 이탈리아인들에게서 직접적으로 영감을 받은 이러한 소규모 동지 집단(그들이 대부분 이탈리아 장비를 사용했기 때문에 훨씬 더 영감을 받은)은 자신들의 주도권이 프랑스 전역에 급속히 퍼지는 것을 보았다. 종종 두 명 또는 세 명이 부엌에 장비를 설치하고 방송을 시작했다. 형성된 집단들 가운데 일부는 토속적이었고 대단치 않았다. 반대로 다른 집단들은 바로 그 시작에서부터 매우 중요했다. 예를 들어 알자스(Alsace)에 있는 **페센헤임**(Fessenheim) 집단은 이동가능한 장비를 갖추고 프랑스어, 독일어, 지방언어, 이 3개의 언어로 방송을 시작했다. 억압은 결코 그들을 포획하지 못했다. 그들은 아마이 산에서 저 산으로 이동했다 ……. 곧 이어서 비전문적인 활동가 집단들이 출현했다. 먼저 생태학자들과 라디오 열광자들이 나타났다. 그 다음에 예를 들어, 직접 매우 중요하게 된 라디오 모델을 발명했던 생-데니

(Saint-Denis, 파리 교외)에서 온 사람들과 같은 지역(quartier) 활동가들이 왔다. 그들은 지역에서 일어나고 있던 모든 것들과 접촉하였다. 그 지역에는 게다가 많은 이주노동자들이 있었다. 그 사람들은 라디오에 직접 와서 진행되고 있는 것에 대해 말하고, 저명한 사람들[윙텔 씨나 마챙 부인]을 비난하였다. 그들은 밤낮으로 방송하곤 했다. 대개는 밤 시간대였는데 그 시간에는 [전파]경쟁이 없었기 때문이다. 그리고 작은 매체는 더욱 커지게 되었다. 이것은 억압을 불러일으켰고, 동시에 억압에 반대한 반발을, 법률 공동체와 지식인들 쪽에서의 강렬한 동원을 불러일으켰다.

눈덩이 현상이 있었다. 즉 자유라디오들은 억압받을수록 더욱 발전했다. 노동조합들이 독점원칙에 완전히 충성했던 반면에 노조 분파 집단들은 자유라디오들을 활용하기 시작했고, 이것은 노조 안에서 일련의 갈등을 일으켰으며 불균형을 창출했다. 야당들이 자유라디오에 연대하였지만, 다음과 같이 말했다. "우리는 독점에 우호적이지만, 자유라디오들에 대한 억압을 원하지 않는다." 그래서 우리는 그들에게 가서, 우리의 자유라디오에 대해 그렇게 말해주기를 요청했다. 그들은 왔고, 경찰이 그들을 따라왔으며, 그들을 기소하였다. 심지어 미테랑도 경찰과 어떤 충돌을 빚었다. 그런데 모두들 미테랑이 법을 준수하는 사람이라고 알고 있다. 지스카르 다수파 안에서 모순들은 커져갔다. 왜냐하면 독점을 문제 삼기 시작했던 지방 정치 이해(집단)뿐만 아니라 상당한 재정 이해(집단)도 있었기 때문이다.

이러한 현상은 처음에는 하찮았는데, 점차 공영라디오의 경직된 장치와 다른 라디오들의 사이에 전체적인 일련의 모순들을 유발했다. 그리고 또한 다른 한편으로 내가 분지적이라고 분류하는 수준에서, 그것은 마찬가지로 예상 가능한 청취모델과 사람들이 듣기 시작했고 계속 변하고 있던 이 사태 사이에 전체적인 일련의 모순을 불러일으켰다.

자유라디오는 라디오 매체를 완전히 다르게 사용하는 것이다. 자유라디오는 지배적인 라디오처럼 하는 것도 아니고 또는 그보다 더 잘하는 것도 아니고 같은 방향으로 가는 것도 아니다. 다른 사용법, 다른 청취관계, 일종의 **피드백**, 그리고 소수언어로 말하는 방식을 찾는 것이 중요하다. 또한 다른 어디에서도 만들어질 수 없는 어떤 유형의 창조를 촉진시키는 것이 중요하다. 예를 들어 내가 일했던 라디오 방송국 '라디오 토마토(Radio Tomate)'에서 우리와 이야기하기 위해 한 연극 집단을 오게 했다. 하지만 그 집단의 지도자만 오게 하지 않고 집단 전체를 오게 했다. 그리고 흥미롭다면 2시간이나 그 이상 그들과 이야기한다. 사람들은 그것(두 시간의 인터뷰)을 지지하는 상업라디오를 상상할 수 없다. 왜냐하면 상업라디오는 청취율에 청취자들이 메시지를 수신하는 방식에 관한 어떤 생각에 의존하기 때문이다. 공식 라디오들에서 사람들은 남에게 들리도록 하기 위해서 자신들이 말해야 한다고 생각하는 것처럼 말한다. 그런 일은 자유라디오에서 일어나지 않는다. 사실상 일부 공영방송의 아나운서들이 놀라서 "라디오 토마토에서 나는 전에 절대 말했던 적이 없던 방식으로 말했다!"라고 평하는 것을 듣는 것은 드문 일이 아니다.

PUC: 그러나 공영라디오들이 스스로 자유라디오들을 모방하지 않았는가?

가타리: 한번, '유럽 1'에서, 자유라디오의 것과 같은 방송을 시작했고, 그것이 텔레비전 사람들과 큰 싸움을 야기했다.
'라디오 토마토'는 처음으로 아프리카 이주민들을 방송에 등장시켰다. 그들은 그 시기에 전혀 알려지지 않았던 그들이 좋아했던 음악을 확산시켰다. 그들은 또한 아주 특별한 표현 스타일을 가졌다. 이제 공영라디오에서 사람들은 같은 종류의 음악과 같은 표현 스타일을 듣기 시작하고 있다. 차이는 자유라디오 상의 아프리카 동지들은 훈련받지 않았고, 늦게 도착

했고 등, 그리고 공영라디오에서는 그들은 전혀 그렇게 할 수 없다는 것이다.

PUC: '라디오 토마토' 집단은 어떻게 만들어졌는가?

가타리: 사회당이 권력을 잡은 직후, CINEL[54] 출신의 지식인들 및 법학자들의 핵심집단이 1977년 이래 존재해온 다양한 자유라디오들의 요소들을 결집하였고, 자율운동의 요소들을 통합했고, 파리의 중심에서 한 지역을 불법적으로 점거했다. 그때 비상한 발전이 있었는데, 왜냐하면 그 구역의 사람들, 교외의 젊은이들이 이곳에 오기 시작했고, 그 구역사람들과 지식인들, 활동가들 등의 믿을 수 없는 혼합이 만들어졌다. 심지어 거지들이 나타났다. 한번은 내가 문화부장관 잭 랭(Jack Lang)을 데려오려고 시도했었다. 그는 수용했지만 라디오 방송국이 있는 지역으로 가기를 원치 않았다.

그것은 특별한 경험이었고, 때때로 놀랍게도 폭력적이었다. 갈등의 장면들, 때때로 약물 문제와 결부된 개인적 문제들이 있었고, 자금의 부족 등이 있었다.

PUC: 억압은 어떤 형식을 띠었는가? 사람들이 수감되었는가?

가타리: 감옥에는 가지 않았다. 그러나 판사들이 진절머리를 내는 그런 소송이 있었다. 한번은 내가 '리베라시옹' 신문에 더이상 소환에 응하지 않겠다고 판사에게 알리는 편지를 발표했다. 변호사를 통해서, 판사는 내가 나의 불복종을 공적인 것으로 만들지 않는 한 내가 소환에 응하는

● ● ● ● ● ●
54) Centre d'Initiative pour de Nouveuaux Espaces de Liberté(자유의 새로운 공간을 위한 발의 센터).

것을 거절할 수 있다고 말했다.

PUC: 지스카르 시절에 [전파]방해는 어떻게 이루어졌는가?

가타리: 송출을 지역화하고[방송전파를 정해주고] 잡음으로 그것을 없애는 표지설치 전자체계가 있었다. 그러나 사람들은 결코 완전히 [비슷한 주파수의 전파로] 방해받지는 않았다. 단지 파장만 바꾸면 됐고 그뿐이었다! 아니면, 만약 우리가 공식 라디오에 가까이 있었다면, 전파방해는 그것 또한 쓸어버렸다. 어쨌든 그것은 매우 복잡한 문제다. 전파방해는 또한 정보로서 기능할 수도 있다는 사실은 말할 필요도 없다. 당신은 라디오에서 손잡이를 돌릴 것이고 그러면 언제나 "검열, 검열, 검열……"이라고 들을 것이다.

PUC: 극우 라디오들이 이 운동에서 역할을 했는가?

가타리: 그 당시에는 전혀 없었다. 지금은 자유라디오 법이 있고, 더이상 극우 라디오는 없지만 우익 라디오들은 있다. 예를 들어 '라디오 시락(Chirac)', 다양한 시온주의 방송국들, 그 중에 하나는 특히 반동적이다. 그러나 내가 아는 한, 파시스트 집단들은 결코 자유라디오들을 점거하지 않았다. 한번은 어떤 방송국이 모두에게 열린 공간을 만들었다. 원하는 누구든 말할 수 있었다. 전화만 하면 10분 동안 이야기할 수 있었다. 그때 파시스트들은 그 틈을 이용했다. 그때에 그것은 파시스트 라디오의 탄생으로 이해되었다. 즉각 사람들이 그 일이 다시 일어나는 것을 막기 위해 개입했다.

PUC: 지금 프랑스에서는 다양한 집단들이 라디오 방송국을 요구하고 있다. 그러나 더 이상 주파수대가 많은 요구들에 대해 충분하지 않은 순간이 온다. 그런 문제는 어떻게 해결되고 있는가?

가타리: 그것은 복잡한 문제다. 상황은 파리에서 그리고 지방에서 아주 다르다. 마르세유와 리용과 같은 대도시들을 제외하면, 지방에서는 모든 요구들을 만족시킬 수 있다. 파리에서는 거의 200개의 요구들이 있을 텐데, 그 가능성은 제한되어 있다. 문제는 그 한계가 어떤지를 아는 것이다. 사회당원들은 책략을 세우고 결국에는 (파리와 같은 인구밀집 환경에서 매우 자주 있는) 5-8 킬로미터 범위의 라디오를 받아들이는 대신에, 파리 지역에 매우 강력한 라디오들을 설치하도록 하는 일종의 타협을 강요했다. 그들은 7개 또는 8개의 라디오들이 (약 30km) 상당한 전파범역을 가질 수 있고 파리 지역의 공간들을 완전히 침윤하기에 충분했던 10개의 라디오들이 15km의 범역을 가질 수 있다는 아이디어를 가지고 시작했다. 자유 라디오 정신과 더 잘 양립할 수 있는 또 다른 기술적 접근은, 좀더 짧은 범역을 지닌 적어도 50개의 채널의 작동을 허용할, 예를 들어 군대의 주파수들과 같은 사적인 주파수들을 사용할 것을 제안했다. 중요한 것은 상업 라디오들과 매체를 독점하는 거대 조직들 및 신문들의 라디오들에 대항하는 장벽을 세우는 것이었다. 50개의 채널들을 가지면, 모든 요구를 감당할 융합 및 연합의 과정이 가능할 수 있었다. 현재 15개의 라디오들만이 작동할 수 있는데, 그 부문에는 진짜 전쟁이 있다.

PUC: 실제 재집결이 이루어지고 있는가? 상이한 경향들이 같은 방송국에서 협동할 수 있는가?

가타리: 강요된 결혼을 성사시키려고 노력하는 결혼중매인처럼 행동하고 있는 기술 관료들 및 운동 대표자들의 위원회가 있다. 이것은 끝없는

갈등을 불러오고 있다. 아무튼 '라디오 토마토'는, 결혼을 원하지 않았거나 제시간에 결혼하지 않았고, 지금은 대기자 명단에 올라 결정을 기다리고 있다.

PUC: 왜 자유라디오는 단파 및 중파가 아니라 FM만 사용하는가?

가타리: 주로 경제적인 이유 때문이다. 당신은 단지 10,000프랑(1,500유로)을 가지고는 10킬로미터 범역을 가진 300와트 장비를 설치할 수 있다. 그러나 만약 중파(AM)로 바꾸고 싶다면, 당신은 엄청난 안테나와 훨씬 더 비싼 장비가 필요하다.

PUC: 누가 장비를 파나?

가타리: 이전에 장비는 이탈리아에서 불법적으로 수입되었다. 지금은 장비의 대부분이 전자 천재들에 의해 가족적인 방식으로 만들어진다. 몇 년 동안 우리는 이 기술문제에서 명예훼손 캠페인의 대상이었다. 기술적 측면을 잘 아는 것이 중요한데, 왜냐하면 언젠가 자유라디오운동이 브라질에서 발전한다면 이 문제는 확실히 발생할 것이기 때문이다. 기술자들은 우리에게 다음과 같이 말한다. "당신들이 하고 있는 것은 위험하다. 당신들은 무책임하다. 당신들은 비행경로·앰뷸런스·경찰의 주파수를 침범할 수 있다. 당신들은 도시 재앙을 촉발시킬 수 있다." 사실상 그런 것과 같은 것은 전혀 일어나지 않았다. 그들은 사회적 구도에서 난잡함이 있을지도 모른다는, 그리고 이러한 종류의 라디오가 이탈리아에서와 같은 기능(즉 매우 강력한 정치운동의 홍보 담당국으로 활동하는 것)을 가질지도 모른다고 두려워했다.

PUC: 이러한 현상이 프랑스에서 자본주의에 의해 이미 회수되거나 규격화되었다고 말할 수 있는가?

가타리: 자본주의에 의해서가 아니라, 국가권력·지역권력·전통적인 정당·노조에 의해서. 사회당 정부는 재정 부문의 도입에 저항했고, 이 시기에 좌파세력들도 참여한 아주 생생한 논쟁이 있었다. 정부가 자유 라디오들에서 광고를 할 수 없게 하자마자, 자유라디오들은 사적 부문에 관심이 없게 되었다. 그것은 그들이 다른 방식을 찾는 것을 막지 않았다.

PUC: 언어 수준에서 무엇이 변했는가? 운동은 미적 관점에서 무엇을 재현했는가?

가타리: 나는 미적 궤적[영향]에 대해서 상당히 유보한다. 모든 것은 채택된 기준에 달려 있다. 당신이 존 케이지(John Cage)의 음악을 좋아한다면, 단지 라디오의 손잡이를 돌리고 모든 채널을 둘러보는 것으로 충분하다. 그것은 매우 특별한 음악을 생산한다.

PUC: 그러나 자유라디오들이 추구하는 것은 정확히 소음 종류가 아닌가?

가타리: 어느 정도 그렇다. 왜냐하면 그것은 **지배적 잉여성**을, 즉 "좋은 저녁입니다, 라디오 X의 청취자 여러분! 새로운 프로그램 Y의 시간입니다"라는 일정한 말하기 방식을 **쓸어버리는 것에 있기** 때문이다. 언어의 구도에서, 시작부터 중요한 사실이 있었다. 즉 수십 개의 언어가 프랑스 라디오에서 말해지기 시작했다. '라디오 토마토'에서만 스페인어, 이탈리아어, 독일어, 폴란드어, 바스크어, 브르타뉴어 등이 말해졌다. 몇몇 프로

그램은 그러한 언어들에서 하나만을 사용하고, 다른 프로그램들은 두 개의 말을 사용한다. 또 다른 것은 그러한 언어들을 말하는 방식이다. 즉 구문, 수사, 논증의 형식들. 그 가운데 아무것도 지배적인 주형에 맞지 않는다(이것은 자유라디오가 그 자신의 주형들을 창조하지 않는다는 것을 의미하지 않는다). 사실 그것, 즉 자유라디오에서 말하는 특정 방식은 무엇인가?는 가장 흥미로운 질문 중 하나다.

PUC: 청취자 수에 관한 통계가 있는가?

가타리: 몇몇 조사들이 있어왔지만, 그 조사들은 그다지 믿을 수 없다. 최고의 방송국들 중에 하나인 '게이'는 동성애자 청중에게 전념했고 10만에서 15만 명의 청취자들을 갖고 있음에 틀림없는데, 그 청중이 분명히 동성애자인 것만은 아니다. 일부 조사에 의하면 '라디오 토마토'는 약 5만 명의 청취자들을 가지고 있음에 틀림없다. 그러나 더 중요한 것은 공영라디오들의 청중이 약 50% 줄었다는 것이다. 공영라디오들에 끔찍한 위기가 있다. 그 이유는 주로 사람들이 자유라디오 전파를 통과해야 공영라디오들에 다다르게 되기 때문이다. 당신은 당신이 한 방송을 듣고 있다고 생각하는데, 갑자기 또 다른 방송이 당신이 그 주파수에 맞추지 않는데도 그 자리에 들어온다. 그리고 그것은 당신이 다이얼을 만지지 않고 일어난다. 많은 사람들은 '프랑스 음악'에서 고전음악을 듣고 싶은데 주파수를 찾을 수 없기 때문에 지금 불평하고 있다.

PUC: 가장 의미있는 경험들은 무엇인가?

가타리: 그것은 대답하기 어려운데, 왜냐하면 상당히 다양한 것들이 있기 때문이다. 사람들이 자신의 실생활 문제를 드러내던 생-드니(Saint-

Denis) 외곽에 있던 '라디오 93'의 경험[실험]이 있다. 일반적으로 그들은 포위되어 있던 사람들로, 거대 주택 프로젝트에서 경찰에 저항하고 있던 사람들이다. 예를 들면 사람들은 할부금을 내지 않아서 체포된 것에 관해 얘기했다. 신문에서 그러한 종류의 일에 관해 읽는 것과 관련 당사자로부터 직접 그것을 듣는 것은 전혀 다르다. 지역 라디오에도 매우 중요한 경험들이 있었다. 롱위(Longwy)에 있는 라디오 '철의 심장(Coeur d'Acier)'의 경험은 근본적이었다. 그 방송국에서 발생했던 가장 중요한 일은 어느 정도 리팽(Lip) 공장들에서도 발생했던 것인데, 그곳에서 사람들은 전통적인 지향들을 넘어섰고, 자주관리 실험이 있었다. 즉 이것은 어떤 점에서 — 노동총동맹(CGT)과 프랑스 공산당(PCF)이 관련되었던 — 이 라디오가 프랑스에서 모든 다른 자유라디오들보다 어느 순간 더 자유롭게 되게 하였다. 이것은 운동들이 조합구조와 그것의 전형[스테레오 타입]들을 파괴할 수 있었다는 것을 명백하게 했다. CGT가 이러한 경험을 그만두는 것은 매우 어려웠다. 왜냐하면 관여했던 것이 단지 하나의 좌파 소집단이 아니라 가장 광범위한 사회운동이었기 때문이다.

나는 잠시 우리의 관계를 반전시켜, 당신이 오늘날 브라질에서 자유라디오에 관해 얘기하도록 하게 하고 싶다. 나는 이 문제에 관해 캄피나스(Campinas)에서 브라질 노동자당과 가까운 사람들과 얘기했고, 그들은 나에게 여기에서 자유라디오들은 방해받게 될 뿐만 아니라 관여한 사람들이 감옥에 갈 수도 있다고 말해 주었다. 나는 다음과 같은 질문을 제기한다. 만약 룰라(Lula)가 '노동자들의 라디오'를 만들기로 했다면, 그것은 억압을 가져올까?

PUC: 물론 그럴 것이다. 적어도 그 라디오는 문을 닫게 될 것이다. 여기에서 문제는 전파방해가 프랑스에서처럼 기술전문가들에 속하는 것이 아니라 경찰과 관련된 것이라는 것이다. 관여한 사람들은 확인될 것이다. 다른 한편으로 브라질 노동자당과 같은 조직된 정당에 의해 운영되는 라디오는 아주 광범위한 대중운동의 지지를 받을 수 있을 것이고, 이것은 즉각 모든 우연한 체포에 전국적인 정치적 차원을 부여할 것임을 염두에 두어야 한다. 아무튼 그런 성격의 라디오는 세력관계가 우리에게 유리한 정치투쟁 속에서만 발생할 수 있을 것이다.

가타리: 나는 단지 여기를 지나쳐 가고 있는 프랑스 사람이 하는, 잘못 해석된 것일지 모르는 지적을 하고자 한다. 내가 봤을 때 브라질같이 커다란 나라와 거대한 산업 열강에서 이 문제설정은 어떤 순간에 나타나야 할 것처럼 보인다. 나는 심지어 집합적 노동력의 형성에 대해서만 일지라도, 새로운 매체의 문제가 어떻게 여기서 제기되지 않을 수 있는지 모르겠다. 매우 강력한 억압을 경험해온 폴란드와 같은 나라에서, 자유라디오들이 있고, 그 체제에 대한 저항에서 상당한 역할을 수행한다. 나는 최근에 폴란드에 있었고, 경찰력의 대부분이 비밀방송들을 멈추게 하는 데 집중되고 있다는 사실에 대해 들어 알고 있었다. 더욱이 민주적 조직들 자체 안에서 자유라디오의 역할에 대해서도 숙고하기 시작해야 한다.

PUC: 브라질에서 자유라디오의 출현과 연관된 문제들이 단지 경찰의 성격에 속하는 것은 아니다. 좌파집단들 자체 안에서의 엄청난 내부 저항도 있다. 그들의 강령들은 단순히 매체 문제를 무시하고, 매체의 권력에 저항하는 대안적인 방식들을 참조하지 않는다. 다른 한편으로 이런 문제들에 관심을 갖는 사람은 정치운동에 직접 연결되지 않는다. 따라서 그들은 자신들의 정치적 전망들을 갖지 않는다.

가타리: 이 문제는 프랑스에서도 발생했었다. 성격이 무엇이든지 간에 전투적인 트로츠키 집단, 마오주의 집단, 그리고 좌파집단들은 자유라디

오에 의해 제시된 가능성을 제일 늦게 마주하였다. 그러나 이 상황은 변화될 수 있다. 그것도 매우 빨리. 만약 우리가 전통적인 활동가 집단들이 그 문제를 인식하게 되기를 기다린다면, 우리는 오랫동안 기다릴 위험을 감수해야 할 것이다. 위반하는 사람[위반자]들은 흔히 고립된 개인들로 진정으로 '열광하는 사람들'이다. 프랑스에서 이 문제를 바라보는 방법의 하나는 방송시설은 시작부터 주의 깊게 준비해야 하고, 아주 특별한 경우에만 작동되어야 한다고 생각하는 것이다. 예를 들어 공장점거 파업의 경우에, 만약 자유라디오가 무슨 일이 일어나고 있는지 방송한다면, 이것은 경찰력이 해당 공장보다는 훨씬 더 광범위한 사회적 공간에 투입되도록 강요한다. 그 문제를 확장하면서. 그렇지 않으면 어떤 특정한 사건의 경우에, 자유라디오의 때맞춘 개입은 거대매체가 즉각 다시 방송할 수 있는 다른 정보를 소개한다. 바로 올바른 순간에 개입하기 위해서 선진장비를 기술적으로 준비하는 것이 필요하다. 그렇지 않으면 우호적인 상황이 발생할 때 일반적으로 우리는 기술적 조건들을 실현할 시간이 없다.

PUC: 확실히 브라질인들은 보다 대담하게 이 문제에 대결해야 한다. 아무튼 그 논의는 이미 시작되었다. 결론적으로 당신은 폴란드의 자유라디오에 대해 어떤 것을 말할 수 있는가?

가타리: '연대'(폴란드의 자유노조운동)의 비밀 지도부가 한 방송들이 중요하다. 그것들은 매우 짧고, 카세트에 녹음되고, 활동가들이 없는 채 하는 방송으로 장비가 압수될지도 모를 위험을 감수하고 있다. 예를 들어 그곳에서 장비를 운영하던 벨기에 사람의 체포로 시작된 몇몇 체포가 있으나. '연대'운동을 위해 활동하는 네트워크가 붕괴되었으나 8일 후 전송[방송]이 다시 시작되었다. 그들의 내용은 주로 '연대'운동의 방향들을 재파악하는 것으로 이루어져 있다. 예를 들어 폴란드 정부가 '연대'의

이름으로 발간한 잡지와 팸플릿을 비난하는 것에 관한 것이다. 라디오는 운동의 선언들의 진정성에 대한 보증으로 기능한다. 다행스럽게도 정부는 가짜 '라디오 연대' 방송을 만들겠다는 생각을 하지 못했다. 더 나아가 주민이 지도자들의 목소리를 듣는 것이 매우 중요하다.

<폴랴 드 상파울루>지의 "폴레팅" 지면을 위한 페페 에스코바와의 인터뷰, 상파울루, 1982년 9월 5일

에스코바. 당신의 책들에서 공간·신체·시간과 관련하여 인식[지각]의 돌연변이를 설계할 수 있는 진짜 공상가들, 우주적인 장인들인 특정 작가들 — 피츠제럴드, 포크너, 카프카, 클라이스트, 미쇼, **비트세대** — 이 특별한 관심을 받는다. 라틴아메리카에 동등한 열정을 가지고 주체성을 확인하는 일에 빠지는 작가들이 있다. 대부분의 경우 그들은 자신들의 나라에서조차 알려져 있지 않다. 또한 전통적인 화음 구조에서 벗어나길 원하는 음악가들이 있다. 사람들이 금가지 않은 벽돌 — 당신과 들뢰즈가 부르는 대로 "흰 벽"— 을 깨기 위한 요소들을 예술의 영역에서만 발견할 수 있는가? 아니면 일상생활의 작은 모험들을 통해서도 가능한가?

가타리: 유럽과 북아메리카의 자민족중심주의는 그러한 질서를 위협할 수 있을 모든 문화적 생산 — 예술을 통해서든지 그렇지 않든지 간에 — 이 지닌 체계적인 모델화의 작동이다. 그러나 나는 이른바 주변적인 문화들이 "거대 장면"에 관여하는 것이 필요한지 자문한다. 문제는 대중매체화 체계를 변형시키는 것이 아니다. 그것은 유네스코가 최근에 멕시코에서 조직한 문화관련 회의[55]에서 제기되었던 것이며, 거기에 나는 옵서버로 참석했다. 제출된 의견은 라틴문화 — 라틴아메리카, 라틴 유럽

―― 를 묶는 것이었으며, 공동 문화 프로그램을 준비하는 것이었다. 그것은 물론 그 자신의 중요성을 갖지만, 동시에 그것은 나를 두렵게 한다. 즉 사람들은 파이를 나누는 낡은 문제로 돌아간다. 같은 문제가 자유라디오 문제와 관련하여 프랑스에 존재한다. 우리는 현재 공영라디오들에서 말할 것을 요구할 것인가 아니면 우리 자신의 라디오들을 만들 것을 요구할 것인가? 어느 정도까지 전투는 승리했다. 프랑스 전역에 흩어져 있는 수백 개의 라디오 방송국이 있다. 그러나 커다란 역설이 발생했다. 즉 정부가 와서 30, 40km ―― 달리 말하면, 수천의 사람들 ―― 의 전파범위를 가진 라디오들을 제안했다. 그리고 라디오들이 "양질"일 것을 요구했다. 따라서 권력은 이러한 라디오 방송국들의 핵심을 타격하여 사람들이 낡은 체계를 재생산해 나가도록 한다. 그러나 사람들은 자신들이 원하는 것은 소규모 비전문적인 라디오들이라고 주장했다. 왜냐하면 그것이 정확히 그들을 즐겁게 하기 때문이다. 그에 관한 엄청난 문제가 있다…….

에스코바: ……회수.

가타리: 그렇다. 보자, 나는 이전 시기의 향수에, 자연으로 돌아가는 것에, 역사의 특정 순간에 존재할 활력에 끌리는 것이 아니다. 나는 역사에는 어떠한 대중소통산업 없이 심지어 콜럼버스 이전의 미국에서조차 문화적이며 신화적인 생산의 엄청난 전파들이 있었다는 것을 생각나게 하기 위해 이것을 말한다. 우리는 다중심적인 생산 및 전파 체계를 거치는 문화들, 텍스트들 등을 가졌다. 그러므로 다양한 사회집단들이 표현수단들을 재전유하려는 욕구를 긍정하는 것은, 문화를 특수화하는 것 그리고

・・・・・・
55) 유네스코가 1982년에 멕시코에서 조직한 회의인데, 여기서 프랑스 문화부장관인 잭 랭(Jack Lang)이 자신의 얘기 중에 매체에서 특히 영화 산업에서 미국의 헤게모니에 이의를 제기하였다.

일련의 문화적 생산물들의 형성을 방해하는 것을 꼭 의미하지 않는다. 하나의 생각이 타당할 때, 예술 작업이 진정한 돌연변이와 일치할 때, 신문이나 TV에서 그것을 설명하는 기사들은 필요하지 않다. 그것은 일본의 독감바이러스만큼이나 빠르게, 직접 전달된다. 거대한 전 지구적 영사막을 문화적 사태에 대한 대중매개의 일반적 준거로 보는 그러한 생각은 나에게는 근본적으로 도착적인 것처럼 보인다.

*

매체[미디어]에 대한 관습적인 관념을 확장하려 하는 것은 중요하다. 매체를 생산물들의 전시로, 일종의 슈퍼마켓으로 보는 관념은, 문학·예술 등의 소비형식들을 결정할 뿐만 아니라 예술과 문학의 생산형식들을 모델화하기도 하는 어떤 것이다.

예를 들어 카프카를 생각해 보자. 카프카가 작품을 완성한 적이 없다는 것은 매우 확실하다. 또는 아마도 기껏해야 두 개의 단편(콩트)을 완성했을 것이다. 그는 문학형식에 대한 정말 아주 고전적인 어떤 이상을 가지고 있었지만, 그가 소설을 계획했을 때 디킨스와 클라이스트를 떠올렸다. 심지어 그의 심혈을 기울인 소설조차도 완성되지 않은 채로 남았다. 카프카의 작품들을 하나의 전체로서 고려할 때에, 동일한 창조 요소들이 소설과 단편에 대한 그의 개요들뿐만 아니라 그의 **일기**와 편지에도 어느 정도 스며들어 있는지를 알게 된다는 것은 카프카에게서 주목할 만한 사실이다. 그리고 전체는 항상 일종의 폐기하려는 잠재적 의지에 의해 표시된다. 그러한 것에 그가 실제 결코 어떤 것도 완성하지 않았다는 사실이 추가된다. 비록 그는 사람들이 자신의 말에 아마 주의를 기울이지 않으리라는 것을 알고 있었을지라도, 죽기 몇 주 전에 여전히 자신의 원고를 알고 있는 가까운 사람들에게 모든 것을 폐기하라고 권유하고 있었다. 표현의 미완성에 대한 이러한 욕망과 함께 그가 추구하고 있었던 것은 확인할 수 있는 창조형식들이었다고 상상할 수 있다. 내가 기억하는 한, 모든 카프카의 창작에서 발견되는 일종의 화려함을 표현하는 한 구절이, 즉 "사람들은 모두 쓸 수 있다"와 같은 어떤 것이 그의 일기 안에 있다. 나는 사람들이 항상 우리의 존재 안에서 발생하는 모든 것을 쓸 수 있다는 사실, 이것이 참으로 카프카의 관심을 끄는 것이었다고 생각한다. 그리고 그가 처음에는 기호화할 수 없는 것처럼 자신에게 보이는 어떤 것을 자신이 하나의 언표로 파악할 수 있다는 것을 스스로에게 증명하는 데 성공했을 바로 그때에, 작품이 문자 그대로 손에서 떨어져 나갔다. 그는 자신의 목적을 이미 이루었고, 그것을 넘어서 하나의 소설이나 단편을 완성하려는 생각에는 전혀 관심이 없었다. 이것은 넓은 의미의 매체 시장의 관점에서 볼 때 하나의 역설이다.

바로 이러한 종류의 미완성 유고작품(그리고 우리가 미완성 유고를 생각할 때, 즉각 니체를 생각해낸다)을 들뢰즈와 나는 '소수적'이라고 부른다. 정확히 대작의 문학적 정체성을 깨는 이러한 종류의 작품은, 한꺼번에 모아져 단단히 묶인 채로 동봉된 모든 대작들보다 아마 훨씬 더 매체들 속에 엄청나게 퍼져왔다.

나는 우리가 모든 훌륭한 저자들에게서 문학적 정체성이 사라지는 지점(탈주점)들을 찾을 수 있다는 인상을 갖는다. 조이스는 자신의 작품 결말에 일종의 사라지는 지점(탈주점)이 있다는 인상을 불러일으킨다. 예를 들어, 『피네간의 경야(經夜)(Finnegan's Wake)』는 거의 비기표적 생산물을 향해 어느 정도 하나의 탈주선 속에 있는 것처럼 보인다. 또는 적어도, 이 작품에서 조이스는 어떤 누구에 의해서 말해지지 않은, 그러나 잠재적으로 행성 구석구석까지 들릴 수 있는 언어를 재구성하려고 한다.

달리 말해서 국지적 특성을 지닌 일정한 종류의 표현을 묘사하기 위해 사용되는 이 "소수적"이라는 한정사[속성] 즉, 문학생산 영역에서 "소수적 표현"이라는 이 관념이 표현 유형들의 상정된 위계에, 일종의 문학적 노동분업에 들어가는 한 발자국과 반드시 동의어는 아니다. 다음과 같은 것을 말할 수 있도록 허용하는 위계. 즉 "만약 당신이 당신 자신에 대해 또는 당신의 이웃들에 대해서 쓰려고 한다면 좋다. 하지만 다른 사람들은 더 많은 발자국을 올라감으로써 대작에 도달하여 거대 매체시장에 필수불가결하게 되려고 한다." 실제 일어나는 것은 정반대이다. 즉 그것은 정확히, 누군가에 대해서, 심지어 자기 자신에 대해서조차도 쓰지 않는 그리고 어떤 경우에는 자신의 글쓰기 과정을 자신의 자아에 낯선 어떤 것으로, 일종의 생산적 침입으로, 자신의 세계 재현체계 때문에 위협받을 수 있는 과정으로 경험하는 한 사람의 생산이다. 정확히 이 특이하고 소수적인 생산 즉, 이러한 특이한 창조성 지점은 내가 분자혁명이라고 부르는 모든 다른 영역에서 감수성의 돌연변이 생산에 최대의 영향범위를 지닐 것이다.

　문학, 예술 등의 생산의 전파체계는 항상 통제와 선택의 피라미드 영역에 속해 있는 것으로 인식된다. 이 피라미드는 복사본을 교정하는 교수, 텍스트를 선별하는 비평가, 편집자 등이 항상 있다는 사실로 구체화된다. 이러한 전파 양식은 선택된 생산물의 관점에서 볼 때 아주 차별주의적이다. 우리는 이러한 피라미드 체계에 속하지 않은 매체 및 전파 체계들을 아주 쉽게 상상할 수 있다. 나는 이것이 유토피아적이라고 절대 생각하지 않는다. 왜냐하면 어쨌든 수천 년 동안 신화들·단편들 등의 분배가 '글로보 TV(TV Globo)' 네트워크나 시장을 지배하고 있는 두세 명의 비평가들에게 의존하지 않았기 때문이다. 그리고 그러한 생산물들은 자신들의 최대의 전파 영역을 계속 찾고 있다.

　동일한 문제설정이 대안언론과 자유라디오와 관련하여 제기된다. 프랑스의 자유라디오운동은 국가권력이 운동을 억압하는 것을 멈추는 순간부터, 국가권력의 개입효과들을 받아들였다. 프랑스의 사회당 정부는 "아주 좋아, 현재 당신들은 평온하게 자유라디오를 생산해나가야 한다. 모든 자유라디오가 하나의 법에 종속되지 않고도 우리는 그들에게 보조금을 지급할 것이다. 그러나 그것을 위해서 그들은 최소한의 청중·질·사회적 유용성을 지녀야 한다'라고 말했다. 결과적으로 몇몇 라디오들('라디오 토마토'를 포함해서 프랑스 전체에서 20-30개)을 제외하고서 프랑스 자유라디오의 90%는 폭발구멍에 빠졌다. 이 몇몇 라디오들은 "우리가 원하는 것은 거대한 자유라디오들을 만드는 것이 아니라 **우리의 자유라디오들**을 만드는 것이다. 우리가 원하는 것은 정교한 수단들을 가지고 방송하거나 또는 우리의 (방송)범역을 확대하는 것이 아니라 단지 우리의 주파수가 방해받지 않게 하는 것이다. 우리는 인정이나 최종 가치 판단들에도 집착하지 않는다. 우리는 청취율을 쫓지 않는다. 왜냐하면 누구든지 원하면 들을 수 있고, 누구든지 원하지 않으면 그저 다이얼을 돌리면 그만이기 때문이다. 우리는 약 1년 전에 수립된 새로운 매체평가 유형들을 참조하지 않고 우리가 좋아하는 것을, 우리의 생산물을 보증할 수 있는 유일한 사람들이길 원한다"라고 말했다. 다음을 이해하는 것은 중요하다. 즉 우리가 그러한 매개변수들에 따르기를 거부할 때 그리고 우리가 전문적인 라디오를 생산하고 싶지 않다고 말할 때, 그것은 우리가 아마추어이길 원한다거나 또는 시시한 것들을 생산한다는 것을 의미하는 것이 아니라, 그저 우리가 우리의 실천에서 전문가가 되기를 원하지 않는다 ─ 이것이 우리가 그것에 완전히 전념하고 싶어 하는 마음을 방해하지는 못한다 ─ 는 것을 의미한다.

카프카로 돌아가서, 그는 결코 카프카주의의 전문가가 되지 않았다. 나중에 많은 가프가주의의 진문가들이 온깂 대힉에서 나타났다.

<폴랴 드 상파울루>지에서 원탁토론, 상파울루, 1982년 9월 3일

마차도(Arlindo Machado): 브라질에서 매체의 문제설정에 관한 토론은 질이 떨어지고 구태의연하다. 그것은 이 부문에서 일어나는 진전, 성장 및 급속한 변화들을 따라가지 못하는 토론이다. 나는 학문적인 토론만 언급하고 있는 것이 아니라, 정당들, 언론(상업언론과 대안언론), 사회운동들 안에서 또한 심지어 문화산업 노동자들 자체 안에서의 토론도 언급하고 있다.

프랑스, 이탈리아 또는 미국에서의 토론들과 관련해서 우리의 지지부진함은, 우리가 브라질에서의 매체의 역할이 다른 나라들에서의 매체의 역할보다 훨씬 더 중앙집중적이고 효과적이라고 생각한다면, 더욱더 당황스러운 일이다. 텔레비전은 주체성을 모델화하기 위한 도구이며, 그것의 효율성은 정당, 학교, 정부 기계장치, 그리고 때때로 심지어 어떤 종교제도와 같은 낡은 제도들의 효율성을 훨씬 더 넘어선다. 내가 말하는 것은 전혀 새롭지 않다. 텔레비전은 많은 대학 연구 주제가 되어왔다. 하지만 우리는 모든 결과를 고려하지는 않아왔다. 즉 브라질에서 매체가 주체성을 형성하는 데 이런 주도적인 역할을 한다면, 사회의 보다 진보적인 세력이 이 헤게모니를 "관통하기" 위한 하나의 기획을 주조하는 데 성공하지 못했다는 일이 어떻게 있을 수 있는가? 매체 문제는 지금 자신들을 우리 사회에 대한 대안이라고 제시하고 있는 정당들의 강령들에서조차 언급되지 않는다. 아마도 매체 문제에 관한 이러한 무시는 우리 사회에서 가장 앞선 세력들 안에서조차도 소통수단을 무의식적으로 가벼이 여긴 결과이다.

이러한 문제를 설명하기 위해, 지성세계와 정치적 전투성의 전위부문들이 매체 영역에 지금(1982년) 제기하고 있는 가장 선진적인 정치투쟁은 검열에 대항하는 싸움이라고 말할 수 있다. 명백히 검열은 문화상품 생산에, 특히 멀리까지 영향을 미치는 상품의 생산에 개입할 책임을 지고 있는 체제의 이데올로기를 이용하는 하나의 국가장치이다. 즉 검열은 어떤 일부는 금지하고, 다른 것들은 허용한다. 아주 일반적인 용어로, 우리는 검열문제는 경제에 국가가 개입하는 과정의 특수한 현상일 뿐이라고 말할 수 있다. 이러한 의미에서 검열에 대항하는 싸움이 목적 그 자체로 설정될 때, 그것은 사경제의 자유로운 부문들 자체가 브라질에서 국유화에 의해 수행된 일반적인 역할에 대항하여 지금 실행하고 있는 투쟁과 그리 다르지 않다. 문화상품의 생산 영역에서 경제적 이해들과 직접적으로 연계된 집단들이 이러한 종류의 투쟁을 지도하고 있다. 비록 이따금 검열의 완화가 토론을 위해 보다 큰 공간을 창출할 수 있고 보다 논쟁적인 일부 문제들이 순환되도록 할 수 있다는 것이 사실일지라도, 검열에 대항하는 싸움 그 자체가 하나의 목표로 설정될 때, 다른 한편으로 그 투쟁은 가장 중요하고 근본적인 문제 즉 소유권의 문제와 문화적 생산수단의 향유의 문제를 숨기거나 때때로 제거하기까지 한다는 것도 사실이다.

약 3년 전에 브라질에서 일부 검열완화가 있었다. 우리가 일련의 영화를 보고 오랫동안 금지되었던 음악을 듣게 될 때, 일반적인 느낌은 좌절이었다. 검열이 분쇄되거나 또는 최소한 완화되었을 때, 사태가 그리 많이 변하지 않았음이 분명해진다. 우리는 <시계태엽장치 오렌지(A Clockwork Orange)>, <라스가 코라상(Rasga Coração)>[56]과 <감각의 제국(L'Empire des sens)>을 보았지만, 어떤 것이 여전히 빠져 있다. 소통수단은 전적으로 문화산업의 위탁자들의 손에, 기계적 복합기업들의 손에 계속 있었다. 사회는 소통수단과 계속 관계 맺지 못했다. 분리된 채 있었다. 우리는 능동적인 생산자의 범주로 넘어갈 어떤 순간에도 이르지 못했다.

다른 한편 ── 그리고 여기서 우리는 더 직접적으로 우리에게 관심

---

56) Rasga Coração는 브라질 극작가인 Oduvaldo Viana Filho(Vianinha)의 연극 이름이다.

있는 문제에 들어가게 되는데, 그것은 대중문화와 특이성 간의 관계라는 문제이다 —— 상징적 생산이 매체 체계의 주변에 그리고 사회운동들 그 자체의 주도 아래 일어날 때는 언제든지, 문제는 더이상 검열의 측면에서 제기되지 않는다. 예를 들겠다. 1977년의 첫 번째 학생 시위와 1978년의 첫 번째 노동자 파업 동안에, "전투적"이라고 묘사된 영화들의 생산이 상파울루에서 늘어났다. 그것들은 투쟁에 관여했던 실체[조직]들 자체가 재정 지원한 영화들이었다. 그것들은 집합적 작업 계획 위에서 만들어진 영화들이었고, 그것들의 기능은 투쟁을 확대하는 도구로서, 공격적인 광고형식으로 기여하는 것이었다. 그 영화들은 경찰에 의해 추적당하고 압수되었지만, 어느 순간에도 검열이 핑계가 아니었다. 경찰이 공개 상영장에 침입해서 영화를 압수하고 심지어 그 상영을 조직하고 있던 사람들을 체포했을 때, 그들은 결코 그 조직가들이 검열증을 가지고 있는지 묻지 않았다. 그 문제를 제기하는 것은 우스꽝스럽기조차 했다. 그 당시 몇몇 신문들은 검열에 의해 금지된 영화들의 목록을 게재했고, 그 목록은 때때로 이러한 상황에서 만들어진 영화들을 포함했다. 그러나 그러한 영화들이 결코 금지된 적이 없고 그것들이 검열관의 주의를 끈 적조차 없었기 때문에, 그것은 실수였다. 만약 누군가 연방 검열국에 그 영화들 중 하나의 필름을 가져갔다면 그것은 자살행위였을 것이다. 그 문제는 단순히 그러한 측면에서 제기되지 않았다. 왜냐하면 검열이란 쟁점은 영화를 생산하고 있는 집단들에게나 그들을 박해하는 경찰들에게나 그다지 중요하지 않았기 때문이다.

매체의 영역에서 상징적 생산이 일정한 정도의 급진성에 도달할 때, 이러한 생산의 역할이 파괴적인 역할, 파열의 역할, 지배적 매체의 일반 체계 안에서 소음일 때, 특히 이 매체가 다른 방향으로, 관통하는 방향으로 사용될 때, 매체가 더욱 광범위하게 출현 중인 사회운동을 위한 공명판으로 기여하기 시작할 때, 바로 그때 검열이란 문제는 완전히 진부해진다.

문화 생산에서 국가장치의 개입이란 문제는 더이상 어떤 의미도 갖지 않으며, 창작의 자유라는 문제 전체는 완전히 다른 수준에 위치한다.

만약 자유라디오나 해적라디오가 이탈리아와 프랑스에서 일어났던 것처럼 오늘날 브라질에서 증식되기 시작하면, 문화생산 통제의 전통적인 형식은 고장 날 것이다. 왜냐하면 해적방송은 전통적인 체계와 같은 방식으로 문화문제를 제기하지 않기 때문이다. 해적방송은 검열법을 위반하기 오래 전에, 국가안전법을 위반하며, 거대 방송범역을 지닌 방송국들을 작동하게만 하는 라디오 주파수 사용의 국가독점을 위반한다. 해적방송은 사업과 상업의 전체 구조를 완전히 벗어나 있다 —— 경제의 영역에 문화 생산에 표현을 제공하는 전체 사법 구조를 벗어나 있다 —— 는 사실은 말할 필요도 없다.

요약하면 따라서 나에게 검열이란 문제는 단지 전통적 문화생산의 한계 안에서만, 즉 매체구조를 위해 직접적으로 실현된 문화생산의 한계 안에서만 문제로 제기될 뿐인 것 같다. 검열문제는 최종적으로 매체구조 자체에 의문을 제기하지 않는 종류의 문화생산에 대해서만 문제로 제시될 뿐이다.

질문: 나는 당신이 유럽에 특징적인 문화적 해적 행위과정과 브라질에 특징적인 해적행위의 **"투피적인**(tupiniquim)" 양식을 비교해 주길 바란다.[57]

마차도: 글쎄 나는 당신의 질문의 첫 번째 부분에 답한다고 할 수 없을

• • • • • •

57) 투피니퀴움(Tupiniquim)은 포르투갈인들에 의해 브라질이 식민화된 이후 브라질에 거주했던 인디언 집단들 중 하나의 이름이다. 그들은 투피과라니(tupi-guarani) 언어 계통에 속한다. 그 용어는 한편으로 (식민화되고 미발전된) 아이러니컬한 자기비하와 다른 한편 식민주의자들의 지혜와 권력의 코드들과 관련하여 어떤 불손이 허락되는 자존심 사이의 애매함으로 특징지어지는 브라질인 같은 "스타일"을 가리키기 위해 비유적인 의미에서 사용된다. 바로 그 두 가지 의미에서 그 용어는 사용된다.

것 같다. 왜냐하면 유럽에서 주로 프랑스에서 문화적 해적행위 과정과 관련한 한, 가타리가 특히 자유라디오운동의 주도적 활동가 가운데 한 사람이므로 나보다 더 나은 대답을 할 수 있는 위치에 있기 때문이다. 지금 질문의 두 번째 부분과 관련하여 문화적 해적행위를 행하는 "우리의 투피적인 양식"이라는 당신의 표현은 나에게는 매우 적절한 것 같다. 오늘 날 브라질 안에서 대중소통수단을 가장 창조적으로 사용하고 있는 바로 그 사람들은 인디언들인 것 같기 때문에, 나는 그것이 확정적으로 **투피적** 이라고 생각한다. 당신은 아마도 후루나(Juruna) 추장[58]이 휴대용 녹음기를 들고 모든 공식 연설과 약속을 녹음하면서 각료들을 방문했던 얼마 전 그와 관련된 재미난 에피소드를 기억할 것이다. 그것은 정부 안에 있는 사람들을 거짓말쟁이라고 하기 위해 그가 발견한 방법이다. 그가 휴대용 녹음기를 들고 공식 행사장에 나타난다는 것 ── 황당하게 나타나는 것 ── 은 선언이다. 즉 연설을 하고 있던 사람들의 선동을 밝히는 방식이었 다. 주루나 추장의 태도는 내 생각에는 아버지가 아이에게 음악을 일찍 사랑할 수 있게 장난감피아노를 줄 때 그 아이의 태도에 매우 유사하였다. 도구의 **디자인**이 요구하는 대로 건반을 누르는 대신, 그 아이는 자신의 손을 그 아래에 넣고 줄을 직접 통기거나 줄이 진동하고 유쾌한 소리를 내도록 그 장난감을 때리기 시작한다. 바꾸어 말하면 아이는 도구와 관계 하는 완전히 새로운 방법을 발명한다.

나에게 해적행위는 그것이다. 즉 그것은 장치를 설치하면서 예상되는 사용법을 뒤집는다. 예를 들면 수신장치를 송출장치로 바꾼다. 그것은 정확히 믿을 수 없어 보일지라도 인디언들이 하는 것이다. 푸나이(Funai) [Fundação Nacional do Índio(토착민들의 국가재단)]는 아마추어적인 라디오

──────

58) 2002년에 물러난 인디언 샤반치(xavante)족 추장이었던 마리오 후루나(Mário Juruna)는 1980년대 동안 PDT의 리우데자네이루 지부의 연방의원으로 선출되었다. 그는 정치인들의 약속을 녹음한 다음 그 이행을 요구하기 위해 녹음기를 들고 다닌 국회의원으로 알려져 있다.

송신기들(시민밴드 라디오들)을 나라의 북쪽에 있는 몇몇 부족(주로 복잡한 지리적 위치에 있는 부족들)에게 배포하여, 그들이 비극(예를 들어 전염병)의 경우에 소통하고 도움을 요청할 수 있도록 하였다. 그러나 인디언들은 도움을 요구하는 대신에 라디오를 다르게 사용하기 시작했다. 그들은 서로 소통하기 시작했으며 마침내 작은 소통네트워크를 설립하였다. 내 생각에 그것이 해적행위다. 또 다른 예는 1979년이나 1980년에 페루에서 열린 인디언 회의에서의 비디오카세트의 사용이다. 각 부족이 다른 언어를 말하기 때문에 회의는 진정한 바벨탑이었다. 자신들의 경험, 자신들의 투쟁, 자신들의 전통, 자신들의 문화를 전달하기 위해서 그들이 발견한 하나의 해결책은 비디오카세트를 사용하는 것이었다. 그 회의에 참여한 브라질 부족들은 또한 '인디언 방어위원회'의 도움으로 비디오테이프에 담겨 있는 자신들의 경험을 가져왔다. 그것이 해적행위이다. 그것이 대중소통수단을 사용하는 **투피적** 방식이다.

소수자 집단과의 만남, 올린다(Olinda), 1982년 9월 15일

질문: 자유라디오에 자유를 준 대통령 명령에 대해 구 라디오들의 사업주들은 어떤 입장을 취하였는가?

가타리: 다양한 반응들이 있었다. 공영라디오는 아니지만, 국가가 큰 비중을 차지하는 '유럽 1' 같은 주변적 라디오 방송국들은 '라디오 리브르(Radio Libre, 자유라디오)'라는 방송을 하기 시작했다. 거기에서 그들은 자유라디오의 표현유형을 즉각 재포획할 수 있기 위해, 자유라디오에서 실험했던 유형의 표현을 모방하였다. 반대로, 기업가 "운동"에 있는 다른 사람들은 자유라디오에 많은 돈을 투자했지만, 지금까지 사회당 정부는

자유라디오에 광고방송이 존재해서는 안 된다고 주장하면서 순수한 입장을 유지해왔다. 그러나 아무도 그들을 믿지 않았다. 그래서 대형광고업자들은 말했다. "알겠다. 우리는 광고를 하지 않을 것이다. 그러나 우리는 우리 자신의 자유라디오 방송을 하기 위해 준비할 것이다." 정부가 결국 굴복하고 자유라디오에 광고를 허락할 것이라고 절대적으로 확신하면서. 그리고 또한 비디오와 케이블 TV의 모든 지역 방송이 아마도 광고예산으로 기능할 것임을 명심해야 한다. 그리고 전국 라디오인 '라디오 프랑스'는 "자유라디오"를 하려고 하지 않았고 그래서 자신의 청중의 50%를 잃었다.

상파울루 브라질 노동자당 지부에서 벌어진 논쟁, 상파울루, 1982년 8월 29일

질문: 미테랑 정부가 자유라디오들을 합법화하고 제도화했다는 사실은 그 방송국들의 창조적인 능력의 상실을 함의하지 않는가?

가타리: 나는 제도화와 창조적 능력 사이에 모순이 있다고 보지 않는다. 현재 자유라디오들의 권리가 프랑스의 새로운 사회당 정부에 의해 완전히 조종된다는 것은 사실이다. 그러나 지스카르 시기 동안에 그랬던 것처럼, 더이상 체포되고 법정에 끌려가지 않고 더이상 방송에서 전파방해로 괴롭힘을 당하지 않는 형식으로, 적어도 몇몇 작은 진전이 있어왔다는 것을 거부하기 위해 그 평계를 대는 것은 어리석을 것이다. 우리가 획득한 것을 출발점으로 삼자. 내가 일하는 자유라디오는 정부에 의해 인정되지 않았지만, 그것은 중요하지 않다. 사실은 나는 심지어 인정받지 않는 것을 더 좋아한다. 즉 그것은 자유라디오를 통한 우리의 표현 과정을 방해하지

않을 것이다. 최종적으로 회수에 굴복하는 것 또는 변형 과정을 키우는 것 사이에서 결정하는 것은 의회가 승인한 법도 아니고 거대한 전통적 조직이 채택한 강령도 아니다. 결정적인 것은 법이 모든 구성요소들을 지닌 운동의 생명성과 일정한 방식으로 충돌해가는 과정적인 창조성이 다.

*

정보 및 커뮤니케이션 이론가들이 자주 하듯이 매체행동을 생각하지 않도록 상당히 주의해야 한다. 매체행동에는 언표들의 생산체계에서 그러한 언표들을 받아들이는 개인들에게로 직접 이행하는 것은 전혀 없다. 그리고 이미지의 생산자와 수신자 간의 직접적인 이행은 결코 없다. 매체는 항상 주체화과정들의 매개를 통해 활동한다. 사회학자들은 예를 들면 매체가 여론에 개입하는 것은 자신이 일차집단들 또는 "2단계"라고 부르는[59] 매개 체계들을 통해 항상 작동한다는 것을 증명해왔다. 자본주의적 주체성생산 과정은 정확하게 매개 주체화의 이러한 수준들, 이러한 일차집단들을 노린다. 그리고 이러한 집단들의 모델화는 그들의 지도자들의 통제를 통해 작용한다. 그것은 매체의 목표이다.

그처럼 자유라디오들을 만들거나 독립적인 비디오나 슈퍼-8들을 만든다는 사실만이 집단으로 하여금 지배적인 주체성생산을 해체할 수 있도록 하는 것은 아니다. 그 자체로 보면 이탈리아나 프랑스에서 자유라디오 현상, 비디오나 슈퍼-8 현상은 모든 가능한 회수를 받아들인다. 자본주의적 주체성생산을 해체할 수 있게 하는 것은, 대중소통수단의 재전유가

· · · · · · ·
59) "일차집단"이라는 개념은 미국 사회학에서 왔고 의견들을 "형성"하는 비제도적 집단을 가리킨다. 가타리는 이 개념을 사용하면서 그 의미를 확장하고, 스스로 말하듯이 정서적 요소와 미적 존재의 "제조"요소들을 통합시키고 있다.

사회적 영역에서 미시정치학과 정치학을 지닌 언표행위 배치들에 통합된다는 사실이다. 자유라디오는 일상생활과의 관계를 변화시키길 원하는 사람들, 자유라디오를 만들어내는 팀 안에서 자신들 간에 갖는 종류의 관계를 변화시키길 원하는 사람들, 감수성을 발전시키려고 하는 사람들, 그러한 배치들의 수준에서 능동적인 전망을 지니며 동시에 그 수준에서 게토에 갇히지 않는 사람들의 집단과 연결된다면, 그때만 관심이 간다.

*

우리는 소통수단의 최소한의 재전유를 통해서만 매체와의 관계 —— 이러한 주체성 생산양식과의 관계 —— 를 변화시킬 수 있다는 것은 명확하다. 지도자나 당이 자유라디오들을 권위부여하거나 창조하는 것을 기다리는 것이 문제가 아니라, 우리 자신의 자유라디오를 스스로 지금 곧바로 창조하기 시작하는 것이 문제이다. 왜냐하면 바로 지금 상황이 이러한 가능성을 나타내기 때문이다.

자유라디오는 당신이 켜는 일종의 성냥과 같고, 그 뒤에 모든 것은 불타오른다. 즉시 수천 개의 자유라디오들이 작동하기 시작하도록 하기 위해서는 3-4개의 자유라디오들이 브라질의 일부 구역에서 나타나는 것으로 충분하다. 그리고 그때 거대한 규모의 문제들 —— 입법, 정당들이 취한 입장, 전문가들의 반응(라디오, 언론에서), 기술적인 구도와 물질적인 구도에서 조정의 문제들 —— 이 제기된다. 바로 그런 종류의 문제가 라디오의 완전한 자율성 —— 당·조합·지자체 등과 관련한 자율성 —— 이라는 문제를 시작부터 거대한 규모로 제기한다.

소수성, 주변성, 자율성, 대안: 분자적-되기

가타리와 롤니크 사이의 편지, 1983년 2월과 9월

롤니크: 당신이 자본주의적 주체성 생산양식의 파열과정이라고 언급할 때, 당신은 다음과 같은 일련의 용어들을 사용한다. 주체성의 특이화과정 또는 주체성의 자율화과정, 자율화의 기능 또는 소수화의 기능, 그리고 더욱이 자율성, 소수성, 주변성 그리고 분자혁명. 이러한 용어 모두가 서로 동등한 가치를 갖는가? 아니면 다른 종류의 과정을 또는 단일한 과정의 상이한 측면을 나타내는가?

가타리: 나는 이 정식들 사이에 유사점이 있다는 사실에 동의한다. 그러나 나는 다음을 말하고자 한다.

1) "분자혁명"은 윤리적–분석적–정치적 태도에 보다 더 일치한다. (동일한 것이 "자율성의 기능"에 대해서도 타당하다.)
2) "특이화과정"은 내생적인 준거체계나 구조를 발견할 수 있든 없든 특이성이 공명의 층에서 분리되어 하나의 과정으로 증식하고 확장하게 하는, 보다 **객관적인** 사실일 것이다.
3) "자율성"은 더욱 새로운 영토, 새로운 사회적 후렴구들을 가리킨다.
4) "대안들"은 거시정치적일 수도 미시정치적일 수도 있다.
5) "소수성"과 "주변성"에 관해서는, 나는 "소수성"을 되기, 소수자되기의 의미에서 좀더 파악한다. (예를 들어 지배적인 잉여성으로부터 벗어나는 문학에서의 소수자되기, 어린이되기, 군중되기 등.) 반면에 "주변성"은 보다 사회학적이고, 보다 수동적인 것이다.

소냐 골드페더와의 인터뷰, 상파울루, 1982년 8월 31일

골드페더(Sonia Goldfeder): 현 사회에서 주변성과 소수성의 문제를 당신은 어떻게 정의하는가?

가타리: 먼저 주변자들과 소수자들을 구별하는 것이 필요하다. 그것은 방법상의 구분이다. 통상적인 언어로 우리는 우리의 사회들에서(적어도 "선진" 사회들에서) "주변적인 사람(주변인)"은 차별의 희생자이며, 점점 더 통제받고, 감시받고 그리고 도움을 받는다고 말할 수 있다. 그것이 푸코가 "감시와 처벌"이라는 표현으로 언급하고 있는 것이다. 기본적으로 지배적인 규범들에 들어가지 않는 모든 것은 작은 선반(특수한 이론적 이데올로기를 가질 수 있다) 위의 특수한 공간에 틀지어지고 분류된다. 따라서 사회가 더욱 전체주의로 되어감에 따라 사회 주변화과정이 있다. 그리고 그것은 모든 사람이 순응해야 하는 지배적인 주체성의 특정 종류를 정의하기 위한 것이다. 이것은 모든 수준에서 발생한다. 즉 당신이 입은 옷에서 당신의 야망과 당신의 실천적인 주체적 가능성에까지.

소수자들은 다르다. 즉 당신이 소수자이기를 **원하기** 때문에 당신은 소수자에 낄 수 있다. 예를 들면 다수자의 표현 양식 및 가치에 참여하지 않을 것을 주장하는 성소수자들이 있다.

우리는 주변적이라고 대우받는 소수자나 또는 소수자의 주체적 일관성과 인정을 받기를 원하는 주변 집단을 상상할 수 있다. 그리고 거기에서 우리는 소수성과 주변성의 변증법적인 결합을 가질 것이다. 지배 문화에서 아주 통상적인 재현은 주변성/소수성의 문제가 중요하지만 특수하다는 것이다. 따라서 청소년 비행자들, 매춘부들, 약물 중독자들, 문화에서 스스로를 긍정할 수 없는 사람들 등을 위해서 특별한 조치를 취하는 것이 필요하다는 것이다. 나는 이것이 주변화 — 우리가 점점 더 직면하고 있는 과정 — 로 또는 소수자들의 자율화 정치로 이끄는 과정의 본성을 인정하지 않는 방법이라고 생각한다.

여성의 소외문제를 의식하는 여성이 많지 않다. 그리고 더 적은 여성들이 여성운동에 조직되어 있으며, 여전히 그 문제는 모든 여성에게 영향을 주는 경향이 있다. 노동조직양식, 위계제, 여가와 노동 사이의 관계에 대한 관념, 기타 등에 대해 반항하는 노동자가 많지 않으며, 노동형식들에 대한 부적응이 점점 더 증가하고 있다. 달리 말하면 소수성과 주변성의 "가장자리(frange, [불명확한 한계])" 안에서 자신들을 표현하는 사람들은 그 가장자리와 관련한 그러나 또한 사회전체와 관련한 문제들을 확실하게 제기한다.

사회를 변화시키고 싶어 하는 사람들의 ── 의심의 여지없이 적합한 ── 목적이 임금을 인상하고, 사회를 민주화하고, 의회에서 다수당을 차지하는 것이라는 사실은 모두 아주 좋다. 그러나 정치에 개입하고, 노동조합주의에 개입하고 또는 호전적인 저널리즘에 개입하는 그들의 **방법**은 어느 정도까지 소수자들과 주변인들이 제기한 일반적인 문제설정에 관여하는가? 불행하게도 너무 종종 사회변화를 바라는 사람들은, 특이성·자율성(우리가 그것들을 뭐라 부르던 그리 중요하지 않다)의 특정 방향(벡터)들 속에서만 구성되고 경험될 수 있는 동일한 편견, 동일한 남근주의적 태도, 욕망에 대한 동일한 총체적 무시를 지닌다.

소수자들의 씨실[줄거리]: "리좀"

낡은 주변성들은 사회의 모든 계층과 구성요소를 횡단하는 주변화과정에 의해 현재 대체되고 있다. 나는 요즘 사회들의 미래에 관련한 가장 중요한 문제들 ── 특히 세계위기의 문제 ── 을 제기하고 있는 사람들이 있다고 믿는다. 그들은 상이한 소수자들이다. 소수자들은 그 주제에 대한 이론을 가지고 있거나 상이한 사회질서를 변화시키는 개입수단들을 가지고 있는 것이 아니라, 사회적 장에서 무의식적인 주체성(그것이 없으면 사람들은 우리 사회가 빠져드는 어려움과 위기의 동력을 잃어버린다)이란 문제설정을 고려하는 사람들이다.

그것은 내가 소수자들 간의 대화가 억압받은 집단들 간의 단순한 일치보다 훨씬 더 커다란 범위를 지닐 것이라고 생각하는 이유이다. 그와 같은 대화는 매우 긍정적인 태도, 즉 훨씬 더 공격적인 태도로 나아갈 수 있으며, 이러한 태도는 현행 사회의 주요한 동력과 목적 자체에 의문을 제기할 것이다.

*

분자적인 문제설정은 설립되어온 새로운 종류의 국제시장과 총체적으로 — 자신의 억압적인 모델화의 수준 그리고 자신의 해방적인 잠재력의 수준 둘 다에 — 연결되어 있다. 그것은 경제시장들에뿐만 아니라 모든 정보시장, 그리고 모든 이미지시장과 관련되어 있다. 결과적으로 모델들의 전달은 궁극적으로 지구의 전 표면에 관계하는 경향이 있다. 이것은 **새로운 차원의 국제주의**를 생각하려는 의도에서는 흥미로울지도 모른다. 소수자운동들이 가져온 돌연변이들이 있으며, 이것은 논의하거나 확산시키기 위한 중심적인 주요상태[간부]를 필요로 하지 않는다. 왜냐하면 그 돌연변이들은 다른 소통양식들을 통해 전달되기 때문이다. 거기서 작동하는 것은 프로그램들과 아이디어들의 전송일 뿐만 아니라, 내가 전에 말했듯이 "국제적인 것"의 설립으로 되지 않은 **감수성 및 실험의 전송**이다.

산타 카타리나 연방 대학에서의 논쟁, 플로리아노폴리스(Florianópolis), 1982년 9월 17일

질문: 당신이 말했던 조직형식들, 예를 들어 소수자운동들의 조직형식들에 대해 좀더 말해준다면 흥미로울 것이다. 정당이 아니고 중심화된 조정도 아니지만 또한 더이상 자발적이지 않은 형식들. 권력이 약화되는 형식들 —— 결국 당신이 "리좀"이라고 부르는 모든 것.

가타리: 나는 그리 야심차지 않은 예를 들 것이다. 그것은 프랑스와 이탈리아에서의 자유라디오운동이다. 프랑스에서 그 운동은 소집단으로 구성된, 구조화된 하나의 조직에서 출발하지 않았다. 그것은 오히려 아주 이질적인 환경들, 즉 주변적인 사람들, 민족적인 소수자들(알자스의 인민집단들과 같은) 또는 지역노조운동들이란 환경들에서 1978년부터 매우 빠르게 발전했다. 그것은 결국 프랑스에서 매체의 문제설정을 고려하는 방식에서 총체적 변형을 가져왔다. 그러나 자유라디오들 쪽에서 일반적인 개입프로그램은 없었다. 만약 사람들이 그것을 그렇게 말할 수 있다면, 일종의 분자적 문제설정이 있었다. 이것은 선거캠페인 동안에 꽤 중요한 주제 자체가 되었을 정도로 모든 종류의 수준에서 문제를 제기했다. 자유라디오들의 조직화는 독점에 관한 법을 바꾸기 위한 합법적 투쟁 수준에서, 억압에 대항하는 연대투쟁들의 수준에서, 장비를 교환하거나 제조하기 위한 기술적 협력의 수준에서 제기되었다. 그것은 결코 통일 —— 이것은 실제로 불가능했으며 기획으로서 불합리했으며 운동의 정신 자체에 대립한다 —— 로 나아가지 않는 그러한 종류의 문제에 대답하는 데 아주 효과적인 조직화였다.
그것은 다소 내가 말하고 있었던 종류의 조직이다. 나는 우리가 동일한 것을 프랑스와 유럽에서의 여성운동에 옮겨 놓을 수 있다고 생각한다. 그리고 여성운동은 자신의 구성요소들 간의 분열에 상관없이, 사회 전체

의 측면에서 일련의 질문들이 제기되는 방식을 변화시키는 문제들을 제기했다. 이것은 운동이 즉각적이고 분명한 결과를 획득했다는 것을 의미하는 것이 아니라, 그것이 활성화시킨 분자적 문제설정 — 예를 들면 어떤 종류의 남녀 관계에 대한 문제제기 — 이 심지어 가장 반동적인 당들조차 피할 수 없는 어떤 것이라는 것을 의미한다.

'국제대안정신의학네트워크'의 문제도 동일한 성격을 지닌다. 일치하는 것이 문제가 아니며, 심지어 공공부문에서 일하는 정신의학자들과 수십 년간 자신의 신체와 삶 속에 정신병원을 경험한 사람들 간의 전선을 만드는 것이 문제가 아니다. 또는 공적인 정신의학 구조들에 전혀 흥미가 없는, 그러나 통상적인 재정의 매개변수를 벗어난 주변적인 공동체 발의들, 수용구조들 안에 있는 사람들[간의 전선을 만드는 것이 문제가 아니다]. 하지만 '네트워크'의 문제는 비록 수단과 기술이 다를지라도, 어떤 목적을 둘러싸고 움직이는 연합형식을 발견하는 데 있다.

이것들은 새로운 종류의 조직화를 가능하게 하는 배열장치들의 사례들이다. 즉 방어구조들뿐만 아니라 좀더 공격적인 구조들을 창조하게 하는 배열장치들, 고립 속에서 깨달을 수 없는 개방과 접촉을 창조하도록 허용하는 배열장치들(고립되었을 때, 사람들은 수단을 빼앗기며, 그 경우에 보호를 위해 움츠려드는 경향이 있다). 그것들은 **살아 있는** 배열장치들인데, 왜냐하면 그것들은 사회적 장 자체 안에, 지지관계와 상보관계 안에, 결국 리좀적인 관계들 속에 체현되어 있기 때문이다.

*

우리가 "대안"을 그것의 과정적 성격의 측면에서 특징짓고 싶을 때, 그것은 우리가 이론, 이데올로기 또는 실천에서 그것을 요약할 수 없다는 사실의 신호일 뿐이다. 이것은 우리가 애매한 조정을 하고 애매한 융합을 한다는 것을 말하지 않는다. 반대로 우리는 각자가 처해 있는 특이한 입지점들에 대한 이해를, 편집증 없고 투사(投射) 없고 죄의식 없는 이해를 완성하였다. 우리는 이러한 조직화를 통해서 반성과 분석과정, 즉 결국 동맹으로 전개될지도 모르는 **상황인식에서의 변화의 신진대사 작업** 전체를 개발할 수 있도록 하기 위해서 정확히 이것을 한다. 이 경우에 동맹은, 그것이 욕망의 입장을 기준으로 갖는 "횡단성"[60] 체계들을 구성한다는 사실로 특징지어진다.

완전히 다른 종류의 접촉양식을 설립할 수 있는 구조들과 배열장치들을 세우는 것이 필요하다. 요소들을 배열하고 격자 속에 넣고 어떤 아젠다를 만드는 그러나 반대로 상이한 특이한 과정들이 리좀적 전개를 시도하도록 해주는, 어떤 중심점에서 시작하지 않는 문제설정의 일종의 자주관리 또는 자기조직화. 비록 작동하지 않더라도 이것은 매우 중요하다.

1968년 5월 프랑스의 "3월 22일" 운동으로 사태가 일어났던 방식에 —— 그리고 더욱이 나는 소집단들과 관련하여 경험했던 것을 적는다 —— 나는 놀랐다. 사람들은 말했고, 한 무더기의 계획을 세웠고, 그리고 한 무더기의 논의를 했으며, 결국에는 아무것도 결정하지 못했다. 다음날, 간혹 자체적으로 설립된(어느 누구도 그것을 구상하지 않았다) 그리고 가까스로 기획을 준비하는 데까지 이르게 된 어떤 집단이 논의를 재개하였다. 나는 이것이 적용하고 모방할 전략이라고 말하지 않는다. 그것은 단지 서기국 또는 정치국의 사례와는 완전히 다른 논리를 가진 사례이다. 서기국 또는 그와 유사한 어떤 것의 논리는 그 구성원들이 "우리의 분석에

---

60) "횡단성" 개념은 처음부터 가타리의 지적에서 나타났다. 그것은 그가 생각하고 있는 것이 여전히 라캉 이론에 의해 특징지어지던 때, "제도분석"이라고 부른 것의 맥락 안에서 창조한 개념이다. 이 개념을 다루는 텍스트는 1964년에 쓰인 그리고 그의 논문집 *Psychanalyse et transversalité*(Paris: Maspero, 1972), pp. 52-58 및 72-85에 수록된 "횡단성"과 "전이"이다. 윤수종 옮김, 『정신분석과 횡단성』, 울력, 2004. [다음 제목으로 영어로 출간되었다. *Molecular Revolution: Psychiatry and Politics*(New York: Penguin Books, 1984), pp. 11-23(영어본).]

근거하여, 우리는 그러저러한 것을 하도록 결정했다"고 말하는 사실에 있다. 그리고 바로 그 시점에서 자발적으로 그 집단은 그러한 종류의 시도에 항상 포함되어 있는 완전히 전투적인 유죄성 차원을 지닌 채 유사하게 규정된 행동노선을 수행한다. 여기에서 나는 다른 논리 즉 그것과는 완전히 다른 논리에 대해 말하고 있다. 즉 우리는 어떤 것을 하도록 제안한다. 그리고 만약 그것이 작동된다면 좋다. 만약 작동되지 않는다면, 그것 역시 좋다. 왜냐하면 아마도 우리는 다른 방식으로, 다른 시기에 그것을 할 수 있기 때문이다. 반대로 나는 우리가 문제설정이 드러나는 그대로 주시할 수 있고, 우리가 이러한 종류의 욕망의 집합적 투여를 표현할 수 있는, 그리고 이러한 상이한 프로젝트들의 일관성을 함께 평가할 수 있는 매개변수들의 구조가 있어야 한다는 것이 매우 중요하다고 생각한다.

*

브라질의 소수자운동에 관한 이론을 만드는 것은 전혀 나의 의도가 아니다. 게다가 나는 전혀 그것을 할 수 없을 것이다.

3

정치

미시정치: 몰적 정치와 분자적 정치

어렸을 적에 나는 약사가 되기 위한 과정을 절반쯤 이수했다. 그것은 확실히 나를 "몰적" 그리고 "분자적"과 같은 표현을 사용하는 데 열광적이게 했다.

*

미시정치적 문제 즉, 사회적 장에서 욕망구성체들에 관한 분석은 더 넓은 사회적 차이들의 수준(내가 "몰적"이라고 부르는 수준)이 내가 "분자적"이라고 부르는 수준과 교차하는 방식과 관련한다. 이 두 수준 사이에 논리적인 모순원칙에 좌우되는 분명하게 구분되는 대립은 결코 없다. 그것은 어렵게 보이겠지만, 그 논리를 단지 바꾸는 것이 필요하다. 예를 들어 양자물리학에서 물리학자들이 물질이 입자인 동시에 파동이라는 것을 인정하는 것이 필요했다. 같은 방식으로 **사회투쟁들은 몰적인 동시에 분자적이다.**

<레즈비언-페미니스트 행동집단> 소재지에서의 만남, 상파울루, 1982년 9월 2일

퍼롱어(Néstor Perlongher): 당신은 모든 인종을 횡단하는 흑인성, 모든 성을 횡단하는 동성애에 대해 말하고 있다. 즉 당신은 특이성을 긍정하면서 말한다. 여기 상파울루에 '우리는 동성애를 긍정한다(Grupo Somos de Afirmação Homossexual)'로 불리는 한 집단이 있다. 나는 당신이 "특이성의 긍정"이라고 부르는 것과 이 집단에서 발생하는 것 간의 차이를 어떻게 이해하고 있는지 알고 싶다. 내가 보기에 그곳에서 일어나고 있는 것은 개별성의 긍정, 즉 정상화의 감각을 지닌 그래서 특히 나에게 흥미롭게 보이는 당신과 들뢰즈의 개념들 가운데 다른 개념을 사용한다면, 재영토화의 몰적인 감각을 지닌 정체성의 구성이다. 어떤 경우에도, 내가 이 집단에 대해 말하는 것은 모든 소수자에 관해서도 마찬가지이다. 즉 그들은 "소형-시오니즘"과 같은 유형을 구성하는 경향이 있다. 또 다른 질문은 이 "재영토화" 개념이 모든 소수자, 즉 파편화되고 분자적인 세력이 정당에 의해 회수되거나 징발당할 수 있는 과정에 적용될 수 있는지를 아는 것이다.

가타리: 당신의 소형-시오니즘은 나에게 선교주의, 그와 같은 어떤 것들을 생각하게 한다. 하지만 무엇보다도 나는 우리의 범주들을 의심하는 것이 항상 필요하다고 말하고 싶다. 몰적인 것과 분자적인 것 사이의 이러한 대립은 함정일지도 모른다. 질 들뢰즈와 나는 항상 이 대립(몰적인 것과 분자적인 것의 대립)을 또 다른 대립, 즉 미시적인 것과 거시적인

것 사이의 대립을 가지고 넘어서려고 한다. 두 개는 다르다. 과정으로서 분자적인 것은 거시적인 것에서 생길 수 있다. 몰적인 것은 미시적인 것 속에 설립될 수 있다. 당신이 제기하고 있는 문제는 분자적인 수준과 몰적인 (거대 정체성들의 구성의 정치 수준) 수준이라는 두 수준으로만 환원될 수 없다. 이러한 환원은 우리로 하여금 개별성·정체성·특이성의 문제들과 같은 문제들을 생각할 수 없게 한다. 이를 테면 한 여성이 특정한 방식으로 행동해야 한다는 사실, 내가 "집합적 시설들의 일반적 기능"이라고 부르는 것에 의해, 마치 여성성의 기준들이 사회적 장 전체 안에 프로그램화되어 있는 것처럼, 그 모델들을 가정하는 그녀의 방식에 따라, 어린 시절부터 그녀 스스로를 모형화한다는 사실. 그리고 내가 집합적 시설들이라고 말할 때, 나는 병원이나 무료진료소와 같은 것들만 언급하는 것이 아니라, 잡지들, 여성을 대상으로 한 TV 프로그램과 라디오도 언급한다. 바로 집합적 시설들의 이러한 기능이 원격조종되어 실제로 행동, 행태, 태도, 가치체계들을 코드화한다. 그러나 우리가 이러한 수준에서 개별화(individuation)과정을 다루고 있는 중이라고 말할 수는 없다. 그것을 밝히기 위해서 자동차 판매원의 이미지를 들어 보자. 그들은 상이한 예산에 이용가능한 자동차 모델 범위를 갖고 있고, 그 예산은 상이한 사회적 범주와 일치한다. 이러한 자동차 모델의 범위는, 당신이 가죽, 스웨이드 또는 천으로 된 시트커버들을 고를 수 있고 당신이 좋아하는 색도 고를 수 있다고 그들이 말하는 대로, 당신이 개인전용으로 할 수 있거나 "자신의 주문에 맞출" 수 있다는 사실과 교차한다. 그러므로 이러한 수준에서 우리는 오히려 개인화(personnalisation)과정에 대해 좀더 생각할 수 있을 것이다.

자동차의 예는 중요하다. 아마도 그것이 동구 유럽 나라들에 존재하는 소비상품의 놀랄만한 계열화[대량생산]와 산업사회와 자본주의사회에서의 소비양식을 구별하게 해주는 것이기 때문이다. 똑같은 바지, 똑같은 담배, 똑같은 스테레오들이 있다. 요약하자면 자본주의 세계에서 우리가 스스로를 인격화(개인화)한다는 것을 제외하고는 똑같은 물질(재료)로 된 똑같은 물건들이 있다. 어쨌든 이러한 두 가지 유형의 사회는 동일한 종류의 지루함을, 이러한 의사—인칭론적(pseudo-personnologique) 울타리로부터의 동일한 종류의 탈출 불가능성을 분출한다. 그리고 이 경우에 나는 우리가 모델화에 대해서, 완전히 소외된 주체성생산에 대해서 확실히 말할 수 있다고 생각한다.

미리 정해진 온갖 순환통로를 지닌 자신들의 가정 공간 —— 동네 슈퍼마켓, 그렇고 그런 시간에 방송하는 드라마, 어딘가에서 주말을 보내는 것 —— 에 완전히 한정된 여성들의 삶에 대해 강의하기에 적당한 자리는 아니다. 나는 이러한 한정이 종종 어떻게 노동에서 여성에 대한 남성의 커다란 우월성을 야기하는지에 대해 이야기하기에 적합한 사람도 아니다. 왜냐하면 노동공간이 아무리 억압적일지라도, 항상 거기에는 아무리 작더라도 일정 정도의 자유가 있기 때문이다. 이것이 주말이나 휴일 또는 휴가가 다가올 때, 노동하는 사람들이 아주 종종 일종의 주관적인 지루함을 느끼고 무의식적으로 그 휴식이 빨리 끝나서 노동을 재개하는 자신들의 상황으로 되돌아가기를 바라는 이유이다. 이것은 비상한 역설에 부딪힌다. 즉 종종 가장 극도의 착취와 복종이 있는 바로 그 노동관계 속에서 이러한 흔히 중요하지 않은 미시차원들이, 자유계수들과 욕망계수들이 보존된다는 사실에 이른다.

나는 일본에 대해 좀 아는데, 이러한 종류의 사태는 일본사회와 같은 사회에서 매우 민감하다. 거대한 생산조직들에 완전히 인접해 있는 온전한 종류의 집단 에로스가 발전한다. 일하면서 또는 일을 마친 뒤에, 직원들 특히 남성들은 사장을 포함한 다른 동료들과 만나 사케를 마시고 이야기하면서 일종의 사회극(sociodrama) 상황을 만들어낸다. 이러한 종류의 모델은 우리에게 몰적인 주체성생산이 어떻게 분자적 과정들의 최소한의 협상을 필수적으로 동반하는가를 보여준다.

그것이 영역들을 지나치게 구분하는 이러한 종류의 (몰적/분자적) 범주화를 조심하는 것이 필요한 이유이다. 만약 당신이 그것을 무엇이라고 부르고 싶어 하든, 욕망의 미시과정 또는 특이화의 자유를 이렇게 포획하는 것이 없다면, 자본주의적 생산기계들은 불완전하게 기능하거나 심지어 전혀 기능하지 않는다. 만약 (소비에트 종류와 여타의) 전체주의적 체계들이 다루는 데 있어 가장 큰 어려움을 지닌 문제설정이 있다면, 그것은 정확히 욕망과 특이화에 길을 내주는 것이다. 반대로 이러한 문제설정을 다루는 방법을 아는 것이 자본주의 나라들에서의 주체성생산이 갖는 커다란 우월성들 가운데 하나이다. 즉 매체와 일련의 매우 복잡한 체계를 통해 특이한 주체화(subjectivation)의 미시벡터(microvecteur)들을 이런 식으로 영원히 회수할 수 있는 것이.

만약 당신이 제안한 예 —— 전투적인 동성애 행동집단 —— 로 돌아간다면 이 경우에도 기계적으로 이러한 두 범주(몰적 범주와 분자적 범주)로 나눌 수 없다는 것을 우리는 안다. 몰적인 어떤 기능성이 항상 반드시 존재할 것이다. 예를 들어 조만간 누군가 대표성의 함정에 빠질지도 모른다는 사실 또는 페미니스트 투사들이 **스타시스템**에 정신을 잃고 끌려다닌다는 사실.

기본적으로 특이화과정들은 특정하게 거시사회적 수준에도 미시사회적 수준에도, 심지어 개인적 수준에도 할당될 수 없다. 그것은 내가 특이성 대신에 오히려 "특이화과정"이라고 말하는 것을 더 좋아하는 이유이다. 그리고 다시 한 번, 특이화과정들에 대해 변명하지 않는 이유이다. 왜냐하면 특이화과정들은 회수체계 및 모델화 체계의 모든 종류의 앙데에 들어갈 수 있기 때문이다. 모든 **미시정치적 문제설정은 특이화과정들이 출현하는 바로 그 수준에 그 과정들을 배치하려는 것으로 정확하게 이루어진다.** 그리고 이것은 집합적 시설들의 거대 네트워크에 의해서든 당신이 암시했던 종류의 구조들, 즉 투쟁활동을 통한 재전유의 구조들에 의해서든 자본주의적 주체성생산에 의한 자신들의 회수를 피하기 위해서이다. 투쟁활동은 또한 모델화의 위험에 노출된다. 즉 예를 들면 "대안"은 방식은 다르지만 똑같이 억압적인 모델화일 수 있다. 결과적으로 특이성에 대한 분석적 미시정치학은 이러한 상이한 지층화들, 상이한 수준들을 가로질러야[횡단해야] 할 것이다.

*

페미니즘의 예를 들어보자. 몰적 구도에서, 페미니즘은 분리차별에 맞서 스스로를 보호하고 권리 등을 요구하기 위해 이행강령을 가진 조직을 구성할 수 있다. 그러나 동시에 분자적 수준에서 페미니즘의 자율성의 기능은 페미니스트라고 생각되는 그런 여성들에뿐만 아니라 모든 여성들에도 그리고 또한 그 조직이 자신의 성원이 아닌 여성들에게 말하는 방식에도 관심을 갖는다. 물론 페미니즘은 모든 남성에게 마찬가지로 관심을 갖는다. 되풀이하여 말하는데, 만일 우리가 남성들 또한 여성되기에 빠져있다는 것을 고려한다면 말이다. 그렇지만 해당 페미니즘이 몰적 준거 ─ 성의 자본주의적 이항대립 그리고 투표유형, 정치적 발의, 성향들과 같은 것들 ─ 로 환원된다면, 자신의 과정적 성격(특이화 기능)을 잃는다. 불행하게도 이것이 유럽에서 대규모로 앙상블의 정치를 이끌었을 뿐인 많은 여성운동에게 일어났다. 이것은 너무 종종 그들을 완전히 고전적인 소집단처럼 기능하도록 이끌었고, 어떤 경우에는 심지어 카타스트로프 (위기)적인 집단 안에서 정신분석적 태도의 채택으로 이끌었다.

그것은 내가, 경계선들로 둘러싸여 있으며, 정체성의 모습을 자신들에게 부여하는 세력관계로 들어가는 장소인 자율집단들의 수준(몰적 수준)이 있다고 믿는 이유이다. 그러나 그들이 특이화과정들을 (그러한 과정들의 현실 자체에 대항하려고 하는) 하나의 구호[슬로건]로 바꾸지 않을 것이라는 유일한 사실보증은 자율성의 기능을 보존하려는 것이다. 정확히 거기에서 모든 일이 발전될 수 있다. 즉 이 n개의 수준들이 공존하는 지점들에서, 그 수준들의 관계는 거짓/진실 등의 이항 논리에 따르지 않는다.

제3차 아메리카 흑인문화회의 — PUC-SP, 상파울루, 1982년 8월 25일

트레비산(João Silverion Trevisan): 나는 이미 나를 상당히 혼란스럽게 했고 당신이 나를 심지어 더 혼란스럽게 했던 몇몇 쟁점들을 제기하려고 한다. 나는 당신이 분자적 운동이라고 부르는 것을 내가 특별히 잘 아는 어떤 것에 적용하고 싶다. 나는 동성애운동을 말하고 있는데, 이것과 나는 관계가 있었고, 그 운동이 생존할 수 있는 유일한 방법은 정확히 이러한 특이성이 체계에 의해 흡수되는 것이었다고 알았을 때부터 거기에서 다소 떨어져 나왔다. 그래서 질문하자면, 내가 이 혼동을 어떻게 처리해야 하는가? 나에게 동성애운동은 아주 재미있는 쟁점은 아닌데, 왜냐하면 그것은 또한 나의 사적인 삶을 포함하기 때문이다. 그것은 정당이 해결할 수 있는 문제가 아니다. 더군다나 나는 그것이 적어도 브라질에서는 동성애자들에게 고유한 문제는 아니라는 인상을 가지고 있다. 나는 당신이 분자적이라고 부르는 모든 운동에는 브라질 사회와의 격차[틈]의 순간이 있었다고 생각한다. 그리고 나는 언제 그리고 왜 그러한 격차[틈]가 발생했는지 알지 못한다. 나는 그에 대한 대답이 아주 복잡하다는 것을 안다. 나는 내가 하고 있는 것이 질문인지 아니면 구토인지 모르겠다. 그러나 여하튼 나는 그것이 아주 진지한 문제라고 생각하는데, 왜냐하면 브라질에서 모든 이러한 운동이 최근에 궁지에 몰려있고, 그것은 그들의 특이성의 회수,

이미 발생한 회수 탓이라는 인상을 가지고 있기 때문이다.

가타리: 내가 몇 가지 대답을 해도 되겠는가?

트레비산: 나는 당신에게 내가 그렇게 정신 나가지는 않았다고 말하고 싶다.

가타리: 당신이 제기한 질문은, 정의상 내가 깊이 있게 대답할 수 없는 종류의 질문이다. 즉 그것은 내가 미시정치적 분석이라고 부르는 것의 성격을 지니고 있다. 미시정치적 분석은 관련 개인들 및 집단들만이 할 수 있을 뿐이다. 나는 적용할 수 있는 일반적인 모델들이 있다고 절대 믿지 않는다. 모델은 어떤 것(정확한 묘사)에 유용하거나 그렇지 않다면 폐기되어야 한다. 만약 우리가 가족, 제도, 또는 집단의 문제에 몰적인 세력 관계들의 모델을 적용한다면, 우리는 두 벡터들, 즉 몰적인 벡터와 분자적인 벡터의 1 대 1 대립은 없으며 그 벡터들은 완전히 교차한다는 것을 확인한다. 반면에 이러한 두 차원들이 동시에 존재하는 일이 항상 있다. 즉 착취, 소외, 모든 종류의 억압에 반대하는 한 집단의 사회적 저항 차원이 있을 수 있고, 동시에 집단의 문제설정 안에 분자적 수준에서 미시 파시즘적 과정들이 있을 수 있다.

내 생각에 **미시정치적 분석의 문제는 정확히 그것이 단지 한 가지 준거 양식만을 사용해서는 안 된다는 것이다.** 예를 들어 나는 이 연단 위에서 해방과 자유에 대한 중요한 연설을 하고 있을지도 모르고, 동시에 나로 하여금 청중을 흡수하고 남근 중심적 유혹, 인종주의적 유혹, 또는 무엇이든 관계를 수립하라고 재촉하는 편집적 권력을 투여할지도 모른다. 내가 심지어 단지 대의명분 때문에 투쟁하는 이 집단의 지도자가 되고, 모든 사람이 나를 칭찬하고 "펠릭스는 이 대의명분에 대해 우리를 대표할 거야'라고 말하고, 병행하여 또 다른 종류의 투여가 분자적 수준에서 이러한 상황에서 반드시 작동하는지를 분석하기 위한 어떤 배열장치가 없다고 가정해 보자. 이러한 경우에 필연적으로 발생할 것은, 가장 훌륭한 목적, 가장 호의적인 세력관계는 관료화의 경험, 권력의 경험으로 조만간 기울어질 것이라는 점이다. 반대로 분자혁명의 과정들이 현실 세력관계들(사회적·경제적·물질적 세력관계들)의 수준에서 시작되지 않는다면, 그 과정들은 주체화과정을 내파시키고, 심지어 자살, 광기 또는 그런 종류의 어떤 것으로 이끌 수 있는 절망을 불러오면서 자신들 주위를 공전(公轉)하기 시작할 수 있다.

미시정치적 분석은 문제설정에 대한 이러한 상이한 이해양식 사이의 교차로에 정확히 위치할 것이다. 명백한 것은 두 양식만 있지는 않다는 것이다. 즉 항상 복수성이 있을 것이다. 왜냐하면 한편으로는 주체성이 다른 한편으로는 물질적인 사회적 현실이 있는 것은 아니기 때문이다. 항상 "n개"의 주체화과정들이 있을 것이고, 이것은 상황에 따라, 배치들의 구성에 따라, 왕래하는 순간에 따라 지속적으로 동요한다. 그리고 바로 이러한 배치들 속에서 주체화의 상이한 수준들과 몰적인 세력관계의 상이한 수준들 사이의 접합들에 접근하는 것이 좋을 것이다. 이론적 수준에서 당신이 언급했던 "호모" 집단에 관하여 말할 수 있는 것은, 만약에 작동하고 있는 상이한 주체화과정을 파악하려는 배열장치 —— 예를 들어 지도부 현상 또는 지배적 모델들의 내면화 현상 —— 가 있이왔다면, 아마도 당신이 지적했던 내파를 피하는 것이 가능했을 것이라는 점이다. 어찌되었건 그것은 이런 저런 이데올로기 —— 맑스주의, 정신분석, 미시사회학 등 —— 의 이름으로 이 문제를 체계저으로 부정하는 대신에, 그 문제를 제기할 수 있는 무언가이다.

트레비산 동의한다. 그렇지만 당신은 나의 문제에 대해서는 어떤 길도 추가하지 못했다.

*

몰적인 수준과 분자적인 수준 간에 모순논리는 없다. 동일한 종류의 일정한 사회적 공간에서 작동하는 동일한 종류의 개인적이고 집단적인 구성요소들은 몰적인 수준에서는 해방의 방식으로 기능할 수 있고, 동시에 분자적인 수준에서는 극도로 반동적일 수 있다. **미시정치적인 쟁점은 우리가 어떻게 지배적인 주체화양식들을 재생산하는가(또는 재생산하지 않는가)를 아는 것이다.**

그래서 예를 들면 공동체 작업 집단은 몰적인 수준에서는 명백하게 해방적인 행동을 할지는 모르지만, 분자적인 수준에서는 모든 일련의 남근중심적인, 반동적인 지도부 메커니즘들을 지닐 수 있다. 예를 들면 이것은 교회에서 일어날 수 있다. 또는 반대로 그(해방적인) 행동은 사회적 대표제의 가시적 구조들의 수준에서, 정치적 또는 종교적 수준 등의 구도에서, 즉 몰적인 수준에서 접합된 것으로서의 담론의 수준에서는 반동적이고 보수적인 것으로 드러날 수 있다. 그리고 동시에 욕망표현과 특이성 표현의 구성요소들은 분자적 수준에서는 결코 반동적이고 체제순응적인 정치로 이끌지 않는 요소들로 나타날 수 있다.

사회의 모든 (미시적 또는 거시적) 수준에서 존재하는 거대한 조직들의 몰적인 정치(학)를 사회의 모든 수준에서 마찬가지로 현존하는 욕망경제의 문제설정을 고려하는 분자적 기능과 대립시키는 것은, 분자적인 것은 좋고 몰적인 것은 나쁘다는 가치평가를 포함하지 않는다. 문제들은 항상 그리고 동시에 두 수준에서 제기된다.

*

분자적 구도에서는 적을 확인하는 것이 훨씬 더 어렵다. 왜냐하면 몰적 구도에서처럼 이러저러한 지도자로 구체화된 계급 적이 아니기 때문이다. 이 경우에 적은 그 문제가 또 다른 종류의 언표행위 배치에 관련할 때마다, 우리의 친구들 속에, 우리 자신 속에, 우리 자신의 대열 속에 체현되는 어떤 것이다.

예를 들면 전투적인 페미니스트는 남녀관계에서 소외시키지 않는 자세 또는 실천을 지닐지도 모른다. 그러나 그녀는 자신의 아이들과의 관계에서 또는 그녀 자신과의 관계에서 상반되는 정말 미시파시스트적인 행동을 하고 있다는 것을 갑자기 발견한다. 따라서 우리는 사회적 장 안에서 욕망구성체에 대한 이러한 분석수준에서, 미시정치의 수준에서, "선"이 "악"을 공격하기 위해서 강령에 따라 재집결할 수 있는 근거가 되는 마니교[이원론]적인 논리는 작동하지 않는다는 것을 안다. 이 수준에서 결코 지도자, 조직, 강령을 확정적으로 믿을 수 없다. 반면에 문제설정이 끊임없이 새롭게 제기되고 재제기되도록 배열장치들을 창조하는 것이 필요하다. 나는 이런 종류의 배열장치를 위한 정식(처방)을 갖고 있지 않다. 그러나 나는 그것에 관해서 한 관찰을 가지고 있다. 즉 조직에서 또는 정치투쟁에서 "이제 우리는 우리의 노선을 결정해야 한다. 그리고 나서야 우리는 조직의 문제들을 다룰 수 있을 것이다"와 같이 말하는 우리 자신을 발견할 때마다, 그것이 일어날 때마다, 우리는 우리가 미시정치 수준의 문제설정을 숨기고 있다는 것을 확신할 수 있다. **조직 문제는 결코 단순히 하부구조의 문제가 아니다.**

리베라시옹(Libération) 신문의 예를 들어보자. 이 신문은 새로운 종류의 저널리즘을 발명하려고 했다. 신문사에서 일하는 사람들 간의 새로운 종류의 관계는 물론 신문과 독자 간의 새로운 종류의 관계를 발명하려고 했다. 나중에 이 제안의 증거로서 미시적인 흔적만이 남겨질 정도로 이것은 점차 제한되었다. 그것이 사람들이 "편집자의 노트"라고 부른 것이었다. 편집자는 중요한 선언문 가운데에 자신의 작은 메시지를 끼워 넣었다. 이것은 많은 관심을 유발하였고 대단한 성공이었다. 그러나 그것은 그 신문에 설립되고 있었던 지도부를 상당히 흔들었다. 따라서 그들은 "편집자의 노트"에 대한 통제를 시작했다. 즉 "좋은" 노트와 "나쁜" 노트가 있었다. 결국에는 그들이 노트들을 완전히 진압하는 것으로 끝났을 때까지. 이런 종류의 신호, 이차적인 것처럼 보이는 경향·문제에 대한 이러한 종류의 징후가, 정확히 주체화 및 특이화과정들에 대한 분석을 위한 평가 요소를 이루는 것이다.

*

대부분의 시기에 **자유의 옹호자들은 보수주의의 방어자들인 다른 사람들만큼 비열하다**는 것을 알기 위해서는, 매체가 제공하는 정치의 재현들로부터 즉각 눈을 돌려 **정서들의 극장에서 통용되고 있는 것을 검토하**면 — 몸짓, 입 움직임, 얼굴 표정, 신체의 흉물스러움을 따라가면 — 충분하다. 그리고 이 관찰이 가장 낮은 수준에서, 풀뿌리 수준에서, 도로의 높이에서 작동하기 시작할 때, 우리는 분자적 사회실천들의 가능한 효율화 과정에 들어간다. 자신의 그림의 진정한 줄거리를 구성하는 준거요소들을 재발견하기 위해 자신의 첫 번째 전망[구도]을 버리는 화가처럼. 그것은 희미하고 가깝고 따뜻하고 오톨도톨하다. 정치에서도 그것은 동일하다. 우리가 우리 앞에 있는 그러나 또한 우리 주위와 우리 안에 있는 비참한(한탄스러운) 것들을 이해해야 하는 근거인 분석적 재현 — 아르토의 잔혹극의 의미에서 — 의 무대가 중요하다. **바로 주체구성체의 지도그리기를 통해서 우리는 지배적인 리비도투여로부터 우리 자신을 구별하기를 바랄 수 있다.**

*

　민주주의는 대규모 정치조직들과 사회조직들의 수준에서 표현될 수 있다. 그러나 만일 그것이 개인들 및 집단들의 주체성 수준에, 모든 이러한 분자적 수준들에, 즉 낡은 구조들의 귀환을 막는 새로운 태도들, 새로운 감수성들, 새로운 실천들에 존재한다면, 그것은 공고화될 뿐이며 일관성을 가질 뿐이다.

　이런 종류의 주장을 반박하기 위해, "만일 정치학이 어디에나 있다면, 그것은 아무 데도 없다"는 유명한 논증을 사용하는 것이 통상적이다. 이것에 나는 사실상 정치학과 미시정치학이 어디에도 없다고, **쟁점은 바로 미시정치를 어디에서나** ── 모든 것이 코드들에 의해 좌우되는 개인생활, 부부생활, 사랑하는 삶, 그리고 직업적인 삶에서의 우리의 정형화된 관계들에 ── **하는 것**이라고 대답할 것이다. 새로운 종류의 화용론 ── 실제로 새로운 종류의 정치학에 일치하는 새로운 종류의 분석 ── 이 이러한 장 전체에 들어가도록 만드는 것이 중요하다. 오늘날 국제적인 수준에서 조차도 모든 중요한 문제는 상이한 미시정치적 수준들 위에서의 주체성의 돌연변이들에 근본적으로 연결되어 있다.

　만약 사람들이 **미시정치의 (첫 번째 그리고 유일한) 규칙**, 즉 사회적 장에서 무의식구성체 분석을 위한 일종의 매개변수를 가리킬 수 있었다면, 나는 다음과 같이 말할 것이다. **유죄화의 모든 요소들을 경계하라. 주체적 영역에서 변형과정들을 막는 모든 것을 경계하라**고 상이한 사회적 실험 영역에서 발생하는 이러한 변형과정들이 때때로 매우 적을 수 있지만, 그럼에도 훨씬 기다란 돌연변이의 시작을 이룰 수 있다. 또는 그렇지 않거나.

　이러한 과정들은 항상 문제설정을 제기하며 시작하고, 그런 이유에서 우리는 종종 우리 자신의 경험 외부에 있는 매개변수들을 발견하려고 노력하거나 그것을 다른 경험들과 비교하려고 한다. 이런 종류의 태도는 정확히 지배적인 잉여성을 벗어나는 모든 것을 금지하는 요소로 기능하는 유죄화 체계들의 결과이다. 또는 이런 시도들은 항상 단기간에 제한된 상대적인 목적들을 지닌 채 어려운 조건에서 시작한다. 중요한 것은 그들이 담지자(특히 브라질에서 발생하고 있는 사회적 정치적 변화의 맥락에서)가 될 수 있는 가능성들의 영역을 아는 것이다. 왜냐하면 바로 이러한 종류의 신진대사를 통해서 사회변혁의 실제 벡터들이 형성되기 때문이다. 이런 이유에서 **유죄성에 대한 사회적 분석이라는 실천**이 나에게는 근본적인 것 같다.

<폴랴 드 상파울루>의 "폴레팅" 지면을 위한 에스코바와의 면담, 1982년 9월 5일

에스코바(Pepe Escobar): 왜 당신에게 카프카가 중요한가?

가타리: 카프카는 내가 좋아하는 작가이다. 카프카 속에 지정학에 대한 탐구와 과학소설 이야기가 어느 정도 있었는지를 보는 것은 흥미롭다. 그가 미국에 대해 말할 때, 그것은 일종의 강렬도를 나타낸다. 그가 러시아에 대해 말할 때, 그것은 또 다른 종류의 강렬도이다. 그가 아프리카에 대해 말할 때, 역시 또 다른 종류의 강렬도이다. 이러한 지도를 찾을 수 있으며, 나는 세계를 상상하는 내 자신의 방식에서 그것을 찾아낸다. 내가 몇 년 전에 미국에 있었을 때, 나는 맨해튼에서 떠돌아다니는 하나의 초상이 되는 꿈을 가지고 있었다. 카프카는 일련의 정보에 의해 재활성화되는, 정서적 투여들의 전 지구적이며 지정학적인 지도를 만든다. 그리고 나서 프라하에서 발생할 것에 관한 일종의 미래학자로서의 카프카는 말할 것

도 없다. 관료적 도착, 즉 주민들에게 기호적 통제를 행하는 방식의 사회적 구도에서 발전의 가능성이 있다. 이것은 정치·주체적 구성체·무의식적 충동의 분석가로서 모든 위대한 작가에게 타당하다. 우리는 이 지점, 즉 **삶의 발명**에 대해 항상 숙고해야 한다.

넬슨 로드리게스 또는 분열분석가의 정교한 기술

수에리 롤니크

브라질 사회에서 욕망의 정도(正道)와 샛길에 대한 분석은 넬슨 로드리게스(Nelson Rodrigues)의 저서[61]에서 풍부한 토대를 발견한다. 1950년대 중간계급 가족의 뉘앙스들, 그것의 윤곽 그리고 빈곤을 관찰하는 데서 그보다 빼어나거나 그의 유머감각에 필적한 사람이 없었다. 그 관찰은 심지어 지난 30년을 눈에 띄게 특징지었던 강렬한 변화를 넘어서 오늘날까지도 지속되어서 그의 저서는 매우 화젯거리로 남아 있다. 그의 텍스트는 지배적인 사회형식들이 완전히 구식일 때조차도 몰적 구도에서 유지되면서 갖는 엄격성을 포획하는 데 특권적인 감수성을 뿜어낸다. 그리고 분자적 구도에서는 모든 것을 침식하고, 모든 윤곽을 흐리게 하는 입자들의 미세한 운동. 그리고 두 구도 사이에서, 이행의 총체적 부재 즉, 움직일 수 없게 불가역적인 파괴로 이끄는 극성(polarité)의 긴장. 분자적 구도의 강렬한 운동에 의해 끊임없이 동요되는 입자들은 결코 새로운 사회형식들

....

61) 넬슨 로드리게스(Nelson Rodrigues)는 1912년에 헤시페(Recife)에서 태어났고 1980년에 리우데자네이루에서 사망했다. 그의 연극들로 먼저 알려진 로드리게스는 엄청난 크로니카스(crônicas: 예술, 정치, 스포츠 또는 일상생활을 개인적 반성을 위한 기반으로 사용하는 에세이와 관련된 브라질 신문 장르) 작품을 썼다. 수많은 브라질 감독들이 그의 연극을 영화로 만들어왔다.

속에 접합되지 않는다. 그들은 결코 새로운 욕망의 영토를 구성하지 못한다. 가족은 파열한다. 그러나 가족을 넘어선 조직형식은 생각할 수 없다. "가족 아니면 죽음!"은 우리가 로드리게스의 텍스트에서 뽑아낼 수 있는 주체성 유형의 좌우명이다.

이 모든 것은 연극 '**가족앨범**(Álbum de Família)'에 기록되어 있다. 그 연극을 통독할 때 우리는 가족 이야기를 7개의 장면 속에서 단계적으로 알게 된다. 가족의 각 구성원은 사진사와 **화자**(speaker)가 조립한 상투적인 영상 이미지들과 언어 이미지들을 통해 표현된다. 그들은 동일하게 상정된 가정의 행복이라는 가상의 안정감을 지닌 즉흥적인 초상화들과 사진첩에 고정된 섬광들이다. 그러나 이것은 시작일 뿐이다. 탈주선들은 점차 현기증 나는 속도로 형식들과 인물들을 해체시키면서 장면을 곧 흔들어 놓기 시작한다. 그래서 사진사와 **화자**는 자신들의 외양을 꾸미는 데 더욱더 빠져들게 된다. 이러한 움직임은 신체손상, 죽음(범죄와 살인) 또는 광기에 의해서 멈춰질 뿐이다. 로드리게스가 스스로 선언했듯이, 그의 작품을 "해롭고 구리게 만들고, 혼자서 청중 속에 장티푸스와 말라리아를 만들어낼 수 있게"[62] 만드는 비참한 운명. 생활 방식의 패배 속에서 바로 삶 자체는 항상 패배로 끝난다.

어떻게?

몰적 구도에서 현실은 사진첩에 갇혀 있다. 가족사진을 벗어나면, 현실의 부정적 측면만이 상상가능하다. 즉 근친상간[근친성관계]의 위반. 그러나 근친상간 금지와 그것의 위반은 동전 —— 오이디푸스 삼각형의 동전 —— 의 양면이다. 로드리게스가 스스로 연극 <모든 나체는 처벌될 것이다 (Toda Nudez Sera Castigada)>에서 말하듯이, "모든 정절은 외설이다." 연속되

• • • • • •
62) Nelson Rodrigues, in *Dionysos*, vol. 1. 1949년 10월 Serviço Nacional de Teatro에서 출간한 잡지. 넬슨 로드리게스, *Teatro completo*, vol. 2(Rio de Janeiro: Nova Fronteira, 1981), "Introdução" p. 13, Sábato Magaldi에서 인용.

는 장들의 구상(플롯)은 항상 삼각형이다. 즉 게임은 종종 공동죽음이라는 전제로 진술되는 근친상간적인 대단원에서 나머지 두 인물을 융합하기 위해, 한 명의 등장인물이 제거되거나 진압되어야 하는 격렬한 논쟁으로 이뤄진다. 오이디푸스는 자신의 욕망이 여동생인 글로리아(Gloria)에게 끌리는 것에 굴복하지 않으려고 스스로 거세한 것을 여동생에게 폭로하는 아들 중의 한 명인 기예름(Guillherme)의 이미지와 같은 모호하고 조야한 이미지들을 통과하면서 무대를 지배한다. 또는 예배당으로 들어설 때, "우리 주의 거대하고, 완전히 불균형적인, 바닥부터 천장까지(전체)의 이미지"[63] 속에서 자신의 유일한 열정, 자신의 아버지인 요나스(Jonas)의 얼굴을 보는 글로리아의 이미지. 오이디푸스 이미지들은 그렇게 증폭되어서 — 딸의 욕망 안에 있는 아버지의 이러한 사진의 사례에서처럼 — 자신들의 윤곽들을 티끌만 남기고 점차 해체된다. 그러나 우리가 말했듯이 이러한 위반이 오이디푸스의 운명에 속할지라도, 현재까지 우리는 이미 그 운명을 넘어서는 지점에 이르렀다. 오이디푸스는 사라진다. 이 지점에서 명령의 수행 — 매우 자주 그리고 매우 과도하게, 그래서 "몹시 분명한"[64], 반복되는 오이디푸스의 현존 — 은 효율적인 입자가속기로 기능하며, 이 가속기는 몰적 재현의 내파를 가져오며 우리를 분자적 구도로 이끈다.

이 또 다른 구도에서, 현실은 교회나 가정집 바깥에 감금되어 있다. 노농(Nonô)은 거기에 살고 있다. 미쳐가고 있는, 작기기 말하는 대로 때때로 "끔찍하고 비인간적인 비명, 상처 입은 짐승의 울음소리"[65], 그의 가족 루트(Aunt Rute)의 말에 따르면, "나도 무엇인지 알지 못하는 것 같은, 마치

• • • • • •

63) Nelson Rodrigues, *Teatro completo*, vol. 2(Rio De Janeiro: Nova Fronteira, 1981), "Álbum de Família", p. 87. 영어판: *The Theater of Nelson Rodrigues*, 2 vols(Ministry of Culture, 2001).

64) 그 표현은 넬슨 로드리게스가 만들었고 그 이후에 구어체가 되었다.

65) Nelson Rodrigues, 같은 책, 58쪽.

짖는 소리 같은 것이거나 어떤 것인……"66), "미친 말처럼 집 주위를 돌아다니는……"67), "비명이 아닌" 비명을 내지르는 아들. 노농에 관해 우리가 알고 있는 전부는 그의 목소리이다. 그의 유일한 사진은 그가 미치기 전날에 찍은 사진이다. 넬슨 로드리게스가 우리에게 알려주는 것처럼, 그때 그는 "존경받는 직업에 대한 적대감"68)을 드러내면서, 침착한 사진작가를 위협하기까지 했다. 노농의 목소리에서 탈주선이 발견된다. 그 탈주선 속에서 가족과 가족의 인물들, 가족형식과 가족의 의미들이 사라진다. 하지만 무대와 청중을 끊이지 않고 계속 쫓아다니고 있는 노농의 시끄럽고 집요한 아우성은 욕망하는 그물망을 조직하기 위해 다른 것과 절대 엮이지 않는다. 가공되지 않은 [날것 상태의] 탈영토화. 야만.

구도들은 결코 서로에게 작용하지 않는다. 즉 몰적 구도에서는 우리는 복종의 비인간성 속에 완고하게 머문다. 또한 분자적 구도에서는 우리는 동물되기의 비인간성 속에 완고하게 머문다. 구도들 사이의 관계의 논리는 화해할 수 없는 질서와 무질서 간의 이항 대립의 논리이다. 이러한 종류의 경제에서 두 극 사이에서 진동하는 삶은 정말 패배로 끝날 수 있을 뿐이다. 일단 욕망의 영토를 창출할 수 없게 된다면, 삶은 어쩔 수 없이 길을 잃는다. 몰적 구도에서, 위반, 즉 유일하게 상상할 수 있는 움직임은 죄를 짓게 하고 결국 신체손상, 범죄 또는 자살을 일으킨다. 분자적 구도에서, 어떤 곳으로도 열리지 않는 파괴는 광기를 만들어낸다.

탈출구 없는 이 두 개의 길 사이에 불가피한 선택은 연극 전반에 걸쳐 우리를 괴롭힌다. 그 연극은 첫 번째 장면들 가운데 하나에서 무대에 입장한 순간부터 마지막 순간까지 그리스 합창단같이 전체 줄거리를 강조하는 두 가지 유형의 음성 재료의 대비로 구체화되어 있다. 가정집 후미에

· · · · · ·

66) Nelson Rodrigues, 같은 곳.
67) Nelson Rodrigues, 같은 책, 59쪽.
68) Nelson Rodrigues, 같은 책, 95쪽.

위치한 한쪽 구석에서, 요나스(Jonas)가 임신시킨 10대 소녀의 불행한 노동에 괴로워하는 신음이 흘러나온다. 그것은 고통을 가족의 탓으로 돌리는 분노의 목소리이고, 또한 동시에 고통으로부터 구원을 요청한다. 가족 속에서 재영토화된 음성 재료는 이 드라마의 언어가 가질 수 있는 유일하게 가능한 거처이다. 또 다른 쪽, 가정집 바깥에서 노농의 웃음소리, 울음소리, 짖는 소리가 흘러나온다. 언어를 넘어가는, 순수한 탈영토화된 소리. 여기에 죽음의 운명을 지닌 연인의 신경증적 오이디푸스적 신음소리의 무거움이 있다. 거기에 광기의 운명을 가진 노농의 웃음의 가벼움이 있다. 두 개의 극단들, 줄거리에 스며드는 움직임이 [그 사이에서] 진동하는 극들.

화자의 목소리, 즉 위반의 목쉰 목소리와 광기의 사나운 목소리 사이에 뻗어있는 이 합창의 세 번째 목소리는 공허한 목소리이다. 즉 각각의 속도가 증가하면서, 점점 어지럽게 가속하면서 스스로 반복하고 강화하는 오이디푸스의 현존은, 그 연극이 하나의 실, 즉 모든 의미를 벗어나는 분열적 소리의 가는 실로 끝날 때까지 한 인물을 죽게 하고 가족을 조금씩 파괴한다. 어머니가 근친상간의 약속 속에 만날 도나(Dona Senhorinha)의 난폭한 아들인 노농의 아우성. 그리고 그것이 우리에게 남겨진 것이다.

넬슨 로드리게스는 정말로 불안을 생산한다. 그가 미시정치 분석을 행할 때 지닌 신랄한 유머와 날카로움은 현실재현으로 축소된 현실이해로 자신을 한정하는 편안함을 파괴한다. 삶은 의식의 보호 아래 "해결되거"나 "지배될" 수 있다는 환상을 우리에게 주는 (사회정치적인, 낭만적인, 주체적인 또는 그 무엇이든지) 체제의 재현. 모든 것이 결국 잘 돌아간다는 환상. 바로 편안한 꿈이 주관자의 단조로운 목소리(넬슨 로드리게스 자신에 따르면 여론의 목소리)에서 또는 사진사의 우둔한 시선(이것은 구경꾼들인 우리가 이 가족앨범의 페이지를 넘길 때 우리의 시선이 된다) 속에 구체화되는가? 이것은 분열분석가의 미묘한 기술을 갖고서 신랄한 넬슨 로드리게스가 공격하는 행복한 꿈이다.

계급투쟁과 자율성

자본주의체계에 대해 문제제기하는 것은 더이상 대규모 사회·정치 투쟁의 영역에만 속하는 것이 아니라 내가 "분자혁명"의 이름 아래 분류한 모든 것을 포함한다. 분자혁명이 소수자들에만 한정되는 것이 아니라 체계의 주체성 생산양식의 차원에서 체계에 문제제기하는 개인들, 집단들 등의 모든 운동으로 확장된다는 것은 분명하다.

*

만약 통합된 세계자본주의 또한 주체성생산의 통제에 의해 유지된다는 가설을 받아들인다면, 우리는 이전에 경제학과 정치학 영역에 한정되었던 사회적대들이 지금은 바뀌었다는 것을 인정해야 한다. **그것은 더이상 생산수단이나 정치적 표현수단을 단순하게 재전유하는 문제일 뿐 아니라, 정치경제 영역을 벗어나 주체적 경제 영역으로 들어가는 문제이기도 하다.**

이런 의미에서 주체성에 관한 문제설정은 맑스주의 용어들과는 완전히 다른 용어들로 표현된다. 맑스주의에게 욕망·예술·종교·관념의 생산의 문제들과 같은 문제들은 생산의 하부구조에 변증법적으로 의존하는 상부구조 영역에 속한다. 그러나 일단 주체성생산이 정확하게 이러한 생산의 하부구조 안에서 그리고 훨씬 더 중요하게 발견된다면, 하부구조 **대** 상부구조의 대립을 유지할 수 없다. 통합된 세계자본주의를 이해하고 문제제기하기 위해서는 정치경제의 독해에 우리를 한정할 수 없다.

*

　나에게는 행성[지구]의 최근 주요한 역사적 사건들을 단지 전략적 관계, 사회경제적 결정 등으로 설명할 수는 없는 것 같다. 이러한 종류의 결정은 의심할 여지없이 여전히 존재한다. 전략적 세력관계 — 계급, 카스트, 기타 등의 관계 — 에 기반한 사회적대들은 사라지지 않았고, 특정한 준거 및 분석 수준들에 의존하고 있다는 것이 명백하다. 사회·경제적 모순에 기반한 접근들은 유효하다. 그러나 이런 종류의 이론은 때로는 아주 흥미롭고 때로는 파국적인 많은 현상을 설명하지 못한다. 예를 들어 나는 이란, 아프가니스탄 또는 폴란드에서 비상한 투쟁의 잠재력을 지닌 일련의 종교현상의 등장에 대해 생각하고 있다. 그러한 현상을 이해하기 위해서 욕망경제의 문제설정을 고려하는 것이 필요하다. 그렇지 않으면 우리는 더 보수적인 경향들 — 예를 들어 진보적이든, 맑스주의적이든 또는 관료주의적이든 주교구(épiscopat) 안에 존재하는 경향들 — 에 의해 욕망경제가 조작되도록 내버려두는 위험을 감수하기 때문이다.

소냐 골드페더와의 면담, 상파울루, 1982년 8월 31일

골드페더: 현재 맑스주의와 관련하여 당신의 입장은 무엇인가?

가타리: 나는 어떤 종교에도 속한 적이 없고, 나는 절대 세례를 받지도 않았고, 가톨릭도 아니고 맑스주의자, 무정부주의자, 프로이트주의자 또는 어떤 것도 아니다. 그럼에도 그것은 내가 어떤 종류의 이론으로부터, 특히 맑스로부터 끌어낸 관념들을 계속 사용하고 그 관념들을 작동하게 하는 방식들을 계속 사용하고 있다는 것을 말한다. 맑스는 역사, 경제학

그리고 주체성생산을 완전히 새로운 방식으로 해석한 비범한 천재였다. 역설적인 것은 그가 지독한 학술적 뒤범벅을 조작하는 데 사용되어왔다는 것이다. 그것은 세계에서 일어나는 모든 돌연변이 운동을 회수하거나 재영토화하는 권력의 일부이다. 물론 이것은 전혀 새롭지 않다. 만약 당신이 복음서에서 그리스도의 테마를 해독하려고 한다면, 그리고 그것이 무엇을 생산했는지를 본다면, 똑같을 것이다. 내가 보기에, 근본적인 것은 (책에서 표현하고 학교에서 가르치는 것과 같은) 이론과 당신이 특정하게 그 이론을 사용하고 토론하고 또는 접합하는 방식, 즉 당신이 이론을 특정한 현실에 위치시키는 방식 간의 관계에 대한 철저한 문제제기이다.

사람들이 맑스주의를 사용하는 방식은 현재 환원의 시도들에, 특히 분자혁명과 충돌하는 마니교주의에 기여한다. 그러나 나는 일부 문제에 대해 맑스의 사유를 어떻게 사용할 수 있는지를 알 수 있다. 나는 프로이트의 사유에 대해서도 마찬가지로 말할 것이다. 정신분석가들이 프로이트의 사유를 사용하는 방식도 나를 불쾌하게 한다. 그럼에도 불구하고, 프로이트의 사유에는 우리에게 대단한 산소 흡입을 제공하는, 생기 있고 젊고 변증법적인 성격을 지닌 놀라운 것들이 있다. 당신이 사람들이 맑스와 프로이트의 사유가 대학에서 작동하도록 만드는 방식을 관찰한다면, 그것은 당신을 도망가고 싶게 만들 것이다.

ICBA에서 원탁토론, 살바도르, 1982년 9월 13일

질문. 이 모임에 참여한 사람들은 실제로 아주 상이한 욕망들과 열망들을 갖고 있다. 그들은 대부분 중간계급 사람들이다(그들을 "백인 바이아주 사람들"이라고 부를 수 있을 것이다). 그들은 특이성이라든가 개인성의 권리라는 쟁점들과 같은 것들을 논의할 수 있는데, 왜냐하면 그들은 우리

혹인들이 그러한 것처럼 하나의 사회집단이나 하나의 인종집단에 의해 직접적으로 억압받지 않기 때문이다. 그들은 음식, 주거 ─ 생존 자체 ─ 그리고 심지어 여가와 같은 기본적인 욕구들을 충족시키기 위해 불리한 투쟁을 감행할 필요가 없는 삶을 살아간다. 그러나 우리 혹인들에게 이 토론은 의미가 없다. 그리고 단지 우리를 위한 것도 아니다. 브라질에서 우리는 여전히 집합적인 문제들을 갖고 있는데, 그런 집합적인 문제들을 결정하도록 돕고 있는 전체구조에 대한 더 깊은 토론만이 우리로 하여금 그 문제들을 해결하도록 도울 수 있다. 우리가 가정·음식을 갖고 기술 자체에 보다 광범위하게 접근할 수 있는 평안함을 획득하고, 백인들이 창조했고 세계에 강요한 바로 그 사회 조직형식을 획득했을 때만이, 우리는 여기서 제기되고 있는 것들을 훨씬 진지하게 논의할 수 있을 것이다.

가타리: 무엇보다도 나는 특이화과정 ─ 내가 사용하는 용어의 의미에서 ─ 들이 개인성(individualié)과 아무 관련이 없다는 생각을 다시 한 번 강조할 것이다. 그것은 오히려 반대이다. 즉 **개인성은 특이화과정들의 소외 효과이다.** 당신이 제기하는 문제는 **기아와 관련된 문제설정과 욕망과 관련된 문제설정 간의 관계를 "그리고…… 그리고"의 측면에서가 아니라, "또는…… 또는"의 측면에서 수립하는 것이다.** 우리가 파헤치려고 노력해야 하는 것은 정확히 이러한 선택지 ─ 운동 "아니면" 전통적인 전투성 ─ 이다. 나는 욕망의 장에서의 특이화의 가능성들을 국가권력, 즉 거대한 기존 사회기구들과 맞설 수 있는 정치의 가능성에 대립시키는 이러한 논리에서 벗어날 필요가 있다고 생각한다.

전체 문제는 분자혁명의 현상만을 언급한다면 우리는 의심의 여지없이 우리의 개인적 삶(예를 들어 몸, 시간, 음악, 코스모스, 성, 환경과의 관계)을 변형시키는 데 힘쓰고, 지배적인 모델에서 벗어나기 위해 우리 자신을 연회집단으로 조직할 수 있다는 사실과 관련이 있다. 이 모든 것은 자본주의적 주체성의 모델화하는 체계들로부터 벗어나기 위해서는 본질적인 것처럼 보인다. 그리고 이것은 확실히 아주 먼 길을 갈 수도 있다. 예를 들어 독일의 몇몇 도시 중심에서 일상생활을 이렇게 포섭하는 방식은 때때로 고도로 정교하다. 그러나 그것은 이야기의 한 측면일 뿐이다. 이것 때문에 사람들이 독일에서 GNP의 상당 부분이 무기생산에 소모된다는 사실을 바꿀 수 있지는 않을 것이라는 것도 분명하다. 그리고 그 때문에 제3세계의 전체 지역들이 자본주의 원료시장에 의해 황폐화된다는 사실을 바꿀 수 없을 것이다. 빈곤과 같은 것들이 존재하며, 이러한 상황에 반대하여 투쟁하기 위해 분자적 운동들을 긍정하는 것으로는 충분치 않다는 것은 명백하다. 그 반대 역시 진실이다. 즉 분자적 운동은 현존 세력들, 경제 문제들, 매체 등과 관련하여 정치를 하지 않은 채 오랜 동안 생존할 수는 없다.

따라서 우리는 욕망의 사회경제 문제와 수천 명의 사람들을 무시무시한 가난과 완전한 절망으로 내던지는 문제 사이에 오고가기에는 상당한 거리가 있다는 것을 안다. 그러나 우리는 "맞다. 먼저 자본주의적 엘리트들의 권력문제를 해결하고, 그러고 나서만 우리는 욕망문제를 다룰 것이다. 왜냐하면 우선순위가 있기 때문이다"라고 말하는 것으로 이루어지는 전통적인 추론에 빠지지 않도록 조심해야 한다. 자본주의가 (로봇공학, 컴퓨터, 텔레커뮤니케이션에서의 혁명을 통해) 통제하는 기계들은 세력관계를 철저하게 변형시키고, 점차 상당한 인구 부문 ── 생산 부문들, 지역들 그리고 심지어 전체 나라들 ── 을 주변화하는 경향이 있다. 자본주의적 주체성에 대한 저항형식들은 이러한 메커니즘의 발전에 의해 더욱더 위협받고, 이것은 세계 위기의 바로 핵심에 있다. 이러한 이유 때문에 분자혁명의 쟁점들은 더이상 주변적인 쟁점들이 아닌 경향이 있다. 낡은 주변성들에 대한 문제설정들이 모든 이러한 주변화과정들에 어떤 방식으로 연결되어 있다.

이 모든 것은 전통적인 전투형식들이 주변집단들의 문제설정뿐만 아니라 사회의 대부분의 기본적인 문제들에 점점 더 대응할 수 없는 경향이 있을 것이라는 생각으로 되돌아간다.

소수집단들과의 만남, 올린다(Olinda), 1982년 9월 15일

논평: 브라질에서 조직된 동성애운동은 대학교육을 받은 사람의 지적인 엘리트운동이다. 이성복장착용자들 및 가난한 패그(fag)들과 같은 사람들은 주변화된 채 남아 있다.

'바이아 게이집단(Grupo Gay da Bahia, GGB)' —— 브라질의 가장 큰 동성애활동가집단 —— 은 이성복장착용자들 사이에서뿐만 아니라 거리 동성애자들 사이에서도 매우 광범위하게 활동을 벌이고 있는, 브라질에서 단 하나의 집단이다. 헤시페(Recife)에 기반을 둔 가토(GATO)집단[69]은 그 활동에서 꽤 다르지만, 또한 사람들의 사회적 출신이라는 주제에 대해 생각을 가지고 있었다. 우리들은 대부분 일부 이성복장착용자를 제외하고는 중간계급 출신이었으며, 그래서 우리의 계급경계들을 생각하면서 우리는 다른 사회적 부문들에서 활동하게 된다. 예를 들면 우리 각자 개별적으로 주변부에 사는 사람들, 어머니 집단들 등과 동성애에 대해 논의하러 갔다.

논평: 나는 흑인운동에 대해 무엇인가를 말하고 싶다. 이곳 페르남부쿠(Pernambouc)에서의 운동은 주로, 우리의 가난과 피부색으로 인해 백인으로부터 분리차별되는 같은 방식으로 가난하고 못난 흑인들을 분리차별하는

---

69) 1970년대 후반부터 1980년대 초반까지 존재했던 헤시페에 있던 동성애 해방집단.

대학을 졸업한 아름다운 흑인들의 운동이다. 그 운동은 정말로 하얗지만 내가 "어두운 피부를 지닌 사람들"이라고 부르는 종류의 흑인들에 의해 여기에서 창조되었다. 그들은 읽기 위해 책을 사거나 대학을 가는 흑인소수자이다. 애초의 제안은 세련된 흑인들을 모으려는 것이 아니었다. 그 제안은 피부색 때문에 직장에서 거부당한 — 종종 발생되는 — 흑인들을 지원하는 것이었다. 만약 그런 일이 발생했다면 그 사람은 그 집단에게 알릴 것이고, 그 집단은 이번에는 언론에 알릴 수 있을 것이다. 그러나 관심은 그것이 아니라, 아름다운 "아프리카" 옷을 입고(즉 그러한 옷을 살 수 있는 사람들에게) 거리에서 행진하며 검정머리가 아름답다는 것을 보여주는 것이 되었다. 그리고 그 운동은 조금씩 위축되었다. 지금 애초의 제안으로 돌아가기 위해 노력하고 있지만 주변화된 흑인들에게 정말로 다가가는 데에는 아직도 상당한 어려움이 있다.

 논평: 여기 북동부에서 가난이 엄청난 비율에 이를지라도, 악의·자책감·죄를 키우며, 빈곤의 문제에 배타적으로 가치를 부여하는 이 유형의 중간계급 담론은 지루하다. 북동부에서 주어진 사회구조에서 중간계급이 훨씬 더 적다는 것은 사실이지만, 그것은 중간계급 출신의 소수자들이 자신들의 고유한 상황에 따라 조직하고, 자신들의 요구를 갖고, 자신들의 이해관계를 표현할 권리를 갖고 있지 않다는 것에 대한 이유는 아니다. 이러한 거부는 결코 건강하지 않다. 즉 사람들은 한쪽, 빈곤 쪽에만 관심을 가지며, 현실적이기도 한 어떤 것을 잃는다. 여성들의 조건, 예를 들면 그들의 직업적 개인적 실존적 표현을 위한 공간 부족은 하나의 현실이며, 그것은 사회계급과 상관없다. 게다가 이 현실은 북동부에서 훨씬 더 충격적인데, 거기에서 여성들의 공간은 적어도 브라질에서 거대도시적인 다른 현실들 속에서보다도 더 적다.

논평: 모두 여성운동에서 온 것은 아니지만 헤시페와 올린다(SOS)[70]에서 온 여성집단과 함께, 우리는 교외 여성집단들에 대한 부인과 자가—진단 실험을 했다. 신체인식, 성관계, 남녀관계, 쾌락관계, 불감증 —— 간단하게 말하면 우리 모두의 삶에 접촉하는 문제들을 토론하였다. 여성들 사이에 전에 존재하지 않았던 친밀성의 공간이 구성되었고, 그것은 매우 중요하다. 몸과 관련한 이러한 작업은 결국은 그러한 주민층이 우리를 받아들이도록 하는 진정한 돌파구를 팠다. 아주 이상하게도 바로 이 작업이 (적어도 여성운동에서 4년 동안 투쟁해온 나에게) 중간계급 성원으로

• • • • • •

70) 가타리와 헤시페 및 올린다 페미니스트들의 만남은 SOS-Corpo가 조직했다. 1981년 헤시페에서 창립된 이 집단은 여성의 신체 자각 및 여성의 건강 및 섹슈얼리티에 관한 정보 공유와 같은 쟁점들에 애초에 초점을 맞추었다. 그 집단은 계속해서 존재했고, SOS Corpo Gênero e Cidadania('SOS 몸 젠더 그리고 시민권', 그 이름은 지금 막 Instituto Feminista pela Democracia: SOS Corpo Gênero e Cidadania: '민주주의에 대한 페미니스트연구소 SOS 몸 젠더 그리고 시민권'으로 바꿔려고 하고 있다)라는 이름 아래, 최근에 국내에서 가장 크고 가장 지속적인 브라질 페미니스트 NGO들에 속한다. 그 단체는 정부에게 셀 수 없이 많은 상담서비스를 해주고 국제적인 지지를 받는다. 헤시페 및 올린다에서 페미니스트 활동은 브라질에서 가장 흥미로운 것들에 속한다고 말할 가치가 있다. 올린다의 현재 시장이 페미니스트(브라질 공산당원)일 뿐만 아니라, 노동자당이 장악한 헤시페의 지방자치체는 책임자들 사이에 SOS Mulher Recife 집단을 지니고 있으며, 그것의 여성 프로그램으로 UN상을 수상했다.

가타리와 만남의 참여자들은, SOS-Corpo 집단에서 그리고 1980년대 초반에 상파울루에서 형성된 페미니스트 집단인 SOS-Mulher에서 온 여성들을 포함했다. SOS-Mulher는 브라질에 12개 다른 도시들로 급속도로 확대되었다(그들 가운데 헤시페가 있다). 여성폭력 피해자들의 법적, 사회적, 정신적 건강보호에 전념하면서, 그 집단은 여성들에게 익명의 믿음직한 보조를 전화로 조직한 최초의 집단 가운데 하나였다. 그 집단은 1970년대 중반(특히 1978-79년) 시기 동안 브라질에서 넘쳐났던 여성운동에서 성장했다. 그 시기는 독재에 의해 강제 추방됐던 많은 브라질인들이 브라질로 돌아왔던 때다. 그 시기에, 그 조직은 이미 여성을 죽였던 남성들을 사법 체계가 풀어준 것을 비난하기 시작했다. SOS-Mulher 지부들은 자율적이고, 종종 다른 이름으로 존재하고, 여성운동들의 전국 회의들에서 자신들의 경험을 부정기적으로만 공유했다. SOS-Mulher 집단 및 여성운동 일반이 여성폭력 주제를 성공적으로 정치화한 결과들 기운데, 싱파울루에서 프랑고 몬노로 정부에 의해 첫 번째 여성보호국이 1985년에 창립되었다. 여성운동과 특히 SOS-Mulher가 강력하게 존재하고, 1983년에 동일한 정부 동안 창립된 '여성의 조건에 관한 주보조위원회'가 폭력 주제에 우선성을 부여한 결과로 여성보호국들이 창설되었다. 여성경찰이 간부로 있고 여성에 대한 범죄를 확인하는, 나라 전역에서 300개가 넘는 여성보호국이 있다.

서 나의 한계에서 벗어날 수 있도록 해주었다. 사람들은 대중소통수단에 접근하지 않았다. 그리고 "페미니스트들은 동성애자들이다" 또는 "페미니스트들은 남성을 사랑하지 않는다", 그리고 이런 종류의 다른 것들과 같은 페미니스트들과 관련한 편견을 깨뜨리는 것이 힘들었다. 바로 몸과 관련한 이러한 작업이 다른 사회경제적인 세계들에서 온 여성들과 접촉할 수 있게 해주었다. 지방좌파는 성과 몸이라는 그런 쟁점들은 인민 여성에게 관심을 끌지 못할 것이라고 말하였다. 그러나 정확하게 이 작업은 여성들과 정서적으로 접촉할 수 있게 해주었고, 더욱이 우리는 현실의 문제설정은 계급문제로 환원될 수 없다는 것을 뚜렷하게 보여주었다.

상파울루 시의회와 주의회에 입후보한 PT당 당원들과 원탁토론, 1982년 9월 2일

질문: 나는 PT당 시의회 입후보자인 콜타이(Caty Koltai)가 제안한 "불복종" 캠페인에 관해 당신에게 좀 듣고 싶다. 우리가 제안하는 것은 일상의 요소들의 배치를 노동자계급의 더 일반적인 요구들과 결합시키는 것이다. 바로 이 때문에 다른 당원 동지들이 우리를 자주 쁘띠 부르주아라고 비난한다.

가타리: 나는 두 가지 반대 논제를 변호하고 싶다. 첫째는 근대 생산의 본질적인 부분을 형성하는 집합적 노동력의 진화, 즉 프롤레타리아트의 진화 속에는 노동자의 모델화 전체가 있다는 것이다. 프롤레타리아트의 진화의 그러한 조건들이 정확하게 거대한 노동거부를 이끈다는 사실을 고려하지 않는 노동의 가치증식이라는 이데올로기 전체가 있다. 사회적 노동 그 자체가 아니라, 사회적 자기가치증식의 노동 —— 실제로 사회에

서 어떤 것에 이바지하는 노동 —— 이 아니라, 사회통제·무기제조·생 태환경 파괴 등과 같은 전적으로 부조리한 노동에 대한 거부. 이러한 거부 주위에 또 다른 종류의 노동자계급(또는 비노동 계급)—— 실업자 계급 또는 이탈리아에서 사람들이 말하듯이 **주변인**(marginati) 계급(그들이 일을 가지고 있지 않기 때문에 또는 그들이 단순히 일하길 원하지 않기 때문에 일하지 않는 모든 사람들, 또는 심지어 일이 그들에게 흥미롭지 않기 때문 에 일하지 않으면서 일하는 사람들)—— 이 구성된다. 그러나 프롤레타리 아트 속에 존재하는 이러한 노동의 가치증식 이데올로기는 그들이 그러 한 다른 종류의 노동자계급인 것처럼 보이는 것을 어떤 식으로든 고려하 지 않는다는 것을 의미한다. 이것은 노동자운동에서 운동의 전 역사를 횡단하는 일종의 공리, 즉 혁명 투사들이 노동[투쟁] 과정에서 최고가 되기 위해 따르는 공리의 존재로 해석된다. 또는 우리는 PT당의 텍스트들 속에서 정확히 이러한 종류의 공리를 발견한다. 즉 PT당 투사들(그것처럼 제기되지는 않지만, 동일한 것으로 된다)이 "좋은 노동자들"이 되어야 한 다고 선언하는 극단적으로 전통적인 조항이 (내가 실수한 것이 아니라면 법령들 속에) 있다. 그래서 내가 보기에는 아마도 당신이 이러한 "불복종" 캠페인에서 하고 있는 것은 전혀 주변적이거나 소수자적인 것이 아니라 점차 나라의 사회계층 전체를 횡단하는 경향이 있는 전반적인 주변화과 정에 대한 자각의 관점에서 상대적으로 진전된 어떤 것 같다. 게다가 나는 당신들의 이러한 접근을 새로운 노동자 형상을 체현하고 이탈리아 자율 (아우토노미아)운동에서 특별히 발생한 자각에 연결시킬 것이다.

이제 나는 반대 논제를 변호할 것이다. 만약 이러한 "불복종" 흐름이 노동자계급, 농민, 서비스노동자 등의 거대한 대중이 이해하고, 느끼고, 들을 수 있는 것과 (적어도 표현형식에서) 결코 일치하지 않는 거부 슬로 건들만을 강령에 포함하는 것으로 이루어져 있다면, 우리는 철저한 파열 로 나아갈 위험을 감수해야 될 것이다. 더욱이 이와 관련하여 당신들은 또한 '노동자 아우토노미아(Autonomia Operaia)'와 가까울 것이다. 그 운동의 표현형식 그리고 그것의 실천은 이탈리아에서 인민계급・노동자계급에 대한 전 지구적 이해와 관련해서는 고립되어 있었다. 사실 이것은 아우토노미아 안의 모든 흐름들에서 일어나지는 않았다. 이러한 종류의 "게토화"와 감금을 항상 거부했던 로마의 '메트로폴리탄 인디언들'과 볼로냐의 '라디오 알리체'[71]와 연관된 운동들과 같이 "욕망하는 아우토노미아"라 불리던 흐름이 있었다. 아마도 그 흐름은 기본적으로 옳았지만, 전체 사회적 장에서는 전적으로 외국인 종족들처럼 나타나 자신을 반성하는 것으로 끝났다. 결국에 일어난 것은 권력 쪽에 의한 끔찍한 탄압이었고, 실제로 공산당을 비롯한 좌파정당들(그들이 이러한 운동들에 반대하는 공격적인 정책을 계속 유지하는 한)은 이 탄압을 폭넓게 지지하였다.

이제 이러한 두 가지 논제를 제시했으므로, 나는 작은 변증법적인 급선회를 할 것이다. 즉 이탈리아의 예를 기억하면서 내가 지시했던 종류의 운명을 피할 수 있는 가능성은 이러한 흐름 또는 이러한 유형의 운동들이 현행 투쟁에서 자신들의 표현수단을 찾아내고 훨씬 더 폭넓은 자각을 위한 촉매로서 기여할 수 있는 능력에 달려있을 것이다. **희생양의 입장을 버리는 것**, 이것은 지속적으로 우리를 이러한 종류의 내부지옥 논리에

• • • • • •

71) '라디오 알리체'는 들뢰즈와 가타리의 『앙띠 오이디푸스』를 주요 준거로 간주하는, 신문 A/traverso의 '욕망하는 자율성(Autonomia desiderante, 또는 Autonomia Creativa)'의 편집자들에 의해 1976년 2월에 설립됐다. 그 방송국은 1977년 4월 경찰에 의해 폐쇄되었다. 다음 날 그 집단은 방송을 재개했지만, 경찰이 두 번째로 방송국을 폐쇄했고, 이때 방송국의 방송인들 몇 명이 체포되었다. 이 사건에서 비포(Franco Berardi)는 가타리를 만났던 파리에서 은신처를 찾았다. 가타리는 그해 7월에 알리체 라디오의 재시작을 이끈, 억압・검열 등에 반대하는 캠페인에 착수하도록 그를 도와주었다. 방송국은 1981년 내내 방송을 계속했지만, 그 첫 번째 시기 (1976-1977)가 가장 창조적인 시기였다. "Des millions et des millions d'Alice en puissance", Inrtoduction á Colletif A/Travaso, *Radio Alice, radio libre*, Delarge, 1977. Félix Guattari, *La Révolution Moléculaire*에 다시 실렸다(가타리, 윤수종 옮김, 『분자혁명』, 푸른숲, 1998). 또한 Félix Guattari, "Les radios libres populaires", *La Nouvelle Critique*, vol. 115, 296, pp. 77-79을 보라. (윤수종 편역, 『(가타리가 실천하는) 욕망과 혁명』, 문화과학사, 2004.)

빠질 위험을 무릅쓰게 하며, 이 논리는 어떤 흐름을 전체적으로 고립된 행동들, 무장투쟁 행동, 대중소통수단 수준에서만의 확인행동 등 —— 결국에는 거대한 탄압수단들의 놀이로 끝나는 행동들 —— 으로 이끌 것이다. 나는 특별히 '**붉은여단**(Red Brigades)'[72]이나 '**제1전선**(Prima Linea)'[73]과 같은 운동들에서 일어난 것을 생각하고 있다.

*

유럽에서, 미국에서, 그리고 라틴아메리카에서 자율적이라고 하는 사회운동들 사이에 최소한의 유사성이 있다고 생각하는 것은 착각일 것이다. 형식적으로, 공통적인 몇몇 점들을 찾을 수 있을지도 모른다. 왜냐하면 그들은 종종 같은 언어를 그리고 같은 스타일을 사용하기 때문이다. 그러나 상이한 환경들 속에서 순회하며 브라질에서 한 달을 보내면서, 나는 이러한 것들에 깊은 차이들이 있다고 생각한다. 1960년대의 "신문화"[74]라고 불렸던 것을 확장하면서 유럽 및 미국에서 발전한 모든 것은, 일반적으로 소부르주아적, 주변적, 이단적 등의 요소들과 거대한 사회투

· · · · · ·
72) 붉은여단은 처음에 특정 노동 대결들의 무장 분파로, 1973년에 이탈리아에서 등장했다. 붉은여단은 기독교 민주당의 지도자이자 이탈리아 수상이었던 알도 모로(Aldo Moro)의 납치 때문에 1979년에 국제적으로 알려지게 되었다.
73) 프리미 리네아(Prima Linea)는 1976년에 설립된 게릴라 집단의 이름이있고, 그 집단의 시도자들은 대개 해체 이후의 로타 콘티누아(Lotta Continua)로부터 왔다. 그 집단의 투사들은 1979년에 지하활동으로 들어갔다. **붉은여단**에 비교하여 **제1전선**은 훨씬 더 많고 덜 구조화된 그리고 맑스레닌주의에 준거하지 않은 조직이었다. 그 기획은 (**붉은여단**의 경우처럼) 노동자운동의 무장된 당을 구성하지 않았고 오히려 운동의 모든 층위들을 무장화하는 것이었다. 그 때문에 **제1전선**은 운동에 더욱 밀접해졌지만, 바로 같은 이유로 그것의 영향력은 종종 불길하였다. 즉 그것은 모든 종류의 전투적 소집단들을 "무장시켰"다. 가타리가 1977년에 **아우토노미아** 운동의 정점에서 이탈리아에 있을 때 개입된 대결은 **아우토노미아**와 **붉은여단** 사이의 대결이었지 무장집단들(**붉은여단**과 **제1전선**) 사이의 대결이 아니었다.
74) 가타리는 대항문화를 가리키고 있다.

쟁들 사이의 단절로 특징지어졌다. 분명히 미국에서 이것은, 상이한 운동들 간에 다리로서 아마도 다소 인위적으로 기여했던 베트남전에 반대하는 거대한 사회운동들이 있던 동안에는 은폐되었다(프랑스에서는 알제리전쟁 이후 비슷한 것이 발생했다). 그러나 베트남전쟁 이후 즉시 모든 그러한 운동은 흩어졌고, 흑인운동과 같은 "심원한" 사회 운동들만이 재조직됐다. 모든 다른 것들은 부문들에 한정된 채 있었다. 예를 들어 페미니스트들은 그들 자신의 행동공간을 개발했고, 그들의 이데올로기는 때때로 사회적 장으로부터 너무 분리되었다. 생태주의자들은 몇몇 사례에서 폭넓은 운동들을 계속 창조했지만, 그들의 정치적 영향은 언제나 극히 흩어졌고, 아주 종종 국가권력 자체에 의해 그리고 전통적인 좌파정당들에 의해 회수되었다.

내 생각에 브라질에서 현재 발생하고 있는 것은 또 다른 성격에 속한다는 것을 언급한다. 정치적 민주주의의 수립을 위한 투쟁들, 순전히 기본권들 — 산업사회들에서 오랫동안 인정된 권리들 — 의 긍정을 위한 노동자계급의 투쟁들, 농민세계의 투쟁들(우리가 농민에 대해 말할 수 있다면), 절대적으로 극한적인 빈곤조건 속에서 살아가며 브라질 사회에서 커다란 운동을 만드는 부문들이 있다. 거기서 소수자 집단운동의 감수성들부터 음식·신체·공간과의 자신들의 관계를 바꾸는 것에 관심을 가진 사람들의 감수성들에까지 걸쳐 있는, 특수하고 특이한 감수성들이 결합된다. 달리 말하면, 내가 보기엔 유럽에서 발생했던, 특히 1968년 프랑스에서 발생했던 것과는 전혀 다른 상황인 것 같다. 나는 르노 공장들로 전진하고 닫힌 공장 출입구들에, 즉 사장들에 의해서가 아니라 조합에 의해, 공산당에 의해, 그리고 또한 우리가 인정해야만 하는데 대부분의 노동자계급 그 자체에 의해 닫힌 출입구들에 부딪힌 그 엄청난 학생 시위를 기억한다.

애초의 질문으로 되돌아가 보면, 나는 유사성들을 찾는 대신에 각 맥락에서 조직될 수 있는 투쟁들의 특정한 조립을 구분하려는 것이 필요하다고 생각한다. 이것으로부터 나는 유럽에서 일어나는 것과 브라질에서 일어나는 것 사이의 철저한 차이들이 있을 뿐만 아니라, 브라질에 대해 일반적으로 말하지 않으려고 상당히 조심해야 한다고 생각하게 된다. 우리가 이 며칠간 했던 단순한 여행은 단지 하나의 브라질이 아니라 여러 개의 브라질이 있음을, 그리고 북동부에서 이러한 문제들에 대한 인식이 예를 들어 상파울루 또는 리우에 존재할 수 있는 인식과 매우 다르다는 것을 나에게 제시한다.

롤니크: 브라질의 경우에서처럼 대항문화운동과 대규모 사회투쟁 간의 관계가 동일한 나라에서조차 맥락들에 따라서 다르기 때문에, 그 관계를 검토할 때에 신중할 필요가 있다는 가타리의 의견에 동의한다. 그러나 나는 브라질에서 대항문화운동에 대한 그의 독해에 동의하지 않는다. 비록 지금 이런 종류의 운동들이 소수자운동의 경우처럼 묶어주고 접합하는 축으로 기능하는 노동자당에 대부분 잇닿아 있다는 것이 사실일지라도, 1960년대와 1970년대 초기에 브라질의 독재정권 아래에서의 대항문화운동에 관해 동일하게 말할 수 없다. 그 시기에 게릴라운동 (게릴라운동이 일반적으로 우세했던 라틴아메리카의 다른 곳과는 달리) 곁에 같은 순간에 브라질의 중요한 대항문화운동이 있었다. 그러나 그 두 운동 사이에 분명한 분리가 있었으며, 심지어 노골적이며 아주 폭력적인 갈등이 있었다. 그들이 공통으로 가졌던 유일한 것은 절대 참을 수 없게 되었던 상황에 반대하기 위하여 심각한 위험 —— 게릴라운동 또는 대항문화에 참여했던 많은 사람들이 실제로 겪었던 감옥, 고문, 그리고 죽음 또는 추방[망명]의 위험 —— 을 무릅쓴 한 세대의 용기였다. 광인이 될 정도로 정신약화의 위험은 말할 것도 없다. 대항문화의 경우에, 이러한 위험은 억압에 대한 트라우마적 경험에서뿐만 아니라, 부르주아적 생활양식과 잔인하게

충돌한 실존적 실험의 급진성에서도 비롯되었다. 정신의학적 수용[감금]은 통상적이었으며, 많은 사람들이 결코 그것으로부터 벗어나지 못했다. 나는 가타리가 음식·신체·정서·섹슈얼리티·공간과의 관계를 변형하는 것이 브라질 대항문화운동에 고유했다고 말할 때 그에게 마찬가지로 동의하지 않는다. 왜냐하면 바로 이와 같은 태도들이, 캘리포니아에서 시작하여 근본적으로 대항문화를 어디에서나 규정했던 실존적 실험, 환각제 섭취, 그리고 부르주아적 삶과의 단절을 구성하였기 때문이었다.

국가와 자율성

국가는 자본주의적 주체성생산에서 근본적인 역할을 수행한다. 그것은 **매개자 국가, 구세주 국가**로, 모든 것은 유아화된 주체성을 생산하는 의존 관계에 따라 이 국가를 통과해야 한다. 이 확장된 ── 자신의 실업적, 재정적, 군사적 또는 경찰 권력보다 훨씬 더 광범위한 ── 국가기능은 예를 들어 미국에서는 **복지국가**로 불리는 지원체계를 통해 실현된다. 그것은 "연기된 임금" 체계, 집단이 자기규제·자기형성·자기규율하게 하는 보조금 체계, 그리고 정보·시험·통제·위계·승진 등의 체계이다. 국가는 우리가 "집합적 시설들"이라고 부르는 이러한 분기 세트, 이러한 종류의 제도들의 리좀이다. 그것이 국가가 탈중심화에 대해 말하는 것을 두려워하지 않는 이유다. 그것은 당 강령들이 자주관리 제안들을 두려워하지 않고 포함할 수 있는 이유이기도 하다. 예를 들어 프랑스에서 정당들과 노조들은 모두 완전히 계약된 관계에서 국가로부터 보조금을 받는다.
자본가들과 또한 (고전적 그리고/또는 맑스주의적) 사회당의 전망 전체는 일정한 관념에 따라 "진보"를 촉진하면서, 자본주의적 흐름 속으로의 이러한 진입과정을 가속화하는 것이다. 그들에게 이 국가 기능이 발전되어야 한다는 것, 즉 유럽에서 존재하는 것들과 같은 고전적인 집합적 시설들이 완전해져야 한다는 것은 매우 중요하다. 일상생활·욕망경제에서의 변화 문제와 관련하여, 그들은 너무 느리다. 그러나 역사는 이러한 단절[파열]이 결코 적절하지 않다는 것을 우리에게 보여준다. 즉 상이한 무대에서 하나의 사회투쟁이란 관념은 사회적 직조의 재구성이라는 문제설정과 자주관리 및 사회적 가치증식의 문제설정이 항상 지체되고 연기된다는 사실로 이어진다. 발생하는 것은 이 자본주의적 주체화기능과 전체 사회영역에 설립되어 있는 국가시설들이 자신들의 권력을 포기할 의도를 조금도 가지고 있지 않은 새로운 관료적 카스트들, 새로운 엘리트들에게 유리하게 작동한다는 것이다.

나는 이것이 단지 생산기능들과 관련해서만 일어나지는 않는다는 사실을 강조하겠다. 우리는 또한 우리가 누구와 그리고 어떻게 입 맞춰야 하는지 말아야 하는지, 그리고 우리가 모유수유를 해야 하는지 아닌지, 그리고 어떻게 하는지를 알기 위해 구세주 국가에 의뢰한다. 국가권력의 이러한 유치화하는 기능은 극도로 소형화된 수준에서 일어나며, 이 수준은 행동 및 사회활동의 격자에 한정되지 않는다. 이 모델화는 또한 무의식적 재현들에 영향을 미친다. 아마도 거기에 이 관념과 "이데올로기적 국가장치"라는 알튀세르의 관념의 차이가 놓여 있다. 그것은 사회 속에 체현된 이러한 볼 수 있는 시설들만의 문제가 아니다. 국가는 또한 볼 수 없는 통합 수준에서도 기능한다.

조력자 국가는 주민의 상당 부분을 경제 회로 밖으로 내모는 분리차별을 조직함으로써 시작한다. 두 번째 단계에서 국가는 그러한 사람들에게 그들이 통제체계 속으로 들어가는 조건 위에서 도움을 주며 원조한다. 개인들, 가족들, 기본 풀뿌리 사회집단들, 그리고 일차적 사회집단들이 자신들의 이웃에서 자신들이 원하는 시설들을 스스로 선택할 수 있는 한에서만 진정한 자율성과 삶의 진정한 재전유가 있을 것이다. 따라서 그것은, 지속적으로 보조금을 요구하지 않고, 어떤 종류의 심리학자 또는 정신의학자에게 부서설립을 요구하지 않고, 국가가 이런 저런 곳에서 건축하는 표준화된 시설들을 요구하지 않고, 이러한 문제설정들의 관리를 접수하는 문제이다.

좌파구성체가 브라질에서 권력을 잡는 데 성공한다는 과학소설 대본을 상상해 보자. 그 경우에 그들에게 다음 질문을 즉각 물어보는 것이 필요할 것이다. "당신의 의도는 유럽적 길들을 따라 근대주의적 길에 들어서는 것인가?" 그것은 여기 모든 사람이 훌륭한 임금과 지위, 그리고 아주 잘 만들어진 시설들을 가진다는 것을 의미한다. 그러나 그것은 또한 모두가 절대적으로 압도하는 주체화양식을 생산하는 기계 안의 노동자들이 된다는 것을 의미한다.

*

이러한 두 유형의 목표 — 자율과정들의 확인과 거대한 투쟁기계의 실존 — 의 공존이 계속 금지된다면, 불행하게도 그것은 주요 문제들을 관리하고 모든 소수자를 보살피는 항상 같은 종류의 정치구성체 — 우파든 좌파든 — 일 것이라는 인상을 가지고 있다. 상황에 따라 이러한 구성체들은 심지어 "진정해라. 사람들은 이러한 소수자 문제를 해결할 것이다"라고 말할 수도 있다. 그리고 다양한 장관직 부서가, 즉 흑인, 여성, 정신이상자 등을 위한 부서가 하룻밤 사이에 생겨날 것이다. 나는 이것이 다소 지금 유럽에서 사태가 발생하고 있는 방식이기 때문에 그렇게 말한다. 우리는 "약물[마약] 씨", "여성의 조건 부인", "생태 씨" 등이라고 부를 수 있는 부서들의 인물[장관]들을 가진다. 주변인들조차 하나의 지위를 가진다. 그러나 그들을 집합적인 시설 및 그것들과 같은 것들로 들어가게 만들고, 일정 맥락에서 그들을 자본주의적 주체성생산의 행위자들로 만드는 것은 정확히 이러한 승인[인정]이다. 그리고 이것은 종종 놀랍게도 모호한 조건들에서 발생한다. 사람들은 이러한 두 유형의 투쟁을 동시에 발전시킬 수 있었던 정치구조를 발명하는 데 성공하지 못했다는 것은 진실이다. 그리고 나는 그것이 운동이 본질적으로 소진하게 된 이유라고 생각한다.

그것이 내가 다음과 같이 주장하는 이유이다. 즉 모든 종류의 소수자들, 주변인들, 불안정 노동자들, 현행 생활양식·훈육양식을 거부하는 모든 사람들이 국가권력(자본주의적이든 사회주의적이든)이 자신들에게 해결책을 가져다주기를 계속 온순하게 기다리고 있다면, 우리는 오랜 시간을 기다려야 하는 위험을 감수할 것이다. 우리는 사회의 핵심부분 전체의 도덕해이 현상에 다시 한 번 마주하게 될 위험을 감수할 것이고, 아마도 우리는 훨씬 더 심각한 위험을 감수하며 있을 것이다. 즉 상황은 우리가 인식하는 것보다 훨씬 더 극단적인 우파가 권력을 장악하는 쪽으로 선회했을 것이다. 그리고 극우파는 어떻게 권력을 유지하는지를 매우 잘 알 것이다.

어떻게 특이화과정들 —— 거의 소통할 수 없는 것의 접점에 있는 것 —— 이 선거캠페인 기간 동안에 유지되게 하는가? 우리의 특이성을 투표함에 넣음으로써? 투표에서? 그것은 손가락에서 스르르 빠져나갈 것이다. 그럼에도 만약 우리가 경제 및 정치를 지배하는 법칙을 안다고 사회질서를 관리할 수 있는 척하는 이러한 종류의 어리석고 반동적 체제를 전복하길 원한다면, 우리가 이러한 종류의 방해물과 대결하기를 원한다면, 그것은 구석에서 시를 쓰는 데, 또는 좋다고 느낄 수 있는 작은 동성애 공간을 구성하는 데, 또는 어린이 교육 등을 위한 대안교육 정식들을 발명하는 데 있지는 않을 것이다. 우리는 그러한 것들을 모두 결집시킬 수 있지만, 그때조차 우리는 칠레에 또는 다른 장소에 있는 권력을 전복할 수는 없을 것이다. 그러한 경우에 우리는 지구에 존재한다는 단순한 사실에 흥미가 있는 사람들이 명확하고 철저하게 고립될 위험에 노출될 것이다. 생각하는 방식, 말하는 방식, 그리고 사랑하는 방식을 알기 위해 국가에 의존하지 않고 국가에 보고하지 않고, 지구상에 존재하는 것, 살아야 하는 것, 죽어야 하는 것, 재생산해야 하는 것, 세상에서 자신의 태도를 취해야 하는 것이 이미 매우 특이하다. 우리는 실존적 특이화과정들과 사회영역을 조직하는 모든 엄청난·무거운·군사화된·무장된 구조들 사이를 완전히 분리하는 위험에 노출될 것이다. 그리고 그때 분명히 우리는 변화 및 과정적 변혁의 실제 에너지들이 우리 사회를 움직이는 종류의 야만 및 어리석음을 문제 삼는 배열장치들을 창조하도록 허용하는 새로운 논리, 새로운 화용론을 발명해야 할 것이다. 나에게는, 이러한 것들은 현재 제기되는 가장 큰 문제들이다.

"대안" 유치원들[취학 전 학교]과의 만남, 상파울루, 1982년 8월 27일

논평: 이러한 "대안" 유치원에서 우리의 교육실험들에서 우리가 하고 있는 것은 단순히 유치원들을 근대화하는 것이다. 그리고 그것은 우리가 실제로 자신의 이해관계를 부과할 수 있는 동원된 주민을 갖고 있지 않기 때문이다. 여기서 "대안"은 하나의 제도와 이미 연계된 어떤 일을 직접적으로 발전시키는 것과 보다는 이러한 이해관계들을 동원하는 방향에서 정치적으로 일하는 것과 훨씬 더 관련되는 것 같다.

가타리: 그러나 이 상황은 변할 수 있고 진전할 수 있으며, 그런 일이 발생한다면 당신들과 같은 집단들이 하나의 관점을 가지고 당신들의 제안들을 지닌 하나의 세력을 대변해야 한다는 것은 매우 중요하다.

논평: 그러나 우리는 우리가 여기서 제기해온 문제설정이 우리 주민 다수의 문제설정인지 아닌지 모른다. 우리에게는 연결고리들이 부족하다.

가타리: 내 생각에 이것을 다수자의 측면 또는 동의의 측면에 놓을 수 없다. 쟁점은 다른 어떤 것이다. 두 종류의 모델이 있는데, 하나는 항상 국가권력과 관련하여 자신 안에서 의존으로 기울며, 또 다른 하나는 국가가 나타내는 모든 어려움 및 불확실성을 지닌 채 사회와 국가의 관계를 근본적으로 변형하자고 제안한다. 두 번째 경우에, 적어도 좌파의 책임감 있는 정치인들이 들을 수 있고, 인민을 그들의 변화욕망 속으로 동원할 수 있고, 그리고 임금과 주거와 같은 사안들과 관련된 것들만큼 중요한 구호가 될 수 있도록, 모델이 충분히 일관적이고 충분히 명백할 필요가 있다. 바로 이러한 의미에서, 나는 여기서 해당 절차유형들이 비록 아주 제한된 실험들에 기반하고 있더라도 그 자체로 커다란 정치적 중요성을 지니고 있다고 생각한다.

이러한 자율화 실험들이 살아남을 수 있기 위해서는, 후견조직들의 직원들과 논의하는 것이 필수적이다. 국가는 "사령관 지위"처럼, 머리끝부터 발끝까지 무장된 구조를 가지지 않는다. 자신의 고유한 구조를 가지고 자신들 간에 적대적인 관계를 가진 신체들로 구성되어 있고, 그 결과 때때로 일정한 지지, 일정한 동맹들, 그리고 심지어 그것의 부분들 가운데 몇몇의 어떤 공모를 찾아낼 수 있다. 정당, 노조 등과 토론하는 것 또한 필요하지만, 이 경우에 토론은 "당신들은 짭새고 부르주아고 자본가들이고 썩은 것들이야" 식의 비난의 기반 위에서가 아니라, 우리가 **사람들 및 경험들에 의해 구체적으로 체현된 도표들**이라고 부르는 것의 기반 위에서 이루어져야 한다. 그리고 이것은 그 어떤 담론보다 훨씬 더 커다란 영향을 미칠 수 있다.

질문: 어떻게 독일에서 대안공동체와 국가 사이에 동맹이 이루어지는가?

가타리: 이러한 동맹은 상이한 수준에서 작동한다. 공동체들은 자신들에게 훨씬 더 커다란 집합적 저항 능력과 상이한 사람들·가족들·집단들 등 사이에 영속적인 대화의 가능성을 주는 모든 종류의 영역들에서 협동체 체계에 둘러싸여 있다. 그것은 훨씬 더 나아간다. 즉 그들은 심지어 지방의회 안에 소수자를 끌어들이는 데 성공해온 것에 덧붙여, 그들 자신의 은행체계를 가지고 있으며, 그것이 그들을, 물론 동반되는 모든 위험을 지닌 채, 독일에서 사민당과 우익 사이의 협상 중재인 위치에 놓는다. 문제는 전통적인 집단들의 기능 작용에 다시 빠지지 않고, 이러한 상이한 발의들의 특이하고 과정적인 성격을 잃지 않은 채, 어느 정도로 그러그러한 위험을 수용할 수 있는가를 그때그때 아는 것이다.

*

10여 년 동안 자유와 관련된 권리들을 방어하는 모든 종류의 투쟁을 경멸하는 것이 프랑스에서는 전통이었다. 심성, 투쟁적인 이데올로기는 "그것은 부르주아 법과 관련이 있고 우리의 문제는 아니다"라고 말하는 것이었다. 그러나 지스카르 체제와 함께, 우리가 일상적으로 박해받기 시작했을 때, 우리의 동지들이 수십 명씩 수감되었을 때, 경찰검문이 지하철 및 모든 곳에서 수행되었을 때, 그때 사람들은 그러한 자유 문제를 또 다른 각도에서 제기하기 시작했다. 그때 사람들은 그 영토 위에서도 싸울 수 있기 위해 좌파 법학자들, 변호사들 등과 토론하기 시작했다. 이것은 우리가 변호사가 되거나 판사의 심성을 지녔다는 것을 의미하지 않는다. 그것은 단순히, 우리가 한계가 있지만 투쟁의 특정한 수준들을 훨씬 더 잘 평가할 수 있다는 것을 의미한다. 실제 자율화과정들, 사회에 구현된 살아 있는 주체성인 또 다른 종류의 주체성을 창조하는 과정들이, 우리의 관점이 회수되지 않을 것이라는 것, 우리는 매체에 의해 조작된 그러한 이미지들의 경제에 빠지지 않을 것이라는 것, 우리는 법이나 거대한 강령식 선언의 형식주의에 빠지지 않을 것이라는 것을 보증한다면 말이다.

프랑스에서 전통적인 정치활동에 보통 개입하지 않는 사람들이 정확히 사회당이 권력을 잡을 수 있도록 했던 광범위한 유권자 부분을 구성했던 사람들이다. 선거에서 놀라운 동요가 있었는데, 왜냐하면 선거에 전혀 참여하지 않았던 그 인구층(프랑스에서 상당한) 전체가 갑자기 실제로 사회당에 합류했기 때문이다. 그러나 사회당이 권력을 잡자, 예를 들어 단지 작은 미니 자유라디오 방송국의 권리를 쟁취하기 위해 동성애운동이 8월 중반(프랑스에서 모든 것이 정지한 때)에 거리로 나섰던 것과 같은 사태들이 일어났다.

적대행위들이 어느 정도 다시 시작될지 아닐지를 알기 위해, 아주 미묘하고 아주 비밀스런 "협상"이 자율운동의 낡은[옛] 흐름(아주 폭력적인 개입들에서 출발하여 몇 년)들 사이에 현재 진행되고 있다. 이것 중 아무 것도 일어나지 않을 가능성이 있고 그것은 회수 과정 및 그것과 같은 사태로 나아갈 가능성이 있다. 나는 예언자는 아니지만, 만약 사회당 정부가 이처럼 계속 간다면, 지난 선거에서 자신이 획득한 종류의 대중적 지지를 완전히 잃을 것이라고 확신한다. 그리고 사람들은 지금까지 알고 있었던 어떤 것보다 훨씬 더 반동적인 우파 체제에 빠질 것이다.

*

특히 "선진" 유럽 나라들에서 현 상황에 매우 특징적인 것은, 사회적 영역이나 예술적인 영역에서 직업들이 위계제로, 시험·이력서 등의 체계들로 완전히 격자에 갇히고 모델화된다는 것이다. 이는 가장 작은 교육적 혁신, 예술 분야에서 가장 작은 변화도, 즉각적으로 기존 틀 안에 잡힌다는 것을 의미한다. 그러나 그것만이 아니다. 즉 국가의 히드라들은 "투피적인" 벡터들을 구성할 수 있는 모든 것을 회수하고 이용하기 위해 고도로 정교한 기술을 가공하고 있다. 거기에는 공동체적 삶 및 대안적인 삶의 현실적이고 활동적인 네트워크가 그리고 여기서 일어나고 있는 것처럼 이러한 일차집단들 및 이러한 특이화 미시배치들의 증식이 있다. 그러나 법 밖에서 법을 창조하기 위해 믿을 수 없이 정교한 경찰들도 있다. 즉 예를 들어 프랑스 정부는 현재 정신의학 대안들이나 자유라디오 방송국들과 같은 발의들에 재정지원하기 위해, 좀 제도화된 일정 종류의 관계를 창조하려 하고 있다. 그것은 항상, 부족하거나 심지어 비참한 상황에서 계속하는 것과 법규정의 관점에서 어떤 명백한 대응물도 없는 제안인 보조금 유혹에 넘어가는 것 사이에 선택하는 딜레마다.

이 모든 것 때문에 나는 여기 브라질에서 사람들이 지금부터 이러한 쟁점들과 관련하여 하나의 전략을 생각하기 시작해야 한다는 사실의 중요성을 강조한다. 프랑스에서, 지식인 동료들 집단에서 우리들은 사회당 정부와 논의하여 이러한 모든 주변적이고 소수적인 부문들에 자금 지원하는 방법 — 더이상 직접적으로 정부가 통제하지 않는 — 을 만들자고 제안했다. 이것은 "국가/사적 자본주의(기금 포함)/총체적 빈곤"이란 저주받은 3각형으로부터 벗어나기 위해서다. 아마도 그것은 어떤 것으로도 나아가지 않을 것이지만, 우리는 이러한 재정문제들을 해소할 새로운 종류의 민주적이고 탈중심화되고 부문적인 기금의 창설을 바란다. 이러한 기금들은 국가와 접촉 및 대화를 거부하지 않을 것이다. 협상은 자금을 제공받는 활동의 부문들이나 지역들의 수준에서 일어날 것이라는 것을 제외하고. 따라서 이러한 부문들은 국가차원의 자금제공, 사적 차원의 자금제공, 그리고 자체 재정을 혼합할 수 있다. 달리 말하자면 일반적으로 위치해 있는 수준보다 더 높은 수준에서 자주관리라는 문제설정을 제기하는 것이 중요할 것이다. 어쨌든 기금들이라는 문제설정은 부유한 자본주의 나라들에서 제기되며, 그래서 이러한 자금제공 방법들의 재전유라는 쟁점은, 물론 모든 회수 위험과 함께 상이한 부문에서 제기된다. 그러나 그 위험을 완전히 피할 수는 없다. 여기서 문제는 살아가는 과정들을 접합할 수 있는 배열장치들의 설립이다.

가타리가 수에리 롤니크에게 보낸 편지, 파리, 1983년 2월 8일

민주주의는 어리석음이고, 이 어리석음은 중요하고 심지어 본질적이다. 어리석을 권리! 심지어 히스테리나 광기의 권리보다 더 강한. 그러나 특이성, 그것은 오직 민주주의 밖에서만 존재할 수 있다. 그래서 어쨌다는 건가? 다시 변증법? 아니다! 단지 그것과 함께 사는 것, 이 모든 것과 함께, 이 모든 사람들과 함께 사는 것! 세계는 코스모스처럼 어리석다. 신은 완전히 어리석다! (국가는 이미 또 다른 쟁점이며, 민주주의와 아무 관련이 없다. 즉 **원국가**(Urstaat)가 죽음처럼 기계적 과정들을 따라다닌다……)

교회와 자율성

리우데자네이루 노동자당 지부에서 벌인 논쟁, 1982년 9월 11일

질문: 우리는 언제나 교회를 반동적이라고 봐왔다. 현재 라틴아메리카에서, 교회는 진보적으로 되고 있다. 어떻게 풀뿌리운동 및 신과 동시에

관계를 맺을 수 있는가?

가타리: 나는 항상 다른 유형의 논리가 필요하다고 주장하는 것으로 되돌아간다. 고전적인 논리 속에서, 우리는 당신이 언급하는 이 두 가지 정치를 개발하는 것이 교회 쪽의 이중성이라고 말할 것이다. 아마도 이것은 브라질보다 폴란드의 맥락에서 더 진실이다. **그러나 변화해야 하는 것은 정확히 이러한 이중성 관념이다. 즉 3중성, 4중성, 복수성에 대해 말해야 한다.** 한편 주교단의 정치 — 게다가 그것은 동질적이지 않다 — 가 있다. 가톨릭 위계제의 모든 수준의 정치가 있다. 즉 현장에서, 상이한 장소에서, 도시 또는 농촌 부문들에서 가톨릭 신자들의 입장이 있다. 분명히 이러한 입장들은 마니교적 방식으로 결정되지 않는다. 분명히 현재 채택된 입장들은 갑자기 변할 수 있다. 지금 교회는 진보적인 운동과 함께 가고 있지만, 이 협력은 성직자들이 그 결과들의 무게를 이해하는 날 갑자기 깨질 수 있다.

나의 관점은 현재 이러한 맥락에서 자신의 태도를 취하는 것이 어렵다는 것이다. 가능하고 필요한 것은 여기서 그리고 지금 발생하고 있는 것을 확인하는 것이다. 그러나 지금부터 6개월 또는 2년 동안 발생할 것을 예측할 수 없다. 따라서 질문은 다음 용어들로 제기된다. 가톨릭교회의 태도 또는 가톨릭교회의 태도들의 복수성은 새로운 종류의 사회투쟁 도구를 구성할 가능성들을 제공하는가, 아닌가? 어떤 한계 안에서 그러한 가능성들이 제공되는가? 여기서 그리고 지금, 무엇이 회수의 위협을 포함하는가? 회수의 미시정치학에 반대하는 배열장치들의 설립의 측면에서 이것은 무엇을 포함하는가? 거기서 사람들은 소집단 성원들이 하듯이 일반적인 강령적인 대답을 할 수 없다. 사람들이 추구하는 것은 구체적인 배치들에서, 잘 한정된 대상들과 연결된 특수한 상황들에서, 예를 들어 공장·선거 캠페인 등에서 사회투쟁에서 나타나는 어떤 것이다. 소집단의 심성은 계급의 측면에서 세력관계를 분석하는 데 한정된다. 물론 그 담론은 자신의 일관성을 가진다. 그러나 종교적인 현상을 통한 주체화과정들도 있다는 것은 진실이다. 이것은 만약 우리가 그러한 현상들이 사회적 직조 전체에 의해 재전유되는 (그리고 심지어 그 직조에 의해 종교성의 요구가 어떻게 이루어지는지) 방식을 생각할 때 특히 진실이다. 그리고 이것은 사회적 장에 투쟁에너지를 강력하게 부여한다.

그러므로 문제는 사회운동들이 여기서 그 엄청난 잠재력과 어떻게 접합할 것인지를 아는 것이다.

상파울루 노동자당 지부에서 벌어진 논쟁, 1982년 8월 29일

질문: 나는 폴란드 주교단이나 세계교회처럼, 가장 덜 위험한 행위자들이 자율성이라는 구호를 사용하는 것에 관한 당신의 의견을 알고 싶다.

가타리: 폴란드는 현재 집합적인 주체성생산의 구도에서 가장 혁신적인 장소 중 하나다. 일종의 살고자 하는 비상한 의지와 일종의 집합적인 욕망이 그 사람들로 하여금 가장 악마적인 억압체계 가운데 하나에 맨손으로 용감하고 창조적으로 대결하도록 유도한다. 집합적인 규모에서 욕망이라는 문제설정이 가톨릭교회와 같은 전통적인 구성체들에 투여된다는 것을 언급하는 것은 흥미롭다. 주민 대다수는 상이한 관점에서 가톨릭교 안에서 자신들을 인식하는데, 이것은 현재 폴란드 상황에서 분자적 저항 과정의 일부를 이룬다.

주교단이 일국적 수준과 국제적 수준 양쪽에서 모든 차원 안에서 최대한 많은 상황을 조작하려고 노력하고 있다는 사실과, 상당한 대중들, 수천 명의 사람들이 재결집하기 위해 가톨릭교회를 특수하게 활용하고 있다는

사실은 전혀 다른 것이다.

*

두 달 반 전에 나는 폴란드로 조심스럽고 매우 신경 쓰이는 여행을 했다. 폴란드의 많은 다른 동료들과 함께, 나는 폴란드 인민의 투쟁과정에서 교회 개입의 현실을 다시 생각하게 되었다. 폴란드 사람들은 자신들이 종교와 새로운 범주의 관계를 발명했다고 나에게 말했다. 그것은 그들이 "신자가 아닌 독실한 사람들"이라고 부르는 것, 즉 교회의 모든 발의에 참여하지만 신자는 아닌 사람들이다. 진짜 종교가 아닌 일종의 가톨릭교나는 독실하지 않은 신자들도 있다고 상상한다. 그 모든 것은 그것이 전통적인 종교적 현상이 아니라는 것을 말해준다. 주교단 지도부의 전략적이고 전술적인 태도가 무엇이든 간에, 논쟁의 여지가 없는 현상이 있는 것같다. 즉 현존 체계를 완전히 거부하는 그리고 예를 들어, 소련의 관점에서는 절대로 회수될 수 없는 일정한 폴란드식 주체화의 양식. 그 때문에 사람들은 무시무시한 힘을 구성하는 종교적인 기호화(종교적인 실천들 및 사회적 행위들)의 상징들을 빌려온다. 이란에서 발생해왔고 발생하는 것에 관해 이와 같은 어떤 것을 생각할 수 있다. 라틴아메리카에 대해서는, 당신들이 말해야 할 것이다.

<왕의 적(O Inimigo do Rei)>75)지를 위한 퍼롱어와의 대담, 상파울루,
......
75) 오 이니미고 도 레이(왕의 적)는 바이아의 수도인, 살바도르에서 온 아나키스트 젊은이들에 의해 1970년대 중반에 나온 신문이었다. 그것은 1980년대 초반까지 지속되었다. 그 신문의 편집 기반은 이동적이었고 말하자면, 포르토 알레그로(Porto Alegro)가 그것이 출간된 마지막 도시였다. 이 신문에 실린 기사 및 선언들은 그 당시 다른 브라질 지하 출판물들에서 쉽게 발견되지 않았다.

1982년 9월 1일

퍼롱어(Néstor Perlongher): 교회가 맑스주의가 지니지 않은 정신[영혼]적 차원을 맑스주의에게 준다고 말하는 제3세계주의 이론이 있다.

가타리: 그 설명은 많은 관점에서 종교적인 구조들이 관료적인 맑스주의적 구조들과 마찬가지로 권위주의적일 수도 있다는 단순한 이유 때문에, 특히 부조리한 것 같다.

아마도 사람들은 민주집중제적 (또는 자칭 민주적인) 장치들과 예수회 조직 사이에 친밀[유사] 관계를 찾을 수 있다. 분명 자코뱅주의를 그들 사이에 포함하기도 쉬울 것이다. 가톨릭교회가 맑스주의 조직들에 약간의 영혼을 기부한다고 우리가 생각하지 못하게 하는 정신구성체의 일정 모델이 있다.

내가 어렸을 때, 나는 교회를 떠나 사회활동체계에 완전히 개입하고 몇 달 안에 그 체계에서 사람들이 상상할 수 있는 가장 관료주의적인 인물들로 변한 노동자 사제들을 알았다. 그와 달리, 예를 들어 농민들과 진정한 관계 속에서 사는 교회 사람들이 있다. 그러나 그러한 사람들이 채택하는 교회의 구조들은 심지어 교회가 인권옹호정책을 개발할 때에도 완전히 보수적이고 반동적인 채 있다. 이것은 이 민주주의가 단지 표면적이고 사실상 회수 대상으로 기여한다는 것을 의미한다.

퍼롱어: 당신은 현 시기의 눈에 띄는 역사적 사실들의 본질은 모델화의 전통적인 틀에 들어가지 않는 집합적 욕망표현들과 일치한다고 말했다. 그 진술에 기반하여, 당신은 최근에 일어나고 있는 종교회의 이후 종교 제도의 부흥을 어떻게 위치지을 것인가?

가타리: 현실적인 문제들, 오늘날의 역사적 문제들에 접근하는 것은 관습적인 기계학적 틀을 반복하는 데 한정되는 것보다 훨씬 더 어렵다. 내 생각에 당신의 질문을 확장시킬 필요가 있는데, 왜냐하면 당신이 가리키는 현상은 모든 종교, 특히 비상한 재활성화를 겪고 있는 무슬림 종교와 또한 유대교보다 더 재활성화의 순간을 경험하고 있는 유대적인 주체성과 관련되기 때문이다(많은 지식인들은 유대적 정체성을 다시 취하고 있다).

나는 우리가 이러한 현상들을 일면적으로 해석하지 않도록 조심해야 한다고 생각한다. 비록 한편으로 이 종교적인 부흥이 일종의 의고주의와 일치하더라도, 다른 한편으로 현재 우리가 폴란드에서 보듯이, 그것은 교회·종교 도식들로부터 도식들을 빌려오지만, 그것들에 전통적인 의미와는 완전히 다른 내용과 실천적 의미를 부여하는 하나의 집합적인 표현형식이다. 우리는 바스크나 브레튼과 같은 지역 언어들의 부흥에 관해 동일하게 말할 수 있다. 이러한 현상에는 동시에 종종 보수적 태도와 함께 완전히 과거로의 복귀가 있는 것과, 또한 ── 그리고 이것이 매우 중요하다 ── 주체화양식들의 인공적인 구성이 있다.

당과 자율성

리우데자네이루의 노동자당 지부에서 벌어진 논쟁, 1982년 9월 11일

질문: 나는 자율성이 투쟁에서 하나의 무대, 살아 있는 질문이 대중운동에 나타나지 않을 정도로, 조직이 실천적인 방식으로 정치권력을 잡는 쟁점에 직면하지 않을 정도로 유지되는 무대인지 아닐지 궁금하다. 물론 이렇게 말하면서 나는 이 무대의 중요성을 경시하고 싶지 않다.

가타리: 이 보호 및 보존의 논리, 어려운 시기에 전위를 보존하고 보호하는 것이 필요하다고 말하는 이러한 이야기는 나에게는 소집단[정파]의 냄새가 난다. 보존이라는 이러한 생각을 자율성의 구성요소들로 바꾸는 것은 나에게는 적절하지 않은 것 같은데, 왜냐하면 정의상 사람들은 자율성으로 성공할 수 없기 때문이다. 게다가 전투성[전투적 활동]으로 성공할 수 없지만, 그것은 다른 이야기다. 상이한 분야들(생태학, 페미니즘, 동성애, 자유라디오 등)에서 자율성의 핵들을 보존하는 것 ── 소집단들처럼 실제로 인공적인 보존 ── 은 정확히 그러한 핵들을 특징짓는 것인 살아 있는 과정들의 중립화[무력화]로 이끌 수 있는 어떤 것이라는 점은 사실이다. 그것은 기계적 혁신의 문제가 아니다. 이러한 경우에 가장 훌륭한 비교는 미술학교들에서 발생하는 것과의 비교이다. 일정 상황에서 일정 시기에 비상한 창조과정을 발견하는 화가 집단이 있을 수 있고, 나중에 이 발견이 보존과정(우리가 음악에서 "학교"라고 부르는 것)에 포획된다. 이 보존과정은 우리가 다른 종류의 배치들에서 발생기 상태에 있는 과정들과 관련하여 폐쇄·봉쇄·몰이해·금지의 기능을 분명히 수행한다.

제3회 아메리카 흑인문화회의, 상파울루, 1982년 8월 25일

질문: 내가 당신과 논의하고 싶은 문제는 특이성의 보편화를 위한 조건으로서 더 넓은 사회적 차원을 향하여 (자신들의 고유한 특이성을 지닌) 운동들을 넘어서는 것[추월]이 필요하지 않은가이다.

가타리: 나는 절대 이것을 넘어서기[추월] 측면에서 보지 않는다. 주체성은 항상 특이화과정이지만, 일반적인 것의 질서 속으로 통과해 들어가는 바로 그 순간에 상실될 수 있는 것이다. 이 주제와 관련하여 나는 트레

비산(Trevisan)이 인용한 사례를 기억한다. 즉 상파울루에서 동성애 집단의 경험으로, 이 집단은 어떤 순간에 일반적인 차원들과 관련되었고 그 때문에 자신들의 주체적인 동학의 관점에서 깨졌다. 나는 특이한 것에서 일반적인 것으로의 변증법적 넘어서기를 절대 믿지 않는다. 어쨌든 나는 이러한 질적인 파열, 이러한 차원변화에 대한 요구가 있다고 믿지 않는다.

흐름 개념

수에리 롤니크

나는 가타리가 예를 들어 자율적인 상이한 운동들 사이의 또는 그 운동들과 임금인상 투쟁과 같은 더 광범위한 사회투쟁들 사이의 접합의 본성을 가리키기 위해 종종 "변증법"이란 용어를 사용했다는 사실에 항상 관심이 끌렸다. 나는 그것이 다소 이상하다고 생각했는데, 왜냐하면 그와 들뢰즈의 협력관계의 결실 있는 결과들 가운데 하나는 그가 표현했듯이,[76] "자신이 여전히 잡혀 있는 일종의 변증법"을 극복했다는 것이었기 때문이다. 비록 들뢰즈와 만나기 전에 이미 그는 기계로서 욕망 관념을 정식화했고, 따라서 스스로 변증법적 욕망 관념에 거리를 두고 있었지만 말이다.

그는 그 용어를 단순히 좌파의 호전적인 담론이나 일정한 학술적 담론에서 공통적으로 사용되는 것으로, 역동적인 관계에 대한 동의어로 사용한 것 같다. 나중에 나는 가타리가 "변증법"이란 용어를 이렇게 사용하는 것이 그와 들뢰즈가 이러한 개념들을 공통으로 사용하는 것과 관련하여

● ● ● ● ● ●

76) Gills Deleuze, Félix Guattari, "Sur Capitalisme et Schizophrénie", "Entretien2-sur L'Anti-Oedipe"라는 이름으로 실림, *Pourparlers*, 26쪽. 들뢰즈, 김종호 옮김, 『대담: 1972-1990』, 솔, 1993.

전혀 유별나지 않다는 것을 알았다. 즉 사실 그것은 그들의 글쓰기 자체의 수준에서 개념화될 뿐만 아니라 현실화되는 변증법 비판과도 직접적으로 연관되어 있는 측면, 그들의 작업의 중요한 측면을 이룬다. 설명하자면, 텍스트는 [자신 안에] 자폐되어 있는 일관된 개념적인 구성물이 결코 아니라, 그 안에서 의미가 주거하고 각 개념이 자신의 자리를 찾는 어떤 재현이나 추상을 구성한다. 텍스트는 우리가 안으로 들어갈 수 있는 그러한 은둔처가 아니며, 그 은둔처에서는 변증법적으로든 아니든 모든 것이 항상 통제 아래 있어왔고, 현재 그러하고, 미래에 그러할 것이라는 인상을 지닌다.

"들뢰즈와 가타리"의 협력관계는 정확히 이러한 전통으로부터 벗어나고자 한다. 그들은 자신의 상상적 규약 속의 재현에 그리고/또는 자신의 추상화 규약 속의 개념에 이렇게 한정하는 형이상학적 곰팡이에, 개념은 항상 자신이 접합되어 있는 실험 분야에서 규정된 의미를 갖게 되는 어떤 절차를 대립시킨다. 그것은 세상의 자유로운 공기에 노출된 신선한 글쓰기다. 자신을 세계로부터 보호할 이유는 없다. 반면에 우리는 그것을 실험해야 한다. 바로 이 실험에서 이런저런 개념이 수집되고 발명되거나 재발명된다. 그 어떤 다른 것처럼, "변증법"이란 용어는 그 자신의 변화 속에서만 의미를 획득할 뿐이다.

나는 가타리에게 쓴 편지에서 이것에 관해 언급했다. 다음은 그가 쓴 것이다. "나는 내가 변증법이란 용어를 쓰는 이유를 모르겠다. 나는 단어들을 계속해서 무시하고 싶지 않다. 일정 시기 동안 질은 어떤 단어들을 비난했고, 그 주위에 있는 모든 이들은 그가 하는 대로 따라했다. 단어들은 그것들이 올 것이듯 나에게 오고, 그것은 더이상 나를 괴롭히지 않는다. 내가 변증법을 말했을 때, 나는 플라톤이나 헤겔에 대해서보다는 오히려 리좀들의 불가역성이란 차원에서 기계적 계통에 대해 생각하고 있었음에 틀림없다(1982년 8월 25일의 편지)."

또 다른 경우에, 내가 『천 개의 고원: 자본주의와 정신분열증』[77]에서 고원들 가운데 하나인 "1933년: 미시정치와 선분성"을 번역하고 있었을 때, 나는 그 텍스트에서 나오는 "조이스의 '편지'"에 대한 언급에 대해 가타리에게 정보를 요구했다. 거기서 "편지"는 공식서한이거나 알파벳의 글자일지 모른다. 나는 텍스트에서 그 단어를 정확하게 번역하고 각주에 참고문헌을 포함하기 위해서 정보를 요구했다. 그는 다음과 같이 대답했다.

"나는 질과 조이스의 편지에 대해 얘기했고, 우리는 더이상 그것을 기억하지 못한다……. 그러나 그것은 중요하지 않다. 질은, 당신은 그 구절을 지우면 충분하다고 말했다(1983년 9월 19일의 편지)."

그것이 "들뢰즈와 가타리"의 협력관계가 단어, 관념, 개념을 다루는 방식이다. 글쓰기는 텍스트가 관련된 흐름에 따라, 단어들이 나타나고 다른 것들과 혼합되고 그 다음 분리되고, 그럼에도 다른 것들과 혼합되거나 사라지는 진동의 장이다. **텍스트는 흐름이다. 텍스트의 움직임은 물질적이다.** 들뢰즈가 언젠가 인터뷰에서 말했듯이 "펠릭스는 글쓰기를 그것과 함께 모든 종류의 사물들을 실어 나르는 분열자 흐름처럼 취급한다. 나라면, 나는 한 페이지가 각 모서리에서 벗어나야 하지만 달걀처럼 자폐되어 있다는 것에 관심이 있다. 그리고 또한 하나의 책에는 보류들, 공명들, 침전물들, 그리고 많은 애벌레들이 있다는 것에 관심이 있다."[78]

소냐 골드페더와의 면담, 상파울루, 1982년 8월 31일

• • • • • •
77) Gills Deleuze, Félix Guattari, *Mille Plateaux: Capitalisme et Schizophrénie*, paris, Minuit, 1980, 들뢰즈·가타리, 김재인 옮김, 『천 개의 고원』, 새물결, 2001.
78) Gills Deleuze, Félix Guattari, "Sur Capitalisme et Schizophrénie", "Entretien2-sur *L'Anti-Oedipe*"라는 이름으로 실림, *Pourparlers*, 25쪽. 들뢰즈, 김종호 옮김, 『대담: 1972-1990』, 솔, 1993.

골드페더(Sonia Goldfeder): 당신 생각에, 어떻게 사회변화 과정에서 소수자 집단들의 참여가 일어날 수 있는가? 그들은 전체로서 사회에 의해 회수되거나, 자신들의 차이를 유지하기 위해 주변에 머물러야 하는가?

가타리: 두 가지 현실 수준을 구별할 필요가 있다. 첫째, 소수자 집단들이 주변화되고 그들의 생각 및 그들의 생활방식이 억압되고 거부되는 현재 현실의 수준. 둘째, 좌파연합이 있고 소수자 집단들을 고려하고 그들의 말을 귀담아 듣고 그들이 사회에서 어떤 무게를 가지고 있는 또 다른 현실 수준. 예를 들어 동성애자 집단들은 새로운 입법화를 달성하거나, 정신치료를 받는 사람들 집단들은 현행 방법을 문제시한다. 이 모든 것은 세력관계, 압력집단들 등의 정상적이고 전통적인 논리의 일부를 형성한다. 이것이 운동에서 반체제[이단]적인 모든 것의 회수를 의미하는가? 그것은 내가 대답할 수 없는 종류의 것이다.

룰라의 노동자당은 자신의 토대를 이루는 것으로 그려지는 전체 반체제[이단] 운동을 회수할까? 나는 그렇지 않기를 바란다. 나는 단지 노동자당 강령의 최종 요점들 가운데 "자율성에 대한 존중"에 관해 구체적으로 말하는 것이 있다는 것을 알 뿐이다. 정치강령에서 이러한 종류의 확인은 비상하다. 나는 어디에서도 그런 것을 본 적이 없다. 회수의 공포 때문에 이러한 시도를 거부하는 것은 그 상황에서 우리의 욕망을 완전히 표현할 수 없다는 이름으로, 자율성의 신화적 도덕이란 이름으로, 자생성의 숭배란 이름으로 정당화되지 않는다. 이것은 아주 중요한 시도이다. 그리고 회수의 공포 때문에 일부 정당화가 있다면, 그것은 단순히 운동이 이러한 종류의 관계에 빠져든다면 자신의 효율성을 잃고 자신이 열린 능력을 잃고 주체성 변이의 특이한 요소들을 긍정할 수 있는 통로이기를 멈추기 때문이다. 그것은 "노동자당 여성조직" 또는 "노동자당 청년조직"의 노선들을 따라 "대중조직"이 된다. 그럴 때 운동은 아주 빠르게 늙어가고 눈이

멀고 무감각하게 된다. 운동은 더이상 어떤 것도 파악하지 못한다. 그것은 투명해 지고 그 위에 아무것도 찍히지 않은 영화스크린 같다.

*

구체적으로 독재를 뒤엎기 위해 우리가 특이성들을 효과적으로 분쇄하는 도구를 창조한다면, 실제로 분쇄되고 있는 것은 투쟁하려는 바로 그 욕망, 투여이다. 즉 그것은 막다른 골목으로 뛰어들어 폭발할 것이다. 우리가 이러한 두 차원[특이성과 욕망]을 접합하는 데 성공하지 못하면, 우리는 불가피하게 모든 주체성 ─ "가치문화"의 수준에서 소수자 엘리트 주체성들을 제외하고 ─ 을 파괴하는 자본주의나 "수용소"인 또 다른 변형형태에 굴복할 것이다.

비공식 대화, 플로리아노폴리스, 1982년 9월 17일

질문: 당신은 자율성과 관련하여 당들이 지닌 이러한 종류의 신뢰가 가능하다고 생각하는 것이 좀 과도하게 낙관론적이라고 생각하지 않는가?

가타리: 당들이 소수자들을 분쇄할 위험은 항상 있다. 그것은 낙관주의나 비관주의의 문제가 아니라, 해방투쟁의 과정에 개입된 모든 정당·노조·집단·소집단 체계들과 관련하여 근본적이고 확정적으로 문제제기하는 문제다. 그들이 이 분야에서 지배적인 모델들을 다시 전달하지 않을 것이라는 선천적인 보증을 제공하는 것은 아무것도 없다. 그들의 강령도, 그들의 지도자들의 신뢰도, 심지어 그들의 소수자들에 대한 실천적이고

구체적인 개입도 아니다.

　그렇다면 무엇이 이 분야에서 이러한 종류의 "엔트로피"(내가 아주 좋아하는 개념은 아니지만 사용할 것이다)를 막기 위해 개입할 것인가? 정확히 도구들(우리는 우리가 좋아하는 무엇이든 그렇게 부를 수 있다 —— 분석 도구들, 분자혁명의 도구들, 특이화의 도구들 등), 개인 또는 집단 또는 심지어 더 광범위한 결합의 규모에서 도구들의 설립. 이것은 우리에게 집합적인 욕망구성체라는 문제설정을 제기할 수 있게 할 것이다. 그리고 이것은 그 문제설정을 이전에, 중간에, 이후에 그리고 확정적으로 제기할 수 있게 할 것이다.

*

　선거캠페인 같은 상황들은 '국제대안정신의학네트워크'와 같은 운동들이 당에 가입해야 한다는 것을 의미하지 않는다. 내가 말하는 것은 이러한 종류의 상황들이 그 상황들이 의미하는 사회적 역동성 안에서 대화·접촉·끼어들기란 쟁점을 제기한다는 것이다. 우리는 "나는 자율적이다", "나는 이런 음식을 먹지 않는다", "이 모든 것이 즉각 회수될 것이다", "나는 그것에 대해 알고 싶지 않다"의 선들을 따라 순수파 태도를 취해야 하는가? 그렇지 않으면, 우리는 대화의 위험, 그러나 계산된 본성, 측정된 본성을 지닌 대화의 위험을 감수할 것인가? 그것은 이러한 종류의 사회적 갈등에 빠질 위험을 감수하는 것을 의미한다. 그러나 동시에 그것은 우리에게 자율성을 보존할 뿐만 아니라 자율성의 확장을 허용하는 수단을 준다. 즉 전체 정치운동의 목적이 정치권력을 장악하고, 우파에 맞서기 위한 요구들을 제시하고 사회적이고 법적인 요구들을 제시하는 목표들로 축소되지 않도록 하는 식으로 행동할 수단을 준다. 사회적 장에서 자율성의 이러한 과정들의 모든 변증법을 통해 정치운동은 투쟁의 기본적인 목적들 가운데 하나, 즉 정확히 특이성과 자율성이라는 이러한 문제설정으로 이끄는 식으로 행동하는 수단을 준다.

이렇게 생각하면 자율성은 새로운 방식으로 자신들을 조직하려는 사람들과 관계할 뿐만 아니라 조직들 안에 있는 교조적 집단들 및 전통적인 집단들도 오염시킨다. 그리고 그것은 또한 당의 틀을 넘어 서서, 사회적 직조 자체 속에서 특이성을 향한 집합적 의지의 모든 이 복수의 핵들과 연결할 상이한 다리들을 찾는다.

주변부의 공동체에서 일하는 집단과의 만남, 올린다, 1982년 9월 16일

질문: 당신이 소수자와 당 사이의 대화라고 이해하는 것에 관해 좀더 설명해 달라.

가타리: 나는 당들과 "대화"의 측면에서 소수자들의 쟁점을 제기하는 데 관심이 없다. 왜냐하면, 만약 대화가 이루어지면, 그것은 바로 그 시작부터 잘못될 것이기 때문이다. 내가 분자혁명이라고 부르는 쟁점은 문제설정을 통해 먼저 일어나지 않는다. 이러한 혁명은 사람들이 이것 또는 저것을 생각하든 상관없이 하나의 문제설정을 체현하는 구체적인 과정들을 설립하는 경험을 통해 일어난다.

우리가 다공동체 관리라는 제안을 가지고 자유라디오 방송국을 만들어야 한다는 가정을 하나의 예로 들어보자. 생겨나는 쟁점은 마이크에서 말하고 있는 것의 내용에 관해 동의[일치]에 도달하기 위한 대화에 관한 것이 아니다. 각자가 자신에게 좋은 것 같은 것을 말할 수 있기 때문이다. 쟁점은 어떻게 대화가 기능하고 있는가, 우리는 돈, 공간, 다양한 운동들의 지도부들과 같은 문제들을 어떻게 풀어가고 있는가이다. 문제설정은

이러한 종류의 사안에서 구체화될 것이다.

즉각적으로 관심 있는 것은 이러한 종류의 쟁점을 알아채지 못하는 것이 아니라, 아마도 그것을 다른 용어로 제기할 수 있게 해줄 절차적 단계들에 관해 생각하는 것이다. 나에게는, 누구든, 노동자당 또는 PMD B[79](게다가 무엇을 논의하는가?)와 논의하는 것보다 훨씬 더 중요한 것은, 대화체계를 만드는 것이다. 왜냐하면 이러한 단계들이 공고화된다면, 대화의 문제는 분명 나중에 저절로 제기될 것이기 때문이다. 일단 상이한 소수적 구성요소들이 살아 있는 노동(그들의 직접적인 생활영역에서뿐만 아니라 다른 환경들에의 개입능력과 관련해서도)에서 구체화되는 순간부터, 그들의 말의 무게, 사회적 관계에서 그들의 무게는 이데올로기적 논의에 상관없이 본성상 변화할 것은 명백하다. 그것이 내가 이 전체 이야기를 생각할 수 있는 유일한 방식이다.

*

나는 이 역사적 계기에서 해방운동들이 바웬사나 룰라에게서 사실이듯, 대중들의 수준에서의 이미지 효과들을 제외할 수는 없다고 생각한다. 이 쟁점은 모든 도덕적 편견(민주적이든 다르든) 없이 접근되어야 한다.

내가 라틴아메리카에 간다면, 나는 비행기를 탄다. 그것이 내가 이 수송수단에 또는 그 기술에 동의한다는 것을 의미하지 않는다. 그러나 내가 단순히 비행기를 타기 위해 여행한다면, 그때는 문제가 있다. 즉 여행은 더이상 목적이 아니다. 목적은 비행기, 매체가 된다. 나는 대중매체에서 결정화(結晶化)의 현상 —— 예를 들어 폴란드에서 '연대'[자유노조]나 브라질에서 룰라에게 발생하는 것처럼 —— 이 이미지의 물화와 관련이 있고,

....

79) PMDB는 브라질 민주주의 운동 당(Partido do Movimento Democrático Brasileiro)의 두문자어다.

이것이 지배적인 매체에 의한 일련의 조작에 적합할 수 있다는 것이 사실이라고 생각한다. 그러나 그것은 우상[인기인]들을 발명하고, 그들과 함께 꿈꾸고, 대중들 사이에 확장 과정들을 촉진하는 데 항상 열광하는 바로 분자적 투여체계 자체 쪽의 일련의 조작들에 적합할 수 있다. 문제는 병행하여 우리가 잘 규정된 공간에서, 주체성의 이미지 주위에 이러한 중심화 현상들을 유지하며 그리고 한정된 목표들 — 예를 들어 매체에 의한 이러한 소외체계에서 벗어나는 도구들의 건설 — 에 따라 그들을 가장 엄격하게 기능적으로 사용할 수 있게 만드는 분자혁명의 배열장치들을 설립할 수 있는가를 아는 것이 있다.

나는 노동자당의 이 문제설정이 모순적이고 적대적인 차원을 지니지만, 룰라 현상을 트로츠키주의자들 및 사제들에게 맡겨두는 것은 커다란 실수일 것이라고 생각한다. 상이한 주변적인 소수자 배치[집단]들은 그들 자신의 영토에서 후퇴하는 태도를 취하지 말고, 이러한 종류의 거대기계를 이용 — 이것이 나타내는 모든 위험에도 불구하고 — 하려고 해야 한다. 그 거대 기계는 사회적 장에서 아주 복잡하고 리좀적인 변증법으로 들어갈 수 있는 특이화과정들을 전파하고 던지기 위해 설립되고 있다. 그러나 이 이야기가 결코 단순하지 않다는 것은 명백한데, 왜냐하면 최선의 의도 — 예를 들어 나의 것 — 도 이차적인 관심들 및 함정들로부터 선험적으로 면제되지 않기 때문이다.

상파울루 노동자당 지부에서 벌어진 논쟁, 1982년 8월 29일

슈워츠(Luiz Swartz): 나는 관찰하고 싶다. 당신의 전체 설명에서 커다란 역설이 자율운동과 당의 공존이란 쟁점에 있는 것 같다. 당신의 첫 번째 설명에서 당신은 특정 종류의 투쟁이 그러한 종류의 조직, 즉 당을 통해

노선이 정해져야 한다고 말했다. 그리고 또 다른 종류의 투쟁은 자율적으로 발생한다고 말했다. 그리고 지금 당신은 그 쟁점을 다음과 같이 정리하였다. 즉 당은 일정 순간에 사용되어야 하고 이후에 다시 사용되어서는 안 되는 도구이다라고. 여기에 아주 중요한 어떤 것이 있는 것 같다. 즉 아마도 당의 힘에 대한 잘못된 평가가 있는 것 같다. 내 생각에 당은 도구로 사용되는 데 적합하지 않은데, 왜냐하면 당은 이러한 분자적 투쟁들의 지속성을 실천적으로 막는 그 자신의 관료화되고 훈육에 호소하는 역동성을 결국에는 획득하기 때문이다.

가타리: 나는 이러한 쟁점들의 처리는 상당한 신중함을 요구한다고 생각한다. 왜냐하면 역사는 우리에게 이러한 종류의 관점이 비참한 결과들을 지닐 수 있다고 보여주기 때문이다. 무엇보다도 나는 내가 노동자당이 세계의 8번째 경이 즉 기적적인 해결책이라거나 룰라는 예수나 부처의 환생이라고 말하지 않는다는 것을 당신에게 이해시키고 싶다. 나는 어떤 비교적 전통적인 조직 관념을 가지고 이러한 소수자들을 조직하는 것과 관련하여 정확히 많은 문제들이 있다는 것을 안다. 나는 또한 내가 "지도주의(leaderisme)"라고 부르는 것의 흔적이, 매체에서 구체화되고 정확히 집합적인 주체성의 영역에서 일련의 메커니즘들을 발사하는 지도주의의 흔적이 설립되고 있다는 것을 안다. 물론 이것은 주체적 과정들의 물화의 일정한 위험을 항상 나타낸다. 그러나 결국 그렇더라도 노동자당 안 여기서 행해지고 있는 것 안에는 커다란 새로움, 커다란 실험이 있다고 나는 믿는다. 혁명에 관한 강의를 할 자리는 아니다. 내 생각에 이 분야에서 가능한 강의는 없다는 그럴듯한 이유 때문에. 그러나 내가 유럽 사람이 전달하려고 할 수 있다고 생각하는 적어도 한 가지, 즉 우리의 실패의 경험이 있다.

프랑스에서 1968년 이후 모든 수준에서 즉 사회적 수준에서, 예술적 창조의 수준에서, 새로운 감수성 형식의 수준에서, 분자혁명의 파고들이라는 강력한 운동이 있었다. 예를 들어 감옥 분야에서 감옥정보집단(이 집단은 푸코, 들뢰즈 그리고 정신의학·교육·도시계획 등의 분야의 다양한 지식인들을 포함했다)과 함께 매우 흥미로운 시도가 있었다. 연구집단과 개입집단으로 동시에 기능하려고 생각하는 집단들이 있었다. 실험의 결과는 무시할 수 없었다. 그것은 모두 이웃[근린]위원회들의 지속과 나란히, 이주노동자 부문 그리고 여성(페미니스트)운동, 동성애운동, 그리고 다른 운동들에서 투쟁의 발달과 나란히 발생했다. 그러나 문제는 이러한 행동양식들 가운데 아무것도 또 다른 투쟁수준으로 넘어갈 수 없다는 것이다. 또 다른 수준의 투쟁, 다른 주민 부문들의 투쟁과의 유일한 연계는 낡은 소집단 체계, 낡은 당 및 노조 체계로 지속되었다. 발생한 것은 이러한 운동에 참여했던 비지식인들이 실험하는 동안 일종의 지식인이 되었다는 것이다. 그래서 이러한 비지식인들 — 예를 들어 운동의 바로 본성에 의해, 결국 이주민 주민의 나머지로부터 고립되어 있던 일부 전투적인 이주민들 — 이 점차 접착되었다. 더 많은 예를 죄수들, 정신치료환자들 등의 분야에서도 제시할 수 있다. 이러한 종류의 실험에서 문제는 지식인들과 특정 집단 사이에 강렬한 접촉이 수립된다는 사실에 있지 않다. 그러나 그러한 집단들이 실제적으로 모든 다른 사회운동으로부터 고립된다면, 본질적인 연결고리가 없다면, 그들은 결국 특정화 및 퇴보의 과정으로 나간다. 그것은 끊임없이 자신 위에 부서지는 일종의 파도 같다.

우리는 이탈리아에서 발생한 것에 관해, 물론 다른 특성들을 지니고 있을지라도, 동일하게 말할 수 있다. 이탈리아에서 여러 해 동안 다른 수준의 투쟁들과 접합의 문제는 상이한 이탈리아 **아우토노미아** 구성요소들 내부에서 제기되었다. 운동에서 어떤 분파들은 아우토노미아 집단들이 완전한 독립성 — 비록 몇몇 특정한 목적을 위해 때때로 일시적인 공동조정을 포함할지라도 — 을 유지하기를 원했다. 새로운 노동자세계의 등장을 생각하고, 특히 일이나 학생생활에서 실업자들로 구성된 프롤레타리아트의 주변층을 생각하는 '노동자 아우토노미아(Autonomia Operaia)' 안에도 상이한 흐름이 있었다. 그들은 이탈리아 젊은이들의 대부분을 이루었다. 이 젊은이들은 이탈리아에서 그 시기에 국가권력이 상대적으로 약한 맥락에서, 강요된 실업의 상태[입장]를 노동거부 수용과 연결하게 되었다.[80] 그러나 동시에, 노동자운동 안의 조직된 자율파들의 정치적 삶을 계속 억누르고 통제하고 고무했던 교조적이고 소집단적인 경향들이 있었다. 이것은 진정 새로운 조직의 건설을 불가능하게 했다.

유럽 전반에서, 미국에서, 일본에서, 그리고 다소 세계의 모든 곳에서 이러한 추세들이 작은 집단들에서 그리고 매우 깨지기 쉬운 표현형식들에서 긍정되게 되었다는 사실, 그리고 이러한 운동들이 전 지구적 사회정치적 분야에서 현실적인 세력 관계를 만들지 않았다는 사실은, 반동적인 반공세에 그리고 온갖 종류의 회수양식에 여지를 남겼다. 광고의 히피 생활양식의 회수에서부터 집합적 시설체계와 모든 새로운 사고 및 감각 방식에 적용되는 격자에까지, 이것이 가져온 것은 분자혁명의 일종의 전반화된 내파 현상이었다. 프랑스에서 1968년 시기의 상당히 많은 동료들이 자살했고 약물 사용에 말려들었고 감옥 또는 정신병원에서 생을 마감했거나, 소집단들의 (아마도 덜 잔혹하지만, 전적으로 도덕을 해체하는) 삶에 희생되었다. 우리는 그 시기 프랑스에서 사람들이 말했던 것처럼, "운동을 조직하려는" 시도들이, 운동이 이미 드골주의에 의해 분쇄되고 억압의 마수 속으로 떨어지던 때인 1968년 5월 이후 있었다는 것을 알아야 한다. 따라서 하룻밤 사이에, 소수자 성원들 일반, 자생주의자들은 교조주의적 관념을 지닌 소집단들인 '프롤레타리아 좌파(Guache Prolétarienne)' 같은 당들을 발명하기 시작했다. 프롤레타리아 좌파는 새로운 종류의 관료

80) 노동문제를 다룬 1970년대 동안 이탈리아에서 '아우토노미아'와 관련된 집단들이 제기한 노동관계에 관해서는 302쪽과 그 이후를 참조하라.

주의적 효율성을 도입하여 작동시켰고, 운동의 현실과 모든 종류의 접촉을 잃고, 행동위원회·여성운동·대안정신의학투쟁운동 등의 본성에 속하는 모든 것을 황폐화시켰다.

여기서 우리는 또한 이탈리아에서 일어났던 것에 관해, 비록 몇몇 점에서는 유사하지만 약간 다른 분석을 할 수 있다. 이탈리아에서 '노동자 아우토노미아'가 극히 효과적인 사회운동으로 되고 싶어 했다는 사실에도 불구하고, 그것은 어떤 접합 가능성도 없는 강하게 소집단적인 작동방식을 재생산했고, 그 분파주의가 결국에는 '붉은여단'— 달리 말하자면 완전히 자살적인 운동 — 과 같은 것들에 문을 열어 놓게 되었다.

정신이 약해지고 도덕이 해이해지는 이러한 시기 동안, 동시에 모든 그러한 관점이 미치거나 백치가 아니라면 순전히 무의미하다고 보여주려고 착수하는 모든 종류의 이론화의 활기가 시작되었다. 그리고 그때 좌파(세련된, 행실 좋은 좌파)에 속한다고 여전히 고백한 프랑스 지식층의 상당 부분은, 단지 대중매체에서뿐만 아니라 어디에서나 언제나 증식하기 시작했다. 그들의 구호는 (그리고 여기 제안이 있다. 당신이 이미 그것을 알지 못한다면, 이 표현을 명심하라. 왜냐하면 그것은 가치 있고 유럽에서 아주 유행했기 때문이다.) "우리는 그 모든 것에서 치유되었다. 정치와 투쟁성은 사라졌다. 우리는 새로운 시대, **탈정치적 시대**에 들어가고 있다." 또한 훨씬 더 나아가서 우리가 **사회적 내파의 시대**에 있다고 간주한 이론가들도 있었다. 그리고 우리가 항상 준거로 삼아야 하고 절대 포기해서는 안 되는 심각한 것들 — 즉 종교의 가치들에서 출발하는 초월적인 가치들 — 의 존재를 우리에게 알려주는 다른 이론가들도 있었다. 그다음 일종의 집합적인 설교가 있었다. 그 집합적인 설교에는 사회적 쟁점 및 계급투쟁의 방향에서 행동하려는 모든 것은 "수용소"에 이르는 과정과 절대적으로 동의어라고 말하는 시도가 있었다. 그러므로 그러한 이론가들에 따르면, 할 수 있는 단 하나는 엘리트들이 생산을 통제하도록 하는 것이다. 즉 우리는 이 둔중하고 불가피한 선택에 이끌린다. 다음 단계는 특정하게 자본주의를 칭송하지 않지만, "자본주의는 덜 나쁜 것이라고 말해야 한다." 또는 "우리가 미국에서 우세한 잘 알려진 자유와 프랑스에서 사회당에 의한 권력 장악에 포함된 그리 분명하지 않은 시도 사이에 선택해야 한다면, 미국 자본주의가 훨씬 낫다는 것은 분명하다"와 같은 것들을 확인한다. 이것은 신자유주의에 관한 일련의 합리화로, 미국 시장의 자유의 경이로움으로 이어진다. 그러한 이론가들은 자신들의 선택을 한다. 즉 그들은 분명하게 미국 제국주의를 지지하고 있다. 그러한 지식인들 가운데 예를 들어, 보드리야르가 있었고, 베르나르-앙리 레비와 같은 "신철학자들"의 이름 아래 재집결한 지식인들도 있었다.

이것은 오늘날 우리를 기묘한 역설로 이끈다. 즉 좌파 연합은 프랑스에서 권력을 잡았고, 갑자기 전체 좌파 신문이 우파 어조를 취했다. 나는 근년에 모든 프랑스 및 유럽 문화에 덮쳐온 일종의 대항물결 즉 내가 신문화라고 부르는 것의 실패 결과와 연관시킨다. 아마도 내가 처음에 말했듯이, 이 실패는 바로 당신이 운동이 자율성을 지키면서 당과 맺는 관계에 관해 제기했던 질문에 대한 출발점으로 삼을 수 있는 교훈일지도 모른다.

내가 지금 브라질에 대해 이해하는 것 가운데 흥미로워 보이는 것은 이러한 문제설정 — 이것을 전 지구적으로 우리는 반문화적이라고 혹은 분자혁명과 관계된다고 부를 수 있었다 — 이 1960년대 및 1970년대에 유럽에서 나타난 토대들과는 아주 다른 토대들 위에서 재파악되고 있다는 것이다. 우리는 욕망의 분야에서 이러한 모든 특이화과정들의 부흥(르네상스)을, 반면에 그럼에도 전 지구적 규모에서 정치사회적 문제들을 고려하려는 시도를 동반하는 부흥을 목격하고 있다. 아마도 이것이 우리가 유럽에서 경험한 종류의 실패를 막는데 도움을 줄 것이다. 그러나 결국, 여기 브라질에서 지금 소수자들, 주변자들 및 분자혁명들에 대한 이러한 각성이 동일한 반대 흐름에 노출될 위험을 감수하는 파도가 아니라는 무슨 보증이 있는가? 몇 년 동안 우리는 "아니, 그 전체 사안은 일종의 유행, 복고 유행이었다", "실제로 브라질은 유럽에서 아주 멀리 있고, 따라서 그 유행은 도달하는 데 잠시 시간이 걸렸다" 등이라고 말하지 않을 것이라는 무슨 보증이 있는가? 아마도 나는, 순전히 복고적이지만 아주 문화적으로 풍부한 시기였던 1968년의 그 기간 이래 내 관점을 전혀 바꾸지 않았다. 나는 그것이 몇몇 종류의 "유행(mode)"과 관련된 어떤 문제설정을 포함하고 있다고 한순간도 믿지 않는다. 반대로 나는 그것이 모든 해방운동이 고려해야 하는 기본적인 어떤 것이라고 믿는다. 그렇지 않으면, 모든 해방운동은 자동적으로 내가 기술한 정신 쇠퇴 및 도덕해이라는 모든 그러한 전망에 자동적으로 다시 빠질 것이다.

그러므로 내가 브라질에서 중요하다고 생각하는 것은 대규모 정치사회적 쟁점들에 대결할 수 있는 조직의 문제는 이미 그리고 동시에 제기되고 있기 때문에 소수자들 및 감수성의 몇몇 거대한 해방운동 이후에 제기되는 것이 아니라는 사실이다. 주변자들을 방어하는 일종의 집합적인 조합을, 공동강령 또는 일종의 통일적인 환원적인 전선을 창조하는 문제가 아니라는 점은 명백하다. 그것은 순전히 어리석은데, 왜냐하면 그것은 소수자들 및 주변집단들이 동의를 하거나 동일한 강령, 동일한 이론, 또는 동일한 태도를 채택하는 문제가 확실히 아니기 때문이다. 그것은 우리를 사회주의자들 및 공산주의자들의 낡은 대중운동 관념들로 되돌아가게 할 것이다. **그것은 강령논리를 채택하는 문제가 아니라, "상황논리"를 채택하는 문제이다.**

다른 한편, 그것은 자신들의 특이성을 긍정하려는 경향들이 노동자당의 기계와 같은 기계들을 포기해야 한다는 것을 의미하지도 않는다. 만약 그런 일이 일어난다면, 점차 우리는 노동자당에서 오직 한 종류의 특이성을, 즉 "강경노선" 전문가적 투사들의 특이성, 몇몇 종류의 불투과성을 지니고 모든 시대와 모든 감수성을 횡단할 수 있는 사람들의 특이성을 찾을 것이다. 거기에 문제가 놓여 있다.

물론 나는 이 문제에 관한 철학을 제출하려고 하지 않는다. 그러나 이러한 두 차원의 공존을 허용하는 수단을 발명하는 것이 필요한 것 같다. 그 분야에서 실제 개입 수단, 실천 수단뿐만 아니라, 새로운 종류의 감수성, 새로운 종류의 추론, 새로운 종류의 이론을 발명하는 것이 필요한 것 같다. 아마 심지어, 내가 말하는 데 전혀 지치지 않듯이, 모순원리의 논리로 더이상 기능하지 않고 이러한 적대적 차원들을 접합할 수 있는 새로운 종류의 논리를 발명하는 것 역시 필요하다. 왜냐하면 그 차원들은 적대적인 채 남아 있어야 하고 그럼에도 함께 기능해야 하기 때문이다.

나는 당신이나 내가 이 문제를 해결했다고 믿지 않는다. 그러나 그 문제를 집합적으로 제기하는 것이 중요하다. **욕망문제들에 관해 정치조직들에게 질문하는 것이 중요하다. 그러나 국가기계에 관해 욕망경제에게 질문하는 것 또한 매우 중요하다.**

ICBA에서 원탁토론, 살바도르, 1982년 9월 14일

리우(Marcus do Rio): 자율성이란 쟁점은 모든 것을 최종목표에 비추어 이끄는 강령을 가지고 정치적 대표 및 당 조직 관념에 관해 생각하는 것이 아니라, 상이한 집단들 사이에 또 다른 조직형식·접촉형식으로 나아가는 것에 대해 생각할 것을 요구한다.

나는 이것에 대해 비유를 하겠다. 즉 현대사회에서 일상생활은 사막, 광대하고 건조하고 황폐한 사막 같다. 그 사막을 각 사람은 자신에게 이용할 수 있는 조건으로 자신이 할 수 있는 한 최선을 다해 횡단한다. 분자운동들은 먼 사람들 간의 접촉을 만들고 오아시스에서 쉴 곳을 찾으면서

자신들의 여행단들과 사하라를 달리던 옛날의 투아레그족(Tuaregs) 같다. 그들은 다른 여행단들과 접촉하면서 새로운 기쁨의 오아시스를 찾아 사막을 걷는 **새로운 투아레그족**이다. 정당들은 사막을 관개하고 모든 것을 변형하기 위해 거대한 댐을 건설하는 계획을 지닌 거대 자본주의 회사들 같다. 나는 특히 이 비유를 좋아하는데, 왜냐하면 나는 사람들이 일반적으로 사막을 죽은, 삶이 없는 장소로 보는 통상적인 관점이 아주 틀리다는 점을 생태주의자들이 발견했다는 것을 최근에 알았기 때문이다. 사막은 그 자신의 삶의 형식들과 함께 그 자신의 완전한 환경을 가지고 있다. 그러므로 사막을 관개하는 것 또한 일종의 생태적 재앙이다. 아마도 **새로운 투아레그족**처럼, 관개계획들 및 댐들에 관해 걱정하지 않고 자신들의 여행단들 속에서 일상생활의 사막을 주파하는 소수자 집단들이 더 옳다.

상파울루 노동자당 지부에서 벌어진 논쟁, 1982년 8월 29일

질문: 나는 여기에서 모든 사람에게 하고 싶은 질문을 제기하겠다. 만약 우리가 자율, 특이화과정, 노동자당 사이의 관계를 정립했다면, 사람들은 부적절한 주제들에 관한 룰라의 선언에 대해 어떻게 생각할까? 예를 들어, 그가 이성복장착용자들 또는 매춘부들은 거리에 머무를 수 없다고 말할 때, 그가 약물에 관해 말할 때, 그가 노동을 찬양할 때, 그가 기독교를 강조할 때, 그가 기독교 교육에 관해 말할 때?

질문: 폭력에 관한 어떤 논쟁에서, 한 금속노동자는 자신에게는, 호모들은 맞아**야 하기** 때문에 동성애는 폭력문제와 아무 관련이 없다고 말했다. 분명히 우리는 그 동료로부터 어떤 다른 태도를 기대할 수 없고, 아마도 우리는 룰라로부터 어떤 다른 태도를 기대할 수 없다. 다른 한편 우리가

편견들로 가득 차고 우리의 삶과 완전히 다른 삶과정을 가진 사람들이 어느 날 갑자기 머릿속에서조차 지나가보지 않은 것들을 방어하도록 기대하지 않은 채, 좀더 완성된 방식으로 노동자당에 이러한 쟁점들을 어떻게 가져갈 수 있는지 나는 의아해하고 있다.

아론(Maria Tereza Aaron): 노동자당 뒤에는 가톨릭교회라는 큰 문제가 있다. 상파울루에서 노동자당에 대한 가톨릭교회의 영향은 상당하지만, 브라질의 나머지 지역에서 —— 그리고 전국 모든 도시에 교구를 가지고 있다 —— 가톨릭교회는 당 조직을 완전히 지배하는 것 같다. 따라서 문제는 룰라가 이것 또는 저것을 말했는가가 아니다. 왜냐하면 그는 모든 사람이 알고 있듯이 아주 **이성애적인**(straight) 외모를 가지고 있기 때문이다. 더구나 나는 모든 금속노동자가 **이성애자**라는 것에 동의하지 않는다. 정확히 나는 남자들과 섹스하러 가는 장소에서 많은 금속노동자들을 만나는 다수의 게이 친구들을 가지고 있기 때문이다. 따라서 나는 노동자당의 큰 문제는 교회이고, 아마도 낡은 방법들을 지닌 전통적인 정치조직에서 온 (욕망의 복수성과 권력을 희석시킬 필요성을 다루고 싶어 하지 않는) 사람들의 비관용이라고 생각한다.

퍼롱어(Néstor Perlongher): 나는 다음의 의미에서, 여기에서 정치적 언표의 문제에 충분한 중요성을 부여하지 않고 있다고 생각한다. 즉 이러한 작은 미시정치적 운동들의 연결이라는 큰 문제 —— 그것은 우리가 부정하지 않듯이 아르헨티나의 페론주의(Peronisme)에 존재했고, 우리가 부정하든 안 하든 노동자당에도 존재한다 —— 는 그러한 미시정치적 운동들을 조직하는 언표이다. 만약 이것이 진실이라면, 나는 그러한 언표들의 힘은 과소평가되고 있다고 생각한다. 관습적인 사나이는, 그가 노동자이든 아니든 간에, 예쁘고 지적인 호모가 나타나 노동자당을 대신하여 말할 때,

완전히 일그러진다. 그와 같은 사나이는 이러한 종류의 언표에 연결되지 않는다. 따라서 그러한 운동들의 지도력을 장악해버리는 사람들은 도착자들을 생각할 수 있는 사람들이 아니고, 그들은 우리, 성도착자들이 아니다. 그들은 일상적인 행정에 소속된 관료들로, "지금 우리가 **민주적인 검열**을 지지하는 것이 마땅하다"와 같은 것들을 말하는 사람들이다(이것은 다른 날 검열에 반대하는 총회의 모임에서 일어났다). 따라서 내가 묻는 것은 다음이다. 우리 미시정치 · 소수자 · 분자운동들은 언제까지 민주적 검열 또는 혁명 관념을 경제수정으로 축소하는 것(이것은 이미 본 것처럼 초과착취 및 최강독재로 나아간다)과 같은 이러한 고전적인 언표들을 방어하려고 하는가?

가타리: 나는 당신이 룰라가 동성애자, 흑인, 여성, 정신치료를 받는 사람 등의 운명이 어떻게 될 것인지에 대한 정확한 관념을 가지고 있다는 증거를 그에게 요구하면서, 룰라에 대한 불평 노트를 준비하고 있다고 상상하지는 않는다. 룰라에게 요구해야 하는 것은 현재 있는 그대로의 모든 몰적 지층화를 전복하는 데 기여하도록 하는 것이다. 다른 모든 것에 대해서는, 각 사람이 자신이 사회적으로 배치된 위치에서 자신의 책임을 져야 한다. 나는 룰라가 "피억압자의 아버지"이거나 "빈민의 아버지"라고 생각하지 않지만, 그가 매체에서 근본적인 역할을 수행하고 있으며 그것이 선거캠페인의 순간에 본질적이라고 생각한다. 그는 완전히 비정치적인 사람들을 동원해야 하는 상당한 역능을 지닌 채, 최근 상황에서 매우 중요한 역동성의 벡터를 운반하는 사람이다. 이러한 의미에서, 룰라는 노동자당과 동일시되지 않는다. 룰라가 매체에서 수행하는 역할은 매우 중요한데, 왜냐하면 요즘 우리는 매체에 의한 주체성생산의 이러한 요소를 고려하지 않고는 모든 수준에서 투쟁을 고려할 수 없기 때문이다. 따라서 현재, "룰라 씨 매체"가 긍정적인 역동성 속에서 역할을 수행하는 것

같다고 말할 수 있다. 선거 이후 지금부터 1년 동안 나타날 것을 우리는 기다리며 지켜봐야 할 것이다. 나는 단지 브라질에서 현행 운동의 논리 자체가 새로운 정치적 문제설정을 제기하도록 이끌고 있다고 지적하고 싶다. 그 운동의 지성은 정확히, 지금 여기서 고려하고 있는 상황을 배치할 수 있는 그 자신의 능력에 있다. 이것은 그 상황을 해소하거나 구체화하거나 의식적으로 제기하는 것을 의미하지 않는다.

비공식적 대화, 상파울루, 1982년 9월 19일

롤니크: 우리는 브라질 사회의 이러한 민주화 과정에서 이중적 되기, 즉 한편으로 좀더 분명한 양상인 "시민-되기", 그러나 다른 한편으로 여성-되기, 인디언-되기 등을 포함하는 "자율적으로-되기"를 경험하고 있는 것 같다.

가타리: 그리고 아주 중요하고 최근 몇 년 동안 자기권리를 주장하고 있는 흑인-되기가 있다. 그리고 또한 그 단어들이 매우 어리석기 때문에 내가 어떻게 기술할 방법을 모르는 되기, 환경-되기, 브라질의 얼굴들·풍경들·식물 및 동물의 현실들에 관해 의식화-되기가 있다. 나는 이것이 주체화양식들을 깊이 변형시킬 수 있다는 인상을 가지고 있다.

질문: 수에리의 표현을 사용하자면 "시민되기"를 포함한 이러한 상이한 되기들의 지도의 윤곽은 어떨까?

가타리: 내 생각에, 한편으로 욕망의 분야에서 분자적 성격의 이러한 되기들과 다른 한편으로 이러한 개입들, 사회적 노동의 이러한 화용론들

사이에, 내가 그 자체로 받아들여야 한다고 믿는 불가피한 파열이 있다. 그리고 그것은 분명히 양쪽을 편집증적으로 거부하는 문제는 아니다. 즉 그들은 드랙(여장남자)이고 함께 아무것도 할 수 없을 것이다라고 말하면서, "욕망하는" 쪽에 있는 사람들을 거부하는 투사들, 또는 반대로 그들을 넘겨받길 원하는 사람들을 비난하는 욕망하는 투사들. 반면에 나는 양쪽 모두에서 긍정할 수 있는 실천들을 찾을 수 있기 위해 이러한 철저한 이질발생성의 차원을 파악하는 것이 필요하다고 믿는다. 그러나 나는 또한 우리는 어느 좋은 날 우리가 남근 중심적, 인종주의적 등이지 않은 목가적인 정당을 가질 것이라고 상상하지 않아야 한다고 생각한다. 그 전망은 심지어 위험할 수도 있다. 당신이 매체에, 이러한 사회적 긍정에, 이러한 특정한 재현 양식에 발을 들여 놓을 때, 당신은 불가피하게 당신을 더럽히고, 당신을 주체적으로 표시하고, 당신에게 덫을 놓고, 당신이 자신에 반하여 미시파시즘적 과정들에 끌려 다닐 위험에 처하게 하는 구조들에 들어가고 있다. 그리고 사태가 그렇기 때문에, 당신이 이러한 사회적 노동의 수준에서 동시에 분자적 되기의 수준에서, 책임을 수용한다고 계속해서 말하는 것 대신에 무엇이 발생하고 있는가를 알고 적어도 그것에 경계하는 것이 더 낫다. 또는 그것은 절대 진실이 아니며 죄의식을 지니기 위해서가 아니라 문제제기하는 태도를 유지하고 분석과정을 도입하기 위해서 단번에 인정하는 것이 더 낫다.

*

"전투적"이라는 용어는 상당히 오염되어 있다. 그것은 인민 쪽에서의 헌신, 용기, 참여의 비상한 자본을 요구하지만, 동시에 욕망경제에 대한 부정적이고 불쾌하고 치명적인 함의[내포적 의미]로 특징지어지는 "군사적인", "편성"과 같은 의미들을 불러일으킨다. 어쨌든 그것으로부터 벗어나는 쉬운 방법은 없는 것 같다. 그러나 최종적으로, 노동자당에는 전통적인 투사들, 소집단들, 회사원들이 있다는 것이 나를 귀찮게 하지는 않는다. 그들 역시 소수자들이다. 정말 그들은 아주 투정부리지만, 그러는 유일한 사람들은 아니다. 어디에나 힘들게 하는 사람들이 있고, 만약 우리의 전체 존재 영역으로부터 귀찮은 놈[년]들을 제거해야 했다면, 나는 어떤 사태가 일어날지 모른다.

내가 무수한 가설들을 시험하면서, 여행을 통해 노동자당의 중요성을 강조해온 것은 사실이다. 그러나 나는 어떤 사람이 프랑스인으로 단지 한 달 동안 브라질에 왔을지라도, 왜 감히 긍정[확신]해서는 안 되는지 모르겠다. 그래서 어쨌다고? 결국 현실을 실험할 가능성이 있다는 것은 바로 이러한 종류의 긍정을 감행함으로써이다. 그렇지 않다면, 우리가 언제나 신중한, 박식한 언론인들의 역할을 한다면, 우리는 어떤 것과도 연결되지 못한 채 끝날 것이다.

서신 왕래, 1983년 4월

롤니크: 나는 이 책에서 여행기간 동안 노동자당에 관한 논의들이 차지한 상당한 공간을 어떻게 다루어야 하는지 생각해오고 있다. 더이상 화제의 쟁점이 아니라는 단순한 이유 때문에, 아마도 "선거캠페인" 국면을 재생산하는 것은 적절하지 않을 것이다. 그러나 다른 한편, 내 생각에 노동자당에의 당신의 투여[관심]에 중심적이었던 것을 반복하고 심지어 강조하는 방식으로서인 한, 그렇게 하는 것은 중요할 수 있다. 즉 신성한 어떤 것으로서 노동자당 자체에 초점을 맞추는 것이 아니라, 노동자당이 그 시기에 재현한 종류의 배열장치, 사회적 장에서 욕망구성체들에 관련한 쟁점들을 표현할 수 있게 했던 배열장치, 그리고 무엇보다도 현실구도

와 광범위한 사회정치적 유착을 요구하는 투쟁구도의 접합을 가능하게 만들었던 배열장치에 초점을 맞추는 것. 나는 심지어 이러한 두 구도의 유착은 노동자당을 위한 당신의 캠페인에서 주요 모습이었다고 말할 것이다. 당신의 입장에 관해 유별났던 것은 정확히 당신이 그러한 접합이 발생할 필요와 가능성에 주의했다는 사실이었다. 그리고 여행 내내 당신은 더 광범위한 사회적 투쟁들을 경시하는 이러한 경향이 적어도 욕망과 관련된 문제설정들에 대한 무시만큼 심각한 손상을 가져왔다는 사실을 상기시키는 것을 결코 멈추지 않았다.

이러한 종류의 쟁점을 강조할 수 있도록 했다는 사실에 더하여, [선거] 캠페인에 관한 토론들은 우리로 하여금 룰라의 목소리에서 완전히 탈영토화된 공식적인 정치적 목소리의 주파수대에 집중하도록 돕기도 한다(공식 매체 내부에서 직접 방송한다는 특유성을 지닌 일종의 자유라디오 방송국). 그러한 논의들은 또한 그 시기에 노동자당에서, 정치적인 무대를 그 전통적인 영역을 벗어나서 그리고 있었던 집합적인 배치를 볼 수 있도록 도와주었다. 간단히 말해서 "전쟁기계"를.

그러나 이제 사태는 다르다. 우리가 더이상 선거캠페인 중이 아니라는 사실에 더하여, 노동자당이 여전히 그 배열장치[전쟁기계]이고 여전히 그 배열장치일 것인가에 대한 보증이 없다. 이 배열장치는 아무리 중요해도 책 속에 이 주제가 나타나는 것을 문제 삼게 만든다. 그것이 내가 이러한 종류의 배열장치의 존재가 특이화과정들을 덜 약하게 만들기 위해 본질적이라는 자각을 하기 위해 그러한 배열장치를 보존하는 것이 흥미로울 뿐일 것이라고 말하고 있었던 이유다. 그러므로 상당히 다양한 사회적 장들에서 ── 물론 정당들에서뿐만 아니라, 노동자당에서도 ── 특이화의 출현에 민감해지는 것이 필요하다. 나는 당신이 이것에 관해 무엇을 생각하는지 알고 싶은데, 왜냐하면 당신이 그것을 줄이려고 한다면, 사람들은 보존하는 데 중요할지 모르는 사실적 역사 문서의 측면의 많은 것을 잃어버릴 것이기 때문이다. 나는 특히 여기서 노동자당 후보자들 그리고 그 과정에서 당구성체 주위에서, 독재 이후 첫 번째 직접선거 캠페인의 "열광"에 관해 생각하고 있다. 남을 것은 이론적 논의의 기록 이상일 것이다.

가타리: 조직과 새로운 종류의 투쟁기계의 구성이라는 문제설정을 가능한 한 덜 숨기는 것이 중요한 것 같다. 심지어 실패로서 ── 이것은 결국 사실이 아닐지도 모르지만 ── 노동자당의 경험은 근본적인 것 같다. **어떻게 우리는 새로운 주체성구성요소들이 전국적 규모에서 (매체의 측면에서) 나타나도록 할 수 있는가?** 여기서 중요한 것은 결과가 아니라 문제설정의 출현이다.

*

미래학을 할 수는 없다. 역사가 결정할 것이기 때문이다. 두 가지 가능성이 있다. 즉 노동자당이 완전히 소집단의 바이러스에 오염되어, 이 경우에 각 자율적인 구성요소는 "도망칠" 것이고, 노동자당은 자신을 드러낼 것이다. 또는 그렇지 않다면 몇몇 장소에서 촉발되고 있는 것 같은 과정이 이러한 소집단 스타일의 구성요소들을 중립화하는 경향이 있을 것이다. 룰라의 가설에 따르면 운동의 힘에 따라 그러한 구성요소들은 결국 해체되는데 이를 수조차 있다. 모든 것은 노동자당이라는 도구의 유용함 여부와 지역적 환경들에 달려 있을 것이다.

만약 이 모든 것이 "수포로 돌아간다면", 만약 노동자당이 또 다른 PMDB가 되고 룰라가 누군지 모를 지도자가 된다면, 그때 그것이 문제고 끝이다. 그것은, 과정의 일관성은 이러한 종류의 배치에서 지속되지 않고 분자혁명의 투쟁들은 다른 경로들을 통해 지속될 것이라는 것을 의미할 뿐이다. 낙관적이든 비관적이든, 그 문제는 어쨌든 다시 제기될 것이다.

가타리가 수에리 롤니크에게 보낸 편지, 파리, 1983년 5월 24일

노동자당은 어떻게 나갈 것인가? 사람들은 여전히 노동자당으로부터 어떤 것을 기대할 수 있는가?

민주집중제 대 자생주의와 아나키: 잘못된 문제

만약 우리가 고전적 관점 —— 지도자들에 관해 알거나 그들과 조직되기를 원치 않는 자율적 집단 대 경향·집단·조직방법 —— 에서 정치적 실천의 문제설정에 접근하자고 주장한다면, 우리는 총체적 난국에 빠질 것이다. 우리는 관용 및 창조성의 자원으로 그러나 또한 진실한 변혁들로 이끌 수 없는 무질서의 자원으로도 간주되는 "자생주의"·아나키즘 대 집중주의라는 영역 이해양식들을 대립시키는 영원한 논쟁 주위를 공전하고 있을 것이다. 한편으로 최고로 효율적이고, 집중화되고, 기능적인 장치와 다른 한편으로 자율성 사이에 대립이 있는 것 같지는 않다.

조직의 차원은 자율성이라는 문제설정과 동일한 구도 위에 있지 않다. 자율성이라는 쟁점은 내가 "자율성의 기능"이라고 부르는 것의 영역에 속한다. 이 기능은 페미니스트 집단, 생태주의 집단, 동성애 집단 및 다른 집단들에, 그러나 또한 —— 그리고 왜 아니겠는가? —— 노동자당과 같은 광범위한 규모의 투쟁을 위한 기계들에 효율적으로 체현될 수 있는 기능이다. 당이나 노조와 같은 조직들 또한 "자율성의 기능"의 연습을 위한 영토들이다. 설명해보겠다. 우리가 운동에서 투사로 행동한다는 사실은, 우리로 하여금 일정한 안전을 획득하도록 하고, 더이상 금지 및 죄를 느끼

지 않게 하고, 그것을 깨닫지 못한 채 때때로 우리의 행동들에서 우리가 전통적인 모델들(위계적인 모델들, 사회복지 모델들, 일정 종류의 지식·직업훈련 등에 우선권을 부여하는 모델들)을 전달하게 한다. 그것은 심지어 적이라고 여겨지는 행위들 속에서조차 진부한 표현이 무의식적으로 재생산되었던 시기인 1960년대의 교훈 가운데 하나일 것이다. 그리고 그것은 중요하게 고려해야 할 측면인데, 왜냐하면 보수적인 관념들은 해방과정들을 발전시키는 데는 순전히 부적합하기 때문이다.

그러므로 문제는 조직해야 하는가 않아야 하는가가 아니라, 우리가 조직에서의 전투성을 포함하여 우리의 일상행위의 모든 것 속에서 지배적인 주체화양식들을 재생산하고 있는가 아닌가이다. 바로 이러한 측면에 "자율성의 기능"이 제기된다. 그것은 아나키나 민주집중제와 아무런 관련이 없는 미시정치적 수준에서 표현된다. 미시정치는 사회적 배치들이 전투적 운동에서 일반적으로 무시되는 문제설정인 자본주의에서의 주체성생산을 고려할지도 모르는 가능성과 관련이 있다.

*

내 생각에 새로운 종류의 재현, 내가 새로운 지도그리기라고 부르는 것을 구축하려고 해야 한다. 그것은 단지 집중화된 장치들과 특이화과정들의 단순한 공존에 관한 것이 아닌데, 왜냐하면 결국 레닌주의자들은 항상 아주 동일한 담론을 가졌기 때문이다. 즉 한편으로 당, 중앙 위원회, 정치국, 그리고 다른 한편으로 모든 사람이 그 자신의 작은 직업을 갖고, 모든 이들이 자신의 밭을 경작하는 곳인 대중조직들 그리고 그것들 사이에는 "전달벨트들"이 있다. 즉 과업들의 위계, 투쟁도구들의 위계, 그리고 사실상 중심적인 장치들에 의해 항상 분자혁명의 투쟁들을 조종 및 통제하는 데 이끄는 우선성[선차성]의 질서.

자본주의와 제국주의의 상황들을 전복하기 위해 필요한 투쟁기계들·전쟁기계들의 건설은 일정한 지도자들 및 대표들에 의해 구체화된 강령에 새겨진 정치사회적 목표들만 가질 수는 없다. 자율성의 기능은 약간의 자율성으로 집중주의를 누그러뜨리기 위한 단순한 관용도의 기능은 아니다. 자율성의 기능은 모든 욕망충동과 모든 지성을 하나의 동일한 수목 같은 중심점으로 수렴시키기 위한 것이 아니라, 국지적이거나 지역적인 수준 그리고 전국적인 또는 국제적인 수준 양쪽에서 모든 사회적 문제설정을 횡단할 거대한 리좀 속에 위치시키기 위해, 그것들[모든 욕망충동과 모든 지성]을 포획할 수 있게 하는 기능일 것이다. 예를 들어, 위대한 이론 가들을 읽지 않은 어린이들이나 인종주의나 성차별주의의 희생자들인 사람들이 느끼는 방식의 수준에서. 추상적인 거대선언에서뿐만 아니라 즉각적이고 구체적인 실천에서도.

*

민주집중제라는 문제설정과 관련하여 —— 의식적 수준에서, 일상적 실천의 수준에서 —— 말하고 쓰고 또는 실천할 수 있다는 것은 모두, 산업들·행정권력들·국가권력들과 같은 다른 장소들에서 발견되는 모델들의 복사물로 그려진다.

나는 욕망경제의 분야에서의 그 어떤 자생주의 관념, 즉 몇몇 민주집중제의 그물망들을 통과할 필요가 있을 미분화된 어떤 것으로부터도 멀리 떨어져 있다. 나는 상이한 자율성들의 에너지들을 흘려보내는 것이 필요하다고 전혀 생각해본 적도 말한 적도 없다. 정확히 내 생각에 인간 과학 분야 전체에서 그런 에너지 관념을 완전히 거부하는 것이 필요하기 때문이다. 반대로 욕망은 일정 종류의 생산에 상응한다. 욕망은 조립[배치]·창조성의 무한한 가능성들을 지니지만, 내파과정들 속으로 들어갈 수도 있다. **나는 욕망을 위한 욕망이라는 해방신화와 전혀 관련이 없다.**

퍼롱어와의 인터뷰[81]

퍼롱어(Néstor Perlongher): 어떻게 우리는 당신이 제기하는 분자혁명을 고전적 아나키즘 또는 트로츠키주의, 레닌주의 또는 몇몇 다른 종류의 혁명주의와 연결할 수 있는가?

가타리: 원칙상 전혀 관계가 없다. 그것들은 완전히 다른 현상의 질서 [차원]에 속한다. 그만큼 특이화과정들 및 집합적인 욕망배치의 과정들은 폴란드의 경우에서처럼, 맑스주의 구성체들 내부에서도 생산될 수 있다. 아나키스트들이 특히 스페인혁명 동안에 몇몇 시도들을 했다는 것은 사실이다. 그러나 이러한 아나키즘적, 자생주의적 시도들은 일반적으로 실패 및 황폐화로 나아간다.

나는 아나키스트들에게 더 특이화하고 더 해방주의적이기를 요구한다. 그리고 맑스주의자들에게 몇 종류의 관료주의적 리비도 속으로 타락하지 말고, 더 집중주의적일 것을 요구한다.

. . . . . .

81) Néstor Perlongher는 작가 마리아 오돈이 편집하고 1981년부터 1983년까지 부에노스아이레스에서 출간된 페미니스트 잡지인 <Persona>에 싣고자 1982년에 가타리와 인터뷰를 했다. 그러나 인터뷰는 다음의 제목 아래 18년 뒤에나 출간되었다. "A qué vino de París Mr. Félix Guattari?" in Tsé Tsé 7/8, Mai 2000, 네스토르 퍼롱어에 바치는 사후 특별호.

어떤 역사관

철학자들 및 정신분석가들과의 만남, 상파울루, 1982년 8월 23일

츠나이더만(Miriam Chnaiderman): 나는 사람들이 미시정치 및 분자적인 것의 관념들에 기반한 역사 관념을 상상할 수 있을지 생각하고 있었다.

가타리: 나는 브로델(Braudel)의 사유방식, 특히 그의 "세계도시" 관념을 매우 좋아한다. 내가 보기에 갑자기 전개되는 가능한 세계(univers)들의 생산이라는 생각이 있는 것 같다. 그가 베니스, 앤트워프, 암스테르담, 런던 등에서 출발하면서 이러한 종류의 세계도시 계보를 만들 때, 어느 정도 그는 복수의 "기계적 **계통**(phylum)들"의 발전이 있다고 보여주고 있다. 즉 경제적 수준에서, 인구학적 흐름의 수준에서, 시장 설립의 수준에서, 집중적인 거래영역 등의 수준에서 등. 그러나 동시에, 이러한 기계적 **계통**은 우리가 "세계의 성좌(constellation d'univers)" 관념을 참조할 때만 이해할 수 있다. 베니스의 발전과 같은 물질문명의 발전은 관념론적인 인과관계, 의사-유물론적 인과관계에 빠지지 않는 음악적 창조, 건축, 철학적 관념들의 차원에서의 변이들과 분리될 수 없다. 기계적 과정의 변이라는 "상호전제"가 있다. 베니스 같은 세계도시 배치가 수립될 때, 변하는 것은 상호전제의 원리, 일정한 종류의 논리, 종교문제들에 대한 일정한 종류의 이해, 지중해 유역이 무엇인가에 대한 일정한 종류의 이해, 예술적 관점에 대한 일정한 종류의 이해 등이다. 즉 이러한 변이들이 나타나는 순서는 없다. 예를 들어 처음에 새로운 형태의 보트 창조, 즉 기술적 발명이 있었고, 그러한 창조들이 일정한 상업적 흐름의 집적을 가져왔다고 말할 수 있는 것은 아니다. 대서양을 횡단할 수 있게 하는 보트 디자인 분야에서의 기술적 발견은 세계의 성좌에 들어가지 않고 전체 역사 시기 동안 아주 잘

실존할 수 있으며, 이것이 일어나기 전에 두 세기는 흘러갈지도 모른다는 것은 잘 알려져 있다. 예를 들어, 퇴직금 지불 체계나 화폐순환 체계는 고대시기 이래 — 로마제국 이래 — 존재해왔지만, 왜 그것들은 단지 제노바, 베니스, 그리고 피사와 같은 세계도시의 구성과 더불어 추진력을 얻었을 뿐이었는가? 또 다른 예는 자본주의적 흐름이다. 만약 우리가 자본주의에 날짜를 매긴다면, 그 흐름은 파라오 이래로 존재해왔다. 실제로, 자본주의적 배치의 탄생일은 상업자본주의에 따라 그리고 영토 확장 영역에 따라 달라진다.

엥팡트(Domingos Infante): 『천 개의 고원』에는 호르게 아마도(Jorge Amado)의 『모래의 지휘관(Capitães de Areia)』에서 인용한 전쟁기계의 한 가지 예가 있다.[82] 당신이 그것에 대해 좀 말해주면 좋겠다.

가타리: 들뢰즈와 나는 "고대적", "원시적" 영토들의 초코드화 체계들이 선분성과 관련하여 발전하였으며 고대사회들에서의 이 "비교적 유연한 선분성"[83]은 국가체계들에서의 "견고한 선분성"으로 나아간다고 생각

• • • • • •

82) 호르게 아마도의 『모래의 지휘관(Capitães de Areia)』이라는 문헌은 전쟁기계의 한 예로 어린이 갱들에 관한 것이다. 다음을 보라. Gills Deleuze et Félix Guattari, *Mille Plateaux: Capitalisme et schizophrénie*, op. cit.: <Traité de nomadologie: la machine de guerre>, note 11, p. 443.

83) 들뢰즈와 나는 "선분성" 개념을 인류학(거기서 그 개념은 근대사회의 작동 양식과 대조되는 원시사회들의 작동 양식을 가리키는 개념이다)에서 빌려왔고, 그 개념을 확장시켰다. 그들에 따르면, 선분성은 특정 사회에서 존재하고, 언제나 세 형태로 동시에 존재한다.

  1. "견고한" 선분성 (이 선분성은 몰적인 수준에서 생산되는 방식으로, 그것은 "초코드화의 추상 기계"에 따라 기능한다.)
  2. "비교적 유연한" 선분성 (이 선분성은 분자적 수준에서 생산되는 방식으로, 그것은 "변이의 추상기계"에 따라 기능한다.)
  3. 존재하지 않는 선분성 (이 선분성은 순수한 흐름에서, 거기서 입자들은 "전쟁기계"를 구성하면서 빠름과 느림의 순수한 운동 속에서 자유롭다.)

해 보려고 하였다. 그러나 이것은 여기에 선형적 변증법이 있다는 것을 의미하지는 않는다. 국가는 이미 모든 종류의 분자적 선분성 속에 잠재적으로 존재한다. 그러나 이러한 대립은 어느 정도 역사의 모습을 구성하는 불가역적인 현상을 설명하기에는 너무 단순한 것 같았다. 나는 정확히 초코드화 체계의 일관성이 무엇이든 상관없이 역사에는 반복이 없다고 믿는다. 우리는 기계적 **계통**의 수준에서 이러한 특정성을 표시했다. 전쟁기계는 모든 구조를 가로지르는 이러한 **계통** 가운데 하나다.

달리 말하자면, 전쟁기계는 구조 안에서, 구조와 공존하면서, 구조와 공배치 속에서, 불가역적인 요소를 **계통**의 수준에 도입하는 어떤 것이며, 거기에는 어떤 순서[절차]도 없다. 동시에 분산·재선분화·선분체계로의 회귀의 가능성이 언제나 있다. 그것은 사람이 제국들의 역사 속에서 끊임없이 보는 것이다. 즉 어떤 순간들에는 다른 순간들에서는 흩어지는 국가권력이 상당한 집중된다. 그러나 불가역적인 것은 **계통**, 전쟁기계의 **계통**, 기호적 기계의 **계통**이다. 예를 들어 일정 종류의 글쓰기가 일단 발견되면, 그것은 결코 소실되지 않는다는 사실. 선분기계와 국가기계 사이에 어떤 대안이 있든, 전쟁기계는 역사의 대립에, 역사의 구조적 왕복운동에 완전히 이질발생적인 일정한 방식의 진화, 자신의 계통발생적 진화를 따른다.

그것이 내가 전쟁기계를 이러한 세 가지 접합 수준에 놓는 이유다.[84] 군사기술인 구체적인 전쟁기계가, 기술적 변이들이 언제나 있다. 전쟁기계가 기계적 질서 총체에, 사회구조의 입지 총체에 접합되는 잠재성들,

● ● ● ● ● ●

84) 한 개인, 한 집단 또는 한 사회의 생활에서 어떤 순간을 특징짓는 것, 한 사회를 다른 사회와 구별하거나 역사의 한 시기를 다른 시기와 구별하는 것은, 현행 기계의 일반적인 경제이다. 즉 개인, 집단, 사회 또는 해당 시기의 리비도적이고 정치적인 경제에서 우세한 세 기계들 간의 관계이다. 특히 다음을 보라. ("Micropolitique et segmentarité", *Mille Plateau: Capitalisme et schizophrénie*, pp. 253-283을 보라. 또한 Gilles Deleuze, Claire Parnet, *Dialogues*, Paris, Flammarion, 1977, ch. 4, pp. 151-176. 『디알로그』, 동문선, 2005.)

방식들이 항상 있다. 전쟁기계를 내가 감히 역사적이라고 말하지 않는 **계통** 속에 놓는 방식들이 항상 있다. 왜냐하면 바로 일정한 종류의 역사가 역사를 횡단하기 때문이다. 이러한 종류의 역사는 오랫동안 정지된 채 머무를 수 있다. 예를 들어 우리는 철검이나 말을 오랫동안 계속 사용할 수 있다. 그때 갑자기 기계적 변이가 있고, 마치 역사가 갑자기 이 변이의 결과로 만들어진 것 같다. 비록 그동안 다른 수준에서 제도적 역사의 세기들이 지나갔을지라도 말이다. 기계적 역사에서 갑작스러운 파열이 있었던 것처럼 말이다. 이 갑작스러운 파열은 어느 정도 역사에 그것의 불가역성이란 특성을 부여하면서 역사를 중단시키는 것이다.

브로델의 예로 돌아가 보자. 어느 화창한 날까지는 보이지 않는 상태의 바이러스처럼 머무를 수 있는 기호경제의 기계가 있고, 기호경제의 기계는 기술적 발견 ─ 페루에서 금광의 발견, 또는 몇몇 다른 나라에서 은광의 발견 ─ 과 접속된다. 이 기술적 발견은 기계적 **계통**의 구조, 특히 전쟁기계의 구조를 이번에는 불가역적으로 뒤엎는다. 이 동일한 시기 동안 그 거대한 구조적 역사는 거대한 제국들, 거대한 혼합물들을 만들면서 등장할 수 있을 것이다.

마토스(Olgaria C. F. Matos): 내가 이해하기 어려운 것은 어떻게 역사의 창조나 변형을 통합적인 기존의 틀과 조화시킬 수 있는가이다. 침묵을 어디에 등록[기입]할 수 있는가? 어떻게 새로운 것의 침입이 일어나는가?

가타리: 그것은 난점이다. 즉 첫째로 이미 거기(déjà là) **계통**에서 출발하지 않는 창조 영역에서는 아무것도 가능하지 않다. 어떤 것도 지층화로부터 도망칠 수 없다. 두 번째로, 이미 거기가 아닌 것 ─ 세계의 가능성들의 성좌 ─ 은, 신화에서 디오니소스가 이미 거기인 좌표들 전체를 휩쓸어 버리면서 완전히 모양을 갖춘 제우스의 허벅지에서 출현하듯이, 완전

히 모양을 갖춘 채 나타난다. 바로 그때 창조성 "한계[閾]"가 나타난다.

레닌주의의 예를 들어보자. 레닌이 레닌주의적 전쟁기계를 발명했을 때, 그는 상대적으로 변하는 어떤 것을 발명했다. "그래, 하지만 책략가들은 이미 그것을 발명했어"와 같이 말할 수 있음은 분명하다. 비록 그렇더라도 파열, "레닌주의적 절단"이 있다. 즉 전투적 행위, 이론적 글쓰기, 또는 사회계급·민족성 등 사이의 관계를 생각하는 방식 속에서 나타나는 어떤 것이 있다. 동시에 레닌주의적 세계는 노동자운동, 사회민주주의, 농민조직의 장에서의 흐름들, 그리고 그와 같은 종류의 다른 것들의 장에 존재하는 것의 총체 위에 투사된다. 그때 사람들은 역사적 새로움의 출현 — 그리고 이것은 사르트르도 기술한 어떤 것이다 — 이 지층화된 채 이미 존재하는 잠재력 총체를 재서술하고 재해석한다는 것을 안다.

이것을 설명하는 또 다른 사실은 드뷔시(Debussy)의 음악세계 또는 존 케이지(John Cage)의 음악세계와 같은 음악세계의 발명이다. 단 한방으로 음악의 총체성을 다시 쓰고 가능성을 재투사하는 세계의 발명이다. 예를 들어 드뷔시는 가능한 또 다른 귀기울이기, 또 다른 듣기 및 지각 방식 그리고 심지어 바흐 자신의 악보를 다시 사유하고 다시 쓰고 다시 작곡하는 방식을 발명하면서, 바흐를 완전히 다시 썼다.

마토스 그것은 정확히 내가 레닌의 이야기를 그리 잘 이해하지 못하는 이유다. 그는 러시아혁명을 다시 시작된 프랑스혁명으로, 즉 자코뱅주의의 연속으로 이해했다. 모든 은유와 모든 역사적 유비는 거기서 이미 살아 왔고 행했고 생각한 하나의 시나리오 속에 위치지어질 목표만을 지녔다. 혁명 전후 러시아 혁명가들은 자신들의 진짜 이름을 사용하는 것으로 돌아가지 않고 은밀한 활동 시기부터 쓴 자신들의 이름을 유지했다는 것은 우연이 아니다. 그것은 나로 하여금 혁명이 실제로 비극의 의미에서 "반복"의 틀 속에서 일어난다고 생각하게 하는 것이다.

가타리: 나는 최종적으로 우리의 문제는 용어의 문제라고 생각한다. 나는 가치판단을 하고 있지 않다. 레닌이 어떤 것을 발명한 것은 명백한데, 왜냐하면 그것은 변이체와 같이, (아마도 전적으로 발명되지 않을지도 모르지만 어쨌든 전 세계를 장악하는) 일본 감기 바이러스같이, 세계를 횡단했기 때문이다. 그것이 일어난 일이고, 전체 노동자운동이 레닌주의적 감기에 걸렸다. 그래, 그것이 어느 정도 낡은 원천에서 온 오래된 감기인지 자문한다 해도 문제는 없다. 그러나 전적으로 우리는 기계, 레닌주의적 기계는 피할 수 없는 현상으로서 유효했다는 것을 인정해야 한다. 당신이 아주 올바르게 지적한 모든 반복 현상에도 불구하고, 레닌주의적 발명이후 더이상 역사를 동일한 방식으로 계속 쓸 수 없다.

산토스(Laymert D. dos Santos): 혁명가들은 이 모든 것을 반복적으로 나타낼 수 있지만, 또 다른 수준에서는 알지 못한 채 또 다른 어떤 것에 이미 개입하고 있을 수 있다.

가타리: 맞다. 분자혁명에서 면제될 수는 없다. 비록 레닌처럼 행동해야 할지라도 말이다. 레닌은 자신이 신실한 맑스주의자라고 말했지만, 라캉이 한 것이 프로이트주의와 아무 관련이 없었던 것과 같이 맑스주의와 관련 없는 일들을 했다.

마토스: 나는 나 자신을 잘못 설명했다고 생각한다. 사람들이 자신들에게 나타내는 것과 자신들이 하는 것 사이에는 격차[틈]가 있다는 것은 분명하다. 정확히 거기에 레닌에 대한 문제가 있다. 즉 그는 혁명적인 측면에서 "기표의 잉여"를 갖고 있었다고, 즉 그는 새로운 것의 담지자였다고 우리는 말한다. 그러나 그가 반복의 형식으로 새로운 것을 재현한 때부터, 테러[공포]가 있었다. 즉 그는 그 자체로서 새로운 것을 인정하지

않았다. 운동이 예상치 않은 어떤 것처럼 폭발했을 때, 그는 그 운동을 거부했다. 왜냐하면 그 운동은 상상할 수 없었고, 역사적 시간의 통제가능성을 넘어섰기 때문이다. 그래서 나는 [대문자]역사에서 항상 존재하는 그 기표의 잉여가 어떻게 개념적 틀에서 이해될 수 있는지 모르겠다.

가타리: 실제로 레닌의 경우에 그리고 또한 히틀러의 경우에, 그들의 초기 준거가 무엇이었든 간에(인종 등의 모든 사안을 지닌 히틀러주의에서 더욱 분명한 준거), 역사전개를 이전과 이후로 지속적인 방식으로 쓰거나 생각할 수 없다는 의미에서, 거기에 새로운 현상, 파열 현상이 존재하는 것은 분명하다. 모든 기표적 잉여성에도 불구하고, 거기에 어느 정도 새로운 것이 있다는 것은 반박할 수 없다. 그 새로운 것은 기계적 파열의 차원 속에 정확히 위치해야 한다. 내 생각에, 발생하는 것은 그러한 파열이 이전 체계나 과정에서 일종의 죽음, 일종의 불가역성을 나타내는 한 그러한 파열을 받아들이는 것이 더욱더 참을 수 없을수록, 그 파열은 정서에서 그리고 분명한 담론에서 점점 덜 나타나게 된다는 것이다. 발견이 이전 좌표체계의 준거 안에서 처리되는 것은 아주 흔한 일이다. 양자 물리학의 혁명이 생각난다. 과학적이고 미학적인 **계통** 및 그 이후의 차원에서 나타나는 상당한 변이가 종종 있다. 스트라빈스키는 좋은 예다. 즉 그는 음악사의 실제 **계통**에 파열을 도입한 것과 같은 정도로, 고전주의로 전환하였다.

마토스: 내가 생각하고 있는 것은, 분명히 새로운 것이 있었고 변화가 있었다는 것이다. 사람들은 러시아혁명 이후 더이상 전과 같은 방식으로 역사를 쓸 수 없다. 같은 일이 프랑스혁명과 함께 일어났다. 그러나 어떻게 레닌이 가장 기괴한 자본형식을 재수립하고 사회주의적 관념을 그것에 부여할 수 있었는가에 나는 정말 놀란다. 나는 그가 테일러리즘으로

돌아가서 그것을 소련에 적용했을 때, 또는 『자본』이 실제로 자본주의적 야만의 역사일 때에 그가 『자본』 3권을 마치 자본의 문명화하는 특성인 것처럼 읽었을 때를 가리키고 있다. 어디서 그는 그 도착적 의미를 끌어올 수 있었는가?

가타리: 당신은 그 수준에서 문제들을 제기하는가? 나는 어떤 어려움도 알지 못한다.

엠팡트: 나는 당신이 의지라는 쟁점을 제기하고 있다고 생각한다. 달리 말하자면 우리가 이 모든 것을 이해한다는 사실이 우리로 하여금 이러한 종류의 일이 일어나지 않았기를 바라는 것을 막지 않는다.

산토스: 그것은 그러한 식으로 일어나지 않았다.

마토스: 그렇지 않다. 나는 그것이 역사적 수준 또는 경제적 수준 또는 군사적 수준에서가 아니라 정확히 기표의 수준에서 그렇게 발생했던 이유를 이해하고 싶었다. 그렇지 않다면 어떤 역사 이론이 이러한 설명의 기초가 되겠는가?

가타리: 이것은 우리를 두 가지 방향에서 기능하는 자본주의적 흐름의 애매성으로 이끈다. 즉 기계적 과정의 전유 —— 각각의 기계적 변이는 재현구조, 사회구조, 인칭론적 극, 위계제, 영토 등과 양립할 수 있게 되어야 한다 —— 의 방향에서, 그리고 그것에 덧붙여 재영토화 구조가 있는 방향에서. 이러한 전유와 이러한 잉여성, 질서·체계·재현에 대한 이러한 강화가 동시에 있어야 할 필요가 있다. 즉 아마도 그것은 정확히 자본주의적 흐름의 경제를 특징짓는 것이다.

우리는 이것을 기독교의 탄생으로 소급할 수 있다. 기독교는 첫 번째 거대한 자본주의적 종교였을지도 모른다. 왜냐하면 기독교는 사방에서 로마제국을 파괴시키려고 위협했던 모든 요소, 모든 탈영토화 흐름을 포획했고, 또한 동시에 상이한 지위들을 횡단하는 가능한 주체성의 이미지, 아마 노예까지도 포함할 수 있는 이미지를 제시했기 때문이다. 사람들은 그 주제에 대해 아주 약간 알 뿐이다. 기독교를 면밀히 살펴봐야 하지만, 어쨌든 그 이미지는 확실히 야만인을 포함할 수 있었다. 그것은 탈영토화된 종교였고, 더군다나 탈영토화의 요소 ─ 그것이 구원의 종교였다는 의미에서 ─ 를 창조했고, 반면 동시에 십자가 처형, 성부, 삼위일체, 교회 등으로 완전히 재영토화되었다. 따라서 사람들은 언제나, 탈영토화된 흐름의 포획, 이러한 돌연변이 기계에 의한 질서의 조직, 그러나 즉각 뒤이어 낡은 질서가 어떤 시대에도 영토성의 장에서 고대질서일 수 있었던 것보다 훨씬 더 엄격한 질서의 재구성이라는 이러한 종류의 이중적인 운동을 갖는다. 기독교는 탈영토화된 흐름을 포획하고 동시에 그전보다 더 강력한 초코드화를 수립한다.

그리고 그것은 트로츠키적 관념론이 하고자 하듯이 스탈린주의를 레닌주의에서 분리시키는 것이 적절하지 않은 이유일지도 모른다. 왜냐하면 당신이 테일러리즘, 군사위계제 등에 관해 지적했던 것에서 시작하여, 심지어 트로츠키주의에도 스탈린주의적인 재영토화의 관점이 있기 때문이다. 노조의 군사화 역시 트로츠키의 생각이고, 우리는 그것을 잊어서는 안 된다. 사람들은 레닌의 어깨에 모든 것을 지워서는 안 된다.

<폴랴 드 상파울루>지의 "폴레팅" 지면을 위한 페페 에스코바와의 인터뷰, 상파울루, 1982년 9월 5일

에스코바: 지배 문화는 아주 심각하다. 이데올로기의 위기, 탈유토피아 사회의 출현, 좌절된 혁명 이후에, 우리는 여전히 역사가 존재한다고 말할 수 있는가? 모든 것은 희비극적인 양식 위에서 패러디, 반복이 아닌가?

가타리: 아니다. 나는 그렇게 생각하지 않는다. 역사가 특히 현재에 스스로 반복한다고 생각하는 것은 잘못일 것이다. 모든 "복고" 양식, 매체에서 이러한 방향으로의 시도는 소수 약물[마약]이다. 세계가 1914년 전쟁 이래로 계속 겪고 있는 위기는 이전의 위기들과 아무 관련이 없다. 역사의 엄청난 가속이 있고, 그 가속은 생물학의 영역, 컴퓨터 기술의 영역에서 볼 수 있다. 그리고 지난 20년간 그것은 미시물리학과 천체물리학의 발달에서도 볼 수 있었다. 이러한 모든 소동은 통상적인 지진계에 등록되지 않는다는 것을 제외하고 그것들은 이론가들·실천가들·언론인들의 머릿속에 들어가지 않는다. 그것들은 엑스레이와 같다. 레이건 씨, 브레즈네프 씨, 또는 화국봉[중국 서기장] 씨는 무엇을 생각하고 있는가? 모든 것은 똑같이 계속될 것인가? 그 어느 날 일어나서 우리는 지구에 80억 또는 100억의 거주자를, 브라질에서 아마도 2000년에 4억의 주민을 발견하고, 모든 것이 문제없이 나아갈 것인가? 하고 물을 것이다. 사람들은 그것에 대해 웃을 수 있을 뿐이다. 역사에 엄청난 가속이 있지만, 다른 한편으로 책임감 있는 사람들, 주도능력을 가진 사람들은 어리둥절해 하는 것 같다.

생산력, 과학, 그리고 예술의 변혁과정과 동시에 사회세력의 변혁과정이 있었던 18세기의 한 시기가, 즉 영국·프랑스·미국에서의 혁명이 있었다. 오늘날 변혁들은 천 배로 증식했으나, 우리는 동일한 종류의 완전히 경화된 정당, 헌법 및 의사–민주주의 조직, 그리고 삶과 생신의 새로운 양식을 찾는 데 동일한 무능력을 지닌 채 여전히 1945년과 동일한 체계를 가지고 나아가고 있다. 지속적으로 끓고 있는 역사는 언제나 동일한 소스 냄비에 맞춰져야 한다. 때때로 폭발하는 도시가 있다. 예를 들어 베이루트 또는 캄보디아처럼 블랙홀에 빠지는 나라가 있다. 우리는 주의해야 한다. 그것들은 [우연한] 사고들이다. 항상 주변적인. 그것은 부정적인, 미친 측면이다. 긍정적인 측면에는 예를 들면, 1968년과 시간의 무기력을 흔드는 다른 항의운동들이 있다. 폴란드의 1968년은 또 다른 것이었다. 그것은 2달 동안 지속된 소풍이 아니라, 1년 반 또는 2년 동안 천만 명이 동부 유럽 국가들에서 삶을 바라보는 방식 전체를 발파했다. **확정적으로 우리는 역사가 부재하는 역사 속에 빠지지는 않는다.**

혁명?

우리는 혁명의 의미에 대해 좀 생각해 보려고 해야 한다. 이 용어는 이제 너무 망가졌고 낡았으며, 아주 많은 장소에 질질 끌려다녀서 비록 기초적이지만 최소한의 정의[규정]로 되돌아갈 필요가 있다. 혁명은 하나의 과정, 즉 같은 지점으로 되돌아갈 수 없게 만드는 변화의 본성을 지닌 어떤 것이다. 더욱이 이것은 다른 사람 주위에서 한 명의 스타의 운동을 가리키는 데 사용된 "혁명" 용어의 의미와 사실상 반대된다. **오히려 혁명은 어떤 것을 변화시키는 반복, 돌이킬 수 없는 것[불가역적인 것]을 가져오는 반복이다.** 우리로 하여금 동일한 태도와 동일한 기표의 반복으로부터 멀어지게 하면서 역사를 생산하는 과정이다. 그러므로 정의상, 혁명은 프로그램될 수 없다. 왜냐하면 프로그램되는 것은 항상 이미-거기이기 때문이다. 역사처럼 혁명은 항상 놀라운 것을 가져온다. 본성상 혁명은 항상 예측할 수 없다. **"혁명을 위해 일하는 것"을 예측할 수 없는 것을 위해 일하는 기표로** 이해하는 한, 예측할 수 없음이 우리로 하여금 혁명을 위해 일하는 것을 막지는 않는다.

내가 말하고 있는 것은 모두 그렇게 터무니없는 것은 아니다. 즉 생산적인 과정에 관여하는 시인이나 음악가는 —— 만약 대학이나 음악학교에 완전히 얽매이지 않는다면 —— 자신이 그것을 생산하기까지 자신이 생산하고 있는 것을 결코 알지 못할 것이다. 그것은 심지어 그가 기대한 것을 넘어서까지 그를 운반하는 그의 생산과정이다. 우리는 자살이나 광기에 이르는 지점까지 자신들의 생산으로 지쳐[파괴되어]버린 모든 창조자들의 믿을 수 없는 목록을 만들 수 있다.

내가 말한 것으로 돌아가서, 내가 보기에 혁명 관념은 과정 관념과 동일시된다. 존재하지 않는 어떤 것을 생산하는 것, 사물·사유·감수성의 바로 그 존재 속에서 특이성을 생산하는 것이다. **그것은 무의식적인 사회적 장에서, 담론을 넘어선 수준에서 변이를 불러오는 과정이다.** 우리는 그것을 실존적 특이화과정이라고 부를 수 있다. 문제는 —— 거의 소통할 수 없는 것에 접해 있는 —— 특이한 과정이 일, 텍스트, 자신이나 다른 사람과 살아가는 방식, 또는 삶의 영역의 발명 그리고 창조의 자유 속에서 자신들을 접합함으로써 유지되게 하는가를 아는 것이다.

*

사람들이 "혁명적"이란 용어를 상이한 상황이나 기획을 묘사하는 데 확대한 것은 단지 오늘날이 아니다. 혁명적이란 무엇을 의미하는가? 예를 들어 트로츠키적인 관념에서처럼 하나의 기획이 영원히 혁명적일 수 있는가? 이것은 분명히 자동적인 말장난인데, 왜냐하면 혁명은 정의상 영원할 수 없기 때문이다. 즉 혁명은 우리가 과정 속에 있는 불가역성의 계기로 특성화할 수 있는 어떤 변형 계기이다. 내가 이에 대해 강의할 자리는 아니지만, 불가역적인 과정에 대한 연구는 과학에서, 특히 열역학 분야에서 중요한 이론적 문제이다. 따라서 우리는 불가역적인 길을 따르고 그러한 이유로 전례 없는 방식으로 역사를 쓴다면, 그것을 혁명적인 과정이라고 부를 수 있다고 덧붙일 수 있다.

*

　내가 방금 말한 것이 매우 진부하게 보이겠지만, 만약 우리가 그것을 어떤 공통적인 장소들에 적용한다면, 사태는 좀 복잡해진다. 하나의 계급이 본래 혁명적일 수 있는가? 또는 소련의 경우에서처럼, 사회적·정치적 구성체 ── 예를 들어 노조 ── 가 50년 동안 혁명적이라고 주장했다는 사실은 명백히 모순이다. **즉 혁명은 과정적이거나 그렇지 않으면 혁명이 아니다.** 프랑스혁명이 멈췄을 때, 사람들은 표지판들을 모든 마을 회관에 게시하였고, 학교에서 어린이들은 인권선언문을 외워서 배워야 했다. 즉 그것은 더이상 과정적인 특성을 지니지 않은 혁명이었다.

　혁명적인 미시과정은 단순히 사회관계와만 관계하지 않는다. 예를 들어 모딜리아니는 아마 아무도 그 이전에는 감히 하지 않았던 방식으로 얼굴을 봤다. 예를 들어 어떤 국면에서 그는 특수한 종류의 파란 눈을 그렸다. 그 눈은 그 시기에 통용되었던 우리가 "안면성 기계"라고 부르는 것을 완전히 변화시켰다. 인식과 실천의 측면에서 이러한 변형의 미시과정은, 무엇인가가 변화했다는 것을, 모딜리아니 그 자신이 얼굴을 보는 방식뿐만 아니라 얼굴을 보는 집합적인 방식도 변화시켰다는 것을 인식한 사람들에 의해 수행되었다. 이러한 과정은 그 생명성을, 그 혁명적 특성을 일정 사회적 장에서, 시기상 일정 지점에서, 그리고 일정 기간 동안 보존했다. 나중에 미술에서 과정의 역사는 어딘가 다른 곳에서 발생했다. 또 다른 과정과 또 다른 혁명적 변이가 나타났고, 어느 정도 새로운 미시과정이 발생하였다. 결국 혁명이란 문제설정은 또한 이러한 유형의 것들을 거친다.

*

    나는, 문화혁명이 즉 사람들 사이에 일종의 돌연변이(그것이 없으면 우리가 이전 사회의 재생산에 빠질)가 없다면, 체제가 어떠하든 혁명적인 변혁을 믿지 않는다. 문화혁명은 자신들의 창조적인 잠재력을 지닌 채 내가 분자혁명이라고 부르는 것, 즉 모든 사회변혁의 조건을 구성하는 생활양식에서의 특정 실천들의 가능성 전체이다. 그리고 이것은 전혀 유토피아적이거나 관념론적이지 않다.

*

    요즘 사람들은 더이상 "혁명적"이라는 단어를 감히 말하지 않는다. 틀림없이, 여전히 "진짜" 혁명이 있을 수 있다고 상상하는 것은 다소 어리석다. 오늘날 프랑스에서 혁명에 대해 말하는 것은 불길을 일으키는 것[불쏘시개]이다. 많은 프랑스 지식인은 계급투쟁의 문제설정을 배제하지만, 그것이 계급투쟁의 문제설정이 역사에서 나타나지 않게 되었다는 것을 의미하지 않는다. 일어나고 있는 것은 단순히 계급투쟁의 문제설정이 현재 명백한 곤경에 처해 있다는 것이다. 혁명적이라고 주장하는 모든 모델화 체계는 실제로 내가 언급했던 거부를 불러오는 어떤 것, 혁명과정을 차단하는 어떤 것처럼 훨씬 더 잘 기능한다. 그러나 **이 투쟁은 수행되는 방식의 온갖 관료적 성격에도 불구하고 필요하다. 즉 전체 쟁점은 그것**[혁명적이라고 주장하는 모든 모델화 체계]**을 혁명과정과 혼동하지 않는 것이다.** 그러나 그것이 혁명적이지 않다는 사실이 그것을 덜 중요하게 만들지는 않는다. 지붕을 떠받치는 문제를 예로 들어보자. 제기되는 문제는 그것을 떠받치는 것이 혁명적인가 아닌가를 아는 것과 관련 있는 것이 아니라, 그것이 우리의 머리로 떨어질 위험을 무릅쓰고 있는지 아닌지를 아는 것과 관련이 있다. 우리는 사회관계에 관해서 똑같이 말할 수 있다. 노동자계급과 다양한 이해집단이 억압체계에 저항하기 위해 할 수 있는 모든 수단을 사용하는 것은 완벽하게 정당하다. 그것과 혁명들(복수), 즉 분자혁명들의 정치를 접합하는 것은 아주 다른 것이다. 그것은 맑스주의/사회투쟁/노조투쟁 대 분자혁명이라는 배타적인 선택지로서 제시되는 이원론적, 이항적 논리를 피하기 위해 중요하다.

통합된 세계자본주의

"비보장된" 사람들

이탈리아에서, '노동자 아우토노미아(Autonomia Operaia)' 내부의 상이한 흐름[경향]들은 논박할 수 없는 사실에 대한 해석에 개입했다. 즉 새로운 유형의 노동자세계(특히 그 주변층에 있어서)의 출현, 정의상 보장된 노동과정에서 벗어나는 상당한 수의 주민의 되돌이킬 수 없는 발전. 이것은 그러한 흐름들이 "비보장된" 사람들, "불안정 노동자들", "흑인 노동자들", "학생 노동자들"이라고 부르는 것이었다. 그것은 노동에서나 학생생활에서 실업자들, 사용되고 있는 생산과정과 현존하는 대로의 교환체계의 정당성을 거부한 **주변인들**(marginati)이었다. 그들은 사회 및 일상생활과의 또 다른 유형의 관계를 발전시켰고, 우리가 개인적이고 집합적인 삶의 생산이라고 부르는 모든 것에 대한 또 다른 투여 유형을 발전시켰으며, 무의지적인 실업의 지위를 자신들에게 제시된 그런 무의지적인 노동거부와 결합시키면서 노동과의 또 다른 유형의 관계를 발전시켰다.

*

계급 범주화 — 노동자계급, 쁘띠-부르주아 계급과 부르주아계급 또는 중간계급, 농민층 등 — 는 분자혁명의 문제설정을 밝히도록 전혀 허용하지 않는다. 오늘날 사회적 주체성의 구조화 양식은 상이한 주민 범주를 상호 적대적인 사회관계를 지닌 이러한 실체 형태로 구분[분리]하는 데 있지 않은 것 같다. 오히려 더 정확하게 하자면, 이러한 구분[분리]·선분성이 계속해서 존재하지만, 그것들은 이 사회적 선분성 전체를 횡단하는 또 다른 주체화양식과 공존한다는 것이 분명하다.

따라서 계급의 이러한 범주화를 유지하지만, 그것을 또 다른 범주화 양식과 교차시켜 보자. 나는 세 가지 범주를 제시하고자 한다. 즉 **자본가적 엘리트들, 보장된 노동자들**, 그리고 **비보장된 사람들**. 이러한 세 범주는, 각 개인이 타자와의 관계에서 점유하는 지위의 내면화를 훨씬 강조하는 관계를 지닌 채, 모두 사회질서를 배열하는 동일한 방식에, 동일한 생산적이고 정신적인 훈육화에 참여한다. 예를 들어 "비보장된 사람들"의 주체성에는 초자아의 이중적 내면화가 있다. 즉 "'나'는 보장받지 않아서, 나는 똥이야", "만약 내가 가치가 있다면, 나는 영화의 이미지 속에, 광고 속에 있을 거야." 달리 말하면 엘리트들의 매체에 의해 끊임없이 전달된 삶기준의 이상들의 표준 속에. 그러나 만약 우리가 엘리트의 주체성을 관찰한다면, 우리는 그 주체성 또한 보장된 사람과 비보장된 사람의 주체적인 차원을 내면화한다는 것을 안다. 즉 "나는 엘리트의 일부를 형성한다. 왜냐하면 나는 간부 지위를 점하고 있거나 대학교수이거나 또는 그러한 종류의 어떤 것이기 때문이다. 그러나 어느 정도 계속 주의할 필요가 있는데, 왜냐하면 만약 내가 지배적인 에티켓과 규칙에 비굴하게 아부하지 않는다면, 어느 날부터 그 다음 날 나 역시 비보장된 사람들의 범주에 빠질 수 있기 때문이다. 왜냐하면 나는 재정 귀족이나 고대 귀족의 지위를 가지고 있지 못하기 때문이다."

보장된 사람들의 범주는 자본가적 엘리트가 되는 것이 완전히 불가능하다는 것을 아주 잘 알면서, 자신들의 자리를 보장하는 것과 자본가적 엘리트가 되려는 열망 사이의 이러한 진동 속에 항상 갇혀 있다. 만약 누군가가 일정 사회적 환경 출신이라면, 그가 아무리 명석하든, 그가 세상에 있는 모든 책을 공부했든 말든, 그가 아무리 비상한 일을 하든, 자본가적 엘리트들에 합류할 수 없게 하는 기호적 구성체의 결정들 또는 문화적 구성체의 결정들이 있다. 따라서 이것을 보상하기 위해 일정 종류의 매개 위치를 차지하려 노력할 것이지만, 그는 현행 엘리트 체계 때문에 충분히 인정받을 길이 없다. 이것은 "발전한" 자본주의 나라들에서 존재하고, 명백히 브라질 같은 나라에서도 존재하며, 철의 장막 나라들에서 점차 존재하는 어떤 것이다. **즉 그것은 엘리트들을 한정하는 아주 강력한 무의식적 장벽들이다.**

*

자본주의적 주체성 생산양식은 매우 다양한 환경에 개입한다. 그러므로 제기되는 질문은 당신이 쁘띠 부르주아지의 환경이나 교수의 환경에 있느냐를 아는 것이 아니다. 당신이 알 필요가 있는 것은 당신이 무의식적인 주체성의 범주화와 관련하여 어떻게 위치해 있는가이다. 즉 "당신은 자본가적 엘리트들 속에 통합되려는 욕망 ─ 그리고 가능성 ─ 을 가지고 있는가?" 당신은 "보장주의" 체계에서 살아남을 수 있는 방식으로 행동할 것인가? 이러한 보장된 사람의 범주는 노동자계급에서, 지식인의 환경에서 또는 군인들 환경에서 존재한다. 그것은 어디에서나 존재한다. 따라서 지금 제기되는 문제설정은, 비보장된 사람의 영역에서 우리가 사회에서 배제된 사람들뿐만 아니라 주체화과정 총체의 항의를 담지한 구성요소들을, 심지어 자본가적 엘리트들의 수준에서 일어날 수 있는 것도 포함하여 문제제기를 담지한 구성요소들을 발견한다는 사실과 관련이 있다.

맑스는 어떤 순간 노동자계급이 모든 사회계층과 관련된 열망의 담지자라고 말했다. 그리고 바로 이것이 노동자계급에게 혁명적 잠재력을 부여하였다. 이 잠재력은 바로 그 이유 때문에, 그 자신의 운명과 관련될 뿐만 아니라 모든 사회관계의 운명과도 관련되었다. 그러나 **보장된 노동자계급이 더이상 이런 혁명적 잠재력을 절대 가지지 않는다는 것은 분명하다.** 왜냐하면 보장된 노동자계급은 자신을 문자 그대로 해체하는 엘리트 체계에 종속 및 반(反)종속 상태에서 살기 때문이다. 반대로 비보장된 노동자계급 또는 보장체계를 거부하는 보장된 노동자계급, 이 두 노동자계급은 자신들의 주체화양식 전체와 관련 있는 혁명적 열망의 담지자이다. 바로 이러한 방식으로 모든 사회적 범주 사이를 지나갈 수 있는 횡단성 체계와 동맹을 생각할 수 있게 하도록 하는 방식으로 나는 문제를 제기한다. 왜냐하면 연합(동맹)하는 것은 모든 주체화양식 총체를 전유하는 통합된 세계자본주의의 경향과 관련한 주체적 지위, 욕망의 지위이기 때문이다.

사회학적 계급분할에 대해서 자본주의는 그것을 다루는 방법을 매우 잘 안다. 그러나 현재, 그 분할들의 취약한 실제 지형은 살아남고 창조하는 능력, 자본주의적 주체성에 직접 위협받는 능력이 되고 있다. 신문화 시기동안 우리는, 엘리트들 가운데 완전히 보장된 사람들을 볼 수 있었다. 그들은 높은 임금을 받지만 매우 불행하게 느끼고 자신들의 존재양식을 겨우 견뎌내고, 스스로 그리고 자신들의 사회관계 속에서 행복을 느끼기 위해 자신들의 사회적 지위를 거부하는 것을 더 좋아한다.

여기서 쟁점이 되고 있는 것은 바로 이러한 본성의 어떤 것이다. 즉 **복지국가**, 사회적 행복의 국가와 보장체계는 어느 정도, 철저하게 소외시키고 있다. 그러나 이것은 거대한 그리고 모든 것을 횡단하는 항의의 잠재력을 가져온다.

*

보장된 노동자와 비보장된 노동자 사이의 낡은 이분법은 현재 브라질의 노동자당에서, 폴란드의 연대운동에서, 극복되고 있는 것 같다. 새로운 종류의 동맹이, 보장체계를 거부하는 매우 광범위한 종류의 보장된 사람과 비보장된 사람을 결합하는 동맹이 수립되고 있다.

(단지 경제적이지만은 않은) 이 위기

우리가 빠져 있는 세계 위기는 내 생각에 경제적인 기호계 수준에서뿐만 아니라 사회통제와 주체성생산의 모델화의 모든 기호계 수준에서 **자본주의 기호화양식들의 위기**이다.

*

지구를 침식해온 이러한 엄청난 반동적 물결의 출현은 주로 1974년에 나타난 경제위기의 발전의 결과이다. 그러나 실제로 그것은 정말 경제적인 위기가 아니다. 좀더 정확하게 이 경제 위기는 전체 일련의 위기 중하나일 뿐이다. 더욱이 정확히 전통적인 좌파 노조운동이 이 상황을 오로지 경제위기의 측면에서 겪어왔기 때문에, 사회적 저항운동 전체가 완전히 무장해제 되었다. 그리고 대응을 하지 않는 가운데, 그로 인해 가장 반동적인 구성체들이 상황을 이용하게 되었다.

이 세계 위기(동시에 일종의 사회적 세계전쟁)의 본질이 지구 표면 전역에서 일련의 주변화된 계층 전체의 거대한 증가의 표현이라고 생각할 수 있다. 굶주리며 사는 수십만의 사람들이 있고, 또한 자신들에게 제시된 사회적 틀 속에서 인식될 수 없는 수십만의 사람들이 있다. 삶 모델, 감수성 모델, 사회관계의 모델의 이러한 위기는 가장 가난한 "저발전된" 나라들에서만 존재하지는 않는다. 그 위기는 "발전한" 나라들에서 대중의 넓은 부문에서도 존재한다.

위기는 더이상 전통적으로 "자본주의의 순환[주기적인] 위기"라고 부르던 것의 문제가 아니다. 그것은 한편으로는 새로운 생산자료, 새로운 분배자료, 대중소통수단[매체]에서 새로운 혁명과, 다른 한편으로는 완전히 결정화되고 경직된 채 고대적인 형식으로 남아 있는 사회구조 사이의 관계양식의 위기이다. 국가권력은 자신이 더이상 통제할 수 없는 진짜 압력솥의 맨 꼭대기에 앉아 있다는 것을 점차 깨닫게 됨에 따라 점점 더 반동적으로 된다. 신자유주의적 미국 경제학자들의 생각이 빈곤의 이 엄청난 증가를 고려할 수 있는 세계질서의 지속을 허용할 것이라고 믿을 수 있을까? 신자유주의적 세계질서는 경제적 관점에서뿐만 아니라 최저 수명의 관점에서 전체 대륙의 이러한 황폐화를 고려할 수 있는가? 나는 최근 상황에 관해 그 어떤 행복감, 몽상적인 낙관주의도 느끼지 않는다. 반대로 나는 캄보디아, 이란, 레바논에서 발생했던 것과 같이 대량학살에서 표현될 완전히 극악한 도전들이 있을 것이라고 믿는다. 제국주의는 모든 버전에서 매우 폭력적인 개입형식을 준비하고 있고, 제국주의의 전문가들 — 아무튼 미국인들 — 은 실제로 이러한 갈등에 지역적으로 개입할 소형 핵무기를 사용할 가능성을 생각하고 있다.

내가 새로운 종류의 혁명으로 나아가는 선형적인 전개를 예견하고 있다고 말할 순 없다. 그러나 실제적인 역사적 격변들이 다가올 연도의 의제라고 믿는 것은 태평스런 낙관주의는 아니다. 이는 새로운 투쟁수단, 이러한 예사롭지 않은 상황의 전개를 이해할 새로운 형태의 개념적 준거를 창조할 필요성을 더욱 의제화한다.

*

　우리가 경험하고 있는 위기의 특성 가운데 하나는 그 위기가 분명한 사회관계의 수준에 놓여 있을 뿐만 아니라, 무의식적·종교적·신화적·미적 구성체들을 포함한다는 것이다. 그 위기는 주체화양식에서, 조직 및 사회성의 양식에서, 그리고 전통적인 학문적 설명 — 사회학적이거나, 맑스주의적이거나 기타 등이건 간에 — 을 완전히 벗어나는 무의식적 구성체들에 대한 집합적 투여[개입]형식에서의 위기와 관련 있다. 그 위기는 전 지구적이지만, 환경에 따라 상이한 방식으로 이해되고 기호화되고 지도화된다.

　일반적으로 이 위기와 관련하여 보통 세 가지 종류의 태도가 통상 있다. 첫 번째로, 내가 체계적 몰인식이라 부르는 것은, 우리가 아주 잘 아는 두 가지 측면을 지니고 있다. 하나는, 교조적인 맑스주의 노선으로, 권력에 있지 않을 때(그러나 권력을 열망할 때)는, "주체성이라는 쟁점과 특히 새로운 욕구들이라는 쟁점은 확실히 존재하지만, 그것들은 권력을 쟁취한 이후에만 얘기될 수 있다"고 언제나 생각한다. 그리고 (캄보디아나 동유럽 나라들에서 봐왔던 것들과 같은 대참사로 이끄는) 권력 속에 있을 때는, 집합적인 주체적 문제들의 특정한 성격을 고려하는 대신에, 그들은 보통 대참사를 실수(당의 실수, 적에 의한 조작, 그리고 그러한 종류의 것들)로 간주한다. 다른 하나로, 우리는 예를 들어 미국에서 유행하는 이론들(신자유주의, 공동체주의운동, 시카고 학파·밀튼 프리드만(Milton Friedman) 등의 주변에서 형성된 흐름 전체)을 가지고 있다. 이 이론들은 새로운 종류의 사회운동과 관련된 문제 전체를 특정하게 고려하지 않는다. 그 흐름에게는, 이러한 운동은 주체화양식의 잔여적 형식들, 구식의 형식들이다. 그것은 일종의 사회적 신다윈주의로, 이것은 바로 그 이유[잔여형식] 때문에 이러한 집합적인 주체적인 저항형식을 분쇄, 극복, 회수,

사용되거나 개정되어야 하는 의고주의로 간주한다. 이러한 이론에 따르면 구원은 소유·이윤·사회적 차별에 기초한 공리에 기반한 일종의 선별[도태]로부터만 올 수 있다.

현재 사회운동에 대한 두 번째 종류의 태도는 포괄적으로 말하자면 일정 종류의, 특히 프랑스적인 사회민주주의의 이름 아래 자리할 수 있다. 여기서 사람들은 문제를 두 유형의 주제로 한정하려고 시도한다. 한편으로 동서 축에서 남북 축으로 (즉 "발전한" 나라와 "저발전한" 나라 사이의 관계로) 전환하는 국제관계의 방향 변화가 있어야 한다고 생각한다. 이것은 멕시코에서 유네스코가 주최한 회의에서 잭 랭(Jack Lang)이 발전시킨 주제의 요점이다. 다른 한편으로 내부관계의 수준에서 이번에는, 지배적인 자본주의적 과정에 삽입되지 않는 일련의 사회적 범주 전체에 대한 특정한 문제가 정말 있다고 생각한다. 이것은 민족주의적 또는 지역주의적 문제들 — 예를 들어 프랑스에서 코르시카, 바스크, 브르타뉴 등의 문제 — 에서부터 여성운동, 동성애운동 등의 문제 또는 자유라디오운동의 사례에서처럼 매체와 관련한 변화의 문제까지 걸쳐 있다. 그러나 이 두 번째 태도를 특징짓는 것은 그것이 이러한 특정한 질문을 그 문제설정을 한정하고 회수하기 위해서만 고려한다는 사실이다. 이것은 어떤 시기에 흑인운동, 푸에르토리코인 운동, 히피운동 등에 수로를 열려고 하는 동시에 통제하는 것을 도운 일련의 프로그램을 설치하려고 한 케네디주의의 이데올로기였다. 이러한 예를 통해 우리는 첫 번째 태도(몰인식)와 두 번째 태도(회수)가 서로 대립되는 것이 아니라 상보적이며 완전하게 그렇다고 말할 수 있다. 이러한 편파적인 인식은 이러한 회수과정에 통합되지 않는 요소들에 반대하는 극단적으로 억압적인 태도에 만족할 수 있다. 여기서 우리는 극단적으로 경계하며 정확한 회수의 변주를 확인할 수 있다.

나는 이것의 가장 좋은 예는 독일연방공화국이라고 생각한다. 독일에는 주요 도시에 고도로 발전되고 고도로 구조화된 대안적인 부문들이 있고, 집합적인 주체적 자율화과정이 발전하고, 이 과정은 현재 4백만 내지 5백만의 사람이 컴퓨터에 의해 전적으로 기록되고 통제되는 것으로 현재 추산될 정도로 강력한 정보격자에 기반한 사회통제 체계와 공존한다. 프랑스는 테러 위협을 고려하여 전반적인 정보화와 더불어 독일식 해결책을 채택하는 것과 협상 및 자금지원 양식을 찾게 해줄 수 있는 대화를 수립하는 국가 기능들 ── 죄수 씨, 코르시카 씨, 여성 씨, 자유라디오 씨 같은 ── 을 창조하는 것 사이에서 머뭇거린다.

우리는 폴란드에서 동일한 종류의 애매성을 발견하지만 더 파국적인 맥락에서 발견한다. 한편으로 야루젤스키(Jaruzelski) 정부는 사회운동과 실제 관련을 가지고 있고 폴란드에 존재하는 일종의 영구적인 총파업으로부터 벗어날 수 있게 해줄 조합구조를 발명하고 싶어 할 것이다. 그러나 다른 한편으로 폴란드는 '연대'운동과 함께 발생했던 진정한 혁명의 모든 정치적 결과를 철저하게 거부한다.

그러므로 회수의 태도는 몰인식의 태도뿐만 아니라 사회적 격자의 극단적으로 엄격하고 폭력적인 억압형식들에 보완적이다. 사실상 국제관계 수준에서 두 거대한 지배권력, 즉 미국 및 그 동맹자들과 소련의 태도는 마찬가지로 보완적이대서로 보완한다. 우리는 그것을 포클랜드에서 영국의 공격과 같은 작동 속에서, 또는 좀더 최근에 레바논인민과 팔레스타인인에 대한 이스라엘의 공격에서 보인 거대권력의 완전한 수동성에서, 그들의 공모에서 볼 수 있다. 외양에도 불구하고, 모든 나라에 남북 축이 있다는, 즉 "발전한" 나라들 안에 제3세계 또는 제4세계 영역이 있고, 이른바 "저발전한 나라들" 안에 북의 영역, 달리 말하자면 통합된 세계자본주의의 영역이 있다는 의미에서 내가 남북 문제설정이라 부르는 것에 일종의 보완적인 접근법이 있다. 따라서 우리는 도식적으로, 국제적인 수준에서 제3세계와 관련이 있고 또한 이른바 "발전한 나라들" 안에서 창출되는 제3세계와 관련이 있는 이러한 새로운 주체화양식이라는 일반적인 문제설정의 일종의 벡터화가 있다고 말할 수 있다. 좀더 구체적으로, 상황의 온갖 차이에도 불구하고, 어느 정도 두 종류의 문제설정 사이에 공통적인 경계가 있다고 말하겠다. 예를 들어 한편으로 이탈리아 동지들이 비보장된 사람, 불안정한 노동자, 그리고 모든 존재하는 주변인에 관해 제기한 문제들과 다른 한편으로 제3세계에서 발생하는 초과착취와 때때로 심지어 물리적 청소[말살]의 문제가 있다.

나의 출발점으로 되돌아가서, 그것이 이러한 문제설정이 구체화되는 방식이 맥락에 따라 완전히 다르다는 사실을 없애지는 않는다는 점은 분명하다. 예를 들어, 브라질에서 흑인 문제는 밀라노나 볼로냐의 **주변인** 문제와 직접적으로 비교할 수는 없다. 그러나 아마도 우리는 그 둘 다가 현재 지구상의 모든 사회를 횡단하는 동일한 종류의 전반적 위기에 참여한다고 생각할 수 있다. 그들을 결합[동맹]시키는 것은 그들을 내리 덮치러 외부로부터 오는 어떤 것, 즉 사회관계와 생산관계를 재구축하기 위한 통합된 세계자본주의의 일정한 정치이다. 우리는 지구상의 상이한 상황에서 통합작용과 회수작용 사이에 보완성이 있다고 말할 수 있다. 그러므로 내가 앞서 말하고 있던 제국주의의 지도자들 및 이론가들의 관점은 일정한 작용, 즉 집합적인 노동력의 통일, 새로운 기술적 변이 속에 집합적 노동력의 통합, 그리고 글쓰기·기술·신체·욕망 등과 일정한 종류의 관계를 지닌 지구상의 모든 개인의 내재화를 필수적이고 불가피한 작용으로 간주한다. 이 관점에서 보면, 위기는 단지 아무것도 아닌 것의 작은 위기, 조만간 우리가 기적적으로 직접 벗어날 길 위에 있는 작은 사건에 지나지 않는다.

반박할 수 없게 이 위기는 정말 1974년에 폭발했고, 그 이후 여전히 터널의 출구[위기가 끝날 것이다]는 매년 선언되어왔다. 그럼에도 불구하고 반대로 모든 것은 우리로 하여금 이것이 역사의 모든 시기에 국제적인 수준에서의 도전이라고 믿도록 한다. 핵전쟁이 아니고 (그 가능성이 배제되지는 않지만) 이 남북 축과 항상 관련 있는 연속적인 지역전쟁이라는 차이를 지닌 전쟁 — 세계전쟁 — 이라고 묘사할 수 있는 위기.

그리고 마지막으로, 세 번째 종류의 태도가 있다. 앞의 두 태도와 달리, 이 경우에는 주체적인 변이들 — 그들의 특정한 성격과 그들의 공통적인 특성의 각도에서 적절히 고려된다 — 은 지구적인 규모에서 이러한 사회통제시도가 충돌하는 사회들과 사회집단들을 횡단하는 상이한 분자적 저항형식들이다.

전쟁, 위기 아니면 삶[85]

펠릭스 가타리

세계 사회는 일관된 가능성을 주유할 수 있는 윤곽도 없고 자원도 없이 연약해지고 있다. 제3세계 대륙들은 소름끼치는 빈곤이 들끓는 속에서 무위도식한다. 레이거니즘 및 대처리즘의 기름띠가 경제적인 조수의 변덕 속에서 확장된다. 동방의 독재정권의 찌꺼기 표시는 수억의 인간존재의 삶 속에 점점 더 깊게 아로새겨지고 있다. 위험한 증기가 유럽 사회주의의 "남쪽" 경험들로부터 분출되기 시작하고 있다. 그리고 다시 한 번 파시스트적인 야비함이 룸펜 부르주아지의 동물군들 사이에서 자신의 길을 찾는다.

• • • • • •

85) Félix Guattari, "La Guerre, la crise ou la vie", <폴랴 드 상파울루>지(1983년 8월 7일)를 위해 소냐 골드페더가 편집·번역한 텍스트. 이 글은 나중에 *Change International I*(Paris: September 1983)에 출간되었다. Félix Guattari, *Les années d'hiver: 1980-1985*(Paris: Ed. Bernard Barrault, 1986), pp. 34-38에 재수록됨.

일련의 폭력적인 운동과 함께, 마치 혼수상태에서 깨어나듯이 우리는 이러한 기시감[착각]의 모든 안개를 퍼뜨리려고 한다.

첫째, 전쟁. 첫째, 행성의 슈퍼 쇼의 이러한 차원들 —— 기계적 죽음 발레의 그 걸음걸이, 지리 정치적 현실들과 그리고 심지어 그것들이 부활시킨 평화주의의 행렬 연쇄들과 한 발짝 벗어나 분리된 그 기술적이고 전략적인 책략 —— 에 대한 확인, 그 모든 것이 결국은 우리의 관심을 끌지 않는다는 확인. 『콰이강의 다리』, 『월하의 거대한 공동묘지』, 『암스테르담 쁠레이엘(Pleyel)의 호출』과 같은 전전 시기의 환영[영화]들 —— 우리는 이미 그 모두를 잊었다! 우리는 거대권력들이 자신들의 차이를 대륙간 미사일을 발사함으로써 진지하게 해소하려 한다고 생각할 만큼 속지는 않는다. 그들의 진정한 보완성, 그들의 점차 강조되는 공모성은 그들로 **하여금 동일한 분리차별적이고 자본주의적인 세계체계**를 통합하는 데로 나아간다는 것은 아주 분명하다. 그리고 미디어 시장에 줄곧 박혀 있고, 거대한 종말론적 기관들의 게임을 하는 전쟁 시뮬라크럼은 집합적인 주체성의 공간을 점유하는 것을 자신의 일차적 기능으로 가진 것 같다. 그래서 집합적인 주체성으로 하여금 자신을 괴롭히는 사회적으로 긴급한 일들에 대한 생각으로부터 벗어나게 한다. 즉 지난 20년간 작동했던 것들과 같은 모든 욕망충동, 그리고 모든 횡단국가적 횡단문화적 자각이 금지된다. 그들의 전쟁은 우리의 전쟁이 아니다! 우리에게 영향을 주는 유일한 진짜 세계 전쟁은, 반세기 동안 파장 속에서 지구를 휩쓸어왔던, 문명화된 눈에는 유지할 수 없는 부스러지는 불치의 전쟁이다. "여전히 엘살바도르, 니카라과, 폴란드, **표류난민**[보트피플], 아프가니스탄, 남아프리카가 있다. 결국에 그것은 낙담시키는데, 채널을 돌리는 것이 가장 좋다" 이러한 조건 아래 —— 우리의 좌파 "연대"가 어떨지라도 —— 우리는 군사적 수준에서 프랑스 사회당의 핵 선택을 거부하지 못하게 하지 않는다. 전략적인 세력균형 게임은 피억압 주변인들을 복종시키는 거대권력의 의지를 이루며, 사람들은 자신들이 위해서 일하고자 하는 사람들의 해방을 저버리지 않고는 거대권력의 논리에 굴복하지 않을 것이다.

그때 위기가 있다. 여기서도, 세계 주민들의 복종 및 "훈육화" 정도를 강화시키고 그들을 질식의 한계에 더욱 가깝게 졸라매는 엄청난 기계화가 있다. 모든 것은 그것을 명백한 사실로 제시하는 데 소모된다. 실업, 빈곤은 성경의 재앙처럼 인류에게 쏟아진다.

이러한 조건에서 사람들은 이전의 몇몇 변형태가 있지만, 경제적으로 가능한 유일한 장치를 정치경제에 관해 생각할 수 있는 유일한 묘사에 대한 반응으로 더이상 받아들일 수 없다. 그러나 계량경제학이 현재 보여주는 자기충족의 외양이 이러한 준거모델의 신뢰상실에 비례한다는 것이 분명하다! 이러한 많은 지표나 예보가 작동했다는 것은 확실히 부정할 수 없다. 그러나 그것들은 어떤 종류의 현실을 가리키는가? 실제로 전지구적 잠재력으로부터 점차 제한되고 분리되고 소외되는 생산적인 활동 및 사회생활의 부문들을 가리킨다. 무르고 자기준거적인 경제적·화폐적 규정집은 의사(pseudo)협상 및 의사–유도장치, 집합적 의사–결정의 두뇌 없고 전제군주적인 도구가 되고 있다. (최근의 예: 중앙은행들은 단지 멕시코가 자신들과 맺은 부채 이자를 단기에 갚을 수 있도록 멕시코를 구제할 것이다!) 그리고 마침내 위기가 단순히 모델의 위기였다면 어쩔 것인가? 황폐화되고 있는 정신병적 자본주의 체제 아래서 사회적 노동분업, 생산의 목적 그리고 교환 및 분배의 기호화양식 총체를 동시에 위험에 빠뜨리고 있는 위기? "터널의 탈출구"라는 희망, 그리고 "위대한 회복"이라는 신화(그러나 무슨 회복이고 누구를 위한 회복인가?)는 기술 및 과학 혁명의 지속적인 가속에 의해 발생한 상황의 불가역적 특성을 우리에게서 감춘다. 지금부터 모든 것은 다를 것이다! 대단하다! 그러나 두 가지 가능성이 있다. 이러한 혼란이 그들을 해방적이거나 창조적인 길로 나아가는 최근 현존하는 "균형에서 멀어지게"[86] 할 수 있는 사회적 주체성의 변이들에 의해 보완될 것이다. 그렇지 않으면 위기에서 위기로 진행하면서, 이러한 혼란은 점차 손상시키고 마비시키는 효과를 지닌 채 보수주의의 한 지점, 억압적 지층화 및 불황의 상태 주위를 진동할 것이다. 사회 흐름의 각인 및 규제의 또 다른 체계를 이 지구에서 상상할 수 있다! 미적이고 과학적인 창조의 모든 영역에서, 억압적인 위계제와 단절한 모델 ─ 수목형이 아닌, "리좀적인", "횡단적인" 모델 ─ 이 부과되어왔다. 사회영역에서는 왜 안 되겠는가?

각성된 입장을 채택하여 스스로를 시간을 벗어나 역사를 넘어서 있다고 생각하고, 스스로를 "포스트모던", "포스트정치적" (그러나 불행하게도 탈매체라고 하지는 않는다……) 등이라고 묘사하는 것이 몇몇 지식인 서클에서 유행이 되어왔다는 사실에도 불구하고, 정치 및 미시정치의 지대들로 되돌아가 보자. 과소비와 제조된 문화가 소화불량을 유발할지도 모른다는 것은 사실이다! 그러나 그것이 해방투쟁 쪽에 이전에 전혀 개입하지 않은 우리 종류의 지식인들이 우리 시대의 수습직원으로 간주되는 이유인가? 반대로 우리의 이상은 파열이 만들어지고 있는 곳으로 우리를 계속 싣고 간다. 앞도 뒤도 아니라! 정확히 새로운 언어가 가공되고, 새로운 자유계수가 추구되고, 그리고 색다른 시선·감각·사유·창조 방식이 메시아주의와 자생주의나 변증법의 신조를 넘어 탐색되는 한계지점에서…… 그러나 왜 그것을 거부하는가? 어떤 정치적 게임은 우리에게 근본적이고, 특히 어떤 거부는 우리를 모험과 위험으로, 어느 정도 위험한

• • • • • •

86) 가타리는 "균형으로부터 먼" 구조 개념을 일리야 프리고진(Ilya Prigogine, 1979년 화학분야에서 노벨상을 수상)과 이자벨 스탕제르(Isabelle Stengers)로부터 빌려온다. 특히 Ilya Prigogine, Isabelle Stengers, La Nouvelle Alliance. Métamorphose de la science, paris, Gallimard, 1979를 보라. [저자들은 "파동에 의한 질서"라는 생각을 제안한다. 체계가 안정성을 재구축할 수 있도록 "가라앉히는" 대신에, 그러한 파동은 체계가 돌이킬 수 없는 변형을 겪을 때까지 체계를 균형으로부터 멀어지게 한다. 다음을 보라. 특히 Prigogine, I and I. Strengers, Order Out of Chaos: Man's New Dialogue with Nature, New York: Bantam Books, 1984(영어본).]

모험을 하도록 이끈다. 특이화과정을 향한 우리의 억누를 수 없는 경향과 독단적인 개입형식들에 대한 우리의 경험은 아무리 좋은 의도를 지닌 정치적인 제안 및 정당 연줄과 상관없이 우리를 욕망의 미적 강렬도와 욕망배치의 모든 초코드화에 면역되게 만든다. 더욱이 경사면을 따라갈 뿐이다. 즉 예술, 기술, 윤리, 정치 등의 이전의 구획된 영역들 사이에 매일 새로운 통로가 우리의 눈앞에 열리고 있다. 분류할 수 없는 대상들, 물리학자들의 용어를 다시 한 번 차용한다면, "이상한 끌개들"[87]은 낡은 경직된 언어들을 태우도록, 다른 진실들을 감추기 위해 의미의 고에너지 입자들을 가속시키도록 우리를 고무한다. 연달아 같은 주간에 세 가지 일련의 사건이 격발되었다. 즉 교황의 머리가 바웬사의 머리의 자리에 달려들고, 아라파트가 다마스에서 추방되고, 토니 네그리가 이탈리아 의회에 들어갔다. 누가 누구에게 그리고 누구의 이름으로 말하는가? 사람들은 많은 것이 가능하다고 꿈꾸고 있다. 이런저런 의미에서.

이미 도달한 미래

룰라와 가타리의 대화, 상파울루, 1982년 9월 1일[88]

가타리: 프랑스에서 우리는 브라질에서 오늘날 일어나고 있는 것에 관해 정확히 알지 못한다. 다가올 11월 선거에서 생각·변화의지의 이러한 비등[격앙] 전체는 아마도 당신이 18년 동안 종속되어온 독재정권을

· · · · · ·
87) 가타리는 "이상한 끌개"라는 개념을 스탕제르와 프리고진으로부터 빌려온다.
88) 나와 마르코 아우렐리오 가르시아(Marco Aurélio Garcia, 마르카 수필리시의 시정 아래 상파울루 시청의 노동자당 행정에서 문화부 시 사무관이 되었고, 이후 룰라의 행정부 아래 공화국대통령 특별 대외정책 자문관이 된 사람)가 조직한 가타리와 룰라 사이의 첫 번째 만남. 가타리와 룰라는 몇 년 뒤 1990년 8월 20일에 다시 만났다.

침몰시킬 것이다. 우리는 당신의 이름을 알고 노동자당의 존재를 알지만, 이 당이 획득하고 있는 중요성을 짐작하지조차 못한다. 3년 전에 내가 브라질에 마지막으로 왔을 때에, 좌파의 노조투사들은 여전히 가혹한 억압 대상이었다. 캄피나스(Campinas)에서 나는 자코 비타(Jacó Bittar)[89]와 다른 전투적 노동자들과 오랫동안 대화했다. 그때 그와 그 노동자들은 새로운 정당을 만들며 전 지구적 정치행동으로 전환할 계획에 대해 말했다. 오늘날 이것은 이루어졌다. 그리고 심지어 그 결과는 전혀 예상치 못했던 것 같은데, 왜냐하면 완전히 새로운 분위기가 지금 브라질에서 지배하기 때문이다. 브라질에서 가장 다기한 사회적 범주들에서 생겨나는 변혁욕망의 전체 범위가 노동자당이 접합하게 되어온 운동에서 스스로 구체화되어 나타나고 있다. 우익이 전에 그랬듯이 더이상 그 자신의 방식으로 게임할 수 없을 것 같은 지점에서. 노동자 권리의 강화, 최소한의 정치적 민주주의의 수립, 당신과 함께 일해 온 소수자들을 위한 새로운 자유의 공간의 개발, 이 모든 것이 가까이에 있는 것 같다. 당신은 이것에도 불구하고, 우익이 여전히 그 과정을 차단하는 수단을 지닌다고 생각하는가? 예를 들어 투표용지에 올바르게 기입하는 데 어려움을 지닌 일정 사회계급에 대해 투표소에 접근하는 것을 제한하려고 할 선거절차를 부과함으로써 우익이 수행해온 동원의 중요성은 무엇인가? 이와 관련하여 브라질 민주주의 운동 당(PMDB)의 애매한 태도에 대해 어떻게 생각할 수 있는가? 우익은 여전히 군사쿠데타 위협으로 협박함으로써 유권자들을 겁줄 수 있는가?

룰라: 나는 우익이 여전히 브라질에서 매우 강하다고 믿는다. 사실 우익은 주, 광대한 다수의 지방자치체 그리고 무장 세력을 통제하므로, 계속 이 나라에서 가장 거대한 세력을 관장하는 부문이다. 선거 과정을 통해

· · · · · · ·
89) 가타리가 언급하는 시기인 1979년에, 자코 비타는 석유산업 노동자들을 위한 노조 관리였다. 1982년 이 대담이 있었을 때, 비타는 상파울루 주 상원의원이 되기 위한 노동자당 후보자였다.

일어날 수 있는 변화와 관련하여, 기대하는 분위기가 사회 전역에 존재한 다는 것은 사실이다. 우익은 강력하게 남아 있으며, 정부에서뿐만이 아니 다. 현재 자유주의자들로 가장하고 PMDB와 같은 야당 내부에서 권력 지위 를 획득하려고 시도하고 있는 우익의 많은 부문들이 있다. 가장 심각한 것은 노동자계급이 저항하기 시작하고 그 자신의 두 발로 서려고 하는 순간에, 우파, 교조적 좌파 그리고 자유주의자들이 노동자계급의 조직화 를 방해하려는 노력에 동참한다는 것이다. 선거과정은 소란스러울 것이 다. 그리고 선거과정은 노동자당 후보자들이 텔레비전에 나올 수 없는 한에서 다른 정당들에보다 노동자당에 더 어려울 것이다. 그리고 또한 어제 채택된 이 새로운 선거투표용지 유형 때문이기도 하다. 새로운 투표 용지 유형에서도 정당의 엠블렘[상징]은 나타나지 않고, 투표자는 선택한 후보자의 완전한 이름을 써야 하고 그래서 그 과제[투표하는 일]를 엄청나 게 복잡하게 할 것이다. 이 모든 것에서 정부의 진정한 목표는 선거의 의미를 해치고 거대한 양의 투표를 무효화하려는 것이다. 우리 노동자당 은 이 문제에 매우 몰두해 있지만, 우리는 노동자당의 투쟁과 노동자계급 의 투쟁이 선거과정과 함께 끝나지 않을 것을 안다. 선거과정은 실제로 우리에게 노동자계급의 조직화에서 단지 일보 전진을 나타낼 뿐이다. 그 것이 우리가 선거에 참여하는 것을 받아들이고 우리의 후보자들을 내기 로 결정한 유일한 이유이다.

가타리: 그리고 직접적인 군사 개입의 위험은?

룰라: 군대가 지배하는 나라에서는 군사적 억압이 증가할 위험이 언제 나 있다. 인민이 조직하지 않는 한, 인민이 정치의식을 갖지 않는 한, 이 위험은 존속할 것이다. 바로 이 이유 때문에 우리는 노동자당에서 우리가 해야 하는 가장 중요한 것은 노동자계급을 조직하는 것이라고 말한다.

그러고 나서 스스로 자신의 운명을 결정하는 것이 노동자계급이 할 일일 것이다.

가타리: PMDB는 짐작컨대 "유효투표"를 하라는 자신의 캠페인으로 선거기구에 대한 어떤 형태의 협박을 하려고 하며, 노동자당은 충분히 성숙하지 않고 노동자당의 지도자들은 나라의 일을 관리하려는 자신의 시도를 정당화할 수 있는 실제 능력을 지니지 못한다고 주장한다. 이러한 주장은 여론에 영향을 미칠 수 있는가?

룰라: 나는 이 주장이 선거민에 일정한 영향을 미칠 수 있다고 믿는다. 첫째로, 우리 인민의 정치 참여 경험이 여전히 매우 제한되어 있기 때문이다. 우리의 전체 삶 경로를 통해, 즉 공화국 선포 이래로, 우리는 조작될 수 있는 대중으로 다루어져 왔다. 인민은 자치의 가능성이 존재하지 않고 그들을 지도해줄 누군가가 필요하다고 믿도록 항상 강요당해왔다. 둘째로, 우리나라에 존재하는 계급 편견 때문이다. 중간계급의 많은 부문들, 특히 상층 중간계급과 민족부르주아지 전체는 한 개인의 능력이 졸업장의 양이나 은행에서 자신들의 소득의 축적에 의해 또는 소유물, 상업어음 등에 의해 측정될 수 있다고 생각한다. 노동자당의 위대한 과업 가운데 하나는, 정확히 이 역사적 오류를 탈신비화하는 것이며, 우리는 그에 따라 일하는 데 복무할 따름이다. 그리고 한 국가의 행정은 기술적인 문제가 아니라 정치적인 문제라는 것을 증명하는 것이다.

가타리: 이틀 전에 상파울루를 횡단한 행진에서, 노동자당 후보자들의 공공유세에서, 4-5명의 사람이 들고 있던 커다란 종이 깃발에는, "우리는 일하는 방식을 안다. 우리는 통치하는 방식을 안다"라고 쓰여 있었다.

룰라: 전체 문제는 국가가 어디에 있는가를 아는 것이다. 경제권력 쪽에 아니면 노동자 쪽에? "유효투표"에 대한 이러한 호소가 PMDB의 정치세력이 존재하려면 다른 정치세력들이 없어져야 한다고 가정하기 때문에, 우리는 그 제안을 파시스트적인 것이라고 생각한다. 그리고 우리 노동자당은 우리가 우리 자신의 존재를 방어하는 똑같은 방식으로, PMDB의 존재를 방어한다.

가타리: 이러한 "적성검사[능력시험]"는 현재 지도자들이 이미 그들의 무능과 부패의 광범위한 증거를 보여주었다는 점에서 나에게는 더욱 사실무근인 것 같다. 7월에 열린 노동자당 전당대회에서, 당신은 당신의 당이 PMDB와 다른 전통적 좌파 구성체들과 어떤 동의나 타협도 하지 않을 것이라고 재확인했다. 당신은 이 입장을 선거 후에도 유지할 것인가? 예를 들어, 당신은 상파울루 주를 통치할 "좌파연정" 참여를 거부할 것인가?

룰라: 나는 우리가 어떻게 그러한 다기한 이해관계를 화해시킬 수 있을지 알지 못한다. 나는 한 계급의 진보가 그 성원들 일부가 공식적인 지위를 차지하고 있다는 사실에 단순히 의존할 수 있다고 믿지 않는다. 나는 이미 PMDB의 한 사람과 접촉했다. 그 사람은 자신의 당이 크게 집착하는 것 가운데 하나는, 자신들이 선거에서 이기면 파업 없이, 사회적 격동 없이 평온하게 지배할 수 있도록 노동자당의 지지를 받는 것이라고 설명했다.

가타리: 노동자당은 상 베르나르도(São Bernardo) 운동의 흐름 속에서, 산업노동자계급이 전체 노동자계급의 구성원들과 또한 중간계급, 지식인 등을 결집할 수 있는 광범위한 정치투쟁에 개입할 수 있다는 점을 입증한

이후에 태어났다. 나는 노동자당이 농민의 이해관계에도 마찬가지로 관심을 가지고 있다고 알고 있다. 즉 노동자당은 심지어 브라질에서 첫 번째 진정한 농업개혁 강령을 정식화해왔다. 그러나 노동자당은 오늘날 여전히 본질적으로 내가 "도시정당"이라고 부른 것으로 남아 있지 않은가? 농촌에서 노동자당은 어떤 지지를 받는가?

룰라. 나는 비례적으로는 노동자당이 도시에서보다 농촌에서 주로 나라의 북부에서 그리고 북서부에서 더 강하다고 말하겠다. 우리가 도시정당일 뿐이라는 비난은 농촌에서 우리의 캠페인이 상당히 발전해온 한 그 의미를 잃는다. 그러나 그것은 끔찍한 재정조건 아래에서 일어나는 어려운 일이다. 예를 들어 수송수단이 크게 부족하다. 이것은 우리나라와 같은 넓은 나라에서 심각한 문제다. 그럼에도 이 나라의 역사에서 처음으로 우리가 브라질 좌파들이 결코 실현하지 못한 오래된 꿈, 즉 농촌 노동자들과 도시 노동자들의 동맹[통일]을 구체화해왔다고 나는 믿는다.

가타리: 노동자당에는 많은 수의 가톨릭 신자가 있다. 그들은 심지어 주교단의 지지를 받고 있다고 얘기된다. 교회가 당신의 당과 어떤 형태의 관계를 맺었는가? 그것은 폴란드에서 종교적인 위계제와 '연대'노조 지도부의 일부 사이에 존재하는 것과 비교할 수 있는 어떤 것인가? 즉 정기적인 자문, 기존 권력과의 매개자로서 교회 등?

룰라. 아니다. 교회와 그러한 형태의 관계는 여기서 존재하지 않는다. 존재하는 것은 푸에블라(Puebla)[90] 이래로, 브라질 교회 또는 더 좋게는 그럼에도 브라질 교회의 일부가 피억압 인민의 조직문제에 관한 결정을

----

90) 룰라는 교황 요한 바오로 2세(Pope John Paul II)가 온 제3회 라틴아메리카 주교회의 행사인 1979년 1월 멕시코 푸에블라 회의를 언급한다.

하기로 결의하였다는 것이다. 바로 그 시기부터 풀뿌리 공동체들과 "진보적안" 주교들이 나타나기 시작하였다. 그리고 발생한 것은 그들이 제기하는 조직형식이 노동자당의 조직형식과 일치한다는 것이다. 어떤 주교도 기독교인들을 노동자당을 지지하여 서명하도록 이끌지 않는다. 그러나 나는 모든 — 또는 적어도 많은 수의 — 주교가 기독교인들을 그들의 정당 및 후보자 선택을 위한 기준을 채택하도록 이끈다고 믿으며, 이것은 또한 노동자당의 정치적 제안과 일치한다. 어떤 다른 당도 교회의 최근 방향이 모두에게 이익이 될 수 있도록, 우리가 권하는 것과 비슷한 조직형식을 채택할 수 있었다.

가타리: 노동자당의 경제 강령은 은행과 산업복합체 같은 주요 경제구조들을 국가독점체 및 다국적기업의 지배로부터 벗어나게 하기 위해 그것들에 대한 집합적인 재전유를 예상한다. 이것은 국가, 경제, 사회 사이의 미래 관계에 대한 일정한 기초 관념을 포함하지 않을까? 당신에 따르면, 이러한 집단화가 어떤 형식을 띠어야 하는가? 국가적 특성의 국유화 아니면 좀더 자주관리되는 과정?

룰라: 만약 내가 그러한 질문에 즉각 대답해야 했다면, 나는 사태가 국영 체계(estatizaço)로 전환하는 데로 좀더 지향하고 있다고 말할 것이다. 그러나 우리의 발을 땅에 디딘 채, 변혁과정이 우리가 일어나기를 원해서 일어나는 것이 아니라 그것을 지지하는 정치세력에 의해서 일어난다는 것을 깨닫는 것이 필요하다. 만약 첫 번째 단계에서 우리가 국유화[91]에 개입할 수 있다면, 이것은 최종적 목표가 국영 체계로 계속될지라도 중요

• • • • • •

91) 룰라는 여기서 국제적인 지배에 반대하는 경제를 보호하는 정치와 일치하는 "국유화 (nationalisation)" 단계와 엄격하게 말해서 "국가화(statization)[estatização]" 형식을 구별하는 것 같다. (F. Guattari의 주)

할 것이다. 그러나 사태는 분명해질 필요가 있다. 즉 이 국영 체계는 사람들이 국가 관료제의 이익에서가 아니라 집합성을 위해 자신들의 산업 및 은행을 경영하고 관리할 수 있는 민주국가의 틀에서 의미를 가질 뿐이다. 우리는 현실주의자가 되어야 하고, 노동자당의 제안은 몽상적일 수 없다. 즉 오늘날 우리는 심지어 노조 대표나 심지어 공장위원회조차 가지고 있지 않다. 만약 우리가 이것들을 얻으면, 그것은 이미 하나의 결정적인 발자국일 것이며 다른 발자국들이 뒤따를 수 있을 것이다. 이 발자국들은 우리를 기획 및 투자를 논의할 결정권을 지닌 채 공동관리 형식에, 사업회계에의 접근형식에 더 가깝게 데려갈 것이다. 다음으로 우리는 국유화 단계에 이를 것이고, 국영 체계로 마지막으로 넘어갈 힘을 축적할 것이다. 그것은 마치 우리가 16단의 사다리를 올라갔던 것과 같다. 즉 만약 우리가 한 번에 한 단계를 오르지 않는다면, 우리는 떨어져 다리를 부러뜨릴 위험에 처한다. 우리는 교수대를 향해 목말라 돌진하고 싶지 않다. 우리가 원하는 것은 우리의 갈증을 푸는 것이다! 이러한 이유 때문에 우리는 신중해야만 한다.

가타리: 그렇지만 당신은 사다리의 꼭대기에 있는 이미 구성된 모델, 즉 소비에트, 중국 또는 쿠바 형태의 모델을 알지 않는가?

룰라: 그렇지 않다. 어떤 방식도 아니다. 그리고 프랑스 모델이나 스웨덴 모델도 아니다.

가타리: 당신은 또 다른 국가 유형, 또 다른 사회 유형으로 나아가기를 원한다. 그러나 이러한 창조적인 관점과 노동자당이 오늘날 스스로를 집중주의 조직으로 규정하는 태도 사이에 모순이 있지 않은가? 나는 노동자당의 규약을 읽었다. 그 규약은 상당히 전통적인 어떤 공산당이나 사회당

의 규약처럼 보인다.

룰라: 당신은 공식적인 규약을 말하고 있다! 그러한 규약은 모든 정당에 동일하다. 그러나 노동자당의 실천은 완전히 다르다. 예를 들어, 노동자당의 규약은 각 지방자치체에 한 명의 대표라는 관례를 예상한다. 노동자당은 또 다른 "형상", 즉 더 많은 대표들의 참가를 허용하는 탈중심화된 사전대표자회의라는 형상을 발명하였다. 공식대표자회의[전당대회]들은 확대대표자회의들의 결정을 비준하는 데 봉사할 뿐이다. 그 모든 불완전함에도 불구하고, 노동자당은 풀뿌리 집단들의 체계를 창조하여, 전국적 층위들은 항상 당 전체가 실제로 생각하는 것을 정확하게 대표하는 그러한 방식으로 모든 결정들이 지역적 수준에서 토론과정을 거치도록 보장했다.

가타리: 나는 펭에리오(Pinherios)에서 노동자당 지역위원회의 투사들과 만났을 때 당신이 방금 말한 것을 증명할 기회를 가졌다. 자신들을 "자율적"이라고 하는 다양한 집단들(생태주의자, 페미니스트, 동성애자 등)이 위원회 주위에 모였다. 이 위원회는 당 전체와 관련하여 매우 소수자적인 또는 주변적인 것처럼 보이는 입장을 지지한다. 노동자당의 일부 위계적 층위(행위자)들은 다음 선거에서 카티 콜타이(Caty Koltai)의 입후보를 막으려고 노력했다. 카티 콜타이는 자신의 이름으로 약간 "상황주의적" 스타일의 강령을 제시하고 있었다. 마지막으로 당신이 언급한 종류의 대표자회의가 있었다. 그 회의는 해당 강령을 공식적으로 읽은 뒤 카티 콜타이의 입후보를 승인함으로써 그 문제를 해결했다.

우리는 프랑스에서 많은 투사들의 경직되고 교조주의적인 언어로 묘사하는 표현을 갖고 있다. 즉 우리는 투사들이 "투박한 언어(langu de bois)"로 말한다고 이야기한다. 이탈리아와 프랑스에서 비교적 성공한, 일정수의 자유라디오 경험은 이 "상투화된 언어"를 현실 사회집단·소수자·상이한 감수성에 더 부합하는 표현수단으로 대체하려고 노력해왔다. 당신은 국가의 통제 아래 있지도 않고 당이나 상업 집단의 통제 아래에 있지도 않은 자유라디오의 창설도 염두에 두고 있는가?

룰라: 우리는 아직 대안매체를 창조할 지점에 있지 않다! 그러나 나는 우리가 거기에 도달할 거라고 생각한다. 당신은 우리가 유럽이 아니라 브라질에 있다는 것을 이해할 필요가 있다. 그것은 또 다른 세계이고 또 다른 정치문화 또 다른 투쟁경험이다. 그러나 나는 그것이 공식매체에의 의존으로부터 우리를 자유롭게 해줄 유일한 길이므로 우리가 거기에 도달할 것이라고 믿는다.

가타리: 지식인은 노동자당 안에서 어떻게 보이는가? 지식인과 사회운동 사이에 새로운 유형의 관계가 존재하는가? 예를 들어 나는 폴란드에서 '연대'운동 안에 형성되고 있는 종류의 관계를 생각하고 있다.

룰라: 노동자당 안에서 매우 중요한 사실은 지식인, 학생, 농민, 그리고 노동자 사이에 있는 거리의 탈신비화이다. 노동자당은 사람들을 서로 가깝게 결집시켰다. 노동자당은 새로운 우애관계를 창조하였고, 여기서 사람들이 더욱 평등하다고 느낀다. 나는 이 당의 위대한 성공의 이유 가운데 하나는 당 안에서 당원의 사회적 지위 및 계급출신에 기반한 차이가 없다는 사실이라고 심지어 믿는다. 참으로 이러한 유형의 편견은 사회의 다른 부문들에서보다 노동자계급 안에서 덜 존재했다. 나는 사람들이 노동자당 안에서 자유롭게 산다고 진정으로 믿는다.

가타리: 상파울루를 횡단하던 3월에, '연대'운동과 연대하는 몇몇 깃발

이 있었다. 이것이 전체로서 노동자당의 입장에 일치하는가? 아니면 그것은 소수 입장인가?

룰라: 그것은 노동자당의 공식적인 입장이고, 당신이 본 깃발은 '사회주의적 수렴/자유와 투쟁'이라고 불리는, 실제로는 파리에서 태동한 노동자당 안의 한 흐름의 깃발이다.

가타리: 당신은 유럽에 갔을 때 감옥에 수감되기 전의 바웬사(Lech Walesa)를 만났다. 노동자당은 '연대'의 망명 지도자들과 관계를 유지했는가?

룰라: 아니다. 10월에 투옥의 파고가 있은 직후 이래로, 우리는 런던에 있는 '연대' 사무실에 2개의 공식편지를 보냈는데, 답장을 받지 못했다. (마지막 것은 게다가 되돌아왔다.)

가타리: 포클랜드 전쟁[남미 남단 영국령 포클랜드섬을 둘러싼 영국과 아르헨티나 간의 전쟁, 1982년 4-6월] 동안에 노동자당의 입장은 무엇이었는가?

룰라: 노동자당은 영국에 의한 무력시위에 대해서뿐만 아니라, 아르헨티나 군사독재에 대하여 반대선언을 했다. 노동자당 안에서 우리는 갈티에리(Galtieri) 장군이 아르헨티나 인민이 그들의 내부문제들을 잊도록 하기 위해 수완을 부렸다고 생각한다. 즉 3만 명이 사라졌고, 150%의 인플레이션 등. 그 결과로 그것은 내부적인 수준에서 아무것도 해결하지 못했고, 아르헨티나는 갈등에 빠져 완전히 문란한 상태로 남아 있었다. 이 모든 것 가운데 최악은 잃어버린 인간적 삶을 절대 되찾지 못할 것이라는 점이

다. 아무튼 이 전쟁은 한 가지를 분명하게 드러냈다. 즉 발전한 나라들은 저발전한 나라들과 연대하기보다는 항상 [자기들끼리] 서로 돕는 것을 더 좋아할 것이라는 점을. 그리고 이것의 하나의 예는 미국사람들이 아르헨티나의 최대의 채권자임에도 불구하고 영국을 도와주기 위해 아르헨티나를 단념하는데 망설이지 않았다는 사실이다.

가타리: 당신은 "포클랜드가 아르헨티나다"라는 슬로건에 동의하는가?

룰라: 이 문제는 노동자당 내부에서 심각하게 논쟁되었다. 우리는 그것을 하루 종일 논의했다. 나의 입장은 포클랜드가 아르헨티나에 속한다는 것이다.

가타리: 적어도 포클랜드는 라틴아메리카 대륙에 속해 있다!

룰라: 그렇다! 그러나 첫 번째 소유자가 프랑스인들이었다는 것을 잊어서는 안 된다. 그리고 거기서 아주 오랫동안 살아온 2천 명의 영국인을 고려할 필요가 있다. 그러나 라틴아메리카와 아르헨티나는 그러한 섬들에 대한 권리를 갖고 있다.

가타리: 만약 내가 올바르게 이해한다면, 당신은 이 문제에 대해 아르헨티나 좌파의 대다수가 취한 입장에 동의하지 않았다.

룰라: 아니다. 나는 페루에서 열린 회의에 참여하도록 초청받기조차 했다. 그 회의에서 아르헨티나 좌파의 다양한 부문들이 ─ 몬토네로스(Montoneros)를 포함하여 ─ 갈티에리 장군을 지원하기 위해 부에노스아이레스로 되돌아가려는 자신들의 뜻을 밝혔다. 나는 가기를 거부했다.

노동자당은 포클랜드 전쟁도 갈티에리 장군도 절대 지지하지 않을 것이다. 라틴아메리카의 좌파 — 무엇보다도 아르헨티나 공산당 및 브라질 공산당과 접속된 좌파 — 와 관련하여, 사람들은 우리가 실제로 좌파 쪽에 있는지 우파 쪽에 있는지 전혀 모른다!

가타리: 니카라과에서, 엘살바도르에서 또는 쿠바에서 미국에 의한 개입 위협과 관련하여 노동자당의 입장은 무엇인가?

룰라: 우리는 세계의 모든 피억압 인민과 연대한다. 우리는 살바도르 인민은 미국의 어떤 간섭도 없이 그들의 문제를 스스로 해결해야 한다고 생각한다. 니카라과 인민 및 라틴아메리카의 다른 인민들에 대해서도 마찬가지이다. 미국 정부가 쿠바나 니카라과에 대해 통상금지를 취하는 것보다 미국에서 인종주의 및 실업을 제거한다면 더 좋을 것이다. 노동자당에서 우리는 레이건이 미국의 대통령일 뿐이지 세계의 대통령은 아니라고 생각한다.

가타리: 그것은 북미 영향지대를 떠나 또 다른 형식의 제국주의 즉 소련의 제국주의로 빨려들어 가려고 하는 나라들에게 일종의 운명이 아닌가? 그리고 이것은 온갖 종류의 이유 즉 경제적, 전략적 등의 이유 때문인가?

룰라: 실제로 필요한 것은 미 제국주의에도 소비에트 제국주의에도 의존하지 않는 조건을 창출하는 것이다.

가타리: 노동자당은 사회주의 인터내셔널과 특권적인 관계를 유지하는가?

룰라: 아니다. 노동자당에서 우리는 스스로 어떤 현존하는 인터내셔널들과도 협정을 맺는 것에 몰두하지 않는다. 게다가 우리가 성장의 국면에 있는 동안, 이데올로기적 쟁점들은 노동자당에서는 전적으로 광범위하게 제기될 수는 없을 것이다. 국제적인 수준에 개입하는 것은 너무 이를 것이다. 우리는 세계의 모든 민주세력과 밀접한[친밀한] 관계를 맺고 싶고, 이것은 풀뿌리[기층]가 그 자신의 선택을 하기 전에 우리가 집행부에서 이데올로기적 선택지를 채택하지 않을 때에만 가능할 것이다.

가타리: 질문에 매우 솔직하게 대답해 준 것에 대해 감사한다.

룰라: 내 쪽에서 나는 프랑스 사회당의 현재 정치에 대한 당신의 견해를 알고 싶다. 사회당은 선거 전에 제안한 것을 실천하고 있는가?

가타리: 국제정치에서 시작하자. 프랑수아 미테랑은 프랑스가 —— 특히 칸쿤에서 —— 제3세계에서 미국의 제국주의 정책들을 자유롭게 두지 않겠다는 의지를 확인했다. 그러나 이것은 포클랜드의 문제에서 그가 마가렛 대처와 레이건을 지지하는 것을 막지 않았다! 반면에 프랑스 사회주의자들은 폴란드 인민의 저항과 자신들의 연대를 크게 주장했다. 그러나 그들은 예를 들어 러시아와 통상[교역] 문제를 다루는 것을 원치 않았다. 사업은 사업이다! 이스라엘의 정책과 관련하여 냉소적이고 애매한 길을 취한 후, 프랑스는 레바논 및 팔레스타인의 순교자들에게 일정한 보조를 제공하기로 결정했다. 우리는 항상 흔들리고 있는 것 같다. 아프리카와 같은 세계의 어떤 지역에서 정치는 훨씬 덜 분명한 것 같다. 프랑스가 아프리카에서보다 라틴아메리카에서 반(反)제국주의적이기 더 쉽다는 것은 사실이다.

룰라: 왜 더 쉬운가?

가타리: 왜냐하면 아프리카에서 사회당 정부는 전체 신식민주의적 유산을 관리해야 하기 때문이다. 이것에도 불구하고 나는 프랑스의 국제정치에 일정한 긍정적 측면이 여전히 있다고 믿는다. 예를 들어 프랑스 문화부 장관 잭 랭은 멕시코에서, 무엇보다도 텔레비전과 영화 영역에서 "문화 수출"과 관련하여 북미의 실천에 대해 유네스코 앞에서 비난하였다. "라틴문화"라고 부르는 것의 상이한 구성요소들 사이의 새로운 협동형태라는 그의 생각 역시 흥미로울 수 있다. 따라서 이 수준에서 모든 것이 부정적이지는 않으며, 전혀 그렇지 않다! 반면에 아주 형편없이 출발한 것 같은 것은 국내정치이다. "은총의 상태"라고 부를 수 있는 시기 이후, 가장 혜택받지 못한 범주[의 사람]들의 생활수준을 향상시키는 조치들과 무엇보다도 자유를 보호하는 조치들(특별법정 저지, 정치범 석방, 사형제 폐지)을 가지고 놀라움과 엄청난 변화의 희망 속에서 한 시기가 지나갔기 때문에, 정부는 점차 위기 속으로 빠져들어 갔다. 즉 정부는 인플레이션, 실업, 자본도피, 투자마비, 수출감소 등의 문제를 해결할 수 없어 휘둘리고 있다. 따라서 정부는 점차 거의 보수적인 정부가 해왔던 것처럼 나라를 관리하기 시작한다. 요컨대 결국 사회당은 사회변혁의 진정한 정치학을 가지고 있지 않다. 사회당은 일상적인 것들에 집착하고 점차 고전적인 정당처럼 행동한다. 자, 잠시 전에 나는 내 입맛에는 너무 형식적이고 너무 경직된 노동자당의 규약에 관해 당신에게 질문했다. 그러나 사회당에게서 그것은 다른 것이다! 그것은 경화증으로 고통 받고 있는 규약일 뿐만이 아니다! 노동자당에서, 당신은 적어도 당의 행동과 결합하는 다양한 사회계급 및 소수자의 자율성이라는 문제를 다루려고 노력한다. 의심할 여지없이, 항상 문제들은 있다! 나는 노동자당을 이상화하고 있지 않으니 안심해라! 그러나 프랑스에서 이러한 유형의 문제는 다루어지지조차 않거나, 아니

면 표를 유혹하기 위해 제기될 때인 선거 기간에만 나타난다. 나는 소수자 및 주변인의 문제가 브라질에서 아주 다른 용어로 그리고 훨씬 더 큰 규모로, 모든 현실 당들이 그 문제에 직면할 정도로 제기된다는 것을 안다. 그러나 프랑스에는 더욱더 많은 집단들과 더욱더 커다란 사회적 범주들과 관련하는 사회적 주변화 현상, 주체적인 소수화 현상도 존재한다. 진실로 위기의 중심에 있는 이러한 문제에 직면해서, 프랑스 사회는 무서운 순응주의와 자신의 영광스러운 과거의 꿈에 잠들어 있다. 가장 최근에 테러리스트적 도발은 닳아빠진 주제인 "무엇보다도 안보"를 다시 제기하는 핑계로 구실해왔고, 서독 스타일의 사회의 "정보화된 통제네트워크"에 대해 다시 이야기한다. 나는 당으로부터 모든 것을 기대할 수는 없다는 것과 우리가 현재의 난국을 대체로 국제적인 위기 차원의 탓으로 돌릴 수 있다는 것을 아주 잘 알고 있다. 그러나 모든 것은 연결되어 있고, 투표로 준 변화열망에 답하지 않는 당의 책임을 무한히 희석시킬 수는 없다. 만약 사회주의자[사회당원]들이 여당으로서 그들 자신의 기능 양식을, 사회적 영역에서의 그들의 개입 관념 — 또는 더 좋게는 이 영역에서 그 어떤 구체적인 전망의 명백한 부재 — 을 수정하기로 결심하지 않는다면, 그때 낭패감, 돌이킬 수 없는 신뢰 상실이 결국 그들에게 권력을 가져다 준 다수자들 사이에 생길 것이 분명하다. 그리고 프랑스는 가장 최악의 반동 집단들의 손에 다시 한 번 빠질 것이다. 맥락 — 언제나 중요하고 더군다나 명백한 — 이 다름에도 불구하고, 나는 일정한 사회 문제가 점차 나라들과 심지어 대륙들을 횡단하는 경향이 있다고 믿는다. 나에게, 폴란드의 '연대', 브라질의 노동자당은 이해와 집합적 투쟁의 새로운 도구들 그리고 심지어 새로운 감수성 및 새로운 정치적이고 미시정치적인 논리를 발명하려고 하는 거대한 규모의 일종의 경험[실험]들이다. 이러한 경험들의 승리와 실패는 폴란드나 브라질에 관계할 뿐만 아니라 다른 사회적 조건 속에서 같은 종류의 — 조직, 관료제, 경화증이라는

— 난국에 빠진 모든 나라와 관계한다. 참으로 이것은 모든 사회적이고 개인적인 수준에서 지구의 모든 표면에 걸쳐 발생하고 있고, 언어의 가장 직접적인 수준에서 시작하고 있다. 나는 당신의 인터뷰 및 연설[92]집을 읽었을 때, 당신 어조의 자유, 예를 들어 어떤 관례적 조심도 없이, 진부한 표현 없이, 그리고 때 아닌 고려를 한 채 심지어 "경솔하게" 발언하는 방식을 감행하면서, 간디, 마오, 카스트로 또는 히틀러에 대해서 말하는 당신의 방식에 아주 매료되었었다. 당신은 가끔 당신의 제안이 당신에 반하여 사용될 수 있다는 것을 고려하지 않는 것 같고, 당신의 질문자의 선의에 대해 선천적인 신뢰를 가진 것처럼 보인다.

룰라: 노동자당의 위대한 힘, 가장 좋은 무기는 정확히 이것, 즉 비교조주의이다. 왜냐하면 교조주의는 전 세계를 통틀어 동일한 것이기 때문이다. 예를 들어 내가 이탈리아에 갔을 때, 나는 '일 메니페스토' 집단과의 만남에 참여했고, 심지어 거기서 사람들이 강령에 의해 주입된다는 것을 아주 분명하게 인식할 수 있었다. 강령을 주입한 뒤에만 그들은 실천하러 간다. 그러나 우리는 실천이 이론에 밀접하게 연결되어야 한다고 믿는다. 만약 그렇지 않다면 그것은 말이 안 된다. 인민이 스스로 이론을 논의할 마음이 없다면, 우리는 이론을 논의하는 데 관심이 없다. 우선 그들의 관심을 끄는 것이 필요하다. 그것은 명백하다!

가타리: 이와 관련하여 당신은 노동자당 안에 또한 많은 전투적인, 전통적인, 교조적인 구성요소들이 공존한다는 인상을 가지고 있지 않은가? 노동자당에도 개입하는 낡은 소집단들이 당신 쪽으로 다가오는 일이 있을 수 있는가?

· · · · · ·

92) *Lula, Entrevistas e Discursos*, São Paulo: Editora O Repórter de Guarulhos LTDA, 1981.

룰라 무엇보다도 그러한 구성요소들은 어떤 "이데올로기 순찰"도 없이 노동자당 내부에서 희석되는 경향이 있다. 노동자들이 노동자당 내부에 더 많이 있을수록, 그러한 경향이 남아 있을 필요는 더욱더 적을 것이다.

롤니크: 노동자당의 어떤 노동자 후보자들은, 적은 시간을 그리고 더 적은 물질적 자원을 가지고 하기 때문에, 자신들의 캠페인을 해나가는 데 커다란 어려움을 만난다.

룰라 이것은 당 내부의 아주 심각한 문제다. 우리는 최대의 노동자 후보자들을 선출하는 데 온갖 관심을 가지고 있다. 그러나 우리는 노동자 후보자들이 다른 이들과 비슷한 캠페인을 하도록 하는 조건을 창출하는 데 어려움을 가지고 있다. 이것에, 의회나 주의회에 대표로 쉽게 선출될 수 있는 많은 노동자 지도자들이 상원 및 주지사 입후보를 하도록 해야 했다는 사실이 추가된다. 그러나 당의 합법화를 공고히 하기 위해, 가능한 가장 광범위한 (노동자) 후보자 기반을 가지는 것이 필요할 것이다.

4

욕망과 역사

정신분석과 분석가협회들

내가 보기에 프로이트는 최소한 자신의 삶의 상당한 부분에서 정신분석 전문가가 되지 않으려고 한 것 같다. 나중에 모든 것이 결국 제도화와 환원론 체계로 빠져버렸다.

*

프로이트의 사상에는 거대한 양의 산소를 발산하는 젊음과 생명력으로 가득 차 있는 놀라운 것들이 있다. 그러나 정신분석가들이 프로이트의 사상을 이용하는 방식은 사람들로 하여금 피하고 싶게 한다.

*

나는 항상 동일한 후렴구를 반복하고 있다. 즉 주체적 생산의 실천들과 그러한 생산과 관련된 지도그리기에 대한 준거들은 항상 파괴되고 재건설되고 부서지고 다시 작동되는 중에 있는 배치들에 속한다. 그것들은 무의식의 일반적인 수학의 과정들인 보편적인 과정들에 속하지도 않고 무의식 해석가들의 전문화된 협회에 속하지도 않는다. 주체적인 특이화 과정의 재전유, 자본주의적 주체성생산에 대항하는 분자혁명들은 일정한 수준에서 자신들이 일정한 유형의 대학훈련[교육]에 대해 문제제기 하는 것과 동일한 방식으로 그러한 정신분석가협회에 대해서도 문제제기 한다.

상파울루 프로이트 학파와의 만남, 상파울루, 1982년 8월 26일

가타리: 시작하기에 앞서 나는 어느 정도 나의 입장을 갖추기 위해서 이 집단에 있는 사람들이 어떻게 작업하는지 ─ 상담실 작업이 있는지 그것이 제도적인 작업인지 ─ 에 관해 뭔가 알고 싶다.

논평: 우리의 작업은 특히 임상적이다. 우리는 정신분석에서 전이의 효과가 진료에서 무엇일까를 의문시하고 있다. 제도 안에서 정신분석적으로 작동할 수 있을까? 그 경우에 정신분석을 제도화하는 집단은 어떨까? 게다가 정신분석을 제도화하는 것이 필요한가? 그 집단은 자신의 실천 속에서, 영속되는 진료(즉 두 사람 간의 진료)의 정상적 상황들에 대한 어떤 유형의 문제제기를 유발하기 위해서 이른바 주체집단의 특징들을 지닐 수 있을까?

가타리: 이 질문은 파리 프로이트 학파 창립 이래로 제기되어왔다. 라캉

에게는 위계 양식들과 훈련 및 촉진[승진] 양식들로 지층화된 모든 제도적 현상을 넘어서는 분석문제를 제기하는 것이 중요하였다. 이 문제의 모호성은 프로이트 학파 안에서 제도적 형식 아래 급속히 결정화되었다. 시작부터 교육 부문이 특수한 분석 부문이어야 한다고 생각한 사람들과 제도의 영역에서 분석의 실천적인 적용 부문을 — 그리고 게다가 아주 효과적인 방식으로 — 창조하길 원한 사람들이라는 두 가지 경향이 분명하였다. 학파의 상이한 구성원들 간에 실제로 어떤 의사소통도 없고 진정한 집합적 협력도 없다는 것을 사람들은 곧 깨닫게 되었다. 도식적으로 말하면 그들은 두 가지 경향보다는 세 집단을 구성했다. 낡은 정신분석제도의 틀에서 그때까지 자신들의 전체 훈련을 해왔고 또한 작업해온 교육하는 분석가들 집단. 역시 제도적 부문들에서 작업하고 있었기 때문에 분석을 자신의 실천과 훈련에서 단지 한 가지 요소로 지녔던 두 번째 집단. 그리고 내 생각에 시간이 지나면서 불필요한 중요성을 획득한 세 번째 학술적 구성원. 논쟁은 그 실제적인 적용에서 해명하기가 극히 어려운 교육문제에 집중되었다. 분석가가 자신을 분석가로 간주하기 위해 스스로 권위를 부여한다는 첫 번째 공리에 따라서, 사람들은 [파리프로이트] 학파의 분석가들을 구성원들, 개업의들, 그리고 그들 뒤의 선 끝에 있는 스스로 권위를 인정받지 못하는 익명의 대중으로 이상하게 범주화하였다.

만약에 그것이 특히 학파·대학·제도 영역에서 일정 종류의 정신분석 관념, 일정 종류의 훈련 관념, 일정 종류의 개입을 지속시키는 방법에 실제로 일치하지 않았다면, 그것은 조그만 중요성도 갖지 못했을 것이다. 훨씬 더 중요할지도 모르는 것은, 이러한 기능양식이 분석적 연구, 기본적인 이론적 연구를 완전히 불모화시켜왔다는 사실이다. 라캉이 제안해왔던 이념적인 체계(카르텔[cartel])는 결코 이런 방식으로 기능하지 않았다. 그것은 오히려 소집단들이 했던 형식을 취했다. 즉 카르텔들은 이런저런 지도자 주변에 구성되었다. 사람들은 잠잠한 것임에도 불구하고 위계구조를 창조했던 세력관계 속에서 논쟁했다. 사람들은 그래서 분석의 창조적인 개방성이란 정식에서부터 급진적–사회주의적이라 부를 정식(즉 각자가 할 수 있는 만큼 스스로를 지키고, 각자가 자신의 작은 구석에서 자신이 할 수 있는 것을 한다)으로까지 나아갔다. 돌토(Dolto), 마노니(Mannoni), 르클레어(Leclaire), 우리(Oury) 등의 입장들처럼 이질발생적인 입장들 —— 최소한 철저하게 서로 다른 20가지 입장들을 나열할 수 있을 것이다 —— 이 공존하였다.

그래서 라캉은 내 생각에 애초의 프로이트적 실천의 영역들이 아니었던 영역들에서 분석의 문제설정을 고려하지 않은 채 자신의 이론적인 정교화 시도를 계속했다. 분석의 문제설정이 분석제도·대학·정신분석 제도 안에서, 어린이를 위한 시설 안에서, 풀뿌리운동·정치운동 등과 같은 사회적 구성체들 안에서 무엇이었는지를 이해하는 방향으로는 어떠한 진보도 이루어지지 않았다. 새로운 생산조건들을 창조하는 데 있어서 이러한 무능력은 분석의 문제설정이 지금 매우 심각한 궁지에 처하게 하였다. 그럼에도 이러한 문제설정의 중요성은 정신분석과 진료의 전통적 영역을 넘어선다. **무의식구성체의 분석이라는 문제설정은 예를 들어 사회변혁운동의 미래에 관한 질문들과 같은 기본적인 질문들과 관계가 있다.**

세데스 사피엔티에(Sedes Sapientiae)[지혜의 자리] 연구소의 정신분석 강의에서의 토론, 상파울루, 1982년 8월 31일

츠나이더만(Miriam Chnaiderman): 나는 사람들이 정신분석을 역사적 과정, 즉 정신분석 —— 그리고 정신분석뿐만 아니라 그것이 자리 잡고 있는 세계 —— 의 근거 및 역사의 측면에서 생각한다는 조건에서, 정신분석에

대해 당신이 갖는 관점에 동의한다. 이것은 우리가 제기하고 있는 많은 문제들 가운데 하나이다. 나는 당신이 프랑스에서도 역시 이러한 것을 탐색하고 있다는 것을 안다. 하지만 아마도 여기서 사태는 유럽에서보다는 덜 굳어 있고, 아마도 거기에 있는 것과 다른 얼굴을 지니고 있다. 당신이 말하는 것이 정신분석의 역사에서 일어나고 있다는 것에 동의하지만, 나는 기본적으로 정신분석을 지배해온 권력구조들 때문에 그것이 일어나고 있다고 믿는다. 내가 자문하고 사람들이 여기 이 강의에서 제기하는 질문은 이것이다. 즉 정신분석이 자신의 역사를 특징지어온 동일한 권력구조들에 다시 한 번 복종하지 않고 어떤 방식으로 전달될 수 있는가? 내가 자문하는 또 다른 질문은 정신분석이 정확하게 당신이 말하는 특이성과 복수성의 생산이 될 수 있는지이다. 게다가 그것은 『앙티 오이디푸스』에서 당신의 제안을 따라가면서, 그리고 사람들이 소설, 그리고 예술 및 그것의 생산과정을 가지고 얼마나 배울 수 있는지를 생각하면서 프로이트 속에 존재하는 바 에너지 관념으로 돌아가는 것이다.

가타리: 비록 모든 것이 현재 있는 그대로의 정신분석가들에게 가능할지라도, 결국 모든 악은 제도에서 기인한다는 사실에 관해 당신이 확언한 것과 관련하여 한 마디 하겠다. 나는 심지어 꽤 오랫동안 긴 의자에 누워서, 지불하는 누군가와 말하는 것으로 이루어지는 사회적 직업이 있다는 사실에서 어떤 불편도 알지 못한다. 이런 것만큼이나 놀랄만한 많은 다른 직업이 있다. 결국 또 다른 담론에 관심을 갖는 것으로 이루어지는 이러한 종류의 전문 직업은 전체로서 사회적 장을 가로지른다. 사태가 진행 중인 방식으로 보아, 나는 이런저런 방식으로 주체성의 사회적 생산에서 일하는 사람들 —— 게다가 누가 그 안에서 일하지 않는가? —— 을 모두 "사회적 노동자"라고 부르는 것이 관례적인데도 어떻게 거기에서 하루 종일 억압을 상상할 수 있는지 모르겠다. 게다가 나는 이러한 사람들이 노동조

합을 만들고, 자신들의 생활수준을 방어하고, 세미나를 하고, 자신들의 실천에 관한 정보를 교환하기 위해 조직된다는 사실에 전혀 반대하지 않는다. 아주 좋다. 또는 더 정확하게는 "아주 좋지는" 않다. 하지만 다른 해결책이 없다. 그럼에도 불구하고 이것은 정확하게 이러한 정신분석가들의 그리고 주체성생산과 관련하여 일하는 이러한 모든 사람들의 특수한 입장을 의문시하는 또 하나의 이유이다.

현재 프랑스에서 어린이를 위한 시설들에서, 우리는 교육자와 분석가로 이루어지는 역설적인 커플[협력관계]을 자주 만난다. 하루 종일 어린이와 함께 잡일을 하고, 놀고, 토론하는 교육자는 완전하게 개입해 있지만 그럼에도 완전히 금지되어 있다. 그리고 이것은 그가 상담실에서 이번에는 두문불출하면서 틀어박혀 있는 정신분석가의 상상의 보호 아래 있기 때문이다. 정신분석가는 어린이를 기껏해야 일주일에 30분 동안 본다. 그렇다하더라도 그는 다음과 같은 유형의 것을 말하면서 교육자 집단에 개입할 권리를 가진다. "조심해라. 당신은 전이를 전복시키고 있다. 당신은 이러한 주체적인 문제설정에 끼어들지 않는 것이 더 낫다." 그것은 아주 효과적이어서 때때로 그가 말할 필요조차 없다. 왜냐하면 교육자, 가족, 그리고 이 사회적 현실에 포함된 모든 사람은, 정신분석가가 그의 추정된 지식을 가지고 단순히 현존한다는 것에 의해 그들 안에 만들어진 분노와 공포의 결과로 전적으로 무력해지기 때문이다. 그들은 스스로에게 다음과 같이 말한다. "나는 정신분석되지 않았다. 나는 정신분석이론에 관해 알지 못한다. 만약 내가 감히 어떤 것을 말하거나 한다면, 그것은 정말 어리석을지도 모른다." 정신분석가가 체현한 이러한 신비적인 지위에 기초해서, 지식과 권력의 위계제 전체가 설립된다. 일종의 **모델화의 피라미드**가 설립된다. 내가 이러한 동일한 피라미드가 사회적 장을 통틀어 다른 형식들 아래 존재한다는 것을 당신에게 알리기 위해 강조할 필요는 없다는 것은 분명하다.

중요한 것은 정신분석가들이 그들의 실천 관념과 단절해야 한다는 것이 아니라 그들이 그들의 중립성 관념, 타자와의 관계(그 타자가 실제로 일정한 맥락화된 문제설정의 차원에 속하는 어떤 것을 그들에게 가져오는 누군가일 때) 관념과 단절해야 한다는 것이다. 나는 정신분석가들이 자신들은 미시정치학에 관여할 필요가 없다, 자신들이 직면하는 현실로 자신들의 손을 더럽힐 필요가 없다, 자신들은 스스로 만족한다고 말한다는 사실을 언급하고 있다. 그들은 무의식의 수학소라는 과학의 저장소들이다. 무의식은 그들에게 그들의 안락의자에서 할 일을 충분히 준다. 그 결과 그들은 사회복지사, 감옥관리인(간수), 정신과 간호사 등에게 문제들의 관리의 나머지를 맡긴다. 내 생각에 그들은 단순히 반동적인 사람들이다. 즉 그들은 일정한 주체성생산을 공고화하는 데 체계적으로 작용한다. 그리고 그들이 효과적이면 효과적일수록 —— 그들은 매우 효과적이기 때문에 —— 그들은 더욱더 무섭다. 그들은 문제설정이 정확하게 전체 사회적 장이 재전유해야만 하는 근본적인 요소들 가운데 하나일 때 무의식구성체들의 분석이라는 그 문제설정의 장을 독점한다.

　내 생각에 캉동블레와 같은 집합적 표현의 시도들에서 또는 시나 문학적 표현에서 만들어진 지도그리기들을 당연히 분석적 지도그리기들로서 고려해야 한다. 그것들은 집합적 시설들의 격자를 벗어나 있을 수 있는 기회를 갖는다. 나에게 분석가들은 로트레아몽, 카프카, 아르토, 조이스, 프루스트 그리고 보르헤스(Borges) 같은 사람들이다.

질문: 만약 이러한 관념으로부터 시작한다면 우리는 이제 더이상 정신분석이나 진료가 일반적으로 분석의 특권적인 장소라고 말할 수 없다.

가타리: 물론 없다. 이것은 정신치료사의 직업이나 사회복지사의 어떤 다른 기능을 비난하는 것과 같지 않다. 그것은 마치 우리가 시를 내생적으

로 문학교사라는 직업과 연결되어 있다고 생각할 수 있는지를 당신이 나에게 묻는 것 같다. 나는 아니라고 말했을 것이다. 즉 시인이기도 한 문학교사가 우연히 있을 수도 있지만 그 관계는 전적으로 우연적인 것이다. 이것은 문학교사의 직업을 비난하지 않지만, 시 관념을 그런 종류의 직업과 학술적인 준거로부터 전적으로 분리한다. 정신분석의 경우에도 동일하다.

이 문제에 관한 또 다른 접근은 "정신"분석과정들을 방해할 수 있다는 것을 인정하는 것이다. 분석가들은 우리가 전쟁 동안에 저항에 대해 말할 수 있다는 의미에서 "저항하는" 사람들이다. 그것은 '저항의 친구들 협회' —— 반분석적인 저항의 노동조합주의이다. 만약 프로이트가 개인적인 장과 사회적인 장에서 무의식의 차원에 속하는 어떤 것을 발견했다면, 그는 단순히 그것을 자신의 머릿속에서만 찾지 않았다는 것을 나는 말하겠다. 그리고 어디에선가 그것이 제기되었다는 것은 명백하다. 그리고 그 후로 주체성에 대한 무의식적인 문제설정들이 정치적 장과 사회적 장 전체 속에서 중단 없이 확인되어왔다. 이러한 맥락에서 분석가협회가 어느 정도 회수양식에 참여하는지를 보는 것은 공포스럽다. 그러나 그들만이 있는 게 아니다. 분석은 적절히 말해서 정신분석을 잘 넘어서는 사회적 문제설정과 관계가 있다. 이런 의미에서 나에게 분석가들은 저널리스트 같고, 미디어 같고, 대학교육 같다. 이것들은 분석이 발생하는 것을 방해한다. 이것을 말하면서, 나는 자신의 삶의 일정한 시기들에서(안타깝게도 모든 시기에서가 아니라), 특히 라캉이 [프로이트] 학파와 그런 모든 역사를 수립하고 재수립하고 있었을 때, 그의 몇몇 폭력적 정식들로부터 내가 멀리 있지 않다고 생각한다.

리우데자네이루 노동자당 지부에서 벌어진 토론, 1982년 9월 11일

가타리: 실제로 정신분석에서 작동하고 있는 것은 침대의 공간에 한정되지 않지만, 아주 구체적인 엘리트주의적 비법의 준거로서의 침대의 존재와 관련한다. 정신분석은 사회관계들을 모든 수준에서 재정의하려는 시도에 나타나는 일종의 종교적·이데올로기적 준거로서 기능한다. 나는 지금은 함께 하지는 않지만, 프랑코 바살리아(Franco Basaglia)와 같은 위대한 친구와 정확하게 정신분석의 이러한 측면에 관해 지속적으로 토론했다. 그에게 이탈리아 맥락에서 정신분석은 전혀 흥미가 없었고, 그것은 심지어 말할 가치조차 없었다. 그는 다음과 같이 말했다. "글쎄 만약 어떤 정신박약자가 돈과 시간을 가지고 있고, 그것[정신분석] 속으로 들어가길 원한다면, 그것은 그들의 문제이다!" 반대로 내 생각에 그것을 논의하는 것뿐만 아니라, 어떻게 그것이 발전하고 있는지를 관찰하는 것이 매우 중요하다. 왜냐하면 그것은 가시적인 관계 형식들 아래에서만 기능하지는 않는 한 자본주의적 주체화의 배열장치의 요소들 가운데 하나 — 가장 무의미한 것이 아니다 — 이기 때문이다. 정신분석작업에 설립된 종류의 관계만큼이나 정신분석 학파들은 둘 다 전체로서 자본주의적 주체성생산의 장을 횡단하는 모델들, 추상기계들, 체계들을 작동시킨다.

질문: 정신분석은 모든 사회계급에게 이러한 영향을 갖는가?

가타리: 그렇다. 물론, 나는 약간 도발적인 역설적인 입장을 채택하고 있다. 나는 파벨라(favela, 브라질 빈민가)에 있는 사람들이 정신분석, 프로이트, 라캉에 관해 해야 할 아무것도 없다는 것을 매우 잘 안다. 그러나 미디어, 잡지, 영화 등을 통해서 정신분석이 생산한 주체화의 추상기계들은 확실히 파벨라에서 일어나는 것에도 있다.

정신분석과 환원론[93]

브라질에서 일어나고 있는 것에 대해 내가 느낀 것으로부터, 만약 어떤 것을 변혁강령 — 예를 들어 노동자당의 강령에 각주, 부차적 쟁점 — 에 첨가해야 한다고 제안할 기회를 갖는다면, 나는 **무의식분석에 관계하는 새로운 유형의 모델을 구성할 자유**를 제안할 것이다.

분석적 영역에서 모델화 방법론은 흥미로운 논쟁주제이고, 몇몇 논평을 받을만하다. 이러한 주제를 둘러싼 논쟁의 제목은 **정신분석과 환원론**이 될 수 있을 것이다. 우리는 정신분석의 역사가 아니라 그것의 궤적을 오랜 환원시도의 궤적으로서 추적해 보려고 할 수 있다. 가족주의, 즉 무의식의 재현을 일정한 가족삼각형에 환원하는 것은 이러한 궤적의 숙박지들에서 하나 — 보통 가장 내세우는 것 — 일 뿐이다. 나는 환원이라는 문제설정은 정신분석의 탄생 이래로 "첫 번째 프로이트의 기적"이라고 부를 수 있을 것, 즉 동시에 광기의 발작이기도 한 프로이트의 천재의 발작 속에 있다고 생각한다. 그것은 실제로 창조의 기적이라는 의미에서 일종의 기적인 것 같다. 즉 과학주의적이라고 말할 수 없는 과학적 관념들 속에 완전히 빠진 이 인물이 갑자기 문자 그대로 주체적 효과들에 대한 새로운 독해를 발명하였다. 기본적으로 신경학, 생물학, 생리학 연구에 집중된 경력을 지니고 과학적 훈련의 길을 따르고 있을 동안, 프로이트는

......

93) "환원론"이라는 용어는 지식의 어떤 주어진 영역을 또 다른 것, 보다 더 정식화된 것(예를 들면 수학을 깊이와 복잡성의 측면을 버리면서 공식적인 논리로 환원하는 것)으로 체계적으로 환원하는 것을 의미한다. 여기서 가타리는 정신분석이 무의식의 풍부하고 다양한 생산을 어떤 모델로 환원하는 것을 언급한다. 가타리에 따르면 이러한 환원은 프로이트 자신에 의해서 시작되었다. 가타리에게 이 영역에서 모든 모델은 항상 어떤 무의식구성체의 지도그리기이다. 이러한 척도에서 그는 무의식 생산의 경청조건으로서 새로운 모델의 발명가능성을 보존할 필요성을 주장하고 있다. (그 주제에 관한 다양한 회의들과 분산된 개입들의 몽타주인) 다음 텍스트에서, 가타리는 정신분석에서 특히 프로이트 작업에서 생산된 다른 환원론들을 드러내려고 한다.

갑자기 정신적 사안들에 접근하는 또 다른 종류의 논리에 난폭하게 빠졌다. 그 논리는 그때까지는 지배적인 재현수단에 의해서 고려되지 않아왔다. 이러한 역설은 모든 그의 저작에 남아 있었다. 즉 그는 자신의 새로운 독해방식이 내가 과학적 환원론적이라고 규정한 자신의 낡은 관심을 완전히 대체하도록 결코 허용하지 않았다. 두 가지 탐구는 그의 전 생애를 통해서 나란히 나타났지만 항상 동일한 상대적인 중요성을 지니지는 않았다.

여러 해 동안 아주 철저한 분열이 있었다. 한편으로 프로이트는 주체적인 현상에 대한 전적으로 새로운 독해를 수행했다. 즉 이것은 히스테리, 꿈, 농담, 실수, 환상, 그리고 일상생활 정신병리학의 모든 징후를 들어주는 그의 방식이다. 그리고 그는 새로운 대륙에 대한 절대적으로 열정적인 탐사와 같은, 체계적인 자료수집의 정신으로 이러한 듣기를 실현했다. 다른 한편으로 그는 이 준거기계를, 즉 자신이 과학적이라고 주장했던 그리고 자신이 열광적으로 특히 플리스(Fliess)와의 대화에서 발전시킨 심리학을 구성했다.

이 기간의 모든 저작 ——『꿈의 해석』, 『일상생활의 정신병리학』, 『모세와 유일신교』 등 —— 에서 사람들은 무의식의 특이성들을 포획·수집·분류하는 작업이 이론적 가공작업보다 훨씬 더 중요하다는 것을 보여줄 수 있다. 이것은 두 가지 시간이 있었고 이론적인 성숙의 시간이 더 느렸다는 것을 의미하지 않는다. 우리는 프로이트의 저작이 제우스의 넓적다리에서 완전히 모양새를 갖춘 채 태어난 디오니소스처럼 단일한 조각으로 이루어져 있다고 거의 말할 수 있다.

우리는 당신이 확실하게 잘 알고 있는 비상하게 정교한 텍스트인 "과학적 심리학 기획"에서 이러한 두 가지 경향을 발견한다. 첫째로, 어떤 실험적 조사연구에 의해 지지되지 않았지만 나중에 신경학에 의해서 확인되는 다양한 희망적이고 창의적인 가설들의 정식화에 기반한 이론적 도식을 가지고 하는, 신경생리학적인 과학성에 대한 극도로 야심찬 주장이 있다. 두 번째로, 정신적 배열장치의 구성물이, 고도로 정교한 정신현상의 재현물이 있다. 이 에세이는 프로이트가 플리스에게 헌정한 텍스트들 가운데 일부이다. 플리스는 그 텍스트를 사무실의 책상 서랍에 버려두었고 그래서 수십 년 동안 사람들은 그것이 말해지는 것을 듣지 못했다. 게다가 그 서랍 속에서 아마도 프로이트의 저작에서 가장 본질적인 측면이 발견되었고, 우리는 그것이 그의 후기 이론화에 투사된 것으로 본다. 그리고 아마도 마찬가지로 환원론과 가족주의의 문제는 서랍 안의 원고와 프로이트가 접근했던 분야들에서 특이성들에의 민감성·개방성의 실행 사이에 있는 거리 속에 정확히 놓여 있을 것이다.

정신분석가들과 심리학자들은 서랍 안에 있는 이론과 자신들이 만나는 특이성들 사이의 이러한 거리를 어떻게 다루는가? 분명히 나는 이론을 쓰레기통에 던져야 한다는 것을 의미하지 않는다. 그것이 예를 들어 서랍 안에 있다는 것은 의심할 여지없이 중요하다. 아무튼 그것이 있어서는 안 될 유일한 장소가 분석적 배열장치의 중심에 있다. **나는 정신분석의 장에서 이론적 가공[정교화]들을 그것들이 나타내는 무의식구성체들이나 상황들을 지도그리는 양식들이라고 생각한다. 그리고 그런 가공들로부터 하나의 지도나 하나의 일반 이론을 만들어낼 수는 없다.** 우리는 항상 우리 자신의 지도그리기들을 서랍 속에 저장하고 우리 자신이 처해 있는 상황에서 새로운 지도그리기들을 발명할 준비를 해야 한다. 기본적으로 그것이 정확하게 프로이트가 정신분석을 만들어낸 창조적 시기 동안에 한 것 아닌가?

그래서 우리는 전적으로 새로운 각도에서 주체적 사실들의 창조적인 해석활동의 현존을 그리고 부수적으로 엄격하고 엄밀히 과학적이라고 주장하는 해석도식에 의해 모든 것을 통제하려는 시도를 모델화의 첫 형상으로 간주할 수 있다.

자신의 "첫 번째 논점(topique)"이라고 부른 것에서, 프로이트는 의미작용 세계를 두 개의 대륙으로, 즉 한편으로 무의식, 다른 한편으로는 전의식과 의식으로 나누면서 조직했다. 무의식 안에서 우리는 단순히 특별한 논리에 의존하는 의미·진술·이미지·잠재적 재현의 고도로 분화된 세계를 발견한다. 즉 이차적인 과정의 논리보다 더 빈약하지도 더 풍부하지도 않은 그러나 아주 다른 논리를 가지고 있는 "일차적 과정[해석되기 전의 꿈 과정]"이라고 부르는 것이 문제이다. 예를 들면 그것은 이차적인 과정의 논리가 운반할 수 없는 —— 적어도 동일한 방식으로는 아닌 —— 대상 재현물들을 운반한다. 그것은 의식적이고 사회화된 이차적 과정의 논리와는 완전히 다르게 부정하는 방법을 지닌다. 또는 더 좋게는 그것은 오히려 지배적인 의미작용들에 의해 작동되는 그런 부정을 알지 못한다. 그것은 치환, 압축, 과잉결정, 환각 등에 의해 나아간다.

　　이러한 수준에서 프로이트는 모든 이러한 **무의미**한 사실들의 다양성을 의식과 충만한 의미작용에 접근하는 것을 막는 갈등체계에 속하는 것으로서 나타낸다. 프로이트가 성충동의 일반 이론에 위치시킨 이러한 **무의미**한 소용돌이에 의해 흡수되는 경향이 있는 모든 것은 방어적인 갈등으로 묘사되기 시작한다. **무의미** 세계가 자기 자신의 일관성을 찾으려 할 때, 그것은 지배적인 일상적 의미작용들을 구성하는 의식의 재현들과 충돌한다. 하나의 층위, 억압하는 층위는 이 새로운 논리의 메커니즘들을 흔들고 억제하는 경향이 있다. 그래서 분석은 의식에 대한 자신의 접근을 막는 방어적인 갈등들을 제거하는 방식과, 자신이 다루고 있는 진술의 잠재적인 의미를 구별할 해석과정으로만 오로지 이루어진다. 기본적으로 여기서 사실 지배적인 의미작용에게는 **무의미**한 가치를 지닐 뿐인 사실들에 대한 해석을 생산하는 데 어떤 지위를 부여하는 것이 본질적으로 중요하다. 마치 프로이트는 자신의 최초의 억압 이론에 기반하여 **무의미**의 효과에서 의미를 창조하는 이 새로운 방식을 정당화할 필요가 있었던 것 같다. 그러나 무엇보다 중요한 것은 풍부하고 고도로 분화된 세계가 문제라는 것이다. 프로이트의 이 가공 시기는 다양한 일종의 신세계 발견 같다. 무의식은 여전히 범람하는 세계[우주], 즉 종교·예술·아동기·고대사회 등에서 찾을 수 있는 새로운 의미와 환상적인 각본들의 생산자이다.

프로이트의 두 번째 "논점"에서 무의식-전의식-의식 삼각형은 이드-자아-초자아 삼각형에 의해 대체되고, 이들 세 가지 기호화양식들 사이의, 특정하게 이들 세 과정 사이의 경계선은 더이상 같지 않다. **사라지는 경향이 있는 것은 정확히 일차적 과정들의 특정성이다.** 즉 그것들은 이제 이드뿐만 아니라 자아, 초자아, 또는 자아이상에 서식한다. 무의식의 해소는 이제 여기서 훨씬 더 강조된다. **무의식의 논리는 일종의 미분화된 물질로,** 즉 프로이트의 생애 말기에 카오스에 다시 말해 죽음충동 형식 아래 물화된 충동혼란에 관련된 순전히 어떤 것으**로 기운다.** 발생적 관점 — 구순기, 항문기, 성기기 등 — 은 점차 상이한 논리적 용기들로서, 그러한 현실들을 기호화하는 상이한 방식들로서 심적 층위들 사이의 관계를 대체했다. 이러한 새로운 관점에서는, 심적 층위들은 성숙과 — 그것을 말하면 왜 안 돼?— 정상화의 일반적 과정에서 서로 만들어진다. 달리 말하면 우리는 연속적인 단계에 의해 일차적 과정의 논리를 자아규범, 사회적 가치의 규범, 지배적 규범에 통합할 수 있게 하는 일종의 방해경로를 지닌다. 그리고 지배적 의미작용에 들어가는 이러한 발생학 — 이것은 모든 것이 잘 되면 승화로 나아갈 것이다 — 은 정신현상의 조립 자체에 참여한다. 정신분석적 실천들의 궤적 — **정신분석의 제도화의 역사 — 은 무의식의 지각[파악]을 이렇게 우둔하게 환원하는 것이 아니라면 무엇인가?**

처음에 사람들은 억압 논리에서 출발하였고, 이 논리는 이질발생적인 기호화양식들 간의 갈등을 표현하였다. 점차 또 다른 준거화양식이 더욱

더 지배하게 되었다. 동일시 양식에서는 동일한 유형의 충동양식이 더이상 작동하지 않는다. 법칙을 세우는 것, 질서를 세우는 것은 더이상 분리된 용기들 사이의 갈등하는 관계가 아니라 정신분석 역사의 과정에서 상이한 모델화도구 유형을 사용하는 통합과정이다.

더욱더 지배하게 된 모델화는 발생적인 독해의 모델화이고, 이것은 무의식의 **무의미**가 사회적인 것에의 통합국면들이라는 전망, "인칭론적 극들"로 불리는 상상적 동일시 체계들이라는 전망에 들어가게 만들었다. 각 국면[단계]은 결정된 인칭론적 모습[형상]과 연관되었다. 즉 구순기 단계에 일정한 어머니 모습, 항문기 단계에 가정적 사회통제의 일정한 모습, 오이디푸스 삼각형화를 지닌 부성적 가치들의 세계에의 일정한 통합의 모습, 거세콤플렉스와 잠재기를 지닌 지배적 가치에의 일정한 복종의 모습. 이러한 모델화에 입각하여 사람들은 부수적으로 점차 자신들의 일관성을 잃는 일차적 과정에 자신들이 추정한 진실한 의미를 줄 수 있는 자아·초자아·자아이상의 능력을 본다. 그리고 사람들은 무의식의 특이성이란 현상을, 그럼에도 불구하고 고도로 분화된 채 있는 정신분석적 경험의 원자료, 자신의 생자료를 고려하지 않는다.

그러나 이러한 중간단계에서 가족게임 즉 실제 사회적 게임 속에는 여전히 완벽한 인물(personne)들이 있다. 나중에 이미지들(이마고들)에 근거한 이러한 모델화는 변형된다. 준거의 극들은 더이상 완벽한 인물들이 아니라 오히려 대상관념, 첫 번째 충동모델에서 발전된바 대상관념을 대체하는 욕망의 대상이다. 모든 기본적인 문제가 남근과 거세 주위를 맴돈다는 사실과 오이디푸스 삼각형을 우선시하면서, 대상들은 자신들의 상상적 차원들을 잃고 원형-구조주의적 대상관계 관념을 선호한다. 모든 사람은 여기서 정신분석의 영국적 지향에 대한 라캉의 반응을 안다. 즉 그것은 대상관념을 상징적 질서의 기능, 이른바 소문자 대상 "a"로 제기하는 것으로 이루어져 있었다. 더이상 환상적 무대 위에서의 실제 어머니나

아버지들을 다루지 않고, 가족의 현실과는 완전히 떨어진 부성적 기능, 모성적 기능 등을 다루고 있다. 부분대상의 논리로부터, 그 속에 포함된 사회 및 가족 관계 유형은 분리될 뿐이다. 무의식에서 본원적인 것은 더이상 특정한 상황에서 아버지 및 어머니와의 관계가 아니라 원형적인 관계들이 이러한 대상들 주위에서 조직되는 방식이다. 무의식의 "이러한 구조화" 운동은 여기서 그치지 않는다. 즉 우리는 모든 주체적 현상에 대한 독해를 원칙상 허용하는 일반적인 해석준거를 마주한다. 어머니의 가슴 위에의 고정화들에 기초하여, 사회적 장 전체에 현존하는 일정한 구순대상 경제에 기초하여, 사회적 장에서 해석될 수 있는 모든 권력관계에 현존하는 일정한 남근대상 논리에 기초하여, 사회적 모델화 논리에 금욕적으로 복종하는 것에 기초하여. 이 일반적인 해석준거는 일종의 무의식의 수학소가 될 것이다. 이러한 국면은 라캉의 동료들인 현대 정신분석가들 흐름에 의해 과장되게 튀어나오게 된다. 이번에는 재현세계 자체가 언어를 판별적인 대립체계들로 환원하는 언어 이론들에 따라 인식된 기표들의 세계가 될 뿐일 수 있었다. 리비도에너지란 개념은 거의 확정적으로 제거되었다. 무의식적 사실들에 대한 모든 독해는 모든 주체성형식을 구성하고 생산하는 보편적 수학 — 라캉이 "무의식의 수학소"라고 부른 것 — 으로 환원되었다.

충동문제를 통해 이 궤적으로 되돌아가 보자. 첫 번째 논점은 단순화되고 1905년 경『성욕이론에 관한 세 가지 에세이』의 발간과 함께 충동이론이 공고화되면서 환원론적 취급을 받기 시작한다. 충동이론은 무의식 — 무의식을 구성하는 복수성 — 의 상이한 재현들은 의식적 지각의 심리학들이라는 의미에서 본능도 재현도 아닌 충동체계에 속한다고 생각한다. 충동체계는 무의식에서 일어나는 것을 이해하기 위해서 프로이트가 발명한 도구이다. 그 체계는 에너지의 "압력"을 실행하는 유기적 "자원"을 통해서 유기체에 부분적으로 의존한다. 프로이트는 이 에너지는 자신이 생물학적 에너지나 일반적인 심적 에너지와 구분한 "리비도"라는 특수한 본성을 지닌다고 하였다. 더욱이 이것을 둘러싸고 융과의 틈이 생겨났다. 충동의 "목표"— 그것의 만족 — 는 "대상"에 의해 추구되었다.

나는 그 체계의 상이한 단계들에 관해 계속하지는 않을 것이지만, 프로이트가 이 충동모델을 무의식 속으로 옮겼을 때, 그리고 그가 꿈·징후·실수의 텍스트 뒤에 충동갈등이 있다고 생각했을 때, 한편으로는 생물학적이고 충동적인 미분화의 범주를 순수한 정서량으로 도입하고, 다른 한편으로는 의미의 분화를 무의식에서 의식과 전의식으로 이전하는 이중적인 작용이 발생했다. 이러한 작용은 정신분석의 역사를 통틀어 지속되었다. 그러므로 이러한 역사는 충동의 근원과 압력의 생물학적 차원을 더욱더 옆으로 밀어놓는 것으로, 대상 관념을 선호하여 목적 관념이 모호하게 사라지는 것으로 이루어진다.

일단 근거를 마련하였으므로, 나는 내 자신의 추측을 과감히 시도하기에 편하다고 느낀다.

내 생각에 이 모든 과정에서 환원론적 문제설정을 전적으로 탈선하거나 잘못된 것으로 생각해서는 안 된다. 결국 이 모든 기호화양식은 주체적 지층화들, 즉 주체성 일반에서뿐만 아니라 정신분석에서 생산된 상이한 모델화 형상[모습]들에 의거한다. 그러므로 정신분석 선구자들의 모델화 — 프로이트, 융 등의 광기와 명민함 — 를, 소외시키는 현실들을 지닌 정신분석의 현행 모델화들로 유도하는 과정을 생각하면서 내가 제기하는 질문은, 우리가 이 과정을 이해하고 싶다면 주체성의 돌연변이들이 바로 그 동일한 시기(주체성을 모델화하려는 상당한 시도들이 그 시기까지 사회적 장에서 마찬가지로 나타났다)에 무엇이었는지에 대한 독해를 수행할 필요는 없는가 하는 것이다. 달리 말하면 내가 제기하고 싶은 전망은 다음이다. 우리는 상이한 교의들을 분석하는 데 만족하는 대신에 왜 우리가 무의식의 상이한 지도그리기 양식에 직면해 있다고 생각하지 않는가? 이다. **이 상이한 지도그리기 양식들을 일정한 과학성 계수에 따라서 대조하는 대신에, 왜 그것들을 어떤 결정된 기호화 현실 — 이러한 지도그리기 양식들이 마주하는 현실 — 에 대한 이해에 따라서 구분하지 않는가?** 예를 들면 아리스토텔레스가 정치적 장을 독해하는 방식이나 몽테스키외가 정치적 사회적 현실을 독해하거나 맑스가 동일한 현실을 독해하는 방식 — 물론 같은 것은 아니지만 — 은 어떤 것들이 다른 것들보다 더 많은 현실이나 더 많은 진실을 포함하고 있다는 의미에서 대조될 수 없다. 호머나 단테나 괴테나 프루스트가 자신 주위에 있는 현실을 독해하는 방식은 상이한 진리 계수에 의해 특징지어지는 것으로 서로 대조될 수 없다. 이 모든 독해는 절대적으로 진실하다. 왜냐하면 그 독해들은 마찬가지로 이질발생적인 현실의 기호화와 일치하기 때문이다. (일단 정신분석적 모델화들을 이러한 동일한 본성에 속하지 언제 어디에서나 현존하는 이른바 과학적 현실의 차원에 속하지 않는다고 생각하는 순간부터, 제기되는 문제는 모델화의 문제들은 완전히 열린 채 있다고 생각하면서 모델화들의 준거가 포함하는 돌연변이 종류와 모델화들의 접합을 파악하려고 하는 것이다.)

프로이트주의가 아니라 프로이트의 광기와 천재성이라는 애초의 관점으로, 즉 현대 정신분석의 감식력과 보다는 슈레버 대법원장과 더 관련이 있는 관점으로 되돌아가려고 노력해야 한다. 이러한 상이한 기호화양식들 사이의 접합을 우리로 하여금 더 잘 이해할 수 있도록 해줄 무의식모델을 제안해야 한다. 이것은 무의식에 관한 초기 프로이트의 모델들의 가족주의적 관념이 지닌 무의식이나, 모든 것을 기표의 기호화로 환원하는 구조주의적 무의식이나, 심지어 가족치료에서 유행하는 체계론과 연관된 상이한 정식들과 같이 환원론적이지는 않은 무의식을 말한다.

또 다른 경우에, 여기서 자세히 다룰 여유는 없지만 나는 하나의 모델화, 즉 무의식구성체의 일반적 지도그리기를, 다양한 기호화양식들이 서로 접속될 수 있는 무의식모델을 감히 제기하였다. 예를 들어 주체적 생산의 이항적 경제로 항상 환원되는 체계에 따라 기능하는 대신에, 다음 요소들을 결합하는 한 번에 아홉 가지 투입형태를 지닌 하나의 논점을 결국은 제기할 수 있을 것이다.

1) 첫 번째 프로이트적인 충동모델의 일정한 관념. 즉 신체와 비언어적 에너지의 문제설정이 고갈되기 전의 충동에너지론이라는 관념.

2) 도상적 유형의 모델화 관념. 바르트나 기호학자들이 말하는 것에도 불구하고 항상 나를 놀래키는 관념에 이르는 도상적인 구성요소들의 어떤 특정성이 있다고 나는 생각한다. 즉 도상적 기호론의 경제는 언어의 기호론에 의존할 것이다. 왜냐하면 언어가 기호들을 해석할 수 있기 때문이다. 이러한 추론은 전적으로 궤변적인 것 같다. 예를 들어 동물행동학에는 언어의 경제[조직]가 없고 언어적 담론성도 없다는 것이 분명하며, 그럼에도 사람들은 자기 자신의 기능방식을 가지고, 기표의 담론성을 전혀 포함하지 않은 채 완전히 가공된 도상적 기호론이 존재한다는 것을 증명한다. 바로 이 동일한 추론이 라캉에게서 상상적인 것[상상계]의 철거작업을 알려준다. 그런데 상상적인 것은 프로이트에게서 언어표현과 사물표현을 구분하면서 보존된다.

3) 피에르 자네(Pierre Janet)가 "반복의 자동장치들"이라고 부른 것의 차원에 속하는 구성요소

4) 실존적 정신분석을 가공하려는 시도들에서 사르트르가 한 것과 같은 무의식 수용[지각]. 그것은 『구토(Nausée)』의 무의식이다. 즉 사르트르는 본래 그것에 관해서 전혀 정확하게 이야기할 수 없다고 끊임없이 주장하면서, 그것에 관해서 늘 상당히 많이 이야기하였다. 이러한 차원에서 존재에 대한 비담론적인 순수기억이 있다고 생각할 수도 있다. 즉 여기서 담론성은 스스로에게로 되돌아온다. 블랑쇼의 "이름붙일 수 없는 것의 세계"

와 본느프와(Bonnefoy)의 **후배지**(arrière-pays)와 같은 방식으로, **사라진-저기**(fort-da) 및 순수반복의 문턱과 관련하여 라캉이 프로이트로부터 취한 비유들은 이러한 지각의 본성에 속한다.

5) 기표를 강조하는 훨씬 더 구조주의적인 무의식 관념.

6) 융의 "이마고" 개념의 경우처럼 더 집합적인 구성체들에 의존하는 무의식의 생산들 또는 가족치료 장에서 현재 밝혀지고 있는 베르타랑피(Bertalanfy)[94]에게서 계승된 체계적 기입[등록] 차원의 무의식 구성요소들.

7) 실베레(Sylberer)의 관념[95]에 따라, 내가 우의적(寓意的) 기호론이라고 부른 것의 차원에 속하는 무의식의 모델화. 이 관념은 많은 점에서 융의 무의식과 일치한다. 그것은 또한 특정성을 고대사회들의 기호적 생산들에 그리고 신화적인 주체성생산 관념들에 소급시키는 모델이다. 그러한 관념들에는 모든 담론과정을 앞서는 세계의 인식을 부여하며 기표 수준에서 담론으로 통용되지 않는 정서에 의한 이해 전체, 마음·정신의 경제 전체가 있다. 음악을 예로 들어보자. 음악사의 일정 시기에 우리는 성악의 의미론, 모든 종류의 글쓰기의 의미론, 그리고 그 두 세계의 종합[통접](즉 글쓰기 기계를 성악·기악·율동음악의 기계들과 결합하는 기계적 복합체)을 지닌다. 그 어떤 효과적인 음악적 생산물이 만들어지기 전에조차 다성음적인, 화성음적인 등의 세계들의 잠재력이 그려진다. 두 음이 접합되기 전에조차 이 세계는, 심지어 광기로 또는 그렇지 않으면 영감으로 또는 단순히 발견으로 이끌 수 있는 정서의 이러한 성격, 교란의 이러한 성격으로 정확히 이해된다. 즉 하나의 세계는 담론성이 있기 전에조차 나타난다.

8) 들뢰즈와 내가 "자본주의적 무의식"이라고 부른, 아마 예를 들어

• • • • • •

94) 베르타랑피는 체계이론의 창시자이다.
95) 실베레(Sylberer)는 꿈에서의 기능적 과정들을 이론화했고 우의적(寓意的) 성격의 해석을 발전시켰다. 프로이드는 이것을 『꿈의 해석』에서 수없이 언급한다.

메르토 골드윈 메이어나 또는 소니 — 왜 안 돼?— 에 귀속시킬 수 있는 구성요소 그것은 매체와 집합적 시설들에 의해 일반적인 방식으로 생산된 주체성, 즉 "자본주의적"이라고 지칭하는 주체성생산에 일치한다.

9) 마지막으로, 당분간 들뢰즈와 내가 "기계적 무의식"이라 부른 것. 이것은 이 다른 구성요소들의 접합이란 문제설정을 제기하지만 그것을 무의식구성체들의 종결과 통제의 과정으로 제기하지는 않는다. 반대로 그것은 무의식 독해의 수단 — 그것의 생산이 가능할 때 — 일 것이다. 즉 **기계적 무의식은 욕망생산의 배치와 그리고 동시에 욕망생산을 지도 그리는 방식과 일치한다.** 기계적 무의식은 주체적 특이성들을 생산하려는 경향이 있는 무의식이다. 이것은 **무의식구성체들은 이미-거기에서 나오는 것이 아니라 특이화과정에서 구성되고 생산되고 발명된다**는 것을 의미한다. 그러나 그것들이 지배적인 의미작용과의 단절에서 발견되기 때문에, 그 과정들은 미시정치적 문제설정, 즉 세계와 지배적 좌표들을 변화시키려는 방식을 만들어낸다.

이 아홉 가지 구성요소들이 사람의 이름과 연결된다는 사실은 유머의 기미가 있지만, 아마도 그것은 그렇게 엉터리없지는 않다. 이 사람들, 이 위대한 환상가들 각자는 무언가의 특정성과 **결속된** 인물들을 체화하고 있다. 잘못은 아마도 이러한 상이한 차원들과 확실히 이 도식의 일부를 이루지 않는 많은 다른 것들의 공존을 막기 위해서 환원론적인 체계를 구축하는 것이다. 어쨌든 이 도식은 작업과 사유를 위한 절차에 지나지 않는다. 그것은 우리가 다루고 있는 것을 알기 위한 질문체계로서, 지지체계로서 이바지한다. 강박징후의 예를 들어 보자. 즉 아주 그럴듯하게 인칭론적인 등록기들 속에서 작동하는 갈등에만이 아니라 이 차원들의 둘, 셋, 넷, 또는 심지어 아홉 개에 참여하는 무언가가 중요하다. 강박징후는 지속되는 경향이 있는 반복, 즉 전유의지, 이해할 수 없는 것을 이해하기 위한 일종의 영원회귀의 수준에서 분명히 작동하는 무언가이다. 즉 나는 깨끗한 느낌을 얻기 위해서 나의 손을 씻는다. 그리고 **준**-절대(*quasi-absolu*) 속에 머문다. 그것은 손을 씻는 행위와 관련하여 전적으로 이질발생적인 반복강박을 의심의 여지없이 작동시키기도 하는 어떤 것이다. 그것은 또한 도상적 표상을 작동시키는 어떤 것이다. 세균을 없애기 위해서 내가 손을 씻는다면, 그것은 내가 세균들의 표상을 가지고 있기 때문이고, 거기에는 정말 다른 것도 아닌 세균들이 있다고 믿기 때문이다. 그것은 또한 가족적, 상상적 등의 삼각형화의 차원에서 미시정치적 전략들을 작동시킬 수 있는 어떤 것이다. 그것은 또한 추상기계들 수준에서 객관적 무의식의 요소들을 작동시키는 어떤 것일 수 있다. 예를 들어 나로 하여금 이러한 유형의 징후에 관심 갖게 하는, 나에 대한 세상의 위협이 있다. 많은 구성요소들이 강박징후의 일관성에 속할 수 있다. 이 모든 것 속에서 중요한 것은 어떤 순간에 기호적 효율성 계수가 있는가를 아는 것이다. 무언가가 발생할 때, 어떤 순간들에 우리는 발생하는 것을 특수한 배치의 실천과 연결되어 있는 것으로 생각할 수 있는가?

나는 배치의 아홉 가지 구성요소들을 생각해왔다. 다른 사람들은 그것들을 재배치하고 16개 또는 36개 — 또는 얼마나 많은 차원일지 나는 모른다 — 로 갈 수 있다. 단순히 모델들이 더 복잡해질수록 그것들이 발생하는 것에 대한 감수성을 지우는 준거체계들을 사용할 위험이 더 적어지기 때문이다. 예를 들어 프로이트의 모델을 생각해 보자. 프로이트의 모델들은 에로스-타나토스 대립에 도달하기까지 단순화되는 한 특정 종류의 환원론적 실천과 어느 정도 일치하였다. 또는 우리가 우리 자신이 단지 하나의 차원 — 예를 들어 기표/기의의 차원 — 의 측면에서 사유하고 있다는 것을 발견했을 때. 하나의 배치에서 하나의 구성요소가 우선적인 위치에 있는 일이 생길 수조차 있지만, 그 도식은 우리에게 다른 구성요소들은 어떻게 되는데?라는 질문이 등장하는 데 주의하라고 요구할 수조차 있다.

나는 무의식구성체들에 대한 이러한 일반적인 지도그리기를 제안하려
는 다른 야심은 없다.

하부구조 콤플렉스

프랑스의 세리시(Cerisy) 콜로키움에서 "기호적 에너지론"에 대한 가타
리의 이야기에서 발췌, 1983년 6월[96]

나는 인문과학과 사회과학에 열역학 관념을 도입한 것을 무효화하는
일정한 효과들을 간단히 검토하려고 한다.

맑스는 사회관계를 노동의 흐름으로 채우고자 했고, 프로이트는 정신
적 삶을 성적 리비도의 흐름으로 채우고자 했다. (나는 프로이트가 특정
충동들을, 즉 자기보존충동 또는 그의 마지막 이론적 분석 속에서의 죽음
충동을 성적이지 않은 것으로 특성화한 것을 여기서는 다루지 않을 것이
다. 왜냐하면 그것들은 일종의 이원론적인 에너지론에 의해서 언제나 그
리고 본질적으로 성 충동과 관련하여 양극성 속에 자리 잡고 있기 때문이
다.) 확실히, 그 둘 대[맑스와 프로이트] 에너지적인 토대와 사회적 또는
정신적 상부구조 사이에 기계론적인 인과론을 세우려고 의도하지 않았
다. 그러나 우리는 그들의 이론이 매우 환원론적인 관념들과 실천들을
가져왔다는 것을 알고 있다! 그들의 방법들 사이의 모든 비유는 자의적이
고, 후자[프로이트]에 대해 전자[맑스]가 미칠 수 있는 영향에 대한 모든
추측은 더 자의적임은 분명하다. 그러나 아마도 우리는 그 둘 사이의 일정
한 병행(parallélisme)에 놀랄지도 모른다. 이것을 나로서는 **하부구조 콤플렉**

96) 이때 세리시 콜로키움(Cerisy Colloquium)의 주제는 "일리야 프리고진의 작업에서 시간과 되기"
였다.

스에 관련시킬 것이다. 그리고 사회과학과 인문과학이 산업사회 속에서 정립되었을 때 그 콤플렉스의 나쁜 짓들이 그 과학들에서 실행되었다. "어떤 분야를 고려하든 우리에게 동일한 에너지라는 측면에서 기술될 수 있는 토대를 달라, 그러면 그것을 가지고 우리는 진정한 과학을 구축할 것이다." 바로 이러한 종류의 패러다임의 기초 위에서 "엔트로피의 초자아"가 설립되었고, 그것의 주요한 효과는 그것과 관련된 사람들로 하여금 동일한 에너지 경제학에 연결시키지 않고 열역학의 두 가지 신성한 원칙들에 기초하여 하나의 운동, 하나의 변형, 하나의 교체, 사람들이 "경험할 수 있는" 어떤 것도 인지하지 못하게 하는 것이다.

우리는 이러한 기생적인 층위를 항상 다음과 같은 동일한 의식을 따르면서 자신이 먹고사는 것들을 껍질 벗기는 일종의 인식론적 게로서 재현할 수 있다.

1) 자신의 집게발 중 하나를 가지고서 게는 문제의 에너지 자본의 차원에 속한다고 자신이 결정하는 것을 과학적으로 소비할 수 있는 단일한 현실로서 따로 둔다. 그러고 나서 게는 이러한 에너지 자료를 잘게 썰어서 모든 특정한 특성에서 그것을 벗겨버리고 그것에 한결같이 전환할 수 있는 성격을 부여한다.

2) 한편 다른 집게발을 가지고서 게는 에너지화하려는 자신의 시도를 거부하는 자료를 추상적인 등가물의 상태로 축소한다. 그리고 이것은 예를 들어 '자본', '리비도', '음악' 또는 '과학성'으로 귀결한다. 그러고 나서 그것은 이러한 모든 지역적 등가물들에 기반한 하나의 최강-등가물(또는 "자본주의적 수프")을 생산한다. 따라서 모든 본질적인 특이성들과 구조들, 그것들에 관련된 모든 재현들과 정서들, 그리고 극단적인 사례들에서 모든 에너지적 과정들 그 자체는 총체적으로 용해되고 동화된다.

그 마지막 국면 —— 나는 구조주의와 체계론을 언급하고 있다 —— 에서 엔트로피즘의 폐해는 하부구조 콤플렉스를 자생적으로 철폐함으로써 경감되는 것처럼 보일 수 있다. 실제로 전통적인 물질[소재]-형식 이원론들은 바로 그때 하부구조의 수준들을 향하여 상부구조들에 속한다고 여겨지는 형식주의의 전이로 극복되는 것처럼 보인다. 이러한 전이들의 사례들은 노동과정 안에서 자본, 그리고 리비도 안에서 욕구의 기호적 실체(라캉이 기표의 상태로 축소시킨 프로이트의 **표상재현**(Vorstellungsrepräsentanz)), 또는 컴퓨터 흐름 속의 **2진법 숫자들**이다. 맑스주의자들이 경제적 영역에서 실제로 자본을 양화하려고 결코 시도하지 않았고, 프로이트주의자들이 재빨리 리비도를 종교적인 유물의 벽장에 넣거나 또는 다양한 방식으로 리비도를 "기적화했다"는 것을 주목하라. 불행하게도 그것은, 환원론의 초점이 이항적인 선택지의 흐름에 동화된 에너지적인 **질료**(hyle)[97]를 위하여 자신의 최종적인 특정한 특징들이 훨씬 더 철저하게 제거된 물질로 단순히 향한다는 것과 같지는 않다.

주체성생산과 기호적 효율성 사이에 철저한 분리를 가정함으로써, 정보나 기표의 숭배로 전환된 에너지 유일신론은 인식 배치들의 특이성·"불가역성"[98]·"분기"[99]의 차원들을 그리고 보다 일반적으로는 체계적으로 주어진 사실들과 표현구조들 사이의 상호의존 관계들을 고려하는 데 실패할 위험을 초래했다. 이것은 아마도 그것들에게, 현재 통합된 세계자본주의를 구성하는 문화·과학·주체성의 생산의 거대기계 속에서 그것

••••••

97) 그리스어로 "소재"를 의미함.

98) "시간의 불가역성"과 "파동에 의한 질서"는 프리고진과 스탕제르의 주요 개념들에 속한다. 불가역성 관념은 "평형에서 먼" 열역학을 정의하게 해주고 따라서 과정들의 가역성이 항상 가능하다는 생각을 포함하는 고전적인 임싱이론의 물리학에 반내할 수 있게 해주는 한에서 가타리에게 흥미로웠다.

99) "분기(bifurcation)" 또한 가타리가 프리고진과 스탕제르로부터 빌려온 용어이다. 분기는 평형과는 먼 체계가 평형에서 또는 평형에 앞서 지배하는 작동체제와는 질적으로 다른 작동체제를 적용할 수 있는 임계점에 일치한다.

들이 점하는 우월한 지위를 부여하는 것이다. 그리고 통합된 세계자본주의는 자신이 마음대로 표준화할 수 있고 위치시킬 수 있는 그러한 표현 및 가치증식 양식들만이 이 행성 위에서 생존하도록 허용하려고 한다.

내가 사회과학에서 사용되는바 에너지 관념에서 좋아하지 않는 것은 물론 강렬도로서 에너지가 아니다. 그것은 사람들이 이러한 관념에 가하는 회수이며 특히 열역학 제2원리와 엔트로피 관념을 둘러싼 모든 것의 은유적 적용이다. 이러한 생각은 정신분석과 여타의 분야들, 특히 정보이론에 현존한다. 즉 그것은 일종의 미분화된 하부구조, 즉 체계 속에서 무질서를 점진적으로 창조하는 에너지 기반이라는 생각이다. 이러한 관점에서 사회적 삶 및 정서소통과 관련하는 모든 작용은 질서 속에 이러한 무질서를 끼워 넣는 것으로 이루어진다. 에너지, 충동, 본능, 그리고 욕망은 일종의 의심스럽고, 위험하고, 무시무시한 세계이다. 그리고 사람들은 이것에 대해 야생 짐승들이 가득한 서커스 우리에 들어가는 한 명의 사자 사육사처럼 행동할 것이다.

카오스로서 욕망

충동이 동물행동학적 유형의 본능들에 직접적으로 연결되는지 또는 프로이트적 전망 안에서 기호론적 관점으로부터 훨씬 많이 전개된 충동으로 규정되는지, 또는 상징적인 것과 관련하여 가상적인 것을 위치짓는 구조주의적 체계들 속에서 결정되는지, 또는 심지어 체계론 속에서 강압체계들과 관련하여 위치지어지는지는 중요하지 않다. 우리는 이러한 사례들 전부에서 언제나 같은 생각으로 되돌아간다. 즉 반드시 이러한 날것의 욕망세계를 사회질서의 영역, 이성·판단·자아 등의 영역에 대립시키는 것으로 되돌아간다. 일단 우리가 주체성을 창조하는 참된 구성요소들을 고려하려고 결심하면, 정확히 바로 이런 종류의 대립[대당]을 거부해야 한다. 만일 프로이트적 현상학에서 그것의 기원에서 근본적으로 새롭거나 근본적으로 타당한 무언가가 있다면, 그것은 정확히 가정된 일차적인 과정들의 수준에서 —— 프로이트가 리비도 범주처럼 등가의 에너지 범주들을 사용했던 어떤 이론이 나중에 등장할지라도 —— 우리는 항상 고도로 분화된 과정들을 다루고 있다는 것을 발견했다는 사실이다. 꿈의 세계, 광기의 세계, 아동기의 기호학, 그리고 이른바 원시사회들의 기호학은 미분화된 어떠한 것도 절대 가지고 있지 않다. 반대로 그러한 세계들은 배치·통사·고도로 정교한 기호화양식의 작동을 가정하며, 자신들을 해석하고 지시하고 표준화하고 명령하기 위해서 메타언어들과 초코드화의 존재를 반드시 포함하지는 않는다.

이러한 문제설정은 직접적인 정치적 영향들과 미시정치적인 영향들을 지닌다. 사회해방운동들 속에서 그리고 전통적인 조직틀을 벗어나서 우리는 이러한 마니교적 모델들(예를 들어 민주집중제 대 자생주의 사이의 대립)이 거의 체계적으로 수입된 것을 발견한다. 나는 정치적이면서 사회적인 수준 위에서 이러한 논쟁과 심리학·사회심리학·정신분석 등에 존재하는 모든 여타의 이론적 준거들 사이에 균형이 있다고 생각한다. 사람들은 상징적 모델화가, 잘 정돈된 언어들, 잘 분화된 구조양식들의 선차성이 반드시 있다는, 즉 이른바 미분화된 욕망경제와 자생성을 반드시 포함하고 초코드화해야 한다는 생각으로 항상 되돌아간다.

*

욕망은 불분명한 어떤 것, 다소 불투명하고 혼란스러운 어떤 것, 즉 정신분석을 따라서 상징적인 것과 거세의 그물을 또는 다른 관점들에 따라서 민주집중제라는 몇 종류의 조직의 그물을 통과해야 하는 일종의 가공하지 않은 힘인 것처럼 보인다. 예를 들어 사람들은 다양한 사회운동의 에너지들을 "수로화하는 것"에 대해서 말한다. 사람들은 모델화의 무한한 유형들을 열거할 수 있고, 각 모델화는 자신의 장에서 욕망을 훈육하려고 계획한다.

*

카오스 관념은 항상 나에게 거북스러운 느낌을 준다. 왜냐하면 그것을 언급할 때마다 사람들은 지배적인 모델화의 관점을 채택하고 있기 때문이다. 미디어와 개인들 사이의 커뮤니케이션의 현실을 분석한 미국 사회학자들까지도 결코 직접적인 커뮤니케이션이 문제가 아니라고 인식했다. 직접적인 커뮤니케이션은, 지배적인 모델화의 체계를 가속화시키거나 금지시키도록 기능할 수 있는, 지도부에 대한 철저한 **풀뿌리** 여과기를 가진, 그들이 일차집단이라고 부르는 것의 전체 네트워크를 통해 발생한다. 따라서 카오스에 투사되는 중심 기관들이 있다는 생각, 즉 다양한 충동이론화 양식들과 유사한 생각이 나에게는 훌륭한 해독 "격자"로 보이지 않는다. 언표행위 배치들이 마이크, 텔레비전 또는 신문에 접근하지 않는다는 사실은 자동적으로 그것들을 카오스로 변형시키지 않는다.

달리 말해서 특이한 언표행위 배치라는 문제설정은 카오스적인 현실에서 **무**(無)**에서**(ex nihilo) 나타나지 않는다. 즉 고도로 미분화되어 있고, 서로에게 접합되거나 창조적 과정에 연루되거나 내파·자기파괴 또는 미시파시즘이라는 현상으로 들어갈 수 있는 수많은 윤곽들, 수많은 촉진요소들이 있다. 그렇다 하더라도 그 현상이 그것들을 카오스로 변형시키지 않는다.

*

내가 욕망의 문제를 집합적 구성체로서 제기하려고 할 때, 욕망이 모든 지배적인 심리학과 도덕성이 주장하는 대로 반드시 하나의 비밀이거나 부끄러운 사안이 아니라는 것은 곧 분명해진다. 욕망은 즉각적인 실천 속에서뿐만 아니라 매우 의욕적인 기획들 속에서 사회적 장을 횡단한다. 복잡한 정의[규정]들에 끼이고 싶지 않기 때문에, **나는 살려는 의지, 창조하려는 의지, 사랑하려는 의지, 또 다른 사회·또 다른 세계인식· 또 다른 가치체계들을 발명하려는 의지의 모든 형태를 욕망으로 이름붙이자고 제안한다.** 내가 "자본주의적 주체성"이라고 부르는 지배적인 모델화에게는, 이러한 욕망 개념화는 전적으로 유토피아적이고 무정부적이다. 이러한 지배적 사유양식에게는, "삶이 매우 어렵고, 일련의 모순들과 어려움들이 있다"고 인정하는 것은 좋다. 그러나 그것의 기본적 공리는 욕망을 근본적으로 현실로부터 잘라낼 수 있다는 것이며, 한편으로는 쾌락원칙, 욕망원칙 그리고 다른 한편으로는 현실원칙, 현실에서의 효율성원칙 사이에서 항상 불가피한 선택을 한다는 것이다. 문제는 사태를 바라보고 실천하는 또 다른 방식들은 없는지, 그리고 다른 현실들, 다른 준거들을 만들어내는 수단들은 없는지를 아는 것이다. 이러한 다른 현실들과 준거들은 욕망과 관련하여 거세하는 지위를 갖지 않는다. 그러한 입장은 수치심의 전체 아우라를, 비밀스럽게 즉 무기력과 억압 속에서 언제나 은밀하게 경험된 채 스스로에게 스며들고 침투할 수 있는 상황을 창조하는 죄의식의 전체 분위기를 욕망에 귀속시킨다.

*

내가 보기에 심리학, 정신분석, 사회사업 일반에서 일하는 모든 사람들에게 생각하기에 중요한 문제처럼 보이는 이론적 문제설정이 있다. 우리는 욕망을 어떻게 생각하는가? 욕망을 가공하는 모든 양식, 그리고 특히 특정하고 실용적인 모든 욕망양식은 이러한 주체적인 차원을 동물적 본능의 차원이나 사회적 실천의 기호적 양식들과 관련하여 전적으로 이질 발생적인 기호적 양식들에 따라 기능하는 하나의 충동의 차원에 속하는 어떤 것으로 확인한다. 우리는 정신분석의 고전적인 이론들과 구조주의적 이론들 둘 다를 언급할 수 있다. 이 지점에 적어도 차이가 없다. 이러한 모든 이론에게 "욕망은 괜찮고 좋은 것이며 매우 유용하"지만, 틀들, 즉 자아틀, 가족틀, 사회적 틀, 상징적 틀에 일치해야만 한다(그것은 우리가 그것들을 뭐라고 부르는지는 문제되지 않는다). 그리고 이를 획득하기 위해서, 입문, 거세, 충동정돈이란 일정한 절차들이 있어야 한다.

나에게 이것은 상당히 문제 있는 이론이다. 사람들이 고려하는 욕망의 차원이 무엇이든 욕망은 미분화된 에너지도 아니고, 무질서의 기능도 아니다. 보편은 없고, 육욕적인 욕망의 본질도 없다. **욕망은 항상 어떤 것의 생산양식이며, 욕망은 항상 어떤 것의 구축양식이다.** 이는 내가 이런 종류의 이론을 해체하는 것이 매우 중요하다고 생각하는 이유이다. 나는 욕망 경제를 성숙시키는 어린이들 속에 발생적 형성과정은 없다고 확신한다. 어린이는 아무리 어려도 세상과의 관계를 경험하고, 매우 생산적이고 창조적인 방식으로 다른 사람들과의 관계를 경험한다. 그것은 어린이를 일종의 미분화과정으로 이끄는 학교를 통해서 어린이들의 기호계를 모델화하는 것이다.

*

사회질서에 대한 지배적 관념은 상당히 불온한 욕망(욕망의 집합적 구성체들) 규정을 포함한다. 즉 통제하기 위해 하나의 법률이 창조될 수 있을 정도로 훈육되어야 하는 흐름이라는 규정을 포함한다. 세련된 구조주의 이론들조차, 사회뿐만 아니라 발화 자체 그리고 주체까지도 가능한

한 상징적 거세를 수용해야 한다는 전제를 발전시킨다. 나는 이러한 욕망 관념이 어떤 현실에 아주 잘 일치한다고 생각한다. 즉 그것은 통합된 세계 자본주의에 의해 구축되고 생산되는 바의 욕망이다. **바로 탈영토화 속에 있는 통합된 세계자본주의가 이러한 육욕적인 욕망 모습을 생산한다.** 어쨌든 이러한 이미지는 적합하지 않다. 왜냐하면 동물적인 욕망경제 또한 이러한 모델에 일치하지 않기 때문이다. 사람들은 동물의 왕국에 있는 본능, 충동, 또는 욕망 ── 그 이름은 중요하지 않다 ── 은 생경한 충동 과는 아무 관련이 없다는 것을 알기 위해서는 동물행동학자들이 말해온 것을 조금만 읽으면 된다. 반대로 그것[본능, 충동 또는 욕망]은 전체 전략 을 그리고 심지어 동물행동학자들에 따라 어떤 미학적 경제를 포함하며, 고도로 정교한 기호화양식들, 공간의 미시정치 형식들 그리고 동물들 사 이의 상호관계들에 일치한다.

마찬가지로 이러한 대립 ── 한편으로 욕망-충동, 욕망-무질서, 욕망-죽음, 욕망-공격, 그리고 다른 한편으로 상징적 상호작용, 국가기능들 안에 집중된 권력 ── 은 내게 완전히 반동적인 준거처럼 보인다. 생산과 사회의 규모에서 총체적 혼란을 수반하지 않고, 그리고 삶을 관리하는 인간 쪽에서의 무능력과 일반화된 폭력을 수반하지 않고, 특이화과정들 을 욕망의 차원에 보존하는 다른 종류의 사회를 조직할 수 있다고 전적으 로 생각할 수 있다. 오히려 세계 곳곳에서 생태적이고 사회적인 수준에서 믿을 수 없는 황폐화를 초래하는 자본주의적인 주체성생산이, 무질서의 상당한 요소를 구성하고 우리를 절대적으로 확정적인 파국으로 인도할 수 있다.

하부구조 **대** 상부구조: 갈등관념 비판

세데스 사피엔티에 연구소의 정신분석강의에서의 토론, 상파울루, 1982년 8월 31일

츠나이더만: 만약 정신분석을 주체성생산 과정이라고 간주한다면, 일단 우리가 갈등관념을 핵심적인 것으로 재가정하는 순간부터, 그것이 또한 특이성과 복수성의 생산자가 아닐지 궁금하다.

가타리: 나는 그렇게 생각하지 않는다. 나는 심리적 갈등과 관련한 프로이트의 준거양식들이, 작동하는 기호적 과정들의 현실과 양립할 수 없는 에너지 관념들을 도입한다고 믿는다. 따라서 생겨나는 요구는 모든 열역학 은유들로부터 멀리 떨어진 이러한 주체성생산을 이해하는 모델들을 밝히는 것이다. 그러한 은유들은 결정의 범주들을, 그리고 특이화과정들이 무엇인지에 대한 모든 이해를 막는 충동 하부구조와 재현적 상부구조의 수준들을 도입하는 것 외에는 아무것도 하지 않는다.

*

우리는 어떻게 신경증이나 꿈속에서, 즉 무의식의 집합적 구성체들 속에서 우리가 찾는 특이성의 사실들에 접근할 수 있을까? 우리는 어떻게 이러한 이론적 준거들과 이러한 환원론적 실천들에 매이지 않는 지도그리기 양식을 제안할 수 있을까? 그 질문은 프로이트가 무의식적인 것에 대한 자신의 개념을 세우는 바로 그 수준에서 제기된다. 무의식적인 것은 역동적인 대립(하나가 다른 것에 의해 추방되고 동시에 예를 들어 일차적 동일시 체계를 향해 끌린다)을 포함하는 갈등에서 생겨난다. 모든 종류의 에너지 은유 — 투여, 리비도, 억압 등 — 와 연결되어 있는 이러한 역동적인 벡터는 동일한 주체적 실체에 참여한다. 즉 그것은 억압적인 층위

— 첫 번째나 두 번째 논점의 관점에서 또는 구조주의적 관점에서 —
를 지닌 개인이며, 자신의 역사와 고착 등에 의해 특징지어지는 무의식을
가진 개인이다. 내가 제안하고 있는 접근에서는, 정확히 이러한 주체적
통일은 존재하지 않는다. 내가 프로이트의 심리적 층위들에 대한 대체물
로 제안하는 배치라는 관념은 개인적 실체와도 또는 미리 결정된 사회적
실체와도 일치하지 않는다.

상파울루 프로이트 학파와의 만남, 1982년 8월 26일

가타리: 내가 보기에 정신분석이 갈등 측면에서 다루는 현상들을 그러
한 방법으로 파악할 수는 없다. 억압관념을 예로 들어보자. 즉 그것은
갈등하는 기호화의 절차 — 몽상적이거나 환상적이거나 징후적인 배치
의 절차, 착각이나 유사한 사태의 절차 — 이며, 이것이 이러한 억압의
동학을 창조한다. 그 갈등은 논점의 성질(첫 번째 논점에서 무의식, 전의
식, 의식 사이에 있는)에 속할 수도 있고, 또는 충동에 기반한 성질(구강충
동, 항문충동, 성충동, 상징적 충동 등)에 속할 수도 있고, 심지어 오이디푸
스 삼각형화(동일시 등)의 인칭론적인 갈등의 성질에 속할 수도 있다. 또
는 그러한 것들 중 아무것도 아니거나.
　하나의 통찰력 있는 사례는 꿈이다. 꿈꾸는 경험에서 모든 이들은 점점
더 환원론적인 독해의 연속적인 "격자들"을 통과해간다. 문제는 해석 배
치 측면에서가 아니라 언표행위 배치 측면에서 생긴다. 이러한 경험에서
최소한 둘, 셋 또는 네 개의 국면이 있고, 둘, 셋 또는 네 개의 배치가
생긴다. 내가 "몽상적 기호화 국면 그 자체"라고 부르는 첫 번째 국면에서,
우리는 사회에서 우리가 가지고 작업하는 시공간 좌표들에 속하지 않는
것으로 특징지어지는 어떤 언표행위 배치를 지닌다. 그것을 "배치 A"라고

부르자. 이러한 기호화가 반드시 개별화되는 것은 아니라는 것을 유의하라. 즉 꿈꾸는 경험에서 우리는 때때로 우리가 모든 종류의 사슬에서 하나에서 다른 하나로 옮겨가면서 동시에 많은 인물[성격]이 될 수 있다는 것을 받아들인다. 우리는 깨어나서 내가 "B"라고 부르려고 하는 두 번째 배치로 나아가는데, 여기에서 A 수준의 기호적 소재로 되돌아간다. 우리는 하나의 배치에서 다른 배치로의 이행이 일종의 기호적 좌표의 일반적 압축 현상과 일치하여 조직된다는 것에 주목한다. 여기에서 방금 전까지 우리가 여전히 몰두해 있던 이러한 무한히 풍부하고 분화된 세계, 이러한 종류의 내파 현상은 지나가는 매초마다 자신의 의사(pseudo)-담론적인 풍부함을 상실하고, 점차 실체를 잃는다. 마치 그것은 다른 요소들이 잊히고 나중에 기억되고 기록되는 동안 보존될 수 있었을 몇몇 파편들을 지닌 팽창하는 우주였던 것 같다. 여기에서 세 번째 배치가, 회상의 배치가 발생한다. 우리는 우리가 보존할 수 있는 꿈의 복잡한 몇 가지 요소들이 본래는 극도로 풍부하다는 것이 밝혀진다는 것을 알고는 놀란다. 꿈의 해석이라는 프로이트의 발견이 위치하는 곳은 정확하게 여기이다. 즉 바로 그 다양한 선들이 결합함으로써, 사소한 기호적 **무의미** 현상이 유혹의 극으로 기능할 의미론적 핵의 역할을 할 수 있다. B 수준에서 우리는 의미작용의 확장 및 배제 현상을 지니고 있었다. 반면에 이 세 번째 수준에서 우리는 의미작용의 일종의 매혹·수축·연쇄 현상을 지니고 있다. 특정한 상황에서 대화자를 향한 구어적 언표행위 —— 예를 들어 아침에 아내에게 꿈을 자세히 말하는 것 —— 는 네 번째 배치를 구성한다. 여기에서 우리는 모든 일련의 정서, 느낌, 표현을 제껴 놓는다. 그러나 이것과는 다른 또 하나의 언표행위가 정신분석가에게 향할 수 있다. 마치 그것이 동일한 꿈이 아니었던 것처럼, 그것은 또 다른 배치, 또 다른 표현소재이다. 우리는 꿈의 기호적 생산이 구성하는 특이성의 단순한 요소에서 항상 시작하면서 그 이상의 언표행위 배치를, 그 이상의 세계성좌를 항상 창조할 수 있다. 예를 들어 우리는 그것을 소설 쓰기에서 사용할 수 있고, 또는 우리가 "이미 보았다(déjà vu)"는, "전에 같은 꿈을 꾸었다"는 느낌을 가지는 또 다른 꿈에서도 사용할 수 있다. 그러나 그것은 여기에서는 해석 문제가 아니다. 즉 이러한 상이한 기호화양식들은 추정된 잠재적 의미와 명시적 의미 사이의 갈등이나 억압의 관계 속에서 정비되어 있지 않다. **왜곡된 잠재적 의미, 즉 나중에 자신을 발가벗길 해석을 기다리는 진실한 의미작용은 존재하지 않는다. 어떤 의미작용 체계도 다른 것들에 우선하지 않는다.** 배치 A는 B, 또는 C 또는 D와 마찬가지로 진실이다. 그것들은 동일한 기호화 체계의 차원에 속하지 않는다. 하나의 배치에서 다른 배치로의 이행에서 발생하는 것은 배치의 파열이다. 그것은 다양한 기호화체계에서 작용하는 차이들을 발견하는 문제이지, 한 체계를 다른 체계로 환원하는 문제가 아니다. 예를 들어 배치 E, 즉 정신분석가에게 하는 언표행위를 모든 다른 배치에서 진실을 밝히는 배치라고 생각하는 문제가 아니다. 나는 **진실이 여기에서는 단지 기능적이게 된다**고 말할 것이다. 꿈꾸는 것이 수준 A에 무슨 도움이 되는가? 아침 식사 때 나의 꿈에 대해 이야기하는 것이 무슨 도움이 되는가? 정신분석가에게 꿈을 이야기하는 것은 생산성이나 비생산성의 측면에서 무엇을 발생시키는가?

이러한 예들을 계속하기를 바라지는 않지만, 그럼에도 불구하고 나는 무의식의 문제설정을 언표[진술]가 아니라 언표행위에 — 또는 더 정확하게는 언표행위 배치들에 — 위치시키는 전망이 최소한 우리가 "명시적인 내용과 잠재적인 내용" 유형의, 그리고 또한 자아의 관점에서든 해석하는 정신분석가의 관점에서든 "의미작용에 대한 권력 장악" 유형의 이원론들을 버리게 할 수 있는 어떤 것이라는 사실을 강조하고 싶다.

꿈의 예에서 이미 꽤 복잡해진 이러한 문제는 사회 현실이나 예술적 생산성의 맥락들과 같은 다른 심리적 대상들의 경우 훨씬 더 복잡해진다. 이러한 경우들에서 배치들 간의 분화는 훨씬 더 노골적이다. 꿈의 예에서 우리는 오직 세 가지 인물[성격]들, 즉 깨어나는 자아, 아침 식사 때의 대화자 그리고 아마도 정신분석가만을 지닌다. 다른 배치체계들에서 우리는 복잡한 제도들, 노동시설들, 의미의 모델화시설들 그리고 기계체계들 등을 지닌다. 의미작용 — 말하기와 글쓰기 — 은 개인들 간의 관계의 공간에 점점 덜 제한되고, 명료할 (예를 들어 테이프 레코더) 뿐만 아니라 비가시적인 (행동 패턴, 준거들, 인증기계들, 달리 말하면 관념들과 태도들을 문자 그대로 원격 조종으로 명령하는 사회적 의미작용 요소의 전체 계열) 기계체계들에 의해 점점 더 매개된다. 달리 말해서 소집단들, 제도들, 또는 거대한 국가 언어 부문들 등 우리가 어떤 수준에 있든, 모든 주체성 생산양식은 언표행위 배치에 들어간다. 무의식은 여기에서 항상 상이한 배치들의 교차에서 발생하는 언표·정서·감각의 특이한 생산으로 간주된다. 이것의 한 가지 예는 바로 지금 꿈에서 나타났던 그리고 다양한 표현등록기들 즉, 배치 A, B, C 그리고 D 속에서 모습을 드러낸 강렬한 특이성의 핵이다.

메짱(Renato Mezan): 당신은 그것이 갈등의 문제가 아니라 배치의 파열의 문제라고 말한다. 만약 우리가 약간 상상력을 발휘해서, 매우 프로이트적인 방법으로, 배치의 각 파열 수준에 갈등이 존재한다고 제안한다면 어떻게 될까? 예를 들어 당신이 깨어나서 당신의 꿈을 기록한다. 잠시 후에 그것은 다른 등록기 — 예를 들어, 말하기 — 속에서 재등장한다. 당신이 부인에게 꿈을 말한다. 물론 이것은 효과와 정서를 불러일으키지 않고는 일어나지 않는다. 그러면 당신은 꿈의 중요한 부분을 잃어버렸다는 인상을 갖게 된다. 그러고 나면 당신은 그것을 정신분석가에게 말한다 등…… 나는 당신이 하는 것처럼 이러한 상황을 변형의 측면에서 다루는 의미를 모르겠다.

가타리: 물론 나는 그것이 그러한 방식으로 작동하는 것에 반대하지 않는다. 그러나 갈등의 측면에서 생각하는 것이 에너지 전이, 역동성 등의 문제 설정을 포함한다는 한 가지 유보조건에서. 나의 생각은 이렇다. 내가 한 가지 증상을 명백하게 다른 것 —— 내가 위통을 가지고 있고, 이후 마침내 그것이 사라지고, 여행을 가서 사랑에 빠지는 등 —— 으로 대체한다면, 프로이트적 유형의 에너지양과 같은 감정 전이라는 차원의 연속체는 존재하지 않는다. **일어나는 것은 서로 그 자체로 대체하는 가능성의 블록들이 있다는 것이다. 즉 각각의 새로운 세계성좌는 어떤 지속적인 특징도 없이 새로운 가능성의 블록을 창조한다.** 그것이 내가 갈등이라는 쟁점을 거부하는 이유이다. 즉 갈등도 없고 **연속체**도 없다. 단지 차근차근, 점진적으로 —— 유도, 전이, 전위 또는 복수의 결정에 의해, 즉 일차적 과정들의 경제에 의해 —— 발생하는 일종의 가능성의 돌연변이가 있다. 실제로 가능성의 또 다른 성좌는 일거에 창조된다. 현상학적 관점에서 나에게는 이것이 이러한 파열 현상들을 파악하는 더 좋은 방법으로 보인다. 이러한 현상들은 새로운 가능성의 장의 창조이며, 이것은 다른 가능성의 장들과의 관계에서 변증법적으로 발생하지 않는다. 즉 그것들은 공존한다. [정신적 현상의] 신체화의 가능성은 항상 존재하며, 동일한 블랙홀로 떨어질 가능성은 항상 존재한다. 즉 **사람은 절대 어떤 것으로부터 치료되지 않는다.** 변증법적 전위(傳位)는 존재하지 않기 때문이다. 우리는 깨어 있고 의식하고 사랑에 빠지고 양가적인 등 항상 동시에 모든 것이다. 그리고 그것은 갈등적인 양가성에 관한 문제가 아니라 이러한 모든 성좌들이 이러한 수준에서 동시에 형태를 취한다는 사실에 관한 문제이다. 이것이 내가 말하고 있는 것에서 유일하게 중요한 측면이다. 주체적인 문제설정을 역동적이고 경제적으로 취급하는 것이 우리로 하여금 파열의 특성과 모든 가능성의 장의 전반적인 전개를 파악하도록 허용하지 않는 것 같다. 이러한 맥락에서 승화 개념은 절대적으로 이해할 수 없게 된다. 그리고

어쨌든 아무도 그것에 대해 더이상 말하지 않는다. 그럼에도 불구하고 우리는 그것이 가리키는 현상학적 실재에 대해 잘 알고 있다. 즉 단순히 프로이트적 승화의 차원에 속할 뿐만 아니라 우주성좌의 변화(경계상태, 수면상태, 정신착란상태, 환각[약물중독]상태)의 차원에 속하는, 또는 단순히 주체화의 변화(집단으로 이야기하기, 혼자 이야기하기, 타이핑하기, 자동차 운전하기)의 차원에 속하는 갑작스러운 파열의 현상들을 잘 알고 있다. 그것이 우리가 매번 이용하는 동일한 종류의 정서, 표현실체나 표현형태의 동일한 종류의 접합이 아니라는 것은 분명하다. 일관성의 원리는 존재하지 않는다. 즉 매번 또 다른 배치가 구성된다.

자, 만약 내가 배치들 간의 관계가 어떻게 기능하는지를 설명하는 이러한 개념들 사이의 차이에 대해 상당히 강조한다면, 그것은 그 개념들이 자본주의적 흐름과 관련하여 위치들의 차이 또한 포함하기 때문이다. 내가 의미하는 것은, 갈등관념은 자본주의적 흐름을 모든 가능하고 상상할 수 있는 언어의 일반적 번역가능성으로, 경제적·리비도적 또는 기호적 차원들 등에 대한 일반적 등가물로 확립하는 것과 분리할 수 없다는 것이다. 그러나 배치들 간의 관계가 또 다른 성질의 것일 수도 있다고 생각하는 것이 갈등관념에 포함되어 있는 것을 사라지게 하지는 않는다는 것은 명백하다. 그러나 동시에 ── 그리고 이것은 중요한 것이다 ── 실존하는 기호계들의 잠재력은 그대로 남아 있다. 우리는 동일한 고대사회들 속으로 계속 들어간다. 우리는 동일한 종류의 문제설정을 가지고 계속한다.

해석: 분석가와 피아니스트

우리는 꿈에 등장하는 표현적 특이성이 어떻게 다양한 표현 등록기들에서 발생하는지를 보았다. 그리고 내 생각에 따르면 그것들 가운데 어느 것 하나도 다른 것들을 해석하지 않는다. 특이성은 마치 교향악 표현에서 음표와 같다. 즉 특이성은 리듬, 멜로디 구성, 하모니 구성, 대위법 구성과 같은 등록기들 속에 그리고 가장 다양한 악기 등록기들 속에 동시에 생산될 수 있다. 음악의 경우에, 이 수준들 가운데 하나에 특정하게 관련되는 어떤 단일한 음표연쇄가 다른 수준들에 대한 일반적인 해석자가 된다고 말하는 것이 이치에 맞지 않는 것은 분명하다. 비록 피아노 위에서 연주된다고 할지라도 음표는 피아노에 속하지 않고 멜로디에, 제시되는 음악세계의 의도에 속한다. 실제로 음악인들은 음악이 단순하게 음표들을 반복하는 데 있지 않고, 지시대상이 음악텍스트 속에 존재할 뿐만 아니라 해석이라고 불리는 표현운동의 생산 속에 존재하고 있다고 이해한다. 만일 정신분석가들의 해석이 말(단어)이 음악인들에게 대해 갖는 의미를 채택한다면, 나는 그 용어에 반대하는 나의 악의적인 농담을 표명하는 것을 그만둘 것이다. 그리고 나는 정신분석가들을 들볶는 것도 그만둘 것이다.

꿈과 더불어 제기되는 문제는 자격이 있는 정신분석가에 의해서든 정신분석가가 아닌 사람들에 의해서든 꿈에 대해 이루어지고 있는 해석의 문제가 아니다. **문제는 꿈이 개시된 배치들 속에서 어떻게 해석될 것인가를 아는 것이다.** 이 배치들은 두 부류의 사람, 즉 침대 위에 있는[정신분석치료를 받는] 사람과 안락의자에 앉은[정신분석치료를 하는] 사람을 반드시 포함하지는 않는다. 개시되는 배치들은 가족이나 가사 영역에 또는 공간과의 관계, 동물행동학적 관계, 또는 심지어 전체적인 일련의 미시정치적 문제설정들이 지닌 권력관계에도 속할 것이다. 거기서 나타나고 있는 언표는 예를 들면 부인과 그녀가 일하고 있는 장소나 그녀가 참여하고 있는 가치체계 사이의 권력관계에 연관될 것이다.

*

　나에게 **해석**이란 무의식의 수학소(mathème) 몇 종류를 풀어내는 기표열쇠를 조작하는 일이 아니다. 해석은 **무엇보다도 가족문제, 부부문제, 직업적이거나 미적인 문제, 혹은 무슨 문제든지를 지닌 우리 앞에 있는 사람의 다양한 준거체계를 위치짓는 작업이다.** 내가 "작업"이라고 말하는 것은 이 [준거]체계들이 현존하기 때문이지 정돈된 전체 속에 있기 때문이 아니다. 그 체계들은 하나의 출구를 찾아낼 수 있게 하면서 갑자기 다른 실존좌표들을 등장하게 하는 기능적 접합들 —— 내가 "이행구성요소들"이라고 부르는 것 —— 을 결여하고 있다. **말실수, 서투른 행위, 그리고 증상은 창문에 날아와서 자신들의 부리로 톡톡 치는 새들과 같다. 새들을 "해석하는" 문제가 중요하지 않다. 이행구성요소들이 상황 속에 철저한 변화를 일으키기에 충분한 일관성을 획득할 수 있는 새로운 준거 세계의 지시자들로서 기여할 수 있는지를 알기 위해 그들의 궤적을 위치짓는 것이 오히려 중요하다.**

　나는 개인적인 사례를 들어보고자 한다. 즉 나는 시가 가치로서가 아니라 오히려 기능적인 요소로서 인간 실존의 가장 중요한 구성요소들 가운데 하나라고 생각한다. **우리는 비타민을 처방하듯이 시를 처방해야 한다.** "조심해 친구! 네 나이에 시를 섭취하지 않으면 너는 난관을 헤쳐 나갈 수 없어." 그럼에도 불구하고 비록 시가 나에게 매우 중요하다고 해도, 내가 시를 쓰거나 읽는 일은 아주 드물게만 일어난다. 내가 그것을 할만한 기회를 가지지 못하기 때문이 아니라, 그 기회가 나의 손가락에서 미끄러지기 때문이다. 그러고 나서 나는 나 자신에게, 이번에는 그것은 이루어지지 않았다고 말한다. 음악에 대해서도 마찬가지이다. 즉 음악은 역시 근본적이지만, 종종 나는 몇 주 동안 음악이 존재한다는 것을 잊어버린다.

　부분적으로 이러한 근거 위에서 나는 나의 전략들을 관리한다. 자신의 음악을 지닌 음악가나 자신의 그림을 지닌 화가처럼 사람이 경험하고 있는 상황과 가능한 한 창조적인 관계를 맺기 위해서 그러한 맥락에서 그러한 개인이나 그러한 집단과 무엇을 할 수 있는가? **치유책은 예술작품을 만드는 것과 같을 것이다. 매번 사람들이 사용하는 예술형식을 재발명하는 것이 필요할 것이라는 차이가 있지만.**

지나는 김에 약간의 처방을 하자. 내가 무엇을 어떻게 할지 몰랐던 25살 때, 정말로 "나를 뒤흔들었던" 유형의 사람은 우리(Oury)였다. 나는 내 괴로운 위기들을, 그를 감동하게 하려고 하지 않고 그에게 여러 번에 걸쳐 상세하게 설명했다. 어느 날 그가 나에게 다음과 같은 선(禪)문답을 했을 때까지. "네가 잠자러 가기 전 밤에 그 일이 일어나? 어느 쪽으로 누워 자? 오른쪽? 좋아, 그렇다면 다른 쪽으로 돌아누워!" 분석은 때때로 단지 그와 같은 것이다. 돌아누우면 충분하다. 사람들은 교회의 초기 시절의 겸손을 재발견하고, 자신에게 "참아, 그것은 중요치 않아. 인샬라!"라고 말할 필요가 있다. 그것은 약간 기초적인 것이다. 분명하게 우리는 이것을 어떻든지 상관없다고 말할 수 없다. 올바른 기호적 메모장을 손에 지니는 것도 필요하다. 정확히 이 작은 지시체들이 의미작용들을 붕괴시키고 그들에게 비기표적 범위[사정, portée]를 주고, 또 이 모든 것이 유머러스하고 놀랍게 기능할 수 있게 한다. 손에 총을 갖고 있는 마약을 한 남자에게 당신은 "불 있어요?"라고 묻는다. 그런 다음, 그 순간은 그 세계와 융합한다. 바로 이 등록기 안에서 사람들은 시적 퍼포먼스 범주, 존 케이지의 음악, 선(禪) 파열 혹은 사람들이 부르는 무엇이든지를 발견할 수 있다. 그것을 획득하는 것은 결코 확정적이지 않다. 묘기를 부리는 것, 음계를 연주하는 것을 배워야한다. 즉 사람들은 어떤 상황에서는 상대적 통제를 획득하며, 다른 상황에서는 획득하지 못하고, 그러고 나서 그것은 시대와 함께 변화한다 등. 정신분석 신화에서 가장 커다란 어리석은 것들 가운데 하나는, 단지 당신이 10년을 환자용 침대에서 보냈기 때문에 당신이 다른 사람보다 더 강하다! 고 생각하는 것이다. 그것은 전혀 사실이 아니다. **분석은 당신이 지닌 어떤 어려움들에 대해 피아니스트같이 당신에게 "여분"의 기교를 줄 뿐이다. 즉 그것은 더 준비되어 있고, 유머를 더 갖고, 하나의 준거틀에서 다른 준거틀로 뛰어넘는 데 더욱 열려 있는 것이다.**

세데스 사피엔티에 연구소의 정신분석강의에서의 토론, 상파울루, 1982년 8월 31일

란세티(Antonio Lancetti): 당신은 정식분석이 상징 질서를 절대적이게 만드는 해석을 하면서 반동적이고 초코드화하는 실천으로 기능한다는 것을 분명히 한다. 나는 동의한다. 내가 정확하게 이해하고 있다면, 당신은 또한 욕망을 해석하는 지위는 없다고 말한다. 여기에서 나는 두 가지 질문을 가지고 있다. 그것 역시 하나의 절대성을 구성하지 않는가? 그리고 분석적 의미에서 개입하는 것이 더이상 불가능한가? 바꿔 말하면 욕망의 장에서 변형작업이 더이상 불가능한가?

가타리: 우리는 항상 동일한 어려움 주위를 맴돌고 있다. 동일한 억압기능을 가지고 또 다른 종류의 모델화로 빠질 위험을 감수하지 않고 모델들에 대한 전반적 비판을 하려는 것은 가능하지 않다. 정신분석에서 현재의 해석개념과 같은 당신이 제기한 문제설정으로 우리를 나아가게 하는 구체적인 예를 들어보자. 나는 이 방에 악성 라캉주의자들은 없다고 생각한다. 그렇지 않으면 그들은 라캉적 개념들과 현행의 정신분석적 해석실천[진료]은 결코 모델화하지 않는다고 나에게 상기시켰을 것이기 때문이다. 어느 정도 그들이 옳을 것이다. 즉 구조주의자들에게 해석의 본질은 모든

언표 생산물을 순수하고 단순하게 침묵의 영역으로 압축해버리는 것이다. 그들의 이론적 관념과 실천은 모든 의미현상을 말려버리도록 체계적으로 작동하는 것에 있다. 짧은 진료시간의 부끄러운 실천과 몇 년 또는 심지어 수십 년 동안 계속할 수 있는 침묵을 유지하는 부끄러운 실천을 갖고서, 우리는 다음과 같은 일종의 기호적 소통의 역설에 직면한다. 즉 투입에서는 언표의 복수성이 있지만, 산출에서는 그러한 언표들은 자신들의 의미적·화용론적 함의를 완전히 잃어버렸다.

언표를 **무의미**로 환원하는 이러한 해석은 모델화의 부재를 의미하지 않는다. 반대로 이러한 해석은 모델화의 정점 그리고 더욱 정확하게는 자본주의적 모델화의 정점이다. 그렇지 않다면 자본주의적 생산양식은 의미체계의 차원에 속하는 모든 것과 관련해서 무엇을 하는가? 감각생산의 모든 현상은 **무의미**의 일반적 등가 즉 일반화된 교환가치와 관련되어 있다. 이것은 모든 욕망가치, 모든 사용가치의 내용을 고갈시키고, 그 다음엔 주체적 생산물들을 재전유하거나 또는 그것들을 잘 통제된 생산관계 격자 속에 재영토화한다. 이러한 관점에서 보면 정신분석은 전례 없는 권력모델을 생산했다. 물질적 강압수단에 의해서도 의미작용 내용의 암시나 부과에 의해서도 외부에서부터 내부로 표현되지 않는, 그러나 내가 막 묘사한 일종의 사도-마조히즘적 상황을 단순히 만들어냄으로써 표현되는 권력을 생산했다.

그래서 나에게 이러한 종류의 실천에 과학적 가치를 부여하자고 주장하는 것은 상상할 수 없고 이해할 수 없으며 용납할 수 없고 또는 그 무엇이다. 반대로 그것은 근본적인 미시정치 행위에 일치하는 어떤 것이다. 즉 주체적인 잠재성들을 중립화[무력화]하는 시도이다. 이에 대해서 사람들은 그것은 이러한 종류의 실천을 따르는 사람들 또는 이러한 실천에 대해 지불할 수 있는 사람들 또는 심지어 이러한 종류의 실천의 지배를 암묵적으로 가정하는 사람들에 관련할 뿐이라고 말할 것이다. 그러나 그것은 사실이 아니다. **무의미**를 통한 이러한 종류의 해석생산은 적어도 유럽 나라들에서는 단지 전문화된 환경에만 관련지는 않는다. 그것은 다양한 장들(정신의학, 정신위생, 대학 등)에서 사회적 승진체계에 의해 높게 평가되는 경향이 있는 모델화 시도이다. 마치 좋은 가정 출신의 어린 소녀들에게 피아노치기를 배우는 것이 그랬던 것처럼, 정신분석은 어느 정도 엘리트를 위한 일종의 교육이다. 지도자들이 '국립행정학교(ENA)'를 통과해야 했던 때도 있었지만, 오늘날 우리는 지도부의 지위 즉 그 어떤 사회영역에서 회사중역이나 경영자가 되는 지위에 있는 누구나, 지독한 미시정치적 문제설정들을 포함하며 복수적이고 고도로 분화된 기호화과 정들의 진입길에 있을 수 있어야 하고, 동시에 이러한 종류의 일반화된 하지만 미시적이고 감지할 수 없는 거리에 계속적으로 반응할 수 있어야 하는 시대에 들어서고 있다. 이러한 종류의 실천에서 정신분석은 어느 정도 관료들의 눈, 기술관료들의 눈, 달리 말하면, 효율성의 등록기에 제한된 자신들의 화용론적인 지지점을 지닌다고 주장하지 않으며 그 자신 의 주체성은 접선처럼 0점으로 환원되는 경향을 갖는 모든 위계제의 눈을 훈련시킨다. 정신분석적 중립성은 지배계급들의 사회적 장에 있는 하나 의 이상에 일치한다. 어떤 의미에서, **무의미**에 의한 고갈이라는 이러한 이데올로기에게는 역설적으로 —— 이것은 종종 고도로 세련되고 실제적 으로 접근할 수 없는 이론적 정식화들을 만들어낸다 ——, 정신분석은 좀 더 세련된 주체성형식에 관한 일종의 실험실, 즉 일정한 사회적 장 관념의 실험실을 구성한다.

이 모든 것은 한마디로, 오늘날 정신분석이 실행하는 해석·중립성· 전이의 차원에 속하는 모든 것이 정말로 주요한 미시정치적 개입들을 구성한다는 것을 말한다.

*

기표 개념이 다른 기호화양식들, 다른 기호적 구성요소들과 관련하여 완벽하게 위치해 있는 한, 우리는 기표 개념을 사용해야 한다는 것은 분명하다. 그러나 프로이트적인 무의식(특히 라캉에 의해 구조주의로 재정의된 바) 주위에 설립되어온 모든 것은 다른 기호적 효율성 양식들을 고려하지 않으며 그것들을 선험적으로 정신분석의 장 바깥에 두고 있다. 나는 이러한 입장을 완전히 환원론적이라고 생각한다. 프로이트적인 관점에서 구두개입의 등록기에 있는 해석이라는 관념이 다른 개입 양식들과 아주 분리되어 있다고 말한 사람은 누구였는가? 다른 기호적 효율성 수준들과 연계되지 않는 기표적 해석의 효과가 있을 것이라고 생각하는 것이 나에게는 아주 허위적인 것 같다. 우리는 도상적·공간적·경제적 기호계의 수준들 ── 다른 말로, 기표의 담론 체계의 범위 안에 직접적으로 속하지 않는 전체적인 일련의 질적 수준들 ── 에서 관계들의 기능 작용을 확인할 수 있다. 이것은 특히 해석과 관련해서 제기되는 문제들이 무엇이든지 간에 항상 다음과 같은 것을 의미한다. 즉 그것이 효율적인가 그렇지 않은가? 무엇이 효율적이고 무엇이 효율적이지 않은가? 다른 말로 무엇이 실제로 주체화양식을 변화시키기 위해 또는 변화시키지 않기 위해 개입했는가?

　이것은 나에게 분석실천을 직접적으로 고려하도록 이끈다. 나는 분석가들의 이론적 차이를 그들의 실천[진료] 속에서 그들이 작동시키는 배치들에 대한 평가와 완전히 분리시키는 것이 필요하다고 생각한다. 이러한 관찰은 매우 일반적인 차원의 것이다. 즉 그것은 가족치료사들이나 다른 이론적 준거를 가진 사람들에게 똑같이 적용된다. 이러한 실천들을 통해 기표적 기호학에 속하지 않는 일부 구성요소들이 작동한다. 그리고 정확하게 이 구성요소들은 "코드화하는" 기호적 기능작용의 또 다른 지위 속에서 인정되지 않기 때문에, 훨씬 더 커다란 중요성을 지닌다. 사람들은 의례들, 진료 중의 예의, 돈 문제에 대한 합리화, 가족과 사회적 상호작용을 고려하려 하지 않는 것 —— 한 진찰기간 중에 생산된 언표의 지위를 규정하면서 화용적 구성요소들로 작동하는 바로 그 모든 요소들 —— 에 대해 생각하기만 하면 된다. 달리 말하면 분석과정과 내생적으로 연결된 벡터들(비록 사람들이 "문화"라는 용어를 재정의해야 할 것이지만, 정치적·사회적·기계적·문화적 벡터)이 정말 일부 투입된다.

헤시페에서 비공식적 대화, 헤시페, 1982년 9월 16일

질문: 당신 생각에 우리가 분석을 특이화과정의 표현이라고 생각할 수 있을까?

가타리: 용어에서 작은 차이가 있지만, 나는 동의한다. 만약 프로이트주의를 프로이트의 초기 직관(일차적 과정을 우리가 그것으로부터 수집할 수 있는 이해 관점에서 깊이를 알 수 없는 심연이라고 보는 것)에서 분리시킨 것을 정확히 반복하지 않고자 한다면, 우리가 분석과정을 그것의 표현과 혼동할 것이라고 나는 생각하지 않는다. 프로이트에게는 도라(Dora)의 이야기가 의미하는 것에 관한 거의 분열증적 연구가 있다. 동시에 그가 도라의 이야기에 대해 말하거나 설명하는 것은 자신에게나 플리스(Fliess) 박사에게 위기를 가져온다. 그가 말하고자 했던 것은 "자, 이 모든 것을 이제 한쪽에 두고 필요할 때 다시 오자"였다. 그렇다고 나는 여기에 표현의 문제설정이 있다고 생각하지 않는다. 표현과정들은 따라서 설명될 수 있다면 이미 과정의 표현인 반면에, 내재적인 관점에서 표현과정들은 본질적으로 항상 표현과정을 재통합하거나 그 속에서 진압되고, 그 속에 지층화되고, 잉여성 체계에 포획될 수 있는 창조성, 기계적 변이이다.

질문: 그래서 분석이 변이과정 자체, 그 과정의 실행이란 것인가?

가타리: 나에게 분석은 과정, 기계적 과정 그 자체이다. 다른 한편 실제로 하나의 과정과 표현체계들의 접합이 가장 중요할 수 있다. 그것이 모든 종류의 자생주의, 욕망표현과 관련해서 모든 라이히식 환원과 내 생각을 완전하게 구분해 주는 것이다.

질문: 당신은 지배적인 표현체계와 이러한 특이화과정들의 접합이 그 체계의 변이를 포함할 수 있다고 말하려는가?

가타리: 그것은 어떤 절대적 특이화 수준도, 어떤 절대적 과정 수준도, 지층화 수준도 없다는 의미에서 가능한 모습 가운데 하나이다. 오늘날 과정은 눈 깜빡할 순간에 물화된 지층으로 변형될 수 있다. 그리고 물화된 구조는 역사 변이 과정을 변화시키고 만들어낼 수 있다. 또한 개인, 미시사회, 거시사회 간의 구분들로부터, 사회학적 범주들로부터 벗어나는 논리를 작동시키는 것이 필요하다.

질문: "분석행위"라는 생각은 그 과정적 특성에 의해 분석에 대한 당신의 정의와 충돌하지 않는가?

가타리: 맞다. 어쨌든 나는 행위 관념을 매우 불신하는데, 왜냐하면 행위 관념은 행위의 장과 비행위의 장, 즉 행위가 활성화하고 과다하게 코드화하고 조직하며 질서화하는 분화되지 않은 다른 장 간에 단절을 도입하기 때문이다. 그래서 나는 행위 관념 대신에 배치 관념을 더 좋아한다. 배치 관념은 다음과 같은 것을 포함할 수 있다.
1) 온갖 종류의 흐름의 운동, 이것은 행위의 차원에 속하지 않는다(인구

의 흐름, 혈액·우유·호르몬·전기 등의 흐름).

2) 영토적 차원들, 이것들은 어떤 종류의 행위일지라도 스스로를 그
   자체로 위치지으려는 보호·한계·주체화의 행위이다.

3) 과정적 차원들, 기계적 차원들, 이것들은 행위의 등록기에 실제로
   속한다.

4) 세계의 차원들, 이것들은 반대로 일종의 의지(과정적 의지 혹은 영토
   화를 위한 의지)의 본성에 절대적으로 속하지는 않지만, 다른 실존
   차원들과 일종의 만남이다. 사랑의 발견, 미학적 발견 혹은 가능성의
   새로운 영역의 발견은 행위의 등록기에 속하지 않는다. 여기에서 우
   리는 키르케고르나 파스칼을 언급할 수도 있을 것이다. 즉 그것은
   어떤 것이 발생하든 않든 주어진 것들과 관련된다. 그것은 우아함의
   영역에 속한다. 즉 그것이 일어나든 그렇지 않든 당신이 원하는 만큼
   당신은 당신의 기도에 또는 당신의 변형의지 ── 그리고 이것에서
   다른 모든 사람처럼 분석가들은 아주 겸손해야 한다 ── 에 집착할
   수 있다. 인생말기에 프로이트는 이것을 완전히 인식했다. "끝낼 수
   있는 분석과 끝낼 수 없는 분석"[100)에서 사람들은 결국 분석의 끝에서
   무엇이 일어나는지를 그가 질문하고 있다고 느낀다.

질문: 이러한 관점에서 "분석적 개입"이라는 용어도 문제라고 할 수
있을까?

가타리: 당신은 이 단어들이 얼마나 닳아빠지고 무기력한지 알아야
한다. 나는 주의 깊게 "제도분석", "분석장치(analyseur)", "횡단성" 등의 용어
를 쓰기 시작했던 사람이다. 그런데 그 용어들은 많은 대학교수, 정신의학

· · · · · ·
100) "끝낼 수 있는 분석과 끝낼 수 없는 분석", in Sigmund Freud, *Résultats, Idées, Problèmes 2*, Paris,
   PUF, 1987. [국역본: 이덕하 옮김, 『끝낼 수 있는 분석과 끝낼 수 없는 분석』, 도서출판 b, 2004.]

자, 심리학자들에게 **맛난 뉴스거리**(filet mignon)가 되었다. 그들은 심리학적 개입의 측면에서 그 용어들을 바꾸면서 그 모든 것을 신속하게 회수하였다. 즉 노동자계급의 일본화와 동등한 어떤 것을 수행하기 위해 대기업들과 계약을 맺은 '제도분석' 집단들이 있다. 그래서 그것은 결국 개입의 교리들, 전문가들, 전문화된 제도기구들을 도입하는 것으로 끝났다.

내가 배치에 대해 말할 때, 그것은 정확히 행위도 아니고 정확히 개입도 아니다. 이것은 배치가 행위와 개입을 포함하지 않을 것이라는 것을 의미하지 않는다. 배치는 행동과 개입일 수도 또는 아닐 수도 있다. 내가 하는 한, 분석은 순수한 기호적 구별의 관계들을, 사물의 특질과의 관계, 시간의 리듬과의 관계를 (행위와 개입 없이) 평가해야 한다. 그리고 그 다음에 우리는 자발적인 행위와의 관계, 복잡한 배열장치들에 근거하고 있는 개입들과의 관계를 포함시킬 수도 있다. 분석은 또한 그 어떤 인식, 행위 또는 개입의 조건들을 완전히 바꾸는 세계의 변이들, 추상적 기계장치들의 도래와의 관계도 평가해야 한다. 가령 지금 폴란드 전체에서 우세한 변이는 행위, 개입 또는 종교관계들의 총합에서 단순히 나오지 않는다. 그것은 정말 세계 좌표들의 변화이다. 그것은 또 다른 폴란드이다. 이것은 동일한 행위, 동일한 단어, 동일한 구절로 하여금 그 의미와 화용적인 범위를 완전하게 변화시키는 것이다. 왜냐하면 우리는 단지 더이상 동일한 세계에 살고 있지 않기 때문이다.

*

기본적으로 기호적 효율성의 또 다른 수준과 관련해서 일반적으로 두 가지 태도가 있다. 첫 번째 태도는 기호적 효율성이 장의 외부에 있고 이른바 "여분(extra)분석적" 장을 구성하며, 그러한 정도에서 기호적 효율성은 전이 및 정신분석적 해석의 특정성과 절대 충돌하지 않는다고 생각한다. 그 태도는 전통적인 분석적 입장이다. 두 번째 태도는 이 다른 수준들이 자신들 모두를 포괄하는 기표이론에 의해 분절될[밝혀질] 수 있을 뿐이라고 생각한다. 첫 번째 경우에서 우리는 층화된 파편적인 실천 관념과 분석적 준거체계를 가지고 있다. 두 번째 경우에서 우리는 내 생각에 매우 반동적인 함의를 지닌 일반적이고 환원론적인 관념을 가지고 있다.

*

반체제적인 담론이나 소수자 담론에서 문제는 그것이 감춰진 진실의 토대인가 아닌가가 아니다. 우리는 소수자 집단들(가령 페미니스트 집단이나 동성애 집단)을 상상할 수 있다. 어떤 맥락에서 이 집단들은 오직 로고스 수준에서 구성될 뿐인 진실에 근거한, 철저히 화석화된 담론, 소원한 담론을 제시한다. 그리고 그들은 정신분석을 사용할 수 있다. 그 맥락에서 정신분석은 전통적인 규범을 따르지 않기 때문에 훨씬 더 억압적이다. 그들이 또한 전통적인 소집단들을 상기시키는 작동양식을 만들고 있다고 상상해보자. 자, 그렇더라도 이 집단들은 분자혁명 과정들에서 어떤 기능을 수행할 수 있다. 이 경우에 작동하고 있는 것은 숨겨진 진실을 생산하는 차원의 담론의 입장이 아니라, 고려하고 있는 그 집단들에 관한 담론 이전 수준에서나 넘어서서 무의식적인 사회적 장 속에 돌연변이를 끼워 넣는 과정적 문제설정이다.

결국 그 문제는 즉시 변화한다. 이제 우리는 또 다른 잠복된 담론이 운반되고 있는지, 하지만 우리가 생각하고 있는 집단들이 아닌 집단들에 의해 제기되는지를 자문할 것이다. 이 지점에서 우리는 정신분석에서 구조주의 운동에 의해, 특히 라캉주의에 의해 제기된 문제설정에 이른다. 즉 근본적으로 무의식의 메타언어인 언어의 메타언어가 있는가?

무의식은 언어처럼 구조화되었는가? 개인과 집단에 의해 분절화된 언어의 이면에서 우리가 주체성의 설립자인 또 다른 언어를 찾아야 하는가? 발명 중인 것이 어떤 언어시기에 물려받은 기표범주일 때 사람들이 이런 또 다른 언어는 실제로 언어학적인 것이 아니라고 말할 수도 있다는 사실은 또 다른 문제이다. 라캉이 자신의 최후 정식화에서 무의식의 언어학보다 일종의 수학을 훨씬 더 언급하는 식으로 무의식의 수학소에 대해 말했다는 사실은 내가 고려하고 싶은 문제와 관련해 많은 것을 변화시키지는 않는다. 소집단처럼 기능함에도 불구하고 분자혁명의 과정들을 접합하고 있는 페미니스트 집단이나 동성애 집단의 예로 다시 돌아가자. 이 경우에 이러한 종류의 경화된 집단은 사회적 장에서 구조적 수정을 가져오지 않기 때문에 언어의 장에 개입하고 있지 않다고 말하는 것으로 충분할까? 이러한 전망은 사회학적 구조주의와 언어학적 구조주의 둘 다에 순응한다. 즉 라캉적인 기표이론은 둘 사이에 다리를 세우는 데 충분할 것이다.

내가 제기하고 있는 문제설정은 완전히 다른 성질의 것이다. 그 문제설정은 그러한 종류의 다리를 세우도록 허용하지 않는다. 그것은 상이한 수준들 간에 구조적 등가물을 찾는 것이 아니라 그것들 간에 접합을 읽을 가능성을 찾는 것이다. **우리는 더이상 재현 수준에 있지 않고, 생산 수준에 있다. 즉 언어와 가장 다양화된 기호계 둘 다를 통과하는 표현양식들과 관련하는 집합적인, 개별화된, 기계적인 주체적 생산의 수준에 있다.** 그렇다면 궁극적으로 무엇이 중요한가? 모든 특정한 구조적 수준들을 무의식의 일반적 기표구조로 환원시키는 일종의 상호구조적인 일반적 지시대상[준거]을 정교화하는 것이 확실히 아니다. 정확히 그 반대의 작용, 즉 구조적 등가와 번역가능성의 체계들에도 불구하고 정말 다원적인 주체성의 생산적인 뿌리인 특이화과정과 특이점들에 영향을 주는 작용을 수행하는 것이다.

*

만일 무의식분석에 기반해 해석해야 한다면, 그 해석은 분자적 생산성의 윤곽들·지표들·결정체들을 추적하는 데 있다. 실천할 미시정치가 있다면, 그 미시정치는 이 분자적 수준들이 자신들을 회수하는 체계들, 중립화[무효화] 체계들 혹은 내파나 자기파괴 과정들에 항상 굴복하지는 않는다는 것을 보장하는데 있다. 그 미시정치는 삶의 생산, 예술의 생산, 당신이 원하는 무엇이든지 생산의 다른 배치[조립]들이 권력의 문제설정에 반응할 수 있도록 자신들을 어떻게 최대한 팽창시키는지를 이해하는 데 있다. 이것은 확실히 새로운 종류의 반응양식들을 포함한다.

*

기본적으로 대학에 대항하는 이러한 유형의 투덜거림[불만]에 대해 두 가지 가능한 태도가 있다.[101] 그리고 이 각각의 태도는 일종의 무의식에 관한 정의를 보여준다. 첫 번째 태도는 "그들 속에, 그들의 과거 속에, 그들 복합체의 일부 틈새나 어디에든지에 어떤 것이 있다는데, 나는 일종의 매듭, 일종의 금기를 만들어내는 장소를 모른다(사람들은 그것을 분류하기 위해 이름으로 발명할 수조차 있다)"고 말하는 것에 있을 것이다. 이러한 조건에서, 무슨 일이 일어났었는지 알아보기 위해, 그리고 바꿔 말하면 가능한 한 가장 빨리 처리하기 위해 즉 해석하기 위해, 추억을 급속히 끄집어내는 일이 필요할 것이다. 이러한 경우에 이것은 억압된 것을 의식화시키는 것을 의미할 것이다. 그 다음 그 유형의 사람들은 아주 잘 나아가고, 움직이고, 토끼처럼 생산하기 시작할 것이며, 학위졸업장과

· · · · · ·
101) 가타리는 플로리아노폴리스 방문에 즈음하여 산타 카타리나의 연방 대학에서 학생들이 대학에 대항해 한 분노에 찬 연설을 언급하고 있다. 학생들은 자신들이 대학 행정기구로부터 어떤 지원도 없이 가타리의 도착을 계획해야 했다고 불평했다. 그들이 느끼기에, 대학 행정기구는 단지 그의 유명 매체 출연을 이용하고 있을 뿐이었다.

사회에서의 훌륭한 자리를 얻게 될 것이다. 간단히 말해서 그들은 치유되었다. 이것은 무의식의 첫 번째 공리일 수 있다.

　두 번째 태도는 다음과 같이 말하는 것에 있을 것이다. "그들은 무의식에서 어떤 것도 갖고 있지 않다. 당신은 그들이 내용의 측면에서도 말할 많은 것을 갖고 있지 않다는 것을 알 것이다. 그들이 하고 있는 것은 정말 일종의 외침 같다. 마치 그들이 '나는 질렸어, 나는 더이상 그것을 받지 않을 거야'라고 외치는 것처럼 혹은 그것과 같은 어떤 것이다. 하지만 그들이 아주 오랫동안, 두세 시간 동안 그것을 계속한다면, 그것은 그들을 포함한 모두에게 참을 수 없게 될 것이다." 이 두 번째 정식에서 사람들은 이 유형들(더욱이 사람들)에게 그들 내부에 있는 어떤 것으로서 무의식의 존재를 부여하지 않는다. 그들이 말해야 하는 것은 정확히 그들이 말했던 것이고 거기서조차 **해석할 아무것도 없다**는 것이 중요하다. 그렇다면 이러한 확인에 근거해서 사람들은 무엇을 할 수 있을까?

　여기에도 역시 두 가지 가능한 선택이 있다. 첫 번째는 문을 닫고 "자, 그것은 우리의 문제가 아니야, 그들이 스스로 꾸려나가도록 하자"라고 말한다. 두 번째는 "이와 같은 상황에서 대체 우리는 무엇을 할 수 있을까?"라고 말하는 것이다. 그것은 정확히 자문하고 있었던 질문이다. "내가 상당히 열린 토론이길 원했던 한 토론에서 이러한 종류의 개입을 우리가 한다면, 나는 이러한 상황에 어떻게 대처할까? 여기에서 대학을 대표하여 토론에 참여하는 내 친구는 무엇을 생각하는가? 대학총장은 무엇을 생각하는가? 그렇다고 그것이 나를 괴롭히거나 죄의식을 느끼게 하지 않는다. 그것은 그 이상이다. 왜냐하면 나는 개입했던 그 친구들이 매우 괜찮다고 알았고, 그들이 어떤 것 주위를 틀림없이 맴돌고 있을 것이라는 인상을 가졌기 때문이다. 그 어떤 것이란 무의식과 관련 있다. 즉 분명하게 첫 번째 정의의 무의식이 아니라 두 번째 정의의 무의식이다. 이러한 사건의 집합적 주체화양식에서 일어나고 있는 어떤 것이다. 이러한 경우에 그것을 해석하는 것이 문제가 아니라, 이 특이한 사건을 또 다른 범위, 즉 의미작용 혹은 해석의 범위가 아니라 화용적 범위를 지니도록 배치할 어떤 것, 할 수 있는 어떤 것이 있는지를 질문하는 것이 문제. 당분간 그 어떤 것은 발화의 차원에 속할 수는 없을 것이다(다른 환경에서 사람들은 춤추기, 음악, 창문에 돌 던지기, 자유라디오 방송국을 만들거나 심지어 성도착자에 관한 시를 과감히 써보는 것과 같은 것을 생각할 수도 있을 것이다).

나는 두 번째 정의에서의 무의식이 과거가 아니라 미래와 관련이 있는 이러한 종류의 집합적 배치가 하나의 운반 수단이 되는 가능성의 장에서 정확히 구성된다고 말할 것이다. 이 배치가 반드시 이성중심적이지는 않다는 것을 염두에 두면서. 왜냐하면 그 배치는 희극을 모든 종류의 기호적 표현양식과 정치적, 자연적, 기술적이고 과학적인 혹은 당신이 좋아하는 것의 차원에 속하는 모든 종류의 문제설정을 작동시킬 수 있기 때문이다.

공동체에서 일하는 집단들과의 만남, 올린다, 1982년 9월 16일

질문: 나에겐 7살 된 딸이 있다. 그 아이는 작고 중간계급의 거리인 우리의 거리에서 그 아이의 친구와 만족스러운 관계를 가졌다. 그러나 점차 그 아이는 어떤 친구도 없이 완전히 고립되었다. 현재 그 아이가 다른 아이들을 찾을 때, 부모나 가정부는 항상 집에 아이들이 없다고 말한다. 그리고 가정부가 말하는 바에 따르면(왜냐하면 그들은 서로가 말을 하기 때문에), 부모들은 내 딸이 욕지거리를 하기 때문에, 정말로 나의 딸과 그들의 아이들이 어울리기를 원하지 않는다. 그래서 그 아이는 매우 불안정해져 있고 죄의식을 느끼고 있다. 나는 이러한 종류의 사태를 다루기 위해서 집합화(collectivisation)과정을 가질 필요가 있다고 느낀다.

가타리: 어쨌든 나는 진단을 하지는 않는다. 하지만 이것은 나에게 어린 한스(Hans)라는 프로이트의 사례[102]에 대한 재독해를 생각나게 한다. 이에 대해 간단히 이야기하겠다. 나는 당신이 그 사례의 발단을 기억하고 있는지 알지 못한다. 즉 그것은 정확히 당신 딸의 이야기와 같다. 한스는 그의 친구 마리엘다(Marielda)를 방문하기 위해 거리를 건널 수 없었다. 그가 그녀를 방문하고자 할 때마다 가족은 그들이 동일한 배경 출신이 아니라고 설명하면서 그를 말렸다. 그러나 그것은 거기에서 멈추지 않았다. 즉 가족이 부과한 제한은 그의 작은 친구와의 접촉에 한정되지 않았다. 하나씩 하나씩, 어린 한스의 영토 모두는 봉쇄되었고, 그의 능동적인 배치 모두는 찢어졌다(프로이트 박사의 간접적인 그러나 능동적인 도움으로). 그때 그 소년이 정말로 잃어버리고 있던 것은 성적 차이[분화]를 포함한 모든 차이를 작동하도록 허용하고 또래 아이들 속에서 자신을 주장하도록 하는 배치들이었다.

*

정신분석에 대한 나의 생각은, 개인생활뿐만 아니라 제도들과 소집단들에서 (권력관계와 모든 그러한 종류의 것에서) 우리가 다루고 있는 것을

● ● ● ● ● ●

102) 가타리는 『정치와 정신분석(*Politique et Psychanalyse*)』(Aleçon, Bibliothèque des Mots Perdus, 1977)이라는 해적 출판물에 포함된 한 텍스트인 "언표의 해석(L'interprétation des énoncés)"을 언급하고 있다. 그것은 펠릭스 가타리, 질 들뢰즈, 클레르 파르네, 그리고 앙드레 스칼라가 어린이분석의 세 사례 — 하나는 구역별 제도 속에 있는 사례(Esprit지와 관련됨)이고 다른 두 개는 고전적인 사례이다. 즉 프로이트의 "어린 한스(le petit Hans)"와 멜라닌 클라인의 "리차드(Richard)" — 에 대해 한 작은 독해이나(영어판으로는 *Narrative of a Child Analysis*, London, The Hogarth Press, 1961과 *Writhing of Melanie Klein*, New York, The Free Press, 1984, vol. IV). 이것은 들뢰즈와 같이 임상적 사례를 독해한 유일한 텍스트 — 유일한 것은 아니지만 — 가운데 하나이다. 이 텍스트에서 나타난 생각들 가운데 일부는 그들의 작업 특히 『앙티 오이디푸스』에서 다시 나타난다. 들뢰즈, 파르네의 『대담』도 보라.

이해시키지 못한다면, 나의 관심을 끌지 못한다. 반대로 나는 **우리가 누군가의 개인적인 어려움을 사회적 투여와 참여하고 있는 집합적 주체성에 비추어서 이해할 수 없다면, 그것[정신분석]은 어디에도 이르지 못한다**고 생각한다.

분열분석

욕망의 개인화: 소외

질 들뢰즈와 내가 발전시키고자 했던 사회적 장에서의 욕망 관념은, 욕망과 주체성을 개인들에 초점을 맞추며 집합적 수준에서 개별적 사실들의 상호작용으로부터 도출한다는 생각을 의문시하고자 한다. 우리는 오히려 어떤 환경이나 사회적 맥락에서 개별화될 수 있는 욕망과 주체성의 집합적 경제, 집합적 배치라는 생각에서 시작한다.

*

나는 일련의 연속적인 단계에 의해 이 개별적 욕망의 토대에서 구성된 어떤 것으로서 사회관념, 개별적인 어떤 것으로서 욕망이라는 다소 고전적인 관념에 대해 말하고 싶다. 물론 사람들은 이 관념들에 근거한 어떤 상황을 지도로 재현하고자 항상 시도할 수 있다. 내 생각에 어떤 상황을 이해하고자 노력하는 데 있어 어떤 보편적인 과학 모델도 없다. 게다가 그러한 매우 과학적인 모델들은 서로를 처방하거나 또는 서로 자리를 바꾸거나 결합한다. 그럼에도 불구하고 이 고전적 욕망 관념은 일련의 현상, 특히 나에게 매우 중요하게 보이는 현상, 사회적 규모에서 심지어 세계적 규모에서 주체성생산(그것의 모델화라기보다는)이라는 현상을 강조한다.

리우데자네이루 브라질 노동자당 지부가 개최한 토론, 리우데자네이루, 1982년 9월 11일

질문: 나는 당신이 정치적 행위와 개별적 행위의 공간에 관해 좀 말해주길 바란다. 당신은 정치적 행위가 필연적으로 개별적 욕망을 부수어버린다고 생각하지 않는가?

가타리: 내 생각에 사람들은 개별적인 욕망을 말할 수 없다. **자본주의적 주체성생산은 욕망을 개별화하는 경향이 있다.** 그리고 그것이 이 작동에서 승리할 때, 어떤 더이상의 과정적 축적은 거의 불가능하다. 계열화·정체화 현상은 설립되면, 자본주의 시설들에 의한 모든 종류의 조작을 받아들인다. **따라서 문제는 개인들을 집합화하는 수준에 있는 것이 아니라 이러한 종류의 개별화와 아무 관계가 없는 욕망의 생산과정에 관한 화용론의 수준에 있다.** 이 화용론이 깨질 때 그것은 개인과 집단 둘 다에 영향을 미칠 수 있다.

욕망: 미시정치의 영토

세데스 사피엔티에 연구소 정신분석강의에서의 토론, 상파울루, 1982년 8월 31일

란세티(Antonio Lancetti): 나는 우리가 "분석운동"으로 알고 있는 것을 비판하는 당신의 주장을 이해하고 있다고 생각한다. 제도분석 혹은 적어도 제도분석의 지배적인 형식들의 일부는 모든 욕망하는 결정을 상징질서 (오이디푸스 콤플렉스 등)에 준거하게 착수하고, 실제로 관리하는 것처럼 보인다. 이러한 경우에 다른 배치와 다른 기호화과정의 가능성도 있다는 생각 또한 분명하다. 다른 과정의 측면에서 나에게 분명하지 않은 것은, 예를 들면 전통적으로 맑스주의가 이해하는 바 계급투쟁에서 구성된 질서에서 욕망을 이탈시키는 것이다. 나의 질문은 이들 과정이 정신분석에서처럼 필연적으로 초코드화에 의해 **흡수되는가?**이다.

가타리: 정확히 노동자운동의 지층화 문제 속에서 우리는 무의식구성체를 언급하는 분석적 도구들의 부재가 가져온 손상을 알고 있다. 정말로 상당한 분자적 [돌연]변이들이 노동구조의 장에서 발생하고 있다. 그것들은 이론적 준거와 실천적 개입 양쪽에서 노동자운동 조직들에 의해 완전히 무시되고, 심지어 격퇴되기도 했다. 이탈리아의 사례를 언급하는 것으로 충분할 것이다. 그곳에서 이 돌연변이들은 우리가 보다 "완전한" 표현이라고 부르는 것 즉, 사회운동을 야기했다. 지배적인 생산과정을 문제시하는 주체화양식을 야기했다. 간단히 이 문제설정 전체에 대해 토니 네그리(Tony Negri)와 같은 사람들이 연구하였다. 이러한 문제설정이 총체적으로 거부되고 격퇴되었다는 사실은 상당한 난국에 빠지게 되었다. 즉 현재 이탈리아에는 4천명의 정치범(이 주체적인 돌연변이를 구체화한 바로 그 사람들의 일부)이 있다. 1977년에 이탈리아 상황을 담지했던 모든 정치 사회적 변혁들은 뒤집어졌다……. 그리고 그것이 이유였다.

만약 우리가 집합적 규모에서 어떤 욕망구성체가 궁극적으로 교회와 같은 전통적 구성체들에게 재투여되는 것을 보여주는 폴란드와 이탈리아의 상황과 같은 상황을 보려고 하지 않는다면, 노동자운동은 분석적 문제설정(정신분석가들이 있건 없건 하지만 그것은 또 다른 이야기이다)을 끌어들여야 할 것이다. 그래서 우리는 한편으로 사회에서 권력관계 투쟁들을 다른 한편으로 광범위한 인구 층에서 새로운 종류의 주체화를 일으키는 모든 돌연변이들을 접합시킬 수 있는 색다른 종류의 노동자운동의 창출을 볼 것이다. 이러한 모든 것이 대표하는 엄청난 세력을 동원할 수 있는 노동자운동을.

*

사랑의 감정과 세계와 우주를 창조하는 복잡성과 같은 질문들과 어린이가 학교체계에 들어가는 중요한 국면에서 자주 비참한 결과를 가져오는 어린이에 관한 것과 같은 문제들을 이해하기 위해, 집합적 욕망구성체라는 문제설정에 관한 또 다른 접근법이 필요하게 된다. 또한 광범위한 사회현상을 이해하기 위해서도 마찬가지이다(다른 접근이 필요하다]. 내 생각에 우리는 다른 방식으로 집합적 욕망구성체라는 문제설정을 건드리지 않고는 지금 폴란드에서 일어나고 있는 것과 같은 거대한 역사적 차원들을 이해할 수 없다.

*

무의식구성체의 분석이란 문제설정은 폭넓고 다양한 맥락에서 제기된다. 첫 번째 사례는 우리 자신의 기호적 생산물 — 우리들이 잠에서 깼을 때 우리 자신의 꿈(일종의 자기분석에서), 시 생산(쓰기) 또는 모든 종류의 창조적인 생산물 — 에 관한 분석일 것이다. 두 번째 사례는 일차적 생산의 수준과 관련해서 메타언어로 구성된, 언어로 하는 대면상황에 관한 분석일 것이다. 이 상이한 기호적 생산물들은 이번에는 읽기, 해석 혹은 소통의 격자 속으로 들어간다. 그 격자는 규칙적 생산물들을 상이한 잉여성 체계로 들어가게 한다. 따라서 그것들은 분석적 상황 즉 결혼한 커플의 상황 속에서 또는 엄마-아이의 관계라는 상황 속에서 상이한 방식으로 코드화된다. 가령 육체화된 기호적 생산물 유형의 징후는 엄마에 의해서 어떤 해석격자에 관련될 것이다. 그 해석격자는 선생님이나 사회복지사의 격자와 일치하지 않을 것이다. 만일 우리가 또 다른 독해 수준, 제도적 수준을 여전히 취한다면, 앞에서 한 번 언급한 모든 수준은 다시 한 번 해석 및 탈코드화 체계에 들어간다. 이 해석 및 탈코드화 체계는 법률·법칙·규제와 일부 지배적 잉여성의 요소들을 포함한다. 이 요소들은 첫 번째 생산 수준에 외적인 준거들로서만 기능하고 있지 않다. 즉 계속해서 소급하는 효과가 있을 것이다. 가령 학교나 정신병원에서 명백해진 법률이 이른바 일차적 과정의 수준에 직접 재개입할 것이다. 이것은 우리가 꿈 분석에서 계속해서 봐온 것이다. 꿈 분석 속에는 명백한 제도적, 정치적 혹은 지정학적 차원의 결정들이 나타난다.

법률들의 이러한 결정들, 세 번째, 네 번째 혹은 n번째 수준의 메타언어의 결정들은 메타언어로서 위치하지 않지만, 가공의 통사체계에 직접적으로 개입한다. 이 다른 수준들이 독특한 기표 논리에 상응하지 않기 때문에, 언뜻 보아 가장 일차적인 접합들(가령 치환과 압축) 속에서 모든 종류의 요소들은 충분한 효율성을 갖고서 개입하며, 기표 등록기 또는 유명한 무의식의 수학소들의 등록기를 벗어나 완전하게 기능한다. 이것은 "내부화" 혹은 본질적으로 외부에 존재하는 요소들의 승화 현상이 있음을 의미하지 않는다. 나는 **이 또 다른 수준들이 무의식적 주체화의 가공이라는 통사 자체에 개입하고 있다**고 다시 한 번 말한다. 집합적 기호화양식에, 특히 무의식구성체와 직접적인 연계 속에 개입하는 매체의 기호화양식에 접합되는 어떤 존재방식이 있다.

다른 말로 하면, 정치 지도자나 인종차별 감정이 꿈에 나타날 때, 그

꿈을 가족주의 체계의 양극적인 대립을 작동시키는 요소들로만 구성되는 통사 혹은 부분대상들의 변증법을 작동시키는 요소들(남근, 기타 등)로 구성되는 통사를 가지고 읽는 것은 적합하지 않다. 이러한 것들은 그런 현상에 대한 환원론적 양식이다. 왜냐하면 비록 이분법적 대립(가령 남근 및 거세와 관련하여 마니교주의)을 찾는 것이 항상 가능한 사실일지라도, 어쨌든 그러한 방식으로 그 대상들을 환원하는 것은 전혀 관심이 없기 때문이다. 위계제적 암시의 현상과 같은 현상 혹은 언어나 글쓰기를 통한 기표적 권력관계는 고려되고 있는 개인들이 처해 있는 사회적 등록기에 따라 상이한 작동양식을 갖는다. 거세 경제, 오이디푸스 경제는 동일한 방식으로 기능하지 않으며, 모든 종류의 상황에서 동일한 가능성 세계를 지니지 않는다. 이처럼 **중요한 것은 보편적인 기표열쇠의 일종의 작은 체계를 설립하는 것이 아니라, 반대로 고려되고 있는 각 상이한 세계가 담지하고 있는 이 가능성의 자본들을 항상 보존하는 것이다.**

*

　자율성 혹은 욕망(우리가 부르고자 하는 무엇이든지)의 진술한 과정의 발전을 보증하는 처방전은 결코 없다. 욕망이 또 다른 영토들, 사태를 느끼는 다른 방식들을 건설하는 데로 재정향될 수 있다는 게 사실이라면, 반대로 욕망은 우리 각자 안에서 미시파시스트적 방향으로 방향지어질 수 있다는 것도 마찬가지로 사실이다.

*

　전통적인 정치구성체들은 한 사회층의 필요 혹은 요구로 느껴지는 모든 것을 회수한다. 이러한 것들은 합의 강령을 제안하는 선전 현상과 모든 곡예를 통해 기능한다. 하지만 이러한 접근법은 분명히 많은 한계를 가지고 있다. 즉 집합적 욕망구성체들의 차원에서 역사적 돌연변이들은 이러한 강령들을 파괴하고 그것들을 통과해 간다. **우리는 현 시대의 두드러진 역사적 사실들에서 본질적인 것은 집합적 욕망표현들에 일치하며 이 집합적 욕망표현들은 이러한 전통적인 모델화 틀에 절대 들어가지 않는다**고 말할 수조차 있다.

이란, 폴란드, 또는 많은 아랍 나라들(우리는 그 목록을 **무한대로** 나열할 수 있다)에서 발생하고 있는 것은 상이한 감수성 및 반응 운동들이다. 이것들은 지배적인 실천들이나 조직들의 관점에서는 비합리적인 것으로만 인식된다. 사실상 이러한 운동들이 또 다른 합리성의 담지자들이다.

*

자유라디오 방송국과 같은 현상의 증식을 이해하기 위해서, 그것을 정확히 사회적 무의식의 수준에 자리 잡고 있는 개입으로서 위치짓는 것이 필요하다. 아마도 "무의식"이란 용어는 그리 적절하지 않다. 나는 편리해서 그 용어를 사용한다. 그 용어가 말하기, 정보 그리고 "매체" 대담자와 관련해 집합적 기호화양식에 대한 문제제기를 하는 데 보다 적절할 것이기 때문이다.

*

브라질의 매우 특정한 상황에서 실제 경험되고 있는 것은 완전히 다른 상황들에 영향을 주는 데 부족하지 않을 것이다. 나는 물론 무의식 개념이 다르게 정교화된다면 사회적 수준에서 과감하게 무의식이라고 묘사할, 일종의 상호작용 체계를 깊게 믿는다. 브라질에서 일어나고 있는 것은 폴란드, 레바논, 그리고 유럽에서 — 왜 안 돼?— 도 일어나고 있는 것과 상호작용한다.

*

나에게 역사 속에서 예컨대 오늘날 브라질의 역사 속에서 무의식은 일련의 소수자들 전원이, 지배적인 주체성생산에 저항하든 그것에 의지하든 그것과 반목하든, 자신들의 주체성 문제설정을 경험하는 방식이다.

<폴랴 드 상파울루>지에서의 원탁토론, 상파울루, 1982년 9월 3일

카론(Modesto Carone): 나는 소설가로서 나의 특이성에서 한 경험을 재생하려 하고 있다. 가타리 교수가 자신의 설명에서 주체성의 사회적 통제과정에 대해서뿐만 아니라 이 동일한 주체성이 때때로 통과하는 "틈새들"에 대해서도 말하는 한, 그것은 여기에서 어떤 관심을 끌지도 모른다. 나는 말하려 한다. 즉 나는 언어를 통해 일반화에 이르는 개인적이고 특이한 어떤 것을 언급하겠다. 그 경험은 나의 첫 번째 소설 텍스트와 관련된다. 1975년에 아주 둔중한 시기가 여기 브라질에 있었다. 이 텍스트를 쓰기 바로 전에 나는 블라도(Vlado)[103]의 죽음이라는 집합적 트라우마를 경험했

....
103) 블라디미르 헤르조그(Vladimir Herzog)를 줄여서 블라도라고 하는 이 사람은 독재 기간 동안에 브라질의 중요한 저널리스트였다. 그는 "저널리즘의 사회적 책임", 국가에 복종하지 않는 전문적 저널리즘을 주창하고 실천하였다. 1975년에 그는 브라질 공산당에 참여한 것에 대해 해명하도록 연방경찰에 의해 소환되었다. 그가 그 증언에 서명하기를 거부했을 때 잔인하게 고문당하고 살해되었다. 그의 시체는 전화박스에 끌어다 놓인 채 자살을 한 것처럼 막대에 매달려 있었다. 헤르조그의 살해는 전국적인 추문을 일으켰고 브라질의 정치적 개방을 이끈 운동의 촉발제 가운데 하나였다. 1978년에 사법부는 국가가 그의 죽음에 대해 책임이 있다고 선언하였다.

다. 다른 말로 하자면 나는 블라디미르 헤르조그(Vladimir Herzog)라고 불리는 사람이 체포되어 죽었다는 것을 알았고, 매우 화가 나서 장례식이 치러지기 시작하던 장소로 갔다. 앨버트 아인스테인(Albert Einstein) 병원 바로 거기에서 나는 블라도가 25년 전부터, 즉 내가 시립 도서관에 다녔을 때부터 알던 오랜 지인이었다는 것을 알았다. 그래서 그 고통스러운 인식의 순간에 정치적 연대의 행위가 또한 개인적인 연대의 행위가 되었다. 같은 시기에 나는 제도적 차원의 또 다른 어려운 경험을 했는데, 그것은 상파울루 대학에서 강사직을 위한 경쟁시험이었다. 내가 그것을 아는 대로, 그 동일한 시기에 또한 일어났던 내 아버지의 죽음에서 슬픔을 지닌 채 이 두 가지 경험에 근거하여, 하룻밤에 — 나의 행위를 정말 **통제하지** 않은 채 — 나는 「적의 얼굴」이라는 제목의 단편을 썼다. 그것은 첫 번째 인물에 대한 이야기였다. 그 속에서 화자는 자신의 육체에서 털이 자라는 것을 집요하게 검사한다. 그는 자신의 모든 오후 시간과 밤 시간 일부를 털이 반듯하게 자라고 있는지 아닌지를 확인하는 데 바쳤다. 털이 반듯하게 자라지 않을 때 그는 모근과 상처를 남기지 않고 털을 뽑았다. 왜냐하면 반역적인 털은 그가 그 자신에게 요구하는 기하학적 엄밀성에 적합하지 않기 때문이다. 동시에 화자는 이 임무를 가능하게 하는 손가락의 솜씨를 잃어버릴까 봐 걱정한다. 결국 정말로 소모적인 관찰 기간 후에 날이 새고, 뜻밖의 질문이 그에게 생겨난다. 털이 그 일에 대해 무슨 생각을 할까? 그는 이 질문에 깜짝 놀라서 외부로부터 그 자신을 관찰하기 위해 거울을 보고, 그 순간 그 자신의 놀란 얼굴에서 **자생적인 표명**을 통제할 수 없다는 것을 확인한다. 이 경우에 털은 털의 주인이 모르는 사이에 자란다.

내가 했던 방식을 회상해 볼 때, 나는 그 단편을 끝에서 시작(처음)으로 [거꾸로] 썼다는 것을 깨닫는다. 즉 나는 "자생적 표명"의 표현으로 시작했고, 이것은 당시 그 나라[브라질]에 떠돌아다니고 있었던, 폭동과 약탈이라는 사회적 현상을 묘사하였다. 독재에 대한 정치적 반대파의 일부는 이것들과 같은 "자생적 표명"을 핑계 삼아 자유를 요구하는 사람들에 대한 억압적인 통제를 야기할 수 있다고 상상했다. 그 정식은 촉매였다. 왜냐하면 단 하나의 정식으로 그것은 브라질에서 일어나고 있는 많은 것들을 요약해 주었기 때문이다. 어느 정도 나의 개인적인 상황과 연결된 그러한 역사적 사실이 나의 속에 있는 에너지를 방출시켜「적의 얼굴」을 쓰도록 했다. 그 텍스트는 심경토론 형식을 띠었다. 돌이켜 생각해 보면, 나는 그 순간에 "나의 특이성"이라고 부를 수 있는 어떤 것이 내 속에서 나타났다고 믿는다. 그것을 잘 알지 못한 채, 나는 이처럼 어느 정도 사람들의 삶과 그 당시 지배적인 지적 생산을 지배하던 사회적 통제에서 얼굴을 돌리고[피하고] 있었다.

나는 이 경험이 흥미롭다고 생각한다. 왜냐하면 나는 객관적일 뿐만 아니라 내재화되기도 한 많은 억압을 지닌 채 "자생적 표명"에 이를 수 있다고 믿지 않았기 때문이다(그리고 이 주제에 대해 여전히 의심하고 있다). 신기한 일은 첫 번째 인물의 이야기를 함으로써 어느 정도 나는 "소외된 의식" 속에 끼어들어 그것에 투여했다는 것이다. 다시 말하면 외부에 남아서 그 텍스트의 화자의 소외된 의식을 **지적하는** 대신, 나는 거기에 들어가고, 그렇게 하였고 (나는 미학적 결과에 대해 말하지 않고 과정에 대해 말하고 있다) 억압적인 인성 안에서조차도 이 "자생적 표명" 에서 정확히 객관적인 어떤 종류의 갈등이 있다는 것을 깨달았다. 달리 말하면 소외된 의식 속에서조차 모순적인 요소가 정력적으로 활동하는 것처럼 보인다. 이 관찰에 근거하여 아마도 작은 것을 일반화할 수 있고, 이 이야기의 발생을 생각하면 예술은 존재하는 것을 말하는 데 한정되지 않는다는 것을, 즉 예술은 존재하는 것과 어긋날 수도 있다는 것을 상상할 수 있다. 그 정도에서 예술은 자유롭고 자신의 실존을 위한 조건으로서 자유를 요구한다. 왜냐하면 자유는 사회적 필요영역에서 더이상 억압을 규제하는 법률들이 아닌 법률들에 의해 조절되기 때문이다. 예술작품에는 (그리고 예술작품에 이르는 인간 충동에는) 우리 각자의 내외부에 조직되는 통제와 관련하여 파괴하고 해방하는 몸짓이 있다.

가타리: 당신의 개입은 중요한데, 왜냐하면 그것은 특이한 구축양식이나 지도그리기가 끔찍한 억압의 맥락에 개입될 수 있고 동시에 완전히 특이한 개인 내부의 맥락에 개입될 수 있다는 것을 보여주기 때문이다. 바로 이러한 점에서, 당신의 개입은 특이화과정과 관련해서 메타언어의 수준에, 거의 항상 피할 수 없는 수준에 위치해 있지는 않다. 지금은 불가능한 논쟁을 포함할 것이지만 내가 할 유일한 관찰은, 당신이 "자생적"이라고 말하는 표현과정들을 묘사하는 것(가령, 그 표현과정들을 초현실주의에서 하는 자동기술법과 관련시키는 것)이 그것들을 다루는 가장 풍요로운 방식인 것 같지는 않다는 것이다. 반대로 나는 그것들이 고도로 가공된 과정이라고 생각한다. 이러한 가공은 프로이트가 자신의 첫 번째 논점에서 일차적 과정의 차원에 속하는 것으로 위치시킨 유형의 어떤 것일 수 있다. 게다가 바로 이러한 종류의 가공은 모든 정신분석 흐름에서 점차 줄어들고 있다. 일차적 과정을 미분화된 충동 덩어리로 애초에 환원하는 것에서부터, 사람들은 무절제(désordre)나 죽음충동의 정식에 혹은 심지어 구조주의자들의 경우에는 보편화하는 기표이론에 이르게 된다. 여기에서 모든 사람은 사람들이 꿈 체험에서 지닐 수 있는 복합성·풍요로움·분화의 발견과 사람들이 아침에 일어나 회상하고 적고 그려봄으로써 꿈을 표현하고자 할 때 지니는 수단의 빈곤 사이의 대비를 경험했음에 틀림없다(어쨌든 나도 그것을 종종 경험한다). 여기에서 나는 **미분화에 대한 모든 준거, 자생주의적 신화들에 대한 모든 준거를 의문시하려고 한다.** 즉 지배적인 의미작용 체계의 독재로부터 벗어나고 모든 지배적인 통사화의 분절로부터 벗어나는 표현 배열장치들을 배치하는 데 성공할 때마다, 우리는 고도로 가공된 기계장치들을 정확히 다루고 있다.

"기계적 무의식": 생산으로서의 욕망

나는 욕망이 고도로 분화되고 가공된 기계적 체계들에 고유하게 속한다고 보는 욕망이론으로 들어가는 것이 훨씬 더 풍요롭다고 생각한다. 내가 "기계적"이라고 말할 때, 나는 기계학적인 것이나 반드시 기술공학적 기계들을 언급하고 있지는 않다. 물론 기술공학적 기계들이 존재하지만, 사회기계·미학기계·이론기계 등도 존재한다. 바꾸어 말하면, 마치 완전히 다른 기호화 수준에서 작동하는 탈영토화된 기계들도 있는 것처럼 (금속, 전기 등에서) 영토화된 기계들이 있다.

*

내 생각에 생산의 문제설정은 욕망의 문제설정과 분리할 수 없다. 많은 사람들은 사태를 이런 식으로, 즉 노동[일]의 장과 욕망의 장 사이에 철저한 단절을 만드는 사람들도 있다는 식으로 생각하지 않는다. 사람들에게 노동의 장은 통제구조와 위계구조에 의해 접수되고 훈육되어야 할 어떤 것인 반면에, 욕망은 그 이론들에 따르면 본능, 충동 혹은 원초적인 힘 등에 속할 수 있는 미분화된 어떤 것으로 나타난다. 나는 그것이 완전히 잘못된 것이라고 생각한다.

질 들뢰즈와 나는 역설적으로 보일지도 모르지만 우리의 성찰에 매우 유용했던 표현을 창조했다. 즉 그것은 "욕망하는 기계"라는 개념이다. 그것은 욕망이 어떤 종류의 생산에 일치하고, 절대 미분화된 어떤 것이 아니라는 생각이다. 욕망은 유기적 충동도 아니고, 가령 열역학 제2법칙에 의해 작동되는 일종의 죽음충동에 가차 없이 끌려다니는 어떤 것도 아니다. 반대로 욕망은 무한한 조립가능성들을 갖는다. 예를 들어, 어린이의 욕망은 우리 생각에, 정신분석 도식(가령 삼각형의 이마고들)으로 환원될 수 없다. 현상학적 관점에서 사물을 단순히 관찰하면, 욕망은 가족에서 우주에 걸쳐 있는 가장 분화된 요소들과 직접적인 연결접속 속에서 드러난다. 어린이는 추상적인 과정에 관심을 가질 수 있는 비상한 능력을 갖는다. 아동심리학을 연구하는 모든 사람은 이것을 이해하는 데 엄청난 어려움을 지닌다. 왜냐하면 그들은 환원론적 방법을 사용하여 어린이를 연구하는데, 그 방법은 그들로 하여금 어린이의 욕망을 기계적 욕망으로 특성화하도록 하는 기호적 창조성의 이 핵에 접근하지 못하게 하기 때문이다. 이것은 욕망이 조정된 세계 전체를 스스로 구성하는 하나의 힘이라는 것을 말하지 않는다. 질 들뢰즈와 나는 이러한 장에서 자생주의라는 모든 생각에서 아주 멀리 떨어져 있다. 우리에게 욕망은 장 자크 루소의 고상한 야만에 대한 새로운 정식이 아니다. 존중되는 모든 기계처럼, 욕망도 무력해지거나 막힐 수도 있다(그리고 어떤 기술적 기계보다 훨씬 더 그럴 수 있다). 욕망은 내파·자기파괴 과정으로 가는 위험을 무릅쓴다. 내파·자기파괴 과정은 사회적 장에서 들뢰즈와 내가 "미시파시즘"이라고 부른 현상들을 통해 표명될 수 있다. 따라서 우리에게 문제는 개인적 수준, 정체성 관계나 가족 내부관계 수준 그리고 사회적 장의 모든 수준에서 욕망경제란 실제로 무엇인가에 접근하려는 것이다.

상파울루 프로이트 학파와의 만남, 상파울루, 1982년 8월 26일

질문: 그렇다면 당신들의 분열분석 체계는 정신분석 전체에 반대하는가? 당신들은 오이디푸스 삼각형을 어떻게 대체하는가?

가타리: 나는 그 삼각형을 대체하는 사람이다. 삼각형 자체가 대체되었다. 가족 자체는 교육에서부터 집합적 노동력으로의 진입까지 어린이들

을 수용하는 모든 다른 집합적 시설들과 관련해서 하나의 집합적 시설로 변형된다. 이 모든 것이 현재 프로그램 되어 있다. 엄마나 아빠 또는 다른 누구와도 자연스런 관계는 없다. 가령 텔레비전은 엄마의 역할을 부분적으로 대체하는 역할을 한다.

질문: 그러면 이 욕망하는 기계들은 생애의 바로 처음 몇 달부터 작동하는가?

가타리: 그보다 일찍.

세데스 사피엔티에 연구소 정신분석강의에서의 토론, 상파울루, 1982년 8월 31일

질문: 만일 지금까지 형성된 모델들이 너무 자주 배타적이라면, 우리는 그들을 어떻게 배치하고 연결할 수 있을까? 다른 모델에 의한 한 모델의 배제를 당신은 어떻게 다루는가?

가타리: 나는 이러한 구성요소들의 상이한 등록기의 접합이라는 관념을 가지고 있다. 하지만 이것은 내가 이 관념을 새로운 모델화 체계로 제안하고자 의도한다는 것을 의미하지 않는다. 그 관념은 내가 "분자혁명"이라고 부르는 어떤 분석과정 관념과 관련해서 가공한 어떤 것이다. 나는 정신분석학파나 대학에서 사용되는 준거 종류에서 절대 출발하지 않았다. 하지만 일정한 문제설정의 경험이 요구하지 않는 한, 또 다른 종류의 모델화를 정식화하는 것이 나에게는 정당한 것처럼 보이지 않는다. 이 경우에 사람들은 어떤 육체적·아이콘적·언어적 기호계가, 그리

고 어떤 기계적 코드화 혹은 가치체계의 재현이 주체적 사실을 만들어내도록 배치되는가를 보여주고자 하면서 더욱 정확한 방식으로 그 문제설정으로 되돌아갈 수 있다. 그들 간의 관계는 어떤 종류의 "이행구성요소들"을 통해 설립된다. 여기서 이행구성요소들은 정확히 자신들을 배치하는 체계들에 따라 이행의 비효율성만큼이나 기호간 효율성 능력을 획득할 수 있다.

상파울루에서 철학자들과의 만남, 상파울루, 1982년 8월 23일

질문: 당신이 이전에 썼던 것과 관련해서『천 개의 고원』에서 변한 것은, 내가 잘 이해했다면, 자본을 넘어서 바라보는 사실인가?

가타리: 그렇다.

논평: 그것은 전에는 나타나지 않았다.

가타리: 아마도 조금은 나타났을 것이다.

논평: 맞다. 하지만 아마도 그리 분명하게 나타나지는 않았을 것이다.

가타리: 그렇다. 그것은, 사람들이 남용해서 유토피아라고 부르곤 하는 것의 취급을 어느 정도 정당화하는 "기계적 무의식" 관념을 지닌, 정말 분자혁명의 문제설정이었다.

분열분석의 사례들

나는 당신에게 약 10년 동안 "지켜봐(suivre)왔던"(이 얼마나 불행한 표현 인가!)[프랑스 사람들은 동사 suivre(follow)를 진료나 정신치료 과정을 나타 내는 데 사용한다.] 한 어린 정신분열증 환자(결코 어리진 않다. 실제로 그는 약 30에서 35세이기 때문이지만, 그는 그 나이대로 보이지 않는다)의 사례에 대해 말할 것이다. 이 사람은 얼마 전에 정신분열증으로 분류되었 고, 그는 몇 번이나 수용되었다. 어린 시절부터 그는 중년의 부모와의 극단적 의존 관계에서 약간의 갈등이 있는 상대적으로 평온한 가족환경 에서 살아왔다. 내가 말하고자 하는 이전 상황, 즉 정신병원에 수용되었을 때, 그는 정신병원과 별개로 기본적으로 세, 네 개 종류의 영토에서 움직 였다. 가족영토는 그 자체로 완전히 폐쇄되었다. 그 영토에서 그는 때때로 폭력행위를 일으키며 설명이 필요한 갈등적인 관계를 가진 일종의 종합 운동신경장애로 살았다. 실제로 아주 제한되었던 유일한 열림들은 스포 츠클럽, 탁구클럽 혹은 그와 같은 것과 일주일에 한번 나와 함께한 진료만 남이었다.

나와 함께 한 작업은 보르도 병원으로 옮겨온 후부터 시작됐다. 그것은 그가 한 번 정신병원에 입원하고 나온 뒤에 바로 시작됐다. 그 이후 그는 병원으로 결코 돌아가지 않았다. 분석은 무엇으로 이루어지는가? 분열분 석은 무엇으로 이루어지는가? 진료만남은 일반적으로 그가 나에게 껌을 주는 것과 함께 시작된다. 그런데 나는 때때로 껌을 거절하고(껌은 그의 주머니에서 나오는데, 그 주머니는 더럽다) 다른 것을 요구한다. 그는 보 통 나에게 오려낸 약간의 신문기사와 때때로 자신의 생각을 적은 몇 장의 종이와 그가 받았을지도 모르는 어떤 행정 서류를 가져오기도 한다. 그는 말을 하고, 그리고 나서 나에게 10프랑을 주고, 때때로 나에게 버럭 화를 내기도 하고, 모든 게 다 소용없고 자신에게 중요한 것은 일할 수 있을 거라는 것과 몇몇의 여자들을 만날 수 있다든지 등이라고 말하면서 욕을 하기도 한다. 그 이상 더 많은 일은 일어나지 않는다. 진료만남은 가족 영토가 완전하게 붕괴되고 일관성을 잃기 시작할 때까지 이처럼 계속 진행된다. 그는 항상 자신의 방에 갇힌 채 있고, 어떤 일도 하지 않으며, 그로 인해 그의 엄마는 아주 아프게 된다. 예컨대 때로는 그는 외출을 한다. 매춘부를 보려고 파리에 가서 결국은 포주와의 싸움으로 끝난 때인 어느 날처럼. 그는 매 맞고 경찰서에 끌려가서, 거기서 또 다른 병원에 입원시키겠다는 위협을 받았다.

이러한 총체적 난국의 상황에서 내가 했던 개입(그리고 해석이론의 관점으로부터 그것을 평가하는 것은 당신의 판단에 남겨둘 것이다)은 본질적으로 그것이 효율적일 수 있을 것이라는 가정에 근거해서 그에게 하나의 제안을 하는 데 있었다. 그 제안은 그가 자신의 집을 떠나 숙소를 찾고, 생활을 위해 최소한의 배치를 설립하려고 노력하도록 하는 것이다. 분명히 이러한 종류의 상황에서 이러한 종류의 태도는 그리 분명하지 않다. 그가 외부로의 어떤 종류의 열림도 지니지 않았다는 사실은 이러한 제안이 총체적 파국을 일으키지 않을 것이라고 우리가 장담할 수 없음을 의미한다. 특히 우리가 가지고 있는 유일한 준거들이 퇴행 혹은 가족적 극들과의 강력한 동일시와 연결된 다양한 테마들일 때. 그 지점에서 내가 위험의 현실을 완전히 인식해야 하는 것과 내가 장-밥티스트(Jean-Baptiste)라고 부를 그가 내가 확신할 수 없다는 것을 알아야 하는 것은 중요했다. 내가 치료 처방전이나 정신분석적 해석을 제공하고 있지 않다는 것을 그가 매우 분명하게 이해해야 한다는 것은 중요했다. 그렇다면 그 지점에서 나의 개입의 기호적 등록기들은 무엇이었는가? 먼저 나는 가족을 불렀다. 나는 그 실험에 기회를 주기 위하여 장-밥티스트가 쓸 약간의 돈, 적대의 일시적 중지, 병원에 입원시키겠다는 위협의 중지를 협상하기 위해 내가 개입하고 있는 제도적 세력관계를 이용했다.

이러한 배치의 일관성 속에서 작동하고 있는 것은 나의 권위뿐만 아니라 나에게 완전히 외부적인 일련의 흐름들이었다. 첫 번째 종류의 요소는 다음과 같다. 그것은 부모가 장-밥티스트에게 약간의 돈을 줄 것인지, 사회보장과 장애연금과 같은 약간의 것들을 자본화할 수 있는지, 그리고 주택 장만 기획에서 아파트를 빌리기 위한 절차를 합리적으로 맡아서 할 수 있는지이다. 두 번째 종류의 요소(이것은 더이상 미시사회적이거나 미시경제적이지 않지만, 내가 "배치의 구성요소들"이라고 부르는 성질에 속하는 하부개인적인 것이다. 우리가 말했을지도 모르지만 그것은 실존적 통사체의 구성요소들이다)는 다음과 같다. 이 구성요소들이 — 내가 "횡단일관성(transistance)"이라고 부르는 — 충분한 일관성을 갖고 있는가이다. 그것은 특수하게는 다음을, 즉 그가 방에 있는데 어느 때보다 더 외로울 때, 그의 공간인식 양식, 사회적 관계와 의미작용 관계들이 전적으로 파괴될 것인지 아니면 반대로 그것들이 새로운 과정에 착수할 것인지를 의미한다.

자, 그리하여 장-밥티스트는 아파트에 거주했다. 물론 그는 이웃의 소음을 해석하기 시작했고, 그러한 종류의 일련의 문제들을 지녔다. 하지만 진료만남과 그의 관계는 그 기능 방식을 급속히 변화시키기 시작했다. 즉 껌은 여전히 주머니에 있었지만, 가족에 관한 이야기들을 하기만 하는 대신에, 그는 그림을 그리고, 그 구역에서 소음을 들었을 때 그에게 일어나는 것을 묘사하고, 모든 종류의 사태들을 해석하고, 텔레비전을 보고, 매우 깨지기 쉬운 사회적 접촉을 다양하게 시도하고, 훨씬 더 합리적이고 중요한 일기를 쓰기 시작했다. 일련의 개입은 심지어 그를 유도클럽에 등록하게 했는데, 이것은 잘 되지는 않았다. 그는 집집마다 보험을 판매하는 회사에 고용되게 되었다. 그것은 임금을 전혀 지불하지 않은 것에 덧붙여, 모르는 사람들의 문을 두드리고 그들에게 흥미롭지 않은 것들을 제공하는 일이기 때문에, 끔찍한 노동이었다. 그것은 끔찍한 갈등을 야기했고,

결국 실패했다. 얼마 후에 그는 로스쿨에 등록했고, 나는 그가 수업을 계속해 나간다는 사실에 놀랐다. 비록 모든 것이 그가 결코 접촉하지 않았음을 나타내는 것처럼 보일지라도 그는 단 하나의 시험도 통과하지 못했다는 것에 아주 충격 상태에 있었지만, 같은 것을 계속해 나갔다. 나는 다른 단계들을 묘사하지 않을 것이다. 흥미로운 것은 이러한 새로운 종류의 배치를 통해 가족과 그의 관계가 변했고, 어떤 열림이, 행동에 상당한 변화, 안정화가 있었다. 사실상 그것은 꽤 만족스러운 결과였다. **이 새로운 단독의 배치에서 그는 표현양식을 주조하고 발전시키고 자기 자신의 세계에 관한 일종의 지도를 창출하기 시작했다.** 그것은 가족 영토에서 발전시킬 수도 없는 것일뿐더러 정신병원 영토에서도 마찬가지고, 심지어 나와의 치료관계에서도 발전시킬 수 없는 어떤 것이다.

정신분석가는 이러한 종류의 개입에 관해 어떤 종류의 판단을 하는가? 그는 "좋아, 너는 사회복지사로서 훌륭한 직무를 수행할 수 있지만, 분명하게 그것은 정신병의 분석과 관계없는 것이야"라고 말할 것이다. 나는 내가 잠재적 의미일지도 모르며 마법 조각처럼 그의 주체화양식을 변화시킬 수 있는 어떤 것을 발견하는 데서 어떤 능력도 가질 수 없다고 실제로 믿는다. 하지만 문제는 정확히, 이 사례에서 분석이 자신의 마법적 속성과 매혹적인 속성을 잃었다는 것이다. 분석은 단순히, 할 수 있는 한 정확하게 상이한 가능한 영토 일관성 양식이나, 작동될 수 있을 상이한 종류의 과정(내가 "기계적 과정"이라고 부르는 것)에 접근하려고 시도하는 데 있다. 그것은 또한 나의 권위를 걸고 위험을 무릅쓰고, 그를 총체적 난국에 이르게 하는 어떤 것도 촉진하지 않는 데에 있다. 그것은 내가 "세계의 성좌"라고 부르는 것의 돌연변이에 접근하고자 노력하는 데에 있다. 그런데 이 돌연변이는 장-밥티스트가 그의 상황에서 상이한 기호화양식을 수용할 수 있게 할 것이다. 그것은 당신의 실천 속에서 당신이 매우 친숙해야 할 종류의 평범한 사례이다.

이러한 성격의 위험을 무릅쓸 수 있기 위해, 약간의 이론적 준거를 지니는 것이 유용할지도 모른다. 다시 말하면 가능성의 이러한 상이한 장들을 무시하듯이 맹인처럼 행동하는 그러한 사태를 우리가 점차 제거할 수 있도록 해주는 것 외에 다른 장점은 결코 없다. 그것이 기호적 개입이 잠재적인 효율성 정도의 측면에서 가능한 한 정확하게 평가되어야 한다는 것을 깨닫는 것이 대단히 중요한 이유이다. 전이나 상징적 해석의 현상이 가족영역 위에서 작동하고 있던 이러한 종류의 블랙홀적인 리비도경제에 대해 무엇이든지 변형시킬 수 있었을 거라고 생각하는 것은 아주 멍청한 짓이다. 그 자신의 자동가공(auto-élaboration) 기계들이 무엇에서 충분한 일관성을 찾을 수 있는지 하는 것에 접근하려고 시도하는 것도 필요하다. 왜냐하면 글쓰기 현상과 새로운 종류의 사회적 연계가 나타나지 않거나 불충분한 일관성을 지닌 채 나타날지도 모르기 때문이다. 후자는 즉시 방향을 돌릴 필요성을 함의할 것이다.

그렇다면 이 수준에서 "무의식구성체"란 무엇인가? 그것은 확실히 기표가 다른 기표에 대한 주체를 나타내는 방식에 초점을 맞출 수만 있는 어떤 것 혹은 이 특수한 개인들만 언급하는 과정에 초점을 맞춘 어떤 것의 문제가 아니다. 무의식은 가령, 어떤 종류의 사회계급에 의해 작동되는 가족의 장 위에 영토화된다. 그의 아버지가 시청의 건축가였다는 사실은 중요했다. 왜냐하면 장-밥티스트의 호의적인 생각들 중 하나는 그가 시장을 죽이려고 한다는 것이었기 때문이다. 이 출발점으로부터 우리가 그의 아버지를 죽이려고 하는 욕망의 치환을 다룬다고 가정하면서 오이디푸스 콤플렉스를 재확립시키려고 착수했다면, 우리는 그렇게 하는 데 조금도 어려움을 겪지 않을 것이다. 하지만 내 생각에, 그것이 이 사례에서 가장 흥미로운 요소는 아니다. 우리는 어떤 해석적인 이해와 상관없이 구조적 요소가 허물어지는 주체적인 영토성에 직면하게 된다. 가족과 계급의 영토를 넘어서 이 무의식적 배치의 또 다른 구성요소는 그가 대체물로 채택하는 기계적 과정들이다. 이 과정을 그는 가령 유도클럽에 들어갔을 때 파악하려고 노력한다. 그럼에도 또 다른 구성요소는 또 다른 수준에서 정신병의 문제설정에 관한 어떤 이해방식을 가지고 있는 상황 속에서 그가 살고 있다는 사실이다. 이것은 가족적 문제설정과 하부개인적 문제설정들에 완전히 외부적인 무의식의 차원을 구성한다. 왜냐하면 그것은 사회제도가 정신병을 나르고 기호화하는 방식에 달려있기 때문이다. 그럼에도 불구하고 예를 들어 그가 공중인 사무실에서 직업 후보자로서 그 자신을 나타내려고 노력했고, 시장이 그를 받아들였다는 것(우연하게도 그의 아버지의 매개를 통해)도 사실이다. 그러나 물론 그는 거절되었고, 그는 그것을 수용할 수 없다. 어떤 한순간에 그는 오직 은행에서 일하는 고정된 생각을 했고, 결국에 가서 그는 일하지 않는 관리자의 위치를 수용할 뿐일 것이다.

이것에 객관적인 무의식의 요소들이 있다. 하지만 동시에 이 무의식은 장애물에 직면하는 방식, 존재의 방식, 태도로 구체화된 도식들로 완전히 탈영토화된다. 이것을 통해 우리는 그의 정치적 선택이 무엇인지 이해할 수 있다. 왜냐하면 정치적 사건을 따라잡는 것은 그의 지속적인 관심사항 중 하나이기 때문이다. 한편으로 그 스스로가 강한 인종주의적 경향을 지닌 순응자로 드러나고, 다른 한편으로 테러리스트적 성격의 개입을 하는 욕망을 보여준다. 이 정치적 문제설정은 절대 주변적이지는 않다. 즉 그것은 경제학, 계급, 카스트 등의 차원에 장엄하게 구체화된 사회관계를 접합하는, 세계의 기표에 단순하게 맞추지 않는 그의 방식이다.

이 사례는, 내가 기호화와 코드화의 그런 다른 양식, 즉 이질발생적인 기계체계를 무시했다면, 그 효과가 이 상이한 등록기들에 존재하는 가능성들이 드러나지 못하게 했을 것이라는 생각을 강조한다. 내가 단순히 나타나 듣기만 해서는 그러한 인식에 이르지 않을 것이다.

논평: 나는 이 사례에서 가장 신중한 것이 당신이 당신의 불확실성을 환자에게 알렸다는 사실이었는지 궁금하다.

가타리: 음, 그것이 바로 내가 상황의 진실요소라고 부르는 것이다. 그리고 만일 이러한 종류의 직업을 위한 가능한 교수법이 있다면, 그것은 이 장에서 전적으로 확실하게 일종의 **스트립쇼**를 할 수 있고 당장 그것을 하도록 사람들을 가르치는 데 정확히 있을 것이다. 특이성의 요소들과 **무의미**의 요소들이 마치 합리적인 묘사, 즉 박식한 상황 묘사를 회피하는 것처럼, 완전히 우리를 회피하지만 주체 또한 회피하는 과정의 지표들이 될 수 있도록, 모든 상황에서 그러한 일을 하는 것에 있을 것이다. 당신들 모두는 역설적인 현상을, 즉 특수한 장소로 돌아가거나, 피아노를 다시 치거나, 운전을 단순히 배운다는 것이 절대적으로 계산 불가능한 가능성의 장을 만들어낼 수 있다는 사실을 경험해왔음에 틀림없다. 하지만 만일 우리가 이것에 인칭론적 유형의 해석을 각인한다면, 사람들에게 그것들을 과소평가하게 유도하면서 이 과정이 나타내는 것을 전적으로 과소평가할 위험이 있다.

프로이트 정신분석연구소에서의 만남, 리우데자네이루, 1982년 9월 10일

질문: 일련의 비성공적인 외과수술 후에 현행의 의료체계로는 육체적 긴강을 회복시킬 수조차도 없는 여성 우울증 환자의 문제를 사람들은 어떻게 해결하거나 생각하겠는가? 이러한 사람에게 정신분석적 해석이 어떤 치료책을 제공하는가는 중요하지 않다. 즉 그녀는 누군가를 고소하기를 원하는데 누군지를 알지 못한다. 그녀의 요청은 적어도 외관상으로

엄밀하게 사회적이다. 즉 그녀는 정신분석을 통해서가 아니라 실패할 것이 뻔한 사회의학 체계를 통해서 자신의 건강을 요구한다.

가타리: 사람들이 그러한 일반적인 자료를 가지고 한 사례에 대해 심도 있게 말할 수 없다는 것은 분명하다. 우리는 우울증 증상은 어떤 표현양식의 반복이다라는 어떤 이론적 문제로 돌아가기 위한 핑계로서 당신의 질문을 사용할 수 있다.

질문: 나는 우울증 문제에도 그녀의 신체를 회복시키라는 의학체계에 대한 이러한 요구에도 관심이 없다.

가타리: 신체 표현체계는 개인적 표현과정, 집합적 표현과정, 사회적 실천 혹은 상이한 성격의 화용론과 연계 맺지 않고, 그 자체를 반복하는 기호화양식을 구성하는 우울증과 같은 증상을 야기한다. 그러한 신체 표현체계는 가능성을 좁히는 것이고, 이것은 사람을 울타리에 가두는 데에 이른다. 병의 등록기에서 이러한 종류의 분리차별(격리)은 원조체계(의사, 의료징후학, 그리고 이러한 실천과 상응하는 집합적 위생시설)에 의해 시작된다. 이러한 원조는 그녀가 그녀 자신의 특이성을 구축할 수 없게 만든다. 이제 당신이 사용했던 이론적 매개변수들을 가지고 이 문제를 처리할 수 있는가, 문제를 해결하기 위해 개인적이고 신체적 수준에서 사회적 수준으로 넘어가는 것으로 충분할 것이라고 생각할 수 있는가?
그것은 가능한 사례지만, 단지 하나의 사례일 뿐이다. 또한 이러한 성격의 문제설정을 사회적 표현이나 사회적 실천으로 전이시키는 것으로 충분할 것이고 상황이 변할 것이라고 생각하는 것은 기계학적이고 환원론적인 관점일 것이다. 그것은 신문화와 함께 전해지고 있는 신화이다. 즉 사회적인 것, 집합적이고 신체적이고 집단적인 표현, 공동체 삶, 정치적

호전성 등은 다른 접근양식이 제공하지 않은 반응을 가져올 것이라는 신화이다. 이것은 신경증적 문제들이나 어린이들이 갖는 어떤 어려움들과 같은 일련의 문제들에 대해서 완전히 사실이다. 어떤 경우에 의료적 맥락에서 사회적·가족적 맥락으로 넘어가면서 준거등록기를 변화시키기는 해소효과를 지니며, 문제의 조건들을 변형시키는 주체화에 생산적인 과정을 촉발시킬 수 있다는 것은 사실이다. 하지만 나는 이것이 단지 하나의 사례이고, 사람들이 다른 선택도 마찬가지로 할 수 있다는 것을 시야에서 놓치지 않고 무엇보다 그 선택에 관한 그 어떤 독단적인 편견을 가져서는 안 된다는 조건에서만 사람들은 이 미시정치적 선택을 할 수 있다. 그 선택은 치료자의 지식이나 실천에 달려있는 것이 아니라 상황이 배치되는 방식에 달려 있다. 그것은 배치 자체에서 나타나는 지도의 선택에 달려 있다.

사례로서 장-밥티스트의 경우로 돌아가면, 우리는 그로 하여금 병원입원을 피하게 하고 적어도 최소한의 지지할 수 있는 행위를 구성하게 했던 대안이 사회적 매개를 포함하지 않았고, 반대로 역설적으로 그의 고립의 강화를 포함하였다고 말할 수 있을 것이다. 나는 그가 사회화나 통합의 과정에 진입할 가능성을 가지고 있었을 것이라고 확신하지 못한다. 아마도 그것은 그의 다른 실존단계에서 생길지도 모르지만, 우리는 그것에 대해서도 확신할 수 없다. 누군가에게 분석적 문제설정은 가족, 정신병원, 정신치료 등 그에게 제시되는 체계들을 완전히 벗어나 있는 그의 특이성 표현수단을 주조하는 데 있을 것이다.

당신이 제시한 사례에 대한 결론으로서, 나는 원조의 위치에 있는 모든 사람의 기능은 치료자로서 자신을 불신하고, 자기 자신의 이론적 편견을 불신하는 것이라고 믿는다. 편견은 우리가 보지 못하도록 방해할 뿐만 아니라 우리로 하여금 환자의 실존 속에서 또 다른 과정적 조직화의 가능성, 즉 그의 주체성, 생활, 영토의 또 다른 구성양식의 가능성을 좌절시킨다. 달리 말하면 특이하고 이단적인 양식들의 구성 가능성을 좌절시킨다. 이것은 규범들 즉 지배적인 행위 규범들뿐만 아니라 정신분석적 또는 심리학적 규범들 ── 사람들이 그것들이 아무리 열린 것이라고 생각할지라도 ── 을 벗어나서 통로들을 보존하는 것이 필요하다는 것을 의미한다.

소냐 골드페더와의 인터뷰, 상파울루, 1982년 8월 31일

골드페더: 당신에게 있어서 정신병은 무엇인가?

가타리: 내 생각에 정신병은 한 가지 양상으로 규정할 수 없다. 그것은 항상 개인적 차원의 요소들, 인성의 기능작용상의 갈등들, 성적인 차원의 관계들, 커플관계, 가족관계, 미시사회적 차원의 문제, 제도적 차원, 노동문제, 이웃문제, 생활양식 문제를 포함한다. 그것은 심지어 경제적 차원과 도덕적, 심미적, 그리고 종교적 질서의 차원들을 포함한다. 정신병은 신체적 징후로만 드러날지라도 이 모든 수준에서 배치되는 어떤 것이다. 이 모든 문제들을 집약하고 있는 것처럼 보이는 히스테리적 고통이나 심리적 행동, 즉 우리가 "징후" 또는 "증상"이라고 부르는 것을 예로 들어보자. 정신병을 가져오는 모든 접합을 이해할 때만이, 우리는 그 사람이 어떻게 그러한 징후를 보이게 되는가를 정말로 이해할 수 있다. 그것은 전혀 신비로운 것이 아니며, 동일한 성격을 갖는 많은 현상들이 있다. 한 사례로 오염이 있다. 오염은 화학분석 도구들로 측정될 수 있지만, 그렇다고 그것은 오염이 화학적 결합의 연쇄에 의해서만 야기될 수 있다는 것을 의미하지 않는다. 오염은 또한 삶, 생산, 그리고 모든 인간 가치체계를 개념화하는 한 가지 방법이다. 그리고 이 모두는 특수한 징후로 매우 잘 구체화될

수 있다. "오염이라는 질병"은 하나의 징후이지만, 만약 우리가 그것을 분석하고 그것을 단지 하나의 징후로 취급하고자 한다면, 우리는 완전히 착각하고 있는 것이다. 정신병도 마찬가지이다. 우리는 징후를 그 자체로 나쁜 것으로 착각하지 않도록 주의해야 한다.

골드페더: 정신의학 분야에서 사례를 제시해 보라.

가타리: 자기 자신의 세계에 휩싸여 있고, 많이 말하지 않고, 먹지 않으며, 온갖 육체적 질병의 징조를 보이는 한 아이를 예로 들어보자. 엄마는 그 아이를 소아과 의사에게 데려가는데, 그 의사는 그 아이에게 비타민을 주거나 아니면 모든 전통적인 정신분석 정보에 따라 "아이는 엄마에게 병적으로 고착된다" 등과 같은 설명들을 통해 그 아이를 이해하려고 한다. 어떤 경우에도 그 행위는 틀렸다. 이 아이가 자신에 갇혀 버린 이유를 이해하기 위해서 우리는 다음과 같이 물어야 한다. 이웃과의 관계에서 그에게 무슨 일이 일어나는가? 그는 친구들이 있는가? 그는 가족의 영토를 벗어나 무엇이든 하는 데 관심이 있는가? 그의 형제와 자매들에게 무슨 일이 일어나는가? 그가 가족 구조 속에서 자신의 삶이나 주체성의 생산을 어떻게 구성하는가? 그는 외부 세계를 어떻게 해독하는가? 그에게 미래는 무엇을 의미하는가? 그는 미래에 전념하는 것이 가치가 있다고 생각하는가? 학교에서 그에게 무슨 일이 일어나는가? 그는 어떤 유형의 관계들과 충돌하는가? 그가 그림을 그리거나 춤추거나 노래하고 싶어 할 때 무슨 일이 일어나는가? 점차 우리는 그것은 그를 꼭 닫게 하는 — 사회의 다양한 수준에 의해 미리 결정되고 미리 코드화되는 — 어떤 가능성의 총체라는 것을 안다. 이것은 특수한 수준들, 즉 신체의 수준, 심리 내적 결정들의 수준 또는 가족내부 체계의 수준이 없다는 것을 의미하지는 않는다. 그러나 만약 우리가 그 사례를 육체의 기법으로, 심리운동으로

또는 언어 재교육의 기법으로, 아니면 심지어 사이코드라마나 가족치료로 다루려고 한다면, 매번 나는 그 현실의 조각들을 잘라내고 있을 것이다. 그리고 아마 나는 이러한 주체성을 고통스럽게 하고, 이러한 과정이 이러한 종류의 절망의 미시정치를 만들어내면서 그 자체 주위를 맴돌게 하는 접합의 총체 또는 배치의 총체를 이해할 수 없을 것이다.

잡지 『사회과학과 위생(Sciences Sociales et Santè)』, 2권, 3-4호에 게재된 쇼베네(Antoinette Chauvenet) 그리고 피에로(Janine Pierrot)와 가타리와의 인터뷰, 파리, 1984년 10월

마약, 정신병 그리고 제도

보르도 병원(La Borde) 또는 마르모탕(Marmottan) 병원[104] —— 돈, 노령화, 세대계승, 사회계층 그리고 제도라는 복잡한 문제들에 항상 관련된 —— 과 같은 장소에서 흥미로운 것은 그 문제들이 가져오는 모순들이다. 결국 그 모순들은 어떤 것이 진실하다는 증거이다. 만약 우리가 그것에 대해 말하지 않는다면, 만약 그 모순들이 짓눌려 있고 억제되어 있다면, 사람들은 완전한 진공상태 속에, 회보[소식지]들 속에, 형식적 구조들 속에 있다. 바로 이것이 내가 열린 문제설정을 겨냥하기 위해 제도에 관해서가 아니라 **제도화과정**에 대해 이야기하려고 하는 이유이다. 나는 두 가지 생각을 제시하려고 한다. 하나는 정신장애가 있는 성격들 —— 과장한 이야기를 사용하지 않으려고 —— 에 대한 제도적 접근이 갖는 적합한 조건들에 관한 것이고, 다른 하나는 훨씬 덜 분명하지만, 이러한 문제설정을 약물의존

· · · · · ·
104) 마약중독자들을 전문적으로 치료하는 파리에 있는 병원.

[마약중독]에 적용하는 것과 관련되어 있는 것이다. 첫 번째 것은 다음과 같은 문제 주위를 맴돈다. 우리가 콤플렉스 인성의 문제들을 다루고 있을 때, 어떤 방향으로 "제도를 작동시킬" 수 있는가? 두 번째 것 ── 이것은 엄밀히 나의 능력 안에 있지 않지만, 나는 내 스스로 공교롭게 어떤 정신 병리적인 일람표에 근거해서 그것을 붙잡고 있다 ── 은 다음과 같다. "어떻게 이러한 문제설정이 약물의존 현상들에서 구체화되는가?"

1. 내 생각에 두 가지 위험을 피해야 한다. 첫째는 마치 실제로 개인적인 문제들을 수반하지 않은 것처럼 제도적 요소를 개인적 문제들과 관계없는 것으로 여기는 데 있다. 여기서 우리는 1968년 세대로부터 온 어떤 환원론을 가지고 있다. 정치 문제, 조직 문제, 그리고 제도 문제는 매우 중요하다고 인정되지만 오직 사회의 해로운 사건들을 좌절시키기 위해서만 그렇게 인정된다. 제도는 결코 "보호 완충물"이 아니라, 항상 우리가 "진정한 쟁점들"── 개인, 그의 자생성, 그의 부유함, 그의 감정의 문제들 (매우 잘 알려져 있는 이 다소 신화적이고 준루소주의적인 테마를 발전시키는 것은 아무런 소용이 없다!)── 을 파악하기 위해서 제거해야 하는 발병구조이다. 첫 번째 위험과 대칭적이지만 범위상 반대인 두 번째 위험은 제도적 문제설정을 지나치게 넓히는 데 있다. 나는 제도분석과 사회심리학과 같은 다양한 흐름들과, "대안"의 장에서의 전투적 흐름들 또는 심지어 약물중독자들과 관련한 상이한 시도들을 생각하고 있다. 여기에서 집단은 일차적인 요소가 된다. 즉 바로 집단을 통해서 인성은 변화되고 존재는 다시 방향지어진다. 이것은 때때로 효과가 없지 않은 다소 무시무시한 일종의 보이스카웃식(Boy Scout) 접근으로 이끈다.

이 지점에서 최소한의 이론적 후퇴를 해야 한다. 사람들은 제도화과정으로부터 무엇을 기대할 수 있는가? 미시사회적 문제들에 대한 단순한 조정[순응] 훨씬 이상으로 그리고 "병리적(patho-plastique)" 개입과는 완전히 다른 어떤 것. 그런데 이것은 마약중독자, 정신병자, 자폐성 아이 등과 같은 특이한 "사례"들을 지배적인 규범에 적응하게 하기 위해 그 자체로 충분할지도 모른다. 내 생각에 문제는 다음과 같다. 즉 비록 순진한 현상학적 접근이 우리에게 정반대를 믿게 할지라도, 사람들은 결코 제도적 요소들에 (또는 만약 당신이 선호하다면, 제도 속의 담론에) 근거한 직접적인 인과관계에 직면하고 있지 않다. 일반적으로 사람들은 어떤 삶의 방식에서도 어떤 이미지 유통에서도 일상적 문제와 관련하여 책임지는 데서의 협력에서도, 또는 기억·과거·기획의 집합적 관리에서도 더이상 주체성에 효과적일 수 있는 어떤 분명한 행동을 미리 기대해서는 안 된다. 비록 사람들이 이러한 종류의 (전염성 있는 히스테리처럼, 양성이거나 병원성 있는) 요소들이 지닌 좀 번쩍거리는 효과들을 확인할지라도, 그것들은 항상 내가 **배치의 매개**라고 부르는 것을 포함한다. 마르모탕 병원이나 보르도 병원과 같은 상황에서 우리가 알고 있는 제도적 구성요소들에 관해서 내가 말하고 있는 것을, 나는 완전히 다른 요소들(신경정신약리학, 정신치료학, 생태학 등)에 대해서도 말할 것이다. 비록 우리가 직접적 효율성 관련에 직면해 있다고 생각할 때조차도, 사람들은 실제로 복잡한 상호작용 체계들을 대면하게 된다. 우리가 무엇이든지 생겨날 수 있는 일종의 "블랙박스"들로 그 체계들을 바꾸려고 하지 않으려면 그것들을 식별할 수 있어야 한다.

이 영역에서 우리가 마치 하이젠베르크의 불확실성 원리에 비유할 수 있는 불확실성 원리에 의존하는 것처럼, 왜 사실들과 재현들 사이에는 격차[틈]가 있는가? 내 생각에 버겁고 피하기 힘든 이유 때문이다. 즉 사람들이 다루고 있는 "대상들"은 동질적인 "주체들" 즉, 우리가 규정할 수 있는 실체들이 아니다. (심지어 개인의 신체 단위와 관련해서도 아니다.) 그것들은 그 윤곽을 그럴듯하게 그릴 수 없는 이질적인 구성요소들의 주체적-객관적 배치들이다. 연설을 통한 어떠한 이해도, "대중-매체화"를 통한 어떠한 "틀지음"도, 동일시 ─ 개인 전이적 동일시 또는 보다 사회적이고 보다 집합적인 동일시 — 의 상상적 경제의 틀에서 가능한 어떠한 치료도, 우리의 손가락 사이로 항상 미끄러져 나가기 쉽다는 사실에 우리로 하여금 대비하게 만들지 않는다. 정말 그렇다! 이러한 잠재하는 틈을 모르거나 거부하는 개입의 모든 미시정치학은 소외효과와 억압적인 결과들(비록 그들을 때때로 간파하기 어렵다 할지라도)을 지닐 것이다. 달리 말하면 일상적인 좌표에 놓을 수 없는 개인 즉 정신병자를 다룰 때, 사람들은 지배적인 재현물에 준거하여 항상 그를 표준화[정상화]하려고, 그의 "행실을 고치"려고 시도할 수 있다. 그러나 일단 우리가 실제로 그와 이야기하거나, 그에게 본질적인 의미들을 생각할 수 있는 질문이 있다면 — 그의 머릿속에서뿐만 아니라 그의 삶과 배경 속에서 — 그때 우리는 일정하게 서로 보조가 맞지 않는 복잡한 구성요소들을 알아챈다. "왜 그가 여기 있지? 왜 그가 나를 보러 오지? 그가 자신을 여기로 몰고 온 전체 사회집단의 가시적 부분일 뿐일 수 있는가?" 그것은 항상 집합적 시설 안의 개인을 원격조작하는 복합적인 사회적 배치이다. 사람들은 주체성의 선험적인 개인화라는 신화를 배양한다. 다시 말하면 사람들은 자기 자신을 책임지며, 자기 자신을 안다. 그러나 그것은 거의 늘 사실이 아니다! 이것을 살펴보기 위해서 우리는 의사소통에 대한 환원론적 접근들에서 벗어나야 한다. 즉 나에게 말하며 어떤 것들을 하는 유형의 사람은 자신의 행동, 자신의 몸짓, 자신의 말의 표면에서만 "거주한다". 왜냐하면 이 사실 모두는 실제로 가족, 사회집단, 그리고 모든 종류의 일차집단을 포함하는 집합적 흔적[특징]들과 분리될 수 없기 때문이다.

저기 보고 있는 개인은 그저 일군의 사회적 배치의 "단말기(터미널)" 일 뿐이다. 그리고 만약 사람들은 이들 배치를 밝혀내지 못하면, 허구적인 태도에 빠진다. 그것은 단지 한 개인이 구성되는 배치-삽입의 위치를 정하는 문제일 뿐만 아니라, 그에게 몇몇 보충적인 자유도를 획득할 수 있도록 하는 최소한의 지지점을 찾는 문제이다.

"가시적인" 인간 사이의 배치들이 있을 뿐만 아니라 개인내부적인 배치들도 있다는 것을 이것에 덧붙이자. 주체성의 어떤 결정화들은 무의식의 차원들에 따라서만 작동할 뿐이다. "고착" 또는 "부분대상"과 같은 용어를 사용하지 않고, 사람들은 예를 들어 그것을 항문기나 구순기라고 말할 수 있는 국면[단계]에서 이러저러한 인성이 기능하도록 하는 **부분적인 실존적 선택지**들이 있다고 말할 수 있다. 하지만 추적하기에 훨씬 더 미묘하고 어려운 또 다른 국면들이 있다. 즉 예술적 선택, 음악적 선택, 세계와의 관계들, 신체 또는 우주……와의 관계들이 있다. 여기에서 사람들이 함께 말하고 있는 사람과 실제로 "말하고 있는 것" 사이에 커다란 틈이 존재할 수 있다. 사태의 이러한 측면은 특히 약물의존의 문제들에서 고려하는 것이 매우 중요할 것 같다.

나는 이 두 가지 측면, 즉 인간 사이의 측면과 인간 내부의 측면에만 집중했다. 그러나 그들 이면에 무수한 것들이 있다. 즉 온갖 성격의 경제적·사회적 차원들이 있으며, 이것들은 하부구조적 결정들로서가 아니라, 일종의 모형·원격조정으로서 개입한다. 어떤 흔적들은 찾기 쉽다. 예를 들어 매우 비싼 경성마약에 접근하기 위해서, **판매책**(dealer)이 되어야 한다. 그것은 단순하다! 그러나 보다 복잡한 사태들도 있다. 즉 나는 모든 성격의 의존 ─ 동성애적 의존 또는 부부간 의존, 상상의 "받침대" 찾기 ─ 이라는 "추락"에 대해 생각한다. 거기서 때로 벗어나기 매우 어려운 경향들이 문제다. 그리고 만약 사람들이 이것을 그 자체로 설명하지 못한다면, 사람들은 더이상 누구와 말하고 있는지, 또는 무엇에 대해서 말하고 있는지를 모른다. 다른 수준에서 사람들은 그 영향을 파악하기가 마찬가지로 어렵지만 적잖은 결정적인 역할을 수행하는 사회문화적 사건들에 직면해 있다. 즉 "장기지속"에서만 위치지정 할 수 있다고 페르낭 브로델이 말하는 효과들, 즉 민족효과들, 인종효과들이 있다. 분리차별들을 강화하고 점차 이런 저런 삶의 **기준**(standing)에 접근하게 해주는 이력에 점점 더 크게 무게를 두는 사회에서 산다는 것은 개인 입장과 상호주체적 입장에 대해 영향을 미친다. 비록 요약적이지만, 인성[성격]의 구성요소들의 지도를 그리며 인성을 이질적인 구성요소들(이것들은 정신을 짓누르는 만질 수 있는 것들뿐만 아니라, 신체를 짓누르는 "무형의" 것들을 포함한다)의 교차로로 생각하는 것은, 마르모탕 병원에서 또는 보르도 정신병원에서 관리되는 것들과 같은 제도적 개입들의 영향일 수 있다는 것에 대해 상당히 신중을 요한다. 개입들은 만약 이러한 건축술의 구성요소 중에서 하나 또는 몇 개와 접합될 때만, 긍정적인 효과를 지닐 수 있다. 따라서 사람들이 많은 것을 기대할 수 있지만, 또한 어떤 파괴하는 또는 도착적인 효과들을 지닐 수도 있는 매개 체계를 갖는다. 이상 속에서 모든 "효과계산"은 여기에서 설명될 것이다. 집합적인 상상적 보호완충물(제도의 "보호주의")은 과도적인 삽입구로서, 즉 거리를 두고 누군가의 힘을 회복시키고 인성의 재접합을 허용하는 가능성으로서 역할을 할 수 있다. 반대로 그것은 사회 및 환경과의 관계의 매몰·포기·유치화의 요소로서 역할을 할 수 있다. 단 성적인 반응은 없다! 여기에서 내가 말하고 있는 것은 정신치료, 약물 등에 똑같이 옮겨놓을 수 있다. 달리 말하면, 어떤 개입에서 확실한 효과를 절대 기대할 수 없다. **말할 수 있는 모든 것은 제도적 제안이 언표될 때, 주체적 배치 속에서 의미 효과가 발사될 때, 언표행위(또는 치료행동)의 미시정치는 항상 포함되어 있고, 그리고 이것의 당연한 결과는 과학적 준거들이 항상 환영적이라는 것이다.** 필연적인 매개와 관련하는 첫 번째 점에 대해서는 이렇다.

2. 나는 약물의존의 "일람표(tableau)들"은 이러한 문제설정들의 극단으로 몰린 실례들을 이루고 있다고 믿는다. 이 경우에 다중준거적 또는 "다성음악적" 전망에 입각하여 전진해 나갈 필요성이 훨씬 더 크다. 단 하나의 원인에만 속하는 약물의존의 사례는 없다. 통속적인 가족신화에서 그리고 때때로 사회사업가들에게서도, 어떤 사람이 "나쁜 영향" 또는 "나쁜

교제" 때문에 마약에 빠진다는 의고적인 생각을 발견한다. 또는 "그것은 사람들이 연성마약으로 시작해서 경성마약으로 끝나기 때문이다"와 같은 판에 박힌 말들을 듣는다. 또는 사람들은 "현 시가"와 그것이 젊은이들에게 가져온 절망을 비난한다. 분명히 그러한 생각들은 우리가 특수한 개인들에게 어떤 일이 일어나는가를 이해하는 데 도움이 되지 않고 있다. 그럼에도 불구하고 각기 다르게 접합된 이러한 차원들 중 일부를 고려할 수 있다는 것을 부정할 수 없다. 그러나 그 구성요소들을 함께 묶고 아마도 인성의 변이를 가져올 접합요소는 되풀이하건대 이러한 종류의 일의 적인 결정에 속하지 않는다. 오히려 어떤 종류의 개연적인 현상을 포함하는 어떤 것이 문제다. 단 하나의 구성요소가 특이한 일람표를 결코 주지 못할 것이다. 어떤 "자포자기"를 분비하는 사회 환경이나 가족 환경, 지배적인 가치에 대한 어떤 거부정신과 결합되어 있는 사회적 흐름의 맥락, 생물학적 "조숙"의 영토, 어떤 구술양식, 자아도취적 방향전환 취향, 객관적 난국들. 이들 각 요소들은 고립된 채로 하나의 "상처"일 수 있지만 커다란 영향을 지니지 못한 채 있다. 그러나 이 요소들은 서로 축적되어 인성변이에 일관성을 부여할 수 있다. 그 요소들은 주체성의 준거세계들을 변형하고 또 다른 주체, 다른 개인을 생산할 수 있다. 자신 앞의 그 사람은 여전히 동일한 이름과 동일한 실루엣을 가지지만, 그는 더이상 동일하지 않으며, 다른 사람이다. 이질적인 요소들의 우연적인, "개연적인" 연결접속만이 그러한 개척지 교차로들을 만들어낼 수 있고, 인성의 수정을 가져올 수 있다. 사람들은 요소들의 복수성이 정의상 변형이나 무효화의 주체적 효과가 있도록 작동된다고 말할 수조차 있다. 우리가 단지 한 가지 요소만을 볼 때, 우리는 우리가 다른 것을 찾아야 하며 근시안적이고 "환원론적"이라는 것을 확신할 수 있다. 이것은 매우 도식적이고 매우 이론적인 것처럼 보이지만, 그럼에도 불구하고 내 생각에 상이한 전문가들, 지식·기술을 보유한 사람들은 종종 자기 자신에 도취되지만 숙고해 볼만한 비판적 관점을 지니고 있다.

나는 다른 점을 얘기하고 싶다. 마약 사용자들이 일상적인 주체성의 어떤 "모체들", 즉 더이상 생활경험의 영토가 없는, "모든 것이 파괴되고 있는"(더이상 가족, 모국, 직업조합, 또는 전문화된 노동자들이 없다) 자아 영토들을 구성하는 어떤 방식들을 탐구하는 것과 같은 방식으로, 마치 정신병자들(그들 자신에도 불구하고)이 발작적으로 우리의 "정상적인" 정신좌표들 속에 나타나는 "분열" 차원들을 탐구하듯이. 그래서 그들은 그들 스스로 작고 친밀한 영토들을 할 수 있는 한 최선으로, 때로는 가련하게(그러나 때때로 또한 전혀 가련하지 않다), 때로는 상대적으로 거주할만한(또는 어쨌든 그들이 전에 경험했던 것보다는 거주할만한), 그리고 때로는 실제적인 지옥들을 재구성한다. 모든 변이형태가 가능하다. 그러나 사람들은 그들이 **어떤 지배력을 경험하거나 주체화의 지배력을 되찾으려는 어떤 시도를 경험한다는 것을 부정할 수 없다. 사람들은 "결여론적" 관점에 즉, 약물남용을 무엇이 부족한 것을 실험할 뿐인 어떤 것으로 접근하는 것에 만족할 수 없다. 여기에 능동적인 미시정치학, 즉 자기 자신, 우주, 그리고 타자성을 이해하려는 미시정치학이 또한 존재한다.** 그것이 바로 마약이용자들로부터가 아니라 신경성 식욕부진 환자들로부터 내가 배웠다고 믿는 것이다. 더욱이 그들의 일람표[프로필]가 유사성을 나타내는 것처럼 보인다. 나는 심지어 약물의존(아마 엔돌핀에 입각한)에 관한 일반 이론이 우리에게 약물의존, 신경성 식욕부진, 사도마조히즘, 신비주의, 편집증 등에 관한 "횡단적" 관점을 제공할 것이라고 생각하는 경향이 있다. 이 모든 일람표[프로필] 안에서 사람들은 "기본적 인성들"에 앞서는 즉, 자기 자신의 표준화된 신체의 한계에 앞서는 수준에서 주체성을 주조하려는 상당한 시도들을 발견하는 것 같다. "나는 그저 적어도 여기에서 특이한 쾌락을 통해 고통의 세계를 지닐 뿐이다." 사람들이 이러한 고뇌의 일부를 극복하려는, 생존하는, 스스로를 긍정하게 되는, 작은 쾌락들을 유발하기 위해 탈선적인 절차들을 사용하는 곳인 모든 이 피난처들, 모든 이러한 고립지역(enclave)들은 우리 사회에서 주체성을 제조하는 또 다른 방식들과 분리될 수 없다. 만약 사람들이 이러한 방향으로 나아갔다면, 만약 사람들이 엔돌핀을 통한 자기-중독 체계의 작은 복용분을 "외부" 약물(마약)에 대한 반응으로 만들 수 있는 수단을 가졌다면, 사람들은 알코올 중독과 같은 부분적인 현상뿐만 아니라, 미디어에 나오는 이미지들의 사용에 의해 그리고 "사람들을 가라앉히"고, 존재의 부조리 — 종교로부터 그리고 한정된 영토로부터의 모든 지지를 잃어버린 결과로 훨씬 더 뚜렷해진 부조리 — 를 피하기 위해서 발사되는 환상적인 장면들에 의해 조절하는 것에도 관심을 갖게 될 것이라고 나는 확신한다.

따라서 사실상 통계적으로 드문 사례들인 약물의존 일람표들은 실제 어디에나 존재하는 사태들에 대한 극단적인 예들일 뿐이다. 나는 심지어 "사람들이 모두 약물중독자들이다"라고 생각한다. 유일한 쟁점은 사람들이 "그 정도까지" 또는 "그러한 방식으로" 중독되어 있지 않다는 것이다. 동시에 — 마약 또는 정신분열증(결코 나의 관심에 속하지 않아 온!)에 대한 그 어떤 종류의 방어도 하지 않고 — 종종 "최고의" 사람들이 어떤 희생을 치르더라도 완강한 거부나 긍정의지 때문에 가장 파멸적인 결과에 이른다는 사실이다. 그들은 사회·생명·발화와 관련하여 가장 결함 있는 사람들이 아니라, 매우 폭력적으로 그 장애물들과 충돌하는 사람들이다. 내가 말하고 있는 것은 의심할 여지없이 청소년비행과 관련해서도 똑같이 사실이다. 그리고 나는 이 점을 강조하는 것이 완전히 쓸데없다고 생각하지는 않는다. 왜냐하면 **(개인적 또는 제도적) 도움[원조]의 관계에서 이러한 가치론적 차원에 대한 고려가 나에게는 중요하다고 생각한다. 즉 마약 사용자들을 새로운 질서와 "즐거운 미래"의 챔피언으로 진급시키기 위해서가 아니다! 그들이 가장 강렬한 문제설정들의 담지자들이기**

때문이고, 사회, 공공당국, 정치계급에게 생각할 가장 많은 것을 주는 사람들이기 때문이다. 마르모탕 병원 팀의 기여 중의 하나는 정확히 이러한 차원을 중요시했다는 사실이다. 나는 **무엇보다도 먼저 실존적 파열들인 사태들을 도움의 틀[등록기]에 빠지지 않게 하는 것이 아주 중요하다**고 생각한다. 내가 전에 말했듯이 이러한 윤리・정치적 차원은 이해하기가 쉽지 않다. 즉 적어도 처방의 대상 또는 제도적 차원의 전략의 대상이 되기는 결코 쉽지 않다! 그것은 새로운 독해 배열장치, 새로운 집합적 언표행위 배치 및 분석배치의 발명을 요청한다.

요약하자면 나는 제도화과정이 단선율로 기능할 수 없다고 말할 것이다. 필요한 것은 다성음이며, 게다가 전혀 예기치 않은 도구들을 허용하는 다성음이다. 정신병원과 피난시설들이 ─ 근대 시기의 새로운 대수도원이 되지 않고서 ─ 절대적으로 필요하다는 것에는 조금도 의심할 여지가 없다. 내가 프랑스에서 정신병원의 권리들을 짓누르는 위협들에 얼마나 관심을 갖고 있는지 아마 당신은 알 것이다. 그러나 그러한 정신병원 장소들에서 그리고 그러한 피난처들에서 무엇이 "편성되어야" 하는가? 이것은 사회 전체에 관련된 인류학적, 사회적, 그리고 민족적 차원들을 작동시키는 상당히 그리고 꽤 매력 있는 문제이다.

제도화과정, 그것은 이미 설립된 조직구조 및 규칙을 말하는 것이 아니라, 집합적 궤도들 ─ 진화적 태도들, 자기 조직, 책임지기 ─ 에 내재해 있는 변화를 향한 가능성을 말한다. 이것은 직업적・문화적・민족적 등의 삽입물과 관련한 가장 광범위한 사회적 수준에서뿐만 아니라, 가장 직접적인 일상생활 수준에서도 들어맞는다. 여기에서 중요한 것은 간혹 위험스러운 수정에 노출되는 복잡한 인성들에 따라[그런 사람들에 맞춰] 생활 프로그램들을 만들어낼 수 있다는 것이다. 마치 보르도 정신병원 또는 마르모탕 병원에 새로 오는 각 사람을 위해 "다시 쓰고", 그 병원들을 재창건해야 하는 것 같다. 이것을 위해 사람들은 매우 이질적인 담론들을 기꺼이 가져야 한다. "보르도 정신병원에서 우리는 집단의 삶을 살고, 또한 우리는 사람들이 최대한 많이 활동에 참여하도록 권장한다." 그러나 또한 마찬가지로, "당신이 원하는 무엇이든지 해라, 그리고 당신이 편하면 고립된 채로 있어라." 태도의 이러한 이질성은 담론의 어떤 표리부동(이중성)도 포함하지 않는다. 오히려 다가적인 "선택의 소재"를 생산하는 것이 문제이다. 그러므로 사람들(우리, 제도)은 최소한 **피해를 입히지 않고**, 거기에 "추가하지" 않고, 정신병적 인성들을 굳히지 않을 수 있는 가능성의 영역을 확보하는 것이 중요하다. 그러한 초기의 가능성은 자신의 장소를 찾아야 하고, 접합되어야 하며, 결국은 증식되고, 다양한 방향으로 가야한다. 그러한 부분적 주체화과정은 스스로 작동하고 인성의 심오한 수정에 도달할 수 있어야 한다. **변이과정을 방해하기 위해서가 아니라, 반대로 그것에 공간·시간·청중(들을 수 있는 사람)을 갖추도록 기여하기 위해서.** 마르모탕 병원과 보르도 정신병원과 같은 장소들은, 많은 점에서 불충분하고 종종 삐뚤어지게 나가지만, 이러한 문제설정 ─ 적어도 그 문제설정의 일부 ─ 이, 모든 것이 폐쇄되고 마비되고 층화되고 미리 작동되는 거기에서 과정적 주체성을 창조하는 방법이 보존되도록 하는 작은 실험실들이다.

사람들은 자신이 일종의 **이중구속**에 있음을 발견한다. 즉 만약 사람들이 "전문가들"에게 왜 그들의 지식이 구획되어 있는지, 그리고 왜 그들은 주체성을 역–의존 상태에서 만들어내는지에 대해 질문한다면, 사람들은 전투적 태도를 재구성하는 경향이 있다. 그러나 무엇에 대해 전투적인가? 사람들은 대부분의 전투적 이데올로기가 쇠약해진 이래로 탈가치화된 담론에 빠질 위험을 무릅써왔다. 여기에 발명해야 할 새로운 장르가, 즉 추구하고 있는 것 또는 어쨌든 추구해야 하는 어떤 것이 있는 것 같다. 살균된 사회적 보조자나 전투적 보이스카우트가 되는 것이 문제가 아니고, 새로운 사회적·분석적 기능을 규정하는 것이 문제다. 성직자들은 이러한 역할을 수세기 전에 수행했다. 다른 카스트와 사회계층 내부에서 그리고 그들 사이에서 가능한 주체화 관계들일 수 있는 것을 평가하게 되었다. 그들은 설교를 통해, 고백을 통해, 사회집단·위계제·성별관계 등과 관련한 상세한 법률을 통해서 영구적인 조정들을 수행했다.

주체는 당연하지도 "주어진" 것도 아니고, 자연스럽게 만들어지는 것도 아니다. 그것에 대해 연구해야 한다. 주체의 모델화, 주체의 생산은 인공적이며 훨씬 더 그렇게 될 것이다. 바이러스 공격들에 직면하여 면역 체계들을 변형하기 위해서 지속적인 연구가 국제적 규모에서 잘 이루어지고 있다! 또한 집합적 주체성은 항상 진화하고 있는 실천을 필요로 한다. 이성·감수성·심성들이 단호하게 고정된 준거틀로 나타날 수 있는 때는 지나갔다.

프로이트 학파와의 만남, 상파울루, 1982년 8월 25일

질문: 나는 당신에게 장-밥티스트(Jean-Baptiste)의 정신병 사례와 같은 임상 사례들이나 정신의료 제도들 속에서 작업에 관한 이러한 논의들에서 벗어나라고 하고 싶다. 왜냐하면 당신에게 분석적인 것이 임상진료의 분야에 한정되지 않는 것처럼 보이기 때문이다.

가타리: 나는 정신병자도 아니고 개인도 아닌 사례를 제시할 것이다. 그것은 프랑스에서 "자유라디오 현상"이라 불린 것이다. 분석적 문제설정이 임상적 진료와 쥬거들에만 제한되어서는 안 된다는 사실을 보이기 위해서 바로 나는 이러한 예를 들고 있다. 우리가 지스카르 시기 동안에 보았던 것처럼, 프랑스 좌파의 이러한 종류의 전반적인 실패라는 맥락에서, 모든 좌파정당들, 극좌파의 소집단들과 분파집단들은 완전히 틀에

박힌 방식으로 기능하는 것으로 축소되었고, 실질적인 사회적 실천들로부터 단절되어버렸다. 이탈리아에서 어떤 일이 발생했는지를 잘 알고 있는 일단의 친구들과 더불어, 1977년에 우리는 라디오전파의 독점을 문제 삼아 무언가를 시작하려고 생각하였다. 우리 머릿속에서 생각은 특히 지스카르 체제의 미디어 이용을 문제 삼고, 미디어에서의 민주적 표현의 부재를 문제 삼으며, 미디어에 관심이 있을 것 같은 소집단들을 위해 움직일 수 있는 또 다른 방식을 실험하려고 해야 한다는 것이었다. 나는 프랑스 자유라디오 방송국의 전 역사를 기술하려고 하는 것이 아니다. 흥미로운 것은 기술적 요소의 도입, 즉 극소량의 장비로 축소되고 직접 만든 라디오 방송국의 도입이 놀라운 기호적 효율성을 지녔다는 단순한 사실이다. 그것은 실제 자신을 법률 외부에 위치지은 것, 계획적으로 자기 자신을 기소·체포·전파방해 등을 겪는 위치에 놓는 문제였다. 그 발의는 실제적으로 부조리한 것 같았는데, 왜냐하면 그것은 자신에 반하는 국가장치와 모든 법적 장치를 가졌기 때문이다. 더욱이 모든 조합들, 좌파 정당들 그리고 대체적으로 여론이 이러한 표현 독점화 현상에 의해 포획되어왔다. 그럼에도 불구하고 몇 달 안에, 이러한 개입은 억압체계를 완전히 마비시키는 효과를, 자유라디오 활동의 이 불법적 지형 주위에 조합운동의 요소들(비록 그들이 독점체들을 편드는 그들의 초기 입장을 유지했을지라도)과 좌파의 정치적 요소들(프랑수아 미테랑) 자신 —— 상당히 법을 대표하는 그리고 그때는 야당에 있었던 사람 —— 이 심지어 기소되었다)을 결집하는 효과를 지녔다. 그것은 또한 그 당시 권력에 있던 사람들을 동원하고 라디오 전문가들 사이에 위기를 유발하는 효과를 지녔다.

그러한 현상의 증식을 이해하기 위해서, 그것을 미디어 대담자, 담화, 정보 등과 관련하여 사회적 무의식의 등록기, 즉 집합적 기호화양식에의 개입으로 위치짓는 것이 필요하다. 나는 몇 년 후에 이러한 과정이 내가 여기서 묘사하지 않을 여러 가지 방법들로 광범위하게 회수되었다는 것을 말해야 한다. **관심 있는 것은 절차적 방식으로 작동되는 파열점이 무엇이었는지 이해하는 것이다.** 그것은 자동차의 앞 유리 위에, 초소형의 4차원 입자를 만들지만 유리 전면을 부셔버리는 조그마한 조약돌과 약간 유사하다.

나에게 이것은 우리가 "녹색라디오(Radio Vert)"라고 부른, 1977년에 만든 첫 번째 방송국(이 때문에 나는 첫 번째 형사고발을 당했다. 그때 이후 나는 더 많이 고발당했다)에서 분명해졌다. 그것은 프랑스 일간 신문 <마텡 레르(Matin Rairs)>의 편집부에 설치된 생태라디오 방송국이었다. 우리는 방송하기 시작했고, 최소한 아침 9시 또는 10시까지는 전파방해가 없다는 것에 놀랐다. 나중에 우리는 이것이 노동협약에 따라 전파방해를 할 수 있는 사람들이 일하기 시작하는 시간이라는 것을 알았다. 그러나 그 제한된 시간 공간에서조차 우리는 정보격자에서 벗어난 첫 번째 방송을 할 수 있었다. 이것이 뭐였나? 상징적 파열? 방송 끝자락에 우리들 중 4-5명은 매우 기뻐했다. 편집부에 있는 우리의 동료 저널리스트들은 믿기 어렵다고 말했다. 그럼에도 불구하고, 방송을 하고 있던 생태학자였던 기술자가 콧방귀를 뀌었고, 우리의 감격, 즉 조그마한 역사적 파열 행위를 수행했다는 우리의 감명을 함께하지 않았던 것을 알고서 나는 놀랐다. 우리가 그에게 무슨 생각을 하는지 물었을 때, 그는 "글쎄, 첫 번째 노력치고는 나쁘지 않았다, 그러나 만약 이것을 하기 위해서라면, 자유라디오 방송국에서 이러한 종류의 허튼소리를 계속 말하기 위해서라면, 그것은 정말 아무 소용도 없다. 만약 사람들이 자유라디오에 개입하러 가고 있다면, 그것은 우리가 믿을 수 없는 프로그램을 하기 위해서일 때만이 가치 있을 뿐이다"라고 말하면서 우리에게 열변을 토했다. 우리는 서로 바라보았고, 그가 옳은지 어떤지를 생각했다. 그러나 우리와 함께 이탈리아에서 자유라디오, 특히 볼로냐의 '라디오 알리체(Radio Alice)'의 발기인 중 한

명이었던 이탈리아 친구가 있었다. 그는 찡그린 표정으로 그 기술자를 바라보았고 다음과 같이 말했다. "당신은 아무것도 이해하지 못하고 있어! 자유라디오는 당신이 생각하는 것이 아니야." 자유라디오에서 중요한 것과 작동하고 있는 것은 사람들이 처음 자유라디오국에 수신기를 맞추고 소음과 끔찍한 휘청거림, 마이크가 떨어지는 소리, 모든 사람이 동시에 말하는 것을 듣고, 그들이 "오, 라디오가 이처럼 될 수 있구나"라고 생각하는 것이다. 그리고 바로 여기서 갑자기 내가 완전히 다른 가능성들의 세계라고 부르는 것이 열린다.

당신 또한 특정 시기 저널리즘에서 이러한 종류의 분자혁명을 발견한다. 의심할 여지없이 당신이 알고 있는 위대한 교육학 혁신가인 셀레스탱 프레네(Célestin Freinet)는 아이들과 함께 신문을 창간함으로써 이러한 종류의 혁명을 하였다. 그는 프린트된 글쓰기 표현 또는 데생과 페인팅의 표현 또한 또 다른 것일 수 있다는 것을 보여 주었다. 또 다른 표현양식의 이러한 개시, 즉 또 다른 잠재력들의 이러한 개시는 분명히 집합적 주체화양식들을 변화시키는 어떤 것이다. 학교학급, 조합집단, 또는 근린지역이나 마을의 소통생활을 주체화하는 방식은 이러한 성격을 가진 기계적 과정의 단순한 침입에 의해 급격하게 변형될 수 있다. 심지어 어떤 종류의 발전이 있기도 전에, 즉 역사와 세력관계가 바뀌기 전에조차, 가능성들은 발생할 수 있다.

이제 프로이트주의로 되돌아가 보자. 프로이트는 히스테리에 귀를 기울이면서 무엇을 했는가? 그는 이론적 사유, 집단, 운동, 실천 등이 연달아서 빠져버린 새로운 종류의 가능성 세계, 즉 주체화의 새로운 기호화양식을 드러내기 위해서 막을 열었다. 그러나 **애초에 프로이트가 가져온 것은 준거세계들과의 파열[단절]이었다.** 나에게 분석행위는 일정한 담론추이 속에 있는 분석가의 해석에 집중될 수 있는 어떤 것이 아니다. 그것은 일정한 특이성 요소들에서 나오는 어떤 것이며, 모든 것이 층화된 주체화양식으로 중복된 표현양식 등으로 이미 결정되고 이미 새겨진 것처럼 보이는 상황 속에서 다른 종류의 가능성이 완전히 무장한 채로 생겨나게 할 수 있는 어떤 것이다. 자유연상과 비기표적 파열 양식들은 이런 성격의 분석혁명들을 나타내며, 이것은 동시에 문학, 초현실주의, 미술 등에 나타났다.

요즘 우리는 막다른 골목에서 벗어나는 길은 그것이 무엇이든지 간에 항상 특이화과정이 발생할 수 있고, 새로운 각도에서 문제설정에 접근할 수 있으며, 다른 종류의 평형상태 즉 다른 종류의 질서를 생산하는 파동을 창조할 수 있다는 것을 함의한다고 생각할 수 있다. 그것은 일리야 프리고진(Ilya Prigogine)과 이사벨 스탕제르(Isabelle Stengers)가 "균형 상태에서 벗어난 파동", "균형 상태에서 먼 구조들"이라고 부르는 것이다. 다시 말해서 **"무의식구성체"는 여기에서는 아마도 생산되고 발견되고 접합되고 조합될 수 있는 어떤 것으로 나타나지, 주체성 세계[우주]들에 기초하여 보이고 재발견되고 또는 재조합되는 어떤 것으로 나타나지 않는다.**

메짱(Renato Mezan): 나는 상이한 수준들, 상이한 차원들이 존재하며, 그리고 내가 아는 한에서, 정신분석은 그들 모두를 설명하지 못한다는 것에 대해 당신에게 동의한다. 그러나 나는 정신분석이 설명해야 한다고 생각하지 않는다. 나는 장-밥티스트의 사례로 돌아가고자 하며, 당신에게 다음과 같이 묻고 싶다. 당신의 행동은 어디에서 유래하는가? 당신은 당신이 해석하지 않았으며, 분석적 차원을 중요하게 생각하지 않았다고 말한다. 당신은 소년이 어느 정도 자신의 고통으로부터 벗어날 수 있도록 하는 이러한 특이화과정 속에서 어떻게 당신의 현존효과를 볼 수 있는가? 두 번째 질문은 기술자의 얼굴에 나타난 표현이다. 우리는 약간 환상화할 수 있으며 ── 해석과 분석적 개념화의 틀을 적용할 때 ── 기술자가 "만약 이런 보잘 것 없는 것을 하려고 한다면, 자유라디오가 무슨 소용인가?"

라고 말한 사실은 아마도 그가 그러한 상황으로 괴롭힘을 당했다는 것을 의미할 것이라고 생각한다. 그리고 만약 내가 말하고 있는 것 속에 뭔가가 있다면, 당신은 라디오 알리체 출신 사람이 기술자에게 "당신이 말하고 있는 것은 우리가 하고 있는 것과 관련이 없어. 당신은 아무것도 이해하지 못하고 있어!"라고 말한 사실을 어떻게 볼 것인가? 나의 질문은, 특수하게 이 경우에, 분열분석 측면에서 무엇을 할 수 있을까?이다. 왜냐하면 나는 이탈리아 라디오 출신 동료가 기술자에게 그가 아무것도 이해하지 못한다고 말했다는 사실이 특이화과정이나 파열과정으로 나아간 것 같지는 않다는 인상을 갖고 있기 때문에 묻고 있다. 분열분석 관점에서 이러한 상황은 어떻게 드러날 수 있는가?

가타리: 나는 두 번째 사례로 돌아갈 것이다. 왜냐하면 아마 그것이 더 쉬울지도 모르기 때문이다. 나는 이 이탈리아 친구 안드레아(Andrea)가 개입을, 즉 분석적 해석을 했다고 생각한다. 왜냐하면 그 기술자의 논평은 ("만약 당신이 라디오에서 허섭스레기를 생산할 뿐이라면, 왜 당신은 계속 해서 이 일에 개입하고 있는가?") 당신이 꽤 정확히 지적했듯이 그 집단으로 하여금 죄지은 것처럼 느끼도록 하고 자유라디오의 잠재력을 금지하는 경향이 있었다. 그러나 자신의 경험으로부터 자유라디오의 힘이 명확히 이러한 **무의미** 효과와 그것의 반향에 있다는 것을 알게 된 이 이탈리아 친구에게는, 우리가 우리의 개입의 결과들을 미디어 영역의 지배적인 가치증식 양식과 관련하여 위치지어서는 안 된다는 것이 분명했다. 그래서 그가 말한 것은 죄지은 분위기에 대한 일종의 해석이었다. 이 모두에서 중요한 것 그리고 나에게 바로 모습을 드러내고 있던 어떤 것은 의사소통의 새로운 매개물의 발명이 아니라 **소통되는 것과의 새로운 종류의 관계의 발명**이었다. 그것은 음악이 침묵일 수도 있으며 바이올린을 자신의 의자 위에 올려놓고 거칠게 다루는 바이올린 연주자일 수도 있음을 보여

준 훌륭한 이론가이자 음악가인 존 케이지가 수행한 혁명과 같은 성격의 것이다. 이것은 갑자기 소음을 미적 질서 속으로 도입하는 것을 정당화하면서 완전히 예상 불가능한 음악 세계들을 열어젖힌다. 그것은 현대 미술의 도래와 함께 조형예술에서의 어떤 파열 현상과 같은 성격의 것이다. (나는 이러한 관점에서 가장 중요한 사람 중의 한 명인 폴록(Pollock)의 작품을 주로 생각하고 있다.) 이들 파열은 화가가 생산하는 것의 계통뿐만 아니라, 우리가 완전히 다른 상황에서 예술적 관계들을 인식하는 방법에도 관련된다.

그래서 당신의 첫 번째 질문과 관련하여, 나는 **무의식구성체와 관련한 이들 문제설정들에 개입하려는 누구나에게 첫 번째 미덕은 피해를 유발하지 않는 것이라고 말할 것이다. 두 번째는 개입이 과정적인 실용적 충격을 지닐 수 있을 순간(이것은 매우 드물다)을 식별하려는 것이다. 그리고 그것을 식별하는 데 성공했다는 것은 그것의 한계를 찾을 수 있다는 것이며, 이것은 피해를 유발하는 것이 아니라 우리를 첫 번째 교훈으로 돌아가게 한다.**

다시 말해서 나는 장-밥티스트의 경우에 내가 아파트를 임대하자고 제안한 시기까지 어떤 신뢰성, 즉 그러한 극적인 상황과 관련하여 내 자신의 무력감과 연결된 일종의 순수한 선의를 가지고 있었다고 생각한다. 어쨌든 나는 심리학자와 정신분석가의 전통적인 허세를 보여주지는 않았다. 원칙적으로 나는 그러한 주체화양식과 그러한 종류의 상황에 대해 힘을 가졌다는 인상을 주면서. 그리고 내가 그러한 도식, 즉 삶과 재조직이라는 그러한 계획을 제안했을 때, 미미한 **양**의 가능한 개입을 유지했기 때문에 나는 아마도 그렇게 할 수 있었다. 그런데 만약 내가 더 일찍 그리고 어떤 다른 방식으로 개입했다면, 만약 이전 상황의 공리계가 나로 인해 그러한 성격의 모든 종류의 개입을 불가능하게 했다면(예를 들어 만약 동의되었던 것이 내가 순수하게 중립적인 상황에서 단순히 듣고만 있을 것이었다면), 그때 아마도 그러한 양(quantum)의 개입은 불가능했을지도 모른다.

질문: 나는 당신이 당신과 장-밥티스트 사이에 있던 추잉껌을 어떻게 이해하는지 알고 싶다.

질문: 나는 정신분석가의 욕망이 무엇을 말하는지를 알고 싶다. 즉 그가 정신분석을 받는 환자들을 지배하는 상황 속에서 무엇이 그의 욕망을 움직이는가?를 알고 싶다. 예를 들어 장-밥티스트의 경우에, 분석가는 가족제도와 결별한다. 그러나 만약 그가 자기 자신을 분석제도의 전망 안에 놓지 않는다면, 어떤 이름, 어떤 기획으로 [할 것인가]?

질문: 나는 그 질문에 다음의 질문을 덧붙이고 싶다. 분석가의 욕망 속에 있을 법한 가치문제는 없는가?

질문: 이 학파에서 우리는 정신병 문제에 대해 연구해왔다. 우리의 매개 변수들에 따라서 생각해 보자면, 나는 이 경우에 당신의 태도가 일종의 "어머니 기능", 달리 말해서 주체에게 선택지를 제공하는 분석가와 일치 하지 않았는지 궁금하였다. 그러나 내가 당신의 언표에 대해 이해한 바에 서 보면, 가장 중요한 것은 어머니 기능을 완수하는 것이 아니라 어떤 불확실성을 가지고서 어머니 기능을 하는 것이었다고 생각한다.

가타리: 당신들이 바라는 대로다. 이 모든 질문은 특수한 지점에서 교차 한다. **나는 개인들에게 부여될 수 있는 분석 자격이나 기능이 있다고 생각 하지 않는다.** 한편으로는 개인이 청취자, 보조, 사회적 통제 등의 위치에 있다는 사실이 있다. 다른 한편으로는 분석과정이 전개되고 있다는 사실

이 있다. 나에게 본질적인 것은 분석과정들이 사람들 또는 개인들과 관련하여 필연적으로 탈중심화되어 있다는 것을 파악하는 것이다. 껌이라는 문제는 이러한 차원의 문제이다. 장-밥티스트는 나와 어떤 종류의 구두 관계를 설정했는가? 그가 다소 무의식적인 방법으로 내 쪽과 대화를 나누었다는 것인가? 그리고 만약 그렇다면, 그 "내 자신의 일부분"을 여성적이거나 모성적인 것으로 생각하는 것이 옳을까? 여기에서 우리는 라캉의 "대상 a[소문자 타자]" 이론의 측면에서 생각할 수 있다. 그러나 그 준거는 함정일 수 있다. 분석과정을 촉발시키기 위한 실용적인 가치를 지니는 한에서만 그것은 관심이 있을 뿐이다. 그렇지 않다면 그것은 그 자체로서 어떤 범위[사정]도 갖지 않는 환상일 뿐이다.

일단 우선 분석가가 존재하기 때문에 그 순간부터 분석가의 욕망이 있다는 것은 명확하다. 그리고 일종의 "분석의 역능의자", 이를테면 결과에 대한 기대, 행태 모형화가 존재한다. 이러한 것이 욕망에 대한 문제가 발생하지 않는다는 것을 의미하지는 않는다. 그러나 나에게 그것은 실제로 전이의 문제, 즉 도덕적 올가미로 발생한다. 우리는 **전이가 발생할 때마다 소외 상황이 설립되어왔으며 이것은 아마도 실제 분석과정에 방해물로 기능한다**고 말할 수 있다. 내가 전통적인 분석가로서 작업했을 시기 동안에, 나는 분석을 시작할 때마다 일종의 유사성을 설정했다. 나는 심지어 다른 분석가들과 함께 그것을 확인하였다. 치료 초기에 첫 번째 만남에서 5번째, 6번째, 그리고 7번째 달까지 다소 어떤 생산성이 존재했으며 유지되었던 것으로 나에게는 보였다. 하지만 그때부터 전이 현상의 설립에 일치하는 일종의 전 지구적인 대량화·공고화 현상이 생겼으며, 이것은 수년 동안 분석과정의 내파라는 실제 현상으로 기능할 것이다.

롤니크: 전이는 그 경우에 일종의 블랙홀로 기능할 것이다.

가타리: 맞다, 그 성격이 무엇이든 기호적 생산성이 갖는 모든 잠재성을 삼켜버리는 일종의 블랙홀.

메짱: 당신 생각에 그것은 전이가 분석가 스스로가 분석과정에 저항하는 것을 뜻하는가? 나는 두 가지 질문을 하고 싶다. 첫 번째는 기술자 이야기에서 전이현상이 존재했는가? 대답이 긍정적이라면, 사태를 바라보는 당신의 방식들에서 그 현상은 무엇이었는가? 두 번째, 만약 당신 생각에 안드레아가 개입하여 그 집단을 죄의식에서 벗어나게 해주었다면, 당신은 그 방식으로 그가 그 기술자를 어떤 것으로 변화시키는 데 도왔다고 생각하는가?

질문: 레나토의 질문에 이어서, 이러한 상황 속에서 작동하고 있는 것은 우리 사회에 특정적인 지식노동 **대** 기술노동 사이의 분업이 아닌가?

가타리: 나는 그 사람을 다시 본 적이 없다. 나는 그에게 어떤 일이 일어났는지 모르지만, 나는 그가 많은 성과를 냈다고 상상한다. 즉 어떤 기술적인, 기술관료적인 관념에 의해 특정지어지는 선을 따라서 자유라디오 흐름 전체의 증식이 있었다. 기술노동과 언표행위 노동 사이의 그러한 분업은 그러한 종류의 기획에 대한 완전히 비정치적이고 비분석적인 관념을 포함한다. 그것이 내가 일하는 곳과 같은 자유라디오 방송국에서 기술자들의 전문화가 체계적으로 거부되는 이유이다. 기술을 담당하는 사람("기술자"가 아니다)은 작은 침실 뒤에 있는 것이 아니라, 대화의 상황에 직접 있다. 분명 이것은 부가적인 혼동 요소이다.

전이에 관해서 근본적인 어떤 것이 그것과 관련하여 일어난다는 것은 분명하다. 그것은 — 여기에 오직 두 인물만 존재한다는 것을 제외하고는 사르트르의 4인물들처럼 — 상황을 완전히 봉쇄하는 것이며 비공개 상황이다. 그것은 과잉투자 현상, 즉 급진적인 탈가치화 과정에서 한편으로는 (분석가 쪽에서) 아무것도 말해지지 않고, 다른 한편으로는 말해지는 모든 것이 흡수되어버리는 상황으로 일반적으로 이끄는 이러한 맥락 속에서 정립되는 역설적인 기호화양식이다. 그것은 욕망의 상당한 역능을 전달하는 일종의 탈영토화되고 사도마조히즘적인 상황이다. 즉 그것은 정확히 이 배열장치에게 무자비한 효율성을 주는 것이다. 그것은 또한 정신분석협회들과 그리고 그들을 흥분시키는 모든 문제들과 오늘내일 끝날 일이 아닌 이유이다. 그러한 협회들은 사실 권력형식들의 변이를 나타낸다. 즉 권력을 획득할 때 조금도 드러나지 않은 권력 원형을 나타낸다. 왜냐하면 그것은 어떠한 종류의 강제적인 배열장치도 포함하지 않기 때문이다. 바로 그러한 이유 때문에, 이러한 권력 원형은 훨씬 더 강력하다. 그것이 모든 사회 국면에 내재화된 권력을 확립하고자 하는 사람들에게는 비상한 이상으로 기능한다는 것은 이해하기 쉽다. 그것은 농담처럼 들리지만 그렇지 않다. 프랑스에서 — 나는 동일한 것이 브라질에서 일어나는지 모른다 — 어린이들을 위한 수백 개의 제도들이 있다. 그러한 제도에서 실제 권력은 행정 당국들에게가 아니라 정신분석가들에게 속한다. 그들은 — 하여튼 통상적인 길에서 분명한 — 어떠한 분명한 강제적인 벡터도 조종하지 않은 채 믿을 수 없는 지배를 행사한다.

메짱: 나는 분석과정을 시작하는 분석가라고 불리는 개인과 환자라고 불리는 또 다른 사람이 있기 때문에 그것이 단순하지 않다고 생각한다. 스스로를 분석가라고 부르지만 내가 생각하기로는 분석과는 전혀 상관없는 사람들이 있다. 나는 이 모든 것이 또한 프랑스의 매우 특정한 상황과 연결되어 있다고 생각한다. 나는 특히 라캉주의 현상과 그것이 지니는 끔찍한 허영심에 대해 생각하고 있다. 즉 우주가 6각형(프랑스의 지도모양)이라는 그의 믿음, 그리고 분석을 존재론적·민족적 등의 과정으로

변형시키는 것에 대해 생각하고 있다. 나는 당신이 비난하는 것에 전적으로 동의한다. 나에게 분석은 상황 속에서 일어나는 것에 극도로 관심을 쏟는 것이며, 여기서 우리는 매우 복잡한 토론에 착수할 수 있다. 나는 이단(hérésie)일 수 있는 어떤 것을 진술하고 있다. 즉 아주 종종 분석의 이름으로 발생하는 의례화된 의사–분석적 익살극뿐만 아니라 진지한 분석이 존재할 때, (당신이 이 용어에 부여하는 의미에서) 분자혁명이 존재한다.

가타리: 나는 그것을 절대 이단이라고 생각하지 않는다.

메짱: 나는 농담으로 이단이라고 말했다. 나는 당신이 정신분석을 자신을 억제하며 특이화와 자율화에 반대하는 권력의 편에 설정하고 있다고 생각한다. 그러나 그것은 내 자신의 분석경험과는 일치하지 않는다. 하지만 그것은 또 다른 이야기, 즉 우리가 또 다른 시대에 관해 말할 수 있는 길고 복잡한 이야기이다.

가타리: 내가 분석적이라고 부르는 상황과 정신분석이 같다고 보지 않는 순간부터 나에게 그것은 전혀 문제가 아니다. 정신분석은 실천적이고 이론적인 제도이며 우리가 이른바 정신요법 상황에 있을 때 아마 언급할 수 있는 사회적 배열장치이다. 다행히 많은 분석가들이 정신분석을 실천하지 않지만, 그러나 그들은 그것을 알지 못한다. 즉 그들에게 이 새로운 좋은 것을 알려주어야 한다. 그리고 정확히 정신분석을 실천하지 않음으로써 때때로 아마 그들이 그럼에도 불구하고, 스스로 분석하고 있다고 발견할지도 모른다. 정확히 분석을 위해서는 바로 제도적, 이론적, 실천적 등의 경화라는 다중적인 차원을 지닌 정신분석제도와 싸우는 것이 필요하다고 생각한다.

질문: 나는 당신의 제안에 전적으로 동의한다. 당신의 제안은 내가 정신분석의 탈제도화라고 부른 것일 것이다. 그러나 내가 당신 자신이 찾으려 했던 것으로 상상하듯이, 나는 우리가 정신분석 안에서 답을 찾을 수조차 있다고 생각한다. 나는 분석 행위를 **무의미** 효과로 이해할 것이다. 그래서 당신에게 질문할 것은, 만약 우리가 정신분석제도들의 반복적인 창설을 하나의 징후라고 생각한다면, 우리는 ──『욕망의 정치적 박동』(『분자혁명』 브라질판)에서 제시된 것처럼 "주체집단"의 의미에서 ── 분석집단이 분석제도라고 환영적으로 불리는 이러한 맥락에서, 제도 자체를 넘어서 또한 확산될 "분석행위" 유형의 어떤 효과를 생산할 수 있다고 상상할 수 없을까?

가타리: 자, 그것은 어휘를 선택하는 문제이다. 나는 우리가 기본적인 문제에 대해서는 동의하지만, 그것을 표현하는 방식에 대해서는 동의하지 않는다는 인상을 갖는다. 집단이 개인 못지않게 분석적일 수 있으며, 그 역도 마찬가지이다. 반대로 집단과는 다른 배열장치(절차, 배치작업, 기호화 작업)가 분석범위[효과]를 지닐 수 있으며, 심지어 그것에 소질이 있을 수조차 있다. 이것은 지위 또는 직무와는 명확히 정반대인 과정, 즉 그 과정 안에서 자신의 존재에 대한 확인을 수반한다는 것을 제외하면. 내가 "주체집단"이라는 나의 낡은 정식화로 절대 돌아가지 않고자 한 것은 바로 그 때문이다. 나는 집단이나 개인과 일치하지 않는 "주체화과정" 또는 "기호화과정"에 대해 말할 것이다. 이 과정은 개인내부적, 기관적인, 지각적인, 생리적인, 관념적인 등의 요소들과 경제적·기계적·초개인적인 과정들도 포함한다. 어떤 순간에 분석과정의 차원을 획득할 수 있는 것은 바로 이러한 형태의 배치이다.

엥팡트(Domingos Infante): 나는 다음 관찰을 주목하고 싶다. 즉 논의는 항상 "분석"과 "분석적인 관계"라는 낱말 주위를 맴돌고 있다. 이들 용어의 사용이 나에게는 적절해 보이지 않는다. 왜냐하면 내가 정확히 이해했다면, 분열분석의 제안은 정신분석 분야 그 자체를 완전히 벗어나 움직이는 어떤 것이기 때문이다. 분열분석은 정신분석을 "기호체제" ── 기표체제 ── 로 보며 다른 기호 차원들을 생각할 것을 제안한다. 분열분석의 윤곽은 『천 개의 고원』 속에 규정되어 있다.

가타리: 동의한다. 그러나 나는 질문이 무엇인지 모르겠다.

샤파(Sandra Schaffa): 나는 뭔가를 덧붙이고 싶다. 왜냐하면 나 또한 우리가 "분석"이라는 단어와 관련하여 사태를 혼동하고 있다고 느끼기 때문이다. 본래 우리는 실제로 공통점 ── 예를 들면 분석가의 위치를 분석가 그 자체와 혼동하지 않는다는 ── 을 가지고 있을지도 모른다. 그 지점에 이르면 우리는 동일한 방식으로 사태를 생각하고 있다고 말할 것이다. 그러나 다른 한편 나에게는 펠릭스(Félix)가 분석과정을 정의하기 위해 탈주에서, 즉 전이상황의 파열에서 시작하는 것으로 보인다. 내 생각에 정확히 그 지점에서 그는 정신분석적 시각의 방향과는 근본적으로 반대되는 방향에 있다.

가타리: 바로 여기가 내가 오늘 준비했던 이야기를 시작할 곳이다.

*

나에게는 무의식분석이란 문제설정의 중요성은 어떻게 그러한 고착이나 동일시가 발생학적 발전의 그런 순간에 발생했는가를 아는 데 있지 않다. 이러한 문제설정은 일정한 사회관계의 구체적인 상황 속에서 개별적 또는 집합적 주체화과정이 **어떻게** 증후군의 과녁을 빗나가면서 또는 증후군을 발전시키면서 차단되는지를 판별하도록 허용하는 한에서만 우리에게 관심이 있을 뿐이다. 한 집단 안에서 이러한 종류의 징후의 사례는 관료제, 공허한 말, 프랑스에서 우리가 "투박한 언어(langue de bois)"라고 부르는 것, 상투적이고 독단적인 판에 박힌 문구들이다. 내가 사회영역에서 욕망구성체에 대해 말할 때, 내가 심리학 조각들 ── 또는 그 문제에 대해서는 정신분석의 조각들 ── 을 가지고서 역사나 계급투쟁을 설명하려고 시도하고 있는 것은 아니다. 반대로 그것은 가능한 한 정확히 어떻게 주체성이 총체적인 난국으로 치닫게 되었는가 또는 왜 주체성이 자본주의적 주체성생산 과정으로 **흡수**되었는가, 또는 (결국은 마찬가지가 되는) 왜 주체성은 특이화과정으로 진입하는 데 성공하지 못하는가를 파악하고 이해하는 문제이다. 다시 말해서 그것은 우리가 일정 시기에 일정 장소에서 살거나 생존할 수 없을 때 그 이유를 파악하는 문제이다.

*

분석과정은 사회적 지층화[계층]들 사이에서, 시기들 사이에서, 감수성 양식들 사이에서, 내가 "세계"라고 부르는 것 사이에서 미끄러지는 추상기계와 같다.

*

무의식구성체의 분석이라는 문제설정은 황폐한 것으로 드러난 형식적 민주주의의 기준을 벗어나 생각되는 자주관리의 미래 또는 사회변혁운동의 미래 또는 관료화 양식의 미래와 같은 근본적인 문제들과 관련된다. 이러한 모든 문제는 제쳐져왔다. 분석은 부문적(sectorielle) 실천이 되었으며, 우리 사회에 존재하는 대로의 주체성생산과 직접 연결되지 않은 채 본질적으로 기호 원리들에 기초한, 이론적 관념에 기반한 부문적 실천이 되어왔다. 만약 우리가 사회조직 형태의 진화를 생각한다면, 그것은 근대의 생산 형태들이 점차 본질적 요소로서 주체성의 조작과 생산을 상정한다는 사실을 포착하는 것을 함의한다. 오늘날에는 정보기계 분야에 작동하고 있는 모든 것에서 상당한 중요성을 지닌 기계적 구성요소들이 있다. 이들 구성요소들은 우리 사회의 직조 자체를 위한 일종의 원료를 이룬다. 이들 구성요소들은 라캉적 관념과 탈-라캉적 관념에서 가공되고 순환되듯이 기표이론과 같은 이론들에 기초해서는 전혀 이해될 수 없다.

하부구조 콤플렉스를 넘어서서

"기호적 에너지론"에 관한 가타리의 이야기에서 발췌, 세리시 콜로키움, 프랑스, 1983년 6월

프로이트의 무의식

나는 프로이트로 하여금 기호적 에너지론을 발명할 수 있도록 해준 광기의 발작을 말하려는 것이 아니라, 천재의 발작을 묘사하려고 한다. 기호적 에너지론의 첫 번째 이론화는 그 천진난만한 과학적 성격에도 불구하고 나중에 그가 정신분석의 제도화라는 맥락에서 발전시켰던 이론화보다 기본적으로 덜 환원론적이었다.

프로이트의 가장 큰 야망 중의 하나는 "정신작용이론은 우리가 그것에 양의 관념 즉 일종의 신경의 힘의 경제를 도입할 때, 어떤 형식을 취할지를 발견하는 것"[105]이었다. 프로이트의 첫 번째 심리장치 모델들 —— "어

떠한 가치를 넘어선 육체적인 성 긴장이 심적 리비도를 자극하며 이 리비도는 그 다음에 교미로 이끄는 것"106)과 같은 사태들과 더불어, 페흐너(Fechner)의 정신물리학 어휘에 그리고 헬름홀츠(Helmholtz)와 브릭케(Brücke)의 "물리학적" 관념에 완전히 빠져 있던, 이러한 첫 번째 모델들이 그가 무의식의 "심연"을 탐구하고 있을 시기에 준비되었다고 확인하는 것은 역설적이다. 그의 기계학적 가정들이 어떻게 히스테리, 꿈, 실수, 그리고 농담의 담론을 독해하는 새로운 방식과 공존할 수 있었는가? 그의 새로운 독해방식의 대담함 —— 그리고 종종 우리가 인정해야 하듯이 그것의 덧없는 본성 —— 은 다다이즘과 초현실주의에서 필적할만한 것들을 가질 뿐이었다. 예를 들어 『꿈의 해석』에 나오는 다음의 문구를 생각해 보자. "······ 꿈을 분석하기 위해서 사람들이 확실성 정도에 근거한 모든 종류의 판단을 포기할 것이고, 이러 저러한 종류의 어떤 것이 꿈속에서 생산될 수 있다는 어렴풋한 가능성을 완전한 확실성으로 취급할 것이라고 나는 주장한다."107)

의심할 여지없이 프로이트 스스로가 벗어나지 못한 과학주의적 굴레108)는 그의 신경증 청취뿐만 아니라 그의 자가분석이 노출되는 아주 잔인한 의미의 파열에 맞서 그를 면역되게 하는 주요 기능을 지녔다. 어떻든 간에 비록 그가 자신의 나중 모델에서 에너지 흐름과 무의식적인 심리상태 사이의 그러한 직접적인 상호작용을 유지하지 않았더라도, 우리는 그의 다양한 이론적 구성물을 기반으로 하여, 점점 더 은유적인 방법으로

---

105) Fliess에게 보낸 1895년 5월 25일자 편지, *Naissance de la psychanalyse*, Paris, PUF, 1979; 편지 24, p. 106.

106) *Naissance de la psychanalyse*, p. 83.

107) *L'Interprétation des rêves*, p. 439.

108) 주에서 가타리는 라캉이 —— 프로이트의 유산을 자기 자신의 것이라고 주장한 정신분석가에게서는 드물게도 솔직하게 —— 프로이트는 결코 자신의 첫 번째 과학주의적 연계들과 단절하지 않았다고 주장하였다고 평한다. "La science et la vérité", *Écrits*, Paris, Seuil, 1960, p. 857.

그러나 또한 점점 더 교활한 방식으로 에너지 구성요소들과 정신 재현의 층위들을 얽히게 하는 배열장치들을 계속해서 발견한다. 이른바 "첫 번째 논점" 모델은 무의식이 다음 두 가지 수준을 결합하는 미묘한 유형의 충동과 연결된 역동적인 재현억압으로부터 발생한다고 제안한다.

1) 하나는 육체적인 것인데, 그것은 에너지적 **압력**을 작동하게 하며, 그것의 본성은 확실히 규정되지 않지만 생화학적 차원에 속하는 것으로 보인다. 이러한 압력은 성욕을 자극하는 것으로 간주되는 흥분지대[성감대]들에 자신의 **원천**을 가지며, 그것의 **목적**은 이 흥분들에 의해 생긴 긴장의 항상성을 확보하는 경향이 있는 구성원리에 일치한다.

2) 다른 하나는 심리적인 것인데, 그것은 언어행위, 대상재현, 환상[판타지], 그리고 상호주체적 관계들을 이 배열장치의 **대상**과 접합한다. 어느 정도 그 대상은 배열장치의 변수를 구성한다.

프로이트가 그 당시에 인식한바 무의식적 심리생활이 물리적 에너지론에 닻을 내리고 있었을지라도, 충동에 기반한 인과성에 완전히 의존하는 데 빠지지는 않았다. "일차적 과정"이 무의식적 정신생활이 겪는 (치환, 압축, 과잉결정, 환각 등) 왜곡들 대신에, 다양한 종류의 금지·일탈·승화……를 리비도에 각인할 수 있다. 이러한 이론 단계에서, 충동의 육체적 단계와 심리적 단계 사이의 결합 지점을 정확하게 파악하는 것은 실제 상당히 어렵다. 사람들은 이러한 미묘한 탄환이 재현의 창공에 정서와 장애물을 발산하는 것에 스스로 만족하면서 육체적 토양에 뿌리를 내린 채 존속하도록 운명지어졌는지, 아니면 반대로 그것이 이미 [그 안에서] 서서히 발전되도록 요청된 심리세계의 본질적 부분인지 확실히 알지 못한다. 그러나 그것은 프로이트에게 본질적이었던 것은 아니다. **프로이트**

에게 중요했던 것은 성리비도와 의미효과들 사이에 통로를 만드는 것이었다. 그는 육체적인 동시에 정신적인 효과를 지닌 에너지에 입각한 자신의 가설 아래 에로스-죽음[타나토스], 사랑-불화, 질서-무질서라는 이원론적 패러다임에 기초한 무의식의 우주론적 토대를 찾기 시작했을 때조차도 그것을 결코 포기하지 않았다.

프로이트의 "두 번째 논점"에서는, 에너지 비유들은 점차 더욱 의인화된 모델에 대한 선호 때문에 사라지고,[109] **그리고 그 후에 정신분석운동은 리비도에너지가 담지하고 있는 "이론적 추문(스캔들)"을 넘어서기 위해서 리비도에너지 개념을 다양한 치료들로 떠넘기는 것을 멈추지 않는다.** 여기에서 나는 라캉 구조주의의 보호 아래에서 리비도에너지의 최종적인 변형에 대해서 말할 뿐이다. 그것은 참으로 기표연쇄 형태 아래 리비도에너지를 거의 완전히 "**일소하는 것**"이었다. 자신의 첫 번째 저서에서부터, 라캉은 프로이트의 메타심리학으로부터 거리를 두었다. 처음에 그는 리비도가 단순한 에너지 기록체계일 뿐이라고 고백했다.[110] 나중에 열역학 자체를 단지 기표놀이에 지나지 않는 것으로 축소시키면서,[111] 그는 그것이 지닌 흐름의 성격을 부정하기까지 하였고 그것을 충동의 **기관**으로 만들었다.[112] 그리고 이것은 이번에는 "**기표의 보물**"[113]로 변형

● ● ● ● ● ●

109) "…… 내부-주체적 장은 상호주체적 관계들의 모델에 따라서 인식되는 경향이 있으며, 체계들은 상대적으로 자율적인 사람-안의-사람으로서 그려진다……. 이 정도까지, 심적 장치에 관한 과학적 이론은 주체가 자신을 이해하고 아마도 심지어 자신을 자신의 환상-생활 속에서 구성하는 방식을 닮는 경향이 있다." Laplanche et Pontalis, *Vocabulaire de la psychanalyse*, Paris, PUF, 1973, "Topique", p. 488.

110) "반대로 **에너지적 개념**으로서 리비도는 이미지들이 행동에 투여하는 역동성들 사이의 등가라는 상징적 기록일 뿐이다." 1936년 마리엔바드 회의에의 개입, Jaques Lacan, "Au-delà du principe de réalité". *Écrits*, Paris, Seuil, 1960, p. 91.

111) "에너지론은 엔지니어들이 자신들의 순진한 마음에서 무엇을 믿을지라도 기표 네트워크의 세계를 도금하는 것에 불과하다." (가타리의 개인적 기록, 1970년 1월 14일 세미나)

112) "…… 리비도는 유기체의 일부로서의 기관과 도구로서의 기관이라는 용어의 두 가지 의미에서 기관으로 받아들여져야 한다." *Le Séminaire Livre XI — Les quatre concepts fondamentaux de la psychanalyse*,

되었다. 더욱이 아메바처럼 영원불멸하고 무성적인 그리고 그가 또한 "오플랫"[114]으로 묘사하는 이동 판자[115]로 비유되는 이러한 리비도, 즉 "무형의 기관"은 단호히 신성불가침한 에너지의 지위를 완전히 박탈당하지는 않았다. 그럼에도 불구하고 그것은 다소 특수한 에너지였던 것으로 보인다. 왜냐하면 라캉이 지적했듯이, "적은 양의 항상성만이 이러한 에너지 속에서 인식되기 때문에, 그것이 쓸모없는 만큼 이론 속에 쉽게 도입하는 양적 측정법에" 영향을 받기 쉽기 때문이었다. 그리고 라캉은 "프로이트가 매우 공식적으로 주장할 만큼 그 에너지의 본성 중에서 가장 본질적인 부분으로 명기된 그것의 성적 색깔은 텅 빈 색깔이라고, 즉 휘둥그런[입 벌린] 빛 속에 매달린 색깔"[116]이라고 덧붙인다.

분열분석적 무의식

"무의식"이라는 용어는 여기에서 편의상 유지될 뿐이다. 분열분석의 장은 실제로 정신분석가들이 자신들의 것이라고 생각하는 다음 영역을 훨씬 넘어선다.

1) "선진" 산업사회의 맥락에서 일반적으로 어떤 친숙한 주체성 존재방

Paris, Seuil, 1973, XV 장 p. 171. 또한 "주체의 전복과 욕망의 변증법", *Écrits*, p. 817과 "무의식의 위치", *Écrits*, p. 848도 보라.

113) *Écrits*, p. 817.

114) *Le Séminaire Livre XI — Les quatre concepts fondamentaux de la psychanalyse*, Paris, Seuil, 1973, XV 장 p. 179. 또한 "주체의 전복과 욕망의 변증법", *Écrits*, p. 817과 "무의식의 위치", *Écrits*, p. 851도 보라.

115) *Le Séminaire Livre XI — Les quatre concepts fondamentaux de la psychanalyse*, Paris, Seuil, 1973, XV 장 p. 179.

116) "프로이트의 **충동**과 정신분석가의 욕망에 대하여", *Écrits*, p. 851.

식에 기반한 개인의 구술행위.
2) 쇠약해진 치유공간에 한정된 정서적 표명들.

분열분석은 반대로 집합적 그리고/또는 개별적, 객관적 그리고/또는 주관적, 인간되기 그리고/또는 동물 · 야채 · 우주 등 되기의 정보들을 동원하려고 노력한다. 분열분석은 기호화 수단의 다양화의 매혹적인 부분이며, 주체성을 정신분석가라는 이른바 중립적이고 호의적인 인물에 집중시키는 어떤 것도 거부한다. 그러므로 분열분석은 기표적 해석의 지형을 버리고 언표행위 배치의 탐구지형으로 나선다. 이것은 "주체적 정서"와 "기계적 효과"의 생산에 기여한다. (나는 과정적인 삶, 스스로 지층화된 잉여성으로부터 약간일지라도 거리를 두는 문제설정, 어떤 성격의 것이든 — 생물학적 · 경제적 · 사회적 · 종교적 · 미학적 등의 — 진화적인 **계통**을 포함하는 모든 것을 언급하고 있다.)

이것은 이 영역에서 평가 및 과학적 규정의 모든 전망을 확정적으로 버린다는 것을 의미하는가? (실제로 어떠한 상상가능한 **반증가능성** 테스트도 벗어난) **숨겨진** 리비도 매개변수를 전적으로 거부하면서 또한 (다원적인) 물리적 · 생물학적 · 성적 · 사회적 · 경제적 등의 "에너지론"에 대한 자신들의 정당한 권리지위를 부여하려는 무의식모델의 재구성을 생각할 수 있을까? 본래 각각의 정신작용과 연관되어 있는 에너지 "방전"이라는 가설이 완전히 무의미한 것은 아니다. 그 가설이 열역학 개념들을 즉, 유기적 및 심리[정신]적 생활에 고유한 "무형의 대상"과 "소산과정"[117]을 배제하는 식으로 정확히 확립되었던 개념들을 그것들의 출생의 타당성 영역을 벗어나 탐색하는 데로 이끈 순간부터 그 가설에 대해 의심하는 것이 정당할 뿐이었다. 시간이 지나면서 그 보편성과 상관적인 엔트로피

· · · · · ·
117) 가타리는 "소산과정(processus dissipatifs)" 개념을 스탕제르와 프리고진에게서 빌려온다.

증가처럼 에너지 전환가능성 원칙의 보편성은 아주 특정한 기술과학적인 언표행위 배치의 틀 속에서 "지탱할 수 있을" 뿐이다. 더욱이 나는 어떤 사람은 일상생활 속에서 주로 욕망생활 속에서, 에너지의 "방전"이 균형과 항구성(constanse) 원칙에보다는 **방어**의 원칙에 더 의존한다는 것을 의심하지 않을 것이라고 상상한다.

따라서 나는 충동량의 경제와 상충되는 재현의 동학 위에 세워진 무의식 관념을 변형모델화로 대체해서, 일정 조건 속에서 "자아"의 영토들, 타자성의 "세계들", "물질적 흐름들의 복합체들", "욕망기계들", 기호적 배치들, 도상적 배치들, 지적작용의 배치들 등이 서로 만들어질 수 있게 하자고 제안한다. 여기에서 더이상 층위형식에 집착하는 것이 아니라, 횡단돌연변이들과 그것들의 실체의 변환들에 접근하는 것이 중요하다.

우리의 정신물리학은 프로이트가 물질적이고 에너지적인 단성적[분명한] 토대이기를 거부하면서 언급했던 정신물리학에서 떨어져 있다. 우리의 정신물리학은 미분화된 "에너지의 관성"이라 부를 수 있는 것과 분화를 만드는 주체적인 "아니마[정신]" 사이에 마니교적 이원론을 설정하지 않는다. 물질의 설립과 물리세계의 에너지-공간-시간의 차원들 속에 표시할 수 있는 범위 **이전에**, 우리의 정신물리학은 우리가 인식할 수 있는 가장 이질적인 영역들 사이에 말을 타고 설립되는 변형들로부터 시작하며, 이들 영역들 사이의 다양한 "횡단성" 양상들을 전제한다.

또한 방법론적 수준에서 우리의 지도그리기 기획을 이 영역에서의 이전의 과학적 관점의 "효과"들 및 "정서"들과 구분시켜주는 것은, 그 기획의 양화가 물리적 계량측정법과 전통적인 논리적 양화와는 다르다는 사실이다. 우리의 지도그리기 기획은 더이상 자신의 대상으로서 분명하게 규정되는 복합체(ensemble)들, 즉 요소들이 사전에 철저하게 수집되어서 우리가 특정 요소가 그 복합체들에 속하는지 아닌지를 명백하게 항상 알 수 있는 그런 복합체들을 가지지 않는다. 우리의 지도그리기 기획은 철저한 변형들에, 자신의 모습을 바꾸는 "분열자들"이나 연결[접속]들에, "파동을 통한 질서"[118]를 만드는 것에, "다시 어쩔 수 없는 내파들" 등에 종속될 수 있는 배치들에 연결된다. 분열분석적 실체들의 이러한 편재성과 다가성 — 사람들은 꿈에서 또한 발생기 상태의 지적 작용 속에서도 그것의 실례를 발견할 수 있다 — 은 환원할 수 없는 채 남아 있다. 라이프니츠[119]의 계열에 따라 "단자들" 또는 미셸 세르의 계열에 따라 "만물들 (myriades)", 즉 이 실체들은 개연적이거나 양태적인 평가로 "둘러싸일" 수 있는 "모호한 부분집합들"에 속할 뿐만 아니라, 그 집합들을 (**에너지의 일관성 수준들**로 간주되는) 전제관계들 속에 모두 포함하는 일반적인 내재성 구도에도 속한다. 하지만 반대방식으로 사태를 받아들이고 이러한 실체들 각각이 특정한 에너지 수준들을 나타내는 이러한 "일관성의 구도"에 가져오는 것은 바로 파열이라고 제기하는 것이 더 좋을지도 모른다. 그럴지라도 이들 강렬한 실체들 그리고 그들의 (실제적 그리고 가상적) 상호관계의 일관성과 관련된 에너지양은 그들이 기호화하는 복잡한 배치들을 통해서만 식별될 수 있을 뿐이다.

사람들은 여기서 문제가 되는 기호론은 더이상 소쉬르의 전통에서 그랬던 것처럼, 언어학의 거대한 변두리가 아니라는 것을 지적할 것이다. 사람들은 오히려 기호론을 그것의 창설자인 퍼스(Charles Sanders Peirce)의 관점에서 표현현상의 백과사전적인 과학, 즉 "현시관찰학(phanéroscopie)"이라고 상상할 것이다. 그것은 또한 근본적으로 "내재주의적인"[120] 관점에서 기호학을 인식했던 만큼 언어학의 더 광범위한 기호적 개방을 지지했

• • • • • •

118) 가타리는 "파동을 통한 질서"의 생산 개념을 스탕제르와 프리고진에게서 빌려온다.

119) Gottfried Wilhelm Leibniz, *La Monadologie*, Paris, Livre de Poche, 1997.

120) Hjelmslev, Louis, *Prolégomènes à une théorie du langage*, Minuit, 1968, p. 146, 153. 가타리에 따르면, "옐름슬레우와 코펜하겐 언어학파가 '일상 언어'를 벗어난 상이한 표현체계들의 의미의 모든 번역가능성을 거부했지만, 그들은 자신들의 생각에 말해진 언어의 언어학 및 '상징적' 논리 양자와는 구분되어야 하는 '언어기호학적 대수학'을 준비하려고 의도하였다."

던 엘름슬레우(Louis Hjelmslev)의 구조주의 기호학으로부터 일정 범주들을 빌려온다.

철학자들과의 만남, 상파울루, 1982년 8월 23일

가타리: 나는 내가 소개하고자 하는 것이 아직 구체화되지 않은 어떤 것이라는 것을 명확히 하고자 한다. 즉 그것은 들뢰즈와 내가 발전시키고 있는 연구개요이다. 나는 기호적 효율성의 절차라고 부를 다음과 같은 3가지 유형의 문제설정을 좀더 면밀하게 파악하고 싶다.

1) 언제부터 그리고 어떻게 기호체계가 현실 속의 어떤 것을 변화시키기 시작하는가?
2) 반대로 어떻게 실재[현실]가 기호적 영향력을 갖고, 상관적으로 이것 (여기서 넓은 의미에서 기계 —— 기술적인 기계뿐만 아니라 기호적인 기계 —— 의 일반적인 정식으로 확인되는 과정)에서 생기는 절차적 체계를 가질 수 있는가?
3) 기호화양식들.

그래서 내가 생각해 보자고 제안한 것은 자신의 메타심리학을 지닌 (프로이트의 구식 표현을 다시 사용하자면) 심리장치의 모델 차원에 속하지 않고, 오히려 내가 "배치"라고 부르는 것의 차원에 속한다. 육체-심리[정신] 이분법이라는 일정 시기 심리학에서 모든 난점들로 이끌었던 낡은 균열[단절], 즉 텐느(Taine)의 이론에서 생리학적인 것과 심리학적인 것 사이의 병행론, 또는 프로이트에게서 육체적 흥분체계와 심리적 표상체계 사이의 끊임없는 대립으로 돌아가지 않는 언표행위 배치. 정신분석에서 현대의 구조주의 이론들이 외관상 이러한 종류의 대립을 극복하고자 해온 것은 사실이다. 예를 들어서 라캉의 충동이론은 리비도적 압력(미분화된 성에너지), 원천(성감대), 목표, 그리고 대상과 관련한 프로이트의 충동이론의 구식 네 가지 구분을 완전히 등한시한다. 라캉 이론에서 남아 있는 것은 대상 관념뿐이며, 심지어 대상은 무의식의 수학소로 다루어진다. 즉 프로이트에게 있는 도발적인 또는 도발하는 이라고 말하지는 않더라도 역설적인 성격을 부여하는 모든 것(그가 가슴, 배설물, 페니스 등과 같은 것들을 심리작용의 중심에 놓았다는 사실)을 없앤 채 다루어진다.

그래서 만약 우리가 에너지론, 행동으로의 이행, 기호적 효율성이라는 이러한 문제설정으로 돌아가고자 한다면, 우리는 그것의 운명이 현존하는 구조주의 흐름 속에서 어떠한지를 자문해야 할 것이다. 만약 우리가 라캉의 기표이론이 이러한 문제설정을 완전히 제거한다고 인정한다면, 그러한 제거의 모든 함의에 따라야 할 필요가 있다. 만약 더이상 에너지적 문제설정이 그 자체로 존재하지 않는다면, 리비도 개념이 라캉의 텍스트 전개 동안에 (부수적으로 기표 개념을 긍정하는 동시에 기표를 찬성하여) 완전히 사라진다면, 이것은 더이상 역동적인 개념들을 유지할 이유가 없으며, 더이상 "갈등" 관념을 정신분석의 중심에 둘 이유도 없다는 것을 뜻한다. 그러나 만약 갈등관념을 억압해야 한다면, 해석 개념은 붕괴한다. 왜냐하면 해석은 숨겨진 의미들을 드러내는 것이며 이 숨겨진 의미들은 원칙적으로 정확히 갈등상황과 관련된 그리고 제거해야 할 억압들이기 때문이다. 점차 정신분석적 구조물 전체가 부스러진다. 양자를 동시에 만족시키는 일정 종류의 줄타기가 기표 관념에 기반하여 무의식에 관한 일종의 일원론적 관점에 어떤 곡예를 통해 도달할 수 있는가를 아는 것은 작은 과제는 아닐 것이다. 모든 것, 즉 충동·주체·남근·[대문자]"타자"는 기표 질서에 속하게 된다. 이 주제에 관해 모든 정식을 열거할 필요는 없다. 이 경우에 에너지경제를 포함하는 모든 기초적인[밑에 있는] 비유들의 정당성 문제가 반드시 제기된다는 것을 제외하고.

내가 아는 한, 이 조건들 속에서 **필수적인 것은 심적 에너지론의 일반 이론으로 돌아가는 것이 아니라, 반대로 작동하고 있는 다양한 에너지론, 즉 내가 "기호적 에너지론"이라고 부르는 것을 분화시키려고 하는 것이다.** 에너지 개념을 기호론의 개념과 연결하려는 이러한 의도에는, 하나의 난점, 즉 내가 할 수 있는 한 가장 잘 방어하려고 할, 다른 이유로 이탈리아에서 유명한 프랑코 피페르노(Franco Piperno)[121]라는 나의 물리학자 친구가 제공한 생각에서 나오는 하나의 역설이 존재한다. 나는 그에게 에너지적 문제설정을 포함하지 않은 운동·변형의 실존을 생각할 수 있는지를 물었다. 매우 완강하게 그는 나에게 그것은 생각할 수 없다고 말했다. 다른 물리학자들 또한 나에게 동일한 것을 말했다. 즉 물리학자들에게는 에너지 문제가 항상 존재한다는 것은 분명하다. 만약 우리가 에너지 관리자들에 의해 조정되는 것으로서 에너지 개념의 일관성에 집착한다면, 에너지 문제설정을 포함하지 않은 운동(그것이 어떤 것이든), 번역, 배열, 효과, 왜곡, 질적 변화가 존재할 수 있다는 것은 생각할 수 없다.

츠나이더만(Miriam Chnaiderman): 기호론은 이 모든 것 속에서 어디에 있는가? 왜 "에너지 기호론"인가?

· · · · · ·

121) 이탈리아의 물리학자인 프랑코 피페르노는 1970년대 아우토노미아운동에 적극적인 참가자였다. 그는 (운동을 선도했던) '노동자권력'의 지도자 가운데 한 사람이었고, 그 집단이 해체했을 때 그는 잡지 metropoli를 발간한 '가능한 아우토노미아'에 참여하였다. 그는 1979년에 파리로 망명하였고, 곧이어 당시 대통령 프랑수아 미테랑의 공적인 반대에도 불구하고 이탈리아로 인도되었다. 사면된 뒤 피페르노는 포엥카레 연구소 펠로우쉽을 받아 1980년에 파리로 되돌아왔고 MIT로부터 또 다른 펠로우쉽을 받기까지 거기에 있었다. 미국에 입국이 거부되자 그는 캐나다로 갔고, 거기서 퀘벡 대학교에 의해 그리고 나중에는 에드먼턴에 있는 앨버타 대학교에 의해 고용되었고 마침내 [이탈리아로 돌아가] 남부 이탈리아의 코젠자시에 선출직 공무원으로 봉사하고 가르치게 되었다.

가타리: 모든 기호적 변형체계에 운동 관념이 존재한다. 예를 들어 촘스키의 변형 관념 속에는 변형이라는 생각이 있는데, 그것은 우리가 발명할 수 있는 에너지론이 있다고 선험적으로 가정할 수 있다는 것을 의미한다. 마치 우리가 열역학적 에너지론과 그것의 [열역학] 제2원리의 모든 결과(이것에 대해 문제제기해야 한다)를 채택한다면, 우리는 총체적인 곤경으로 치닫게 될 것이 분명하다. 그래서 훨씬 더 인류학적인 에너지론 관념들로 돌아갈 필요가 있는 것 같다. 물리학자들이 다루는 과학적 개념 수준에 존재할 뿐인 일반적인 에너지론에서 내가 배열·가치증식·질적 차원의 세계라고 부르는 것이 있는 만큼 많은 에너지 지층화들, 생체에너지론들이 있다는 생각으로 나아갈 필요가 있다. 다시 말하면 에너지전환은 어쨌든 운동적·잠재적·화학적·생물학적 등의 에너지의 특정한 수준이 존재한다는 것을 결코 함의하지 않으며, 각 에너지는 각자의 전 지구성을 지니며, 이것이 명확히 그것의 가능성의 영역을 규정한다. 바로 이러한 가능성의 영역을 나는 "세계(univers)" 관념과 연결할 것이다.

그러므로 나는 "리비도" 개념과 같은 그런 일반적인 에너지적 등가물 개념을 폐기하자고 제안한다. 그 대신에 나는 한 체계에서 또 다른 체계로의 이행에서 사람들이 일반적인 등가물에 의해서가 아니라 이행경로들에 의해 나아가는 그러한 방식으로 코드화 체계, 기호 체계가 존재하는 특정한 기능작용 영역들을 파악하자고 제안한다. 두 번째 컷[장면]은 과정, 즉 효과의 결합(그것은 구체적인 기계를 생산하는 상이한 "효율화" 체계들 사이의 이러한 결합이다)을 조직하는 기계적 과정과 예를 들어 주체화의 지점에서 정서일 수 있는 "정서화"과정의 컷이다.[122]

- - - - - -

122) Félix Guattari, "Les huit principes", *L'Inconscient machinique, Essai de schizo-analyse*, Fontenay-sous-Bois, Recherches, 1979, p. 201. 윤수종 옮김, 『기계적 무의식』, 푸른숲, 2004.

비공식 대화, 상파울루, 1982년 9월 8일

질문: 나는 아마 다소 어리석은, 그러나 하고 싶은 한 가지 질문을 가지고 있다. 그것은 옐름슬레우의 언어 개념이 들뢰즈와 더불어 당신의 연구에서 차지하는 점점 더 큰 위상에 대한 것이다. 이 관념은 이미 『앙티 오이디푸스』에서 주요한 위상을 지녔고, 『천 개의 고원』에서 훨씬 더 커다란 위상을 차지했으며, 그리고 당신이 여기에서 말해온 것에서 우리는 내용과 표현이란 관념들 — 어쨌든 언어 관념들인 — 이 중심적인 것으로 되어가고 있는 것을 알 수 있다. 내 질문이 다소 괴팍할 수 있다. 만약 당신이 『천 개의 고원』에서 무의식이 언어 — 언어학에 기반한 도식들을 찾았던 라캉에 대한 반응으로 — 와 전혀 상관이 없다고 말한다면, 이때 왜 이 모든 위상이 옐름슬레우에게 부여되는가?

가타리: 나는 그것을 그런 식으로 생각하지 않는다. 왜냐하면 옐름슬레우는 우리에게나 또는 어떤 누구에게도 결코 실제로 언어학자가 아니었기 때문이다. 오히려 그가 우리의 관심을 끌었던 것은 바로 언어 철학자로서다. 즉 옐름슬레우의 문제설정은 표현의 문제다. 만약 당신이 그것에 대해 생각한다면, 우리는 당신의 구절, **문자적 사실**(ipsis litteris)을 스피노자의 생각으로 옮길 수 있다. 왜 스피노자가 우리의 참고문헌들에서 점점 더 커다란 중요성을 갖는 경향이 있는가? 나는 어느 정도 옐름슬레우는 표현이라는 문제설정과 관련하여 스피노자의 확장이라고 생각한다. 왜냐하면 그는 매우 개방적인 관념[구상] 속에서 기호론의 문제를 제기했기 때문이다. 나는 어느 정도 옐름슬레우에게서 모든 것을 기표로 환원하는 언어 체계 및 기호학을 몹시 파괴하는 관점이 존재한다고 생각한다. 다른 한편으로 나는 옐름슬레우에게서 표현이란 문제설정이 표현-내용 쌍 속에만 위치해 있지 않은 접합의 용어들 중의 하나일 뿐이라고 생각한다.

왜냐하면 실제로 표현은 3가지 차원 —— 소재, 실체, 그리고 형식 —— 에 대립되기 때문이다. 그리고 옐름슬레우의 모델은 (표현의 소재-실체와 교차되는 그의 6가지 표현-내용 범주들을 가지고서 그것을 보다 복잡하게 만듦으로써) 스스로 기표-기의의 대립으로부터 해방되는 경향이 있었던 반면에, 우리는 그것을 여전히 더 복잡하게 만들었다. 우리는 코드화양식들 —— ……에 의존하는 표현양식들 —— 사이의 대립을 끌어들여서 체계 전체에 증식요소를 부가하였다. 나는 그것을 뭐라 불러야 할지 모른다……. 세계 좌표들, 무형의 체계들/비체계들, 영토적인 것 되기들, 지각할 수 있는 것 되기들, 질적인 것 되기들, 가치 되기들…….

5

감정-에너지-몸-섹스:
해방 '여행'의 신화

내 생각에 우리는 최근에 무척 유행하고 있는 개념들 —— 생명력, 감정, 혹은 에너지 자체와 같은 것 —— 을 참고하는 데서 매우 주의해야 한다. 왜냐하면 그것은 항상 욕망경제를 일종의 본능적 혹은 충동적 하부구조로 "잡아당기려" 하며, 이른바 미분화된 구도와 분화된 것 사이의 마니교적 이분법을 확립하려 하는 유형의 관념들이기 때문이다. **욕망을 즉각 고도로 분화되고 가공된 기계체계의 차원에 속하는 것으로 여기는 이론에 참여하는 것이 훨씬 더 풍요로울 것 같다.**

비공식 대화, 상파울루, 1982년 9월 8일

질문. 『천 개의 고원』에서 당신들은 경고들과 주의사항들 등을 늘려갔다. 책에서 한 걸음 한 걸음 나아가는 일종의 여행이 있으며 동시에 사람들이 계속할 수 없어서 그 여행에 빨려들어 갈 위험을 감수할 것이다.

그래서 나는 여행에 빨려들어 갈 위험을 무릅쓴다고 하더라도 주의할 장소가 있는지 혹은 그 경고들이 어느 정도까지 그 여행을 왜곡하지 않을 것인지 알고 싶다. 나는 당신들이 어떤 종류의 사용자 매뉴얼이라는 의미에서가 아니라, 이러한 주의할 이야기를 명확하게 할 어떤 것으로서 그 텍스트에서 이 문제를 발전시키기를 바랐다.

　나는 다음과 같이 의견을 말하고자 한다. 즉 바로 나의 궤적의 종류가 당신의 궤적과 혹은 때맞춰 당신의 씌어진 궤적과 어느 특정한 순간에 교차한다는 의미에서, 내가 제기하고 있는 질문들은 개인적이다. 그리고 바로 그러한 교차점의 기반 위에서 나는 질문을 제기한다.

　가타리: 당신이 하고 있는 특정화는 중요하다. 왜냐하면 우리가 말하고 있는 여행은, 말하자면 모든 신문화에서 여행 관념이 획득했던 모든 준-신비적 배경을 가진 미국식 "소풍(trip)"의 의미에서의 "여행"이 절대 아니기 때문이다. 그래서 여행 대신에 나는 더 산문적 방식으로 과정에 대해 말하겠다. 내 관점에서 주체성의 미분화된 수준은 존재하지 않는다. 주체성은 항상 리좀들·흐름들·기계들 등에 잡힌다. 주체성은 항상 고도로 분화되고 항상 과정적이다. 따라서 이른바 분열분석이란 기획, 즉 의미의 생산자이며 행위의 생산자이며 새로운 현실의 생산자인 창조적 배치는 다른 과정들을 연접시키고 연합시키고 중립화하고 배치하는 어떤 것이다. 그러나 그 효과는 반드시 누적적이지는 않다. 과정들은 서로가 죽은 영토들에 도달하는 것을 도울 수 있다. 불행히도 그것은 상당히 많이 일어나는 것이고 부부[혼인]경제와 가내경제에서 자주 일어나는 것이다. 두 사람은 사랑의 과정에 참여하고, 그 과정은 결국 (성욕을 포함하여) 부유함의 모든 가능성, 모든 개방성을 중립화[무력화]하는 영토의 폐쇄로 귀결된다. 동일한 일이 모든 다른 표현과정 양식들에서 일어날 수 있다.

우리가 일종의 신중함(prudence)에 대해 말할 수 있는 것은 바로 이러한 의미에서이다. 그것에서 어떤 일반적인 도덕 범주를 만들기 위해서가 아니다. 신중함의 문제는 정확하게 일정 시기의 자생주의적 신화학들에 대한 반응으로서 등장한다. 즉 그것은 "뭐든 해도 괜찮다", 즉흥성, "자신을 해방시키기", "당신의 육체를 즐기기" 등과는 아무 관련이 없다. 그것은 훨씬 더 이러한 과정들의 불확실성뿐만 아니라 풍부함을 고려하는 관념이다. 우리는 많은 예를 들 수 있다. 나는 <투쟁지속(Lotta Continua)>[1970년대 이탈리아 사회운동 조직]에서 여성주의[페미니스트] 집단의 예를 제시했다. 특이화과정 — 페미니즘의 과정 — 은 운동을 폭발하게 했다. 그러나 우리는 약물과 관련된 창조적인 과정들의 예를 마찬가지로 인용할 수 있다. LSD — 혹은 약물 일반 — 는 앙리 미쇼(Henri Michaux)와 같은 인물과 결합될 때 풍부한 기호적 과정을, 지각 과정을 발전시킬 수 있다는 것은 사실이다. 불행히도 앙리 미쇼의 배치들은 그처럼 빈번하지 않고, 우리는 전적으로 내파·중립화·무력화의 현상을 혹은 단순히 블랙홀 현상을 가질 수 있다. 파시즘 또한 모든 사회정치적 결정과 상관없이 미시 파시즘들의 축적이나 눈뭉치의 표현으로 간주될 수 있다. 이렇게 말하는 것은 파시즘을 다른 전체주의 형식들과, 중립적인 전체주의들과 구별한다는 것을 함의한다. 반대로 파시즘은 극도로 활동적인 전체주의이다.

결국 욕망경제는 파국현상으로, 즉 블랙홀로 귀결될 수도 있다.

레즈비언-페미니스트 행동집단 소재지에서의 만남, 상파울루, 1982년 9월 2일

질문: 당신은 오늘날 감정에 남겨진 공간이 없다는 것이 문제라고 생각하지 않는가?

가타리: 나는 감정(émotion)의 재정복이라는 이러한 이야기에 대해 두 가지 의견을 말하고 싶다. 한편으로 정서(affect)의 생산, 즉 체계의 일정한 기능성에 적합한 것에 한정되는 감정의 생산은 자본주의적 주체성을 특징짓는다(예를 들어 아메리카 인디언들이나 아프리카인들에게 그들이 백인에 대해 생각하는 것을 묻기만 하면 충분하다. 우리는 그들이 아주 종종 백인들을 걸어 다니는 시체 종류로 묘사한다는 것을 안다)는 것은 사실이다. 다른 한편, 자신의 고유한 지위를 지닌 감정을 재정복하는 것이 가능할 수도 있다고 생각하는 것이 나에게는 완전히 불합리한 것 같다. 이것은 민족학, 재즈음악 등의 일정한 관념을 둘러싸고 발전했던 전후의 거대한 신화학 — 간단히 말해서 어떤 제3세계주의 — 과 관련이 있다.

오늘날 주체성생산의 배치와 관련하여, 당신이 감정이라고 부르는 것 그리고 내가 정서라고 부르는 것을 정교화하는 것이 더 바람직하다고 나는 생각한다. 예를 들어 워크맨과 같은 근대 기술로부터 생겨나는 소재는 서로 다른 방식으로 해석될 수 있다. 우리는 그것이 젊은이들을 지배적인 음악과 기술에 종속시키는 도구라거나 어떤 종류의 기술-미학적 약물이라고 말할 수 있다. 그러나 우리는 또한 그것을 다른 음악세계와 다른 지각의 발명으로 간주할 수 있을 것이다.

아론(Maria Teresa Aaron): 그것은 엘리베이터의 녹음 배경음악(musac), 간단히 말해서 기계학적 음악, 음악의 죽음인 것 같다. 심지어 엘리베이터 음악만을 내보내는 라디오 방송국도 있다.

가타리: 나는 그것이 음악의 죽음이라는 사실에 동의하지 않는다. 당신

은 그것을 음악 내용의 관점에서 평가하고 있다. 반면에 나는 정서의 변이에 대해 이야기하려고 한다. 상이한 기술적 국면들에는, 그 내용 혹은 메시지가 무엇이든지 간에 상이한 유형의 음악적 정서들 혹은 이미지 정서들이 있다.

<폴랴 드 상파울루>지의 "폴레팅" 지면을 위한 페페 에스코바와의 인터뷰, 1982년 9월 5일

에스코바(Pepe Escobar): 본능적으로 ── 아주 많은 사람들 안에서, 모든 가능한 광채를 우리를 위해 보존된 비참함으로부터 분리하는 거리를 측정하면서 ── 청소년들은 그 상황을 인식하고 자신들의 무기를 가지고 그것에 대결하려고 하는 첫 번째 사람들인 것처럼 보인다. 어떤 문화적 서클들에서, 사람들은 청소년들이 주로 자신들을 표현하는 수단이며 언어나 이성을 따르지 않는 정서적 지식에 관해 많이 이야기한다.

가타리: 나는 학교, 대학, 매체 그리고 모든 권력구성체들에 의해 만들어진 대로의 언어로 통용되지 않는 복수의 표현구성요소들이 있다고 생각한다. 신체 표현, 우아함·춤·웃음의 표현, 세계를 바꾸고 사태를 다른 방식으로 순환시키거나 코드화하려는 의지는 전 지구적인 양적 충동으로 환원되지 않는 언어들이다. 그것들은 차이를 구성한다. 젊은 세대들은 자신들이 보고 느끼고 표현하는 방식에서, 점점 더 정교한 기호적 연쇄들이나 체계들을 지닌다. 내 할아버지는 전화로 이야기할 때 편안하다고 느끼지 않았다. 내가 내 손에 이러한 기술적 장치들 중의 하나를 가지고 있을 때, 나도 편안하게 느끼지 않는다. 그러나 다섯 살이나 여섯 살 된 어린이에게는 그것은 문제가 아니다. 다시 말하면 **이러한 효과적인 언어**

형식들은 루소의 좋은 야만이나 자연으로의 회귀와 유사한 어떤 것이 아니다. 오늘날 어떠한지를 보면, 구(舊)유럽에서 전후에 문자 그대로 영화, 기술, 재즈 및 아프리카 예술에 대한 인식에 열렬히 몰입했던 세대들과 뒤이은 대학 세대들 사이에 철저한 단절이 존재한다. 다른 언어가, 영화·비디오·정치를 만드는 다른 방식이 존재한다. 이 다른 방식은 다른 어떤 것, 통상적인 에티켓에서 벗어나는 어떤 것, 좀더 원시적인 것을 전혀 하려고 하지 않는 어떤 것을 할 현실적 가능성과 일치한다. 열려 있는 가능성은 무한하다. 정치적 수준을 포함하여. 내 아들은 자유라디오 방송국을 세우고 거기서 기타를 침 — 고도로 전문화된 기술 — 으로써 정치를 한다. 예를 들어 뉴욕에서, 사태는 이러한 관점에서 즉 즉각적인 지각에 따른 관계에 고유한 감수성의 수준에서 당신이 언급했던 정서적 인식의 관점에서 벌어진다. 이미 프랑스에서와 같은 이른바 "문화적" 환경에서, 그것은 지루함이고 어떤 풍부함도 없다. 반대로 나는 브라질에는 그리고 다른 나라들에는 새로운 유형의 가능성이 출현한다고 생각한다. 물론 이 새로운 가능성은 거대한 권력구성체, 매체 등에 의해 회수되고 틀지어지지만 모든 주변부에서 계속 증식한다.

나는 항상 양심 없이 과학의 주제에 대해 하는 탄원 — "만약 우리가 과학과 기술에 약간의 혼을 첨가할 수 있었다면 좋지 않을까" 하는 것과 그러한 것 — 이 짜증스러웠다. 그것은 어리석은 짓이다. 왜냐하면 바로 돌이킬 수 없고 가속화된 퇴보의 방향으로 가는 이 동일한 주체성으로부터 기계체계들이 발전할 수 있었기 때문이다. 그리고 또한 존재하는 가장 저속하고 사악하고 공격적인 종 가운데 하나인 이 인간 종을 개선하기를 원하는 것은 좀 바보스럽지 않은가? 기계들은 나를 두려워하게 하지 않는다. 왜냐하면 기계들은 지각을 확장하고 인간 행동을 단순화하기 때문이다. 기계들이 인간의 어리석음의 수준으로 환원될까 봐 두렵다.

나는 탈근대적인 사람이 아니다. 나는 과학의 진보와 기술의 진보가

반드시 욕망가치들 및 창조가치들과 관련하여 분열자의 재강화를 수반한다고 생각하지 않는다. 반대로 나는 세계를 혁명화하는 것 이상을 하기 위해서, 즉 세계를 부분별로 재창조하기 위해서 구체적이고 추상적이며 기계적이고 과학적이고 인공적인 모든 기계들을 사용해야 한다고 생각한다.

물론 나는 환경을 방어하는 것을 전적으로 지지한다. 그것은 문제가 아니다. 기술과학적 팽창이 돌이킬 수 없는 성격을 갖는다는 것을 인정해야 하는 것을 제외하면, 문제는 자신의 목표들을 완전히 바꿀 수 있는 분자적이고 몰적인 혁명들을 수행하는 데 있다. 왜냐하면 — 반복해야겠는데 — 이러한 변화는 이미 나아가고 있는 파국적 방향으로 반드시 갈 필요는 없기 때문이다. 주체적 생산 과정의 점증하는 인공적 특성은 새로운 사교성 및 창조성 형식과 매우 잘 어울릴 수 있을 것이다. 내가 내 친구의 고막을 찢을 위험을 무릅쓰고 끊임없이 이야기하는 분자혁명의 "커서"가 바로 여기에 있다.

생각들이 신체로부터 나온다고 말하는 것에 대해서 동의하지만, 그 다음에는 "몸[신체]"이 무엇인지에 대해 설명할 필요가 있을 것이다. 어느 정도 우리가 입을 가지고 말하는 한 우리는 언어가 몸으로부터 나온다고 말할 수 있을 것이다. 그러나 언어는 그러한 생물학적 현상이 아니다. 그리고 만약 우리가 감수성, 세계와의 관계 등과 같은 다른 예를 든다면 우리는 그것들이 식물처럼 몸에서 자라나지 않는다는 것을 알게 된다. 만약 그랬다면 역사는 그것이 현존하는 곳에 있지 않을 것이기 때문이다. 즉 만약 이러한 종류의 문제가 간단하게 볼테르가 말했던 것처럼 단순히 "자신의 정원을 경작하는 것"으로 해결될 수 있다면, 우리가 목격하고 있는 것과는 완전히 다른 종류의 역사적 변형 논리가 있을 것이다.

아마도 이러한 몸 관념에 대해 더 성찰해야 할 것이다. "선진" 산업 사회에서 사태는 마치 우리가 몸을 가진 것처럼 제시되지만, 그것은 그렇게 명확하지 않다. 나는 선진 산업사회들이 몸을 우리에게 귀속시키고, 우리를 위해 하나의 몸을, 우리가 책임질 수 있는 사회적 공간과 생산적 공간에서 발전할 수 있는 몸을 생산한다고 생각한다. 이러한 개인화된 몸 관념이 동일한 방식으로 기능하지 않는 다른 인류학적 체계들이 존재한다. 게다가 그러한 장소들에서 몸 즉 자연적인 몸이란 관념 자체로 존재하지 않는다. 예를 들어 고대적인 몸은 결코 벌거벗은 몸이 아니다. 그것은 언제나 친교표지·문신·성년식 등이 교차하는 사회적 몸의 부분집합이다. 이러한 몸은 개인화된 기관들을 포함하지 않는다. 그것은 그 자체로 집합적 배치 전체에 속하는 영혼과 정신에 의해 횡단된다.

반대로 우리 사회에서, 아동기를 자본주의적 흐름에 끌어들이는 커다란 진입 국면들은 정확하게 다음의 몸 관념을 내면화하는 것으로 이루어진다. 즉 "너는 벌거벗은 몸, 부끄러운 몸을 가지고 있다. 너는 가내경제와 사회경제의 일정한 종류의 기능 작용 안에 기입되어야 하는 몸을 가지고 있다." **몸, 얼굴, 즉 사회적 개입움직임의 각 세부사항에서 행동하는 방식은 항상 지배적인 주체성에의 개입양식과 관련 있는 어떤 것이다.** 그리고 몸이 예를 들어, 신경증 문제설정, 고통 문제설정 또는 사랑 문제설정과 같은 그러한 것으로 나타날 때, 그것은 때때로 같은 것이지만, 우리는 한편으로는 특이한 가능성의 잠재적으로 생산적인 배치들과 다른 한편으로는 사회적 배치들, 즉 정상화하는 일정한 적응을 기대하는 집합적 시설들 사이의 일정한 접합 교차로를 발견한다는 것이다.

프로이트 정신분석연구소에서의 회의, 리우데자네이루, 1982년 9월 10일

무라로(Rose M. Muraro): 우리는 브라질에서 몸(신체)과 사회계급에 관한

연구를, 좀더 특정하게는 상이한 사회계급들 속에서 여성의 섹슈얼리티에 관한 연구를 수행했다. 우리는 거대 부르주아지(금융시장·산업·상업의 소유자들을 통제하는 부유한 사람들)에서부터 농민들, 자본주의 생산양식 속에서 살지 않는 사람들, 페르남부쿠(Permabouc)의 숲 지대에서 단순 소비재를 유통시키는 사람들을 인터뷰했다. 우리는 또한 상파울루에서 조립라인의 남녀 노동자들을 인터뷰했다. 나는 우리가 이 세 사회계급들에서 만난 몸 관념이 철저하게 다르다는 것을 밝히고 싶다. 예를 들어 거의 계급의 병리현상, 즉 지배계급에서 편집증적 극과 노동계급에서 분화되고 분열증적인 극이 있다.

가타리: 나는 논쟁을 풍부하게 해준 이러한 자료를 제시한 데 대해 당신에게 감사하고 싶다. 그러나 나는 당신이 준거로 든 사회학적 재단이 완전히 적절하다고 그리 확신하지 않는다. 이러한 범주들에 대한 분열증의 기획과 같은 관념의 기획은 나에게는 그리 명확해 보이지는 않는다. 나는 당신이 제안하는 칸막이가 예를 들자면 나이에 의한 재단, 인종적 부속품의 수준에서 작동하는 재단과 비교되어서는 안 되는지 자문한다. 사회학적 재단에 대한 또 다른 문제제기는 도시지역을 농촌지역과 구분할 뿐 아니라, 이러한 두 요소 각자 속에 분류될 수 없는 모든 지역과도 구분하는 데 있을 것이다. 도시들이 아닌 도시체계들, 시골이 아닌 농촌체계들 — 예를 들어 라틴아메리카에 아주 공통적인 이 거대한 파벨라(favelas, 빈민가) 지대들의 경우처럼. 또한 이것에 일정한 수의 자본주의적 시설들이 효과적으로 이러한 사회학적 재단들 — 예를 들어 보건체계·교육체계·매체 등의 설립 속에 — 의 전 체계에 끼워 넣어져 왔다는 사실이 부가된다. **만약 우리가 사회학적 관점에서 너무 단순한 재단들을 거부하지 않는다면, 그러한 범주화 체계에 따라 기능하는 배치의 수준만을 마주할 위험을 지닌다고 나는 생각한다.** 그러한 범주화 체계는 우리가

실제의 배치들이 무엇인지를 식별하는 수단으로 기능해야만 한다. 이러한 방법론적 전망은 따라서 기술적인(descriptif) 요소들과 사회학적 범주화들을 관련시키는 전망과는 반대되는 것이다.

사회적 장에서 욕망과 관련한 질문[문제]들을 섹슈얼리티와 같은 그러한 문제설정에, 그리고 성학(그리고 아마도 가족 정신치료, 집단 정신치료, 오늘날 증식하고 있는 이러한 성격의 수백 개의 기술들)과 같은 특수한 기술에 한정하면서, 내가 보기에 우리는 본질적인 것을 놓치고 있는 것 같다. 만약 질 들뢰즈와 내가 실천적으로 섹슈얼리티에 관해 이야기하지 않고 대신 욕망에 관해 이야기하는 입장을 택해왔다면, 그것은 우리가 삶과 창조의 문제가 결코 생리학적 기능으로, 즉 재생산의 기능으로, 몸의 몇 가지 특수한 차원으로 환원될 수 없다고 생각하기 때문이다. 그 문제설정들은 사회적 장·정치적 장에서 개인을 넘어서 있는 요소들뿐 아니라 개인의 안쪽에 있는 요소들을 항상 포함한다. 이러한 측면에서 개인과 몸의 안쪽에 이름붙일 수 없는 복잡한 특이성들이 존재한다.

페페 에스코바와의 비공식 인터뷰, 상파울루, 1982년 8월 26일

에스코바: 당신은 섹슈얼리티(성)의 규범화[정상화]로서 성자유화[성해방]에 대해 어떻게 생각하는가?

가타리: 섹슈얼리티는 모든 사회에서 규범화[정상화]된다. 새로운 것이 전혀 없다. 흥미로운 것은 섹슈얼리티가 집합적 노동력의 구성에서, 소비자의 생산에서, 자본주의에 고유한 생산체계 총체에서 사용되고 통합되는 방식이다. 섹슈얼리티는 이전에는 사적 영역, 개인적 주도권, 친족과 가족에 붙박여 있었다. **지금은 욕망하는 기계가 노동하는 기계이다.** 바로

이러한 욕망의 투여 수준에 반란을 표현할 수 있는 보호구역[저장소]들이
있다. 그리고 체계는 보험회사처럼 예방하는 식으로 이 위에서 활동한다.

6

사랑, 욕망의 영토 그리고
새로운 부드러움

사랑하는 욕망은 동물성이나 어떤 종류의 인성학적 문제설정과도 관련이 없다. 그것이 그러한 형식을 취할 때, 우리는 자본주의적 주체성에서 욕망을 취급하는 차원에 정확하게 속하는 어떤 것에 직면하고 있다. **사랑의 감정을 이러한 종류의 타자의 전유, 타자 이미지의 전유, 타자의 몸·타자되기·타자의 감정의 전유로 축소하는 데 정확하게 존재하는 어떤 계열적이고 보편화하는 욕망취급이 있다.** 그리고 이러한 전유 메커니즘을 통해, 특이화과정에 정확하게 접근할 수 없는 폐쇄되고 불투명한 영토들의 구성이 이루어진다. 그 영토들이 개인적 감수성이나 창조의 차원에 속하는 것이든, 사회적 장의 차원이나 다른 사회관계 양식, 다른 사회적 노동·문화 등의 관념의 발명 차원에 속하는 것이든 말이다.

*

가장 유망한 사랑 감정을 때때로 지옥의 영토로 빠지게 하는 신경증과 혼인의 종종 끔찍한 투쟁들, 이러한 투쟁들은 분자혁명의 장에 참여한다. 만약 우리가 초자아라고 부르는 현상이 내부심리적 층위의 본성에 속한다고 보는 정신분석 관념에서 시작한다면, 이것은 약간 환상적인 것처럼 보일 수 있다. 그러나 만약 우리가 그러한 현상을 주체성의 일정한 미시정치학을 실제로 구성하는 것으로 간주한다면, 우리는 내가 언급했던 이러한 오이디푸스 유형의 관계가 왜 특정한 미시정치학이며, 왜 이른바 보편적인 모델의 구현이 아닌지를 이해하게 된다.

페페 에스코바와의 미발행 인터뷰, 상파울루, 1982년 8월 26일

에스코바: 두 사람이 함께 사는 것이 오늘날 가능한가? 구조 혹은 관계구조의 추이를 재구축하기 위해서? 억압들에 맞서 창조적으로 갱신되는 일종의 개인간(interpersonnel) 아나키즘을 유지하기 위해서?

가타리: 나는 자유가 아나키적이라고 믿지 않는다. 둘이 [부부로] 사는 것이 완전히 통제당하는 어떤 요소를 지닌다는 것은 사실이다. 예를 들어 봉급노동자로서는 혼자 사는 것은 실질적으로 불가능하다. 최소한 하나 이상의 봉급이 있어야 한다. 그리고 그 때문에 부부로 사는 것이 필수적이다. 그러나 부부로 사는 것은 이렇게 전락하지는 않는다. 그것은 세계를 이해하는 완전히 독창적인 방법을 구성할 수도 있다.

에스코바: 가족주의가 계속해서 싸구려 약물이 되지는 않나?

가타리: 많은 경우에 여성은 노예가, 즉 남편을 승진시키는 부문에 일종의 보조자가 된다. 이것은 관리들의 전형적인 경우이다. 그러나 이러한

종류의 현상에 대해 도덕적으로 평가하는 것은 중요하지 않다. 그것이 혼인 약물이든 아니든 간에, 스스로를 보호하기 위해 약물을 복용하는 사람들을 경멸하는 것은 중요하지 않다. 중요한 것은 **모든** 상황에서 시도 가능성이 ── 방법론적으로, 원칙적으로 ── 남아 있다는 것이다.

비공식 대화, 상파울루, 1982년 9월 8일

질문: 당신과 들뢰즈가 함께 작업하기 위해 찾은 방법은 약간 몽테뉴와 라 보에티를, 그리고 몽테뉴가 라 보에티와 자신의 관계에 대해 말한 것, "만약 어떤 사람이 내가 왜 그를 사랑하는지를 내게 말하도록 강요한다면, '그것이 그이기 때문이고, 그것이 나이기 때문이다'라고 말하겠다"고 말한 것을 나에게 떠올리게 한다. 이것에서 출발하여 내가 당신에게 묻고 싶은 질문은 블랙홀로 빠지지 않기 위해서 그 과정을 함께 통과해갈 수 있는 어떤 사람[누군가]이 있어야 하는 것이 본질적이지 않은가를 아는 것이다. 어떤 방식에서 우리가 보기에 따라서는 이따금 땅 위에 발을 딛고 있도록 돕는 어떤 사람, 그리고 이따금은 그 혹은 그녀가 블랙홀로 빠지지 않도록 우리가 지지하기도 하는 어떤 사람. 나는 사람들이 렌츠(Lenz), 아르토, 니체와 같은 사람들이 완전히 혼자였기 때문에 정확히 블랙홀에 빠지지 않았던 것인지 자문해 본다.

가타리: 당신은 당신 자신이 당신의 질문에 대답했다. 정말 사람들은 기계적 과정들을 ── 더 복잡하고 궤변적이거나 현학적인 언어를 채택하자면 ── 재영토화 구조들로부터 결코 분리해낼 수 없다고 나는 생각한다. 자료를 변화시키고, 그것을 개정하고, 새로운 준거들과 새로운 세계들을 향해 질주하는 표현배치의 문제, 기계적 배치의 문제는 영토들이나

"기관 없는 신체"(기계되기와 무형적 과정이 기입되고 표시되고 체현되는)로부터 분리될 수 없다. 그러나 정확히 여기에 영토·탈영토화·재영토화가 지닌 모든 모호함이 있다. 부부[커플]는 일정 종류의 배치에서 비상한 생산성을 가질 수 있으며(나는 확신한다), 그것은 또한 "네 개의 벽 사이"에 있는 지옥(사르트르의 표현을 다시 사용하자면), 즉 체계적 무능화로 이어질 수도 있다.

비공식 대화, 살바도르, 1982년 9월 13일

리소브스키(Mauricio Lissovski): 그리고 『분자혁명』(브라질판 이름은 *Pulsations politiques du désir*)에 포함된 텍스트들 가운데 하나에서 당신이 말하는 이 신비스런 "새로운 부드러움"?[123]

가타리: "새로운 부드러움"은 우리가 지속적으로 논의하고 있는 주제에 속하며, 이것은 —— 예를 들어 몸과의 —— 또 다른 관계, 동물-되기에서 나타나는 관계의 발명에 관한 주제다. 이러한 벌거벗은 몸, 혼인 영토, 타자의 몸에 대한 권력 의지, 한 연령집단에 의한 다른 연령집단의 점유 등의 모든 주체화양식으로부터 벗어나는 것이다. 그래서 나에게는 새로운 부드러움은 실제로 여성-되기, 식물-되기, 동물-되기, 우주-되기가 사회의 발전, 생산력의 발전과 그와 유사한 다른 것들을 위협하지 않고 기호

- - - - - -

123) *nouvelle douceur*. Félix Guattari, "Les huits 'principes'", in *L'inconscient Machinique: Essais de Schizo-analyse* (Fontenay-sous-bois: Rechereches, 1979), p. 201을 보라(윤수종 옮김, 『기계적 무의식』, 푸른숲, 2004). 리소브스키(Lissovski)는 롤니크가 출판한 가타리의 텍스트집(*Pulsações politicas do desejo*, São Paulo, Brasiliense, 1981, 3éd., 1987(épuisé); p. 139) 속에 "Pistas para uma esquizoanálise —— os oito princípos"라는 제목 아래 브라질에서 이 텍스트의 출판에 대해서 말하고 있다. 이 책은 『기계적 무의식』이 번역되기 7년 전에 브라질에서 출판되었다.

화양식의 리좀 속에 삽입될 수 있다는 사실이다. 나는 전에 전쟁기계, 군사기계, 그리고 거대 산업기계가 사회 발전을 위한 유일한 조건이었다고 말했다. 사회의 일관성을 보증하는 것으로 기능하는 것은 바로 물리력, 군사력, 남자다운 가치의 긍정이었다. 그것들이 없으면 총체적인 황폐화가 있었다. 이 황폐화는 러시아에, 모든 파시스트 나라에, 미국 등에서 여전히 존재한다. 그러나 오늘날 **주변인**들(les marginati), 즉 새로운 주체성형식들은 이러한 남근중심적이고 경쟁적이고 난폭한 가치에 따라 자신들의 방향을 돌리지 않고, 사회를 관리하고 새로운 사회질서를 발명하는 자신들의 소명을 스스로 긍정할 수 있다. 그들은 자신들의 욕망되기를 통해 스스로를 표현할 수 있다.

가타리가 롤니크에게 보낸 편지, 파리, 1983년 9월

"본성"의 영역과 동물행동학에 관한 성적 기호계는 무뚝뚝하고 잔인하다. 거기에서 구성되는 영토들, **파악**(grasping)들은 제한된다. 반대로 새로운 부드러움은 새로운 횡단성 계수, 새로운 세계성좌의 발명(여성-되기, 음악-되기 등)에 일치한다. 나는 브라질에 그와 같은 어떤 것이 있다는 인상을 가졌다. 나는 틀릴 수도 있는데, 브라질 사람들은 엄청난 마초들이다! 그러나 억양에서, 음악에서 어떤 부드러움이 있다. 어쨌든 미시정치적인 목표가 중요하며, 객관적인 자료가 중요한 것이 아니다.

새로운 부드러움?

수에리 롤니크

가족의 일정한 모습이 내파되어왔다는 것을 이미 우리는 알고 있다. 그리고 그것은 새롭지 않다. 즉 가족은 통합된 세계자본주의와 동일한 속도로 탈영토화되었고, 게다가 바로 통합된 세계자본주의의 논리에 의해 박차가 가해졌다. 그것에서 남아있는 것은 포스트-포드주의적인 부부 **세포**와 완전히 의미를 결여하고 있는 그것의 **할리우드적인** 인물들 —— 일정한 남성 모습, 일정한 여성 모습, 일정한 이성애 —— 의 공허한 반복이다. 나침반 없이 남겨진다면, 우리가 경험하는 통로들은 많다. 새로운 체제가 파헤쳐왔던 형식들에의 격한 집착(인공적으로 복구된 영토들)에서 다른 욕망영토들의 창조에 이르기까지, 사람들은 때로는 치명적인 수많은 위험에 부딪힌다.

극단의 한쪽에서 우리가 굴복하는 것은 바로 탈영토화의 공포이다. 즉 우리는 공생관계에 갇히고, 가족주의에 중독되며, 세상의 모든 감각에 마취된다. 요컨대 우리는 굳어버린다. 다른 극단에서 우리는 탈영토화에 대해 더이상 저항하지 못하고, 그 운동에 빠져들면서 세상의 순수한 강렬도, 순수한 감정이 된다. 그러나 거기에는 다른 위험이 우리에게 도사리고 있다. 탈영토화가 우리에게 미치는 매혹은 그렇기 때문에 치명적일 수 있다. 즉 탈영토화를 영토들을 창조하는 과정의 일부로 경험하는 대신, (우리는 그 요소가 없으면 때로는 확정적으로 해체지점까지 약해진다) 우리는 그것을 결과 자체로 받아들인다.

이러한 두 극단 혹은 이러한 상이한 죽음의 방식 사이에서, 다른 삶의 방식들은 서투르게 반복된다. 그리고 이 모든 모습은 우리 각자의 삶에서 지구상 어디에나 공존한다.

첫 번째 경우에서, 가족 난파선의 생존자들인 페넬로페들과 율리시즈들은 우리 안에서 구체화되고, 우리는 우리를 즉 남자와 여자를 괴롭히는 이 고달픈 공생관계 속으로 들어간다. 비추려는 이 무시무시한 의지. 절대적인 것, 영원한 것에 대한 지칠 줄 모르는 이 갈망. 우리에게 어떤 유예도 허락하지 않고 우리가 다른 영토들을 짤 수 있었고 타자-되기 속에서 짜는 수단인 세계의 모든 실 —— 인간적이든 아니든 —— 로부터 우리를 분리해내는 갈망. (짜기는 하지만 영원히 같은 실을 짜고 있는) 페넬로페의 음울한 부동상태나 (아무것도 짜지는 않지만 항상 세포로 돌아오는) 율리시즈의 강박적인 움직임에는, 항상 동일한 권태, 동일한 무능, 동일한 질식이 있다.

페넬로페들은 짜지만 항상 동일한 것, 즉 율리시즈를 향한 사랑을 짠다. 인간적이든 아니든 실은 페넬로페에게 아무것도 아니다. 즉 그녀는 실을 모두 거부하거나, 심지어 실을 보지도 않는다. 그녀의 주장은 그녀가 율리시즈를 위해 (그리고 율리시즈와 함께) 짜는 천(tissu)의 영원한 현동성이며, 이것은 그녀의 모든 시간과 공간을 차지하는 작업이다. 천은 매일 밤 풀리고, 매일 낮 다시 발명된다. 그것은 그녀가 짜는 직조물의 취향에 의한 것이 아니라, 이 천 —— 이러한 종류의 사랑 이미지 —— 을 재생산하는 취향에 의한 것이다. 따라서 세계는 절대적이게 된다. 즉 그녀와 그녀 안에 있는 타자(율리시즈)가 된다. 영원성을 욕망하도록 영원히 운명지어져 있는 페넬로페들.

율리시즈들은 여행한다. 그들은 어디든 가지만 어디에도 있지 않다. 인간적이든 아니든, 그들이 만나는 세상의 실들은 그들에게 전체를 구성하기를 기대하면서 각각의 모험에서 그들이 소유하는 거울 조각에 지나지 않는다, 즉 절대적 세계의 이미지이다. 이 세계의 주인이자 완전하고 안정적인 자아로서 자신의 초상. 그러나 이러한 상상적 전체는 절대 구성되지 않는다. 떠나가기를 원하는 것으로 영원히 운명지어져 있는 율리시즈들.

페넬로페는 모험을 거부한다. 왜냐하면 바로 이러한 모험에서 탈영토화가 즉 자신의 공포의 대상이 자신에게 명백해지기 때문이다. 열렬한 추종자들이자 그녀들 나름대로는 절대적인 것을 믿는 선동가들인 페넬로페들은 자신들이 불연속적인 윤곽들 속에 있다는 것을 인식하지 못하며, 이러한 불연속성을 피할 수 없는 것으로 인식하지 않는다. 불연속성을 느낄 때마다, 그녀들은 그것을 단순한 사건 —— 그리고 그 자체로 일시적이고 확실히 넘어설 수 있는 것 —— 이라고, 타자의 결핍으로 인한 "(우연한) 사건"이라고 생각한다. 탈영토화는 그 자체로 율리시즈가 없어서 자아의 붕괴 감각으로 번역된다. 그리고 암울하게 페넬로페는 "당신은 사라지려고 함으로써 나를 파괴한다"고 그를 비난한다.

그러나 (부재하는) 이러한 파괴 감각은 (현존하는) 재구축의 희망 —— 페넬로페들의 존재조건 —— 과 분리될 수 없다. 율리시즈를 잃는다는 너무 비탄스러운 위협은 그녀에게는 자아상실에 대한 위협이다. 그녀에게 이러한 **자아**를 되돌려주는 율리시즈의 귀환 때마다 진정되는 위협. 마치 존재하기 위해서, 그녀는 **여성**으로서 자신을 근거짓는 행위에서 절정에 이르는 이러한 항상 다시 시작되는 의례 장면을 무한히 반복하도록 운명지어져 있는 것 같다. 그리고 그녀는 웅얼거린다. "당신이 돌아올 때마다 나는 당신의 부재가 나에게 일으킨 것을 지워버려야 한다……."[124] 당신이 돌아올 때마다, 나는 **내가 존재한다**는 것을 다시…… 그리고 다시…… 알 것이다. 페넬로페가 그녀의 거울을 보호하는 것은 율리시즈를 향한 고뇌에 찬 기다림 —— 공생관계의 양성 —— 을 끝내는 바로 그 탄식을 통해서이다.

율리시즈에게 탈영토화 —— 그의 공포의 대상 —— 의 증거는 그 짜임

· · · · · ·
124) 브라질에서 아주 잘 알려진 Tom Jobim과 Vinicius de Moraes의 "나는 내가 당신을 사랑하고 있다는 것을 안다"는 노래에서 나온 구절.

(tissage) 속에 있다. 그래서 율리시즈가 거부하는 것은 바로 그 짜임이다. 열렬한 추종자들이자 좀 다르게는 절대적인 것을 믿는 선동가들인 율리시즈들은 자신들이 불연속적인 윤곽들 속에 있다는 것을 인식하지 못하며, 이러한 불연속성을 피할 수 없는 것으로 인식하지 않는다. 불연속성을 느낄 때마다, 그들은 그것을 단순한 사건이라고, 그리고 그 자체로 일시적이고 확정적으로 넘어설 수 있는 것이라고 생각한다. 여기에서 그 "사건"은 그 타자의 현존의 과잉 탓이며, 그 타자는 절대적인 것에 대한 그들의 환상적인 탐색 속에서 모든 타자에 대한 접근을 방해한다. 탈영토화는 페넬로페에게 삼켜져버린다는 감각으로 번역된다. 그리고 율리시즈는 그녀를 혐오에 떨면서 다음과 같이 비난한다. "너는 너의 요구로, 있으라(현존)는 너의 물릴 줄 모르는(탐욕스러운) 의지로 나를 파괴한다."

　여기에서 (현존하는) 파괴의 감각은 (부재하는) 재구축의 희망 ― 율리시즈들의 존재조건, 즉 페넬로페들의 반대쪽 보충물[여집합] ― 과 분리될 수 없다. 그녀에 대한 자신의 욕망, 즉 그가 그 속에서 비춰지는 욕망을 살아가는 페넬로페를 자신을 잃을 위협에 두기 위해, 율리시즈는 떠날 필요가 있다. 그리고 그는 페넬로페가 깊숙한 절망으로부터 노래하는 눈물나는 노래를 먹고 산다. "나는 당신 없이는 존재하지 않아요……", "내 사랑 당신 없이는, 나는 아무것도 아니야……", "나는 당신을 생각하면서 잠들고…… 당신을 생각하면서 깨어나요……."[125] 이것을 듣고 율리시즈는 안도한다. 즉 그는 페넬로페의 영원한 우울함이 확실하자 위로받는다. 안심하고 이제 그는 말한다. "내가 없을 때, 나는 그녀의 눈물겨운 기다림 속에 존재한다, 그리고 나는 돌아올 때마다 이것을 확인하고 재확인한다." 바로 영원한 탈주와 영원한 귀환 ― 공생관계의 다른 벡터 ― 으로 이루어진 이러한 반복 의례에서 율리시즈는 자신의 거울을 보호한

125) 앞의 글.

다.

그의 공격적인 달아남(율리시즈의 여행)은 페넬로페의 존재조건이다. 페넬로페는 기다리면서 "다른 여자" —— 그가 항해하면서 유혹하는 (현실이든 상상이든) 모든 여자 —— 에 대해 불평할 필요가 있다. 이렇게 불평하면서, 그녀는 자문한다. "거울아, 거울아, 나보다 더 예쁜 여자가 있니?" 그리고 율리시즈의 영원한 귀환, 즉 거울의 반응은 그녀에게 그녀의 존재조건인 "그녀"의 남자의 유일한 욕망대상, 즉 **그 여성**이라는 확실성을 준다.

그 우울한 기다림(페넬로페의 짜기와 다시 짜기)은 반대로 그녀의 존재조건이다. 이 요구를 짜증스러워하면서, 율리시즈는 스스로를 **남성**으로 근거짓는다. 그는 페넬로페의 위로할 길 없는 절망에 대해 불평할 필요가 있다. 왜냐하면 이러한 불평 속에서 그는 자신의 영구한 재영토화가 이루어질 자신의 기반의 영속성을 확신하기 때문이다. 사실 여행하면서 율리시즈는 결코 탈영토화되지 않는다. 즉 그는 항상, 그리고 오직 그가 성큼 넘어서는 페넬로페의 끊임없는 애도로 단단해진 비밀스러운 대지 속에 머문다.

페넬로페의 부재[결여]에 대한 율리시즈의 공포는 율리시즈의 탈주에 대한 페넬로페의 공포를 만들어내며, 페넬로페의 공포는 이번에는 율리시즈의 공포를 만들어낸다. 그리고 율리시즈는 페넬로페의 공포에서 태어나며, 페넬로페의 공포 자체는 율리시즈의 공포에서 태어난다……

그는 이야기의 악당인 것처럼 보이며, 그녀는 성가신 존재다. 즉 원칙적으로 그는 달아나는 사람이고 그녀는 매달리는 사람이다. 그러나 현실에서, 둘은 달아남과 매달림 —— 공생관계적 협약 안팎에서 —— 을 필요로 한다. 둘 다 이러한 간헐[중단]을 필요로 한다. 즉 한밤중에 조용하게, 그 천은 **결합**을 푼다는 위협을 가하면서 풀린다. (그리고 그와 함께 그들 각자는 이 세포를 벗어나서는 존재하지 않는다.) 아침 햇살 속에서 실들은 가시적으로 짜인다. 이러한 교대 속에서 그들이 추구하는 것은 이 드라마의 씨실이 영원히 지속될 것이라는 확신이다. 이러한 씨실의 영원성과 절대성을 확인하기 위해서 풀린다는 위험을 끊임없이 되풀이해야 한다.

페넬로페는 시간을 통제한다. 즉 그녀는 영원성의 씨실을 짠다. 율리시즈는 공간을 통제한다. 즉 그는 총체성의 이미지를 구축한다. 절대적인 것을 희망하는 두 가지 보완적인 스타일, 즉 미적지근하고 끈적거리는 부동성과 차갑고 건조한 유동성. 그것은 동일한 불모성이다. 동일한 신경증, 즉 항상적 평형상태. 삶에 대한 공포. 시간과 공간을 벗어나 죽음의 권태로운 영원성 속에서 칩거하고자 하는 의지.

페넬로페가 귀환을 기다리는 것은 항상 동일한 율리시즈는 아니며, 율리시즈가 떠날 때 버리는 것이 항상 동일한 페넬로페는 아니다 ── 그들은 서로 바뀔 수 있으며, 점점 더 그러하다. 그러나 장면은 항상 같다. 즉 그를 위해 페넬로페를 연기하는 한 여자가 항상 있고, (혹은 반대로) 그녀를 위해 율리시즈를 연기하는 한 남자가 항상 있다. 우리가 인공적으로 가장 감동적인 형식 아래 재생산하는 사라진 가족모습[사진]의 방사능 폐기물. 어느 날 결국 "이것"이 안정되고 보장된 전체가 될 것이라는 신념에 붙박인 채 부부의 "장면을 연출하"도록 영원히 운명지어진 재영토화.

그러나 자신들의 혼인[부부] **세포**들에 갇혀 있는 율리시즈들과 페넬로페들만이 있는 것은 아니다. 갑자기 이 감금의 테러를 참아낼 수 없어서, 몇 사람은 그 장면을 떠난다. 이러한 율리시즈들은 다시는 돌아오지 않을 것이며, 이러한 페넬로페들은 결코 다시는 율리시즈들을 기다리지 않을 것이다. 그들은 공포를 극복해왔고 스스로 탈영토화되었다. 그것은 모습의 두 번째 경우이다. 즉 또 다른 장면이, **독신자기계들**[126]의 장면이 들어

⠶⠶⠶⠶⠶⠶
126) "독신자기계"는 카프카, 자리(Jarry, 프랑스의 부조리 극작가), 에드거 앨런 포, 루셀(Roussel), 뒤샹 등의 작품들 속에서 발견한 환상적인 기계유형을 나타내기 위해서 Michel Carrouges가 제시한 개념이다. 이 개념은 1972년에 『앙티 오이디푸스』에서 들뢰즈와 가타리에 의해 다시

선다.

고정된 영토를 갖지 않고, 독신자기계들은 세상을 배회한다. 제시된 각각의 — 인간적이든 아니든 — 실로 그들은 짜고, 짜여진다. 그리고 새로운 각각의 실로, 그들은 자신들의 타자-되기 속에 빠져 잊고 잊혀진다. 정체성 없이 그들은 자신들이 소비하는 각 유동하는 강렬한 상태로부터 생겨난다. 그들의 비행은 율리시즈들과 페넬로페들의 숨막히는 세계로부터 멀리 벗어나 뜻밖의 세계[우주]들에 도달한다. 삶은 확장된다. 이렇게 확장하는 데서 기쁨이 있다. **독신자의 웅장함**.

그러나 이 속에는 새로운 비참함 또한 존재한다. 즉 너무 많은 실들로 너무 빨리 대체된 채 짜는 이러한 격노 속에서, 독신자기계들은 더이상 멈출 수 없게 되는 경향이 있다. 짜이자마자 씨실들은 닳기 시작한다. 결코 영토들 속에 구체화되지 않는다. 삶은 탈구되어서 쇠락한다. 그리고 최근에 정복당한 운동의 자유를 담지하고 있는 팽창 잠재성은 흩어진다. 어떤 것도 짤 시간도 공간도 없이, 이러한 잘못되어 있는 몸-영혼들은 점차 짤 능력을 잃는다. 그들의 면역방어는 무력화된다. 즉 그들은 너무 약해져서 아주 가벼운 접촉에도 붕괴된다. 그리고 죽음의 새로운 모습이, 즉 에이즈가 들어선다. **독신자의 비참함**.

때때로 하나의 실이 불러일으키는 특정한 열정이 여전히 그들로 하여금 새로이 짜임에 투여하도록 유도한다는 것은 사실이다. 그러나 그 다음 종종 일어나는 것은 실들이 스스로 공생관계 — 항상 동일한 것 — 에 빠지는 것을 무력하게 본다. 다시 한 번 독신자기계들은 이러한 땅 위에 내려앉는다. 독신자기계들은 소름끼치는 공생관계적 혼인 세포 속에서 재영토화된다.

• • • • • •

채택되었다. 저자들은 "편집적 기계"와 "기적적[놀라운] 기계"에 이어지는 "무의식의 세 번째 종합"을 나타내기 위해서 이 개념을 사용한다. 1970년대 동안에 독신자기계는 퐁피두센터 — 당시 열린 근대예술국립박물관 — 에서 전시회의 대상(이자 제목)이었다.

두 장면, 두 위험, 동일한 손상. 즉 한편으로 율리시즈들과 페넬로페들의 공생관계와 다른 한편으로 그 자체로 목적으로서 경험된 독신자기계의 탈영토화 사이에서, 그것은 쇠락하는 사랑하기의 가능성 자체이다. 그래서 애정관계는 불가능해졌는가? 정확히 아니다.

그렇게 많이 되풀이되어 소진된다면, 우리는 두 장면이 똑같이 불길하다는 것을 알게 된다. 한편으로 페넬로페처럼 되기, 즉 집의 편안함으로 돌아가는 것(혼인적 감금)을 칭송하는 행위이든 혹은 율리시즈처럼 되기, 즉 모험의 자유(이것은 단지 둥지로의 그의 영원한 귀환과 관련하여서 존재할 뿐이다)를 칭송하는 행위이든 절대적인 것을 향한 의지를 통해 탈영토화의 공포를 감출 뿐이다. 그러나 또한 다른 극단에서, 독신자기계들처럼 몸으로부터 분리되어 순환할 이러한 자유를 칭송하는 행위는 결과적으로 우리를 삶 자체로부터 탈육체화시킨다. 놀라서 우리는 공생관계로부터 우리를 자유롭게 하려고 해온 결과가 결국에는 우리가 영토들을 배치할 가능성 자체를 잃어버린다는 것을 발견한다 ─ 마치 유일하게 가능한 배치는 사색적인 공생이었던 것처럼.

감수성을 이러한 주파수대 ─ 탈영토화의 공포 그리고/혹은 매혹 ─에 제한시키는 것에 물들면, 우리는 (생존의 문제…… 그리고 유머의 문제로서) 최근까지 무시되었던 다른 주파수들에 맞추게 된다. 어느 날 사람들은 극장에 가서 전적으로 우연히 선택한 영화 ─ 리들리 스콧의 <블레이드 러너>[127] ─ 를 보는 데 더 잘 맞춰지게 된다.

미래의 도시에서 ─ 사실 이미 실질적으로 거기에서 ─ 사람들은 그것을 훨씬 더 참을 수 없게 만들고 우리를 훨씬 더 무능하게 만드는 이 씨실에 도입되는 요소를 발견하고 놀란다. 그러나 동시에 사람들은 이러한 상황에 대한 폭력적인 반응이 증가하고 짓밟힌 길들을 넘어서

• • • • • •
127) *Blade Runner*는 Ridley Scott이 Philip K. Dick의 *Do Androids Dream of Electric Sheep?*(1968)라는 책에 근거하여 1982년에 만든 영화이다.

욕망의 영토들을 구축하는 실험 전체가 떠오르는 것을 본다. 우리는 "복제인간들", 즉 공간을 식민화하기 위해 첨단기업이 프로그램한 인간복제물들에 소개된다. 사람들은 이 이야기에서 독신자기계들의 소란과 그것들이 일으킨 **할리우드식** 포디즘적 세계 위기의 바로 내부에서, 자본은 자신의 새로운 모습을 발견해왔다는 것을 발견한다. 그런데 이 모습으로부터 자본은 전보다 더 강력한 새로운 힘들을 뽑아낸다. 바로 통합된 세계자본주의가 이 추출물의 탈취 위에 근거하였으며, 그 전유를 자신의 부와 권력의 원천 자체로 만들어왔다. 새로운 인물, 즉 타자를 결코 만족할 줄 모르는 나르시시즘적 기계의 대체품으로서만 지니는 **자본주의적 독신자기계들**이 그때부터 그 장면으로 들어간다. 사실 용감하게 자신들의 장면을 황폐화시켰던 율리시즈들과 페넬로페들이 획득한 이러한 유연하고 탈영토화된 자아의 모든 생명에너지는 시장 때문에 고갈되어왔다.

그 작동은 복제품들의 생산으로 최대의 완성도를 획득해왔다. 자본주의적 독신자기계들의 완벽한 **복제품들**. 그 독신자기계들에서 사람들은 그것들이 더 이윤을 내도록 정서생산과 영토구축용 나침반이 의존하는 타자에 취약한 민감한 시설을 제거해버렸다. 그러한 시설을 유지하는 것은, 그들[독신자기계들]이 생겨난 삶 도구화의 작동을 그 은하계적 힘으로까지 올려간다는 그들의 임무를 완수하는 데 없어서는 안 될 행성들 간의 그들의 자유로운 순환을 손상시켰을 것이다.

그러나 그들은 사람들이 기술기계로부터 기대할만한 중립성을 가지고 자신들의 사명을 받아들이지는 않는다. 즉 그들이 존재하는 기간이 끝나려고 할 때, 그들은 반항한다. 그들은 복제한다. 영화의 시작에서 사람들은 그들이 정확히 자신들의 운명을 전복하기 위해서 지구로 돌아오는 것을 본다. 그들은 자신들의 예속된 인공지능을 해방하고, 그리고 무엇보다도 자신들의 정서결핍 조건을 극복하고 싶어 한다. 그들은 이미 사람, 즉 그들의 창조자가 자신들에게 갖추어 주기를 거부한 그러한 주파수대의 존재를 예감한다. 그들은 자신들의 주인의 회사를 공격하고 파괴한다. 즉 그들은 **살고** 싶어 한다. 그러나 삶은 그들에게는 있을 수 없으며 그들의 짜임새는 그것을 허락하지 않는다. 즉 그들의 운명은 봉인된다. 성공의 유일한 기회는 복제인간들이 자신들의 반란의 바이러스로 인간을 오염시킬 수 있어서 그 결과 비밀스럽게 자신들에게 부과돼온 마취상태에 대항하여 스스로 싸우고 이러한 도착적인 기업의 팽창을 종식시키는 것이다.

복제인간들과 그들의 반란을 제거하기 위해 기업이 고용한 인간인 데커드는 복제인간들이 인간들이 지닌 취약성을 자각시키면서 오염시키기 위해 선택한 인물이다. 데커드가 로이와의 치명적인 싸움에서 막 이기려는 순간에 복제인간들 무리의 대장인 로이는 그를 구하고 오염시키고 죽인다. 그들의 반란은 승리했다. 즉 데커드는 깨어난다. 그는 자신의 **너무나도 인간적인** 사명을 배반하기로 결심한다. 말하자면 영화에서 인간이 되는 것은 추적당하든가(**인간**) 또는 추적자(**경찰**)가 되든가 하는 것이다. 지금부터는, 데커드는 그 어느 것도 아닐 것이다. 첫 번째 유사-복제인간인 그는 마지막 유사-인간 복제품인 레이첼과 연대한다. 그들은 스스로를 구원한다. 공범자이자 연인인 그들은 함께 떠나며 영화는 끝난다.

그들이 또 다른 종류의 애정관계를 발명할 것인가? 다른 장면들을? 다른 신화들을? 사람들은 아무것도 알지 못한다. 그러나 이것이 우리가 율리시즈/페넬로페 커플과 그들의 **너무나도 인간적인** 사랑을 넘어선 어떤 것을 꿈꾸는 것을 막지 않는다. 타자를 우리의 윤곽이 그려지는 수단으로 축소하는 악에서 벗어난 [자유로운] 영토들의 발명. 그러나 또한 순수한 상실로 탈영토화하는 데 바쳐진 독신자기계들, 이러한 추상적인 개인성들, 그리고 그들의 **너무나도 비인간적인** 사랑을 넘어선 어떤 것. 우리가 불모화되어서 아무것도 창조할 수 없는 수단인 곧 사라지는 풍경으로 타자를 축소하는 악에서 벗어난 영토들의 발명. 그러나 우리는 무엇보다도 자본주의적 독신자기계들을 넘어선 어떤 것을 꿈꾼다. 그리고 통합된 세계자본주의가 독신자기계들의 창조의 고유한 생에너지를 착취하는 데에 관능적으로 빠져버린 것을 넘어선 어떤 것을 꿈꾼다. 타자를 그 실패가 우리의 성공조건이 되는 시장에서 경쟁상대의 조건으로 축소하는 **훨씬 더 비인간적인** 악에서 벗어난 영토들의 발명.

우리는 또 다른 차원의 친밀성의 장이 확립되고, 우리의 여행이 더이상 율리시즈/페넬로페의 (고착된) 여행도 아니고 혹은 독신자기계들의 (분리된) 여행도 아니며 그들의 자본주의적 버전 가운데 도구화된 여행도 더더욱 아니게 되는 곳인 **인간(인간적 그리고/또는 비인간적)을 넘어선 어떤 것**을 상상한다.

그러나 우리는 아직 이 여행에 대해 전혀 알지 못하며, 이는 우리로 하여금 부부세포를 떠나도록 하는 그리고 비참한 자본화에 앞서 독신자기계들을 창조하도록 밀어붙인 애초의 영감에 대한 막연한 기억뿐일 것이다. 사람들이 세상의 타자성에 개방될 수 있는 곳이며 이러한 개방성이 우리의 신체 속에서 움직이는 정서들에 의해 탈영토화되는 곳인 비상[비약]의 자율성을 향한 욕망. 그러나 무엇보다도 만남과정에서 만들어진 정서들의 흔적을 따라감으로써 새로운 영토를 발명하려는 욕망. 고독한 여행, 그러나 **축소불가능한 타자와의 만남에 의해 살게 된 고독**. 갑자기 사람들은 독신자기계들의 자본화[포획] 이전의 여행과 이후의 여행 사이의 차이가 정확하게 거기에 있다는 것을 깨닫는다. 첫 번째 길이 제시된다.

그러나 어쨌든 뒤로 가는 문제가 아니다. 즉 사람들은 또 다른 시간 속에 있으며, 또 다른 정서들이 우리를 불러일으키고, 또 다른 전략들이 복제인간들의 반란을 수행하는 데 필수적이다. 그럼에도 사람들은 아직 머물러 있다. 사람들은 복제인간의 대장인 로이의 비밀에 의해 막 전염되었고, 그때 유사–복제인간과 유사–인간복제품 사이의 바로 첫 번째 만남을 볼 뿐이다. 사람들은 이러한 새로운 장면(새로운 장면들?)의 창조에 욕망을 투여하기 시작하고 있지만, 여전히 약간은 시험적이다. 사람들은 이러한 별난 여행의 주파수대에 아직 잘 맞추지 않는다. 소음들, 분명치 않은 소리들이 있고, 종종 사람들은 하나의 곡이 만들어지기를 기다리는 것을 참지 못한다. 즉 그것을 듣고자 서두르면서, 사람들은 낡은 진부한 것들로 그 소리들을 작곡[구성]하려는 위험을 감행한다. 그 이미지들을 담고 있는 영원성을 향한 욕망의 함정으로 도처에서 우리를 에워싸며 통합된 세계자본주의의 쉬운 먹이로 만드는 이러한 **해피엔드** 이미지들, 행복한 결말의 어리석음에 **빠**지지 않는 것은 어렵다.

사람들은 항상 부분적으로는 페넬로페이고 부분적으로는 율리시즈이고, 부분적으로는 자본주의적 독신자기계이다. 그러나 또한 부분적으로는 복제인간이고, 불가역적으로 "더이상 이 모든 것이 아니다." 모르고 붙잡힌 채, 사람들이 실제로 참을 수 없는 것은 그러한 알아들을 수 없는 소리들의 거슬림이다. 그럼에도 사람들이 그 이상한 것을 참아내게 되는 드문 순간에, 사람들은 다양한 정도로 우리 안에서 결합되는 이러한 인물들의 역설적인 만남에서 거의 지울 수 없이 일종의 **새로운 부드러움**이 분출되고 있다는 것을 어느 정도 위안하면서 엿본다.

7

공항에서의 대담

공항에서의 대담, 상파울루, 1982년 9월 19일

롤니크: 비행기를 타기 전에 여행에 대해 잠깐 이야기하는 게 어떤가?

가타리: 당신 엄청 피곤할 것 같은데.

롤니크: 당신도 엄청 피곤하지 않은가? 그 마라톤은 분명히 쉽지 않았다. 하지만 난 전혀 부담스럽다고 느끼지 않았다. 반대로 그 여행이 나를 활기차게 했을 뿐이다. 우선 그 여행으로 나는 어떤 문제설정들을 천착할 수 있었기 때문이다. 그 문제설정들의 긴급성은 지도그리기 작업을 요구하며 동시에 그 작업을 어렵게 만들었다. 그리고 이어서 분주한 이 30일 동안 그토록 많은 놀라운 만남들, 그토록 많은 모험들, 그토록 많은 가공[작업]들이 있었기 때문이다.

가타리: 그렇다. 우리는 (우리 둘이서만은 아니지만) 일종의 언표행위 배치를 발명했다. 우리는 상이한 지대들, 상이한 영역들을 관통하려는 일종의 탐사기계를 발명했다. 관통하고 동시에 발명하려는 기계들을 발명했다. 그 길을 따라오면서 우리는 일정한 만남들을 개시하고 아마도 일정한 미시사건들을 촉진시키기조차 (왜 아니겠는가) 한다는 인상을 가졌다. 그것은 중요한 차원이었다. 당신이 말했고 내가 강조하려는 또 다른 것은 브라질의 상이한 사회적 공간들에 걸친 이 산책 —— 때로는 열광적인 산책 —— 이 나에게 일정한 주제들에 대해 성찰하고 작업하고 천착하는 기회를 주었다는 것이다. 덧붙여 나는 이러한 일이 —— 나를 지루하게 한 사실 이외에 좀 서투르고 거의 불안하게 하는 —— 회의들에서보다 우리가 사람[집단]들과 가졌던 논쟁들에서 본질적으로 더 많이 일어났다고 말해야겠다. 예를 들어 플로리아노폴리스에서 어제 가졌던 모임에서, 나는 처음부터 역설적으로 배제되었던 두 개의 질문, 즉 "결핍"에 대한 질문과 계급투쟁에 대한 질문으로 돌아가야 하는 것이 매우 흥미로웠다. 우리, 즉 나와 들뢰즈에게 접근하는 사람들은 우리가 라캉주의와 그리고 맑스주의와 결별했다는 것을 알고 있으며, 최종적으로 그들은 우리에게 그런 종류의 질문을 더이상 하지 않는다. 그러나 여기에서 결핍의 문제가 다시 제기되며, 그것은 나로 하여금, 특히 보장된 사람들과 보장되지 않은 사람들 사이의 분할에 의해 도입되는 정치학, 즉 **자본주의적 주체성에 특유한 죄의식 및 거세의 정치학의 측면에서 그것을 재정의하려고 하면서** 그 문제로 돌아가게 한다. 결핍을 우리를 선험적으로 구성하는 어떤 것(주체와 기표의 관계의 본질적 결핍)으로서가 아니라 시장효과, 소비생산의 효과, 즉 생산되고 발명되고 주입된 결핍으로 재정의하려고 하면서.

두 번째 질문은 계급투쟁에 관한 것이었다. 현재의 많은 지식인들과 달리, 우리는 사회투쟁과 계급투쟁의 타당성을 다시 긍정하고 다시 정당화하는 데 이르렀다. 나는 여행 내내 이 점에 대해 많이 강조했었는데,

우리가 이원론적 논리의 측면에서 자율성과 대규모 사회투쟁 간의 관계에 대해 생각하는 것을 멈추어야 한다(우리는 그것이 우리를 어디로 이끄는지를 아주 잘 알고 있기 때문에)고 생각하기 때문이다. 우리는 똑같이 중요한 두 가지 문제되는 현상이 서로 환원될 수 없는 논리 형태에 따라 작동한다고 인식하기에 충분한 요소들을 가지고 있다. 즉 그것들은 적대적 조건들이 이런 종류의 사태에서 절대 "변증법적으로 해결"되지 않는다는 것을 알면서, 모순적 양식에서 말고는 공존할 수 없다. 이러한 이율배반과 관련하여 아마도 우리를 더 전진하게 하는 것은 **어쨌든 정치적 차원이 기본적으로는 전투성의 측면에서는 이해할 수 없는 미시정치적이고 분석적인 차원으로 옮겨간다**는 생각이다. 이것은 미시정치적 차원이 발언, 행동 등의 모든 조직 가능성을 금지하는 (항의하는 쪽의) 내파를 포함한다는 것을 의미하지는 않는다. 그것은 단지 이러한 차원이 계속해서 모든 비기표적 요소, 모든 특이성 요소를 재주입한다는 것을 의미한다. 그것은 결국 매우 간단한 것으로 보이는 바로 그 순간, 다시 말해 사람들이 합의에 도달했다고 생각하는 바로 그 순간에 문제를 복잡하게 만든다. **존재 자체가 자신의 특이성에서 재출현**하기 때문에 정확히 그 순간에 사람들은 그것이 전혀 단순하지 않다고 본다. 이것은 전투성의 장을 벗어난 미시정치학의 차원 — 나는 탈주선이라고 말할 것이다 — 이다. 장치들과 관련하여, 만약 우리가 그것들을 이러한 분석적 탈주선들과 대결시킨다면 그것들은 정확하게 있는 그대로 나타날 것이다. 얼마간은 마치 우리가 그것을 끝내는 그 시간이 올 때까지, 우리가 그것을 해체하는 그 시간이 올 때까지 우리가 "3월 22일 만세"라고 외쳤던 것처럼 11월까지 "노동당 만세".

전투적 태도에서 극적인 것은 그것이 종교적 기능, 즉 영원성의 기능을 가진다는 사실이다. 사람들은 자신들이 일종의 마나(mana, 초자연력), 종교적 힘, **누멘**(numen, 신령의 힘)에 투여하고 있다고 생각하면서 조직구조에 참여한다. 그들은 그 의례를 고수한다는 단순한 사실을 통해 구원을 약속하는 그 어떤 교회에서처럼 정확하게 물화된다. 이것은 세상의 모든 조직에 퍼져있는 생각이다. 그러나 사태가 불안정하고 일시적이며 재개정할 수 있는 계약들이라는 것, 그리고 어떤 경우에든 역사는 그것들을 사라지게 하며, 다른 조건에서 그 문제들을 재고하고, 역사 자체가 창조한 모든 관념을, 모든 이데올로기적 · 이론적 · 조직적 준거를 없애버린다는 것이 명백해지는 순간에, 사태는 변한다. 이러한 생각은 주체집단이 자신의 유한성을 지닌다는 사실에 의해 정의된다고 내가 말했을 때 "횡단성"[128]에 관한 텍스트에 오래 전에 이미 있었다. 개인이 자신의 유한성, 즉 그가 자신의 삶과 죽음 사이에 제한되어 있다는 사실을 받아들이는 것은 엄청난 문제이다. 그러나 이 문제는 그 성격이 어떠하든(정치적이든 미학적이든) 모든 인간적 시도에 고유하다. 즉 하나의 추이, 하나의 과정이 중요하며, 이러한 한계가 그 기획의 중요성을 감소시키는 것이 아니라 반대로 그 가치를 증가시킨다는 것을 증명한다. 이것은 나에게 내가 실수한 것이 아니라면 『공포와 떨림(Fear and Trembling)』에서 키르케고르가 일반적인 것의 영역을 떠나는 것에 대해 말할 때의, 그가 우발성이라고 즉 특이성의 봉인으로 정의하는 종교적인 것이라고 부르는 것과 대결하는 것에 관해 말할 때의 그를 생각나게 한다. 그것은 내가 특이화과정이라고 부르는 것이다. 즉 행동의 의미를 이해할 수 없게 만드는 것이다. 그것은 정확하게 우리가 반드시 죽게 될 것이라는 사실에, 그리고 우리가 투쟁하기 위해서 삶을 바꾸기 위해서 창조한 집단들이 반드시 실패할 것이라는 사실에 포함된 한계의 존재이다. 정확히 그것은 그 기획의 과정적 특징, 그 창조적인 특징, 새로운 보편성의 창조, 온갖 종류의 리좀의 생성을 허용한다. 이것이 우리의 만남 동안에 더 정확해진 주제의 예이다.

· · · · · · ·

128) 가타리는 1964년에 쓴 그리고 *Psychanalyse et Transversalité*, Paris, Maspero(『정신분석과 횡단성』, 울력, 2004), 1972, pp. 72-85에 실린 '횡단성'이란 텍스트를 언급하고 있다.

롤니크: 그것들이 여행 동안에 대부분 나타났던 주제들이라는 것은 나를 놀라게 하지 않는다. 왜냐하면 기본적으로 그 주제들에 대해 나는 그 순간에 당신에게 요청한다고 생각했기 때문이다. 우리가 경험하고 있는 강렬한 동요는 이러한 유형의 문제설정을 하도록 요구한다. 우선 거시정치 구도에서 민주주의의 정식화 과정을 넘어서 이전에는 존재하지 않았던 일종의 대담한 사회적 표현이 출현하고 있기 때문이다. 즉 새로운 감수성 형식이 슬그머니 끼어드는 것 같기 때문이다. 이것은 아마도 자본주의 발전과 그것의 탈영토화하는 힘이 어떤 사교성 모델들로 하여금 그 의미를 상실하게 하면서 우리를 그 속에 빠뜨리는 "위기"와 관련이 있다. 변화의 신호 가운데 하나는 주민(최소한 주민의 어떤 부문들)이 엄격하게 위계화된 관계들 —— 브라질에서 사교성을 항상 특징지어왔고 여전히 특징짓는 일종의 노예적 측면, "주인의 집과 노예의 집"[129] 식의 식민지적 종속화의 정치에 대한 이러한 능동적 기억 —— 을 탈신비화하기 시작하고 있다는 사실이다. 게다가 여기에서 사는 것은 이러한 참을 수 없는 측면을 지닌다. 즉 내가 기억할 수 있는 한, 나는 지배가 그렇게 노골적이고 복종이 또한 "자발적인" 세상의 어떤 나라도 알지 못해왔다. 굴종의 입장에서 벗어나는 것은 작은 일상적 제스처들(특히 대도시 지역들에서)에서뿐만 아니라 가장 다양한 종류의 사회운동의 이러한 증식에서 그리고 가장 상이한 맥락들에서도 나타난다. 이러한 전례 없는 상황에서 자신을 재조직하는 것, 자신의 파열적인 잠재력을 재인식하는 것, 거시정치학과 관계에서 그것을 생각하는 것은 확실히 매개변수들의 갱신을 요구한다. 혹은 이것은 당신이 좋아하는 종류의 상황이고, 그 속에 당신이 있다는 것은 장갑처럼 맞는다. 즉 당신의 가장 큰 재능들 중 하나는 당신

• • • • • •

129) 포르투갈어로 'casa grande e senzala'는 Gilberto Freyre의 기본적인 저작, *Casa Grande e Senzala. Formação da família Brasileira sob o regime da Economia Patriaca*, Rio de Janeiro, Livraria José Olímpio Editora, 1984를 참조한 표현이다. 불어로 번역되었다. *Maîtres et Esclaves*, Paris, Gallimard, 1978.

이 사회적 활성화 운동들 —— 조그맣든 광대하든, 파리에서 생기든 도쿄에서 생기든 —— 을 찾아내기 위해, 그것들에 개입하고 그것들의 파열양식을 찾고 그 상황에서 그리고 당신 자신의 생각에서 동시에 그리고 뗄 수 없이 어떤 연계들을 동원하도록 돕기 위해 가진 예민한 감각[재주]이다. 나는 이것이 당신의 예술이라고까지 말할 것이다. 즉 욕망의 지도그리기라는 예술, 분석가 즉 분열분석가의 예술이라고. 게다가 분석 실행을 그 상이한 뉘앙스에서 사회생활의 정치-리비도경제를 찾는 이러한 예민한 감각으로 —— 다시 말해 미시정치학의 실행으로 —— 이해하는 것은 나로 하여금 그때 당신을 긴급히 부르도록 했던 또 다른 주제이다. 정신분석은 브라질에서 급격한 팽창과정을 겪고 있는 중이다. 이것은 아마도 브라질 사회가 내가 언급했던, 현존형식의 붕괴라는 위험한 경계에 접근하는 것과 이러한 상황을 피할 수 없는 과업이며 생존의 문제로 대처할 필요성을 포함하는 일정 정도의 자본주의적 "발전"에 도달하고 있다는 사실에 기인한다. 그러나 정신분석이 브라질에서 실행되는 방식은 일반적으로 이러한 종류의 의문에 답할 수 있는 것처럼 보이지 않는다.

예를 들어 상파울루에는 얼마 전까지만 해도 국제정신분석협회와 연결된 정신분석협회만이 있었다. 그 협회는 자신의 프로이트 독해의 모든 정통성, 세계를 통틀어 정신분석에서 일어나고 있는 것에 대한 자신의 모든 정보왜곡, 자신의 전달구조의 온갖 경화를 지니고 있었다. 몇몇 고립된 개인들을 예외로 하면, 내가 알기로는 이 상황에서 벗어난 유일한 교육[양성]집단 중 하나는 레지나 슈나이더만(Regina Schnaiderman)이라는 인물 주위에 비공식적으로 모여 있던 —— 시간에 따라 아주 다양한 —— 사람들로 이루어졌다. 그것은 또한 그녀의 노력과 이 시기에 브라질에 망명했던 아르헨티나 정신분석가들의 협력에 크게 기인하고 있었다. 이 아르헨티나 정신분석가들은 나중에 세데스 사피엔티에(Sedes Sapientiae) 연구소의 정신분석 학파를 만들었고, 그 학파는 지금도 존재한다. 그러나 거기서 나는 교육만을 언급하는데, 왜냐하면 만약 우리가 정신분석의 이론 생산, 그리고 더 특정하게는 무의식 개념의 정치·사회·문화적 함의에 대한 숙고를 고려했다면 상황이 훨씬 더 실망스러울 것이라고 인정해야만 했을 것이다. 비록 이러한 문제들을 엄밀하게 프로이트식으로 혹은 프로이트-맑스주의식으로 다루는 것이 드문 예외이지만 브라질을 지나서 직접 아르헨티나에 착륙하고 그리고 나서 프로이트-맑스주의를 넘어선 수준에서 그러한 질문들의 이론적 구축 시도를 상상한다면, 들뢰즈와 당신의 작업[저작]은 그 가운데 어디에 위치하는가?

어느 시기 이래 운동은 상당히 확장되었다. 즉 다양한 독립 집단들이 생겨났으며 특히 라캉적 집단들이 생겨났다. 정신분석협회 자체는 새로운 세대들에 의해 동요되기 시작했다. 그리고 덧붙여 정신분석이 위생제도, 대학 그리고 엘리트문화와 대중문화에서 더욱더 많은 공간을 차지해 오고 있다. 이러한 상황이 주어진 상태에서, 이 시기에 당신이 온 것은 또한 나에게는 상담실 벽 내외부에서 혹은 심지어 "정신건강" 영역의 경계를 넘어서 교란하는 특징을 지니는 분석에 대한 일정한 독해를 동원하기 위해서도 나에게 매우 흥미롭게 보인다. 내가 분석의 교란하는 특징에 대해 말했을 때, 나는 ── 개인적·집단적·제도적 등의 ── 영토들로부터 얼어붙은 이미지들(이 이미지들은 실험되고 있는 과정들의 일관성에 대한 접근을 막음으로써 통행을 방해하고 운동의 모든 가능성을 막는다)의 찌꺼기를 제거하는 것으로 이루어지는 이러한 미세한 작업을 말하고 있다. 이러한 [경화된] 이미지들의 해소, 단지 방어적인 입장의 포기는 그 과정들의 감수성을 회복하는 데 필수적이며, 이 감수성 없이는 삶의 새로운 영토들을 창조할 수 없다. **요컨대 나는 분석을, 특이화과정의 확장을 허용하는 어떤 감수성 실행양식으로 규정하지, 어떤 종류의 전문화된 작업의 특권이 아니며(비록 이러한 전문성에 대항하는 아무것도 가지고 있지 못하지만) 일부 법인들의 독점의 대상은 더더욱 아니라고**

규정하고 있다. 나는 스스로에게 당신이 있다는 것은 이러한 분석실천 유형이 제시되고 접합되고 진전하도록 기능할 수 있을 것이라고 말했다. 왜냐하면 나는 이러한 요구가 이미 있다고 느끼기 때문이다. 그 요구는 당신이 도착하기를 기다리지 않으며, 현실 자체가 그것을 부과하였다. 우리가 살아가고 있는 가속화된 자본주의적 발전, 그리고 그 발전에 고유한 "위기" — 사회적 기호화양식의 이러한 탈조절[해체] — 를 이해하고 다루는 것은 무엇보다도 욕망분석을 위한 새로운 도구들을 요구한다.

나는 당신의 여행이 긍정적이었다고 느낀다. 왜냐하면 이러한 주제들이 매우 다른 각도에서 그리고 가장 상이한 상황과 관련해서 토의되었기 때문이다. 즉 그것은 교착, 대결, 집합적 기획, 과정의 가공 등과 같은 것들을 고무시켰다. 그러나 동시에 나는 이것이 무언가가 "진전했다"고 말하는 것인지 모르겠다. 만남의 효과는, 경험되고 있는 순간에는 아무리 활성화되더라도 예견할 수 없다. 이것은 이러한 모험이 당신이나 나, 우리의 정서, 우리의 생각에 대해서뿐만 아니라 다른 것들에 대해서도 지닌 효과를 위해 가치가 있는 것이다.

가타리: 동의한다. 내 생각에 그 영역에서 직접적으로 개입할 수 있는 즉각적 이해와 그 개입이 궁극적으로 될 수 있는 것, 즉 내가 그것의 "기호적 효율성"이라고 부르는 것 사이에 필연적으로 격차[틈]가 존재한다. 그것들은 일치하지 않는 배치들이다. 만약 그것들이 교차하는 데에 성공한다면, 그만큼 더 좋다. 그러나 기호적 효율성은 당신이 그것을 생각하고 있는 것에서 오는 것이 아니라, 하나의 구절에서, 정확히 특이성의 영역에서 반사될 하나의 언표에서 올 수 있다. 나를 매우 감동시켰던 것은 따뜻한 집단적 환영의 맥락에서 욘(Yone)이 나를 구석으로 데려가 "펠릭스, 당신은 나를 불안하게 하는 어떤 것, 정말로 나에게 무언가를 주는 어떤 것을 말해요. "폴레팅(Folhetim)" 지면을 위한 인터뷰에서 당신은 사람들 사

이에 일어나는 것에는 전적으로 소통불가능한 기반이 항상 존재한다고 생각한다는 것을 읽었다'라고 말했을 때였다. 그것은 그녀의 주의를 끌었던 것이다. 그것은 그녀가 집착하는 것이었다. 그것은 조금 역설적인데, 왜냐하면 사람들은 소통하고, 관념들을 자극시키고, 분자혁명을 활성화시키며, 그러고 나서 누군가가 와서 "오, 그래서 어떤 것이…… 의미작용들을 넘어선 문턱이 있다"고 말하기 때문이다. 그 때문에 **사람들은 메시지들과 생각들을 전달하는 척할 수 없다. 즉 일종의 비기표적 문턱이, 정서의 차원에 속하고 조용한 심문의 차원에 속하는 일종의 파악관계가 항상 존재한다.** 이는 또한 기호적 효율성을 가질 수 있는데, 이것은 결국은 우리가 관념들을 촉진시킨다는 사실, 즉 "자유라디오 방송국을 만들자", "커다란 대안적 라틴아메리카 회의를 열자" 등과 같은 결정들을 내리는 것보다 더 대단하다. 자, 그럴 수도 있다. 그러나 나에게는 다음 두 가지 차원의 존재를 강조하는 것이 필요할 것 같다. 유일한 효율성 차원은 집단 관계들, 관념들의 도입 등의 차원에 속한다고 가정하는 것은 조금 의심스럽다. 그것은 다른 차원의 존재, 즉 내가 인식이라고 부르지 않기를 더 좋아하는 어떤 것, 오히려 이해와 배치의 본성에, 특이한 현실의 발명의 본성에 속하는 어떤 것을 모르는 것이다. 어쨌든 이 여행에서 당신과 우리의 모든 친구들 덕분에 나에게 특이한 것으로 남을, 그리고 결국 어떤 사람들에게는 특이화 지점들을 나타낼 현실의 발명이 있다. 나는 나에게 전투적 활동이나 선전의 여행이 중요하지 않다고 말하고 싶다. 바로 이 때문에 매체와의 관계에서 나의 태도가 항상 너무 모호하다.

롤니크: 대학의 청중들과 당신의 관계, 혹은 어떤 여타의 세속적이거나 신비화하는 상황과 당신의 관계가 모호한 것과 같은 식으로 나는 이러한 상황에서 당신을 성가시게 하는 것은 당신이 파리로부터 최신 뉴스와 최신 슬로건을 가져오는 외국 지식인의 지위를 지녀야 한다는 요구라고

생각한다. 혹은 아니면 당신에 대한 이러한 이미지의 일종의 투사가 이루어진다. 그런데 이 이미지는 마치 당신이 그 자리를 점하고 있었던 것처럼 혹은 그 자리를 점하기를 바랐던 것처럼(당신이 그러한 이유들 때문에 사납게 공격당하는 상황들이 있었다) 고발들을 동반하게 된다. 기본적으로 그것은 같은 것이다. 즉 두 가지 경우에서, 문화적 부성성(paternité)에 대한 요구, 다시 말해 찬양하든 공격하든 당신에게 그러한 역할을 고정시킬 것을 필요로 하는 일종의 학문적-식민적 오이디푸스가 문제이다. 그 일이 일어날 때마다, 사람들이 자신들의 상이한 입장을 표현하고 자신들의 경험을 말하고 자신의 질문들을 정식화하도록 강조하면서 당신은 또 다른 자리에서 대답했다. 당신은 대화하기를 원했다.

가타리: 그것은 우리가 요구할 수 있는 최소한이다.

롤니크: 때로 어떤 수단도 없었고, 그래서 당신은 입을 닫았다. 어떤 사람들이 당신이 국부적 주체화 정치의 이 식민화된 벡터 속에서 당신에게 속한다고 강조한 입장에서 단지 벗어나고 있었을 때, 오만하다고 이해될 수 있었던 것이다. 당신의 태도가 어떤 경우에는 분석적 효과를 가졌다는 것일 수도 있다. 그러나 그것은 사람들이 보증할 수 없는 종류의 것이다. 자, 당신이 탑승해야 할 시간이 거의 다 됐다. 작별인사를 하기 전에, 이 여행으로부터 얻은 자료를 가지고 내가 만들려고 계획하는 책에 대해 뭔가 말하고 싶은가?

가타리: 아니다. 나는 이 책이 전적으로 당신의 것이라고 생각한다. 나는 그것에 관심이 있기는 하지만 첫 번째 책[130]이 의심의 여지없이

· · · · · ·
130) 가타리는 수에리 롤니크가 편역한 *Pulsações políticas do desejo*를 언급하고 있다.

당신의 것인 것과 마찬가지로 그것은 당신의 것이다. 당신이 만들었던 제목들에서 출발하여 나의 생각이 그런 방식으로 제시되고 작동된다는 것을 보는 것이 나에게는 작은 기적인 것 같다. 내가 갖는 인상은 내가 그것에 대해 전혀 쓰지 않았다는 것이다. 번역은 생산이고 창조이다. 특히 각 의미의 선택지와 기타 등을 주의 깊게 선택하여 그것을 번역하는 방식에서, 당신이 다양한 원천에서 온 텍스트를 수집하고 논평하는 방식에서. 그것은 또 다른 해석을 하기 위해 다른 음악가로부터 주제를 취하는 음악가에게 일어나는 것과 같다. 그것은 차용의 영역에 속하는 어떤 것이다. 당신은 당신의 것인 하나의 텍스트를 만들기 위해 나의 텍스트들을 차용했다. 전집이나 단순한 텍스트 편집 작업과는 아주 먼 당신의 것인 이 새로운 책에 관한 한, 나에게 그것은 전적으로 놀라울 뿐이다.

8

가타리 자신이 말하는 브라질 여행

비공식 대화, 상파울루, 1982년 9월 19일

질문: 브라질과 관련해 당신이 바라는 것은 무엇인가?

가타리: 내가 프랑스에서 그리고 유럽 일반에서 결코 그럴 수 없었다고 생각하므로, 좀 이해되는 것, 이해되는 것이라고 생각한다. 그러나 나의 대답은 완전하지 않다. 또한 나는 여기에 있다. 스스로 유럽에서 내가 기능하는 양식에서 항상 분리되어왔던 내 자신의 차원들을 통합할 수 있는 곳인 브라질에서 나 자신을 위해 하나의 영토를 창조하고 싶기 때문이다.

질문: 어떤 차원들인가?

가타리: 특히 글쓰기의 차원, 그러나 글쓰기만이 아니라 모든 종류의

차원.

질문: 우리는 **인텔리겐치아**에 속하는 일부 프랑스 사람들 —— 루스탕 (Roustang), 드 세르토(De Certeau), 자크-알랭 밀레(Jacques-Alain Miller), 카스토리아디스(Castoriadis), 피에라 오라니에(Piera Aulagnier)—— 쪽에서, 브라질에 대한 관심의 어떤 움직임을 지각한다. 이것이 지닌 의미에 대해 뭔가 말할 수 있는가?

가타리: 나는 모른다.

질문: 그것은 라틴아메리카 전체와 관련하여 일어나고 있다. 그것이 언어일까?

가타리: 그것은 라틴 문화에 대한 자신의 기획을 가진 잭 랭(Jack Lang)의 커다란 전망이다. 아마도 그 모든 것 뒤에 있는 것은 실제로 라틴아메리카라는 세계의 발명과 변화이다. 라틴아메리카는 의심의 여지없이 자본 흐름의 관점에서는 동시에 이륙한 대륙이다. 예를 들어 브라질은 이미 하나의 거대한 세계 산업권력이다.

질문: 주변적인……

가타리: 오. 그렇지 않다! 나는 그렇게 생각하지 않는다. 어쨌든 점점 그렇게 생각하지 않는다. 그리고 이와 함께, 정확하게는 모르지만 극도의 빈곤 속에, 총체적인 저발전 속에 있는 약 8천만 내지는 1억의 사람들이 존재하는 나라이다. 그래서 라틴아메리카는 몇몇 문제설정들이 결합되고 있는 유일한 장소인 것처럼 보인다. 이 대륙은 동시에 아프리카이고 아시

아이고 유럽이다.

나는 정말로 최근 몇 년 동안 많이 여행하는 행운을 가졌다. 나는 일본, 멕시코, 미국, 최근에는 폴란드를 자주 갔다. 이 여행들은 나에게 매우 중요한 기능을 하는데, 이는 내가 "무의식구성체"라고 부르는 것과 관련한 사회적 문제설정들이 얼마나 파악되고 밝혀지거나 단순히 무시되는지를 이해하려는 것이다. 내가 통합된 세계자본주의라고 부르는 것이 자신의 난국들을 상이한 상황에 투사하는 방식은 매우 다양하다. 나는 모든 사회에 관통하는 이 세계위기의 바로 그 본성은 도처에서 동일한 종류의 문제설정을 제기하지만 반드시 동일한 종류의 쟁점들을 제기하지는 않는다고 생각한다. 이 여행들에서 나에게 흥미로운 것은 학문적이거나 독단적인 입장을 갖는 것이 아니라, 정확하게 세계위기의 일반적 문제설정인 것처럼 보이는 것이 상이한 맥락에서 이해되고 기호화되고 지도화되는 방식을 알려는 것이다.

여기서 내가 관심을 가지고 이해하려는 것은 전개되고 있는 상이한 대안적 경험들과 중간항에 있는 이러한 과정들에 의해 촉발되고 있는 사건적 탈주선들, 가능성의 선들이 지닌 구별되는 특성들이다.

나는 항상 우리가 뛰어들고 싶어 하는 문제설정을 가진 실제 대담자와 대화할 수 있다는 것을 특권이라고 생각한다. 그것은 과정 차원의 어떤 것이며, 그 속에서 생산되는 것은 관념의 반복이 아니라, 창조하려는, 사상의 질서를 변화시키려는, 정서를 변화시키려는, 그리고 — 왜 아니겠는가?— 우리를 둘러싼 사회 현실을 변화시키려는 의지이다. 나는 내가 너무 요구하고 있다고는 생각하지 않는다. 나는 단지 우리가 이 게임을 하려고 하며 만약 우리가 저마다의 문제설정 속에서 우리로 하여금 쉽게 전진하도록 할 수 있는 작은 소통기계를 작동시킬 수 있는지를 알려고 한다는 것을 제안하고 있다.

나는 거창한 강의나 학술회의를 하지 않으려 한다. 첫째로 나는 그렇게 하는 것을 싫어하기 때문이고, 둘째로 나에게 변증법적 이해과정으로 들어가는 유일한 방식은 항상 내가 "집합적 언표행위 배치"라고 부르는 것을 통해 나아가는 것이기 때문이다. 전통적 회의와 콜로키움 체계들은 어느 정도 사람들이 씌어진 텍스트에 입각하여 말하게 하는 결점을 가진다. 이것은 구어적 개입이 전적으로 글쓰기에 의존하도록 하며, 따라서 글쓰기의 요소들이 아닌 다른 요소들을 통해 작동하는 정보와 소통의 모든 수단을 상실하도록 한다. 정확하게 이러한 유형의 요소는 내가 브라질에 도착한 이래 수에리와 내가 상이한 집단들과 가졌던 토론들에서 일어났던 대로 논쟁에서는 대체할 수 없다. 그것은 정보의 전달 영역에만 속하지 않는 어떤 것이다. 그것은 고유한 리듬, 특수한 감수성을 포착하는, 일정한 사람들 집단에서 일정한 상황에 있는 일정한 유형의 문제에 의해 생산되는 영향을 포착하는, 사람들이 하나의 방향에 매혹되고 또 다른 방향으로 밀려나는 방식을 포착하는 감정이다. 실제로 나에게 브라질에서 이 여행을 통해 일어나는 20개 혹은 30개 부분들로 이루어진 논쟁이 중요하다.

두 개의 가능한 각본이 있다. 즉 나는 적절하게 말할 회의를 열 수 있고, 이어서 일부는 연마되고 다른 일부는 공격적인 질문들이 있을 수 있다. 어쨌든 이러한 종류의 상황에서 가장 고전적인 것들인 사도마조히즘적 정서들의 투여만이 있을 수 있다. 나는 교수고, 유럽에서 오고, 여행수단을 가지고 있으며, 당신들을 지루하게 해왔다. 당신들 중 일부는 나를 일종의 매체 이미지로 볼 것이다. 다른 일부, 아주 적은 소수가 나를 일종의 상상적 **펀칭-볼**로 기능하는 인물로 사용할 수도 있다. 그러나 사람들이 여기에서 끌어낸 각본은 다른 것 같다. 그 논쟁이 일종의 기적적 진전에 따라 일어나지 않았다는 사실에 상관없이, 어떤 표현 분위기가 창조되었다. 아마도 내가 예를 들어, 오늘밤 꿈에서 혹은 지금부터 두 달 뒤에 다른 어떤 것에서 영향을 미칠 교훈들도 있었다.

ICBA에서의 원탁토론, 살바도르, 1982년 9월 13일

질문: 주제가 욕망이기 때문에, 당신의 발표 과정에서 이 원탁토론에 참여하고자 하는 당신의 욕망 문제에 대해 약간 설명해주기를 바란다.

가타리: 당신이 나에게 요구하는 것은 고도의 묘기 실행을 요구한다. 그렇지만 그런 상황에서조차, 나는 그것이 지닌 모든 위험을 안은 채 시작하고 싶다. 내가 어제 살바도르에 도착했을 때, 나는 전혀 회의에 참여하고 싶지 않았다. 그러나 나는 참여하기로 결심했는데, 만약 그렇지 않다면 나는 어제와 오늘의 두 회의를 조직했던 친구들을 당황스러운 상황에 빠뜨릴 것이기 때문이었다. 어떤 영역의 중간에 외국 연사들을 끼워놓고 마치 그들이 투우를 하는 것처럼 말하게 하는 습관이 존재하는 것은 사실이다. 그리고 어제 회의에서 그러한 측면이 약간 있었다. 그 토론의 몇몇 순간에 연사를 작게 조각내고자 한다기보다는 마치 그가 최근 유럽으로부터 도착한 낯선 벌레인 것처럼 그를 족집게로 집어내려는 의지가 있었다고 나는 느꼈다. 이 속에는 집합적인 쾌락이 있기까지 하지만, 나는 그러한 종류의 쾌락에 일조하고 싶지는 않았다.

이것은 대답의 첫 부분이다. 두 번째는 수에리가 편지와 전화통화에서 내게 말했던 사실, 즉 그녀의 정성으로 내 텍스트들의 편집본이 몇 달 전에 출판되었고 토론할 가치가 있는 질문들이 제기되고 있었기 때문만이 아니라, 무엇보다도 지금이 강렬한 정치적·문화적·사회적 동요의 순간이기 때문에 지금 브라질에 오는 것이 나에게 좋을 것이라는 사실이다. 나는 수에리를 오랫동안 알아왔기 때문에, 만약 그녀가 주장한다면 내가 정말로 와야 한다는 것을 알았다. 그러자 그녀는 여행 경비를 위해 대학 초청계획을 짰다. 그러나 나는 그 초청이 포함한 종류의 연설 프로그램과 모든 것들로 약간 질렸다. 그래서 나는 수에리에게 학술적인 개입을

제끼고 그녀가 집단들, 운동들, 소수자들, 공동체 작업팀들 등과의 만남을 조직하도록 요구하였다. 즉 나는 브라질로 오는 여행경비를 내 돈으로 지불했다. 우리는 이렇게 했는데, 엄청 놀랍게도 내가 도착했을 때 사태는 내가 기대했던 것을 훨씬 넘어선 정도로 크게 일어났다. 나는 문자 그대로 온갖 종류의 집단들에 붙잡혔다. 수에리는 대안학교들, 다양한 경향의 게이·여성운동, 자유라디오 방송국 설립에 관심 있는 사람들, 정신의학에서 대안적 경험을 가진 상이한 집단들(몇몇 주들에서 네트워크[131]와의 결합을 포함하여), 자율성이란 쟁점에 관심 있는 노동자당 집단들, 기타 등과의 만남들을 조직해 놓았다. 심지어 가장 다양한 환경을 지닌 사람들과의 열정적인 만남이 된 매우 엄격한 학문적 환경 — 벽에 모든 총장의 사진이 걸린 리우데자네이루에 있는 대학의 거대한 홀 — 에서의 회의도 있었다. 이러한 열정 속에서 우리는 내가 리우와 상파울루에서 인식했던 선동과 관련하여 다른 상황이 있다고 느꼈던 바이아에 도착했다. 그래서 나의 욕망은 당신들과 함께 이러한 격차[틈]의 의미를 더 잘 이해하려는 것이다.

몇몇 대안 유치원[취학 전 학교]과의 만남 이후에, 수에리는 그 만남이 그러한 학교들 간의 접합 운동을 촉발시켰다는 사실에 감명 받았다고 말하였다. 어찌 된 일인가? 사태가 이와 같이 일어나지 않는다는 것은 명백하다. 그 만남은 촉매요소였을 수는 있지만, 그것은 전적으로 우연적인 것이다. 아마도 촉매요소는 그 만남이나 대화가 아니라 다른 어떤 것이었을 것이다. 어쨌든 다음과 같은 다른 요소들이 그 운동을 촉발시키는 데 필요했다. 즉 층화된 경제학들에 대한, 최근의 사회질서에서 일과 여가 간의 그리고 교육학·어린이들·성인들 간의 관계를 지배하는 추상적 기계체계들에 대한 일반적 문제제기라는 수준에서 활동하는 어떤 경제

131) 국제정신의학대안네트워크. *Psychanalyse et Transversalité*, Paris, Maspero, 1972, p. 127(윤수종 옮김, 『정신분석과 횡단성』, 울력, 2004)과 그 뒤에 실린 11장 '주체성과 역사'를 보라.

학. 나의 담론과는 독립적으로 작동하고 있는 전체 선거운동. 그리고 집단들이 자신들의 의례와 문제들을 가지고 나에게 왔다는 피할 수 없는 사실 또한 존재한다. 자, 어떤 효과가 있다는 것은 사실이다. 그러나 만약 우리가 편집적이기를 원하지 않는다면, 우리는 변화의 가능성을 창조하고 사라질지도 모를 일정한 조건들을 무시할 수 없다. 내가 지금부터 6개월 후에 같은 상황에서 정확하게 같은 것을 이야기하면서 브라질로 돌아올 수도 있고, 그 담론이 완전히 거부될 수도 있다. 왜냐하면 효율화의 장은 더이상 같지 않을 것이고, 또 다른 형태의 기호적 등록기들이 작동할 수 있기 때문이다.

소냐 골드페더와의 인터뷰, 상파울루, 1982년 8월 31일

골드페더: 펠릭스 가타리는 누구인가?

가타리: 나는 프랑스인이고, 오랫동안 정신의학 분야에서 일해 왔다. 나는 정신분석가이고 파리에서 120km 떨어진 정신의학 클리닉을 운영한다. 나는 대학에서 일하지 않으며, 더욱이 그러한 것을 정말로 좋아하지 않고 그런 소명도 없다. 나는 사춘기 이후로 사회운동, 전복운동에 관심이 있었다. 나는 항상 그러한 것에 관심이 있었으며, 이는 유치함 혹은 미숙함의 특징일 수 있다. 왜냐하면 일반적으로 이런 것들은 어떤 나이에 멈추기 때문이다.

골드페더: 당신이 상이한 부문에서 동시에 상이한 장소에서 활동해야 한다는 이러한 요구, 즉 당신이 "나의 유치함"이라고 부른 것에 대해 좀 이야기 해달라.

가타리: 우선 나는 내가 할 수 있기 때문에 그것을 한다. 모든 사람이 이러한 기회를 가지지는 않는다. 움직일 수 없는 채로, 나무처럼 버섯처럼 땅에 심어진 많은 사람들이 있다. 나는 온갖 여행을 할 수 있는 기회를 가졌다. 그리고 나는 그것을 포기하지 않을 것이다. 어떤 나라로 가서 일련의 회의를 하는 것(그것은 클럽 메디테라네(Club Méditerranée)에 가는 것과 같다. 즉 밖으로 나가지 않고 여행하는 것)과 내가 하는 것, 즉 모든 종류의 모임에 가는 것은 전혀 다른 것이다. 나는 프랑스에서 절대 대학에 가서 이야기하지 않는다(더욱이 그들은 나를 초청하지 않는다). 들뢰즈는 예를 들어 대학에 염소처럼 매여서 뿌리박혀 있다. 당신은 잡지에 묶여 있다.

골드페더: 그리고 보르도 병원은? 당신은 그렇게 많은 여행을 하면서 어떻게 당신의 일을 하는가?

가타리: 나는 보르도 병원에 묶여 있지만, 내가 떠나고 여행할 수 있도록 하는 엄청 가볍고 탄력 있는 밧줄로 묶여 있다. 나는 당신의 질문에 합당한 대답을 할 수 없다. 나에게 그것은 정서의 문제, 욕망의 문제, 내가 관심 있어 하는 것들을 하는 문제, 내가 관심 없어 하는 것들을 하지 않는 문제이다. 남동부에 있는 대안정신의학 공동체 집단이 나에게 님(Nîmes)으로 가도록 요청하거나 ── 사실 그들은 나에게 요청하지는 않는다, 그들은 나를 소환한다 ── 자유라디오 집단이 나에게 뭔가를 하도록 요청하거나, 혹은 (현재 그러려고 하고 있는) 로잔에 있는 친구들이 나를 부르면, 내가 나타나야 하는 것은 나에게 완전히 자연스러운 것 같다. 나에게 이것은 분명하며, 그들은 내 가족이다…….

골드페더: 프랑스 지식인들은 당신을 어떻게 보는가?

가타리: 내가 브라질이나 다른 나라에 갈 기회가 있을 때는, 대화가 성립된다. 우리는 들뢰즈와 내가 해온 작은 사안들이 큰 영향력을 지니는 현실 속에 있다. 사람들은 우리가 말하는 것에 반드시 동의하지는 않지만, 토론이 항상 촉발된다. 프랑스 사람들은 전혀 관심이 없다. 그 수준에 있는 삶은 없다. 우리들은 비판받지도 않는다. 프랑스의 지적 환경은 끔찍하게 가식적이다. 그들은 자신들이 세계의 중심이라고 생각한다. 프랑스는 점점 적은 것들이 일어나고 있는 일종의 나르시스적인 나라이다. 일종의 가난한 스위스이다. 예를 들어 내가 지난주에 노동자당과 했던 것 같은 논쟁을 거기[프랑스]에서도 한다는 것은 생각할 수 없다.

골드페더: 당신의 활동은 미테랑 정부와 어떻게 연계되는가?

가타리: 나는 사회과학에서 새로운 연구기금 양식을 정의하려는 한 작은 연구 집단에 참여한다. 우리는 우리가 "제3부문"이라고 부르는 것, 즉 연합 부문(국가, 사적 자본 혹은 협동조합도 아닌 모든 것)의 발전을 위한 새로운 길을 만들려고 한다. 실제로 나는 현재 권력에 있는 친구들을 가지고 있는데, 이것이 내가 사회주의자라는 것을 의미하지는 않는다. 만약 내가 오늘날 당에 참여한다면, 그것은 프랑스 사회당이 아니라 브라질 노동자당일 것이다.

비공식 대화, 리우데자네이루, 1982년 9월 10일

질문: 분석 관념에서 출발하면서, 당신은 당신의 여행 혹은 그 순간들의 몇몇을 분석이라고 생각하는가?

가타리: 에어프랑스사와 바리그(Varig)사[브라질 항공회사]와 할 수 있는 완벽하게 정의할 수 있는 여행이 있다. 원칙적으로 만약 모든 것이 잘 진행된다면 나는 계획된 날짜에 파리에 있어야 한다. 그러나 공간과 시간의 좌표들에서 이 궤적은 어떤 배치들 쪽으로 지나갔다. 즉 그것은 효과적으로 연결될 수 없어도 어떤 것들과 연결된다. 왜냐하면 그것은 식별[132] 수단을 찾지 않았거나 또는 연결되었지만 지연된 효과 등을 지닐 것이기 때문이다. 그것은 다른 배치들을 찾았으며, 이를 위해 과정적 체계를 촉발시켰다. **시공간 벽장 속에 대상들로서 붙박여 있는 배치들은 없기** 때문에, 그 궤적은 존재하는 모든 반작용과 함께 문자 그대로 다른 발명품들을 가지고 있다. 따라서 여행이 분석적이라고 말하는 것은 적절치 않다. 그러나 우리는 우리, 수에리와 내가 이 과정의 근처에서 파악하였고, 일부 분석적 과정들, 즉 일부 배치과정들을 상실하거나 피했다고 분명하게 생각할 수 있다. 동시에 우리는 몇몇 장소에서 개인적이고 집합적인 기호화 양식에서 뭔가를 변화시키는 과정이 아마 존재해왔다는 인상을 지닌다. 그러나 바로 그 과정 자체가 그것을 말할 것이다. 예를 들어 그 과정은 다음과 같이 말할 수도 있다. "그것은 전혀 그와 같지 않다. 당신들은 완전히 헛소리하고 있다. 당신들은 흥분 상태에서 이 여행을 경험했으며, 당신들은 자신들이 천국과 지상을 뒤섞었다고, 당신들이 어떤 것을 변화시켰다고, 당신들이 아메리카와 노동자당을 동시에 발견했다고 믿고 있는데, 당신들은 어떤 것도 발견하지 못했다." 그것이 있는 그대로라는 것은 아주 그럴 듯하지만, 누가 확실히 말할 수 있을까? 나는 나 자신부터 시작해서 그것을 아는 척하는 모든 사람에게 물을 것이다. 사람들이 그것에 대해 무엇을 알 수 있을까?

· · · · · ·

132) 가타리가 정보학 영역에서 차용한 용어인 '인공지능'은 인간적 전략들을 재생산하는 경향이 있다. 정보학에서는 식별은 모델의 재인식을 나타낸다. 가타리는 표현소재에 적합한 담론적 흔적들을 이해하는 기호적 노동을 가리키기 위해서 그 용어를 사용한다.

우리는 분석의 측면에서 이것을 일반화할 수 있다. 즉 당신이 개입할 때나 당신이 어떤 것을 말할 때나 당신이 아무것도 말하지 않을 때, 당신은 자신을 해석의 위치에 두지만, 당신의 개입이 그 어떤 타당성을 갖고 있다는 보증을 당신은 전혀 갖고 있지 않다는 것은 분명하다. 당신은 결국은 과정 그 자체 속에서, 나중에 일어나는 것 속에서 그것을 알 것이다. 내가 올바른 단어를 적절한 순간에 말했다고 확신할 수 있는 근거가 되는 기표적 언표들의 **자료군** 수준에서 어떤 타당화도 존재하지 않는다. 더욱이 나는 내가 한 대담과 관계에서 여기 사람들에 대한 나의 태도가 어떤 순간들에는 마비시키고 분자적 관점을 금지하고 있었다고 확신하며, 이 것을 찾아내는 것이 중요하다. 나는 이것이 일어난 모든 것은 아니라고 생각한다(그리고 바란다). 그러나 다시 한 번 오직 시간만이 말해줄 것이다. 다시 말하건대 나는 이 영역에서 보장체계가 있다고 믿지 않는다. 대신 지속적이고 철저한 불안정성이 있다.

메트로폴리탄이든 혹은 투피적(Tupiniquin)이든 인디언들에 관련해서, 유럽 나라들은 매우 저발전되어 있다. 확실히 우리는 역사가 직선적이지 않다고, 갑작스러운 파열을 기대할 수 있다고 말함으로써 항상 스스로를 재보증할 수 있다. 나는 특히 **만약 당신들이 브라질에서 변혁을 현재 속도에서 계속한다면, 당신들은 아마도 우리를 분자혁명의 엘리베이터를 타게 할 것이라고** 확신한다.

9

브라질 사람들이 본 가타리의 여행

레즈비언-페미니스트 행동집단 소재지에서의 만남, 상파울루, 1982년
9월 2일

아론(Maria Tereza Aaron): 가타리는 나에게 일종의 혜성이라는 인상을 준
다. 어떤 때에 그는 폴란드에서 약간을 보낸다. 또 다른 때에 그는 일본에
있다. 또 다른 때에 그는 프랑스인이고 전원에 있는 진료소의 치료사이며,
우리가 여기에서 많이 읽는 책의 저자이며 그의 책은 일본어로 번역되기
조차 한다.

롤니크: 또 다른 순간에 그는 파리에 있는 자신의 아파트에서 이탈리아
자율주의자들을 접대하고 있다. 그러는 동안에 부엌에서는 라디오 토마
토(Tomate)가 송출되고 있고, 거실에서 그는 미국 친구와 함께 쇼팽 사슴수
를 연주하고 있다.

<폴랴 드 상파울루>지에서 원탁토론, 상파울루, 1982년 9월 3일

위스니크(José Miguel Wisnik): 내가 가타리가 쓴 것 —— 예를 들어『욕망의 정치적 박동』(『분자혁명』 브라질판)—— 을 읽을 때나 그가 여기에서 말하는 것을 들을 때, 나는 완전히 탈신성화되어 있고 예언자의 모습과는 관계없는 것일지라도 마치 예언적인 어떤 것을 지닌 담론을 마주하고 있는 것 같이 느낀다.

그가 분자혁명에 관해 이야기할 때, 그는 유럽에서 팽창했고 실질적으로 지구를 뒤덮고 있으며 모든 인간의 삶 속에 스며드는 자본의 거대화 과정에 대해 언급하고 있다. 이 과정은 이제 되돌아와서 자신의 꼬리를 물어뜯는 것처럼 보인다. 즉 그것은 마치 유럽이 이제 자신이 세계를 향해 던진 것의 잔여, 여파, 반격을 어느 정도 받고 있는 것 같다. 현재 유럽에서 자민족중심주의 문제가 제기되고 있다. 즉 탈중심화되고 있는 세계의 중심으로서, 유럽대륙은 기본적으로 세계 수준에서 탈중심화에 의해 제기되는 문제들을 논의한다. 내가 탈중심화라고 부르는 것은 권력이 도처에서 퍼져나가며 거대한 부분을 차지하고 동시에 각 초점에서 소형화된다는 사실이다. 그래서 이러한 과정에 대한 반성이 유럽 사유의 중심인 프랑스에서 우선 나온다는 것은 아주 묘하다. 지금 가타리의 브라질 여행, 그리고 여기에서 일어나고 있는 것을 보려는 그의 관심은 이러한 반성의 일부를 이룬다. 이것은 확실히 프랑스에서의 그의 이론과 실천의 방향을 바꿀 것이다.

가타리의 진단에 예언적 차원을 부여하는 것은 자본이 (모든 사회관계와 물질적·주체적 과정들을 지배하고, 사이버네틱한 자원들과 가장 정교화된 기술을 동원하며, 모세관처럼 되어 도처에서 나타나는) 이 지점까지 팽창해온 한, 이러한 팽창이 자본을 양가적이게 만들어왔다고 그가 여긴다는 사실이다. 양가적이란 것은 즉 자본은 극도로 강력하고 동시에 극도로 깨지기 쉽다는 것이다. 세계 수준에서 대중매체를 포함하는 이러한 과정은 태어날 때부터 각 개인을 생산과정에 의해 완전히 포획된 욕망을 지닌 생산자/소비자로 만든다. 동시에 모순적으로 이 과정은 분자적 변화와 증식을 개시한다.

나는 우리가 지금 브라질에서 경험하고 있는 사태들이 이러한 유형의 과정(즉 동시에 이러한 전체 기계장치의 반전을 촉발시킬 수 있는 전 지구적 지배 과정)에 빨려들어 가고 있다는 것이 기묘하고 창조적이고 자극적이라고 생각한다. 이것이 일어날 수 있을지 아닐지, 이러한 욕망의 흐름들이 그 나라에 들어선 전제적 체계에 빠져들지, 그 체계와 진정한 단절을 향해 나아가는 것으로 끝날지는 열린 문제로 남는다. 가타리가 주의를 집중하는 것은 이것이 일어날 수 있는지 아닌지를 의심하는 문제가 아니라, 그것에 헌신하고, 욕망이 출현하여 이러한 권력관계들을 반전시킬 가능성에 거는 문제이다.

주변부에 있는 공동체들에서 일하는 사람들과의 토론, 올린다, 1982년 9월 16일

논평: 나는 가타리가 여기에 있는 것이 매우 흥미롭다는 것을 알았다. 그는 근본적이지만 그간 고립된 방식으로 경험되어왔던 어떤 문제들에 대한 토론을 촉진시키는 요소로 작용하고 있다. 여기 올린다에서 여성, 동성애자, 흑인, 공동체 활동가, 독립 문학 등 모든 집단이 모이는 것은 처음이다. 어제 모임에서 나를 붙잡았던 것은 미시정치의 문제는 잠재적이며 동일한 개념으로는 아니지만 폭발하고 있고 토론되고 있다는 확인이다. 나를 가장 매혹시키는 것은 그것이 소수자 집단들 사이에서뿐 아니라 훨씬 더 넓은 영토, 즉 통상 "민중운동"이라고 부르는 것의 영토에서도

논의되고 있다는 사실이다.

<폴랴 드 상파울루>지에서 원탁토론, 상파울루, 1982년 9월 3일

마차도(Arlindo Machado): 나는 우리 사이에서 가타리의 역할이 기본적으로 개입의 역할이라고 생각한다. 그가 불러일으킨 대부분의 논쟁들은 브라질 사회가 현재 생산하고 있는 변화 문제에 대한 더 커다란 인식, 천착을 허용하거나 자극한다.

교황 가톨릭 대학에서 있었던 대화, 상파울루, 1982년 8월 30일

논평: 나는 여기 있는 거의 모든 사람이 관심 갖는 것은 가타리가 대학의 이론가에서 정치적 실천가가 되었던 이행에 대해 약간 이야기하는 것이라고 생각한다. 내가 알아챈 것은 모임들, 논쟁들, 그리고 회의들에서 그 자신의 태도가, 비록 사람들이 이 주제를 불러일으키지는 않았지만, 행동으로의 이행이라는 것이다.

비공식 대화, 상파울루, 1982년 9월 8일

질문: 당신과 질 들뢰즈가 하고 있는 작업에는 나를 약간 짜증나게 하는 어떤 것이 있다. 즉 당신들은 항상 자신들을 반체계적이고 비체계적인 일종의 철학을 발전시키고 있는 사람들로 제시하는데, 나는 그것에 대해 확신하지 못한다. 어떤 순간들에는, 나는 그것이 정말로 비체계적이

라는, 즉 정확하게 전체화는 불가능할 것이기 때문에 전체화 기획은 존재하지 않는다는 인상을 받는다. 다른 순간들에는 나는 그것이 하나의 반체계주의 혹은 반체계화이지만 전적으로 철학이라는 인상을 갖는다. 당신이 이해할지 모르겠다. 내가 의미하는 것은 정말로 일종의 변증법 청산이 있다는 것이다. 당신들 둘은 "변증법은 우리에게 더이상 생각하도록 허락하지 않는다, 혹은 오직 우리가 이미지를 통해서 생각할 것을 허용한다. 정확하게 이미지를 통한 이러한 사유가 극복되어야 한다"고 말한다. 그러나 이것에도 불구하고 변증법이 때때로 재도입되며 결국 일종의 반체계주의(이것은 체계의 반대쪽일 것이다)를 생산하며 그리고 우리가 그 체계 안에 머문다는 인상을 갖는다.

가타리: 특히 이 지점에서 나는 두 사람에 찬성하여 답할 수 없다. 들뢰즈와 글 쓰는 과정에서 각각 매우 다른 두 가지 유형의 욕망 기능 작용이 존재한다. 들뢰즈는 철학자이고 나는 철학자가 아니다. 나는 지시신호들을 보내고, 은행을 털려고 하는 사람들처럼 일격을 시도한다. 나는 일정한 맥락과 일정한 상황에서 표현의 동원을 감행한다. 나중에 나는 그 모든 것을 버리고 다른 것을 하러 간다. 들뢰즈에게는 확실히 철학적 욕망이 존재하고, 이는 명확하게 철학사의 전통에 속하지는 않지만 철학적 영토에 참여한다. 어쨌든 철학자들은 들뢰즈 계열에 있지만, 내 계열은 아니다. 그래서 나는 체계적 반체계주의 — 내가 정확하게 이해했다면 — 의 이러한 측면이 무엇보다도 글쓰기 사건, 즉 창조의 사건(들뢰즈와의 작업이 항상 가져다주는 예술 작업과 거의 같은 차원)이라고 생각한다. 그래서 최종적으로 그 질문들이 나에게는 관심이 없다고 당신에게 말하고 싶다. 당신을 싸증나게 하는 것이 여전히 있는지 모르겠다.

질문: 나는 어느 정도는 그렇다고 생각한다. 왜냐하면 내가 제기하고

있는 이 문제는 나를 상당히 혼란스럽게 하는 어떤 것을 다루기 때문이다. 때때로 나는 그것이 사실 광인들의 이야기라는 인상을 받기 때문이다. 즉 나는 이러한 철학(어쨌든 우리가 하는 것)을 일종의 모델, 교육용 등으로 따를 모델로서 받아들이는 것으로 이루어진, 내 생각에 당신의 작업에 포함되어 있는 어떤 전유양식을 언급하고 있다. 그래서 내가 자문하는 것은 정확하게 다음이다. 즉 당신의 작업을 하나의 모델로 받아들인다는 단순한 사실은 출구 없이 헤겔적 입장으로 떨어지는 것을 의미하지는 않는가?

가타리: 당신은 내가 그렇지 않다고 말할 것을 이미 알고 있다. 그러나 나는 그것으로는 충분하지 않다고 짐작한다. 만약 당신이 그 질문을 하고 있다면, 그것은 당신이 그러한 대답에 만족할 수 없기 때문이다. 그렇다면 다시 한 번 나는 스스로 답하겠다. 나는 당신에게 형식적 부정 이상의 것이 되는 어떤 것을 말하겠다. 즉 혼자 쓴 것이든 들뢰즈와 쓴 것이든 내가 쓴 텍스트를 다시 읽는 것을 참을 수 없다는 사실을. 불과 어제 나는 아주 언짢은 경험을 했다. 누군가 나에게 내가 약 10년이나 20년 전에 썼던 언어들, 관념들, 표현들, 사태들로 가득 찬 테제 초안을 읽어주었는데, 그것은 나를 엄청나게 불편하게 만들었다. 이러한 유형의 사건은 나를 괴롭히고, 일정한 방식으로 나를 추하게 만든다. 그것이 내가 말할 수 있는 전부이다. 그래서 나는 아주 명확하게 정말로 그 위험뿐 아니라 당신이 고발하고 있는 행동과 같은 모델화하는 행동의 현실까지도 어느 정도 존재한다는 것을 알고 있다. 그리고 그것이 내가 반응하는 방식이다.

질문: 정확하다. 내가 받는 인상은 사람들은 『자본주의와 정신분열증』을 재개정할 수 없다는 것이다. 왜냐하면 그것은 당신들 둘을 포함하는 과정이고 당신들 둘에 속하는 접근이어서, 다른 장소에 적용될 수 있게

그렇게 회수될 수 없기 때문이다. 그것은 만약 그렇게 말할 수 있다면 일종의 특이한 여행이다.

가타리: 비교하고 싶지 않지만 사람들은 카라마조프 형제들을 상기할 수 없다. 나는 ── 만약 그것이 철학적이라고 불린다 해도 나에게 전혀 상관없지만, 철학적이라고 불릴 수 없는 ── 한 작품이 반복될 수는 없다고 생각한다. 그것은 그것의 ── 그것을 일정한 교차로에, 일정한 역사적 계통에 위치시키는 ── 일반적 움직임에서뿐만 아니라 그것의 세부사항에서조차도 반복될 수 없다. 나는 아무도 피카소나 샤갈 혹은 폴록 같은 사람의 솜씨를 반복하지 않는다는 것을 의미한다. 그렇지 않다면, 예를 들어 폴록의 붓질을 반복하는 것은 쉬울 것이다. 왜냐하면 그는 영화로 제작되었고, 영화 속에서 사람들은 그의 작업방법에서 일정한 단계들을 보여주기 때문이다. 그러나 왜 그것이 가능하지 않은가? 왜냐하면 이러한 일반적 움직임, 이러한 붓질은 창조 행위의 한계를 완전히 넘어서는 배치에 속하기 때문이다. 철학적 작업이나 예술적 작업의 창조 배치는 기후, 잠재적 청중, 부수적 언어에 달려 있고, 결국은 파리 코뮌이나 68년 5월보다 훨씬 더 재생할 수 없는 어마어마한 사건들에 달려 있다.

레이머트 도스 산토스와의 대담, 상파울루, 1982년 9월 8일

산토스(Laymert Garcia dos Santos): 제기하고 싶은 문제가 있다. 당신이 브라질에서 일종의 희망이라고 보는 것을 나는 반대로 일종의 공포라고 본다. 나는 사람들의 상이한 구성요소들이 아직 자본주의에 완전히 통합되지 않았다는 사실, 이것이 차이들을 매우 강력하게 만들어서 차이들이 여전히 완전히 동질화되지 않는다는 사실에 대해 언급하고 있다. 예를 들어

프랑스에서 더이상 이루지 못하는 것(예술과 창조운동들에서 매우 분명하게 볼 수 있는 것). 브라질에서 사는 것은 일종의 공포이다. 예를 들어 내가 <폴라(Folha)>지에서의 논쟁에서 이야기하기 위해 텍스트를 준비했을 때, 나는 종이 위에 내가 브라질에 돌아온 이래로 느껴온 어떤 것을, 즉 내가 이 나라에서 사는 것을 방해하면서 나를 언제나 짜증나게 하는 일종의 매우 강력한 불안을 적으려 하였다. 그것은 내가 거기에서[133] "사람[인물]들(les personnes)"이라 부른 그것이다. 브라질에서 우리는 한 개인이기를 강요당하는 반면에, 프랑스에서는 사람들은 이러한 추상적 개인성과 관련하여 완전히 익명적이다. 이것은 프랑스에서 당신의 담론이 작동될 수 있게 한다(나는 우리가 스스로를 그 속에 있다고 인식할 수 있다고 말하는 것이 아니다, 그것은 중요하지 않다). 반면에 여기에서 사람들은 당신의 담론을 동일한 방식으로 작동시킬 수 없으며, 동시에 우리의 운명은 산업화된다. 그리고 우리가 완전히 산업화되는 그날, 우리는 —— 당신이 말하듯이 —— 자본주의에 의해 기호화될 것이지만 모든 것은 이전처럼 지속될 것이다. 나는 그것이 사태가 존재하는 방식이라고 믿으며 점점 더 그렇게 믿는다. 그리고 더이상 되돌아가지는 않을 것이다. 그래서 나는 반드시 자본주의적인 추상적 개인들을 필연적으로 미래로서 지니는 이러한 운동들에서 당신이 무슨 매력을 발견하는지 이해하지 못한다. 나는 당신이 내가 말하려고 하는 것을 이해하는지 잘 모르겠다……. 그것은 나에게 꽤 혼란스럽다……. 그러나 동시에 차이는 아주 분명하다.

가타리: 브라질은 캄보디아가 아니다. 브라질은 막히고 고립된, 거대한 국제 세력관계의 전적으로 수감자인 작은 영토적 인간적 실체가 아니다. 나에게 브라질은 경제학자들이 "거대시장"이라고 부르는 것이다. 그리고

- - - - - -
133) <폴라 드 상파울루>지에서의 원탁토론: '대중문화와 특이성', 상파울루, 1982년 12월 3일.

바로 이와 같은 거대시장에 기반하여 미국, 소련 등이라고 불리는 새로운 유형의 실체가 발전해왔다. 자본주의적 흐름의 선택지라는 영토에서 구성되고 있는 어떤 것, 예를 들어 옛 스페인보다 훨씬 더이상의 어떤 것. 그리고 그것은 이미 일어났다. 자본주의적 흐름과 자본주의적 무의식의 이러한 우세는 이미 일어났다. 이러한 변화는 이미 자리 잡았다. 나는 당신이 잔여지대, 저항지대 등에 관해 아주 열정적으로 이야기하려는 것을 아주 잘 이해한다. 그러나 나에게는, 심지어 만약 아프리카에서 생겨난 종교들이 온갖 종류로 부활되고 재발명될지라도, 캉동블레를 실천하는 사람들은 자본주의적 흐름에 완전히 참여한다.

이러한 기반에서, 만약 당신이 자본주의적 주체성 생산양식에 의해 황폐화된 체계 —— 미국을 시작으로 —— 에서 일어나고 있는 것을 고려한다면, 욕망경제의 이러한 생명력이 특히 흑인들, 푸에르토리코인들, 치카노들 등 사이에 존재한다는 것은 분명하다. 분쇄된다는 운명이란 존재하지 않는데, 왜냐하면 반대로 온갖 성격의 기계체계의 확산과 마찬가지로 기계체계들은 도구들, 신체들, 표현좌표들, 일정한 종류의 정서성과 인간관계를 발명하고 가장 근대적인 기계장치와 결합하기 때문이다. 그래서 그것들은 미국 사회에서 변종들의 주체성의 진정한 발명자들이다. 게다가 버로우즈, 긴스버그 등은 "흑인-되기", "푸에르토리코인 되기", "동성애자 되기" 등에 참여한다.

내 생각에 오늘날 진짜 미국은 바로 브라질, 아마도 멕시코나 베네수엘라이다. 누가 알겠는가? 그들은 이러한 자본주의적 변화를 만들어낸 사람들이고, 그럼에도 불구하고 소련과 같이 거대한 규모의 블랙홀 과정에 완전히 빠져 있는 사람들이다. 그럼에도 불구하고 실제로, 만약 우리가 우리의 선망을 바꾼다면, 우리는 이러한 문제설정이 미국, 폴란드, 체코슬로바키아, 동독 등에서 —— 훨씬 더 축소된 영토적 실체들 속에서 —— 정확히 동일한 강렬도를 가지고 존재함에 틀림없다는 것을 안다.

나는 약간은 브로델처럼 바로 "세계도시"가 아니라 ── 어쨌든 주체성 생산에서 ── 생산적인 핵들이 존재한다고 생각한다. 별과 마찬가지로 창조되고 나중에 죽는 과정이 출현하는 핵들. 그것은 브라질일 수도 있고 ── 아마 내가 틀릴 수도 있고, 아마 나는 정신착란이거나 바보일 수도 있다 ── 나중에, 지금부터 10년이나 20년 후에, 그것은 중국 혹은 인도일 수도 있다. 누가 알겠는가?

어쨌든 나에게는 그 조건들이 변종 주체성생산의 일종의 거대기계, 일종의 거대 사이클로트론(cyclotron)을 발전시키는 조건들인 것 같다. 나는 일본이 또한 이러한 조건들을 지니고 있다고 생각하며, 나는 만약 앞으로 몇 년 안에 예사롭지 않은 문화혁명의 중심들이 일본에서 나타난다고 해도 전혀 놀라지 않을 것이다. 그것이 나의 관심을 끄는 것이다. 이의 있는가?

산토스 나는 전혀 이견은 없고 완전히 동의한다. 그러나 나는 사람들이 당신이 말하는 것을 이러한 식으로 이해하는지는 확신하지 못한다. 당신이 말하고 있는 것을 들으면서, 내가 완전히 미쳐가고 있다고 생각하는 순간들이 있었다. 사람들이 (흑인 정체성, 여성 정체성, 동성애자 정체성 등을 찾는 것에서 시작하여) 정확하게 반대의 길을 가고 있는 한 당신이 말하는 것을 이해하기는 절대적으로 불가능했다. 그리고 동시에 사람들은 흑인 정체성과 기타 등을 찾는 것이 이미 (혹은 여전히) 자본주의의 도입이라는 것을 이해하지 못했다.

가타리: 그것은 정확하게 우리가 다른 날에 봤던 영화 ── 라퀴엘 거버(Raquel Gerber)의 Ylê Xorequê ── 에 관해 내가 말하려고 했던 것이다. 고대 종교[숭배]를 체현하고 동시에 영화에 완전한 관능적 역동성을 부여하는 풍부함을 지닌, 그 엄청나게 예쁘고 유려한 소녀가 있었다. 그녀는 정말로

변종 인물이다. 그녀는 절대로 고대사회에 혹은 종교적 기능작용의 전통적 체계에 존재하는 인물이 아니다.

산토스: 그렇다면 나는 당신이 내가 말하고 싶은 것을 이해했는지 잘 모르겠다. 나는 당신의 담론에 대해서도, 사태가 작동하도록 어떻게 배치되는지 그리고 그것들이 어떻게 진화하는지를 보는 (매혹적인) 과정에 대해서도 전혀 반대하지 않는다. 그러나 사람들은 이것을 방어로 이해한다. 사람들에게는, 당신이 특이성이라고 부르는 것은 정체성 탐색에서, 혹은 심지어 — 예를 들자면 냉소주의와 같은 — 중립적이며 의고주의에 기여할 수 있는 도구를 발견함으로써 정체성을 결정화할 수 있다는 희망에서 일종의 "뒤로" 되돌아가는 것이다.

가타리: 지난 12년 혹은 15년 동안, 질 들뢰즈와 나는 욕망하는 기계체계에 대해 이야기하는 것을 멈추지 않아왔다 — 그리고 그것은 의고주의를 말하기 위해서가 아니다. 우리는 그것이 은유가 아니라, 실제로 기계이고 기계적 **계통** 등이라고 종종 반복한다. 구체적이고 정서적이고 사회적인 만큼이나 추상적인 기계. 그래서 당신이 말하고 있는 것 근저에는, 사람들이 우리의 담론을 듣지 않기 때문에 어떤 불만족이 있다는 생각이 있다. 문제는 사람들이 우리의 담론을 듣느냐 마느냐가 아니다. 문제는 그 과정이 가능한 한 — 말 더듬고 논쟁하고 주위를 여행하면서 — 해독되고 있는지이다. 문제는 그 과정이 어떤 것에 일치하는지 아닌지를 아는 것이 아니다. 나로서는 사람들이 자신의 문화적 생산을 지도그리는 방식에 대해서…….

아마도 그것은 첫 번째 수순일 것이다. 또 다른 수순은 반면 낭신이 말하고 있던 이러한 모호한 핵, 이러한 유사–비극적 핵, 이러한 공포 이야기 또한 있다는 사실이다. 어쨌든 한 가지 사태는 확실하다. 즉 내가 멕시코나 브라질에 갈 때는 엄청난 풍부함이 존재하는 반면, 프랑스에서는 당신들이 잘 알듯이, 사람들은 이러한 유형의 것에 그리 관심을 갖지 않는다. 이것이 나르시시즘적 함정일까? 그럴 수 있다.

산토스: 맞다. 나는 루이스 멜로디아(Luís Melodia)나 홀리뇨 브레산느 (Julinho Bressane)와 같은 사람들 — 이 모든 것을 파악하는 사람들 — 이 브라질에서 완전히 고립되어 있다는 것이 우연이 아니라고 믿는다. 나는 당신이 당신으로 하여금 당신의 입장과 같은 입장들이 브라질에서 받아들여질 수 있다고 믿게 유도한 일종의 "가짜" 계약을 맺었다고 믿는다. 어떤 수준에서는 그것들은 통용될 수 있고 그것은 "당신이 제기하고 있는 것은 아주 흥미롭다"라는 수준이다. 그러나 만약 조금 더 가까이에서 본다면, 그것은 그 이상의 담론과 다르지 않다. 그러나 이러한 공포 이야기로 돌아가면, 우리는 상황이 점점 절망적이라는 것을 아주 잘 알 수 있다(그리고 당신과 들뢰즈는 이를 느낀다 — 나는 느낀다고 말한다. 왜냐하면 그것은 강렬도의 수준에서 일어나기 때문이다). 그러나 동시에 우리로 하여금 가능성들을 전망하게 하는 어떤 것이 있다는 것이 사실이다. 그러나 그것이 우리가 우리 배후에 어떤 사람을 가지고 있다는 것을 의미하지는 않는다. 그것은 클레(Klee)나 아르토(Artaud)처럼 당신 스스로 이야기하는 것이다. 즉 "사실 우리가 결여하고 있는 것은 사람이다. 그래서 우리는 이러한 거대한 블랙홀 속으로 빠져들지 않을 것이다. 더욱이 그것은 우리가 가장 결여하고 있는 것이다." 그래서 근본적으로 나는 — 가능성이 있다는 — 낙관주의의 긍정으로 나가는 것을 보게 되었다. 그러나 그것은 아주 미친 짓이다. 왜냐하면 동시에 사람들은 내 인상으로는 다른 기계가 더 강력해서 그러한 가능성들을 따라갈 수 없기 때문이다.

가타리: 내 생각에 사건은 갈등을 통해서 일어나지 않는다. 왜냐하면

만약 우리가 그것을 정신분열적 수준, 즉 루이스 캐럴 유형의 이해 수준에서 지닌다면, 우리는 "그것은 매우 곤란하다. 할 것이라고는 아무것도 없지만 동시에 가능한 것이 정말로 손이 닿을 수 있는 곳에 있기 위해서는 아주 작은 것으로 충분하다"라고 말할 것이기 때문이다. 그것은 "기다려야 한다. 성숙해져야 한다." 혹은 "파국이다", "파국이 아니다"와는 아무 상관이 없다. 그래서 선물[보상]이 아니라 변화가능성에 대한 관념이 존재한다. 그리고 그 변화가능성을 믿는 것은 우리가 헛소리를 하는 것을 의미하지 않는다. 왜냐하면 미학적 차원이나 사회적 차원에서 만큼이나 과학적 차원에서, 우리는 때때로 상황에 있어 기대하지 않은 선회를 종종 목격하기 때문이다.

산토스: 결핍되어 있는 사람[인민]들에 관한 이러한 이야기는 나에게 라 보에티(La Boétie)를 떠오르게 한다. 나는 그가 "어떤 사람들"을 말했다고 믿는다 —— 그는 더이상 "한" 사람[인민]("un" peuple)을 찾으려는 어떤 희망도 가지지 않았다. 그러나 동시에 그는 노예상태로부터 해방시키기 위해 한 사람에 의존하였다.

가타리: 확실히…… 아마도 그것은 내가 최근의 여행에서 마찬가지로 추구해오고 있던 것이다. 그것은 나를 팔레스타인, 폴란드, 멕시코, 브라질, 일본으로 계속 데려갔다. 모든 이 자본주의적 재영토화체계를 횡단하는 탈영토화된 사람이 존재할 수 있을까? 또는 그것은 확실히 그것에 대답할 프롤레타리아트도 자율성신화도 아니다. 그렇다, 나는 나타나고는 사라지고 사회적 사건들·문학적 사건들·음악적 사건들에 체현되는 복수의 사람들, 변종인 사람들, 잠재력을 지닌 사람들이 있다고 믿는다. 나는 때로는 사람들의 비참함을 보지 않는다고, 그리고 과장되고 어리석고 지독히 낙관적이라고 비난받는다. 나는 그것을 볼 수 있다, 그러나……

모르겠다, 아마 나는 헛소리를 하고 있을 것이지만, 나는 우리가 인민의 이러한 출현이라는 관점에서 생산성・증식・창조 그리고 순전히 우화적인 혁명들의 시기에 있다고 생각한다. 그것은 바로 분자혁명이다. 즉 그것은 슬로건이나 강령이 아니다. 그것은 모임들에서, 제도들에서, 정서들에서, 또한 어떤 성찰들을 통해서 내가 느끼고 살아가는 어떤 것이다.

산토스: 당신이 방금 말한 것에서 출발하면서, 나는 이 사람들 속에서 산업화에 대한 일종의 반응을 당신이 찾고 있는 것은 아닌지 생각한다. 내가 사용한 말은 반응이다.

가타리: 더 설명해 달라. 당신이 말하고 있는 것은 매우 중대하다.

산토스: 나는 당신이 일종의 반응을 찾고 있을 수 있다, 즉 이러한 추상화 실현과정 자체에 의해 완전히 장악되지 않은 그리고 이러한 추상화에 들어가기를 거부하는 — 한번 들어가면 돌아올 수 없기 때문에 — 사람들을 찾고 있을지도 모른다고 말하겠다. 아마 당신은 어느 정도 그 사람들을 활성화시키기 위해서 그리고 또한 해서는 안 될 것은 추상화의 실현에 빠지는 것이라는 것을 보여주기 위해서 이러한 유형의 반응을 지닌 사람을 찾고 있을 것이다.

가타리: 그것이 그렇다면 나는 완전히 반대한다. 반대로 나는 내가 추상기계들을 옹호하는 데 결코 지치지 않을 것이라고 생각한다. 나는 해당 추상 절차에 대해 절대로 두려워하지 않는다. 더구나 그것은 나에게 가장 매력적인 것이다. 나는 일본인들의 예를 가지고 내가 말하고 있는 것을 보여주겠다. 일본인들은 사회적 관점에서 고풍스런 구조들을 완전히 모호한 상황 속에 있는 절대적으로 매혹하는 기계적 광기와 결합한다. 그것

은 우리가 다음과 같은 이중의 등록기를 가지고 브라질에 관해서 다른 날 토론한 것과 동일한 것이다. 이중의 등록기는 (그들이 매우 커다란 창조적 생명성에 참여하기 때문에 실제로는 고풍스러운 것이 아닌) 일반화된 고풍스러움과 동시에 기계적 과정의 이 상대적으로 연약한 수태[수정]이다. 나는 사람들, 어린 시절, 가장 분화되어 있는 즉 가장 기계적인 것의 광기를 항상 믿는다. 그래서 나는 활성화(convivialité) 구조들에 대해, 좀더 통합하는 것으로 되돌아가는 것에 대해 일리히(Illich)처럼 변호하지는 않게 되었다. 아니다. 나는 기계적 과정들에 정말로 매혹당해 있으며, 그 과정들이 영토화이자 미분화에 동시에 속하는 이러한 의사(擬似)-체계들에 가져오는 것에 관해 정확하게 생각하고 있다. 그래서 내가 말하듯이 원시인들, 사람들, 어린이들, 광인들 등은 가장 정교하고 가장 창조적인 추상기계들의 담지자들이다. 그 때문에 나는 당신이 말하고 있는 것을 받아들일 수 없다. 나는 사람들[인민]을 가지고 있지 않다. 나는 인간대중이 막 대중이기를 그칠 수 있고 특이화과정의 익숙하지 않은 리좀들을 만들어낼 수 있도록 철저하게 탈영토화되고 되어야 한다고 생각한다.

비공식 대담, 상파울루, 1982년 9월 18일

롤니크: 레이머트가 비록 사람(le peuple)이 존재하지 않는다고 말하지만 당신은 여전히 구원할 사람을 찾고 있다고 암시할 때, 나는 부분적으로 그에게 동의한다. 당신 안에는 "공산주의자 청년", "청년 캠프", "전위 동지!" 등의 유형의 어떤 것들이 있다는 것은 사실이다. 그것은 "좌파의 **통속적인**(kitsch)" 것이다. 그러나 이것은 당신이 지닌 측면들 가운데 하나일 뿐이다. 왜냐하면 한편으로 이 이야기 속에서 당신을 움직이는 것은 사회적 신체 속에 공기돌풍을 불어넣는 능동적 힘의 흐름에 대한 일종의 열정

이기 때문이다. 이 능동적 힘의 흐름은 그때 통용되는 지도의 탈안정화와 새로운 생활형식들을 발명하는 한 점의 집합적 지성의 동원 사이의 교대 속에서 진동한다. 그것이 생길 때마다 당신은 아이 같아진다. 고다르 (Godard)는 사람은 어린 시절을 조금 지니며 매우 유아적이라고 말했다.[134] 자, 만약 당신의 **어린 시절**을 움직이는 것을 당신을 빛나게 만들고 모든 방향으로 흐르게 하는 '사람'이라고 부를 수 있다면, 여기서 '사람'[인민] 은 사물이 아니다. 그것은 계급도 집단도 민족도 아니다. '사람'은 이러한 흐름들의 이름이다. 이 흐름들은 그것들이 뒤흔드는 장소들과, 그것들이 창조에 참여하는 그 역사적 맥락들과 혼동될 수 없다.

예를 들어 이 여행에서 당신에게 '사람'은 노동자당 안에 놓여 있다. 즉 당으로 조직되고 '독재타도' 유형의 본질적인 거대정치적 구호들을 위해 싸우려는 경향과 다른 한편으로 분자적인 것에 대한 감수성에 의해, 마찬가지로 그리고 다르게 본질적인 사회성·주체성형식들의 창조와 탈 안정화에 대한 감수성에 의해 포섭되는 경향 사이의 역설의 진동하는 표면에 놓여 있다. 이러한 감수성과 이러한 역설에 대한 매개체로서 노동 자당은 당신으로 하여금 선거캠페인에 참여하도록 이끌었고 심지어 룰라 와 당신이 가진 대담[135]을 포함하여 여행 중에 책을 내도록 하기까지 하였다. 그러나 그렇더라도 당신은 노동자당의 지지자로 되지는 않았다. 노동자당이 당신으로 하여금 캠페인을 하도록 동기화한 것이 아니라 바 로 노동자당이 지금 하고 있는 것이 동기화하였다. 나중은 나중이다. 덧없 는 흐름들은 이러한 장소들을 계속 통과해 나갈지 모르지만, 정당들과 필연적으로 연결되지 않은 다른 상황을 창조하면서 다르게 통과해 나가 기 시작할 수도 있다.

바로 이러한 흐름을 향해서 당신은 당신의 여행시간을 보내왔다. 그리

134) 장 뤽 고다르가 제작한 영화 *Sauve quit peut(la vie)*에서.
135) 룰라와 가타리 사이에서 이루어진 대담의 발췌 참조

고 그것은 '보이스카우트-되기'나 '신부-되기'와 보다는 테카(Teca)가 말했듯이 혜성과, '혜성-되기'와 더 관계가 있다. 아마 보이스카우트와 신부는 고유한 언어를 결여한 이러한 형태의 것을 다루는 데 우리가 사용하는 유일한 형식이거나 이미 부차적인 형식이기 때문에 생각난다. 그렇기 때문에 그것들은 그렇게 **통속적**이다. 그러나 이러한 신부와/또는 보이스카우트 뒤에서 또는 그들을 통해서, 당신의 현존의 질에 대해서 가장 주의를 끄는 것은 정확히 이러한 모습들의 반대이다. 즉 다른 논리, 새로운 언어들 —— 당신과 질이 부르는 대로 '소수언어들' —— 의 창조에 집중하는 것의 중요성에 대한 당신의 강조, 이러한 창조에 적극적으로 참여하려는 당신의 욕망이다.

당신의 여행은 항상 이러한 창조의 실습을 위한 기회들이다. 그리고 당신과 질에게 이것은 숙고해야 할 대상일 뿐만 아니라 매우 다양한 실험 분야에서 실습되는 사유의 정치이다. 당신과 질이 글쓰기 자체의 수준에서 이것을 어떻게 이루어 나갔는지는 매력적이다. 당신이 정치적인 실천의 수준에서 그리고 임상적인 실천의 수준에서 어떻게 이것을 동시에 이루어 나갔는지는 매력적이다. 이러한 의미에서 당신이 찾는 것 자체뿐만 아니라 당신이 찾고 있을지도 모르는 '사람'도 또한 '혜성-되기' 속에 탈영토화되는 것으로 결코 끝나지 않는다. 그것은 동시에 모든 것이다. 즉 일자가 타자 속에서, 나타나고 사라지고 다시 나타나는 모습[가면]의 무한한 연속 속에서 전개된다. 그것은 아마도 당신의 낙관주의에 이러한 모호한 성격을 부여하는 것이다. 즉 '좌파의 통속적' 스타일(당신의 **유치한** 측면) 속에서 '사람'을 이렇게 전투적으로 찾는 것의 장엄함과, 동시에 능동적인 힘을 지닌 흐름들, 이 사람과 이 연구조차 탈영토화시키며 이 모든 것을 새롭고 반시대적인 세계들(여기서는 당신의 **어린 시절**)의 흔적 속으로 배출하는 흐름들을 발견하는 경쾌함과 즐거움을. 결국 당신의 탐색은 최소한 엄격한 신부-되기나 보이스카우트-되기, 불타는 혜성-되기,

그리고 이 모든 인물과 더이상의 많은 것들이 모순적으로 공존하는 것으로 이루어져 있다.

페트롱어와의 인터뷰

레즈비언-페미니스트 행동집단 소재지에서 페미니스트들 및 게이들과의 만남에서, 가타리는 자신은 그 어떤 특별한 이유로 오지는 않았다고 말하면서 "왜 브라질에 왔느냐"는 질문을 피해갔다. 그것은 사람은 공연히 비행기를 타지 않는다고 그가 말하지 못하게 하지는 않았다. 나에게는 개인적으로 가타리의 담론 속에서 불안하게 하는 것, 즉 새로움은 주체화 양식의 틀 안에서 욕망에서 정치로 이행할 가능성에, 욕망에 근거해서 사회적인 것을 읽을 가능성에 있다. 만약 가타리 씨가 단지 이러한 불안의 씨앗을 뿌리러 파리에서 왔다면, 그것은 이미 우리를 행복하게 하기에 충분한 것 이상이다.

주요 개념 설명¹³⁶⁾

계통(phylum): 상이한 종류의 — 기술적, 살아 있는, 추상적, 미학적 — 기계들은 공간 및 시간과 관련하여 위치지어진다. 그처럼 기계들은 살아 있는 종들의 진화에서처럼 계통들을 구성한다. 그러나 이러한 계통들은 단일한 기원점에서 출발하지 않는다. 즉 그것들은 리좀 속에 배열된다.

과정(process): 사건들 및 작동들의 다른 추이로 이끌 수 있는 사건들 및 작동들의 하나의 지속적인 추이. 과정은 기존 균형들의 영속적인 단절이라는 생각을 포함한다. 이 용어는 고전 정신의학이 분열증 과정에 대해 말하는 (예를 들어 종결상태에 도달했다는 것을 항상 함의하는) 의미로 여기서 사용되지는 않는다. 반대로 여기서 이 용어는 일리야 프리고진(Ilya

⋯⋯⋯⋯⋯⋯

136) 가타리의 몇몇 개념들에 대한 이 주석들은 이 책을 준비하는 3년 동안의 우리의 편지와 우리가 쓴 두 번째 판본의 용어설명에 입각하여 만들어진 몽타주이다. 그것들 가운데 완전히 출판되지는 않은 하나가 『분자혁명』 미국판(*Molecular Revolution. Psychiatry and Politics*, New York, Penguin Books, 1984)을 위해 씌어졌다. 동일한 용어설명의 완전하고 수정된 판본이 그의 글모음 집인 *Les Années d'hiver*에 정리되어 있다.

Prigogine)과 이사벨 스탕제르(Isabelle Stengers)가 '이산 과정(processes dissipatif)' 이라고 부르는 것에 가깝다.

기계/기계적(machine/machinique): 여기서 우리는 기계와 기계학(mécanique)을 구분한다. 기계학은 상대적으로 자기 폐쇄적이다. 그것은 외부와 완벽히 코드화된 관계들만을 맺는다. 반대로 기계들은 역사적 진화의 측면에서 볼 때, 살아 있는 종들의 역사적 진화의 계통에 필적하는 계통을 구성한다. 기계들은 서로를 만들어내고 서로 선택하며 또는 서로를 제거하며 새로운 잠재성 선들을 가져온다. 광범위한 의미에서의 기계들(기술적 기계들 뿐만 아니라 이론적 기계들, 사회적 기계들, 미학적 기계들 등도)은 결코 고립되어서 작동하지 않고 결합되어서 또는 배치로서 작동한다. 예를 들어 공장 안에 있는 기술적 기계는 사회적 기계, 훈련기계, 조사연구기계, 시장기계 등과 상호작용한다.

기관 없는 신체(corps sans organes): 강렬도 영점을 나타내기 위해서 질 들뢰즈가 앙토냉 아르토(Antonin Artaud)에게서 차용한 관념. '기관 없는 신체' 관념은 '죽음충동' 관념과는 달리 어떤 종류의 열역학적 준거도 포함하지 않는다.

기호적 상호작용과 도표적 상호작용(interaction sémiotique et diagrammatique): '도표'는 퍼스(Charles Sanders Peirce)[137])에게서 차용한 용어이다. 퍼스는 도표들을 도상들로 분류하고 도표들을 '관계의 도상들'이라고 언급하였다. 도표적 상호작용(또는 기호적 상호작용)은 현재의 용어학에서 기호학적

· · · · · ·

137) Charles Sanders Pierce, "Principles of Philosophy. Elements of Logic", *Collected Papers of Charles Sanders Pierce*, Charles Hartshorne, Paul Weiss and Arthur Burks, V, 1-2, Cambridge, Mass., The Belknap Press of Harvard University Press, 1931.

잉여성에 대립한다. 도표적 상호작용은 기호체계들이 자신들이 언급하는 현실들과 직접 작동하게 만들며 지시체의 실존적 생산을 가져오는 반면에, 기호학적 잉여성은 단지 재현할 뿐이며 어떤 작동충격도 없이 현실의 '등가물들'을 제공한다. 예들: 수학적 연산들, 기술적 계획들, 그리고 컴퓨터 프로그램들은 자신들의 대상을 창조하는 과정에 직접 참여하는 반면에, 하나의 광고이미지는 자신의 대상에 대한 어떤 외적인 재현을 할 수 있을 뿐이다(그러나 그때에 그것은 주체성의 생산자이다).

대상 "a"[소문자 타자](objet "a"): 정신분석에서 부분대상들에 관한 일반 이론의 틀에서 라캉이 제기한 용어로, 구순적 대상, 항문적 대상, 페니스, 응시, 음성 등을 포함하는 기능을 가리킨다. 가타리는 대상 "a"에 덧붙여 위니캇(Winnicott)의 "과도적 대상"에 상응하는 대상 "b"를 그리고 제도적 대상에 상응하는 대상 "c"를 덧붙이자고 라캉에게 제기하였다.

되기(devenir): 욕망경제와 관련된 용어. 욕망의 흐름들은 사람들, 이미지들, 또는 동일시들에 적용될 수 있든 없든 상관없이 정서와 되기에 따라 전진한다. 그러므로 남성적이라고 인류학적으로 이름붙은 한 개인은 복수의 그리고 분명히 모순적인 되기들, 즉 어린이되기, 동물되기, 볼 수 없는 것 되기 등과 공존하는 여성되기로 가득 차 있을 수도 있다. 지배 언어(국가적 공간에서 작동하는 언어)는 지역적으로는 소수자되기 속에 편입될 수도 있다. 그것은 '소수언어'로 특징화될 것이다. 예를 들어 카프카가 사용하는 프라하의 독일방언.138)

리좀, 리좀적(rhizome, rhizomatique): 수복적 도표늘은 각 국지석 十성요소늘

- - - - - -
138) Klaus Wagenbach, *Franz Kafka*, Paris, Mercure de France, 1967. 클라우스 바겐바하, 전영애 옮김, 『프라하의 이방인, 카프카』, 한길사, 2005 참조

이 준거하는 하나의 중심점에서 출발하는 연속적인 위계들에 따라 나아
간다. 반대로 리좀이나 '철망'139) 속에 있는 체계들은 무한히 벗어날 수
있으며 사람들이 집중하거나 닫을 수 없는 횡단적 연관들을 만들어 나갈
수 있다. '리좀'이란 말은 생물학에서 차용되었는데, 생물학에서는 리좀은
자신들의 아래쪽으로 모험적인 줄기와 뿌리를 생산하는 다년생 식물의
지하줄기 체계들을 의미한다. (예: 무지개 리좀.)140)

모델화/자본주의적 주체화(modélisation/subjectivation capitalistique): 현행 사용
에서만 이 두 용어는 혼용될 수 있다. 그러나 그것은 아주 부정확하다.
즉 자본주의적 주체화는 다음의 의미에서 배치의 '폐지열망'과 관련하여
항상 경계선에 있고 접선에 있다.

　가. 정서와 효과는 거기서는 철저하게 분리되고 '이중화'되는 경향이
있고(순수한 도표적 효율화와는 절단된 순수한 주체적 정서),

　나. 탈영토화 관계들(담론적 패러다임들과 비담론적 패러다임들)은 엄
밀히 필연적인 것으로 환원되는 경향이 있다. 사실 모든 주체화는 모델화
이다. 즉 자본주의적 모델은 모델의 모델, 모델화하는 환원이다.

배치(agencement): 구조, 체계, 형식, 과정, 몽타주 등의 관념들보다 더 광범
위한 관념. 하나의 배치는 이질적인 구성요소들로 이루어지며 이 구성요
소들은 하나의 생물학적, 사회적, 기계적, 영적인 또는 상상적인 차원에
속한다. 분열분석적 무의식 이론에서 배치는 프로이트의 '콤플렉스'를
대체하는 것으로 인식된다.

. . . . . .
139) 가타리는 아마도 기어오르는 식물들을 지지하고 식물들이 자라도록 만들어져 있는 철사와
　　나무로 된 틀을 말한다.
140) 주로 들뢰즈와 가타리, '서론: 리좀'(*Mille Plateaux: Capitalism et Schizophrénie*, pp. 9-37에 있는)
　　참조

분열분석(schizo-analyse): 정신분석이 개인과 동일시에 초점을 맞추고 전이와 해석의 기초 위에서 작업하면서 신경증 연구에 기초한 정신모델에서 시작하는 반면에, 분열분석은 오히려 정신병에 대한 조사연구로부터 영감을 얻는다. 분열분석은 욕망을 인칭론적 체계들로 환원하는 것을 거부한다. 분열분석은 전이와 해석에 그 어떤 효과가 있다는 것을 부정한다.

분열분석적 무의식(inconscient schizo-analytique): 그러나 나는 분열적 무의식은 기계적일 뿐만이 아니라고 말하겠다. 분열적 무의식은 또한 네 가지 의미 구성체에 참여한다.

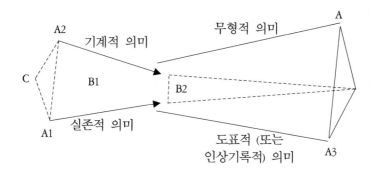

무의식구성체들은 다음과 같은 세 가지 임의적 수준에 걸려 있다.

  a. 의미벡터들의 수준(A).
  b. 도표적 관계들의 구성 수준(B).
  c. 정서와 효과의 접합(시냅스) 수준(O), 이것은 내재적인 준거들(체계들과 구조들)을 '포획한다'.

분열자(schize): 하나의 과정의 중단일 뿐만 아니라 과정들의 교차인 단절체계. 분열자는 스스로 새로운 잠재성 자본을 가져온다.

분자적/몰적(moléculaire/molaire): 흐름들, 지층들, 그리고 배치들 속에 존재하는 동일한 구성요소들이 몰적 양식이나 분자적 양식에 따라 조직될 수 있다. 몰적 질서는 대상들, 주체들, 재현체들, 그리고 그것들의 준거체계들을 한정하는 지층화들에 일치한다. 분자적 질서는 반대로 흐름들, 되기들, 국면전환들, 강렬도들의 질서이다. 상이한 종류의 배치들에 의해 작동되는 지층들 및 수준들에 대한 이러한 분자적 횡단은 '횡단성'이라고 불릴 것이다.

블록(bloc): 들뢰즈와 가타리가 『카프카: 소수문학을 위하여』[141]에서 '아동기 블록' 관념으로 도입한 '배치' 관념과 밀접한 용어. 그것은 아동기 콤플렉스들의 문제가 아니라, 심리발생적 단계들을 통과하고 아주 다양한 지각적, 인지적 또는 정서적 체계들을 통해 작동할 수 있는 강렬도 체계들의 결정화들의 문제이다. 강렬도 블록의 한 예는 프루스트에게서 나타나는 '뱅퇴이유 소악절'과 같은 음악적 리토르넬로이다.

비기표적(a-signifiant): 우리는 "기표적 기호학" —— 기표연쇄들과 기의 내용들을 밝히는 기호학 —— 과 비기표적 기호론을 구분한다. 비기표적 기호론은 언어적인 의미에서 의미효과들을 생산하지 않은 채 통사적 연쇄들로부터 작동하며, 도표적 상호작용의 틀에서 자신들의 지시체들과 직접 접촉할 수 있다. 비기표적 기호론의 예들은 음악적 기보법, 수학적 자료군(corpus), 컴퓨터나 로봇의 구문[통사] 등일 것이다.

· · · · · · ·

141) Gilles Deleuze et Félix Guattari, *Kafka-Pour une Litterature Mineure*, Editions de Minuit, 1975. 들뢰즈 · 가타리, 이진경 옮김, 『카프카』, 동문선, 2001. (조한경 옮김, 『소수집단의 문학을 위하여: 카프카론』, 문학과지성사, 1992.)

상상적/환상(imaginaire/fantasme): 상상적인 것과 환상이 더이상 분열분석의 욕망경제에서 중심적인 위치를 차지하지 않는 한, 이러한 층위(행위자)들은 '배치', '블록' 등과 같은 관념들 안에서 재조립되어야 한다.

세계성좌(constellation d'univers): 재현의 준거들은 에너지–공간–시간 좌표에 따라서만 양화할 수 있는 것은 아니다. 그것들은 또한 질적인 실존좌표들과 관련되어 있다. 준거세계들은 플라톤적인 이념들과 비교할 수 없다. 즉 준거세계들은 자신들의 출현[창조]지점에 따라 변한다. 준거세계들은 주체화 배치들의 구성을 위해 나타날 수도 있고 사라질 수도 있는 성좌들 속으로 조직된다.

영토성/탈영토화/재영토화(territorialité/déterritorialisation/reterritorialisation): 영토 관념은 인성학과 민족학이 영토에 대해서 사용하는 것을 넘어서는 아주 넓은 의미로 여기서 이해된다. 생명체들은 자신들을 결속하고 다른 생명체들 및 우주적 흐름들과 자신들을 접합하는 영토들의 측면에서 조직된다. 영토는 한 개인이 '편안하게' 느끼는 거주공간이나 인식체계와 관련될 수 있다. 영토는 전유, 자기폐쇄적인 주체화와 동의어이다. 영토는 일련의 행동들과 투여들 전체가 실용적으로 사회적·문화적·미학적·인지적 시공간들 속에서 이끌고 가는 기획들 및 재현들의 총체이다.

영토는 탈영토화 될 수 있다. 즉 영토는 열릴 수 있고 탈주선에 끼어들고 심지어 경로를 벗어나 파괴될 수 있다. 인간 종은 광대한 탈영토화운동에 던져진다. 자신의 '원래의' 영토들이 부족과 민족체의 틀을 넘어서는 보편적 신들의 행동을 통해서, 자신을 물질 및 정신의 지층화들을 더욱 가속도로 횡단하도록 이끄는 기계적 체계들을 통해서 해체된다는 의미에서. 재영토화는 탈영토화하는 과정에 참여하는 한 영토를 재구성하려는 시도 속에 있다. 자본주의는 영원한 재영토화 체계의 좋은 예이다. 즉 자본가계급들은 생산과 사회관계의 차원에서 탈영토화 과정을 끊임없이 '재포획'하려 하고 있다. 그럼으로써 자본주의는 사회에 작용하는 모든 과정적 충동들(또는 기계적 계통들)을 통제하려고 한다.

욕망생산(production désirante) (**욕망경제**, économie désirante): 프로이트의 관념과 달리 여기서 욕망은 재현과 연관되지 않는다. 주체적이고 상호주체적인 관계들과는 독립적으로 욕망은 그 관계들에 일치하는 자신의 대상들과 주체화양식들을 직접 생산할 수 있다.

인칭론적(personnologique): 주체적 차원에서의 몰적 관계들을 나타내는 데 사용된 형용사이다. 사람들, 정체성들, 동일시들의 역할에 대한 강조는 정신분석의 이론적 관념들을 특징짓는다. 정신분석적 오이디푸스는 사람들과 전형화된 성격[인물]들을 작동시킨다. 그것은 강렬도들을 축소하고 분자적 투여수준을 '인칭론적 극장'에 즉 실제적인 욕망하는 생산으로부터 단절된 재현체계(마찬가지 표현은 오이디푸스 삼각형)에 투사한다.

일관성의 구도(plan de consistance): 흐름들, 영토들, 기계들, 그리고 욕망세계들의 본성 간에 어떤 차이가 있더라도, 그들은 동일한 일관성 구도(내재성 구도)와 관련한다. 일관성 구도는 준거구도와 혼동되어서는 안 된다. 정말 강렬도 체계들의 이 상이한 실존양식들은 초월적 이념체들에 속하는 것이 아니라 현실적인 생성과 변형의 과정에 속한다.

잉여성(redondance): 소통 이론가들과 언어학자들이 주조한 용어. 우리가 잉여성이라고 부르는 것은 하나의 코드의 사용되지 않은 능력이다. 『차이와 반복』[142]에서 질 들뢰즈는 '공허한 반복'과 '복잡한 반복'을 구분한다. 후자가 기계적인 또는 물질적인 반복으로 축소[환원]될 수 없는 한 말이다. 이러한 구분에 가타리는 또 하나의 구분, 즉 현실에의 어떠한 접근도 결여된 '기표적 잉여성'과 현실에서 효과를 생산하는 '기계적 잉여성' 사이의 구분을 덧붙인다.

주체성생산(production de subjectivité): 주체성은 여기서는 물 자체, 변하지 않는 본질로서 인식되지 않는다. 그러한 주체성의 실존은 언표행위 배치가 그것을 생산하는가 아닌가에 달려 있다. (예: 근대 자본주의는 매체와 집합적 시설에 의해서 대규모로 새로운 종류의 주체성을 생산한다.) 개인화된 주체성의 외양 뒤에 실제적인 주체화과정을 놓으려고 노력하는 것이 적합할 것이다.

주체집단/예속집단(groupe sujet/groupe assujetti): 주체집단은 예속집단의 반대이다. 이러한 대비는 미시정치적 준거를 함의한다. 즉 주체집단은 어쨌든 가능한 한 외부적 결정들과 자신의 관계를 자기 자신의 내적 법칙을 가지고 관리하는 사명을 지닌다. 반대로 예속집단은 모든 외적 결정들에 의해 조종되고 자기 자신의 내적 법칙(초자아)에 의해 지배되는 경향이 있다.[143]

지속성/횡단속성(persistance/transistance): 나는 '지속성'이란 말의 용법을 몇 번 바꾸어왔다. 나는 그 용어를 지금 흐름들과 영토들 사이에 설립되어 있는 탈영토화된 실존양식이라고 본다. '횡단속성'은 계통과 세계(universe) 사이에 평행하여 설립되어 있는 것이다.

●●●●●●

142) Gille Deleuze, *Différence et Répétition*, Paris, PUF, 1968. 김상환 옮김, 『차이와 반복』, 민음사, 2004.
143) "주체집단"과 "예속집단" 관념을 다루는 가타리의 주요 텍스트는 글모음집인 *Psychanalyse et Transversalité*, Paris, Maspero, 1920(윤수종 옮김, 『정신분석과 횡단성』, 울력, 2004)에서 찾을 수 있다.

집합적 언표행위(enonciation collective): 비록 언어는 본질적으로 사회적이며 더욱이 맥락적 현실들과 도표적으로 연결되어 있을지라도, 언표행위에 관한 언어 이론들은 언어적 생산을 개인화된 주체들에 집중한다. 언표행위의 개인화된 층위를 넘어서 '언표행위의 집합적 배치'가 무엇인지 분명히 해야 한다. 여기서 '집합적'이라는 것이 하나의 사회집단의 의미에서만 이해되어서는 안 된다. 그것은 또한 기술적 대상들, 물질흐름들과 에너지흐름들, 무형적 실체들, 수학적이거나 미학적인 이념체들 등의 다양한 수집품들을 포함한다.

코드/초코드화(code/surcodage): '코드'라는 관념은 여기서는 매우 광범위한 의미로 사용된다. 즉 코드는 기호체계들뿐만 아니라 사회적 흐름들과 물질적 흐름들에도 적용될 수 있다. '초코드화'란 용어는 두 번째 단계의 코드화에 일치한다. 예를 들어 원시적인 농촌사회들은 자신들의 고유한 영토화된 코드화체계에 따라서 기능하며, 자신들에게 군사적, 종교적, 재정적 등의 헤게모니를 강요하는 상대적으로 탈영토화된 제국적 구조에 의해 초코드화된다.

코드화(encodage): 코드의 배치. 주조, 촉매, 동일시, 담론적 언표행위 등에 속할 수 있는 특수한 배치사례. 이러한 조건들 속에서 다음 코드화들을 구분할 필요가 있다.
　ㄱ. "구체적인 기계적 과정들"(기술적 기계들, 경제적 기계들 등).
　ㄴ. "추상적인 기계적 과정들"(또는 기계적 계통들). "무형적 세계들"은 비담론적인 준거세계들이다. 그것들은 좌표체계들에 따라서 자신들 사이의 관계를 형성하는 강렬도 흔적들로 이루어진다. 그런데 이 좌표체계들은 담론적 총체들의 논리에 의존하는 것이 아니라 어떤 논리에 또는 오히려 '기관 없는 기계'에 의존한다. 추상기계의 사례들은 다음과 같다.

-촘스키가 말하는 변형-생성 구문의 "심층구조".

-멘델레프의 화학구성요소의 주기율표.

-예술사를 횡단해온 다양한 바로크 기계들.

파열(coupure): "욕망하는 기계"는 흐름을 자르는 체계로 특징지어진다. 『앙티 오이디푸스』에서 '파열'이란 용어는 '흐름'이라는 용어와 분리할 수 없다. 베텔렝(Bettelheim)의 어린 조이(Joey)는 "Connecticut, Connect-I-cut!"이라고 외친다.[144]

흐름(flux): 물질적이고 기호적인 흐름들이 주체들과 대상들에 '앞서 있다'. 흐름의 경제로서 욕망은 따라서 우선 주체적이지도 않고 대표(재현)적이지도 않다.

* * * * * *

144) 가타리는 『앙티 오이디푸스』에서 들뢰즈와 자신이 한 어린 조이 ── 브루노 베텔렝(Bruno Bettelheim)의 진료사례 가운데 하나 ── 의 주제에 대한 평을 언급한다.

출 처

출처: 1982년에 가타리가 브라질을 방문했을 때 수에리 롤니크가 조직한 사건 여정[145)

상파울루

1) 제3차 아메리카 흑인문화회의, 상파울루 교황 가톨릭 대학(Pontificia Universidade Catolica de São Paulo: PUC-SP): "사회운동에 대한 미시정치적 분석", 8월 25일.

2) 상파울루 프로이트 학파에서의 만남: "정신분석과 제도", 8월 26일.

3) "대안적"인 취학 전 학교[유치원]들과의 만남, 8월 27일.

4) 세네스 사피엔티에(l'Institut Sedes Sapientiae) 연구소에서 대안정신의학

● ● ● ● ● ●

145) 생각블록들, 에세이들 그리고 대화들을 가공하는 데 사용된 논쟁, 만남, 재회, 회의, 원탁토론, 대담, 텍스트, 편지들.

네트워크와의 만남, 8월 28일.

　5) 브라질 노동자당 위원회에서 조직한 논쟁: "자율성과 당", 8월 29일.

　6) PUC에서의 회의: "욕망과 정치", 8월 30일.

　7) 세데스 사피엔티에 연구소의 정신분석강의에서의 회의, 8월 31일.

　8) 레즈비언-페미니스트 행동집단(Grupo de Ação Lésbico-Feminista) 소재지
에서의 만남.

　9) 상파울루 시의회와 주지사 선거에 입후보한 노동자당 후보들과의
원탁토론: "혁명과 욕망", 9월 2일.

　10) <폴랴 드 상파울루(Folha de São Paulo)>지에서 원탁토론: "대중문화와
특이성", 9월 3일.

리우데자네이루

　11) 휴고 네디사르트(Hugo Denisart)의 영화 *Regiões do Desejo*와 *Bispo* 상영에
앞서 피넬(Pinel) 병원에서의 논쟁, 9월 9일.

　12) 프로이트 정신분석연구소에서의 만남: "정신분석과 가족주의", 9월 10일.

　13) UFRJ(Universidade Federal do Rio de Janeiro, 리우데자네이루 연방 대학)
철학 및 사회과학연구소에서 조직한 논쟁: "무의식과 역사", 9월 10일.

　14) 노동자당 위원회에서 조직한 논쟁: "자율성과 당", 9월 11일.

바이아

　15) 노동자당이 조직한 논쟁: "욕망과 정치", 9월 12일.

　16) ICBA(브라질-독일 문화연구소)에서의 원탁토론: "대중문화와 특이

성", 9월 13일.

   17) CEP의 정신분석가 집단과의 다시 만남, 9월 13일.

   18) ICBA에서의 원탁토론: "욕망과 사회", 9월 14일.

페르남부크

   19) 솔리대드(Soledad) 사회센터에서의 논쟁: "무의식과 역사", 9월 14일.

   20) 루이스 프레이리(Louis Freire)센터에서 소수자 집단과의 만남, 9월 15일.

   21) 주변부의 공동체들에서 일하는 집단들과의 만남, 9월 16일.

   22) 타마리네이라(Tamarineira) 병원에서 대안정신의학네트워크와의 만남, 9월 16일.

플로리아노폴리스

   23) UFSC에서의 논쟁: "욕망과 역사", 9월 17일.

   24) 사웅 호세(São José) 음악홀에서 학생·소수자·농민과의 논쟁, 9월 18일.

대담과 대화[146]

   25) 싱파올루에서 철학자들과의 만남, 8월 23일.

· · · · · ·
146) 간행된 대담들의 경우에 기입된 날짜는 대담이 이루어진 날이지 최종적인 간행일이 아니다.

26) 교황 가톨릭 대학(PUC)의 저널리즘 학과에서 "자유라디오"에 대한 대담, 상파울루, 8월 26일.

27) 상파울루에서 페페 에스코바(Pepe Escobar)와의 대담(미발표), 8월 26일.

28) 잡지 <베자(Veja)>[보라(look)라는 듯을 가진 브라질 주간뉴스지]를 위해서 한 소냐 골드페더(Sonia Goldfeder)와의 대담, 상파울루, 8월 31일.

29) O inimigo do Rei(<왕의 적>)지와 Persona지를 위한 네스토 퍼롱어(Néstor Pertongher)와의 대담, 상파울루, 9월 1일.

30) 룰라와 가타리의 대담, 9월 2일.

31) <폴랴 드 상파울루>지의 "폴레팅(Folhetim)" 지면을 위한 페페 에스코바와의 대담, 상파울루, 9월 5일.

32) 상파울루에서 레이머트 가르시아 도스 산토스(Laymert Garcia dos Santos)와의 대담, 8월 9일.

33) 바이아문화재단을 위한 페레이라(João Luiz Ferreira)와의 대담, 9월 13일.

34) 헤시페에서 라밍요(Tata Raminho)와의 대화, 9월 16일.

35) 공항에서 수에리 롤니크와의 대화, 9월 19일.

36) 비공식 대화.

다른 출처

37) 가타리와 수에리 롤니크 사이의 편지들, 1983년 2월 8일, 1983년 5월 27일, 1983년 8월 25일, 1983년 9월 10일, 1984년 9월 18일, 1985년 6월 26일, 1986년 5월 10일.

38) '일리야 프리고진의 저작에서 시간과 되기'라는 주제로 열린 세리시

(Cerisy) 콜로키움에서 발언한 펠릭스 가타리의 "기호적 에너지론", 1983년 6월.

39) 펠릭스 가타리, "전쟁, 위기 또는 삶", <폴랴 드 상파울루>지를 위해 소냐 골드페데가 번역한 미간 텍스트. 이 글은 나중에 *Change International*(Paris, septembre 1983)지에 프랑스어로 간행되었고, *Les Années d'hiver: 1980-1985*, Bernard Barrault, 1986, pp. 34-38에 실렸다.

40) "마약, 정신병, 제도", 잡지 『사회과학과 위생』(*Sciences Sociales et Santè*), 2권, 3-4호에 게재된 쇼베네(Antoinette Chauvenet)와 피에로(Janine Pierrot)와 가타리의 대담, 파리, 1984년 10월.

41) 『분자혁명』 영어판(*Molecular Revolution: Psychiatry and Politics*, New York, Penguin Books, 1984)을 위해 가타리가 1984년에 쓴 용어해설 원판본. 이 원판본을 둘러싼 가타리와의 편지, *Molecular Revolution: Psychiatry and Politics*에 간행된 판본, *Les Années d'hiver: 1980-1985*, Bernard Barrault, 1986, pp. 287-295에 실린 동일한 텍스트의 수정본.

42) *L'Autre Journal*, 6 Paris을 위한 미셸 부텔(Michel Butel), 앙트완 뒤로레 (Antoine Delaure)와 가타리의 대담, 1985년 6월 12일. *Les Années d'hiver: 1980-1985*, Bernard Barrault, 1986, pp. 80-121에 실림.

43) 수에리 롤니크가 편집한 텍스트들.

44) 책의 구성을 위해 만든 질문들과 논평들.

찾아보기

< 항 목 >

< 인 명 >

옮긴이 후기

1

이 책은 문화라는 제목으로 시작한다. 가타리는 문화개념을 가치문화, 정신문화, 상품문화의 세 범주로 나누어 분석하면서 문화는 권력생산을 위한 일반적 등가물이라고 파악하고 있다. 즉 주체적 종속을 만들어내는 반동적 개념이라는 것이다. 요즈음 문화라는 말로 모든 것을 포장하는 흐름에 대해서 경종을 울릴 수 있을 것 같다.

2

가타리는 인간본성이라고 상정되는 주체라는 문제를 버리고 제조되고 모델화되고 소비되는 주체성이라는 생각을 제기한다. 주체 문제를 상부구조적이고 이데올로기적이고 재현의 문제로 보며 정체성 모델에 입각하여 동일시로 환원하는 것에 대해서, 가디리는 주체성생산이란 문제를 제기한다. 주체성생산은 모든 생산을 위한 원료를 이룬다고 한다. 특히 미시정치의 문제설정은 재현(대의제)에 있지 않고 주체성생산의 수준에 있다고 한다.

더 나아가 가타리는 개인적인 또는 사회적인 주체에 대비하여 집합적 언표행위 배치를 제시한다. 미리 설정되는 자아주체, 행위주체, 심리적 층위 주체가 아니라 다양한 체계들의 집합적 배치 속에서 주체화과정(주체성생산)이 이루어진다는 것이다. 주체성생산은 이처럼 집합적 과정이며 사회적인 것의 틀 속에서 제조되고 모델화된다. 이런 주체성 개념은 개인 개념과는 대립한다. 주체성은 개인적인 장 안에 있지 않고 모든 사회적이고 물질적인 생산과정의 장 안에 있다. 주체성을 생산하는 것은 구조주의자들이 말하는 것처럼 언어나 의사소통이 아니다. 주체성은 에너지, 전기, 알루미늄이 제조되는 것과 마찬가지로 제조된다는 것이다. 개인은 바로 주체성의 많은 구성요소들의 교차로에 서 있는 것이다.

3

가타리는 단일한 확인가능한 준거에 입각한 정체성 개념을 넘어서서 특이성, 특이화과정을 강조한다. 또한 문화나 문화적 정체성 개념은 매우 반동적이라고 강조한다. 이 개념들은 주체성이 자본주의 시장들의 장에서 여타의 상품들처럼 조합되고 가공되고 제조되는 성격을 지닌다는 것을 인식하지 못하도록 하기 때문이다. 정체성이나 문화적 정체성 개념에서 특이성이나 표현과정의 배치로 넘어가야 하는데 이 과정은 바로 소수자들에 주목하고 탈주하는 소수자-되기들 속에서 이루어진다.

다시 말해서 가타리는, 주체성을 개인적인 정체성과 관련지으려는 환원주의적 해석들에 반대하면서, 자본주의적 주체성이 강요하는 균등화에 반대하면서, 욕망가치의 증식을 향해 나아가는 색다르게 되기를 강조한다.

가타리는 정체성의 인정이라는 생각에 반대하여 횡단과정, 개인들 및 사회집단들을 통해 정립되는 주체적인 되기라는 생각을 제기한다. 그리고 동성애자-되기를 예로 들면서 욕망으로 하여금 자신이 할 수 있는 한 최대한으로 스스로를 관리하도록 놔두는 사회를 지향한다. 욕망의 자유에 대한 권리를 주창하면서. 그래서 소수자들의 투쟁에서 중요한 것은 방어적인 특성에서 벗어나 되기를 고취시키는 공격적인 입장을 개발할 것을 주문한다. 그 과정에서 동성애운동과 여성주의운동 사이의 연대, 마초의 등장, 욕망의 정치 등의 문제들을 검토한다.

4

가타리는 브라질에 가서 브라질 활동가들과 자신의 소수자적인 경험들을 둘러싸고 대화를 나눈다. 정신의학에서의 소수자적 실험들에서는, 특히 '국제정신의학대안네트워크'의 경험에 대해서 들려준다. 학교에서의 소수자적인 실험들과 관련하여, 가타리는 어린이들과 관련하여 학교체제가 갖는 모델화와 규격화에 대해 비판하면서 취학 전 아동대안학교 활동가들과 만나서 어린이들이 다양한 표현양식들을 잃지 않도록 하는 대안교육에 대해서 대화한다. 그리고 1970년대 중후반 이탈리아에서, 1978년부터 1982년까지 프랑스에서 전개된 자유라디오운동의 활동에 대해 소개하면서 다양한 매체실험들을 통해 탈매체 시대로의 방향을 제시한다.

가타리의 논지에 따르면, 주변성 속에서 자율성을 향해 나아가는 소수자는 결국은 대안으로서 분자적 되기를 감행해 나가면서 리좀적 실천을 해나가게 된다고 한다.

5

가타리는 몰적 수준과 분자적 수준을 구분하면서 사회투쟁은 몰적인 동시에 분자적임을 밝힌다. 이렇게 구분하는 것은 사회적 장에서 욕망구성체에 대한 분석, 즉 미시정치적 문제를 탐구해 나가려고 하는 것이다. 이러한 미시정치적 탐구를 통해서 욕망구성체 또는 무의식구성체에 대한 분석을 해나가려고 하며, 결국은 헤게모니론에 입각한 레닌적 조직방식에서 벗어나 자율성을 강조하게 된다. 그와 관련하여 가타리는 브라질 운동가들과의 만남 속에서 계급투쟁과 자율성, 국가와 자율성, 교회와 자율성, 당과 자율성이라는 주제별로 기존의 운동방식에서 제기되어온 문제를 자율주의적인 입장에서 논의해 나간다.

6

가타리는 소수자 집단과 전체 사회, 소수자와 당의 관계 문제, 특이성과 자율성을 지키는 것과 대규모 동원 사이의 접합 등에 관해서 논의한다. 다양한 소수자 집단들은 거대기계(예를 들어 선거캠페인)를 소홀히 하지 말고 이용해야 한다고 하며, 다양한 운동들의 접속뿐만 아니라 미시적인 운동과 거대운동의 접합을 강조한다. 전문화와 퇴보의 과정으로 가지 않기 위해서 말이다.

그런데 68혁명 이후에 이러한 접합을 이루어낸 조직들이 대부분 소집단적인 작동방식에 매여 있었고 결국은 특이화과정을 억압하였다고 가타리는 본다. 대규모 정치사회적 쟁점들에 대결할 수 있는 조직의 문제와 소수자들 및 감수성의 해방운동을 동시에 제기하며 결합해야 한다고 강조한다. 욕망 쟁점들에 관해서 정치조직들에 질문하고, 국가기계에 관해서 욕망경제에게 질문할 필요가 있다는 것이다. 달리 말해서 강령에 따라 하는 운동이 아니라 상이한 종류의 조직 및 다양한 집단들 사이의 상이한 접촉을 만들어내야 한다는 것이다.

결국 가타리는 미시정치적 운동들을 접합하는 문제에, 새로운 주체성 구성요소의 출현에 주목할 것을 요구한다. 민주집중제와 자생주의라는 양자택일에 빠지지 말고, 우리의 모든 일상행위 속에서 지배적인 주체화 양식을 재생산하는 방식들을 따져보자는 것이다.

7

　가타리는 브라질의 철학자 및 정신분석가들과의 대담을 통해 자신의 역사관을 드러내고 있다. 기계적 계통의 발전과 기계적 변이, 그리고 전쟁기계와 그 예로서 레닌주의적 전쟁기계와 절단의 문제를 이야기한다. 새로운 파열 현상을 통한 탈영토화와 재영토화를 설명하면서 역사는 반복이 아니며 엄청난 가속이 있으며 이러한 가속에 발맞춰 조직형식들을 창조해야 할 것이라고 한다.

　그리고 혁명은 영원한 변화과정을, 불가역적인 변화과정을 만들어내는 것이며, 무엇보다도 미시과정의 변혁이 중요하다. 특히 특이화과정으로 요약되는 분자혁명은 생활방식에서 특정한 실천들이 지닌 가능성 전체를 말한다고 한다. 노동자계급과 다양한 이해집단이 억압체계에 저항하는 것은 정당하며, 이러한 투쟁과 분자혁명들을 접합하는 것이 필요하다고 역설한다. 서로 대립하는 것으로 설정하는 이항적 논리를 피해야 한다는 것이다.

　나아가 가타리는 현대 사회의 특징을 '통합된 세계자본주의'라고 규정하고 특히 비보장된 사람들에 주목한다. 전 지구적 계층구도를 자본가적 엘리트들과 보장된 사람들, 그리고 비보장된 사람들이라는 그림으로 그리면서 다양한 사회적 범주를 횡단할 수 있는 주체성들의 동맹을 제기한다.

　그는 현대사회가 보이는 세계위기는 단순히 경제위기가 아니라 자본주의 기호화양식들의 위기라고 주장한다. 세계위기의 본질은 지구 전역에서 엄청난 주변층의 출현이라고 강조한다. 전쟁으로 드러나는 위기는 세계주민의 복종 및 훈육화를 강화하며 실업과 빈곤이라는 거대한 기계화가 작동하고 있다. 그러한 상황에서 교조주의적 맑스주의 노선의 체계적 몰인식과 회수하려는 사민주의적 시도를 넘어서 특이한 주체들의 돌연변이를 받아들일 것을 강조한다.

이어서 룰라와의 대담은 브라질 노동자당이 얼마나 대중의 분자적 실천들을 담지해낼 수 있는가에 대한 룰라의 생각을 잘 보여주고 있다. 소수자를 박해하지 않는 당을 생각해 볼 수 있을 것 같다.

8

정신분석과 분석가협회는 무의식을 독점하고 권력과 손잡고 일정한 주체성생산을 공고화하는 반동적인 역할을 수행해왔다. 일종의 종교적 또는 이데올로기적 준거로서 기능한다는 것이다. 분석은 정신분석 자체를 넘어서는 사회적 장과 관련이 있으며, 무의식구성체의 분석은 사회변혁과 관련이 있다.

무의식분석과 관련하여 정신분석은 환원론에 기반해왔다. 프로이트는 주체적인 현상에 대해서 새로운 해석을 시도했다. 무의식-전의식-의식 구도에서 한 이러한 분석이 이드-자아-초자아 삼각형으로 대체되면서 일차적 과정의 특성(무의미의 다양성)들이 사라져갔다. 더 나아가 인칭론적 삼각형에, 가족삼각형에, 보편적 수학소(기표)로 환원되면서 분석에서 리비도에너지라는 개념은 거의 제거되었다. 가타리는 욕망생산의 배치를 지도그리는 기계적 무의식을 강조하면서 무의식구성체들은 무엇에서 발산되는 것이 아니라 특이화과정에서 구성되고 생산되고 발명된다는 점을 강조한다.

나아가 가타리는 살려는 의지, 창조하려는 의지, 사랑하려는 의지, 또 다른 사회·세계인식·가치체계들을 발명하려는 의지의 모든 형태를 욕망으로 이름붙이자고 제안하면서, 충동의 하부구조와 재현의 상부구조에 입각한 갈등관념을 비판하고 오히려 배치의 파열이 문제라고 강조한다.

9

가타리는 '하부구조 콤플렉스'라는 이름 아래 해석의 문제를 다루고 있다. 표현적 특이성들을 환원하는 정신분석적 해석에 대비하여 다양한 구성요소들을 확인하고 이행구성요소들을 찾아내서 그 작용방식을 탐색하되 예술작품을 창조하는 방식과 같은 분석을 요구한다. 분석은 인간이 지닌 어떤 어려움들에 대해 피아니스트같이 '여분'의 기교를 주며 하나의 준거틀에서 다른 준거틀로 뛰어넘는 데 기여할 수 있다고 한다. 나아가 무의식분석은 다원적인 주체성의 실제적인 생산적 뿌리인 특이화과정과 특이점들에 영향을 주는 작용을 수행하는 것이어야 함을 강조한다.

가타리는 '분열분석'을 제기하면서, 욕망의 개인화는 결국은 소외를 가져온다고 보고 욕망과 주체성의 집합적 배치라는 생각을 제시한다. 분자적 변이들을 파악하고 지배적인 생산과정을 문제 삼는 주체화양식들을 확인해나가기 위해서 무의식구성체, 욕망구성체를 분석해야 한다고 강조한다. 집합적 욕망표현들과 그것의 자발적 표명, 그리고 가공과정에 대한 탐색을 강조한다. 특히 생산의 문제설정은 욕망의 문제설정과 분리될 수 없다는 것을 지적하면서, 욕망하는 기계라는 개념을 통해서 생산으로서의 욕망(기계적 무의식)을 제시한다.

10

가타리는 정신분열증 환자와의 치료만남에 대해서 이야기한다. 그는 새로운 배치를 만들어가면서 환자가 자기 자신의 세계에 관한 일종의 지도를 만들고 표현양식을 창조하고 그것을 발전시켜 나가는 과정을 강조한다. 마음의 문을 닫게 하는 어떤 가능성의 총체를 드러낼 것을 주문한다.

'마약, 정신병 그리고 제도'라는 대담글에서는 제도화과정에 대해서 언급한다. 우리가 다루어야 할 것은, 개인적 요소들과 제도적 요소들이 뒤섞인 이질적인 구성요소들로 이루어진 주관적–객관적 배치들이라고 한다. 즉 개인은 일군의 사회적 배치의 단말기(터미널)임을 강조한다. 가타리는 마약 문제와 연관시켜 나가면서 이질적인 요소들의 우연적인 접속만이 마약중독에 대한 윤곽을 그려줄 수 있다고 강조한다. 마약복용을 뭔가 부족한 것을 표현할 뿐인 것으로 접근하는 것에서 더 나아가, 자기자신, 우주, 타자를 이해하려는 능동적인 미시정치로서 이해하자고 한다. 우리는 모두 중독되어 있다고 할 수 있으며, 현실의 마약중독자들과의 차이는 '그 정도까지' 또는 '그러한 방식으로' 중독되어 있지는 않다는 것이라고 한다. 그런 점에서 마약중독자는 가장 강렬한 문제설정들의 담지자일 수 있다는 것이다. 이렇게 바라볼 때 욕망의 문제에 적극적으로 다가갈 수 있을 것이다.

11

가타리는 욕망해방을 향한 운동으로서 자유라디오운동을 예로 들고 있다. 극소량의 장비로 직접 만든 라디오 방송국의 도입이 놀라운 기호적 효율성을 나타냈다고 강조한다. 그것은 색다른 표현양식의 개시를 통해 집합적 주체화양식을 바꾸어 나갔다고 한다. 여기서 특히 강조할 것은 의사소통의 새로운 매개물을 발명했다는 것이 아니라 소통되는 것과의 새로운 종류의 관계를 발명한 것이라고 한다.

가타리는 정신분석의 탈제도화를 통해 개인이나 집단과 일치하지 않는 주체화과정, 기호화과정을 강조한다. 즉 무의식분석이란 문제설정은, 어떻게 주체성이 총체적 난국으로 치닫게 되었는가, 왜 주체성이 자본주의적 주체성생산 과정으로 흡수되었는가, 왜 주체성은 특이화과정으로 진입하는 데 성공하지 못했는가를 파악하고 이해하려는 것이라고 한다. 결국 주체성의 조작과 생산이란 문제에 주목하는 것이다.

그리고 가타리는 에너지적 기호론이라는 문제설정을 제시하면서 하부구조 콤플렉스를 넘어설 것을 주장한다. 프로이트의 무의식에 분열분석적 무의식을 대비시키면서 기호화의 다양화에 관심을 기울인다. 다양한 표현양상들을 만들어내는 변형들, 횡단성 양식들, 파동을 통한 질서를 가져오는 것들에 연결된 배치를 만들어내자고 한다.

12

가타리는 욕망의 문제를 신중히 다룰 것을 제안하고 있다. 하부구조 콤플렉스를 넘어서 욕망을 고도로 분화되고 가공된 기계체계의 성격을 가지는 것으로 보자고 한다. 감정이나 정서 개념을 정교화할 것을 요구하면서 언어를 포함하지 않는 많은 표현요소들을 강조한다. 또한 과학기술의 진보가 반드시 욕망가치 및 창조가치와 관련하여 분열적인 발전으로 나아가지 않고 블랙홀로 빠질 수도 있음을 강조한다. 또한 주체성생산과정이 점점 더 인공적인 성격을 띠어감으로써 '몸(신체)' 관념에 대한 보다 밀도 있는 성찰이 필요하다고 한다. 특히 충동이나 성에 집착하는 것에서 벗어나 사회적 배치로서의 욕망이라는 문제설정을 강조한다.

가타리는 사랑과 욕망을 타자의 전유로 축소하는 계열적이고 보편화하는 자본주의적 욕망 취급방식에 대해 비판하면서, 가족주의적 구도, 부부세포에서 벗어나 새로운 부드러움을 창조해 나가자고 제안한다. 롤니크는 율리시즈와 페넬로페의 사랑 관계에 빗대어 부부세포로의 재영토화에 대해 분석하면서, 복제인간과의 만남 속에서 새로운 관계(새로운 부드러움)의 창조에 대해서 생각한다.

13

가타리는 브라질 여행을 되돌아보면서, 브라질의 다양한 집단들과 만남 속에서 이루어진 새로운 언표행위 배치의 창조에 대해서 강조하고 있다. 서로 다른 운동집단들과 작업집단들이 가타리와 접속하면서 새로운 연계를 만들어가기도 하고 새로운 주제들을 제기해갔던 모습을 상기하고 있다.

*

이 책은 펠릭스 가타리와 수에리 롤니크가 다른 사람들과 브라질을 여행하면서 집단적으로 만든 *Micropolitiques*(Les Empêcheurs de penser en rond/Le Seuil, 2007)를 번역한 것이다. 이 텍스트는 브라질에서 포르투갈어로 1986년에 나왔고, 2007년에 불어본이 그리고 2008년에 영어본이 나왔다(*Molecular Revolution in Brazil*, Semiotext, 2008). 이 책은 9개의 장으로 나뉘어져 있고, 문화, 주체성과 역사, 정치, 욕망과 역사, 감정-에너지-육체-성, 사랑 욕망의 영토 그리고 새로운 부드러움, 공항인터뷰, 가타리 자신이 말하는 브라질 여행, 브라질 사람들이 본 가타리의 브라질 여행 등으로 이루어져 있다. 가타리의 주장이 비교적 쉽게 서술되어 있는 텍스트로, 정리·대담·편지 등 다양한 형식들로 구성되어 있고, 가타리의 분자혁명과 미시정치에 대한 상을 잘 보여준다. 가타리 스스로가 설명하는 것보다 오히려 이해하기 쉽게 논지들을 중간중간 간략하게 정리해주고 있다. 또한 운동경험과 실험사례들에 대한 자세한 소개로 가타리의 사상을 좀더 깊이 들여다볼 수 있게 해주고 있다.

책에 부록으로 있는 용어설명을 번역하여 실었는데, 책을 이해하는 데는 좀 부족한 것 같다. 가타리의 용어들과 관련해서 좀더 자세한 용어를 참조하시려면 『욕망과 혁명』(윤수종, 서강대출판부, 2009)에 실린 용어설명을 참조하시기 바란다. 주는 불어본을 기준으로 했지만 영어본에 좀더 자세한 설명이 있는 것은 덧붙였다.

이 책은 여러 사람이 함께 만든 공동작업의 결실이다. 번역본도 여러 사람이 함께 한 결과물이다. 초역을 하느라 고생했던 박주희, 김지영을 비롯하여 추주희, 주문희, 한은숙, 서정우, 김희송…… 번역은 뭐니뭐니 해도 초역이 가장 힘든데, 젊음의 힘으로 감당해주었던 이들에게 고마움을 전한다. 빠른 시일 내에 많은 양을 번역하느라 급히 서둘렀던 흔적들이 여기저기 보인다. 그리고 교정보시느라 애쓰신 도서출판 b분들께도 감사드린다.

그리고 이 책의 초역본은 2008년 6월부터 2009년 8월에 걸쳐 『실천』(사회실천연구소 간)지에 나누어서 실었다. 번역글을 싣게 해주신 『실천』지에 감사드린다.

가타리의 사상과 실천을 좀더 깊이 이해할 수 있는 좋은 안내서가 되기를 희망한다.

2009년 12월 5일
옮긴이 윤수종

한국어판 ⓒ 도서출판 b, 2010

바리에테 신서 · 11

미시정치

초판 1쇄 발행 • 2010년 1월 28일

지은이 • 펠릭스 가타리 | 수에리 롤니크
옮긴이 • 윤수종
펴낸이 • 조기조

기획 • 이성민 · 조영일
편집 • 김사이 · 김장미
표지디자인 • 미라클인애드
출력 • 엔컴
인쇄 • 상지사P&B
펴낸곳 • 도서출판 b

등록 • 2003년 2월 24일 제12-348호
주소 • 151-899 서울특별시 관악구 신림11동 1567-1 남진빌딩 401호
전화 • 02-6293-7070(대)
팩시밀리 • 02-6293-8080
홈페이지 • b-book.co.kr
전자우편 • bbooks@naver.com

정가 • 32,000원

ISBN 978-89-91706-30-9   03160